欧洲法与比较法前沿译丛
丛书主编：李　昊

| 第三版 |

欧洲刑事法

以整合为进路

【荷兰】安德烈·克里普 ◎著
杜　鹃　石家慧 ◎译

European Criminal Law:

An Integrative Approach

André　Klip

中国法制出版社
CHINA LEGAL PUBLISHING HOUSE

总序

西法东渐，尔来百年。精卫填海，其得其失？

试举一例：清光绪二十八年，梁任公急心于救国而作《新民说·论权利思想》，仅述耶林权利思想之“崖略”；此后薪火相继，百余年间，译此名著者代有其人；而今海峡两岸，《为权利而斗争》汉译本频出，精品不断。年届期颐的潘汉典教授更是在新中国成立前和改革开放后两个节译本的基础上，准备结合德文原著的多个版本和多语译本，推出该书更新、更深思熟虑的全译本。真可谓不负耶林，不负任公！法律翻译界五世同堂，各尽其力，此诚文化之盛世，亦比较法之盛世也！

且不言严复先生所倡“信、达、雅”之标准，翻译本非鹦鹉学语、口耳之学，乃在新语言环境下之诠释与再造。法律翻译更是融汇东西方社会治理之经验，谋求古今中西仁人思想之汇通。故清末法学家沈家本修律，颇得益于同文馆之法学译著。梅仲协先生评价民国时期制定的民法典：“现行民法采德国立法例者，十之六七；瑞士立法例者，十之三四；而法、日、苏联之成规，亦曾撷取一二。”新中国的法制建设最初得益于苏联法学；改革开放后的法制重建，视野更为广阔，对欧美各国的法律关注不断加深。比较法学者也渐渐从宏大的法理阐释，走向微观的法律制度和判例研习；许多研究者也从单纯的以“西药寻中病”式研究，转向了谋求中西法学对于共同关切的重大社会问题之交流与反思。

德国法之译介，自20世纪90年代以来有法律出版社出版、米健教授主持的“当代德国法学名著”译丛以及吴越教授主持的“德国法学教科书”译丛，其影响之深远，在业界功不可没。然而德国法学著作汗牛充栋，法律更新更是日新月异，许多有特色、有深度的作品仍然值得我们继续挖掘。欧盟法的发展在近十年亦是异军突起，然而目前尚无特别全面、体系化的译丛。本丛书正是希望补时之缺，给更倾向于中文阅读的读者提供一批德国和其他欧盟国家最新的法学名作，力求让读者把握德国法和欧盟法的最新脉动，拓展比较法的视野。德国法部分沿袭人大社和北大社已有的德国法学教科书策划书目，大体分为基础教程、拓展教程以及部分专著，以查缺补漏和注重前沿交叉为特色；欧盟法部分在选材上则不拘一格，既有大部头的综合教材，也有针对某一领域、某一问题的专论。同时，丛书还部分涉猎英美学者的经典名著和前沿作品。

放眼世界，目下比较法学颇有“式微”之惑。恰如韩世远教授在其新版《合同法总论》序言中结合个人访学经历作出的观察：美国学者坦陈“不再注重欧洲的文字和思想”；而在德国司法实务中，比较法解释也缺乏权威性。进而得出，“在法体系的形成期，比较法最易发挥其作用；一旦法体系形成并日趋成熟，该体系已可为所遇到的法律问题提供成套的解决方案，自给自足，便成寻常”。另外，2018 年 6 月底，英国退欧钟声敲响，欧元区财政一体化动议受挫，欧盟法的适用地域、深化层次也在缩减。此时在中国研究德国法和欧盟法还有意义吗？答案无疑是肯定的。比如大数据时代的数据保护，德国、欧盟几乎是日新月异，它们的解决方案中有哪些经验和教训？对中国无疑颇具启迪意义。再如德国民法典的编纂艺术，以及后法典时期如何续造法律、与时俱进，都对当下的民法典立法以及未来的法治建设意义深远。故而，在比较法越来越难以为我国法治提供现成答案的前提下，在比较法本身也无法在司法实务中自证其正当性和权威性的情况下，它带给人们的是超越法域的人类理解，以及对共同疑难问题的方案参考。从法律人自身修养而言，比较法带来的宏大视野和智慧启迪也是不可或缺的。在风景如画的阿尔斯特湖畔，在汉堡马克斯·普朗克比较与国际私法研究所的四层地下书库，我们再次感受到了比较法的力量。

本译丛自 2013 年动意以来，由北京航空航天大学李昊老师牵头，与明斯特大学、科隆大学、汉堡大学等德国著名学府的诸位在读博士共同遴选策划了德国部分书目；欧盟法书目则主要得益于毕业于中国政法大学中欧法学院的诸位留欧博士。译事不易，甘苦自知。前后弹指五年，其间多有波折，我们策划的部分书目已经在中国人民大学出版社、北京大学出版社先后出版，编委会在此衷心感谢。本次策划出版的四十余本译著，在规模、涵盖领域上可以说是盛况空前的。中国法制出版社的马颖主任及侯鹏、靳晓婷、王雯汀等多位编辑不仅在出版事宜上给予了大力支持，而且各位编辑老师的眼光、魄力也给我们留下了深刻的印象。本编委会在此对中国法制出版社和各位编辑老师致以深深的谢意。本丛书的译者虽然大部分都有留欧学习的经历，然而法律语言古奥，加之译者个人的经验和学养有限，有所讹误在所难免，望广大同仁不吝指正赐教，欣欣为盼！

丛书编委会谨识

2018 年 6 月 28 日

序言
Preface

自本书上一版出版已经过去了四年。对于这个新版本，有必要等到《里斯本条约》的过渡期在 2014 年 12 月 1 日结束，然后可以纳入后续的第一批经验。非常高兴地看到，第二版被用于各个大学的欧洲刑事法课程教学和刑事事项合作课程教学以及司法系统的培训。我很荣幸在 2014 年将其翻译成罗马尼亚文，感谢索罗斯基金会对翻译的慷慨支持。

第三版保留了第二版的主要特点。但是，必须提到一些重要的变化。新增加的第四章是关于欧盟法的解释，更好地反映了如何在国家背景下解读欧洲刑法的特殊性。此外，对关于刑事诉讼的章节进行了详细的修改，现在成为第六章。考虑到近年来通过的关于辩护的指令，这一点尤其必要。它们改变了刑事诉讼的性质。

本书在其所涵盖的法院判决和法律文书的丰富性上依然独一无二。我的雄心是令本书成为每个欧洲法律人和刑事法律人（无论是从业人员、学术人员还是学生）的宝贵资源。此次更新和扩展的版本完全覆盖了截至 2015 年 10 月 1 日的所有最新动态。

我很荣幸得到了 Christina Peristeridou 几乎每天 24 小时、一周 7 天提供的恰当反馈，以及她提供的成员国的欧洲刑法文献附件。非常感谢 Hannah Brodersen、MiguelJoãode Almeida Costa、Johannes Keiler、Christina Peristeridou 和 Charlotte Röber 对第十章的评论，对本书而言它们是锦上添花。我很高兴看到欧洲刑法研究组能在实践中发挥作用。

我非常感谢 Hans Kluwer 和 Ann-Christin Maak 的耐心和信心，这对

本书的第三版做出了重大贡献。最后，感谢 Rebecca Pound 在编辑手稿上花费的时间和精力。

我感激所有的评论和意见，并很乐意尝试回答所有读者可能产生的任何问题。（andre · klip@ maastrichtuniversity · nl）

安德烈 · 克里普

马斯特里赫特，2015 年 10 月

缩略语表

CISA	Convention Implementing the Schengen Agreement	《执行申根协议的公约》
ECHR	European Convention of Human Rights	《欧洲人权公约》
EComHR	European Commission of Human Rights	欧洲人权委员会
ECtHR	European Court of Human Rights	欧洲人权法院
EPPO	European Public Prosecutor's Office	欧洲公共检察官办公室
ICC	International Criminal Court	国际刑事法院
OJ	Official Journal of the European Union	欧盟官方期刊
OLAF	Office de Coordination de la Lutte Anti-Fraude	欧洲反欺诈办公室
par.	Paragraph	段落
SIS	Schengen Information System	申根信息系统
TEU	Treaty on European Union（post-Lisbon）	《欧盟条约》 （后里斯本条约）
TFEU	Treaty on the Functioning of the European Union	《欧盟运行条约》
VAT	Value Added Tax	增值税

目录
Contents

第三编　欧洲合作与欧洲执法

第四编　对欧洲刑事法的挑战

第一章　简　介

1. 欧洲刑事法

欧洲刑事法是一个多层次的立法以及判例法体系，在该体系里，欧 1
洲法院和欧洲各国法院，欧洲立法和欧洲各国以及其他有权机关的立法均处于举足轻重的地位。尽管这是一个混合的系统，但是它具有一些普遍适用的概念和价值，也正是这些概念和价值成了这个系统作为一个单独的法律领域的正当化理由。[1]欧洲刑事法也包含了欧盟的刑事司法体系的发展，这些发展变化必须被当作一个持续且渐进的过程。在欧盟前身的欧洲经济共同体时期，刑事法并不是共同体立法的核心部分，适用于刑事法的规则与原则是逐步出现的。随着 1992 年马斯特里赫特条约的签订，刑事法才最终被纳入欧盟立法的有效影响力范围内。自此，马斯特里赫特条约启动了将国家刑法“欧盟化”的过程，而这个过程的最终演化结果目前仍无法预见。

欧洲刑事法是一个不断演化的法律领域，一个在变化中逐渐改变了其本质的法律领域。曾经，涉及刑事法的各项权限均由各成员国自主享有。然而很多权限被授予了欧盟，尤其是自从里斯本条约生效后。但是，在刑事法领域中欧盟的大多数权力都不是专属的，而是由成员国来共同行使的。举例来说，欧盟对于内部交易的禁令，就必须通过成员国由各自的国内刑事司法系统来实施。换句话说，虽然欧盟层面制定了相关规则，但是这些规则的执行与实施都发生在成员国层面。

另一个例子是，欧盟内部的多种法律文件的相互承认，有时是依据一个特定的指令（如驾照）或框架决定（如欧洲逮捕令），有时是根据一个

1　Anabela Miranda Rodrigues，O direito penal europeu emergente，Coimbra Editora 2008，pp.13–17.

一般条款（对于已合法存在于市场上的商品免于检查）。本书的目标是向读者们展示一个完整连贯的欧盟法对于各国国内刑事法和刑事诉讼程序的
2 影响的画面，并描绘出欧盟层面正在崛起的欧洲刑事司法体系的轮廓。

为了实现本书目的，欧洲刑事法将被定义为一个多层次的法律领域，其中欧盟对实体刑法和刑事诉讼程序，或对欧盟成员国之间的合作具有规范性影响。它还包括欧盟直接实施刑法的法律领域，也即，反不正当竞争法和欧盟公共检察官办公室。因此本书的第一编和第二编主要阐述各成员国的有权机关通过国内刑法来实施欧盟法，而本书的第三编则阐述欧盟机构的直接执行与实施欧盟刑法。

上述关于欧洲刑事法的定义，更着重于法律中欧盟的角色，而不是其刑事法的本质。那么什么才是刑事法？本书中将依据欧洲人权公约中第6条关于刑事起诉的定义来确定。欧洲人权法院总是根据所谓的“恩格尔标准”来确定“刑事”的概念。第一个标准是该行为在国内法的标准下的归类，第二个标准便是行为的性质，第三个标准是相关当事人可能受到的处罚的严重程度。[2]

欧洲人权法院认为，处罚的刑事本质可以通过相关规定的一般特征以及处罚的目标推断出来，这些特征或目标与威慑相关并有刑罚性的本质。该定义被广泛接受，并将刑事法同其他法律领域区分开来，同时由欧洲人权法院通过案例进行一致确认。而国内法中一个特定领域的法律划分不具有决定性的作用。

运用这个欧洲人权公约标准的后果之一是，在本书中，反不正当竞争法被认定为属于刑事法，[3] 这与《关于反不正当竞争法的条例 1/2003》第23条第5段中陈述的“根据第1段和第2段而采取的决定不具有刑事属性”相冲突。目前，已经有充足的证据来证明欧洲人权法院也认为在欧洲人权
3 公约中保障的所有原则均与反不正当竞争法相关。[4] 尽管欧洲人权法院避免

---

2 ECtHR, 10 February 2009, *Zolotukhin v. Russia*, Application 14939/03, par.53，更多内容参见本书第五章第2节。

3 过去，认为反不正当竞争法不属于刑事法领域的理由之一是其调整的对象是法人，而且监禁无法实施。这个理由在考虑到欧盟中成员国为法人设定刑事责任或等同效力的责任的情形之下丧失了很大的说服力。参见本书第五章第3.5节。

4 例如，2007年2月8日欧洲人权法院在 Case C-3/06 P, *Groupe Danone*, par.88 中引用的《欧洲人权公约》第7条第1款。再如，法律顾问 Léger 曾说：“毫无争论的是……在欧洲人权法院的判例中以及欧盟人权委员会的意见指导下，这个案子涉及一个‘刑事起诉’。” Opinion of Advocate General Léger of 3 Feburary 1998, point 31, Case C-185/95 P, *Baustahlgewebe GmbH v. Commission*.

使用反不正当竞争法属于刑事法这样的说法，[5] 它仍然将欧洲人权公约中关于刑事程序的相关原则应用于反不正当竞争法，而且在实践中将反不正当竞争法作为刑事法来对待。用法律顾问 Kokott 的话来说：“反不正当竞争法同刑事法相似是公认的，但它不属于刑事法的核心部分。”[6] 关于欧盟法自身是否限定了什么是刑事法的问题将在本书后续内容中讨论。[7]

2. 本书的结构

目前已有的关于欧盟法的研究主要采取从上到下的模式。它们大体上探讨欧盟法的抽象作用，并不涉及欧盟法对于各国内法律体系的影响。强调的重点几乎完全专注于欧洲层面的法规，却鲜少关注欧盟法与成员国的国内法之间的关系。[8] 但是，在欧盟法与成员国国内法的相互影响之下，成员国国内的法律程序在实践中确实会援引欧盟法。人们需要明确区分两类案件，一类案件中欧盟法有清晰绝对的优先权，而另一类案件中欧盟法案仅有相对的优先权。在欧盟法具有绝对优先权的案件中，依据欧盟法而享有的自由权利不受国内刑事法的干预。在欧盟法仅有相对优先权的案件中，成员国的自由裁量权被限制于一个确定的区间，但同时允许特定国内法发
挥效力。简而言之，不论是欧盟法还是国内法的应用，都不一定是全部适 4

---

5 Opinion of Advocate General Stix-Hackl of 26 September 2002,point 150, Case C-199/99 P, *Corus UK ltd v. Commission.* 但是法院特别回应反不正当竞争法的本质问题可能无法避免。在她关于 *KME* 案件的意见中，法律顾问 Sharpston 认为反不正当竞争法的实施过程应当被视为具有刑事本质。参见 Opinion of Advocate General Sharpston of 10 Feburary 2011points 60-68, Case C-272/09 , *KME Germany AG, formerly KM Europa Metal AG*， *KME France SAS, formerly Tréfimétaux SA, KME Italy SpA*， *formerly Europa Metalli SpA.* Opinion of Advocate General Mengozzi of 17 Feburary 2011, Case C-521/09 , *Elf Aquitaine SA v. European Commission*，其中脚注 5 曾注明：“根据欧洲人权法院的判例，在成员国中的国内法体系中一个处罚并不被归入刑事处罚的事实，不影响在为了适用欧洲人权公约时承认这个处罚具有刑事属性（参见 European Court of Human Rights, judgment of 8 June 1976, *Engel and others*， series A No.22）。在此处我不再作深入分析，但必须指出的是，依据欧洲人权法院的判例，根据规章 1/2003 所裁决的处罚不可能不具有刑事处罚的属性。”

6 Opinion of Advocate General Kokkot of 18 April 2013, point25, Case C-501/11P, *Schindler* v. *Commission.*

7 参见第五章第 2 节。

8 Paul Craig and Gráinee de Búrca, The Evolution of EU Law, 2nd Edition, Oxford University Press 2011.

用或完全不适用，而是可能包含各种灰色地带。

在成员国的国内法由于优先适用欧盟法而不再适用的情形之下会有哪些程序上的后果？是一个免予起诉的决定、一个无罪判决、一个驳回起诉的决定还是其他？这便是将在第六章中探讨的问题之一。因此，本书将结合从上到下的路径（从欧盟的视角出发并关注成员国的义务）与从下到上的路径（从成员国国内刑事司法体系的角度出发并关注被告人的处境）。

在大多数情况下，适用欧盟法还是国内刑法都不能简单地抽象为一个是否优先于另一个的问题。我们会发现，在一些情形中欧盟法也许会优先，但欧盟法同时会允许在国内法的基础上进一步阐发。这便是一些特定的刑法一般原则的特别要求可能发挥作用之处。举例来说，如禁止溯及既往，法无明文规定不处罚原则、犯罪嫌疑人不得被迫自证其罪的原则、罪责刑相适应原则、罪责自负原则、罪刑法定原则以及一事不再理原则。在特定情况下，这些原则将优先于欧盟法中规定的基础自由权利（fundamental freedom）适用。而辨别出何时在何种情况下能够使用这些刑法一般原则非常重要。在这一点上，本书也将展示欧洲刑事法作为一个特殊法域，其中存在的欧盟法和国内刑法的重叠之处。

本书也不会将法律明确划分为调整欧洲统一市场的法律和规制自由、安全与司法的法律。[9] 尽管这些分类在某种程度上仍然适用，但是有多个理由支持适用更加整合的结构，承认如在条约中陈述的那样，两个法律领域有交集。然而，这样的发展早已始于 2007 年 12 月通过并于 2009 年 12 月 1 日生效的里斯本条约。法律机关的发展以及欧洲法院的判例法并没有按马斯特里赫特条约中要求的那样坚持这两个区域（或者用里斯本条约之前的术语来说：第一支柱和第三支柱）的结构性分立。

本书重要的潜在假设之一便是欧洲刑事法体系已经存在。[10] 虽然这个体系并不完整而且在很多方面不具有连贯性，但它正在缓慢地成型。支持这个假设有两个缘由。首先，它如实地呈现了欧洲刑事司法体系。不
5 仅展现了这个体系的优势，也展示了它的不足之处。它能够为在该领域中从事相关工作的人们提供一个完整连续的画面，从而为人们在这个领

9　参见第二章第 3 节。

10　刑事司法体系定义为：一个拥有实体刑法以及程序刑法的立法，提供不止一个独立的司法机构，并受法治原则指导的体系。

域中添砖加瓦提供可能性。举例来说，一个人不了解欧洲法院关于一事不再理原则在其他情形下的判例法，就无法研究在刑事诉讼背景之下的一事不再理原则。

若是关于互相承认原则的应用以及其他事项，则研究在民事法域中的实践更为恰当。本书有一个信息要传递给刑事法律师，就是除了明确的国内刑法之外，还有多得多的刑事法律法规存在。若要寻找欧盟刑事法的一致性必须研究所有的相关信息，包括那些并不具有纯粹刑事本质的法律法规。

第二个支持将欧洲刑法作为刑事司法体系来描述的理由是它的混合性的特征。人们无法将它看作一个完全独立的体系，而且它的目的并不是废除所有成员国现存的国内刑事司法体系。它为各成员国提供了发挥重要作用的机会。当欧洲刑法以整合的方式呈现，便有可能分辨出欧盟法和国内法二者在刑事领域的互相影响。采取这样的方式可以更加准确地勾勒出欧盟和成员国各自的权限。

本书面向的读者不仅是刑事辩护律师与欧盟的律师，也包括在欧洲刑事法领域的相关执业人员以及学者和学生。本书将评定欧盟法和国内刑法的互相影响程度。有时欧盟法优先，但一些情形下成员国国内刑法将优先。但是，在这两个极端情形之间的很大范围里，欧盟法和成员国国内的刑事法与刑事诉讼程序共同影响着法律的实施。本书采取的判例法导向的角度会明确指出相关问题中应用的法律法规。

本书划分为四编，由十个章节构成。

第一部分为欧盟的法律秩序，由第二、第三、第四章构成，探讨了欧盟法对于成员国国内刑事司法体系的一般影响。该部分分析了一般的组织机构的本质，不了解这个便无法理解欧盟在一个刑事司法体系中的运作。挑选出来探讨的问题对于熟知刑法但对于欧盟组织机构法并不熟悉的读者尤其重要。那些熟识欧洲（组织机构）法的读者将比那些在刑事司法领域具有更多经验的读者更容易理解本部分。随着欧盟在刑事司法领域中发挥越来越重要的作用，学习刑事司法的学生和刑事司法领域的从业者将发现拥有欧盟的组织机构的基础知识以及了解欧盟法的基础性原则不可或缺。换句话说，第一部分讨论了刑事司法的相关从业人员需要了解的相关欧盟组织机构法律法规。

然而如同先前注明的，本书并不是完全关于欧洲的组织机构法律法 6

规。[11] 对这些内容感兴趣的读者将发现，本书对诸如欧盟中关于做出决定的程序、民主问责制度以及相关的问题仅简要提及。尽管它们具有一般意义上的重要性，但这些主题并不与刑事诉讼直接相关。第一部分主要关注欧盟法可能会影响到成员国国内刑事司法的义务。

第二章是本书中最不具有法律属性的章节，名为关于欧盟的组织机构的基本原理。它涉及欧盟的成立以及之所以提出这样立法动议的背后的理念基础。对于上述内容的陈述是为了理解欧盟的刑事司法系统现今运作的背景。它强调了欧洲一体化的概念以及为了进一步实现这个目标而使用的方法与机制。此章采取的是从上到下的角度，从一体化顶端的欧盟开始延伸至成员国的法律实施。

第三章为欧盟法的根本原则，本书自此开始会越来越具有法律技术性。此章的重点仍然是欧盟。此章集中描述了欧盟有权颁布的法律文书以及它们的意义和影响力。虽然没有一个成文欧洲宪法典，但广义上一些原则仍然成了宪法性原则。一些从欧盟法中演化而来的关于执行与实施的原则得以普遍适用，并发挥效力。欧盟的成员国究竟要承担什么义务？在回答这个问题时，刑事法进入我们的视界，但刑事法仅仅是这些一般原则和普遍规则所适用的领域之一。

在第三章中公民个人更引人注意。一个公民如何能从欧盟法中获益？在这个背景之下，本章阐述了被称作“五大自由”的根本重要性。它们是如何影响刑事实体法和刑事诉讼的？第四章着重介绍欧洲法院对法律法规的解释。一方面，此部分阐述了欧洲法院在解释法律法规时运用的模式。另一方面，它成了连接本书第二部分的桥梁。在勾勒解释法律法规的规则时，欧洲法院也指引了成员国的国内法院和其他有权机关如何适用欧盟法。正是在欧洲法院的监管之下，法律体系的一致性才得以保障。此章采取了一个混合的角度。其中既探讨了欧盟法的要求，也探讨了成员国实现这些义务的方式和成员国在达成义务的过程中所享有的裁量权。

在第二部分，欧盟中的刑事法律法规，由第五、第六、第七章组成，
7 读者将会发现欧盟在刑事法的领域中已经有了立法，但将这些刑事法的执行与实施留给了成员国。第二部分所采取的角度与第一部分正相反。在此

11　Paul Craig and Gráinee de Búrca，The Evolution of EU Law，2nd Edition，Oxford University Press 2011.

部分中，欧盟法对于成员国内的刑事司法体系产生了影响，并成为处理实体上或程序上的刑法问题的基础依据之一。而这些问题同欧盟法有联系只是次要的事实。

欧洲联盟运作方式条约维系了经典的关于刑事实体法（规定与第 83 条）和刑事程序法（第 82 条）的区分。第五章名为欧洲实体刑法，第六章名为欧洲刑事程序，这两章延续了这一分类。特别在第六章中，着重阐述了关于被告人和被害人的地位以及在成员国国内法庭中审理的涉及适用欧盟法的案件的后果有哪些。第七章名为欧盟量刑和监禁相关法律，探讨的便是这些领域中的最初实践。

虽然第二部分采取的是从各成员国的视角和涉及刑事诉讼的各方当事人的视角出发，但是本书第三部分再一次改变了视角。此部分在讨论欧洲的合作以及欧洲的执行时，放弃了成员国的视角，一个对抗犯罪的欧洲共同视角出现了。这个整合的视角可以总结如下：第一部分是关于欧盟法对于（主要由）各成员国间接的执法行为造成的影响；第二部分讨论了各成员国的刑事司法体系由于实施欧盟法而带来的后果，其中特别探讨了被告人因此而可能遭受的后果。

第三部分采取了第三个角度，由第八章和第九章构成，这两章阐述了各成员国在刑法领域中的互动。而适用于成员国之间的合作的法律法规来自欧洲共同体的立法。与其他的区域性组织不同，欧盟创建了自身的一套合作体系。第八章名为刑事事项的双边合作，阐述了由欧盟内部的全部合作方式以及由欧洲委员会（the Council of Europe）创建的框架结构而达成的合作。在这里可以看出欧盟发展出了自身的模式，即互相承认。

第九章名为多边合作和直接强制实施，讨论了欧盟通过各种方式构建自己的机构来提供多边合作。此外，欧盟已经开始自行采取措施来保证欧盟法的实施。在一些领域，例如几十年前就存在这样的经验（如反不正当竞争法）；而在另一些领域，欧盟自行实施欧盟法仍待构建完成（如欧洲公诉机关办公室的设立）。

第四部分名为对欧洲刑事法的挑战，由第十章构成。第十章名为重新考虑欧洲刑事法，其中探讨了欧洲刑事法面临的挑战。对于值得特殊关注 8
和需要规制的问题进行了分析。作者对可能的地方提出了自己的建议。

本书有补充的附录，包括一个目录以及关于成员国中的涉及欧洲刑事法的案例索引、立法索引、引用文献与书目和相关的网址。

3.《里斯本条约》和术语使用

本书中使用了在里斯本条约生效后开始应用的新术语。包括术语欧盟（European Union）或者联盟（Union）以及欧盟法（Union Law）。但是，里斯本条约生效之前的术语，如欧洲共同体（European Community）、欧共体（European communities）以及共同体立法（Community law）也有可能在引用的判例法和立法中出现。本书中的欧盟法用来指代欧盟的立法。[12] 欧盟法包括了前述的分类，如共同体法律（Community Law）或第一支柱法律（First Pillar law）以及欧盟法（EU Law）或第三支柱法律（Third Pillar law）。当作者为了区分而指代来自成立欧洲共同体条约的法律文件时，“共同体法律”这个术语可能出现在引用之中，或是偶尔出现在正文中。

目前适用的条约如下：随着里斯本条约于 2009 年 12 月 1 日生效，现存的欧盟条约（EU）被修改并被称为新欧盟条约（TEU）。成立欧洲共同体条约被重命名为欧盟运行条约（TFEU）。欧盟运行条约和欧盟条约共同构成了欧盟的基础条约，二者将被并称为“the Treaties”基础条约。在理解某一个特定的主题时，书中可能会使用成立欧洲共同体条约以及里斯本条约生效之前的欧盟条约的版本。在刑事司法的背景之下的最后一个重要问题是基本权利与基本自由这两个词之间的混淆使用。相较于欧盟法领域的专家们，刑辩律师们的混淆使用更为严重。本书将沿用欧洲法院在实践中将二者明确区分的做法。基本权利（Fundamental rights）是特指由欧盟基本权利宪章（the
9 Charter）、欧洲人权公约以及其他的人权条约中保障的，由一切在成员国管辖区域之内的人享有的权利和自由。基本自由（Fundamental Freedom）是指由欧盟运行条约保障的，在欧盟境内的公民享有的自由：人员、商品、服务和资金的自由流动权，以及自由迁移和居住的权利，统称为五大自由。

4. 方法论和法律的特征

由于采取了泛欧洲的角度，本书无法研究各成员国国内刑事司法体系

12　需要注明的是，欧洲法院的引用是不连贯的，很多明显可以互相替换的不同的词语被用在英语中：EU law，Union law，European Union（EU）law; European Union Law; European Union Legislation.

中的特殊性或细节。除了由于不具有十分丰富的语言学知识，无法原汁原味地以成员国的官方语言来研究成员国的国内法体系之外，研究上述内容将会使本书过于扩张而超出欧洲的界限。但是，本书确实阐述了各成员国国内刑事司法体系之间的关系。第二部分中的所有章节均探讨了欧盟附加于成员国国内法上的各种义务在实践中与立法领域中造成的后果。例如，第六章讨论了当国内法中的规则无法适用时所可能产生的后果。

还有另一个领域是关于来自欧洲委员会的法律，它虽然也具有欧洲属性，但本书并没有深入探讨。本书主要从欧盟的视角出发，欧洲刑事法被理解和限定为来自欧盟的法律。尽管由欧洲委员会创制出来的法律在本书中不占有核心地位，欧洲委员会的经验仍在一定程度上被欧盟法所吸收。有两个最相关的领域受到了它们应得的关注，即欧洲人权公约的影响以及由欧洲委员会构建的在刑事领域中使各国得以合作的条约网络。

本书在写作时运用的方法有：从第一手资料中筛选关于欧洲刑法的相关原则和规则，第一手资料包括欧盟的立法以及欧洲法院的判例。所有在从前的第三支柱之下且现在仍有效的合约、框架协议、决定以及其他法律文书都包含在内。2009 年 12 月 1 日之后的立法中所有的同刑事司法相关的指令（Directives）也均涵盖。此外，其他的指导性文件以及规章也将精挑细选地展示出来。本书引用这些指导性文件和规定并不是为了做一个完整的关于现存的全部可能对于刑事司法有影响的指导性文件以及规定的概述，而是为了让读者注意到一些特定的影响与效果。做一个完整的概览几乎是不可能完成的任务，所以这些法律文件的影响力依赖于各个成员国在特定法律领域实施它们时所做出的决定。本书仅讨论已经生效的立法文件， 10
虽然在必要的时候会简要提到正在审议的草案。

案例选择中，原则上所有有关刑事诉讼程序以及涉及刑法问题讨论的案件都会进行分析。另外，关于欧盟法的一般概念的欧洲法院的判例将被援引。结果便是很多不属于刑事案件的案例也被援引。但是，因为公认的欧洲法院并不会针对特定的（国内）法律领域对欧盟法的实施和影响进行解释，这样扩大范围地援引案例是十分必要的。而上述各种法律领域均无法对欧盟法的影响力免疫的事实使得仅分析刑事司法领域的案件必然不充分，需要扩展到其他领域。欧盟法并不必然依照机构设置来划分，而且相互之间也有可能冲突，这同其他地方一样。欧洲刑法并不是通过一个宏观的计划来设计的。它是随着差异巨大也不相关的政治、法律发展积累而产生的。本书试图将这个不完整系统中的构成部分作为一个普通的刑事司法体系来研究。这不仅仅是为了更容易地理解它的运作，也是为了能探知它存在的空白之处。不论正处在优势地位的政治发展潮流更偏向于创造直接的由欧盟自行实施的刑法，还是更倾向于同现状一致的通过成员国来实施的刑法，这样的方式都能让读者发现欧洲刑法的特征。

而这将使我们发现欧洲刑法的特征有些类似于判例法，由于它的发展路径同盎格鲁－萨克逊的判例法的发展历史相似。而欧洲刑法的主要发展都发生在欧洲法院的影响之下。具有标志性意义的发展经常通过欧洲法院的决定产生，并不是来自条约的修订，条约的修订通常仅仅是将法院在判例中的新发展转化为成文法。欧盟法中有一些制定法的元素，但它们都预留出了相当宽松的自由裁量权。欧洲刑法是以判例法为导向的。[13] 由于立法依赖于成员国的实施，因而仅仅是指引性的。欧盟的法律秩序既没有完全也没有一致实现法典化。这便造成了欧洲法院一方面必须解释法律，另一方面也有权使用它所具有的裁量权来解释法律。欧洲法院已经构建出法律的解释规则并明确了欧盟法的基本原则。但是，不同于普通法国家的法院，
11 欧洲法院从不引用学者的言论，但是法律顾问们广泛引用学说。而识别出欧盟法类似于判例法的本质也许会帮助那些接受大陆法系法学熏陶的人更好地理解欧洲刑法。

5. 本书的时间范围

本书收录的立法文件以及判例法截至 2015 年 10 月 1 日。

13　Carlo Sotis，Ildiritto senza codice. Uno studio sul sistema penale europeo vigente，Milano 2007.

第一编

欧盟的法律秩序

本书的第一编将阐述欧盟法的一般概念，这些概念具有机构属性和基本法属性。欧盟法由什么组成？它又是如何表述和解释的？这些一般概念适用于所有的法律领域，包括刑事实体法领域和刑事程序法领域。第一编着重论述由欧盟法赋予欧盟人民的自由同国内（刑）法对于这些自由的限制之间的平衡关系。由于采用的是概述的方法，本部分主要关于成员国为了遵守欧盟条约而承担的义务。这些义务之一是公民个人应当有可能直接引用欧盟法的条款。第二编将继续深入讨论刑事司法领域，欧盟法为成员国和公民赋予的权利和义务。

第二章　欧盟的机构基础

1. 简　介

虽然欧盟的复杂的机构框架不是本书的中心主题，但是具备历史发展， 15
以及如今和过去的机构结构的基本知识，对于理解欧盟刑事法的联合体本质不可或缺。此外，在刑事司法领域中执业的法律人在不了解欧盟法的基本知识、约束力和提供的法律救济时根本无法工作。只有具备了这些知识，人们才能理解欧盟法是如何影响国内刑事实体法和刑事程序法，以及欧盟是如何逐渐创造出一个刑事司法体系的。

2. 从欧洲煤钢联盟到欧盟

1951 年迈出了走向如今的欧洲的第一步，法国、德国、意大利、荷兰和卢森堡签订了设立欧洲煤钢联盟的条约。随后 1957 年签订了成立欧洲经济共同体的条约和欧洲原子能联盟的条约。一个单独的合约设立了独立法院和这三个联盟的独立集会。在 1965 年达成了一个条约（即所谓的合并条约），约定三个联盟共有一个委员会和一个理事会。[14] 丹麦、爱尔兰和英国都于 1973 年加入了欧洲共同体，其后希腊于 1981 年加入，西班牙和葡萄牙于 1986 年加入。

尽管 20 世纪 70 年代为了让欧洲共同体在刑事法领域中获得权限并为引入欧洲刑事处罚打下基础做出了各种尝试和努力，但是这些尝试无一获
得成功。在这个问题上成员国相互之间有着根本的不一致。1979 年，荷 16

14　OJ 1967，No.152/2. 详见 Craig：Paul Craig and Gráinne de Búrca，The Evolution of EU Law，2 nd edition, Oxford University Press 2011，pp.41-84.

兰对法国总统吉斯卡尔·德斯坦提出的创建一个司法区的提案实施了否决权。成员国清晰明了地希望刑事法领域仍然只受自己的权威统治。他们倾向于更深入广泛地在刑事方面的合作。因此他们的反对主要集中于在实体刑法领域赋予委员会更大的权力。

随着1986年《单一欧洲法案》的出台，三个旧有的欧洲联合体终于在机构上进行了改革。[15]1992年《马斯特里赫特条约》创造了以三大支柱为基础的欧盟的组织结构。[16]这个条约正式开启了欧盟获得在刑事法领域中的权限之路。但是，其实这个领域中的关键角色被设定为欧盟理事会，而不是欧盟委员会。因此成员国仍然掌控着所有关于刑事法的动议。1997年《阿姆斯特丹条约》和2001年《尼斯条约》修订了《欧盟条约》。[17]欧洲煤钢联盟在2002年到期后不复存在。

1995年有了更深入的扩张，随着芬兰、奥地利和瑞典的加入，欧盟逐渐成长为一个拥有15个成员国的组织。2004年有了超过十个的其他欧洲国家成为成员国：塞浦路斯、捷克共和国、埃斯托尼亚、匈牙利、拉脱维亚、马耳他、波兰、斯洛伐克和斯洛文尼亚等。2004年通过了欧盟宪法。[18]这个条约为所有法域创建了共同的制度上的框架结构。由于一些成员国没有批准，这部宪法从未生效。2005年法国和荷兰的公民投票否决了这部宪法。出现这样的结果之后，新的谈判开始了。同时，保加利亚和罗马尼亚于2007年成为成员国。[19]

在同年的12月13日，《里斯本条约》缔结，[20]该条约基本保存了被否决的宪法条约中的内容。但是，一些象征性的元素，如欧盟的旗帜、欧盟的盟歌以及宪法这个概念已经从条约中删除了。欧盟主要依据于两个新的基础条约：《欧盟条约》和《欧盟运行条约》。[21]《欧盟条约》规制了联盟的组
17 织结构，并废除了马斯特里赫特条约之下设立的支柱结构。这样导致的后

15　OJ 1987，L169/1.

16　OJ 1992，C 191/1.

17　OJ 1997，C 340/144和OJ 2001，C80/1.

18　OJ 2004，C310/1.

19　截至2015年9月1日，待加入的成员国有阿尔巴尼亚、马其顿王国、黑山、塞尔维亚和土耳其。

20　《里斯本条约》，修订了欧盟条约和成立欧洲共同体条约，OJ 2007，C306/1。

21　这些条约的合订本最新出版于OJ 2010，C83/1中。1957年的《成立欧洲原子能同盟条约》仍然有效。

果便是欧盟享有权力的所有领域都归于同一个运行机构框架之内。[22] 由此，欧盟取代并继承了原先的欧洲共同体。[23] 原先的《成立欧洲共同体条约》被改称为《欧盟运行条约》，“共同体（法）”和“欧洲共同体”被“欧盟（法）”所取代。《里斯本条约》附带通过了一系列协议，以及共同宣言和各个成员国的宣言，这些都属于欧盟法的一部分。在 2013 年 7 月 1 日，克罗地亚成为第 28 个成员国。

除了这些在共同体和欧盟的运行结构之中的发展，一些成员国倡导缔结更多的合约，主要关于刑事事项的合作。这类合约的第一个是 1985 年的《申根协定》，这之后不久便通过了 1990 年的《实施申根协定公约》。尽管 1997 年的《阿姆斯特丹条约》将《实施申根协定公约》的一部分纳入了欧盟的运行框架，但《阿姆斯特丹条约》并没有终结在框架结构之外的发展。2005 年的关于刑事司法上的跨境合作的《普鲁姆条约》在有限的几个成员国之间缔结。这两个条约后来都被纳入了欧盟法。

3. 两个重叠的区域：内部市场和自由、安全与公正的区域

3.1　一个新的法律秩序

在 1957 年成立欧洲共同体的时候，共同体为自己设定的目标是消除成员国之间的国境壁垒并创造一个内部市场（当时被称作共同市场）。《欧盟运行条约》第 26 条规定，内部市场是为了形成一个没有内部边境线的区域，在这个区域中能够保障商品、劳动力、服务和资金的自由流动。[24] 这些所谓的自由不得遭遇任何阻碍。因此，欧盟法创造了一个新的法律秩序，[25] 这个秩序成为成员国国内法律体系的组成部分，而且成员国的法院有义务适 18
用，[26] 该秩序独立于法律的各种亚分支区域。在实践中造成的后果便是，为

22　唯一的例外情形规定于《欧盟条约》第 21—46 条，即关于共同的对外和防御政策。本书不涉及这项内容。

23　《欧盟条约》第 1 条第 3 款。

24　这里所指的是本章第 4.2 节提及的共同政策。

25　13 November 1964, Joined Cases 90–63 and 91–63, *Commission v. Luxembourg and Belgium.*

26　5 February 1963, Case 26–62, *Van Gend en Loos* and 15 July 1964, Case 6/64, *Flaminio Costa v. E.N.E.L*.

了解释欧盟法的某个一般原则，不仅要考量欧洲法院关于刑事案件的判决，其他领域案件的判决也需要纳入考量。本书正是采取这个角度。本书特别关注反不正当竞争法，在这个法域中欧盟享有直接实施的权力。在 *Costa v. E.N.E.L* 案件中以及国际贸易公司（Internationale Handelgesellschaft）案件中，欧洲法院判定，倘若适用国内法，将剥夺条约中法律条款的独立性。[27] 新的法律体系的主体不仅包括成员国，还包括成员国的国民们。

3.2　真诚合作

根据真诚合作原则，该原则曾被称作对于共同体的忠诚原则，也被称作履行义务，即成员国承担着一个总体的实施欧盟法律的义务。《欧盟条约》第 4 条第 3 款阐述了这个最重要的义务：

> 依据真诚合作原则，欧盟以及成员国应当怀着完全的互相尊重、互相帮助来实施由条约产生的各项任务。成员国应当采取一切适当的措施，包括一般性的措施和特定的手段，来保证来自条约规定或者欧盟机构行为造成的义务的实现。成员国应当促进欧盟任务的完成，并不采取任何可能阻碍欧盟目标实现的措施。[28]

该服从或实施义务对于成员国的所有国家机构均有效，尤其指立法机关和司法机关。这个原则创造出了一个积极的应当完成所有义务的责任，以及一个消极的不实施任何可能阻碍欧盟目标实现的行为的责任。这意味着，例如，如果欧洲法院的关于一个国内立法文件的初步裁决决定认为国
19 内立法同欧盟法不一致，那么不论这个立法是一般立法还是特殊立法，相关成员国的有权机关必须采取措施来解决这个问题。[29]

27　15 July 1964, Case 6/64, *Flaminio Costa* v. *E.N.E.L.*; 17 December 1970, Case 11-70, *Internationale Handelsgesellschaft mbH* v. *Einfuhr-und Vorratsstelle für Getreide und Futtermittel*, par. 3.

28　《成立欧洲共同体条约》第 10 条（《阿姆斯特丹条约》重新标序之前的第 5 条）规定："成员国应当采取所有一切合适的手段，不论一般性手段还是特定手段，来保证通过该条约产生或者由于共同体的机构采取的行动而产生的义务的实现。成员国应当促进共同体任务的实现。成员国应当避免采取一切可能阻碍条约目标实现的措施。"

29　21 June 2007, Joined Cases C-231/06 to 233/06, *National Pensions Office* v. *Emilienne Jonkman* (C-231/06), *Hélène Vercheval* (C-232/06) *and Noëlle Permesaen* (C-233/06) v. *National Pensions Office*, par. 38.

欧盟条约第 4 条第 3 款中规定的义务可以被定义为一个要实现特定结果的义务，虽然条款中没有明确指出成员国如何（使用何种机制）来实现他们的义务。在签订《里斯本条约》之前，共同体的法律（成立欧洲共同体条约、指令和各项条例）在刑事法领域曾长期被认为无权要求成员国应当如何进行司法实践，而仅赋予成员国在可能会违反共同市场的相关规定时在特定领域不适用刑事法的权力。但是，根据 2005 年和 2007 年的判例，欧洲法院在共同体法律的框架之下创设了一个新的义务——将刑事法作为实施的一种手段。[30] 此种新类型的第一个法律文件是《关于通过刑法保护环境的指令 2008/99》。

3.3 《马斯特里赫特条约》之下的三大支柱

尽管《里斯本条约》为所有的政策领域创设了一个统一的机构的框架结构，现实中却并不总是这样。不论是在立法时还是在判例法中，之前的支柱结构留下的痕迹仍然清晰可见。

欧盟是通过《马斯特里赫特条约》成立的，[31] 该条约创造出了一个“支柱”的结构，其中每个支柱都根据其范围内事项的立法方式、生效方式以及监督方式而被区分开来。在第一支柱中，根据《欧洲联盟成立条约》，联盟法存在于此。在第二支柱之下，一个共同的防御和对外政策慢慢成型，也包括在 2001 年 9 月 11 日美国恐怖袭击之后变得越来越重要的禁令和抗议的相关事项。

在 1992 年第三支柱被创造出来的时候，它主要是关于司法和内政事务方面的国家间合作。五年之后，这个称谓被“自由、安全和公正的领域”取代。虽然刑事司法算是欧洲联盟法的一个枝节问题（欧洲联盟成立条约的主要目标当然是创建统一内部市场），但在第三支柱中则是另外一种情况，因为在这里，刑事司法是主要的实施工具。联盟在这个领域中的目标是：

> 保持并发展联盟作为一个自由、安全和公正的领域，其中人员的 20
> 自由流动通过相应合适的措施加以保障，这些措施包括对外的边界控

30　13 September 2005, Case C-176/03，*Commission* v. *Council*；23 October 2007,Case C-440/05, *Commission* v. *Council*. 详见第三章第 3.3 节。

31　Treaty on European Union, 7 February 1992, consolidated version OJ 2002, C325/1.

制、庇护、移民以及预防和打击犯罪。[《欧盟条约（前里斯本条约）》第 2 条]

《关于监督缓刑措施的框架决定 2008/947》中的第 1 段宣言详细阐述了这个目标：

这预设了成员国之间有一个关于自由、安全和公正的认知，这个认知在核心要素上是相似的，并建立在自由原则、民主原则、尊重人权和根本权利以及法治原则的基础之上。

尽管欧盟的主要目标与欧洲共同体的目标有一些相似之处，但欧盟的终极目标——实现自由、安全和司法正义——相对于建设一个没有国境线的内部市场而言要明显抽象得多。[32] 在一定程度上，人们可以宣称保障统一的内部市场的原则优先于实现一个自由、安全和公正的领域：《欧盟条约（前里斯本条约）》中陈述了其任何条款均不影响《成立欧洲共同体条约》中规定的事项。

虽然共同体法律已经创建出了它自己的法律秩序，但第三支柱并没有。第三支柱中的法律法规仍然保留着它作为国际法的纯粹属性。它无法直接在各国国内生效，因此通常必须通过立法将它转化为国内法。此外，成员国并没有必须实施第三支柱法律的义务。但是，稍微有些引起误解的是，欧洲法院将实施义务扩张到了第三支柱领域。在 *Pupino* 案件中，为了回答意大利佛罗伦萨法院负责早期调查的法官提出的问题，欧洲法院驳回了辩称《欧盟条约》中不包括《成立欧洲共同体条约》中第 10 条规定的义务的说法。[33] 依据《欧盟条约（前里斯本条约）》中第 1 条和欧洲公民之间日渐紧密的联盟，欧洲法院认为：

欧盟将很难有效实现它的任务，如果忠实合作原则，尤其是它对

32　Frank Meyer，Strafrechtsgenese in Internationalen Organisationen.Eine Untersuchung der Strukturen und Legitimationsvoraussetzungen strafrechtlicher Normbildungsprozesse in Mehrebenensystemen，Nomos 2012，pp.455–484.

33　16 June 2005，Case C-105/03，*criminal proceedings against Maria Pupino*，par. 39–40.

成员国应当采取一切合适的措施的要求，（……）对于刑事案件的警务和司法合作无效。[34]

欧洲法院通过作出类似 *Pupino* 案件中的决定，为在《里斯本条约》中将三个支柱的法律合为一体做出了准备。

3.4　欧洲联盟统一的法律体系

虽然在产生源头之处的差异仍然偶尔可见，但随着欧洲法院的判例法 21
和《里斯本条约》创造出来的统一的机构性框架以及并行发生的内部市场和自由、安全与公正的领域的完全合并（《欧盟条约》第 3 条，第 2 段和第 3 段），这些差异正在慢慢消失。这导致了实施机制现在可以适用于所有的法律领域。因此，《欧盟条约》在第 4 条第 3 款中规定的真诚合作原则如今适用于所有的领域，包括刑事司法领域。

与它的标题一样清晰，《欧盟运行条约》规定了欧盟如何运作。此外，它划定了它有管辖权的范围，边界以及实现管辖权的安排（《欧盟运行条约》第 1 条第 1 款）。《欧盟运行条约》和《欧盟条约》是欧洲联盟成立的基础条约。《欧盟运行条约》在第 1 条第 2 款甚至约定它将这两个条约合并称作“基本条约”，并具有相同的法律地位。[35]《里斯本条约》对自由、安全和公正的领域以及内部市场进行了一定程度上的重新定义，现在规定如下（《欧盟条约》第 3 条第 2 款和第 3 款）：

> 欧洲联盟应当向其公民提供一个自由、安全和公正的领域，这个区域内部没有再划分边境线，在这个区域中公民的自由流动经由相关适当的措施得到保障，这些措施涉及外部的边境管控、避难、移民以及预防和打击犯罪。欧洲联盟应当设立一个内部市场。它应当促进欧洲在一个平衡的经济增长基础之上的可持续发展，促进实现一个具有高度竞争性的市场经济，将促进全民就业和社会发展作为目标，并实现对于环境高水平的保护以及提升环境质量。它还将促进科学和技术的进步。

34　16 June 2005，Case C-105/03，*criminal proceedings against Maria Pupino*，par. 42.

35　《欧盟运行条约》第 1 条第 2 款。

在《欧盟运行条约》第 67 条第 1 款中，上述内容以有稍许区别的方式再次出现：

> 欧盟应当构建一个自由、安全和公正的领域，这个区域将尊重基本人权以及成员国具有的不同的法律体系与传统。

《欧盟运行条约》中第 67 条第 1 款中许诺的对安全的保证，在第 67 条第 3 款中有进一步的明确规定：

> 欧盟应当努力通过预防和打击犯罪、种族歧视、排外的措施，通
> 22 过警察和司法机关或其他有权机关之间的协调与合作的措施，通过互
> 相承认刑事司法范畴的判决以及必要情况下促进各成员国的刑法同化
> 来实现高水平的安全。

3.5　在自由、安全和公正的领域适用统一内部市场的原则

统一的内部市场与自由、安全和公正的领域的完全合并会带来一个后果，即在共同体法律之下为了实现统一内部市场而发展起来的原则如今完全适用于欧盟的各领域的法律法规，包括从前属于第三支柱的法律。这个变化的过程开始于欧洲法院的判例法，并随后在《里斯本条约》中被成文法确认。

在国内刑事司法领域适用欧盟法引起了一种间接的法律一致化。大多数来自欧盟法的概念并不针对刑事司法领域，但却适用于所有的法律领域。[36]这些概念也同样适用于欧盟法对成员国的刑事司法领域中的强制措施和调查手段所产生的规范性影响。如果一个成员国选择通过在刑事司法范畴内实施欧盟法，那么它必须应用这些手段。真诚合作的原则（从前被称作实

36　但是这其中确实有一些概念特指刑事司法的相关事项。例如，欧洲法院确实有时会认为一个处罚或者刑事法律的应用对于某个犯罪来说没有罚当其罪、太过严苛。参见 1996 年 2 月 29 日，Case C-193/94，*criminal proceedings against Sofia Skanavi and Konstantin Chryssanthakopoulos*，第 38 段："一个刑事判决可能会对一个雇员或者个体经营的人从事一项贸易或者职业造成影响，尤其当贸易或职业活动需要从事特定活动或者进入特定的办公地点时，可能会构成一个进一步持续对自由流动的基本权利的限制。"详见第五章第 2 节。

施共同体法律法规的义务，规定于《成立欧洲共同体条约》的第 10 条）[37]，以及欧盟法的可诉性（委员会在欧洲法院对某个成员国提起诉讼）对成员国的国内法产生了同化的作用。

关于统一的内部市场的欧盟法造成的同化影响不只限于刑事司法领域。其他欧盟法试图同化的领域本质上是相关联的，但是刑事司法领域不能这样说。在刑事司法领域更为恰当的说法是偶然的，并且部分是由成员国对其愿意实施欧盟法的法律领域（民事、行政、纪律或者刑事）的选择来决定的。实施欧盟法的方式是成员国独自享有的并自行决定的权力（举例来说，德国选择通过民事法律法规来实施一个指引性法规，爱沙尼亚通过行政法规，马耳他则通过刑事法律法规）。这些对于刑事法律法规具有有效的同化效果的统一内部市场的事项（因为所有的成员国都选择通过刑 23
事法律法规来转化实现欧盟法）都具有单独的主题或者是“单一事项的同化”。[38] 尤其是针对欧盟内部的欺诈犯罪的斗争，带来了一系列的法律法规，其中刑事法是主要的实施手段。[39]

废除欧盟内部的国境线创造出了内部市场，同时，使对外的国境线更牢固。虽然欧盟境内的一切东西都是自由流动的，但从欧盟外进入欧盟内部会受到严格的限制（或者至少是审查）。而关于外部国界线的重要性也在庇护和对外国人的政策中反映出来。

但在刑事法领域，外部国界线的概念并不重要。刑事法不是为了必须保护某个区域免于他人侵害，而是为了控制居住在或者不居住在某区域的

---

37 实施共同体法律法规的义务将共同体法律要求的标准转化为国内法，以及更进一步地遵守这些标准。违背这些标准将被处罚而且会被追责。

38 例子包括（现已被取代）《关于防止利用金融系统进行洗钱的指令 91/308》，OJ 1991，L166/77。在通过此指令之后，所有的成员国另外发表了单独的宣言，其中宣称他们将选择用刑事司法的方式来转化该指令；参见 OJ 1991，L334/40；1990 年 12 月 13 日《规定为阻止某些物质被转而用于非法制造麻醉药品和精神药物而采取的措施的条例 3677/90》，OJ1990，L357/1。

39 不完全列举包括：1991 年 5 月 4 日的《涉及与共同农业政策的融资以及该领域信息系统的组织有关的违规行为和错误支付的款项的返还的条例 595/91》，并废除条例（EEC）283/72，OJ 1991，L 67/11 23；1992 年 11 月 27 日《为特定共同体援助计划建立了一个综合管理和控制系统的条例 3508/92》，OJ 1992，L 355/1；1995 年 7 月 26 日《保护欧洲共同体的财政利益公约》，OJ 1995，C 316/49；1996 年 9 月 27 日《关于 1995 年 7 月 26 日保护欧洲共同体财政利益公约的议定书》，OJ 1996，C313/2；《关于保护财政利益的条例 2988/95》；《关于现场检查的条例 2185/96》。

人员的不当行为，不论他们是否被许可居住在那里。重点在于同不可接受的行为做斗争，而不是为了保护一个特定的区域，这个重点也被欧盟法证明，欧盟法要求成员国有义务将他们的司法管辖权扩张到那些在自由、安全和公正的领域之外的地区发生的犯罪。[40]

在自由、安全和公正的领域中，外部国境线的概念意味着一个保证，即在欧盟境内，这个范围以内的公民是受到保护的。[41] 如此带来了一个结果，《欧盟条约》拒绝支持非欧盟公民请求享有自由、平等和司法正义区域利益。这引发了一个问题，是否在他们应当享有的安全保障上对于欧盟公民和非欧盟国民区别对待了。通常来说，刑事法并不会依据国籍而对犯罪人进行区别对待。[42] 这个刑事司法上的不歧视被关于被告人在刑事司法程序中的权利的
24 指令所强化；它们适用于所有被告人，不论国籍。[43] 此外，关于非欧盟公民能否要求享有规定在《欧洲联盟基本权利宪章》中的权利也成为一个问题。[44]

当每一个成员国适用其本国的实体刑事法与程序刑事法，同时适用根据地理区域来区分适用的原则，那么就会产生 30 个刑事司法领域（或者 30 个国家法律体系）。[45] 但是，这 30 个刑事司法领域之间部分重合，因为成员国都确立了在自身领域外能够适用的实体法条款以及特定的刑事程序的规定。

因此，欧盟的法律体系具有一个混合的特征。并不存在一个需要参与者竞争的刑事法的“市场”。很难想象任何刑事法的自由流动或其“产品”的自由流动。最明显的在刑事司法领域中适用统一内部市场原则的方式是互相承认原则和可获得性原则的发展。[46] 这带来了决定、信息和证据的自由流动的概念。但是——从其构成来看就十分明显——仅限于警察机关和司法机构。在这种意义上，刑事法与统一内部市场的又一个区别浮出水面。自由流动——废除内部边境——为欧盟公民提供了有利条件，但在刑事法中的自由流动和废除内部边境并没有直接帮助公民，却实际上帮助了成员国（的权威机构）。[47]

40　详见第五章第 3.2 节。

41　《欧盟条约（前里斯本条约）》第 29 条中的规定（“公民”）稍微比《欧盟条约》第 2 条中的规定（“它的公民”）要弱一些。

42　详见第三章第 4.4 节。

43　详见第六章第 2.1 节。

44　该问题将在第六章第 2 节中讨论。

45　英国由三个分离的法域构成：英格兰和威尔士，苏格兰及北爱尔兰。

46　详见第八章第 3 节。

47　关于这样的后果，参见第十章第 3—5 节。

互相承认的受益者的改变成为合并统一内部市场与自由、安全和公正的区域的最重要和最具挑战性的方面之一。本书将不会讨论欧洲刑事法的境外部分。尽管刑事法有一个境外部分，它显然没有像在其他领域中那么重要。例如，欧洲联盟科索沃法治特派团在科索沃的法治任务。[48] 依据《联合行动文件》第2条，欧盟科索沃法治特派团的任务是来“支持科索沃的机构、司法机关和法律事实机构逐步实现可持续发展和责任追究以及再进一步发展和强化一个独立的多民族司法体系和多民族的警察和海关服务，保证这些机构不会受到政治上的干扰并遵守国际承认的标准以及欧洲的最好的实践”。

4. 欧洲一体化

在本部分，关注点在于欧洲联盟的法律来源。它的政策来自哪里？政 25
策背后的逻辑又是什么？了解上述问题对于理解这几十年联盟法发展出来的各种原则的意义和重要性是必不可少的。由于欧盟在自由、安全和公正的领域中将和同或归化作为工具，此处探讨在从前的第一支柱中将和谐概念化是有益的。

4.1　欧洲一体化

欧洲一体化可以被定义为一个不断发展的促使欧洲各个国家、欧洲人民和他们的社会更加紧密的过程。这个永不结束的过程不仅通过组成一个共同的对外与防卫政策和统一货币成形，如欧元逐渐成形，而且在一系列的学生交换项目、欧洲研究项目以及一系列其他目标在于将欧洲公民更紧密地团结在一起的创举中成形。欧盟内部的一体化和协调被理解为一个线性的过程，[49] 或者，换句话说，是单向的过程。一体化并不必须发生在“法

48 《关于欧盟驻科索沃法治特派团的联合行动文件 2008/124》EULEXKOSOVO，OJ 2008，L 42/92 24。

49 由于英国选择不遵守一些文书，这个陈述不再具有绝对的有效性。不如说，如同 Baker 在将欧盟一体化过程描述为一个以不同速度前进的自行车，并试图避免由于无速度而摔倒，“是的，它一直在扩张前进，但同时它也有开始脱落一些部分的迹象”。Estella Baker，The United Kingdom and its Protocol 36 Opt-Out：Is Police and Judicial Cooperation in Criminal Matters within the EU Losing Momentum? 21 European Journal of Crime，Criminal Law and Criminal Justice 2013，p.245.

律的”形式中。

这便是同协调的区别之一，后者隐含法律的存在。此处使用的协调的定义是根据一个共同的标准将多个法律体系的司法实践集合起来。[50]协调暗示了有不同之处，否则就不会有什么需要协调的了。它构成了一个减少这些差别的尝试，但是它的终极目标不是消除这些差异。消除所有差别是与统一的目标相符合的。除了作为例外的适用统一标准的竞争法领域，统一在刑事法的背景之下不是个问题。竞争法的实体规定能够直接适用，并且欧盟委员会有直接的实施权力。欧盟委员会可以自己设定罚款，并可以寻求自己的政策。

26 协调与欧盟法中很重要的一个概念——互相承认——有显著差别。互相承认各国法律上的差异，事实上是对于成员国有权保持不同和保持不改变的意愿的承认。这个概念是为了让这些区别不再重要。在欧盟的法制发展中，关于协调与互相承认的理念之间有明显的关联。在一些案例中，这两个概念被认为是二者择其一适用的，而在另一些案例中它们被认为是可以同时适用的法律工具。这也许同政治考量相关。如果成员国不能在一个特定领域内同意协调，他们可能会诉诸互相承认。《关于驾驶执照的指令91/439》就是一个同时适用了协调和互相承认的例子。这份指令协调并统一了签发驾驶执照的实体标准以及驾照的版式。此外，它还要求成员国互相承认协调之后的驾驶执照。

欧盟大体上实施的是关注与协调、互相承认和一体化三段式的长期政策。在协调部分，目标是实现共同的规则；在互相承认部分，相关各方允许差异的存在，但保证这些差异不会妨碍贸易或者合作：而在一体化的过程中，一些共享的而且欧洲属性的被创造出来。由于欧盟的目标并不总是能够确切清楚地被表达出来，而且不同政策之间的关系也不总是清晰的，一个不稳定的发展轨迹呈现出来。作为引导的概念——协调、互相承认和一体化也没有确切的定义。但是，这样的模糊也许是出于在政治决定中获得妥协的必要而存在的。

只有一个主题是被排除在一体化和协调之外的，即法律语言。所有欧盟的立法和判例法都被翻译为欧盟包含的所有语言。因而欧盟坚持所有23种欧

50　这并不是说这就是唯一真正的对这些词语的定义。但是，坚持清楚和连贯的定义十分重要。如果不清楚地定义协调和一体化就使用这两个词将会使任何关于这些概念的探讨更加复杂化。

盟语言都具备官方语言的资格，为自己实现协调创造了一个主要的障碍。一个显而易见的将人民更紧密地团结在一起的方式就是让他们使用一个共同的语言。任何情况下都十分明显，协调的实现会从一个共同的法律语言中获益。[51]

对一体化和协调的需求

引人注意的是，欧盟内部几乎没有关于刑事法一体化和协调问题的讨
论。这让人十分惊讶，因为一直到 1992 年《马斯特里赫特条约》出现之前，
一个基本的假设便是欧盟和刑事法之间相互影响越少越好。刑事法领域属于
成员国享有排他的决定权的部分。刑事法一体化和协调的需要这个主题被
如此边缘化，可能既由于成员国之间依然无法在这个问题上达成协议，也由 27
于这些目标的表达极其模糊。一体化提出是欧盟为它的公民提供一个自由、
安全和公正的领域。由此而产生的感受是，在自由、安全和公正的领域里一
体化的构成与其说是规范带来的影响，不如说是一些共同的欧洲办公室和机
构的设立（欧洲刑警组织、欧洲司法合作组织以及欧洲公共检察官办公室）。

实现一体化和协调需要三个层次的正当化事由

根据欧盟的既有法律汇总，我们可以区分三个不同层次促成进一步一体化的动因。在“宏观层面”，有一个伟大的理想：一个欧洲！或者：我们共同对抗恐怖主义。在“中观层面”，围绕对抗犯罪的一般目的或扩大合作的论证。在“微观层面”，关于所有各类实际问题的解决方案。

宏观层面

在宏观层面，支持需要协调的论点用夸张的修辞将它描述为天定命运：在一个联合的欧洲，我们完全无法接受一个公民在荷兰被判刑四年，却可能在西班牙因为相同的罪刑被判六年，或者某个行为在瑞典会被提起公诉而在斯洛文尼亚根本不算犯罪。[52] 没有任何一个法律领域不适用“欧洲化”：当其他所有一切都在欧盟影响之下，我们为什么要排除刑事法呢？进一步

51　参见第四章第 3 节，关于 24 个作准文本的法律文书在对其中某一条文做出解释的时候可能产生的困难。

52　参见 1997 年 9 月 18 日欧洲议会关于欧盟成员国之间的引渡公约的决议 OJ1997，C 304/131，第 12 条。修辞学上的特征基于一个错误的假设——相同的行为在刑事实践中会经常发生。但是，一个判决不仅仅取决于犯罪行为本身，也会考量被告人在实施犯罪行为时周边的情况以及被告人的自身情况。

的一体化被认为是不言自明的。

这就说明了为何存在惊人的阐释的缺位。一体化和协调本身就是目标，这个观点在政治进程中尤为强劲。1992 年的《马斯特里赫特条约》给予欧盟在刑事法领域权力是一个政治决断。《里斯本条约》规定合并为一个机构性框架也是一个政治决断。因此，清晰的政治意愿在推进欧盟的一体化。

中观层面

这个层面包括了通过协调的方式对抗犯罪是更为有效的，或者换一种说法，就是协调会带来更好的法律。《欧盟条约》第 5 条的辅助原则通过“共
28 同的欧洲问题需要一个共同的欧洲对策”鼓励了这个思维模式。[53] 有观点认为消灭法律体系之间的差别将会消除犯罪人可能享有的利益，这样的看法完全是理论层面上的。它依据的前提是守法公民和刑事调查系统被边境线所阻碍，而“犯罪人”却能够自由行动。[54] 这同各种关于司法合作框架决定的发展相关，在这些协议中拒绝的理由被认为是无效的，同时这些协议是在互相承认的基础上订立的。

微观层面

这个层面同必须被规制的实际事务和必须被满足的实际需求相关。整体来说，并没有重要的概念来支撑。例如，设立联合调查小组、欧洲司法合作组织、欧洲司法网络以及在互相提供法律协助时的“好的实践”的描述。在面对共同的刑事问题时，联合行动被认为是更加可行和有效的。

使需求模糊的事项

一定数量的观点对于在欧洲协调刑事法的必要性形成了挑战。对于刑事法在欧洲社会中应当担任什么角色便有不同观点。在欧洲不同区域，对

53　在制定法律文件时并不需要什么证据从形式上遵守这个要求。只是表达了目标在欧盟层面能够更好地实现。例子参见《关于被害人权利的指令 2012/29》叙文第 67 条：“鉴于本指令的目标，即设立权利的最低保障标准——支持和保护刑事犯罪的被害人——无法由成员国来充分实现，但是基于它的范围和潜在的影响，能够在欧盟层面更好地实现，欧盟可以根据《欧盟条约》中第 5 条规定的补充性原则来采取措施。同样根据上述条文中规定的适当性原则，本指令不会规定超出实现目标所必需的事项。”

54　很难理解这个观点。它基于的假设是，一小部分的公民，即“犯罪人们”充分了解所有欧盟法、成员国国内法、国际刑法的所有细节，通过比较各刑事司法体系，并根据比较之后得出的结论做出精准计算过的何时以及在哪里犯罪的选择，而另一部分公民，完全没有犯罪的兴趣，却被成员国之间不同的刑事立法严重限制了自由。

于刑事法的有效性的信仰有根本上的区别。欧盟委员会对于刑事法（以及对于刑事法的协调）有很高的期待，并像在仙境中的爱丽丝一样在刑事法的“花园”里漫步，吃惊地睁大双眼看着几个世纪以来的现代刑事法产生的奇迹。因此许多看起来是关于协调的讨论，本质上是关于刑事法是不是“治疗疾病的合适的药方”。期待大概是：刑事法是一个能够影响欧洲社会的有效工具。欧盟理事会已经表达了更多的不情愿并逐渐遵守了最后手段原则。[55] 但是刑事法的学术文献中却持有完全不同的观点。通常很少能在 29
文献中找到需要协调或者潜在的协调带来的积极影响。事实上，文献中的态度都极具防御性：欧盟不得干涉各成员国国内的刑事法。

第二个模糊了关于刑事法协调需求的探讨的元素是欧盟内部对于权力的斗争。有时，这个探讨与欧盟是否应当有权管理特定领域，或者特定领域应当由成员国管理的问题并驾齐驱。多年来，欧盟委员会试着在刑事司法领域获得更多的权力，并且乐见立刻指派欧盟公诉机关的情形。[56] 里斯本条约中强调了附属性原则，因为这样有助于提醒立法机关，一个问题本质上是应当由欧盟还是由成员国来立法规制，而该原则可以服务于解决问题时采取更加因时因地制宜的方式。

4.2 共同政策与协调

自 1957 年欧洲共同体的奠基开始，其目标就是废止所有的关税并创造一个内部市场。[57] 为了创建这个内部市场，带来了一些保护性措施，尤其是针对来自欧盟之外的商品。非欧盟生产的商品的进口需要承担课税和其他负担。但是，一些欧盟内部的商品出口到世界的其他地方却享受着补贴。《欧盟运行条约》第 3 条划定了欧盟享有排他权力的区域。在这些范围中，明确列出了关税同盟和竞争法规。

另外，《欧盟运行条约》第 4 条规定了欧盟与其成员国共享权力的范围。这其中列出了内部市场以及自由、安全与公正的领域。统一内部市场的政策由共同的农业和渔业政策（《欧盟运行条约》第 38—44 条），共同运输

---

55 Council Document 16542/1/09, 25 November 2009, Draft Council conclusions on model provisions, guiding the Council's criminal law deliberations.

56 2013 年欧盟委员会发布了其对欧盟理事会出台设立欧盟公诉机关办公室法规的建议，COM/2013/0534final-2013/0255（APP）。

57 当时被称作“common market”（共同市场）。

政策（《欧盟运行条约》第 90—100 条），关于竞争和税收的共同规则（《欧盟运行条约》第 101—118 条）组成。《欧盟运行条约》第 119—144 条规定了经济和货币政策。有关边境检查、庇护和移民的政策（《欧盟运行条约》
30 第 77—80 条）已纳入自由、安全和公正的领域范围。由于在内部边界取消边境检查，当国内立法授权警察机关在边境地区进行身份检查，而不是依据被检查人员的行为，如果有相当于边防检查的效果时，会被排除。[58] 但是，法院认为，取消边界检查并不影响警方的权力。特别是，如果这些警察权力被有选择地应用于进行现场检查并以打击非法居留为目的，那么它们并不违反《对于跨境人员流动规则制定共同体法典的条例 562/2006》关于制定一个共同的关于公民穿越边界的法规。[59] 除了刑事司法合作（《欧盟运行条约》第 82—86 条）和警察合作（《欧盟运行条约》第 87—89 条）之外，该地区还规定了另外两个领域：边界检查、庇护和移民政策，以及民事司法合作（《欧盟运行条约》第 81 条）。除竞争法区域外，这些主要政策领域以及条约规定的其他领域（《欧盟运行条约》第 145—221 条）在本书中没有全面阐述。另一个（间接）例外涉及补贴。联盟的经济利益主要在这一领域。欺诈，如避税或不合理的补助或补贴，对欧盟的经费是有害的。

《欧盟运行条约》第 119—144 条规定了经济和货币政策。在这些领域，联盟规定了一项具体政策。例如，为了保护环境、渔民的经济利益和消费者的利益，限制许可捕捞的鱼的数量。又如在运输领域，欧盟不仅统一了交通规则和司机的休息时间，还协调了驾驶执照和所有机动车辆的适航性。在这些领域，已经制定了几乎完全统一的法律。立法时总有双重重点，既要消除妨碍自由行动的障碍，又要为所有经济运营者创造平等的标准和机会。虽然这种方法的主要着重点是经济效益导向的，但公共卫生、环境或公共政策等其他领域也可能发挥影响。

逐渐地，形成了对自由、安全和公正的领域的特定问题的一个共同方法。最终的目标是用比内部市场更为模糊的术语来描述的，但这不能被称为欧盟制定的短期目标。欧洲理事会定期制定新的政策目标。其中一个例

---

58 22 June 2010, *Joined Cases C-188/10 and C-189/10, proceedings against Aziz Melki*（*C-188/10*）, *Sélim Abdeli*（*C-189/10*）, par. 74–75.

59 19 July 2012, Case C-278/12 PPU, *Atiqullah Adil* v. *Minister voor Immigratie, Integratie en Asiel.*

子就是所谓的加强犯罪嫌疑人和被告人刑事诉讼程序权利的路线图[60]，其中提到了六项措施。措施 A：翻译和口译；措施 B：关于自身享有权利的信息和关于起诉的信息；措施 C：法律咨询和法律援助；措施 D：与亲属、雇主 31
和领事当局进行沟通；措施 E：对有嫌疑或被指控的公民中的弱势群体的特别保障措施；和措施 F：关于审前拘留的绿皮书。

根据《欧盟运行条约》第 119 条，欧盟将采取一种经济政策，该政策部分基于成员国经济政策的密切协调。将这一原则应用于自由、安全和公正的领域意味着欧盟努力通过旨在预防和打击犯罪的措施确保高级别的安全。在轮值主席的总结[61]和一些行动计划[62]中特别清楚地阐述了基于政策的方面，这些行动计划没有直接统一法律，而是用来触发针对某一特定主题的进一步立法或执法。例如，如果一项行动计划规定必须加强打击恐怖主义的力度，就很有可能会推动有关恐怖主义的立法，并获得通过。

其他例子包括集合性的数据库，所有成员国都可以查阅[63]，“最佳实践”现象，[64]评估和“记分栏”[65]，它们在表格中列出了各安排和获得的回应，以及由谁做出（成员国、欧盟理事会和 / 或欧盟委员会）。

4.3　工具

实质上，欧盟使用两种法律工具来实现其目标。它们可以被称为“硬法”和“软法”。硬法是立法，是整合和协调的中坚力量。相比之下，“软法”指 32

60　OJ 2009，C 295/1–3.

61　Document 15914/05 of 17 December 2005, European Council of Brussels, 15/16 December 2005.

62　例子包括：Council and Commission Action Plan of 3 December 1998 on how best to implement the provisions of the Treaty of Amsterdam on the creation of an area of freedom, security and justice; Council and Commission Action Plan to fight terrorism; Council and Commission Action Plan with a view to preventing and combating trafficking in human beings, 12402/3/05, Brussels, 18 November 2005.

63　申根信息系统、海关信息系统、签证信息系统、欧洲刑警组织系统。

64　Joint Action of 29 June 1998 on good practice in mutual legal assistance in criminal matters, OJ 1998, L 191/1; EU plan on best practices, standards and procedures for combating and preventing trafficking in human beings, OJ 2005, C 311/1.

65　2007 年 7 月 4 日《2006 年实施海牙项目的报告》，表 1 机构评分栏，表 2 实施评分栏，理事会文件 11516/07。另见 2010 年 12 月 7 日《执行 2006 年 10 月 6 日欧盟理事会的〈关于对没收令适用相互承认原则的框架决定〉（2006/783 / JHA）》，理事会文件 16925/10；2011 年 1 月 21 日《执行 2005 年 2 月 24 日欧盟理事会〈关于对经济处罚适用相互承认原则的框架决定〉（2005/214 / JHA）》理事会文件 16924/10。

的是那些不是立法的控制手段，但是可以基于立法。这些术语通常符合协调和一体化，尽管不是完全符合。所有协调和一体化形式都表现出不同的附随原则。首先也是最重要的一点，它们是从强化的合作为速度不同的过程的角度来看的。“强化的合作”这个词首先在《申根协定》的语境中使用过，但现在《里斯本条约》中已有规定。这意味着，在某些问题上，一些成员国比其他成员国协调更快（或合作更密切）。申根区也是欧盟的范例，并被认为是欧盟的先行者，当其他国家准备好后可能会在未来的某个时刻加入。

硬法：形式和手段

刑法领域的欧洲立法必须通过转化到成员国国内法律体系中来实施。因此，欧洲法律制定了适用于具体案例的多层立法（欧盟和国内）。所有对刑事法有影响的法律文书都设定了成员国必须履行其义务的期限。在指令和框架决定中，这些义务可以在文书的其中一个总结性条款中找到。[66]一般而言，这一执行期为两年，有助于向成员国提供合理的时间以履行其义务。成员国必须在此期间向欧盟委员会提交执行立法草案以获得建议。

软法：形式和手段

欧盟的影响正在不断扩大，并且正在进入更多的政策导向领域（软法），并且在较小的程度上也进入执法领域。在其立法举措中，欧盟决定了什么行为是刑事犯罪和什么行为不认为是刑事犯罪，[67]并对调查和执法的优先事项做出了选择。[68]这涉及刑事政策和起诉政策。欧盟委员会和欧洲议会一直坚持认为针对欧盟的经济利益的欺诈是非常严重的犯罪，这似乎确实有一些效果，导致了立法领域、执法领域以及相关人员和手段的一系列措施。在这种情况下，欧盟并未明确确定必须制定的规则是什么，但它确
33 定了必须针对特定主题采取行动。《欧盟运行条约》第67条规定的目标为向欧盟理事会和成员国提供协调其运作的法律标准。政治优先权越高，成

66　指令通常有两年的实施期限；尽管有些可能规定了不同期限。法规在公布几天后生效。要求成员国在特定时间期限之后实施法规是非常罕见的。

67　更多参见第五章第2节和第5节。

68　优先事项会随着时间推移而转移。例如，20世纪70年代到90年代初是电子商务诈骗。在90年代后半期，毒品、核材料贸易、贩卖妇女和儿童色情活动成为优先事项。“9·11”事件之后，所有这些都被恐怖主义所取代。然而，自2010年以来，被告方的权利一直是立法举措的重点。

员国就越难以避免共同的政策并按照自己的方式行事，因为欧盟法律文书的规定更强有力，而且政治压力更大。成员国很少偏离打击恐怖主义的共同路线，但在打击毒品方面，它们确实让自己留有一些分歧的余地。

欧洲政府首脑峰会经常达成通过各项计划作为未来几年政策举措的总指导。[69] 此后会制订更具体和详细的计划并以行动计划或路线图的形式提出，其中包括了许多有关立法和实践的举措。[70] 除此之外，安理会曾多次通过决议，要求采取类似举措。[71] 因此，在某个时间点上，在政治上几乎不可避免地需要将各种软法律文件中的义务分组并将它们转化为硬法律文件。此外，根据《欧盟运行条约》第 70 条进行的评估可能会带来更好的执行和实施，以及立法提案。[72]

4.4　协调（harmonisation）与趋同（approximation）

欧盟不只采取单一的协调模式。传统上，积极整合和消极整合有区别。积极整合是指联盟在某一实体法的领域进行协调，因此，成员国对该领域其他措施的裁量权十分有限。积极整合发生的领域包括如引入增值税和机动车辆适航性的测试。虽然这些领域的法律文件可能会协调一致，但协调实际发生的程度差异很大。

另一种统一形式被称为消极一体化，在这种形式中，欧盟法不强制成员国进行具体立法，来协调基本准则。在消极整合的情况下，欧盟法 34
律只是规定某些行为不能遭受任何障碍。《欧盟运行条约》的五项自由权利是引发消极一体化的自由权利的范例。消极一体化的后果因此更多由国内法的规定来决定。多年来，消极一体化对国家刑法的影响远远大于

---

69 See, eg, the Stockholm Programme – An open and secure Europe serving and protecting citizens, OJ 2010, C 115/1. It is the successor of The Hague Programme. Presidency Conclusions of the Tampere European Council, 15 and 16 October 1999; Presidency Conclusions of the Brussels European Council, 4 and 5 November 2004, The Hague Programme, Doc. 14292/04, 5 November 2004.

70 Communication from the Commission to the European Parliament, the Council, the European Economic and Social Committee and the Committee of the Regions, Delivering an area of freedom, security and justice for European citizens, Action Plan Implementing the Stockholm Programme, COM(2010)171.

71 1998 年 12 月 21 日形成关于预防有组织犯罪的理事会决议，并提及制定一个全面打击有组织犯罪的战略，OJ 1998，C 408/1。

72 Marlèn Dane and André Klip (eds.), An Additional Evaluation Mechanism in the Field of EU Judicial Cooperation in Criminal Matters to Strengthen Mutual Trust, Celsus 2009.

积极一体化。除了一些例外情况外，考虑到这些法律文件大多数属于经济性质，其中包括行驶记录仪条例（《关于统一与公路运输有关的某些社会立法的条例3820/85》和洗钱指令（《关于洗钱的指令2015/849》），这是合乎逻辑的。框架决定和刑法指令也具有积极整合的效果。

协调——有时被称为趋同——是一种源于共同体法律的使用过的且可靠的方法。[73] 关于内部市场，协调的法律基础可以在《欧盟运行条约》第114—118条中找到。在特定的政策领域，成员国必须遵守规定的最低义务。但是，它们有权制定补充条款。根据文书范围的要求，其补充规定可能更为受限，也可能不如此。最低标准必须在欧盟法进行完全协调的场景中制定出来。在某些情况下，最低标准也是实现政策领域全面协调的第一步。[74] 这也可以从涉及成员国在部分协调情况下立法之间的差异的判例法中推导出来。如果它们损害了平等对待，或扭曲、损害市场的运作，“主管机构应制定必要条款来弥补这种不一致”。[75]

《欧盟运行条约》第82条和第83条都提到了最低限度规则，前者是因为这些规则有助于相互承认判决和司法判决[76]，后者由于需要在共同基础上打击严重犯罪[77]。《欧盟运行条约》第82条和第83条规定了可能发生协调的领域。它们关于：

成员国之间对于证据的互相承认；

刑事诉讼中个人的权利；

---

73 欧洲法院无区别地使用这两个概念。6 December 2005, Case C-66/04, *United Kingdom of Great Britain and Northern Ireland* v. *European Parliament and Council of the European Union*, 6 December 2005, Case C-217/04，*United Kingdom of Great Britain and Northern Ireland* v. *European Parliament and Council of the European Union*. 其他作者认为协调和趋同是有区别的现象。Francesco Calderoni, Organized Crime Legislation in the European Union, Springer Verlag 2010, pp.1–10.

74 隐含的潜在概念是，完全协调是最终目的。参见《关于通过刑法打击种族主义和仇外心理的某些形式和表现的框架决定2008/913》叙文第6条，其中有明确阐述。

75 21 September 1983, Joined Cases 205 to 215/82, *Deutsche Milchkontor GmbH and others* v. *Germany*, par. 24.

76 参见《关于刑事诉讼中获得信息的权利的指令2012/13》叙文第10条：“共同最低限度规则应增强对所有成员国刑事司法系统的信心，这反过来又会促进在相互信任的气氛中进行更有效的司法合作。”

77 司法合作方面的困难被认为是需要进一步协调成员国刑事法律的理由。参见《关于通过刑法打击种族主义和仇外心理的某些形式和表现的框架决定2008/913》叙文第4条。

犯罪受害人的权利；

欧盟理事会决定增加的刑事程序的任何其他具体方面；

有关刑事犯罪和制裁的定义的最低规则。

看起来公正的结论是，协调仍然保留在以前属于第一支柱的联盟政策领域。[78] 协调提供了一个比近似更高的整合度和相似度。近似允许成员国在选择履行其欧盟义务的方式时有更多的自由裁量权。但是，条约和欧洲法院的判例法都没有明确划出协调与近似之间的分界线。

自第三支柱设立以来，协调和近似并不总是一贯使用的。尽管《欧盟运行条约》第 82 条第 1 款中使用的是“近似”，在一份文书中，“协调”似乎是适当的术语[79]，在另一份文书中协调和近似的表述却被互换使用[80]。因此，术语并不总是适应于刑事法的具体情况。《财政利益公约》第 9 条可以作为这方面的一个例子：“本公约中的任何规定都不应阻止成员国制定超越本公约义务范围的国内法律规定。”这里的含义是什么？应该如何解释“超越”，以及从哪个方向（有利于起诉还是辩护权利）理解？

同样，《欧盟运行条约》第 82 条第 2 款规定，采取最低限度规则不应妨碍成员国保持或为个人提供更高水平的保护。什么是更高的水平？《关于非法贩运毒品的框架决定 2004/757》描述了必须作为最低限度规定为犯罪的行为；这是否应该解释为成员国可以将其他形式的行为规定为犯罪并更严格地执行？根据规定最低限度的定罪和惩罚的标准，超过最低限度的水平可能是更为严格的惩罚形式的结果。一方面，这可以满足自由、安全和公正区域在打击犯罪方面的要求。另一方面，这可能与公民的自由行 36
动权利相冲突。检查所有跨越边界公民是否有违禁药物，并对毒品犯罪判处无期徒刑，可能对压制这种犯罪形式作出重大贡献，但仍会严重阻碍人员的自由流动。此外，这个例子，违反了欧盟立法必须遵守的比例原则。因此，结论是成员国必须履行这些文书中规定的义务，不论它们是否被标记为“最低限度规定”。[81] 类似地，关于程序规则，也可以提出什么是“最

78　参见《欧盟运行条约》第 83 条第 2 款中对协调措施的提及以及其与近似化的区别。

79　参见《关于非法贩运毒品的框架决定 2004/757》叙文第 9 条。

80　参见《框架决定 2008/919，修订了关于打击恐怖主义的框架决定 2002/475》叙文第 2 条和第 10 条。

81　更多参见第五章第 1 节及第 3.1 节。

低限度规则”的问题。法律顾问 Bot 以明确的方式回答了这个问题，值得支持：“我个人更喜欢使用‘不可克减的规则’来表达‘最低限度规则’，而‘最低限度规则’经常在不考虑不可告人动机之下，作为一个简化的较小的规则来解释。正如刚才解释的那样，它们实际上是程序性原则的重要基础，在刑事诉讼中它们确保适用和尊重作为使欧盟成为在法治基础上存在的体系的共同基本权利。”[82] 然而，《关于解释和翻译的指令 2010/64》的叙文第 32 条明确指出，该指令的性质是设定最低限度的规则，它也为我们提供了应当考虑的角度：这是公民获得公正审判的权利。[83]《关于获得律师的权利的指令 2013/48》的叙文第 8 条指出，共同的最低限度规则不仅应增加对所有成员国刑事司法系统的信心，而且应当促进欧盟的基本权利文化[84]，消除公民自由流动的障碍。但是，这从整体来看存在不一致。鉴于《关于冻结犯罪所得的指令 2014/42》明确规定了最低限度的规则[85]，但其视角（工具或权利）尚不明确，因为指令中都明确地规定了更多没收财产的可能性以及对财产所有者的保障措施。

4.5 授予原则、附属性原则和比例原则

37 这三项原则规定了欧盟的立法权限。

授予原则

成员国为实现其共同的目标（《欧盟条约》第 1 条）而向欧盟赋予权限。《欧盟条约》第 13 条第 2 款规定，授予原则也适用于个别机构，而《欧盟条约》第 4 条和第 5 条第 2 款规定，未授予欧盟的权限仍然由成员国自行

---

82 Opinion of Advocate General Bot of 7 May 2015, Case C-216/14, *criminal proceedings against Gavril Covaci*, Point 32.

83 这是欧洲法院明确提到的一点，这使得欧洲法院是否遵循法律顾问关于最低限度规则的解释仍然没有确定答案。15 October 2015, Case C-216/14, *criminal proceedings against Gavril Covaci*, par. 50.《关于被害人权利的指令 2012/29》叙文第 11 条也许可了对于被害人更高水平的保护。

84 在该背景下参见 15 October 2015, Case C-216/14, *criminal proceedings against Gavril Covaci*, 第 36 段：“因此，根据指令 2010/64 的叙文第 12 条，其目的在于加强成员国之间的相互信任，因为该指令规定了适用于刑事诉讼程序中的口译和翻译的共同最低限度规则。”

85 参见叙文 22：“该指令规定了最低限度的规则。这并不妨碍成员国在其国内法中提供更广泛的权力，包括如它们的证据规则。”

享有。[86] 与之前的条约相比，《欧盟条约》更加尊重成员国的国家认同感和责任感。例如，欧盟应尊重成员国的国家基本结构中包含的国家特征以及维持法律和秩序等基本国家职能（《欧盟条约》第 4 条第 2 款）。《欧盟条约》第 5 条划分了欧盟权力的界限：在哪些领域欧盟权限受到授权原则的限制，而在哪些领域欧盟权限的使用受辅助性和相称性原则的约束。

条约区分了欧盟的专属权限和欧盟与成员国共有的权限。行使职权的范围和安排由条约有关每个特定领域的条款决定。欧盟可以在条约授予的特定领域内通过立法和采取具有约束力的行为使用其专有权限（《欧盟运行条约》第 2 条第 1 款）。在专属权限方面，成员国只有在获得授权的情况下或者为了实施欧盟的行为才能采取行动。在共有权限领域，欧盟和成员国都可以通过立法并采取具有法律约束力的行为。《欧盟运行条约》第 2 条第 2 款进一步指出：

> 成员国应在联盟未行使其权限的情况下行使其权限。如果欧盟决定停止行使其权限，成员国应再次行使其权限。

辅助原则

《欧盟条约》第 5 条第 3 款规定：

> 根据辅助性原则，在不属于其专有权限的领域内，欧盟只有在成 38
> 员国无法在中央一级或地区一级充分达到计划行动的目标的情况下，且如果计划行动的规模或效果可以更好地在联盟一级实现时才能采取行动。[87]

这是什么意思？

从《里斯本条约》附属原则和比例原则的适用议定书可以看出，主要效果应该发生在立法过程中。一方面，该原则划分了欧盟拥有专属权限的

86　欧洲法院判例法中可以找到这一原则的一个旧例。14 July 1976, Joined Cases 3, 4 and 6–76, *Cornelis Kramer and others*. 更多参见《里斯本条约》附件，《关于划定权力边界的第十八号宣言》。

87　旧版《成立欧洲共同体条约》第 5 条。

领域，如前面提到的共同政策领域。另一方面，有些领域不存在这种专有权限。在这里，依据有效性标准的应用（“如何更好地实现行动”），欧盟可以胜任。这可能与这种行为的规模和影响都有关。然而，实际上，成员国似乎也注意到了这一原则，主要是因为它对保护主权的重要性。这可以解释为什么议定书委托各国议会来监督这一原则是否被遵守。

《欧盟运行条约》第 69 条规定，各国议会应确保有关刑事司法合作和警察合作的建议和立法举措符合辅助性原则。[88] 任何国家的议会均可在立法法草案送达之日起八个星期内提出合理意见，说明其为何认为该草案不符合辅助性原则（第 2 号议定书第 6 条）。如果三分之一国家的议会同意这一观点，则必须审查草案（第 2 号议定书第 7 条）。

比例原则

根据《欧盟条约》第 5 条第 4 款，比例原则意味着联盟行动的内容和形式不得超过实现条约目标所必需的内容和形式。与辅助性原则相似，各国议会可以就遵守这一原则提供合理的意见。[89]

4.6　刑事司法系统的根本方面

《欧盟运行条约》第 82 条第 3 款和第 83 条第 3 款创建了所谓的紧急制动程序，该程序可供认为指令草案可能会严重影响其刑事司法系统的基
39 本方面的成员国使用。虽然《欧盟运行条约》第 82 条允许成员国向欧洲理事会提交有关刑事程序规则和刑事合作的草案，但第 83 条赋予了成员国对于实体刑法规则相同的权力。一些成员国表示忧虑，欧盟的权限可能迫使它们通过与其刑事司法系统的传统格格不入的法律法规之后添加该程序。它在实践中的用途仍有待观察。[90] 成员国的刑法相关问题的敏感性也体现在这种关于立法的倡议可能来自欧盟委员会或四分之一成员国的唯一领域。《欧盟运行条约》第 76 条将刑事法排除在通常程序之外，其中立法倡议仅能够来自欧盟委员会。

88　更多参见《关于各国议会在欧盟中的作用的第 1 号议定书》与《关于适用辅助性和相称性原则的第 2 号议定书》。

89　但是，第 2 号议定书第 6 条和第 7 条的复核程序似乎仅仅是为了辅助性原则。

90　一些有可能应用的场景，参见 Steve Peers，EU Justice and Home Affairs Law，3 rd edition，Oxford University Press 2011，pp.65–70。

从第 82 条和第 83 条的表述来看，显然是由有关成员国来确定其刑事司法系统是否受到影响。[91] 在其他情况下，条约是指尊重国家特征和欧洲的多样性（《欧盟条约》第 3 条，《欧盟运行条约》第 67 条）。此外，授权原则，辅助性原则和比例原则可能会对刑事司法系统基本方面受到影响的结论产生作用。

这种评估是绝对的，还是欧洲法院可以检验草案是否确实影响到国家刑事司法系统的基本方面？这个未解决的问题是最相关的。如果可以的话，欧洲法院的立场将与宪法法院的立场类似。如果欧洲法院不能在《欧盟运行条约》第 82 条和第 83 条第 3 款的基础上对提交给欧洲理事会的案例做出客观检验，则该机制会导致成员国对某事项的一票否决，这会阻碍某区域的共同欧盟立法。

该条约规定，如果欧盟理事会成员国启动这一程序，则暂停普通立法程序。随后，欧洲理事会将进行讨论，如果达成共识，将把草案返还欧盟理事会。当欧洲理事会达成共识时，事情可以按照约定进行。另一种可能性，也就是分歧，带来了更多的问题。《欧盟运行条约》第 82 条和第 83 条第 3 款规定，如有分歧，并且至少有 9 个成员国希望根据指令的草案加强合作，则可获得批准继续进行。结果是，在一个成员国反对，而所有其他成员国支持的指令的极端情况下，该成员国将能够自行阻止共同决策，40
尽管它不能反对其他成员国加强合作。

补充性原则与刑法：特殊的东西？

根据《欧盟运行条约》第 67 条第 1 款对成员国不同法律制度和传统的承认，是否可以认为欧盟立法机构不应强加改变成员国刑事司法制度的义务？每个成员国的国内刑法和刑事诉讼程序都是在几个世纪的过程中逐渐发展完善的。国家刑事司法体系象征着国家的身份和文化。它是在法律被认为是纯粹地来自一个国家的时候出现的。欧盟法的本质不同于国内刑法，这个本质要求从欧盟的角度来考虑刑事法的特别之处。意识到这些特别的地方有助于理解欧盟法律原则与国内刑法之间尚未发现

91　刑事司法体系的基本方面也在 2008 年 12 月 16 日《关于加强欧洲司法合作组织和修改〈设立欧洲司法合作组织，以加强打击严重犯罪的斗争的决定 2002/187〉的决定 2009/426》第 9e 条中提及。欧洲司法合作组织的国家成员必须将影响刑事司法系统基本方面的案件提交给国家有权当局。

的问题。是否刑法与文化领域的关系比其他法域更密切，因此它不太适合协调？是否根据是实体法还是程序法而有所不同？提供这些问题的答案并不容易。

此外，还有一个有效的因素可以帮助维持国内刑事司法系统的一致性。与私法不同，刑事法形成了一个封闭的制度，即无论是个人还是刑事审判当事人都不能制定自己的刑法。由于这一特点，只在刑法的几个方面协调一致，而不影响整个系统可能会更加困难。然而，可能存在一种协调刑事法某一方面而其他方面或领域不变的意图。刑事法能应对这个吗？协调犯罪的具体定义受刑法总则部分的影响。在同一平面上，协调犯罪的定义将在程序领域产生后果——采取强制性措施。这是否会导致最佳结果或不需要的副作用？这两种极端情况都可能是不可取的：扰乱个人压制和保障之间的平衡，以及无法有效执法的情况。

这些例子表明，刑事（程序）法的具体要素的协调是如何产生相关后果的，这种后果将因国家而异。一个成员国的具体副作用可能在另一成员国完全不存在。因此，它可能会迫使各国在法律的其他领域进行变革，尽管这种变化既不是必需的，也不是协调文书的起草者所期望的。[92]

4.7　协调的后果：一个批判性评估

41 规则的协调集中在欧盟在成员国国内背景之下的统治的实施上。这可以称为输入导向的协调。但是，查看被协调之后的规则的实际输出也很重要。这是实践中的法律，因为它是从行政权力和司法权力的行为演变而来。有人可能会提出疑问，如果执行机制尚未协调一致，对规则的协调化是否会导致执行上的协调化。这在一定程度上取决于已经被协调的法律文书的内容。描述明确的立法的协调效应将大于使用能够被多样解释的术语的协调效应。此外，如果这些法律文书提供了监督机制，对于实施的报告义务或对规则效果的任何其他反馈，则执行方面也被不言自明地纳入考虑范围。根据欧盟法可以找到纳入执法方面的一个例子，其中条约以及次级立法规定了委员会和欧洲法院的监督。

在《里斯本条约》生效之前，第三支柱下没有规定这样的执法或监督

92　Petter Asp, The Importance of the Principles of Subsidiarity and Coherence in the Development of EU Criminal Law, 1 European Criminal Law Review 2011, pp.44–55.

机制。这导致了对第一支柱和第三支柱法律的区别甚大的处理。在第三支柱下缺乏执行义务和委员会的监督，这意味着没有其他工具可以在实践中促进法律的统一。欧洲法院对于委员会的要求没有权限进行干预。因此，第三支柱法律的协调效应仅限于一个共同的规范，而不涉及共同的执法。

有人可能会质疑，协调和近似刑事立法的方法是否确实使各成员国的刑事司法系统更加紧密。迄今为止，关于第三支柱法律文书，协调和一体化模式的实际影响力有限，远低于其潜力。这是什么原因？首先，这与立法的妥协性质有关。这是刑法中的一个主要关注点，其中法定或惯例条款的明确性至关重要。其次，尽管刑事律师倾向于将欧盟立法视为法律，但欧洲一体化首先是一个政治过程。这可能部分地解释了欧盟刑事立法的模糊性和不确定性，也部分解释了法律界对欧盟的批评。这是适用法律的主要问题之一。欧盟的政治决策是在一个法律文书中规定的，或者换句话说，相对于成员国国家立法，欧盟立法由昭示着政治上的决定的方向的元素组成，并且为国家立法进行更具体的规定留下了很大的余地。

例如对于犯罪行为的定义中采用了一个相对不具约束力的规范。《关于对信息系统的攻击的指令 2013/40》第 3 条要求：

> 成员国应当采取必要措施，确保在无访问权限且故意的情况下对 42
> 整个信息系统或信息系统的任何部分实施侵犯安全措施的行为即可构成刑事犯罪，除了情节极为轻微的案件。

成员国之间存在显著差异的可能性非常高：什么是必要措施，什么是故意的，什么是“无访问权限”，以及哪些案件不是轻微的？[93] 这里，近似效应实际上是不存在的。上述指令第 7 条提供了更多的控制性的影响。在犯罪组织结构内犯下的罪行被定义为“能附加最高刑罚为 2 至 5 年有期徒刑的加重情节”。另一个例子是《规定关于非法贩卖毒品领域犯罪行为的构成要素和处罚的最少条款的框架决定 2004/757》。该框架决定设定了立

93　关于后者，叙文第 11 条指出：“本指令规定了对不属于轻微的案件的刑事处罚。根据本国的法律和惯例，成员国可以确定轻微案件的构成。例如，如果犯罪行为造成的损害和 / 或可能损害公共或私人利益的，如计算机系统或计算机数据的完整性，或针对个人的诚实，权利或其他的利益，是微不足道的，或者是这样的一种性质，即在法定的阈值范围内实施刑事处罚或者施加刑事责任是没有必要的。”

法时至少将特定期限的刑罚作为某一犯罪的最高刑罚。[94]一个成员国在处理这个问题时拥有广泛的空间。它可以选择设定更长期的刑罚。如果成员国的现存刑罚已经比框架决定中设定的期限长，则它不需要改变。

整合和协调的微弱影响的第二个原因是使用24种法律语言。根据定义，各种语言版本的使用会导致一些法律文书的差异。[95]在欧洲的“巴比伦塔”中，每个成员国都以自己的（法律）语言解释欧盟法律，因此可能会与其他国家相互误解。

刑事法领域中实施是不可避免的这一事实是成员国执法手段不同的第三个原因。共同标准会被翻译并转化进入成员国国内。这是提到的前两个因素的累积效应：各种语言的模糊标准设置有助于在国内法进行解释时尽可能少地发生变化。国家执法人员将用国内眼光和将（新）规则作为整个
43 国家体系的一部分来解释（新）规则。这可以解释为什么一些规则在纸面上应该改变某个国家的标准，实际上却可能不会导致任何明显的变化。因此，仅限于欧洲共同规则的协调可能会导致形式上的协调。[96]另外，一个在谈判过程中处于最差地位并且／或者被置之不理的成员国，其后可能会通过以极端的本国的方式来解释实施义务进行报复。

第四个原因在欧洲法院提供的附带指导中找到。欧洲法院在初步解释联盟法方面的问题中的实际作用正在逐渐形成，但仍然呈碎片化。原因是，实际上并非所有成员国都以同样的方式应用欧洲法院的管辖权。一些国家法院通常不愿意提到欧洲法院。一个越来越重要的因素是，特别是在刑事法领域中，并非所有成员国都适用所有欧盟立法。[97]

第五个原因在于欧盟中缺乏对于刑事法的角色的观点。关于欧盟法与刑事法之间的关系没有宏观的设计。这甚至可能是造成普通文书与实践中的法律之间差距的最重要因素。立法举措仅考虑特定的单一问题，没有分析更广泛背景下的后果。一个简单的例子是最低／最高刑罚。即使所有成员国都采用相同的最高刑罚，这种相似只会是表面的。《刑法典》中规定

94　《规定关于非法贩卖毒品领域犯罪行为的构成要素和处罚的最少条款的框架决定2004/757》第4条第1款：“各成员国应采取必要措施，确保第2条所述罪行应受到最高刑罚至少为1至3年监禁。”详见第七章第2节。

95　更多详见第四章第3节。

96　更悲观的解释可以是只发生了“装点门面”。

97　更多详见第三章第2.4节，关于地理上的变量。

的刑罚没有考虑到确定刑罚的其他因素（包括但不限于减轻处罚情形、附条件或提前释放、拘留制度、赦免等）的所有方式。将名义上的句子的等同与刑罚的实质等同混为一谈是错误的。

5. 组织机构、代理机构、分支机构和办事处

《欧盟条约》（TEU）第 13 条提到执行欧盟任务的七个机构：欧洲议会，欧洲理事会，欧盟理事会，欧盟委员会（简称委员会），欧洲法院，欧洲中央银行和审计法院。[98]这些机构的能力在《欧盟运行条约》中进一步规定。除了这些正式承认的机构之外，多年来已建立了各种代理机构，分支机构和办事处。

5.1　组织机构

欧洲议会（The European Parliament）[99]

欧洲议会代表欧盟的人民。它位于斯特拉斯堡，但有些会议在布鲁塞 44
尔和卢森堡举行。[100]《欧盟条约》第 14 条规定，议会人数不得超过 751 名由欧洲公民直接选举的成员。任何成员国的成员不得少于 6 人，或拥有超过 96 个席位。《欧盟运行条约》区分普通立法程序和特殊立法程序。在普通立法程序中，欧洲议会将与理事会共同通过有关委员会提案的条例，指令或决定（《欧盟运行条约》第 289 条和第 294 条）。条约规定了需要在欧盟理事会参与下，由欧洲议会采取行动或在欧洲议会参与下，由欧盟理事会采取行动的具体情形。

欧洲理事会（The European Council）

欧洲理事会是由成员国的国家元首或政府首脑以及欧洲部长理事会主

98　《里斯本条约》已将欧洲理事会和欧洲中央银行升格为组织机构。

99　如今《欧盟条约》第一次在第 12 条中提到各国议会。它们将参与自由、安全和公正的领域的框架里，评估在该领域实施欧盟政策的机制，根据《欧盟运行条约》第 70 条，并通过参与欧洲刑警组织的政治监督以及根据《欧盟运行条约》第 88 条和第 85 条对欧洲司法合作组织的活动进行评估。

100　关于组织机构和欧盟特定分支、办事处、代理机构和部门的所在地的第 6 号议定书。

席和委员会主席组成的政治机构。[101] 欧洲理事会每六个月举行一次会议。《欧盟条约》第 15 条第 1 款明确阐述了其政治任务：

> 欧洲理事会应向欧盟提供其发展的必要推动力，并确定欧盟的总体政治方向和重点。它不得行使立法职能。

欧盟理事会（或简称为理事会，The Council）

条约为欧盟理事会预留了重要的角色。《欧盟条约》第 16 条指出，理事会将与欧洲议会共同履行欧盟的立法和预算职能，并执行决策和协调职能。它位于布鲁塞尔，但有些会议在卢森堡举行。根据《欧盟条约》第 16
45 条第 2 款，该机构由成员国政府的代表组成。它以普通多数来通过决定，除非条约中规定了确定数量的多数。[102] 理事会已将许多筹备工作转交给常驻代表委员会（《欧盟条约》第 16 条第 6 款和《欧盟运行条约》第 240 条）。它可以要求委员会提交立法提案（《欧盟运行条约》第 241 条）。理事会可以与第三国或国际组织签订协议（《欧盟运行条约》第 218 条）。根据《里斯本条约》，欧盟将其决策制度从一致决定变为以多数票决定。

在之前的《欧盟条约》下，欧盟理事会的职责有所不同，需要全体一致才能通过决定。立法倡议可由任何成员国和委员会提出。实际上，担任理事会主席职位的成员国提出了许多倡议。

欧盟委员会（The Commission）

欧盟委员会是欧盟法律的关键因素：

> 它应该促进欧盟的总体利益并为此采取适当举措。它应确保条约的适用以及各机构依据条约采取的措施。它将监督欧洲法院管控下的欧盟法适用情况。（《欧盟条约》第 17 条第 1 款）

---

101 《里斯本条约》改变了欧洲理事会主席任期的时间，在取消轮换原则之后，理事会主席任期为两年半。波兰前总理唐纳德·图斯克（Donald Tusk）自 2014 年 12 月 1 日起担任欧洲理事会主席。卢森堡前首相让－克洛德·容克（Jean-Claude Juncker）自 2014 年 11 月 1 日起担任委员会主席。委员会及其主席的任期为五年。

102 《欧盟运行条约》第 238 条规定了一个新的决策制度，自 2014 年 11 月 1 日起生效。

委员会确保条约得到实施并提出立法，并由理事会和欧洲议会通过（《欧盟运行条约》第 294 条）。此外，委员会监督欧盟法在三个不同层面的统一适用：它监督立法的实施（成员国向委员会通报其执行欧盟立法的草案）；它监督成员国对欧盟法的执行情况；它可能对不符合欧盟法律的成员国提起侵权程序。[103]委员会本身也收集信息，要求成员国进行报告或评估，但也可能会收到公民个人的投诉。如果委员会认为成员国不遵守联盟法，它可能会向欧洲法院提起针对该国的案件（《欧盟运行条约》第 258 条）。

截至 2014 年，委员会由 28 名成员组成，每个国家都有一个成员。
2014 年 11 月 1 日以后，可选择数量更为有限的成员（《欧盟运行条约》第
244 条）。然而，专员不是其成员国的代表，而是服务于欧盟的共同利益 46
（《欧盟条约》第 17 条第 2 款）。委员会对欧洲议会负责（《欧盟条约》第
17 条第 8 款）。它在布鲁塞尔设有办事处。在《里斯本条约》出台之前，
委员会在第三支柱中的地位比在第一支柱中低得多。它可能采取立法举措，
但在决策或监督成员国的遵守方面没有任何作用。它不能在欧洲法院中起
诉一个成员国违反联盟法。

欧洲法院（或称欧盟法院，the Court of Justice）

《欧盟条约》第 19 条第 1 款指出："欧洲法院应包括法院，普通法院和专门法院。它应确保对条约的解释和适用中符合法治原则。"法院开庭的方式为议事庭方式或者大议事庭方式（《欧盟运行条约》第 254 条），旨在确保对条约的统一解释。《欧盟条约》第 19 条第 3 款列出欧洲法院的三项权限如下：

> 对成员国，机构或自然人或法人提起的诉讼作出裁决；
>
> 根据成员国的法院或法庭的要求，对联盟法的解释或机构所采取的行为的有效性作出初步裁决；
>
> 在条约规定的其他情况下作出裁决。

委员会可以对其认为未履行条约义务的成员国提起诉讼（《欧盟运行

103 关于侵权程序详见 Damian Chalmers，Gareth Davies and Giorgio Monti，European Union Law，2 nd edition，Cambridge University Press 2010，pp. 315-349。

条约》第 258 条）。[104] 在这种情况下，欧洲法院可以决定成员国是否实际履行了其义务（《欧盟运行条约》第 260 条）。此程序被非常频繁地使用。当欧洲法院认定一个成员国尚未履行其根据条约承担的义务，意味着要求成员国采取行动，以使其国内立法符合欧盟的立法。[105] 如果成员国对欧洲法院的判决未能让人满意地遵守，委员会可要求欧洲法院强制该成员国支付一笔款项（《欧盟运行条约》第 260 条）。

欧洲法院还可以根据成员国、欧洲议会、理事会或欧盟委员会的申请宣布欧盟法法律（法律文书）无效（《欧盟运行条约》第 263 条和第 264 条）。一般来说，公民个人无法直接向欧洲法院起诉。但是，《欧盟运行条
47 约》第 263 条规定了一个例外。自然人和法人可以对欧盟针对于该人的或者对个人有直接影响并引起个人忧虑的法律文书提起诉讼。[106]

可以向欧洲法院提起诉讼的一个重要方式是，如果一个国内法院或法庭在涉及的法律解释与尚未解决的争议问题的结果相关时，可以请求欧洲法院解释欧盟法（《欧盟运行条约》第 267 条）。在这种情况下，国内法院可以引用欧洲法院的初步裁决。国内法院的引用也经常提交给欧洲法院。[107]

除了以前的《成立欧洲共同体条约》第 234 条，《里斯本条约》还在《欧盟运行条约》第 267 条中增加了一个新的条款：

> 如果在一个成员国的法院或法庭待决的关于在押人员的案件中提出这样的问题，欧洲法院应在最少的延迟时间内采取行动。

由此，紧急程序已经设立。[108] 初步问题必须涉及欧盟法的解释，但欧洲法院的裁决可能会对国内现行法（包括刑事法）产生影响。多年来，欧

104　每年，直接由委员会向欧洲法院提起的案件有 180 起到 220 起。

105　此类判决必须直接适用，并不取决于国家的执行措施。13 July 1972, Case 48–71, *Commission v. Italy.*

106　被列于所谓恐怖主义名单上的个人已经成功应用这一机制来对抗针对他们的财产没收。另请参阅第六章第 6.6 节。

107　国内法院每年都会向欧洲法院提交 200—250 份初步裁决书的引用。第 227 条进一步规定了一个成员国针对另一个成员国提起的诉讼，可以提交欧洲法院审理。该规定是没有任何实际意义的。

108　更多参见第六章第 8.4 节。

洲法院对很多具有里程碑意义的案件作出了初步裁决。由于政治妥协的结果，欧盟立法并不总是非常明确，欧洲法院的作用因而更加强大。作为《里斯本条约》于 2009 年 12 月 1 日生效后头五年的过渡措施，欧洲法院的权限在第三支柱下可以采取的行为方面没有变化。[109] 但是，截至 2014 年 12 月 1 日，欧洲法院在自由、安全和公正的领域的法律行为方面与国内市场相同。[110] 欧洲法院可以评估（包括所有指令和条例之外）成员国是否遵守框架决定，公约或联合文件。欧盟委员会的权力也是如此。截至 2014 年 12 月 1 日，它有权根据《欧盟运行条约》第 258 条的规定，提起针对成员国违反属于自由、安全和公正的领域的法律的案件。

欧洲法院由来自每个成员国的一名法官组成（《欧盟条约》第 19 条
第 2 款）。它位于卢森堡，并以简单多数的方式作出判决，但不在其决定
中表明法官的投票内容。不同意或独立的意见不予发布。欧洲法院的所 48
有判决和命令均在网上以所有欧盟中有效的语言发布。[111] 欧洲法院可能会
在由 3 名或 5 名法官组成的小议事庭或 13 名法官的大议事庭中处理此事。[112]
法官人数表明欧洲法院重视法律问题的程度。在特别重要的情况下，欧
洲法院可以让全部法官共同审理（《欧洲法院规约》第 16 条）。法院还使
用欧洲判例法标识符，这是欧洲法院和国内法院识别、引用和储存元数
据的共同系统。[113]

普通法院（从前称为一审法院）中至少包括来自每个成员国的一名法官（《欧盟条约》第 19 条第 2 款）。《欧盟运行条约》第 256 条精确地确定了其管辖权。在刑事法领域，其作用似乎仅限于审查某些影响公民个人的立法行为的合法性[114]，与其在竞争法案件中所起的突出作用形成对比。在某些情况下，欧洲法院可以审查普通法院的决定。《欧盟运行条约》第 257

109　更多细节，参见第四章第 1 节。

110　《关于过渡性条款的议定书》第 10 条。英国已经选择不遵守这一规定。

111　见 www.curia.europa.eu 以及《欧洲法院程序规则》第 30 条第 2 款。直到 2011 年，法院所有判决书的书面版本都在欧洲法院报告中公布，欧洲法院在其内部称之为 ECR。

112　见《欧洲法院程序规则》第 7—11 条。

113　请参阅理事会关于引入欧洲判例法标识符（ECLI）的结论和针对判例法的最低统一元数据集，OJ 2011，C 127/1。ECLI 引用除了提及案件编号外没有附加价值，因此对法院判决的引用仅包括案件编号。

114　例如，因为被列入《关于打击恐怖主义的具体措施的共同立场 2001/931》而被冻结资产的个人。

条规定了设立附属于普通法院的特别法院的可能性。[115]

《欧盟运行条约》第 252 条正式规定 8 名法律顾问协助欧洲法院：[116]

> 法律顾问在依据《欧洲法院规约》要求他参与的案件中，有责任以完全公正和独立的态度，在公开法庭提出有充分理由的陈述。

虽然法律顾问的意见仅具有咨询性质，但在本书中经常会提及。鉴于他们的咨询性质，法律顾问对于在特定情况下出现的问题具有相当程度的
49 自由裁量权。法律顾问可以将案件置于更大的背景之下，可以指出与待决事项有关的某些问题，并且在大多数情况下，对欧洲法院处理的争议有强烈的影响。判例法的变化常常是首先由法律顾问提出来的。法律顾问的意见是在欧洲法院作出决定之前发布的，并可在网上查到。虽然欧洲法院没有义务这样做，但实际上，欧洲法院在 80% 的案件中遵循了这些意见。[117] 不是所有的案件都必须有法律顾问的书面意见。如果欧洲法院认为该案件没有提出任何新的法律观点，它可以在没有提交法律顾问的书面意见（《欧洲法院规约》第 20 条）的情况下做出决定。

欧洲中央银行

欧洲中央银行于 1998 年 7 月 1 日在欧洲中央银行体系内成立（《欧盟运行条约》第 282 条），并在法兰克福设立了总部。其主要目标是维持价格稳定（《欧盟运行条约》第 127 条）。截至 2002 年 1 月 1 日，欧洲中央银行负责欧元和欧盟的货币政策。意大利人马里奥·德拉吉（Mario Draghi）自 2011 年 11 月 1 日以来一直担任行长。

欧洲审计院

《欧盟运行条约》第 285 条仅规定审计院来进行审计。它审查欧盟设立的每个机构的所有收入和支出账目。它向欧洲议会和理事会报告，特别

115　第一个成立的专门法院是欧盟公务员法庭。见《欧洲法院规约》第三号议定书附件 1。

116　根据《欧盟运行条约》第 252 条关于欧洲法院中法律顾问人数的第 38 号宣言，这一数字可以从 8 个增加到 11 个。目前的数字是 9 位，包括德国、法国、意大利、西班牙、波兰和英国的固定法律顾问。

117　www.out-law.com/page-11458，最后访问日期 2015 年 9 月 12 日。

是任何违规情况。审计院可向欧洲反欺诈办公室（OLAF）[118] 报告欺诈案件，并就预防和打击影响共同体经济利益的欺诈措施接受咨询（《欧盟运行条约》第 325 条第 4 款）。它的总部位于卢森堡。

5.2　代理机构

欧洲申诉专员署

欧洲申诉专员署可能会收到来自任何欧盟公民针对机构活动管理不善的投诉（《欧盟运行条约》第 228 条）。但是，申诉专员不得处理有关欧洲法院和普通法院的申诉。他有广泛的自由裁量权来进行调查，得出结论后，他会向欧洲议会和有关机构提交报告。

欧盟人权局

根据条例 168/2007，建立了欧盟人权局。[119] 它旨在向欧盟的机构和分支 50
提供基本人权方面的帮助和专业知识，尽管它没有司法职能。

5.3　刑事法领域的机构和办公室

由于《马斯特里赫特条约》赋予了欧盟在刑事法领域的立法权，一些代理机构、分支和办事处已经成立。1993 年成立了欧洲警察办事处：欧洲刑警组织。[120] 该办事处设在海牙，着重于欧盟各成员国之间的信息交流和分析。[121] 它没有业务权力，不得进行调查、逮捕或使用任何其他强制性措施。它必须依赖于成员国的警察力量来获取信息。

2002 年，Eurojust 成立。[122] 这是一个由成员国的公诉机关组成的网络，

118　Office de Coordination de la Lutte Anti-Fraude 的法语缩写。

119　Council Regulation（EC）168/2007 of 15 February 2007 establishing a European Union Agency for Fundamental Rights, OJ 2007, L 53/1. 根据该条例第 2 条，该机构的目标是“向共同体相关机构、分支、办事处和代理机构以及成员国在实施共同体法律时提供协助，并于上述机构在各自的权限范围内采取措施或指定行动方案时提供专家意见，以保障基本权利得到充分尊重”。

120　委员会在刑事法领域提及欧洲刑警组织和欧洲司法合作组织。《委员会与欧洲议会和理事会，欧洲机构的通报——未来之路》，2008 年 3 月 11 日 COM（2008）135 最终版［Communication from the Commission to the European Parliament and the Council，European agencies – The way forward，11.3.2008 COM（2008）135 final］。

121　《欧洲刑警组织决定 2009/371》。更多详见第九章第 2.1.2 节。

122　《关于欧洲司法合作组织的决定 2009/426》。更多详见第九章第 2.2 节。

它们可以相互支持，在刑事问题上相互合作，并可以就最合适的起诉地点作出共同决定。欧洲司法网络试图促进法院在刑事事项方面达成相互合作或获取有关外国法律的信息。[123]

《欧盟运行条约》第 86 条允许根据法规从欧洲司法机构中设立欧洲公共检察官办公室。[124] 如上所述，OLAF 是欧盟委员会内的一个单位，该单位已成立并负责打击欺诈的具体任务。[125] 该单位发起的许多调查最终带来刑事调查。

123　《关于欧洲司法网络的决定 2008/976》。更多详见第九章第 2.3 节。

124　更多详见第九章第 3.2 节。

125　《欧洲反欺诈办公室决定 1999/352》关于欧洲反欺诈办公室收集证据和可能在国内刑事司法系统中起诉的情况，见第六章第 6.3 节。

第三章　欧盟法的宪法原则

1. 引　言

前面已经介绍过欧盟的体制结构和其政策背后的理由，现在适合查看 51
它们对法律文书的实施。本章采取的方法既是自上而下的，也是自下而上的。本章将探讨欧盟法加诸成员国的义务，以及这些义务在国内法中产生的后果。虽然刑法不是本章的核心问题，但后文会更多地关注它。本书的分层结构是让读者逐渐接近主题的核心的模式。

判例法在本章中起着重要的作用，其核心是分析欧洲法院的许多案件。所有相关的案例都将受到审视。本章中包含的欧盟法律的原则之所以获得了这样根本的地位，是因为它们可以被归类为具有宪法意义，并且由实施义务、直接效果、希腊玉米案标准、五项自由、禁止国籍歧视、互相承认、一般法治原则和符合性解释组成。正如前面提到的，通过欧洲法院判例法的发展和《里斯本条约》的生效，前第一支柱和第三支柱将在本书中一同探讨。在适当的情况下，依然存在的差异将被注明。关于如何解释欧盟法是第四章中详细分析的主题。在该章中，法律的一般原则以及解释法律的其他标准将很重要。

2. 联盟的法律行为

2.1 《里斯本条约》之后的立法

欧盟法的主要来源是条约。如前所述，条约创建了体制框架，从而构
成了欧盟法的基础。条约确保了一些个人自由具有直接效果，特别是五项 52
自由。除条约之外，欧盟有权进行次级立法。欧盟的所有立法必须在欧盟

官方公报上公布。[126]《欧盟运行条约》第 288 条指出：“为了履行欧盟的权限，机构应通过法规、指令、决定、建议和意见。”[127] 根据《欧盟运行条约》第 288 条的规定，条例具有“普遍适用性，它应具有完整的效力，并直接适用于所有成员国”。《欧盟运行条约》第 291 条以一般方式规定成员国应采取一切必要措施来实施欧盟具有法律约束力的法律文书。《欧盟运行条约》第 288 条规定，指令是“对其所针对的每个成员国具有约束力的，以及需要实现的效果，但是国内有权机关可以选择自己使用的手段或方式”。这意味着欧盟的法律通常要求转化为国内法律的实施，但没有规定成员国应如何做到这一点。它们可以选择使用行政执法、民事或刑事执法或其他任何手段。产生义务是结果之一。这再次解释了为什么长期以来，刑事法在共同体法律的落实方面发挥了次要的作用。欧共体的政策领域被认为是有限的，通常是以经济方面为主。其余的行为是决定、建议书和意见。一项决定是完全具有约束力的。一项明确规定向谁提出的决定仅对它们有约束力。相反，建议和意见没有约束力。[128]

指令

对刑事法影响最大的是指令。只要该指令的条款被无条件地描述并且足够精确，[129] 就不会为成员国留有解释的余地，并且必须严格遵守该指令。换句话说，如果一个成员国未将联盟法律转化为其国内法，联盟法仍然是
53 有效的，只要其条款是无条件和足够精确的。这已经被欧洲法院的判例法承认，例如，在（意大利）巴里市法院 *Società Agricola Industria Latte* 的刑事诉讼中，欧洲法院提出的初步意见认为，在国内刑事诉讼中，被告方和其

126　欧盟官方期刊有两个系列。L 系列包含根据条约必须公布的所有立法文件以及其他文件。C 系列包含除立法之外的信息和通知。

127　关于建议，欧洲法院一贯认为：“即使建议不是为了产生具有约束力的效果，也不能产生个人在国内法院可以享有的权利，它们并非没有法律效力。国内法院必须考虑建议，以决定提交给它们的争端，特别是如果这些建议解释了为实施这些建议应当采取的国内措施或它们旨在补充欧盟法律的有约束力的条款。”18 March 2010, Joined Cases C-317/08, C-318/08, C-319/08 and C-320/08, *Rosalba Alassini* v. *Telecom Italia SpA*（C-317/08）*and Filomena Califano* v. *Wind SpA*（C-318/08）*and Lucia Anna Giorgia Iacono* v. *Telecom Italia SpA*（C-319/08）*and Multiservice Srl* v. *Telecom Italia SpA*（C-320/08）, par.40.

128　建议由欧盟理事会通过（《欧盟运行条约》第 292 条）。

129　19 January 1982, Case 8/81, *Ursula Becker* v. *Finanzamt Münster-Innenstadt.*

他相关方可以作为一项权利援引这些指令的条款。[130]国内法院有义务尽可能根据该指令的精神解释所有现行的立法（符合性解释）。[131]公民可以在任何诉讼程序中随时根据欧盟法律提起权利的申诉。

另外，欧洲法院认定，不得根据尚未转化为国内刑法的指令，直接确定刑事责任。[132]这意味着欧盟法的效力并不相同，因为欧盟法规定的个人义务不能直接适用于公民，即使这些义务的制定是无条件的和足够精确的。[133]针对公民个人的义务必须转化为国内法律。相反的是，如果一个指令规定某项活动不应当被禁止，即使在国内刑法中该项活动属于犯罪，被告人则可以援引欧盟法。[134]虽然成员国有义务说明在修改立法时已转化了欧盟法，但它们并非总这样做，这妨碍了承认国内立法来源于欧盟立法的可能性。[135]

条例

欧盟的另一种主要法律文件——条例，对刑事法的重要性则有限得多。[136]根据《欧盟运行条约》第 288 条，该条例应具有普遍适用性。它具有完全的约束力，可直接适用于所有成员国。[137]虽然转化措施对于条例的直接效力并不必要，但成员国有权通过刑事制裁作为实施条例的适当措施。[138]这 54
意味着在国家一级通过立法不是绝对必要的。[139]因此，只有在一个成员国使

130　21 March 1972, Case 82–71, *criminal proceedings against Società Agricola Industria Latte*; 5 April 1979, Case 148/78, *criminal proceedings against Tullio Ratti*.

131　更多参见第四章第 4 节。

132　更多参见第五章第 3.1 节。

133　8 October 1987, Case 80/86, *criminal proceedings against Kolpinghuis Nijmegen B.V.*; 3 May 2005, Case C-387/02，Case C-391/02 and Case C-403/02, *criminal proceedings against Silvio Berlusconi*（*C-387/02*）, *Sergio Adelchi*（*C-391/02*）, *Marcello Dell'Utri and others*（*C-403/02*）.

134　更多参见第六章第 8 节。

135　更多参见第五章第 1 节以及第六章第 1 节。

136　许多成员国已实施并涉及应用于刑事法的欧盟条例的一个例子是关于通过管理其中的贸易来保护野生动植物物种的条例 338/97。See also 23 October 2003, Case C-154/02, *criminal proceedings against Jan Nilsson*.

137　条例的范围并不取决于国内立法的存在和内容。25 June 1992, Case C-116/91, *Licensing Authority South Eastern Traffic Area* v. *British Gas plc*，par. 19.

138　2 February 1977, Case 50–76, *Amsterdam Bulb BV* v. *Produktschap voor Siergewassen*.

139　17 May 1972, Case 93–71, *Orsolina Leonesio* v. *Ministero dell'agricultura e foreste*, par.22；7 February 1973, Case 39–72, *Commission* v. *Italy*；10 October 1973, Case 34–73, *Fratelli Variola S.p.A.* v. *Amministrazione italiana delle Finanze*.

用刑事法来支持条例的例外情况下，二者才会相关。[140]

当欧盟根据《欧盟运行条约》使用其职权时，条例对于刑事法的重要性将会增加，这将区分一方面欧盟法可能给国内刑法和刑事程序带来的变化，以及另一方面建立欧洲办事处和相关的法律。程序性和实体性刑法的近似将通过指令进行，因此需要通过转化为国内法来实施（《欧盟运行条约》第 82 条和第 83 条）。正如《欧盟运行条约》第 86 条和第 88 条所述，欧洲刑警组织和欧洲公共检察官办公室的设立将依据一项条例。

2.2 《里斯本条约》之前的立法

由于在《里斯本条约》生效之前，根据《欧盟条约》通过了相当数量的法律文件，有必要查看第三支柱中可用的另一套法律文书。首先是《欧盟条约》，以及根据条约第 34 条通过的共同立场、框架决定、决定和公约。《欧盟条约》（《里斯本条约》修订之前的版本）关于刑事法的重要性在于两点：特别重要的是“在欧洲各国人民之间建立更密切的联盟”的目标，[141] 以及建立自由、安全和公正的领域（第 29 条），但它们似乎仅限于一个非常遥远的理想，以及为这四种法律文书提供法律依据。[142] 换句话说，它并不直接授予公民在国家法院可援引的权利。

尽管《欧盟条约》以前的版本相比于现行条约，对于法律文书的定义不太具体，但还有一些其他意见是适当的。共同立场确定了欧盟对特定问题的做法。[143] 框架决定为了促进成员国的法律和条例的近似化而起草。它们
55

---

140 28 July 2011, Case C-554/09, *criminal proceedings against Andreas Michael Seeger.*

141 “更加密切的”并不包含着任何精确的结束节点：欧洲一体化是一个永无止境的过程。

142 一方面，术语“区域”可能意味着没有内部边界的东西，然而同时，它可以是一个包罗万象的概念，可以连接任何暗含政治意愿的事物。

143 Common Position 97/661 of 6 October 1997 on negotiations in the Council of Europe and the OECD relating to corruption, OJ 1997, L 297/1; Second Common Position 97/783 of 13 November 1997 on negotiations in the Council of Europe and the OECD relating to corruption, OJ 1997, L 320/1; Joint Position 1999/235 of 29 March 1999 on the proposed United Nations conventions against organised crime, OJ 1999, L 87/1; Common Position 1999/364 of 27 May 1999, on negotiations relating to the Draft Convention on Cyber Crime held within the Council of Europe, OJ 1999, L 142/1; Common Position 2000/130 of 31 January 2000 on the proposed Protocol against the illicit manufacturing of and trafficking in firearms, their parts and components and ammunition, supplementing the United Nations Convention against Transnational organised crime, OJ 2000, L 37/1.

对每个成员国都有约束力，包括应当实现的结果，但是由国家机构来决定形式和方法。虽然这与指令的定义的相似之处非常显著，[144] 但区别在于《欧盟条约（前里斯本条约）》第 34 条第 2 款 c 项对于框架决定的定义的最后一句："它们不应带来直接影响。"

尽管有这种迹象表明框架决定本身并不具有权力，但欧洲法院认为，国家法院必须根据框架决定解释转化后的立法，以便使框架决定发挥适当的作用。[145] 通过框架决定来近似法律法规的概念不限于成员国的各种刑法规则。[146] 根据第 34 条第 2 款，决定涉及与第三支柱目标相一致的任何其他目的，但不包括成员国法律和条例的近似。[147] 决定具有约束力，但不具有直接影响。《欧盟条约（前里斯本条约）》第 34 条中提及的公约是国际法上的公约。与所有其他法律文书不同，公约必须得到各国议会的批准才能生效。

《马斯特里赫特条约》（1992 年）中有三种法律文书：联合立场、[148] 联合行动和公约。《阿姆斯特丹条约》（1997 年）废除了联合行动并引入了框架决定和决定。《尼斯条约》（2001 年）没有改变这四种法律文书。从《马 56
斯特里赫特条约》时期起，仍有少数联合行动依然存在，并且这些行动受到与其他四种法律文书相同的过渡规则的规制。《马斯特里赫特条约》引入了这一法律文书，但没有在第 K.3 条进一步描述它，因此假定这些联合行动也没有直接效果，并且需要转化为国内法来实施。虽然《阿姆斯特丹条约》没有阐明新的法律文书与在《马斯特里赫特条约》时期颁布的旧法律文书之间的关系，但《里斯本条约》提供了一个明确的过渡计划。

新制度下不会继续执行《欧盟条约》（共同立场、框架决定、决定和

144　一般来说，指令和框架决定会给成员国两年的期限来履行文书规定的义务。但也有规定了更加短暂的履行期限的，例如 2002 年 6 月 13 日的《关于打击恐怖主义的框架决定 2002/475》，根据其第 11 条，必须在 2002 年 12 月 31 日之前履行。

145　16 June 2005, Case C-105/03, *criminal proceedings against Maria Pupino*. 更多参见第四章第 4 节。

146　3 May 2007, Case C-303/05, *Advocaten voor de Wereld VZW* v. *Leden van de Ministerraad*, par. 32.

147　例如，2001 年 12 月 6 日的决定，延长授权欧洲刑警组织处理《欧洲刑警组织公约》OJ 2001，C 362/1 附件所列严重形式的国际罪行的任务。

148　《马斯特里赫特条约》时的《欧盟条约》提到了联合立场。根据《阿姆斯特丹条约》，联合立场由共同立场取代。

公约）的法律文书。这些法律文书会变成什么？《过渡条款的议定书》第9条规定，所有文书和协议将被保留，直至这些文书被废除、废止或修改。这同样适用于根据《欧盟条约》在成员国之间达成的协议。《过渡条款的议定书》第10条规定了过渡措施，并处理“欧盟在《里斯本条约》生效前通过的属于警察合作和刑事司法合作领域的法律文书”。

因此，在2009年12月1日至2014年12月1日，委员会和欧洲法院无法使用《欧盟运行条约》第258条赋予的权力。《过渡性条款第36号议定书》第10条第4款和第5款为英国规定了例外情况。它允许英国宣告不接受委员会和欧洲法院在刑事司法合作领域的监督权（选择退出）。因此，截至2014年12月1日，根据《欧盟条约》通过的一切行为将停止适用。[149] 但是，英国确认它会参与在之前的三大支柱下通过的约29项法律文书（选择加入）。[150]

欧盟和第三方的国际协议

57 欧盟（以及以前的欧洲共同体）已根据国际法签订（或加入）了若干协议。在刑事法领域，欧盟是少数多边公约的缔约国，例如2000年《联合国打击跨国有组织犯罪公约》及其《打击贩卖人口，特别是妇女和儿童的议定书》。[151] 欧盟还采取了更多举措来缔结一系列关于伙伴关系和合作的

---

149 这些法律文书包括《关于加强跨境合作的决定2008/615》《关于加强跨境合作，特别是打击恐怖主义和跨境犯罪的决定2008/615执行情况的决定2008/616》《关于法医服务提供者的框架决定2009/905》。英国可能会重新考虑选择加入这三项法律文书。见理事会2014年11月27日决定，确定关于停止大不列颠及北爱尔兰联合王国参与在《里斯本条约》生效前的欧盟某些在刑事司法方面的警务合作和司法合作领域的相应和过渡性安排，OJ 2014，L 343/11。英国“应当开始进行全面的商业和实施案例，以评估英国重新加入普鲁姆决定的优点和实际利益以及为此做出的必要步骤”。

150 Commission Decision of 1 December 2014 on the notification by the United Kingdom of Great Britain and Northern Ireland of its wish to participate in acts of the Union in the field of police cooperation and judicial cooperation in criminal matters adopted before the entry into force of the Treaty of Lisbon and which are not part of the Schengen acquis, OJ 2014, L 345/6.

151 OJ 2001，L 30/44；United Nations Protocol on the illicit manufacturing of and traff in firearms, their parts, components and ammunition, annexed to the Convention against transnational organised crime, OJ 2001, L 280/5; United Nations Convention against Illicit Traffic in Narcotic Drugs and Psychotropic Substances, OJ 1990, L 326/57; Decision 2008/801 of 25 September 2008 on the conclusion, on behalf of the European Community, of the United Nations Convention against Corruption, OJ 2008, L 287/1.

协定，[152]合作与稳定协定，[153]欧洲—地中海协定，[154]以及关于贸易、经济伙伴关系 58

---

152 例如，Co-operation Agreement between the European Community and the Republic of Yemen, OJ 1998，L 72/17，第 11 条。

153 Agreement on partnership and cooperation establishing a partnership between the European Communities and their Member States, of one part, and the Russian Federation of the other part, OJ 1997, L 327/3; Partnership and Co-operation Agreement between the European Communities and their Member States, and Ukraine, OJ 1998, L 49/3; Partnership and Co-operation Agreement between the European Communities and their Member States and the Republic of Moldova, OJ 1998, L 181/3; Partnership and Cooperation Agreement between the European Communities and their Member States and the Republic of Kazakhstan, OJ 1999, L 196/3; Partnership and Co-operation Agreement establishing a partnership between the European Communities and their Member States, of the one part, and the Kyrgyz Republic, of the other part, OJ 1999, L 196/48; Partnership and Co-operation Agreement between the European Communities and their Member States, of the one part, and Georgia, of the other part, OJ 1999, L 205/3; Partnership and Co-operation Agreement establishing a partnership between the European Communities and their Member States, of the one part, and the Republic of Uzbekistan, of the other part, OJ 1999, L 229/3; Partnership and Co-operation Agreement between the European Communities and their Member States, of the one part, and the Republic of Armenia, of the other part, OJ 1999, L 239/3; Partnership and Co-operation Agreement between the European Communities and their Member States, of the one part, and the Republic of Azerbaijan, of the other part OJ 1999, L 246/3; Stabilisation and Association Agreement between the European Communities and their Member States, of the one part, and the former Yugoslav Republic of Macedonia, of the other part, OJ 2004, L 84/1.

154 Euro-Mediterranean Agreement establishing an association between the European Communities and their Member States, of the one part, and the Kingdom of Morocco, of the other part, OJ 2000, L 70/2; Euro-Mediterranean Agreement establishing an association between the European Communities and their Member States, of the one part, and the State of Israel, of the other part, OJ 2000, L 147/3; Euro-Mediterranean Agreement establishing an Association between the European Communities and their Member States, of the one part, and the Hashemite Kingdom of Jordan, of the other part, OJ 2002, L 129/3; EuroMediterranean Agreement establishing an Association between the European Communities and their Member States, of the one part, and the Arab Republic of Egypt, of the other part, OJ 2004, L 304/39; Euro-Mediterranean Agreement establishing an Association between the European Community and its Member States, of the one part, and the People's Democratic Republic of Algeria, of the other part, OJ 2005, L 265/2; Euro-Mediterranean Agreement establishing an association between the European Communities and their Member States, of the one part, and the Republic of Tunisia, of the other, OJ 2005, L 278/9; Euro-Mediterranean Agreement establishing an Association between the European Community and its Member States, of the one part, and the Republic of Lebanon, of the other part, OJ 2006, L 143/2.

和发展的协定。[155]此外，已经缔结了一些关于制作精神药物化学品的双边协定。[156]

59 这些协议同刑事法的相关性视条约而不同。其中一些包括促进刑事司法合作的规定，而另一些包括要求将某些行为划定为犯罪的义务，以打击腐败并帮助非成员国发展执法公正。

迄今为止，欧盟仅关于刑事法而进行谈判的条约很少。现有的例子包括与美国有关引渡和司法协助的条约。《欧盟运行条约》第 216 条第 1 款授权欧盟与一个或多个第三国签订协议：

> 条约如此规定的地方，或者为了在欧盟的政策框架内达成条约中提及的目标之一，或者在具有法律约束力的联盟法案中规定需要，或者可能影响共同规则或改变其范围而需要达成协议的地方。

欧盟缔结的这些条约有什么影响？《欧盟运行条约》第 216 条第 2 款规定，此类协议对机构及其成员国均具有约束力。[157]这些国际协议优先于欧盟的法律文书。[158]欧洲法院认为（就共同体与第三国之间的自由贸易协定而

---

155 Agreement on Trade, Development and Co-operation between the European Community and its Member States, of the one part, and the Republic of South Africa, of the other part, OJ 1999, L 311/3; Economic Partnership, Political Co-ordination and Co-operation Agreement between the European Community and its Member States, of the one part, and the United Mexican States, of the other part, OJ 2000, L 276/44; Interim Agreement on trade and trade-related matters between the European Community, of the one part, and the Republic of Albania, of the other part, OJ 2006, L 239/2; Interim Agreement on trade and trade-related matters between the European Community, of the one part, and the Republic of Montenegro, of the other part, OJ 2007, L 345/2; Interim Agreement on trade and trade-related matters between the European community and the European Atomic Energy Community, of the one part, and the Republic of Tajikistan, of the other part, OJ 2004, L 340/2.

156 See, eg, the Agreements between the European Community and several states on precursors and chemical substances frequently used in the illicit manufacture of narcotics drugs or psychotropic substances. Bolivia, OJ 1995, L 234/1; Colombia, OJ 1995, L 234/10; Ecuador, OJ 1995, L 324/18; Peru, OJ 1995, L 324/26; Chile, OJ 1998, L 336/46; Turkey, OJ 2003, L 64/28. See most recently Agreement between the European Union and the Russian Federation on drug precursors, OJ 2014, L 165/7.

157 因此，欧洲法院有权对这种协议的解释作出初步裁决。8 March 2011, Case C-240/09, *Lesoochranárske zoskupenie VLK* v. *Ministerstvo životného prostredia Slovenskej republiky*, par. 30–33.

158 21 December 2011, Case C-366/10, *Air Transport Association of America and Others* v. *Secretary of State for Energy and Climate Change*, par. 50.

言），该协议构成了欧盟法律秩序的组成部分：

> 由于共同体与非成员国缔结的协议中的这些条款而对共同体内部带来的影响，需要在考虑有关条款的国际法来源的情况下确定。[159]

欧盟进行公约的缔结带来了各种问题。如果欧盟不具备缔约能力，欧盟如何才能让自己履行义务或将某行为定为犯罪？《欧盟运行条约》第 216 条如何与第 82 条和第 83 条有关？最后一个问题是个人是否有权直接依赖这
些国际协议的规定。欧洲法院认为：“必须指出的是，根据欧洲法院的判例法， 60
它们作为欧盟法律秩序的一部分是不充分的。这些条款在其内容方面也必须显得无条件且足够精确，其性质和广泛的逻辑不能排除依据它们进行主张。如果所依据的条款包含明确和准确的义务，在实施或效果方面不会受到任何后续措施的约束，则符合第一个条件。”（引用略）[160]

2.3　欧盟法律文书的选择

欧盟法律文书数量的减少以及欧盟在每个政策领域立法时应采取的具体法律文书的指引使得法律文书的选择更为清晰。因此，人们希望是否使用适当法律文书问题的讨论已成为历史。在早些时候，委员会和理事会曾就应通过指令还是框架决定来管理某些政策领域的问题进行争论。[161]

《欧盟条约》(《里斯本条约》生效前的版本）没有规定每个领域中恰当的立法种类。第三支柱立法使理事会享有一定程度的自由。欧洲法院认为，《欧盟条约（前里斯本条约）》第 34 条第 2 款或第六章的任何其他规定都不能区分在刑事合作领域基于主题事项可采取的法律文书类型。[162] 没有确切的标准来确定立法是否应以何种形式进行。《欧盟条约（前里斯本条约）》第 34 条第 2 款并未在不同的法律文书之间确定任何优先顺序。欧洲法院在

159　26 October 1982, Case 104/81, *Hauptzollamt Mainz* v. *C.A.Kupferberg & Cie KGa.A.*, par. 13.

160　15 March 2012, Case C-135/10, *Società Consortile Fonografici* (*SCF*) v. *Marco Del Corso, intervening party: Procuratore generale della Repubblica*, par. 43 and 44.

161　13 September 2005, Case C-176/03, *Commission* v. *Council*; 23 October 2007, 440/05, *Commission* v. *Council*.

162　3 May 2007, Case C-303/05, *Advocaten voor de Wereld VZW* v. *Leden van de Ministerraad*, par. 37.

Advocaten voor de Wereld 案例（由比利时 Arbitragehof 提交）中承认，欧洲逮捕令同样可以作为公约通过，而不是作为框架决定。[163]

在刑事法领域，欧盟从法律文书开始，只有所有成员国批准，该文书（“公约”）才能生效。这实际上意味着欧盟必须等待最慢的成员国在
61 文书生效之前批准。[164] 后来实行了滚动批准制度，文书将通过该制度对已经批准该文书的成员国生效。[165] 通过选择一种不再需要批准的法律文书来实现了最后一步：框架决定。由于通过框架决定的可能性已成为现实，欧盟不再签署新的公约。自 2000 年以来，重点转移为对框架决定的实施。

然而，框架决定也没有解决所有困难。一个框架决定要求转化为国内法律，因此问题仅转移为成员国是否已经（及时）实施。从这个意义上讲，与框架决定相关的法律问题及其答案与关于指令的问题日益相似。

2.4　可变几何：法律应用的参差

原则上，所有欧洲立法均不加区分地适用于整个联盟。[166] 然而，也有一些例外，这在刑法领域特别重要。[167] 英国和爱尔兰在自由、安全和公正的领域获得特殊地位，[168] 并且不参与采取这方面的措施。[169] 然而，相关议定书第 3 条允许两国选择加入并参与具体的拟议措施。[170]

163　3 May 2007, Case C-303/05, *Advocaten voor de Wereld VZW* v. *Leden van de Ministerraad*, par. 41.

164　20 世纪 80 年代到 90 年代有许多公约从未生效。

165　另见《欧洲联盟条约（前里斯本条约）》第 34 条第 2 款最后两句话。

166　Opinion of Advocate General Trstenjak of 10 July 2007, 提出了一些成员国的特殊立场的很好的总结，Case C-77/05, *United Kingdom* v. *Council*, points 90–128。

167　其他领域也有一些例子。例如《关于管辖权和承认民事判决的条例 1215/2012》，不适用于丹麦。

168　Protocol No 21 on the position of the United Kingdom and Ireland in respect of the area of freedom, security and justice. Steve Peers，EU Justice and Home Affairs Law，3 rd edition，Oxford University Press 2011，pp.73–96; Valsamis Mitsilegas，EU Criminal Law，Hart Publishing 2009，pp.53–56.

169　《第 21 号议定书》第 2 条规定，因此，“根据该标题未采取任何措施，欧盟未根据该标题订立任何国际协议条款，欧洲法院也没有对任何此类条款作出任何解释认为它们应对英国或爱尔兰具有约束力或适用性；而且这种规定、措施或决定不得以任何方式影响这些国家的权力、权利和义务；任何此类规定、措施或决定不应当以任何方式影响欧共体或欧盟盟约，也不构成适用于联合王国和爱尔兰的欧盟法律的一部分”。

170　爱尔兰宣布它将尽最大可能做到这一点。见爱尔兰关于《第 21 号议定书》第 3 条的关于联合王国和爱尔兰在自由、安全与公正的领域的立场的声明 56。

《丹麦地位议定书》对丹麦也有不同的规定。[171] 丹麦可以决定执行理 62
事会关于申根公约（《第 22 号议定书》第 4 条）通过的措施。如果它决定这样做，这项措施将根据国际法在丹麦与受该措施约束的其他成员国之间建立义务。此外，丹麦可随时通知其他成员国，它希望适用不同于联合王国和爱尔兰的选择加入事项（《第 22 号议定书》第 8 条）的约束。[172] 这实际上会导致相当复杂的情况。[173]

虽然《欧盟条约》第 6 条第 1 款认为 2000 年 12 月 7 日《欧盟基本权利宪章》具有与条约相同的法律价值，但条约所附的第 30 号议定书规定
宪章不适用于波兰和联合王国。[174] 此外，波兰宣布，宪章绝不会以任何方式 63
影响成员国在公共道德、家庭法、保护人的尊严和尊重人的身心健康方面立法的权利。[175] 捷克共和国在《里斯本条约》中附有一项宣言，宣布宪章是

---

171 《第 22 号议定书》第 2 条规定："《欧洲联盟运行条约》第三部分第五章没有任何规定，没有根据该条款采取任何措施，也没有任何欧盟订立的依据该条款的国际协议，也没有欧洲法院的裁决或解释认为任何此类条款或措施或根据该标题修改或可以修改的任何措施，对丹麦具有约束力或适用性；此类条款或措施不得以任何方式影响丹麦的权限、权利和义务；而且这些规定，措施或决定不得以任何方式影响欧共体或欧盟盟约，也不构成适用于丹麦的欧盟法律的一部分。特别是，在经修正的《里斯本条约》生效之前通过的欧盟在刑事司法方面的警务合作和司法合作行为应继续对丹麦具有约束力并适用于丹麦。"参见更多关于选择加入和选择退出的后果：Steve Peers，EU Justice and Home Affairs Law，3 rd edition，Oxford University Press 2011，pp.73–95.

172 瑞士也与此问题有关。请参阅欧盟、欧洲共同体和瑞士联邦与协会签署协议的实施，应用和发展申根区的协议。

173 在本书完全探讨所有潜在后果是不可能的。此外，还包括诸如《关于被害人权利的指令 2012/29》取代《关于被害人地位的框架决定 2001/220》的情况。虽然框架决定适用于所有成员国，但指令不适用于丹麦（英国和爱尔兰都选择了加入此指令）。在本书中，将遵循适用于那些不选择退出的成员国的主要规则。在实践中，建议实务工作者仔细分析丹麦、爱尔兰和英国对每个法律文书的适用性。

174 关于如何对于波兰和联合王国适用《欧盟基本权利宪章》第 30 号议定书。第 30 号议定书第 1 条规定："1. 宪章没有扩大欧洲法院或波兰或联合王国任何法院或法庭的能力，来认定波兰或英国的法律、法规或行政规定、做法或行动不符合宪章重申的基本权利、自由和原则。2. 特别是，为了避免疑问，宪章第四章没有创造出适用于波兰或联合王国的正当权利，除非波兰或联合王国在其国内法中规定了这些权利。"21 December 2011, Joined Cases C-411/10 and C-493/10, *N.S.*（*C-411/10*）v. *Secretary of State for the Home Department and M.E.*（*C-493/10*），*A.S.M., M.T., K.P., E.H.,* 第 120 段："议定书（第 30 号）第 1 条第 1 款解释了宪章关于其范围的第 51 条，并且不打算免除波兰共和国或联合王国遵守宪章的规定的义务或阻止其中一个成员国的法院确保遵守这些规定。"

175 Declaration 61 by the Republic of Poland on the Charter of Fundamental Rights of the European Union.

针对欧盟机构和组织的，但当成员国在实施欧盟法时也受宪章约束。[176]

在 1999 年将申根法律体系纳入欧盟框架时，理事会作出了两项决定。一个定义了申根法律体系；[177] 另一个决定确定了申根法律体系每一项单独条款的法律依据。[178] 虽然大多数成员国是申根公约的缔约国，但有些成员国只接受了这部法律的一部分。如前所述，爱尔兰、英国和丹麦获得特殊地位。[179] 根据《里斯本条约》，这一特殊立场一直保持并进一步得到加强（有些学者会说，更糟）。[180] 联合王国和爱尔兰不参加的规定，其他成员国可以在欧盟框架中进一步发展。联合王国可以要求参加申根法律文书的一些规
64 定。[181] 英国可能不参与具体措施的选择，但必须首先接受该措施所依据的申根法律文书。[182] 因此，英国可能不会参与通过以申根法律文书为基础的新的法律文书。[183] 在欧盟框架之外，一些成员国于 2005 年 5 月 27 日通过

176 Declaration 53 by the Czech Republic on the Charter of Fundamental Rights of the European Union.

177 Decision 1999/435 of 20 May 1999 concerning the definition of the Schengen acquis for the purpose of determining, in conformity with the relevant provisions of the Treaty establishing the European Community and the Treaty on European Union, the legal basis for each of the provisions or decisions which constitute the acquis, OJ 1999, L 176/1.

178 Decision 1999/436 of 20 May 1999 determining, in conformity with the relevant provisions of the Treaty establishing the European Community and the Treaty on European Union, the legal basis for each of the provisions or decisions which constitute the acquis, OJ 1999, L 176/17.

179 Agreement of 28 June 1999 concluded by the Council of the European Union and the Republic of Iceland and the Kingdom of Norway on the establishment of rights and obligations between Ireland and the United Kingdom of Great Britain and Northern Ireland, on the one hand, and the Republic of Iceland and the Kingdom of Norway on the other, in areas of the Schengen acquis which apply to these States, OJ 2000, L 15/2; Council Decision of 29 May 2000 concerning the request of the United Kingdom of Great Britain and Northern Ireland to take part in some of the provisions of the Schengen acquis, OJ 2000, L 131/43; Decision 2002/192 of 28 February 2002 concerning Ireland's request to take part in some of the provisions of the Schengen acquis, OJ 2002, L 64/20.

180 Protocol No 19 on the Schengen acquis integrated into the framework of the European Union.

181 Council Decision of 1 December 2014 concerning the notification of the United Kingdom of Great Britain and Northern Ireland of its wish to take part in some of the provisions of the Schengen acquis which are contained in acts of the Union in the field of police cooperation and judicial cooperation in criminal matters and amending Decisions 2000/365 and 2004/926, OJ 2014, L 345/1. Article 4 Protocol No 19 on the Schengen acquis integrated into the framework of the European Union. Declarations 44–47 attached to the Treaties.

182 18 December 2007, Case C-77/05, *United Kingdom* v. *Council*, par. 62–63.

183 参见 26 October 2010, Case C-482/08, *United Kingdom of Great Britain and Northern Ireland* v. *Council*, 第 45 段，欧洲法院在其中指出，关于是否可以将一项措施归类为以申根法律文书为基础的决定取决于能够进行司法审查的客观因素。

了“普鲁姆条约”，以加强跨境合作，特别是在打击恐怖主义、跨境犯罪和非法移民方面。[184]

此外，《实施申根协定公约》[185]和《欧洲联盟成员国间刑事司法互助公约》已允许两个非成员国——挪威和冰岛作为缔约方。[186]虽然根据国际法挪威和冰岛能够加入这些文书十分勉强，而且考虑到与这两个国家商定的具体的移交在押犯人的程序，情况更是如此。[187]

候选成员国必须在加入时接受条约和完全接受次级联盟立法。它们不能不受个别法律文书的约束。总体而言，候选成员国非常渴望实施，但在成为正式成员国之后这个态度很快就会消失。通过加入欧盟的测试的可能 65
性大大促进了实施，甚至比加入后的履行义务效果更好。[188]

184　该文书在奥地利、比利时、法国、德国、卢森堡、荷兰和西班牙之间缔结。但是，后续所有成员国都在遵守《关于加强跨境合作的决定 2008/615》和《执行关于加强跨境合作特别是在打击恐怖主义方面的决定 2008/615 的决定 2008/616》。

185　Agreement by the Council of the European Union and the Republic of Iceland and the Kingdom of Norway concerning the latter's association with the implementation, application and development of the Schengen acquis, OJ 1999, L 176/36. The agreement has been implemented by Decision 1999/437 of 17 May 1999 on certain arrangements for the application of the Agreement concluded by the Council of the European Union and the Republic of Iceland and the Kingdom of Norway concerning the association of those two States with the implementation, application and development of the Schengen acquis, OJ 1999, L 176/31; Agreement in the form of Exchanges of Letters between the Council of the European Union and the Republic of Iceland and the Kingdom of Norway concerning committees which assist the European Commission in the exercise of its powers, OJ 1999, L 176/53.

186　《实施申根协定公约》第 29 条和《互助公约》议定书第 15 条。See the Agreement between the European Union and the Republic of Iceland and the Kingdom of Norway on the application of certain provisions of the Convention of 29 May 2000 on Mutual Assistance in Criminal Matters between the Member States of the European Union and the 2001 Protocol thereto, OJ 2004，L 26/3.

187　Agreement of 28 June 2006 between the European Union and the Republic of Iceland and the Kingdom of Norway on the surrender procedure between the Member States of the European Union and Iceland and Norway, OJ 2006，L 292/2. 另请参阅第八章第 4 节。

188　A.Klip，E.Versluis and J.Polak，Improving mutual trust amongst European Union member states in the areas of police and judicial cooperation in criminal matters lessons from the operation of monitoring，evaluation and inventory mechanisms in the First and Th ird Pillars of the European Union，http：//wodc.nl/onderzoeksdatabase/1808a-assessingand-learning-from-the-functioning-of-monitoring.aspx#publicatiegegevens；A.Klip，Facilitating Mutual Legal Assistance in the Western Balkan，Towards removing obstacles in international cooperation in criminal matters，Report for the Gesellschaft für Internationale Zusammenarbeit/ Center for International Cooperation，2014.

加强合作

条约允许加强合作，但须符合特定条件（《欧盟条约》第 20 条和《欧盟运行条约》第 326—334 条）。这使得一小部分成员国有可能处理与它们特别有关的问题，但不处理其他成员国的问题，并且发展与志同道合的国家之间的合作形式，而其他国家对这样的合作形式不能接受。加强合作的目的是促进欧盟的目标实现、保护欧盟的利益，并加强其一体化进程。《欧盟运行条约》第 329—331 条规定了加强合作的程序。当增强的合作设立时，它也将对尚未参加的其他成员国开放。虽然成员国可以在随后的阶段加入增强的合作机制，但它们只能全盘接受或全部不接受，并且不能再次重新进行谈判。

条约规定了与刑事法有关的所有领域加强合作的机制。这在《欧盟运行条约》第 82 条和第 83 条中都有设想，并可能与成员国之间的实体刑法、刑事诉讼程序和国际合作有关。此外，欧洲公共检察官办公室可以通过加强合作来建立（《欧盟运行条约》第 86 条）。同样，可以根据这一机制进行警察合作措施（《欧盟运行条约》第 87 条）。欧洲刑警组织不涉及加强合作（《欧盟运行条约》第 88 条）。

此外，相比于之前存在的更密切的合作，《欧盟条约》第 20 条第 2 款包含新要素。授权加强合作的决定只能“作为最后的手段，当它确定这种合作的目标不能通过欧盟在合理时间内达到”。

第 20 条第 4 款规定，强化合作框架内通过的法律文件只对参加的成员国有约束力。它进一步指出，加强合作的法律文书不应被视为候选国加入必须接受的法律文书的一部分。这一点的重要性在于成员国不参与强化
66 合作的利益。候选国不需要接受强化合作的法律文书的事实不会改变决策的平衡。然而，一个旧成员国将很难长期避免参与加强合作。第 20 条第 4 款还提出了欧洲法院对这种破坏联盟法适用统一性的规定赋予多少分量的问题。

如上所述，成员国可能会或可能不会接受某些立法会导致相当混乱的情况。在 *Kretzinger* 案中，《关于欧洲逮捕令框架决定 2002/584》是否可能影响到 CISA 第 54 条中“一罪不二审”原则的问题出现了。[189] 尽管欧洲法院

---

189 所有成员国现在均受《执行申根协定条约》第 54 条的约束。但是，它也适用于一些非成员国。见 Opinion of Advocate General Bot of 7 September 2010, Case C-261/09, *Gaetano Mantello*，脚注 14。

根据这两项文书的独特含义指出，其不会产生这样的影响，但它提出了一个更有趣的问题。对所有成员国都有约束力的法律文书会对那些仅对数量有限的成员国具有约束力的法律文书产生什么影响？（反之亦然）？法律顾问 Sharpston 简要在她的意见中介绍了这个问题：

> 因此，从框架决定本身可以清楚地看到，欧洲逮捕令的实际问题，不论它将来可能发布的可能性，对于一事不再理原则并无任何影响。相反，正如第 3 条第 2 款所表明的那样，“一罪不二审”的原则限制着根据框架决定颁布的欧洲逮捕令是否能被使用。(……) 同奥地利在其意见中指出的一样，《申根协定》的缔约方与受框架决定约束的各方不同，这一事实进一步证明了这一结论。如果《执行申根协定条约》第 54 条中一罪不二审原则的适用取决于框架决定的规定，其结果将是法律上的不确定性。[190]

如果会发生什么，各种不同的应用制度会增加这些问题。不可避免地，在加强合作机制下通过的法律文书，申根法律文书的延续和英国、爱尔兰、丹麦和波兰的选择退出机制也将与更根本的联盟法的规则和原则有关。欧洲法院必须高度重视确保统一解释联盟法的任务。加强合作机制下的指令的效果不同于适用于所有成员国的指令的效果。因此，适用于数量有限的成员国的法律文书中的规范，也很可能会影响适用于所有成员国的法律文书所体现的规范。

3. 关于实施联盟法的规定

本节涉及规范联盟法实施的规则，这些规则必须视为间接执法形式。 67
虽然联盟制定了法律——共同准则，但除了竞争法之外，它本身并不能实施，而是依赖于成员国。尽管在联盟机构的监督下，要靠成员国来正确地执行。因此，本节涉及欧盟法中关于成员国对联盟法实施情况的一般要求。在第 4 节和第 5 节中，讨论了具体的个人权利以及对法律的解释。这些部

190　Opinion of Advocate General Sharpston of 5 December 2006, Case C-288/05, *criminal proceedings against Jürgen Kretzinger*, points 89–90, 省略脚注。

分分析了往往会成为刑事诉讼中的被告的个人地位。

3.1 欧盟法创造它“自己的法律体系”

在 Costa 诉 E.N.E.L 案中，法院认为，欧盟立法对于国内法律具有直接影响和优势：[191]

> 通过建立一个无终止期限的共同体，拥有自己的机构、自己的个性、自己的法律能力和在国际社会作为一员的能力；更具体地说，真正的权力来自成员国的主权受到限制或者向共同体进行了转移，尽管在有限的领域内，并因此创造了一系列同时连接国民和成员国的法律。[192]

《里斯本条约》附带的第 17 号声明确认欧洲法院已经决定的判例法中，欧盟法在法院规定的条件下优先于成员国的法律。

欧盟法可以直接适用。国内法院不能拘泥于排除对欧盟立法实施情况的所有司法审查的国内法律。[193] 国内法院必须搁置国内程序规则中排除直接适用无条件和足够明确的规定：

> 如上所述，第 2 条第 2 款允许的平等待遇原则的减损只是成员国的一种选择。有权的国内法院应查明该选择是否已在国内法条款中得
> 68 到行使，并解释这些条款的内容。只有当这种减损超出了指令第 2 条第 2 款允许的例外范围时，个人才可以依据指令的规定取消国家立法规定的减损。在这种情况下，首先应该注意的是，正如欧洲法院在其 1984 年 4 月 10 日的判决中陈述的（Case 14/83 *Von Colson and Kamann v.Land Nordrhein-westfalen*（1984）ECR 1891 and Case 79/83 *Harz v.Deutsche Tradax GmbH*（1984）ECR 1921），成员国根据指令履行实现该指令设想的结果的义务及其根据条约第 5 条应当采取一切适当措施，不论是普遍的还是个别的，以确保该义务的履行，它们对成员国的所有有权机

---

191 贯穿本书，“共同体”被“欧盟”取代，但在引用原文时保留。参见第一章第 3 节。

192 15 July 1964, Case 6/64, *Flaminio Costa v. E.N.E.L*.

193 2 February 1977, Case 50–76, *Amsterdam Bulb BV v. Produktschap voor Siergewassen*, par. 7; Opinion of Advocate General Darmon of 28 January 1986, Case 222/84, *Marguerite Johnston v. Chief Constable of the Royal Ulster Constabulary*, point 4.

> 关都具有约束力，包括涉及其管辖范围内的事务的法院。因此，在实施国内法，特别是为执行指令 76/207 而专门引入的国家立法条款时，国内法院需根据指令的措辞和目的解释其国内法以达到 EEC 条约第 189 条第 3 款所述的结果。因此，劳资关系审裁法庭应根据上文所解释的指令的规定，解释性别歧视令的规定，特别是其中的第 53 条第 1 款，以充分发挥其效力。[194]

联盟法的优先权使得与其相冲突的任何国内法律自动不再适用。在 *Simmenthal* 案件中，欧洲法院具体论述了国内法院在这方面的重要作用：

> 每个国家法院都必须在其管辖范围内的案件中完整适用共同体法律，并保护后者赋予个人的权利，并因此必须搁置可能与其发生冲突的任何国家法律规定，无论其出现是在共同体法律之前还是之后。相应地，国内法律制度的任何规定以及任何立法、行政或司法实践可能会妨碍共同体法律的有效性时，有管辖权的国家法院有权在生效时立即采取一切必要行动，搁置可能妨碍共同体法律发挥完全效力，这也是共同体法的本质要求的国家立法条款。当共同体法的规定与随后的国内法之间发生冲突时就会出现这种情况，如果冲突的解决办法是由一个拥有自己的裁量权的当局保留，而不是法院。[195]

Simmenthal 规则也适用于违反欧盟法的国家立法具有过渡性特征的情 69
况。成员国可能不能抗辩称过渡法很快就会过时。[196]

司法审查的要求反映了成员国共有的宪法传统背后的一般法律原则。[197]

欧洲法院在 *van Schijndel* 案中认定，具有约束力的规则是：

194　15 May 1986, Case 222/84, *Marguerite Johnston* v. *Chief Constable of the Royal Ulster Constabulary*, par. 52–53.

195　9 March 1978, Case 106/77, *Amministrazione delle Finanze dello Stato* v. *Simmenthal SpA*, par. 21–23.

196　8 September 2010, Case C-409/06, *Winner Wetten GmbH* v. *Bürgermeisterin der Stadt Bergheim*, par. 68–69.

197　15 May 1986, Case 222/84, *Marguerite Johnston* v. *Chief Constable of the Royal Ulster Constabulary*, par. 18.

在国内法律秩序中可以直接适用。如果根据国内法，法院或法庭必须根据当事方尚未提出的有约束力的国内规则提出自己的法律动议要点，那么在有约束力的共同体规则的情况下也存在这种义务。如果国内法赋予法院和法庭自由裁量权可以依据法治原则提出动议，那么情形是一样的。事实上，根据条约第 5 条规定的合作原则，各国法院应确保人们得到欧共体法律条款的直接效果所产生的法律保护。[198]

尽管没有成功，法律顾问 Jacobs 强烈地反对这种解释。他认为，这会违反辅助性原则：

这也会引起广泛的异常情况，因为这样做的效果是为并不比国内法承认的权利更重要的共同体法律承认的权利提供更多保护。[199]

然而，欧洲法院并不赞同法律顾问的意见。相反，它也认为，如果特定欧盟法的目标只能由国内法院主动提出应用联盟规则才能达到，那么国内法院可以这样做。[200]

这样的事实最能展现欧盟自身法律秩序的特征，即尽管成员国未能履
70 行义务，公民可能会援引指令的相关条款。[201] 欧洲法院曾多次认定：

只要某项指令的条款就其主题事项而言都规定得无条件且足够精

---

198 14 December 1995, Joined Cases C-430/93 and Case C-431/93, *Jeroen van Schijndel and Johannes Nicolaas Cornelis van Veen* v. *Stichting Pensioenfonds voor fysiotherapeuten*, par. 13 and 14. 7 June 2007, Joined Cases C-222/05 to C-225/05, *J.van der Weerd*, *Maatschap Van der Bijl*, *J.W.Schoonhoven*（*C-222/05*）, *H.de Rooy*, *sen.*, *H.de Rooy, jun.*（*C-223/05*）, *Maatschap H.en J.van't Oever, Maatschap F.van't Oever en W.Fien, B.van't Oever, Maatschap A.en J.Fien, Maatschap K.Koers en J.Stellingwerf, H.Koers, Maatschap K.en G.Polinder, G.van Wijhe*（*C-224/05*）, *B.J.van Middendorp*（*C-225/05*）v. *Minister van Landbouw, Natuur en Voedselkwaliteit.*

199 Opinion of Advocate General Jacobs of 15 June 1995, Joined Cases C-430/93 and C-431/93, *Jeroen van Schijndel and Johannes Nicolaas Cornelis van Veen* v. *Stichting Pensioenfonds voor fysiotherapeuten*, 第 27 点。

200 4 October 2007, Case C-429/05, *Max Rampion, Marie-Jeanne Rampion, née Godard* v. *Franfinance SA, K par K SAS.*

201 落实的义务由每个成员国承担。未能完成义务不能通过引用其他成员国的失败来正当化。26 February 1976,Case 52–75, *Commission* v. *Italy*, par. 11.

> 确，则在国内法院可以援引该条款的规定，由个人针对未在规定期限内将该指令转化为国内法的成员国或未能正确执行该指令的成员国提起诉讼。[202]

这种权力也赋予了国内法院，即使在个人没有援引指令的情况下，其也可以自行审查国家规则是否符合规定。[203]从新成员国加入起即可适用欧盟法，即使主要诉讼程序的事实来自成员国加入之前也必须适用欧盟法，如欧洲法院对于捷克 *Obvodnísoud pro Prahu* 3 案件的意见。[204]

在 *Pupino* 案中，欧洲法院实际上将共同体法的直接适用规则转变为第三支柱法，特别是就框架决定而言。提到"欧洲各国人民之间日益密切的联盟"以及"为有效促进欧盟目标作出贡献"的必要性，[205]欧洲法院认为，"如果个人没有权利援引框架决定，以便在成员国法院获得对国家法律的符合性解释，那么框架决定的大部分有用影响将被剥夺"。[206]

但是，必须指出的是，欧洲法院绕过了直接效力的问题，鉴于《欧洲联盟条约（前里斯本条约）》第 34 条第 2 款关于框架决定的明确措辞，这是可以理解的："它们不应该带来直接影响。"这意味着欧洲法院不能正式附加框架决定的直接影响。但是，它赋予了框架决定能够附带与指令相似的物质影响。按照这种方式，欧洲法院的行为与 25 年前 *Ratti* 案中的做法完全相同。[207]1979 年，欧洲法院认定，符合指令条款规定的个人，在因违反尚未根据指令变更的国内刑事规定而被起诉时可直接援引该欧盟法律文书。

其他法律文书的（直接）效果是什么？法院认为："虽然根据第 189 条，71
条例可直接适用，并因此性质能够产生直接效力，但这并不意味着本条所涵盖的其他措施永远不会产生类似效果。"[208]

因此，欧洲法院不仅查看立法的形式方面，也考虑其性质："由于根据法院已确定的判例法，形式上的选择不能改变一项措施的本质，但必须确

202　1 June 1999, Case C-319/97, *criminal proceedings against Antoine Kortas*, par. 21.

203　11 July 1991, Joined Cases C-87/90, C-88/90 and C-89/90, *A.Verholen and others* v. *Sociale Verzekeringsbank Amsterdam*, par. 16.

204　14 June 2007, Case C-64/06, *Telefónica O2 Czech Republic as* v. *Czech On Line as.*

205　16 June 2005, Case C-105/03, *criminal proceedings against Maria Pupino*, par. 36–42.

206　16 June 2005, Case C-105/03, *criminal proceedings against Maria Pupino*, par. 38.

207　5 April 1979, Case 148/78, *criminal proceedings against Tullio Ratti*, par. 18–24.

208　13 December 1989, Case C-322/88, *Salvatore Grimaldi* v. *Fonds des maladies professionnelles*, par. 11.

定一项措施的内容是否完全与其获得的形式一致。”[209]

在 *Grimaldi* 案中，欧洲法院认为这些措施并不旨在产生约束力的效果，并补充说：

> 国家法院必须考虑建议，以便决定向其提交的争议，特别是当建议帮助阐明为实施这些措施而采取的国内措施，或旨在补充共同体有约束力的规定的国内措施的解释时。[210]

因此，第一个门槛就是必须确定相关条款是无条件的和足够精确的。在 *Cooperativa Agricola* 案中，欧洲法院进一步确定了这些标准：

> 一条共同体的规定是无条件的，当它设定了一个不受任何条件限制的义务或在它实施或效力方面既不受到共同体机构也不受到成员国所采取的任何措施的影响 。此外，一项规定是否足够精确，可供个人援引，并由国家法院适用，取决于它是否设定了毫不含糊的义务。[211]

根据法律依据，一些指令允许成员国向委员会申请，如果它们认为这是必要的，则可以背离全面实施。《欧盟运行条约》第 114 条就是这样一个例子。委员会未对成员国提出的此类申请作出回应的事实不会延迟该指令的生效。如果成员国认为委员会违反其义务，则应根据《欧盟运行条约》第 265 条向欧洲法院提起诉讼。[212]

3.2 真诚合作原则

72 欧盟法最重要的义务之一是成员国有义务忠于欧盟的目标并执行其立

---

209 13 December 1989, Case C-322/88, *Salvatore Grimaldi* v. *Fonds des maladies professionnelles*, par. 14.（引用省略）

210 13 December 1989, Case C-322/88, *Salvatore Grimaldi* v. *Fonds des maladies professionnelles*, par. 18.

211 17 September 1996, Joined Cases C-246/94, C-247/94, C-248/94 and C-249/94, *Cooperativa Agricola Zootecnica S.Antonio and Others* v. *Amministrazione delle finanze dello Stato*, par. 18 and 19.（引用省略）

212 1 June 1999, Case C-319/97, *criminal proceedings against Antoine Kortas*, par. 37.

法。这在《欧盟条约》第 4 条第 3 款中被归纳为所谓的真诚合作原则：

> 根据真诚合作的原则，欧盟和各成员国应充分相互尊重，在执行条约所产生的任务时相互协作。成员国应采取一般或特殊的适当措施，确保履行条约所产生的义务或由欧盟各机构的行为产生的义务。成员国应协助实现欧盟的任务，并不采取任何可能危及欧盟目标实现的措施。

根据欧盟法的预设，成员国必须忠实和正确地实施欧盟法，这个预设也会对成员国之间的关系产生影响。成员国必须信任其他成员国也会忠于自己的义务。[213]

通过这一义务，欧洲法院可以对遵守这些义务的情况进行检验，欧盟法的有效性在所有方面都得到保证：将联盟法律文书纳入国家法律，对联盟立法进行实施，与委员会合作，与其他成员国的执法机关合作。根据条约，成员国负有遵守联盟法律要求的义务。但是，成员国通过各种机构行事。成员国的所有有权机关，无论它们是否有司法任务都需要遵守真诚合作原则。在适用国内法律时，无论该国内法律文件是在指令生效之前还是之后通过，国家法院都必须根据指令的措辞和目的尽可能解释，以达到指令所追求的结果。[214]

就指令而言，真诚的合作通常要求制定将指令转化为国内法的立法。行政惯例的改变是不达标的。[215]即使在一个成员国的法院不再适用不符合联盟法的国内法规定的情况下，欧洲法院认为： 73

213　14 January 1997, Case C-124/95, *The Queen, ex parte Centro-Com Srl* v. *HM Treasury and Bank of England*, par. 49.

214　13 November 1990, Case C-106/89, *Marleasing SA* v. *La Comercial Internacional de Alimentacion SA*, par. 8; 27 June 2000, Joined Cases C-240/98 to C-244/98, *Océano Grupo Editorial SA and Rocío Marciano Quintero and others*, par. 30.

215　6 May 1980, Case 102/79, *Commission* v. *Belgium*, par. 10. 在 1980 年 3 月 27 日关于这一案件的意见中，法律顾问 Reischl 提出了另一个需要立法的理由："如果成员国被允许通过依赖指令的直接影响和共同体法律文书的优先权来避免它们在条约下的义务，那么与条约中规划的相反，指令将与普遍适用的条例相同。"国家规则的必要修改不能由规定违反了欧盟法的条款不再适用的部长级通函取代。2 December 1986, Case 239/85, *Commission* v. *Belgium*.

> 有争议的条款仍然是国家法律的一部分。正如欧洲法院多次认定的那样，共同体法律文书的主要和直接效力不会使成员国从其国内法律秩序中删除任何与共同体法律不相容的规定的义务消失，因为维持这些规定导致了一个模棱两可的事态，它使有关人员处于一种不确定状态，不确定共同体法律赋予他们的权利。[216]

如果国家法律已经符合指令，成员国才能免除执行立法的义务。[217]

欧洲法院审理的许多案件涉及从《欧盟运行条约》第 4 条第 3 款中推导出的执行标准。但是，在一般的执行义务方面，尤其是关于联盟法对刑法的要求，必须将一个案件列为最重要的案件。[218] 这一案件的正式名称是委员会诉希腊（*Commission v. Greece*），但实际上通常称为希腊玉米案件。案件事实如下。委员会对希腊提起诉讼，由于其未能向共同体支付从共同体预算中被欺诈性扣留的资源。[219] 这与从非欧盟成员国南斯拉夫进口希腊的玉米有关，未纳税，随后宣布玉米的原产地是希腊，然后将其运往另一个成员国比利时。这起事件源于欺诈（虚假声明）和腐败（贿赂和阻碍调查和起诉）的指控。

经过调查，委员会通报了希腊政府它得出的结论，并呼吁希腊政府采取以下措施：

> 向委员会支付进口南斯拉夫玉米的农业费用以及违约利息；
>
> 收回欺诈者的所有未付款项；
>
> 74 对欺诈者及共同谋者提起刑事或纪律诉讼；
>
> 调查自 1985 年年初以来进行的涉及谷物的某些进口，出口和过境业务。

正如判决的事实描述所呈现的那样，希腊当局的答复是“已经下令进行行政调查，而且这件事已经交予一名预审法官，而在采取委员会提出的措施之前且有必要等待司法裁决的结论”。[220] 在进一步的通信未能产生积极

216　24 March 1988, Case 104/86, *Commission* v. *Italy*, par. 12.

217　23 May 1985, Case 29/84, *Commission* v. *Germany*.

218　给学生的一个重要的提示：如果只有一个案例值得额外学习，那就是这个！

219　如果玉米的真实和非欧盟原产地已经被列出，则不得不向共同体纳税。

220　21 September 1989, Case 68/88, *Commission* v. *Greece*, par. 4.

的结果之后，委员会起诉了希腊。

欧洲法院的有关考虑如下：

> 22. 欧盟委员会声称，根据《欧洲经济共同体条约》第5条的规定，成员国必须以惩罚违反国内法律相同的方式惩罚任何违反共同体法律的任何人。希腊共和国没有履行这些义务，因为它没有启动国内法律规定的所有针对欺诈者和所有帮助实施和隐瞒欺诈者的刑事或纪律程序。
>
> 23. 应该指出，如果欧共体立法没有具体规定侵权行为的任何惩罚，或规定由成员国国内法律、条例和行政规定进行惩罚，则条约第5条要求成员国采取一切必要措施以保证共同体法律得到适用和有效。
>
> 24. 为此，虽然处罚的选择仍在成员国自由裁量范围之内，但它们必须特别确保程序上或实体上违反共同体法律的行为均受到惩罚，惩罚类似于违反具有相似本质和重要性的国内法而受到的惩罚，无论如何，这种惩罚都是有效的、相称的和有威慑力的。
>
> 25. 此外，国家有权机关必须以与实施相应国家法律相同的勤奋努力来处理侵犯共同体法律的行为。
>
> 26. 在本案中，案件档案中并未显示希腊当局对参与实施和隐瞒委员会谴责的欺诈行为的人提起刑事或纪律诉讼，也没有任何妨碍有权机构提起此类诉讼的因素。
>
> 27. 在诉讼前阶段，希腊政府认为此事已交由国家司法当局处理，
> 有必要等待司法调查的结果。然而，委员会恰当驳斥了这一论点，并 75
> 认为根据它所掌握的信息，存疑的法律程序实际上不是由国家当局开始的，而是由ITCO的竞争者开始的，仅涉及由Alfonsina船运送的货物相关欺诈行为。[221]

221　21 September 1989, Case 68/88, *Commission v. Greece*，par. 22–27. 2015年9月8日欧洲法院关于Case C-105/14, *criminal proceedings against Ivo Taricco and others*，判决第43段中确认了希腊玉米案标准："从本判决第37段和第39段至第41段所列的所有考虑因素来看，成员国必须确保这种严重欺诈案件受到特别有效和具有威慑作用的刑罚。此外，在这方面采取的措施必须与成员国采取的对影响其自身财务利益的同等严重欺诈案件的措施相同。"

由于这些调查结果，欧洲法院认为希腊违反了条约规定的义务。

只看在这一判决之前的法律顾问 Tesauro 的相当短暂的意见，人们当然不会预料到欧洲法院会利用这个案例来引入一个欧盟法执行的标准，从而建立一个衡量成员国的行为的度量衡。也许这在很大程度上是由于希腊当局几乎在所有方面的阻挠和缺乏合作，直至进入欧洲法院的诉讼程序。在欧洲法院审理的这一非常案件中，希腊政府并未以自己的名义提出任何抗辩。[222]

评估成员国活动的一些原则可以从本案判决中推导出来。其中之一就是同化原则，其要求“通过类似于适用于违反类似性质和重要性的国家法律的条款，包括程序性和实体性的”来实施。处罚必须有效、相称和有威慑力。期待地方当局处理这类事件时的态度是同样程度的勤勉。

这五个标准将在下面进行更详细的分析。它们将被累积应用。虽然同化原则更多地与立法有关，但委员会诉希腊案件中规定的其他标准（有效性、相称性和威慑力）涉及了立法与实践中的执法。最后一个标准（同样的勤勉）只涉及实践中的执法。

同化

遵守同化原则的义务要求成员国使用它们（会）在同针对类似违反国
76 内法（“类似的程序性和实质性条件”）时使用的相同或相似的立法手段。这与同样的勤勉要求有关，尽管“同化”涉及立法，而“同样的勤勉”则关于各国依据国内现行有效的立法采取何种措施。在一个成员国的国家刑法将补贴欺诈定为可能导致六年监禁并被处以最高 100 万欧元罚款的严重罪行的情况下，同化原则将要求该成员国处理对欧盟的欺诈时适用差不多相同的刑罚。这将防止成员国将对欧盟的诈骗行为视为行政违法行为，因为这会使国内关于欺诈的规定与欧盟关于诈骗的规定之间的差距过大。然而，如果一个成员国的国内法律规定补贴欺诈行为属于行政违法行为，即可能导致 200 欧元的行政罚款，则可以自由地对欧盟的欺诈行为进行同样的处理，并且仍然符合同化原则的要求。[223] 当涉及确定违法行为是否具有类似性质时，该原则的适用可能存在问题。什么是相似的？在这个问题上还没有太多判例法。[224]

222　法律顾问 Tesauro 强调了这一点的历史性层面：“有史以来第二次法院被要求做出默认判决。” Opinion of Advocate General Tesauro of 30 June 1989, Case 68/88, *Commission v. Greece*, point 1.

223　显然，这可能违背比例性原则和具有威慑力的要求。

224　18 October 2001, Case C-354/99, *Commission v. Ireland.*

“相同的条件”可能指的是存在一个程序条件，需要由提供补贴的机构进行正式投诉，然后才能进行起诉。根据同化原则，当成员国没有为针对国内补贴的欺诈案件中要求这样的条件，那么也不得为针对欧盟的补贴欺诈设置这样的前置程序。

随着《欧盟运行条约》第 83 条的生效，其中要求成员国将某些行为定为犯罪，同化原则的重要性已经减弱。根据《欧盟运行条约》第 83 条通过的指令可能意味着以与从前特定成员国法律中已知的方式完全不同的方式入罪化。

有效

定义与实施联盟法的措施有关的“有效”并不容易。既然它应该与“威慑力”区分开来，那么“有效”似乎同这样的事实相关，即如果发生违规行为，系统就能够对此做出反应。这个系统不会被认为软弱，而是能够对违反联盟法的行为做出反应。根据法律顾问 van Gerven 的意见，“有效”意味着“除其他外，成员国必须努力实现和实施共同体法律相关条款的目标”。[225] 法律顾问 Kokott 曾说：“规定处罚的规则被认定为有效的，只有当它们规定的内容不会使得进行处罚在实际上不可能或者极度困难。”[226] 欧洲法院认为：“即使在 77
共同体立法中只规定民事处罚的情况下，有效措施可能包括刑事处罚。”[227]

在 *Taricco* 案件中，有人提出了是否不应适用国内关于时效规定的问题，因为若适用，则关于增值税犯罪的刑事诉讼可能永远不会导致实际制裁。[228] 因此，国家体系是否可以被视为符合希腊玉米案标准的问题出现了。

225　Opinion of Advocate General van Gervenof 5 December 1989, Case C-326/88, *Anklagemyndigheden v. Hansen and Søn I/S*, point 8.

226　Opinion of Advocate General Kokottof 14 October 2004, Cases C-387/02, C-391/02 and C-403/02, *criminal proceedings against Silvio Berlusconi*（C-387/02）, *Sergio Adelchi*（C-391/02）, *Marcello Dell'Utri and others*（C-403/02）, point 88.

227　8 July 1999, Case C-186/98, *criminal proceedings against Maria Amélia Nunes and Evangelina de Matos*， paragraph 14.

228　参见 Opinion of Advocate General Kokott of 30 April 2015, Case C-105/14, *criminal proceedings against Ivo Taricco and others*, 第三点：“即使在最后的刑事判决作出之前，起诉在此情况下犯下的刑事罪行极有可能会被时效限制。根据提请意见的法院提供的资料，这不仅是由于这一具体案件的情况，也是由于意大利刑事司法系统中的一个结构性问题，该系统规定了各种方式来中断并重新计算可以起诉的时效，但当刑事诉讼正在进行，则无法暂停。该制度还规定了一个由 2005 年法定条款引入的绝对时效期限，如果发生中断，现在只比原始期限延长四分之一，而不是——与以前一样——再延长一半。在很多情况下看起来，绝对时效期间似乎具有豁免罪犯免予处罚的效果。”

法律顾问 Kokott 说："基本法（《欧盟条约》第 4 条第 3 款和《欧盟运行条约》第 325 条）以及相关的次级立法（第 2988/95 号条例和第 2006/112 号条例），都没有任何规定成员国有义务通过刑事手段惩罚增值税领域的违规行为。相反，成员国可自由——遵守 PIF 公约的规定——选择适用的惩罚措施，带来的结果是国内法体系原则上甚至可能规定行政处罚和刑事处罚的组合。然而，'惩罚'概念固有的一点是，成员国必须做的不仅仅是收取拖欠的增值税，以及任何拖欠的利息。不论实际适用于有关成员国的处罚措施是行政属性还是刑事属性——最重要的是要具有有效性，相称性和威慑力。如果成员国通过联结行政法和刑法条款而将其国家处罚制度建立在这样的两个支柱上，既不单独也不共同满足有效性，相称性而且是有威慑力的标准，这样的做法是违反欧盟法要求的。"[229] 因此，时效的适用并不
78 成问题；然而，当时效实际造成了进行处罚变为不可能，则情况不同。这意味着国内法院可能不得不适用"一个足够长的时效制度，在这个时效范围内使得通过一个有合适长度的公正审判，做出有效、相称和有威慑力的惩罚（《欧盟基本权利宪章》第 47 条第 2 段；《欧洲人权公约》第 6 条第 1 款第一句）看起来能够实现"[230]。

欧洲法院赞同这一观点："如果国家法院认定适用国家条款与时效中断有关的事实，在相当数量的案件（原文如此）中，由于在法律规定的刑事惩罚可以通过最终司法裁决实施之前，犯罪的追诉时效通常会到期，实施严重欺诈行为将会避免刑事惩罚，所以有必要认定国家法律为打击影响欧洲联盟经济利益的欺诈和其他任何非法行为而制定的措施不仅是有效的而且有威慑力的，这将同《欧盟运行条约》第 325 条第 1 款、PFI 公约第 2 条第 1 款以及 2006/112 指令、《欧盟条约》第 4 条第 3 款不符。"[231]

根据《欧盟运行条约》第 101 条、第 107 条和第 119 条无法评估无效或无威慑力的性质。[232] 这意味着一个经济实体进行欺诈行为相对其守法竞争者可能具有的非法优势，而不是评估实践是否符合实施欧盟法义务的一部分。

---

229 Opinion of Advocate General Kokott of 30 April 2015, Case C-105/14, *criminal proceedings against Ivo Taricco and others*, point 84 and point 85.（引用略）

230 Opinion of Advocate General Kokott of 30 April 2015, Case C-105/14, *criminal proceedings against Ivo Taricco and others*, point 124 .（引用略）

231 8 September 2015, Case C-105/14, *criminal proceedings against Ivo Taricco and others*, par. 47.

232 8 September 2015, Case C-105/14, *criminal proceedings against Ivo Taricco and others*, par. 65.

比例性

在委员会诉希腊案件之前，尊重比例原则的要求已被确认为一般原则。然而，欧洲法院确实给出了如何进行解释的提示。“比例性”应解释为犯罪严重性与相应的制裁之间的关系。法律顾问 van Gerven 将比例性和有威慑力视为一个标准，意思是“惩罚必须充分，但不是过于严格，考虑到所追求的目标”[233]。法律顾问 Kokott 将成比例定义如下：

> 一个处罚是成比例的，当它对于实现其合法目标是适当（也就是说，尤其是有效和有威慑力的）而且必要的。如果在几个（同等）适
> 当的处罚之间进行选择，则应当诉诸最不沉重的惩罚。此外，惩罚对 79
> 有关人员的影响必须与追求的目标相称。[234]

法律顾问在立法的风险防范性质和个人权利方面评估了比例性的要求：

> 评估国家法律是否符合比例性原则，涉及确定成员国在确定的洗钱和资助恐怖主义风险水平面前所期望的保护水平。成员国可以设定高于欧盟立法者选择的保护水平，确定（高）风险的其他情况，并授权或要求其他客户采取尽职调查措施。成员国必须保证所要求的加强客户尽职调查措施基于评估客户、业务关系、账户、产品或交易（视情况而定）的洗钱或资助恐怖主义风险的存在和水平。在选择采取何种措施时，有必要（对于成员国以及相关经济实体）评估预计的风险已经得到了多大程度的管理，以及其他措施［包括基于指令 2005/60 的措施，2007 年 11 月 13 日欧洲议会和理事会关于内部市场支付服务和其他欧盟（或国家）立法的指令 2007/64 / EC］。国家法律是否相称也取决于其提供的客户尽职调查措施可能侵犯其他受欧盟法律保护的权利和利益的程度，如保护个人数据（《欧盟基本权利宪章》第 8 条）

233　Opinion of Advocate General van Gerven of 5 December 1989, Case C-326/88, *Anklagemyndigheden v. Hansen and Søn I/S*, point 8.

234　Opinion of Advocate General Kokott of 14 October 2004, Cases C-387/02, C-391/02 and C-403/02, *criminal proceedings against Silvio Berlusconi*（*C-387/02*）, *Sergio Adelchi*（*C-391/02*）, *Marcello Dell'Utri and others*（*C-403/02*）, point 90.

以及在同一市场经营的实体之间的自由竞争原则。最后，国家法律是否相称，取决于是否存在能达到相同的保护水平替代性、限制性较小的方式。[235]

威慑力

我们可以根据所提供的制裁的严厉程度来讨论威慑力的标准。相称性将不可避免地会对威慑力产生削弱的影响。欧洲法院认为，处罚的严厉程度必须与施加的侵害行为的严重程度相称，特别是通过确保真正的威慑效果，同时尊重相称性的一般原则。在这方面，国家立法规定的措施不得超过适当和必要的限度，以实现该有争议的立法合法追求的目标：在若干适当措施可供选择的情况下，必须采取最不沉重的措施，并且所造成的不利
80 程度不得与追求的目标不成比例。[236]欧洲法院似乎认为威慑力是一种可能被潜在施加的惩罚。[237]

从法律顾问 van Gerven 构建一项措施的威慑力的方式来看，他似乎提到了措施可能对规范所针对的人的行为所产生的影响的期待。该措施必须有可能阻止人们以法律不希望的方式实施自己的行为。法律顾问 Kokott 使用类似的语句，并且认为当一项惩罚可以防止个人侵犯联盟法律所追求的目标和规则，那么它就是有威慑力的。[238]

对这种观点的批评是，由此，这意味着一项不阻碍个人实施犯罪的措施便不具有充分的威慑力，而违反它就证明了这一事实。以这种方式辩论会为判断立法设定一个非常高的标准，并理论上要求成员国使违法行为不能够发生。由于所有的标准必须一起考虑，比例原则的要求可以防止这种极端主义立场。

235　Opinion of Advocate General Kokott of 3 September 2015, Case C-235/14, *Safe Interenvios, SA v. Liberbank, SA, Banco de Sabadell, SA, Banco Bilbao Vizcaya Argentaria, SA*, Point 128.

236　26 September 2013, Case C-418/11, *Texdata Software Gmb*, par. 51 and 52.（引用略）

237　参见 8 September 2015, Case C-105/14, *criminal proceedings against Ivo Taricco and others*，第 45 段，其中欧洲法院认定没有一个利益方质疑七年徒刑的威慑力。

238　Opinion of Advocate General Kokott of 14 October 2004, Cases C-387/02, C-391/02 and C-403/02, *criminal proceedings against Silvio Berlusconi*（C-387/02）, *Sergio Adelchi*（C-391/02）, *Marcello Dell'Utri and others*（C-403/02）, point 89.

同样的勤勉

这要求一个成员国的主管部门不能一边明确无视违反欧盟法的行为，另一边却对违反纯粹的国内规则的案件花费大量的时间和资源。“同样的勤勉”要求成员国作出同样的努力，而不是更多，也不是更少。鉴于某些刑事司法体系的性质，产生了检察官是否能够基于共同利益停止调查的问题。这对于适用所谓的机会原则而不是合法性原则的成员国来说，在决定是否起诉时尤为重要。[239]

实施义务是否允许虽然检控部门认为犯罪已经发生，却做出不起诉决定？答案并不简单，而是取决于案件的情况。如果情况是检方为获得更多证据支持指控已经作出重大努力但未获成功，且随后无法定罪，则根据联 81
盟法终止程序的决定是可以接受的。但是，如果检方没有进一步深入调查，因为继续可能会涉及困难而复杂的国际调查，那么，这是否符合同样的勤勉的要求便成为问题。[240]

随着相互承认成为成员国之间合作的主要原则，同样的勤勉获得了新的职能。《关于欧洲调查令的指令 2014/41》第 12 条规定：“应就承认或执行作出决定，调查措施应以与国内类似案件相同的速度和优先度进行。”

希腊玉米案标准编入立法

委员会诉希腊案的法院判例法延伸出来的有效性、比例性和有威慑力的实施原则以及同化原则已编入各种第三支柱的法律文书[241]和一些条例中，[242]并自 2009 年以来在刑事法指令中也有出现。[243]成员国应有效地打击欺诈行为，“在共同体条例中没有明确规定对于侵害行为应当做出的惩罚或规定依照国内法律、法规或行政条例来惩罚，条约第 5 条要求成员国采取一切必要措施以保证共同体法律的适用性和有效性”[244]。

事后看来，问题在于将这些标准写入法律文书是否有用。它们与成员国的实施义务有关，因为它们能帮助确定具体情况下某个成员国是否履行

---

239 参见关于这些原则的第六章第 5 节。

240 更多参见第六章第 5 节。

241 《关于非法贩运毒品的框架决定 2004/757》;《财政利益公约》第 2 条;《关于参与刑事组织的联合行动 98/733》第 2 条。

242 例如《都柏林公约（Eurodac Regulation）603/2013》第 41 条。

243 例如《关于贩运人口的指令 2011/36》第 4 条第 4 款和第 6 条第 1 款。

244 14 July 1994, Case C-352/92, *Milchwerke Köln/Wuppertal eG* v. *Hauptzollamt Köln-Rheinau*, par. 23.

了这些义务。但是，它们一般地在国内刑事立法中用处不大。这些标准本身与个别案件有关，而与国内刑法抽象规定的一般制裁规定并不关联。它们不是衡量一个成员国是否正确实施的标准。委员会不可能监测对这些标准的遵守情况。

希腊玉米案之后的判例法并不总是引用同样的勤勉原则。而且，在标准的编纂中，这个原则（通常）是不存在的。

82 因此，实施欧盟法的三个不同步骤清晰可见：（1）将其转化或并入国家立法；（2）在诉讼中创造援引欧盟法的可能性；（3）积极回应违反联盟规则的情况。最后，尽管它在历史上一直发展得比较薄弱，但在立法中可以找到一个总体的实施部分。许多法律文书规定了一项义务，要求成员国向委员会报告它们如何实施。通常，这项义务仅限于将实施立法案文本发送给委员会的正式要求[245]，但在某些情况下，更详细的报告义务单独出现。风险在于这可能有助于确认正式的协调。如果进行报告的请求包括一个成员国必须报告其实现了文书规定义务的方法，那么报告很可能会得出结论：已发生义务履行的情况。[246]如果评估由负责执行法规的机构（或该机构的官员）进行，这种自我肯定的效应会更强。

3.3 方式选择的自由

传统而言，成员国可以自由选择实施指令（和框架决定）的方式。欧洲法院在 *von Colson and Kamann* 案中认为：

> 虽然该规定授权成员国选择能够确保实施该指令的方式、方法，

---

245 例如，《关于非法贩运毒品的框架决定 2004/757》第 9 条第 2 款："在第 1 款提及的截止日期前，成员国应向理事会总秘书处和委员会转交由本框架决定赋予它们的义务转化为本国法律条款的文本。"

246 此处，委员会被赋予一项具体任务。上一个脚注中引用的条款接着指出："欧盟委员会应于 2009 年 5 月 12 日前向欧洲议会和理事会提交一份关于框架决定实施效果的报告，包括其对非法药物贩运领域中司法合作的影响。"理事会还进行非正式评估。例如，参见 the Third round of Mutual Evaluations "Exchange of information and intelligence between Europol and the Member States and among the Member States respectively", 7917/2/05 REV 2, Brussels, 21 June 2005。更多参见 Marlèn Dane and André Klip (eds.), An Additional Evaluation Mechanism in the Field of EU Judicial Cooperation in Criminal Matters to Strengthen Mutual Trust, Celsus 2009。

但这种自由并不影响该指令所针对的所有成员国的义务，即在其国家法律体系中，采取所有必要的措施，以确保指令完全有效，并符合其追求的目标。[247]

在欧盟成立初期，实现理想的结果被认为比规定实现它们的方式更为重要。在这个意义上，《欧盟条约》第4条第3款的实施义务可以被定性为结果导向的义务。成员国可以自由选择达到预期结果的最适当手段。此外，一个成员国有可能选择它将用于实施欧盟法的一些法律领域，以及那些不受欧盟法影响的领域。赋予成员国选择执法手段的自由被认为表明了欧盟无权规定执法手段：特别是刑事法的应用。[248] 自从2005年和2007年欧洲法院宣告两项框架决定无效以来，很明显一项指令可以规定向国内法的转化需要通过刑事法进行。《欧盟运行条约》第83条自此法典化了该判例法。[249] 83

如果成员国认为实施刑事处罚“是确保其有效性的最适当方式，而且所规定的处罚类似于适用于违反类似性质和重要性的国内法律的处罚，并且是有效的、成比例的和有威慑力的”[250]，那么，成员国可以自由将侵害行为定为刑事犯罪。因此，如果指令没有对处罚制度规定任何具体义务，成员国可以适用刑事处罚，只要这些处罚符合同化原则。[251] 同样，在 *Hansen and Søn* 案中，欧洲法院的结论是，赔偿责任归于个人或企业的方式也属于成员国的自由裁量权范围：只要成员国遵守希腊玉米案的实施标准，严格的

247　10 April 1984, Case 14/83, *Sabine von Colson and Elisabeth Kamann* v. *Land Nordrhein-Westfalen*, par. 15.

248　在奥地利联合利华的案件中，欧洲法院认为：“此外，成员国需要根据指令第76/768号第6条第3款采取措施，为了阻止宣传化妆品具有特定效果实际上这些产品并不具备的广告，必须规定这些广告构成违法行为，特别是将虚假广告认定为可由具有威慑力的刑罚来处罚的刑事犯罪。”28 January 1999, Case C-77/97, *Österreichische Unilever GmbH and Smithkline Beecham Markenartikel GmbH*, par. 36. 由于没有进一步阐述，很难解释这一结论，此外，1976年7月27日《关于成员国关于化妆品法律近似的指令76/768》的第6条第3款没有提到刑事法。

249　第二章第3.2节。

250　12 September 1996, Joined Cases C-58/95, C-75/95, C-112/95, C-119/95,C-123/95,C-135/95,C-140/95, C-141/95, C-154/95 and C-157/95, *criminal proceedings against Sandro Gallotti*, *Roberto Censi, Giuseppe Salmaggi, Salvatore Pasquire, Massimo Zappone, Francesco Segna and others, Cesare Cervetti, Mario Gasbarri, Narducci and Fulvio Smaldone*, par. 15.

251　8 September 2005, Case C-40/04, *criminal proceedings against Syuichi Yonemoto*, par. 60; 7 October 2010, Case C-382/09, *Stils Met SIA* v. *Valsts ieņēmumu dienests*, par. 44.

刑事责任是可以接受的。[252]

84 但是，作为唯一能够满足相关案件要求的制裁，刑事惩罚有时变得势在必行。[253] 另外，欧洲法院在其他情况中指出，鉴于犯罪严重程度有限，某些刑罚，[254] 尤其是监禁，将是不符合比例原则的。[255] 在这些情况下，处罚可能成为条约所珍藏的自由权利的障碍。[256]

在 X 案中，欧洲法院指出了当刑事司法适用符合条例的解释原则时产生的特殊问题，[257] 结果是具体情况会偏离一般规则，即条例不需要任何国家执行措施。如果一个成员国在对待能够直接适用的条例时额外选择了刑事立法，合法性原则要求刑事起诉在国内刑法中找到基础，而不是在条例中。欧洲法院在 *Grøngaard and Barg* 案的声明（丹麦 KøbenhavnByret 的初步裁决参考）中指出，指令的范围不能取决于国家程序的性质，而必须在区分联盟法下成员国的义务和联盟法下的个人义务的背景之下来理解。[258] 虽然成员国总是有义务实施指令，不论它是使用行政法、民法或刑法，但实际实施手段的选择会对个人产生影响。虽然由于合法性原则，刑事法的使用依赖于刑事犯罪的书面法典化，但其他法律领域可能允许在没有相应的国内条款时直接适用指令。

252 10 July 1990, Case C-326/88, *Anklagemyndigheden* v. *Hansen and Søn I/S*, par. 11–17.

253 Opinion of Advocate General Ruiz-Jarabo Colomer of 26 May 2005, Case C-176/03, *Commission* v. *Council*, point 43.

254 6 November 2003, Case C-243/01, *criminal proceedings against Piergiorgio Gambelli and others*, par. 72.

255 12 December 1989, Case C-265/88, *criminal proceedings against Lothar Messner*, par. 14. 26 October 1989, Case 212/88, *criminal proceedings against F.Levy*, par. 14. 29 February 1996, Case C-193/94,*criminal proceedings against Sofia Skanavi and Konstantin Chryssanthakopoulos*, par.36；2 October 2003, Case C-12/02, *criminal proceedings against Marco Grilli*, par. 49. 在 *Grilli* 案中，欧洲法院处理了被告由于在需要德国车牌的情况下使用了意大利的临时车牌而被提起刑事诉讼的刑事制裁是否符合比例性原则的问题。法院简单地认为：要么德国的规定并不违反条约，在这种情况下，不会出现相称性的问题，要么德国的规定与条约相悖，则意味着刑罚完全不应适用。

256 5 July 2007, Case C-430/05, *Ntionik Anonymi Etaireia Emporias H/Y, Logismikou kai Paroxis Ypiresion Michanografisis and Ioannis Michail Pikoulas* v. *Epitropi Kefalaiagoras*, par. 54.

257 7 January 2004, Case C-60/02,*criminal proceedings against X*, par. 61.

258 22 November 2005, Case C-384/02, *criminal proceedings against Knud Grøngaard and Allan Barg*, par. 28.

4. 欧盟法的实质性规则：五大自由

4.1　介绍

传统而言，联盟法的实体性规则涉及条约承认的四项自由：货物、人员、服务和资本的自由流动。《欧盟运行条约》规定这些基本自由不得受到任何限制。[259]本节讨论究竟什么能（以及不能）被理解为属于这四项自由中的一项，因为只有某些活动属于条约的范围，相关活动才能从条约授予的权利中获益。为了充分理解权利的含义，有必要分析这些被禁止的量化限制的确切范围。虽然它们具有"根本性的"属性，但自由也不是绝对的。对自由移动的权利施加一定限制是允许的。例外有哪些以及在什么情况下适用？这关系成员国在预防和起诉犯罪方面拥有的自由裁量权。随着欧盟公民自由流动权和居留权的出台，出现了一种与刑事法极为相关的第五种自由。 85

《欧盟运行条约》的基本自由权利与特定的欧盟立法（次级欧盟法：指令、条例和框架决定）所保障的权利之间的关系，在实体权利背景之下的相互承认带来的影响，和自由流动权利的可能例外将在下文讨论。欧盟法是否规定了因其本质而非法的货物和服务，因此不能享受条约规定的任何权利的问题将受到特别关注。本节主要讨论内部市场问题，并涉及向公民提供基本自由的实际情况。自由、安全和公正的领域的条款以及相关的次级立法没有提供任何类似的权利。相反地，自由、安全和公正的领域为成员国创造了合作的权利和形式，公民无法直接从该领域的管制中获益。

4.2　自由流动

实现内部市场的最初目标是建立一个没有国家边境线的法律秩序，因此重点一直是，并且仍然是跨国问题的消除。那么，条约原则上不涉
及与跨国流动无关的活动。换句话说，如果所有活动都发生在一个成员 86
国的边界内，并且与位于且来自该成员国的工作人员或与货物、服务或资本有关，那么该活动不属于条约管辖的范围。因此，在评估应适用于

259　关于基本自由与基本权利之间的区别，请参阅第一章第 3 节。

特定活动的法律的第一个测试始终是判断该行为是否属于条约的管辖范围。

作为第一步，划定哪些符合货物、人员、服务和资本定义是很有用的。对于这四类中的每一类，都需要有一些经济活动发生。[260] 爱尔兰高等法院提请初步裁决爱尔兰学生协会的案件，该协会分发了关于可在英格兰何处进行堕胎的具体信息。爱尔兰将堕胎以及与此有关的任何活动定为犯罪。学生们出于政治原因散布了这些信息，而没有收到英国堕胎诊所任何酬劳。虽然欧洲法院已将堕胎作为一项经济活动，但学生的活动并非如此，他们没有代表诊所散发信息，也没有接受他们的酬劳。因此，他们分发与经济活动无关的信息并不属于条约的范围。[261]

商品自由流动（《欧盟运行条约》第 28—37 条）

《欧盟运行条约》第 28 条禁止一切进口和出口关税以及成员国之间具有同等效力的其他费用。来自第三国的产品如果在特定成员国已经遵守相关进口手续（《欧盟运行条约》第 29 条），则被视为可以自由流通。[262] 商品自由流动原则是有效的，不管它是涉及非常昂贵的限制还是小的阻碍。欧洲法院认为，相当有限的经济影响的阻碍不能被接受为例外："成员国能够直接或间接阻碍实际或潜在的共同体内部贸易的所有贸易规则必须被视为具有相当于对进口数量限制的效果的措施。"[263]

87 但是，商品自由流动有一些例外。欧洲法院已经接受，即使在可能受

260　法院并不需要完成许多正式程序来承认一项活动是经济性的。5 February 1991, Case C-363/89, *Danielle Roux* v. *Belgium*.

261　4 October 1991, Case C-159/90, *The Society for the Protection of the Unborn Children Ireland Ltd* v. *Stephen Grogan and others*, par. 26. 支付并不总是决定性的。见 5 October 1988, Case 196/87, *Udo Steymann* v. *Staatssecretaris van Justitie*, par. 11–12, 其中作为 Bhagwan 共同体成员的无薪工作被视为旨在确保自给自足的措施。

262　要求已经进入自由流通的产品提供真实性证书构成一种具有等同于数量限制的效果的措施。11 July 1974, Case 8–74, *Procureur du Roi* v. *Benoît and Gustave Dassonville*, par. 9; 15 December 1976, Case 41–76, *Suzanne Criel, née Donckerwolcke and Henri Schou* v. *Procureur de la Republique au tribunal de grande instance de Lille and Director General of Customs*.

263　5 June 1986, Case 103/84, *Commission* v. *Italy*, par. 18.

到刑事制裁痛苦的情况下，[264]成员国也可能要求货物附带真实来源的声明。[265]为了保护消费者权益，成员国可能还要求原始标签包含有关产品的某些内容信息。[266]此外，成员国仍可自由将使用未能遵守适当的税收规则的商品定为犯罪[267]，即使这些商品尚未进入自由流通。

《欧盟运行条约》第 34 条和第 35 条规定了货物完全自由流动的明确规则，但第 36 条规定了一些例外情况。下文将会阐述，这些例外情况必须进行狭义解释。[268]由于某些货物的特殊性质，如枪支和药物前体化学品，限制也可能规定在协调化的立法中。[269]

确认案件涉及欧盟内的商品贸易后，确定什么构成数量限制是有意义 88

---

264 但是，这些措施不得超出为使进口成员国知道货物来源的目的所必需的措施。30 November 1977, Case 52–77, *Leonce Cayrol* v. *Giovanni Rivoira & Figli.*

265 15 December 1976, Case 41–76, *Suzanne Criel, née Donckerwolcke and Henri Schou* v. *Procureur de la Republique au tribunal de grande instance de Lille and Director General of Customs*, par. 35–38; 11 May 1989, Case 25/88, *criminal proceedings against Esther Renée Bouchara, née Wurmser, and Norlaine SA*, par. 18; 26 October 1989, Case 212/88, *criminal proceedings against F.Levy*, par. 14–15. 值得注意的是，在 *Bouchara* 案中，欧洲法院首次向市场投放某种商品时允许进行特定核实的原因之一是缺乏在另一个国家执行刑事判决的可能性（参见 par. 14–15）。随着相互承认处罚的法律文书的出现，这一论点失去了意义。

266 16 December 1980, Case 27/80, *criminal proceedings against Anton Adriaan Fietje*, par. 10; Opinion of Advocate General Bot of 14 October 2008, Case C-42/07, *Liga Portuguesa de Futebol Profissional*（*CA/LPFP*）*Baw International Ltd* v. *Departamento de Jogos da Santa Casa da Misericórdia de Lisboa.*

267 9 October 1980, Case 823/79, *criminal proceedings against Giovanni Carciati.*《欧盟运行条约》第 110 条支持商品在税收领域的自由流动。国内和国外产品不应受到区别对待。欧洲法院认为，对于这类商品的逃税的处罚也是一样。对来自另一成员国的产品逃避缴纳增值税不应比逃避缴纳增值税的国内产品受到更高的处罚。2 August 1993, *Commission* v. *France.*

268 7 March 1990, Case C-362/88, *GB-INNO-BM* v. *Confédération du commerce luxembourgeois*, par. 10. 更多参见本章第 4.6.1 节。

269 例如，Directive 91/477 of 18 June 1991 on control of the acquisition and possession of weapons, OJ 1991, L 256/51，该指令创建了适用于整个欧盟的武器的四种分类：禁止的武器、需经授权的武器、需要申报的枪支、其他武器。Directive 92/12 on the General Arrangements for Products subject to Excise Duty and on the Holding, Movement and Monitoring of such Products, OJ 1992, L 76/1. 指令 92/12 包含了对于为了商品的一般自由流动的限制，当商品是为了运输矿物油。更多参见，关于 2007 年 11 月 15 日的指令，Case C-330/05, *criminal proceedings against Fredrik Granberg*。2004 年 2 月 11 日《关于欧洲议会和理事会关于药物前体的条例 273/2004》，OJ 2004，L 47/1 也有类似的安排。对于某些物质的交易，需要许可证，其他物质则需要注册。支付手段不被视为条约含义范围内的商品。23 February 1995, Joined Cases C-358/93 and C-416/93, *criminal proceedings against Aldo Bordessa and Vicente Marí Mellado and Concepción Barbero Mestre*, par. 12.

的。多年来，欧洲法院在这个问题上做出了很多判例。在*Casati*案中，它处理了由于刑法适用而带来的对自由流动的阻碍：

> 原则上，刑事立法和刑事诉讼规则仍然是成员国负责的事项。然而，从欧洲法院裁决的一系列一致的案例可以清楚地看到，共同体法律在其许可成员国维持的对商品和人员自由流动的管制措施方面也规定了某些限制。行政措施或处罚决不能超越严格的必要的程度，管制程序不得以限制条约所要求的自由的方式进行设置，并且不得附加与侵害程度过于不相称的惩罚措施以至于成为行使自由的障碍。[270]

换句话说，刑法本身的适用就可能构成了限制。[271]

国内规则规定流动销售需要实现获得许可的事实可能会减少来自其他成员国商品销售的数量。[272]国家法院将决定该措施是否对于源自其他成员国的产品的销售影响大于对于本地产品的销售影响。如果影响确实更大，那么存在明显的违反欧盟法的事实。[273]《欧盟运行条约》第35条明确保护了面向另一个成员国的出口。国内立法也不应将出口产品与在成员国本国内销售的产品区分对待。如果限制或禁止某些销售安排的国家规定适用于在本国领土内经营的所有相关贸易商，并且以同样的方式对它们产生影响，那么国内产品和来自其他成员国的产品的销售不会被视为直接或间接阻碍成员国之间的贸易。[274]

人员自由流动（《欧盟运行条约》第45—55条）

人员自由流动的规定与劳动者的自由流动不同（《欧盟运行条约》第
89 45条和《欧盟运行条约》第49条经营企业的权利）。《欧盟运行条约》第45条第1款规定劳动者的流动自由要在欧盟内得到保障，与商品自由

270　11 November 1981, Case 203/80, *criminal proceedings against Guerrino Casati*, par. 27.

271　30 October 1974, Case 190-73, *Officier van Justitie* v. *J.W.J.van Haaster*，案件关于对没有许可证的情况下生产一种产品提起公诉。

272　26 May 2005, Case C-20/03, *criminal proceedings against Marcel Burmanjer, René Alexander van der Linden, Anthony de Jong*, par. 30.

273　24 January 1978, Case 82/77, *criminal proceedings against Jacobus Philippus van Tiggele*.

274　26 May 2005, *criminal proceedings against Marcel Burmanjer, René Alexander van der Linden, Anthony de Jong*, par. 24; 23 February 2006, Case C-441/04, *A-Punkt Schmuckhandels GmbH* v. *Claudia Schmidt*, par. 15.

流通规则不同的是，《欧盟运行条约》第 45 条第 3 款仅规定了三种一般性例外：公共政策、公共安全和公共卫生。[275] 由于现在已经引入内部市场数十年，对外国劳动者的直接限制不再经常出现在成员国的法律中。判例法现在对于可能或者间接可能限制劳动者自由流动的情况十分敏感。作为居住地的成员国不得将在另一成员国工作的人员用于在其领土上使用在其工作所在地的成员国设立的租赁公司名下的车辆认定为犯罪，且车辆是由在同一成员国设立的雇主提供的。[276] 在这种情况下，有人认为，为了确保道路安全和防止税收基础受到侵蚀而根据国家规则登记车辆的义务是必要的。欧洲法院驳回了这一观点，认为荷兰车辆不能在比利时登记，因此登记目标无法实现。[277]

欧盟公民必须能够自由地在另一个成员国建立企业，而且不得遇到任何障碍。获得，使用或处置不动产的权利是自由设立企业权利的必然结果。[278]《欧盟运行条约》第 52 条第 1 款仅规定了三个一般例外：公共政策、公共安全和公共卫生。如果没有可接受的正当化事由，那么对于企业施加以刑事处罚的痛苦为保障的许可执照或授权要求违反《欧盟运行条约》第 49 条和《欧盟运行条约》第 56 条的行为。[279]

自由提供服务

《欧盟运行条约》第 56 条规定：

> 在以下规定的框架范围内，对于公民在一个成员国内设立企业，而他将要提供服务的对象是另外的成员国的公民的情形，欧盟内部不得设定任何对提供此类服务的自由的限制。欧洲议会和理事会按照普通立法程序进行立法，可以将本章的规定扩展到在欧盟境内设立企业并提供服务的第三国国民。

---

275 然而，存在一个与公共服务部门的就业有关的具体例外情况。

276 2 October 2003, Case C-232/01, *criminal proceedings against Hans van Lent*.

277 2 October 2003, Case C-232/01, *criminal proceedings against Hans van Lent*, par. 23 and 24.

278 25 January 2007, Case C-370/05, *criminal proceedings against Uwe Kay Festersen*, par. 22. 注意关于丹麦财产收购的第 32 号议定书，该条款允许丹麦维持现有关于收购第二套住房的立法。

279 6 March 2007, Joined Cases C-338/04, C-359/04 and C-360/04, *criminal proceedings against Placanica, Palazzese and Sorrichio*.

90 《欧盟运行条约》第 57 条进一步具体规定什么可以被认定为该条约含义内的服务。原则上，禁止会使跨境提供服务变得更加困难的任何措施。[280] 但是，基于公共政策、公共安全或公共卫生的理由，限制可能是合理的（《欧盟运行条约》第 62 条和第 52 条）。[281] 在一个案例中，意大利法律要求在提供法外债务追回许可证之前，其中一个前提是提供无犯罪证明，这项要求由于符合公共利益而成为合理的。[282] 但是，要求必须在意大利 103 个省份中的每一个都申请无犯罪证明，而为了能够申请，申请人必须在每个省拥有住所，这样的要求显然违反了这一自由权利。欧洲法院认为，“任何事先授权制度必须基于非歧视性和可以事先知晓的客观标准”。

资本的自由流动

《欧盟运行条约》第 63 条规定：

> 1. 在本章规定条款的框架内，禁止对于在成员国之间以及成员国与第三国之间的资本流动设定限制。
>
> 2. 在本章规定条款的框架内，禁止对于所有成员国之间以及成员国与第三国之间的支付设定限制。

必须指出，第 63 条的规定与其他自由不同，它也保证了成员国和第三国之间的资本和支付能够自由流动。基于公共政策和公共安全的理由（《欧盟运行条约》第 65 条），可以允许限制[283]，只要它们以非歧视性的方式适用，并尊重比例原则。[284] 在判断国家立法是否符合这些原则时，欧洲法院着眼于立法的目标。[285] 如果可以用不限制基本自由的替代措施来实现目标，则不认为现有措施是成比例的。这方面的一个例子是事先授权才能进行资本转移的要求。成员国希望（并有权）对这种要求保护的利益（财政监督、防止逃税、洗钱、贩毒或恐怖主义）也可以通过诸如事先声明等替代办法

---

280 6 November 2003, Case C-243/01, *criminal proceedings against Piergiorgio Gambelli and others.*

281 成员国能预见税收收入严重减少的事实并不能构成一个正当化事由。6 November 2003, Case C-243/01, *criminal proceedings against Piergiorgio Gambelli and others*, par. 61.

282 18 July 2007, Case C-134/05, *Commission v. Italian Republic.*

283 例如，参见《关于洗钱的指令 2015/849》规定的报告义务。

284 25 January 2007, Case C-370/05, *criminal proceedings against Uwe Kay Festersen*, par. 26.

285 31 January 1984, Case 286/82 and 26/83, *Graziana Luisi and Giuseppe Carbone v. Ministero del Tesero.*

来实现。这个声明应该与事先授权区别开来，事先授权会导致资本的自由 91
流动受到行政当局的裁决，并且因此会使这种自由变得虚幻。[286]

自由迁移和居住权

除了成员国的国籍外，《欧盟条约》第 9 条和《欧盟运行条约》第 20 条规定了欧盟的公民身份。《欧盟运行条约》第 21 条第 2 款规定，没有由于条约的其他条款而享有居住权的欧盟所有公民都享有在成员国领土内自由迁移和居住的权利。这是一种基本的自由，[287]尽管不是无条件的。[288]自由迁移和居留权赋予每一个欧盟公民可自由迁移并居住三个月，而不受任何特定条件的限制。[289]在这三个月之后，欧盟公民必须是有工作的或成为自由职业者。[290]这种权利独立于其他四种自由以及开展经济活动的必要性，证明它应当被承认为第五种自由。欧洲法院认为："条约提供的由自由迁移产生的机会将不能充分发挥作用，如果成员国的国民可能因另一个国家的立法处罚他们使用东道成员国的住所，而阻碍其在东道成员国获得住所。"[291]

身为欧盟公民这个事实便足以获得这项权利的好处。迁移自由对刑法和程序法已经产生了巨大影响。法院在 *Schwarz* 案中认为：

> 尽管在所有成员国中必须给予欧盟公民同样的法律待遇，使其享 92
> 有同样处境下的那些成员国的本国国民的待遇，但如果一个公民利用

286　23 February 1995, Joined Cases C-358/93 and C-416/93, *criminal proceedings against Aldo Bordessa and Vicente Marí Mellado and Concepción Barbero Mestre*, par. 19 and 25; 14 December 1995, Joined Cases C-163/94, C-165/94 and C-250/94, *criminal proceedings against Lucas Emilio Sanz de Lera, Raimundo Díaz Jiménez and Figen Kapanoglu*. 有趣的是，欧洲法院在 *Sanz de Lera* 案中详细描述了一个可能的替代方案，该方案不会导致发生对于事先许可的反对。在一个涉及科学教的案件中，法院补充说："法院并不认为事先授权制度永远不可能是合理的，特别是在这种授权实际上对保护公共政策或公共安全是必要的情况下。" 14 March 2000, Case C-54/99, *Association église de scientologie de Paris and Scientology International Reserves Trust*，v. *The Prime Minister*, par. 19. 欧洲法院在此引用了 1999 年 6 月 1 日的案件：Case C-302/97，*Konle* v. *Austria*, par. 45–46。

287　11 September 2007, Case C-76/05, *Herbert Schwarz, Marga Gootjes Schwarz* v. *Finanzamt Bergisch Gladbach*, par. 87.

288　《欧盟条约》的序言规定，成员国"决定通过建立一个自由、安全和公正的领域来促进人员的自由流动，同时确保其人民的安全"。

289　《关于自由迁移的指令 2004/38》第 6 条。

290　《关于自由迁移的指令 2004/38》第 7 条。

291　4 December 2008, Case C-221/07, *Krystyna Zablocka-Weyhermüller* v. *Land Baden-Württemberg*, par. 34.

> 欧共体条约提供的关于自由迁移的机会，造成他国籍所属的成员国给予他的待遇比他不使用这个自由时的待遇更差，这种情形与自由迁移的权利是不相符合的。[292]

《欧盟运行条约》第 67 条第 2 款和第 77 条规定，欧盟应确保对个人没有内部边界管制。在针对 Wijsenbeek 的刑事诉讼中，出现的问题是当时能适用的《成立欧洲共同体条约》第 7A 条和第 8A 条（现在是《欧盟运行条约》第 21 条和第 26 条）实际上是否具有直接效力。Wijsenbeek 由于从另一个成员国通过飞机进入荷兰时拒绝出示自己的身份证明而被起诉。欧洲法院认为，"在欧共体没有关于此种情形的规则的情况下，成员国仍然有权力对这种义务的违反实施处罚"，但须遵守同化和比例性原则。[293] 实践中，出于安全原因，空中交通的边界管制保留了下来。从形式上讲，这与边防检查无关，因为携带身份证明的义务也适用于内部航班。

如同其他四种自由一样，自由迁移的原则并不是绝对的。但是，公共政策例外的适用性是一种必须进行严格解释的减损，其范围不能由成员国单方面决定。[294] 因此，减损并不容易被接受。在委员会对荷兰提出投诉的案件中，这变得很清楚。[295] 欧洲法院认为，一个刑事定罪与启动驱逐出境措施之间的系统和自动的联系违反了《关于外国公民迁移和居留指令的指令 64/221》（适用于该案件事实）中有关外国人迁移和居留的特别措施的协调，这样的协调适用是以公共政策为正当化理由的。[296] 关于驱逐出境的决定
93 必须以个人行为为依据，并且不能仅仅因为之前曾经被定罪而合理化。[297] 对社会的根本利益必须存在真正的、足够严重的威胁。杜绝将驱逐出境作为

292　11 September 2007, Case C-76/05, *Herbert Schwarz,Marga Gootjes Schwarz* v. *Finanzamt Bergisch Gladbach*, par. 88.

293　21 September 1989, Case C-378/97, *criminal proceedings against Floris Ariël Wijsenbeek*, par. 44.

294　27 April 2006, Case C-441/02, *Commission* v. *Germany*, par. 34.

295　7 June 2007, Case C-50/06, *Commission* v. *The Netherlands*.

296　2006 年 4 月 30 日《关于自由迁移的指令 2004/38》取代了《外国国民迁移和居留指令 2004/38》。后者不适用于土耳其国民。Opinion of Advocate General Bot of 14 April 2011, Case C-371/08, *Nural Ziebell* v. *Land Baden-Württemberg*.

297　只有在引起该定罪的情况证明个人行为构成对公共政策要求的当前威胁时，以前的刑事定罪的存在才能被纳入是否做出驱逐令的考量。27 October 1977, Case 30–77, *Regina* v. *Pierre Bouchereau*, par. 28.

一项一般预防性的措施。[298]欧洲法院在对希腊最高法院提交的初步裁决中表示，它不倾向于轻易接受驱逐一名欧盟公民。虽然使用毒品可能对社会构成危险，因而能够正当化为了维护公共秩序而对欧盟公民采取特别措施，但这些措施必须符合自由流动的权利；对生命的驱逐是对这种自由的非常否定。[299]有时，法院允许采取不同性质的措施：例如，限制部分领土的自由流动。[300]

欧洲法院要求当局评估罪犯的个人行为，以及它是否构成对公共秩序和安全现实的、真实的和充分严重的威胁。[301]这强调了，驱逐不得是纯粹实施犯罪行为的自动后果。必须遵守比例原则，采取措施的权力机构必须表明新的严重损害公共政策要求的具体风险。2007 年 11 月 7 日，意大利政府为回应一些据称是罗马尼亚国民在该年犯下的若干暴力罪行，决定集体驱逐大批罗马尼亚人。[302]令人惊讶的是，这个决定得到了委员会的批准，或者至少是可以容忍的。这明显违反了必须存在欧盟公民对社会构成的威胁 94

---

298 29 April 2004, Case C-482/01 and Case C-493/01, *proceedings related to Georgios Orfanopoulou and Raffaele Oliveri*, par. 66 and 68. 当涉及第三国公民是欧盟国家公民的配偶时，同样受到《关于外国国民迁移和居留的指令 64/221》(2006 年 4 月 30 日被《关于自由迁移的指令 2004/38》取代）的保护。如果在申根信息系统中由于拒绝入境而自动发出警报，而申根信息系统并未向成员国提供足够信息以评估此人对社会的威胁，则必须向提供此信息的成员国核实。31 January 2006, Case C-503/03, *Commission* v. *Spain*.

299 19 January 1999, Case C-348/96, *criminal proceedings against Donatella Calfa*, par. 18 and 22.

300 26 November 2002, Case C-100/01, *Ministre de l'Intérieur* v. *Autor Oteiza Olazabal*. 将欧盟公民的居住权限制在国家领土的一部分或多或少与惩罚性措施相等，或与打击特定行为的其他真正有效措施相同。

301 18 July 2007, Case C-325/05, *Ismail Derin* v. *Landkreis Darmstadt-Dieburg*. 关于评价个人行为的必要性，见 28 October 1975, Case 36–75,*Roland Rutili* v. *Ministre de l'intérieur*。

302 《欧盟运行条约》第 347 条确实允许采取某些限制措施，因为“如果发生严重的国内骚乱影响维护法律和秩序，发生战争，严重的国际紧张局势构成战争威胁，或者为了实施为维护和平与国内安全而接受的义务”。这导致了一个有趣的初步裁决请求：“欧洲人权宪章第 7 条，欧盟基本权利宪章第 49 条，2000 年 12 月 7 日在尼斯宣布，TEU 第 6 条被解释为意味着罗马尼亚于 2007 年 1 月 1 日加入欧盟，其效果是取消根据第 286/1998 号法令第 12 条规定并应受惩罚的刑事犯罪，涉及协助罗马尼亚国民移民并留在意大利领土？这些规定是否应解释为排除成员国对于 2007 年 1 月 1 日罗马尼亚加入欧盟生效之前（或条约完全生效的其他随后日期），因为违反第 286/1998 号法令（关于移民的合并文本）第 12 条协助了罗马尼亚国民的移民，而该行为从 2007 年 1 月 1 日起不再构成犯罪的人适用良性溯及既往原则（以适当的方式）？”请参阅 2015 年 5 月 11 日（意大利）坎波巴索普通法院提交的初步裁决，Case C-218/15，*criminal proceedings against Gianpaolo Paoletti and others*。

进行个别评估的规则，而且普遍预防或特殊预防措施是不可接受的。[303]法国2010年采取了类似行动。[304]

1975年，欧洲法院根据当时适用的共同体法律已经认定，如果为了遏制其他外国人而命令驱逐一个成员国国民，该法律已被禁止。[305]在犯罪发生多年后维持禁令的情况也适用类似的考虑因素，并且终身禁止一个欧盟公民入境很难被证明是合理的。[306]此外，必须在自由流动权范围内看到基于相互承认的更现代的合作形式。《关于监禁刑的框架决定2008/909》的叙文第15段是证明自由迁移和国际合作的整体方法的证据：

> 本框架决定，应根据欧盟公民在成员国领土内自由移动，和在成员国境内自由居住的权利实施，该权利由《成立欧洲共同体条约》第18条授予。[307]

4.3　需要在这些条约的范围内起作用

95 初看起来，《欧盟运行条约》的条款并没有赋予成员国国民对其本国的任何权利。[308]简而言之，《欧盟运行条约》赋予外国劳动者、外国货物、外国服务、外国资本和外国欧盟国民的权利。它没有对纯粹的内部情况

303　欧洲议会谴责意大利的措施违反了《关于自由迁移的指令2004/38》。见欧盟议会2007年11月15日关于适用欧盟公民及其家人在成员国领土内自由迁移和居住的权利的指令2004/38/EC的决议。

304　See a Statement of Commissioner Reding of 19 October 2010 on recent developments concerning the respect for European Union law with reference to the situation in France, Press Release MEMO / 10/502.

305　26 February 1975, Case 67–74, *Carmelo Angelo Bonsignore* v. *Oberstadtdirektor der Stadt Köln*, par.7.

306　19 January 1999, Case C-348/96, *criminal proceedings against Donatella Calfa*.

307　有意思的是，欧洲法院将自由迁移的后果赋予转移到其家乡的囚犯身上。尽管他的运动不是自由的，但他仍然享有自由迁移的好处。20 January 2005, Case C-302/02, *Nils Laurin Effing*.

308　限制成员国国民的劳动者在该成员国领土的一部分的行动自由的刑事措施是一种完全国内的情况。28 March 1979, Case 175/78, *Regina* v. *Vera Ann Saunders*. 奥地利国民因违反奥地利刑法而不是实施共同体法，而立法的定罪不属于该条约的适用范围。29 May 1997, Case C-299/95, *Friedrich Kremzow* v. *Republik Österreich*.

起任何作用。[309]国家的国民、[310]国家的商品、[311]国家的服务、[312]国家的资本由于它们的国内属性无法从基本自由中获益。然而，欧洲法院认为，基本自由可以被国民对其所在成员国和国籍成员国援引，只要它们涉及他人的基本自由。其中一个例子就是对奥地利的一个船港经营者，奥地利国民埃里希·西奥拉的起诉，他超过奥地利法律允许的租用具体配额，将港口租给居住在另一个成员国的船东。提供服务的自由“包括让服务接受者自由去另一个成员国，以便在那里接受服务，而不受限制”[313]。

同样，排除或阻止成员国国民离开其原籍国以行使其自由流动权的规定构成侵权。[314]这表明欧洲法院审查了一项规则的潜在的限制性。例如，即使在实践中该国内法不适用于进口产品，但这并不排除其影响阻碍欧盟内贸易的可能性。[315]但是，只有真实情况才重要。欧洲法院认为，仅仅是跨国情况的理论可能性不足以建立适用条约所需的联系。[316] 96

奥地利国民可以依靠联盟法来对待本国的事实源于欧洲法院对服务自

309 虽然在一些案件中，欧洲法院非常愿意认为案件的事实属于条约的范围，但它并没有在 24 November 1993, Joined Cases C-267/91 and C-268/91, *criminal proceedings against Bernard Keck and Daniel Mithouard* 的案件中这样认为。在本案中，它认为，全面禁止亏本转售不是为了规范成员国之间的货物贸易。欧洲法院偏离了之前在 *Dassonville* 案采用的立场，因为 *Keck* 案件中的措施以相同的方式影响国内产品和来自另一成员国的产品。

310 例如，起诉法国国民和居民在没有理发文凭的情况下在法国经营理发店并不属于该条约的范围。16 February 1995, Joined Cases C-29/94, C-30/94, C-31/94, C-32/94, C-33/94, C-34/94, C-35/94, *criminal proceedings against Jean-Louis Aubertin, Bernard Collignon, Guy Creusot, Isabelle Diblanc, Gilles Josse, Jacqueline Martin and Claudie Normand.* 关于设立法人的自由见 8 December 1987, Case 20/87, *Ministère public* v. *André Gauchard*。

311 对于在成员国制造的产品，可以接受基于公共卫生考虑的某些限制。但是，这样的限制可能不适用于从另一个成员国进口的并在合法的情况下投放市场的产品。13 December 1990, Case C-42/90, *criminal proceedings against Jean-Claude Bellin.*

312 例如，其他成员国允许不是兽医的人对马匹的牙齿进行治疗，这对在禁止进行此类活动的成员国的个人没有帮助。16 November 1995, Case C-152/94, *criminal proceedings against Geert van Buynder.*

313 29 April 1999, Case C-224/97, *Erich Ciola* v. *Land Vorarlberg*, par.11.

314 12 December 2000, Case C-385/00, F.W.L.de Groot v. *Staatssecretaris van Financiën*, par.78. 15 December 1995, Case C-415/93, *Union royale belge des société de football association ASBL* v. *Jean-Marc Bosman, Royal club liégeois SA* v. *Jean-Marc Bosman and others and Union des associations européennes de football(UEFA)* v.*Jean-Marc Bosman*, par.94–97.

315 5 December 2000, Case C-448/98, *criminal proceedings against Jean-Pierre Guimont* 3,par.17.

316 23 April 1991,Case C-41/90, *Klaus Höfner and Fritz Elser* v. *Macotron GmbH*, par.39; 17 June 1997, Case C-70/95, *Sodemar SA, Anni Azzurri Holding SpA and Anni Azzurri Rezzato Srl* v. *Regione Lombardia.*

由流动的解释。一致的判例法将此解释为保护提供和接受服务。因此无权享有联盟自由的个人可能从其他人的自由中“获利”。从判例法看来，与联盟法的相关性不一定非常强。

这里的一个例子就是 *Mary Carpenter* 案，该案由英国的移民上诉法庭转交欧洲法院审理。Mary Carpenter 是一名菲律宾国民，与一位向英国和其他成员国提供服务的英国国民结婚。这对夫妇住在英国。当英国当局对 Carpenter 太太发出违反国家移民法的驱逐令时，她根据该条约援引了丈夫的基本自由。欧洲法院认为，Carpenter 先生的活动属于该条约的范围，因为联盟法承认确保对家庭生活的保护重要性，以消除行使基本自由的障碍。Carpenter 先生和夫人之间的分离显然会损害他们的家庭生活，因此他行使基本自由的条件不会完全有效。[317]

另一个例子是 *Vander Elst* 案，他在他的公司所在的比利时和法国，同
97 来自比利时和摩洛哥的劳动者从事各种工作。摩洛哥人拥有比利时工作许可证。当他与他在法国的团队一起工作时，那里的当局提起了诉讼，因为 Vander Elst 曾雇用了非欧盟第三国没有法国工作许可证的国民。欧洲法院认为，这样的要求限制了 Vander Elst 有权享有的服务自由。[318]

如果原籍国禁止他前往另一个成员国，国民也可以依靠他的自由行动权来对抗自己的国家。*Gheorghe Jipa* 案件涉及一名罗马尼亚国民，由于他在比利时非法居住而被遣返回国，罗马尼亚国民被禁止前往比利时。欧洲法院在罗马尼亚登博维察法庭提请的初步裁决时决定，可以采取限制国民自由流动至其他成员国的国家决定，条件是他个人对于公共秩序风险的行为已被考虑在内。[319]

4.4　不得基于国籍进行歧视

《欧盟运行条约》第 18 条第一句为：“在条约适用范围内，在不影响其

317　11 July 2002, Case C-60/00, *Mary Carpenter* v. *Secretary of State for the Home Department*, par.37–39. 类似的 7 July 1992, Case C-370/90, *The Queen* v. *Immigration Appeal Tribunal and Surinder Singh*，*ex parte Secretary of State for Home Department*. 8 March 2011, Case C-34/09, *Gerardo Ruiz Zambrano* v. *Office national de l'emploi*（*ONEm*），其中欧洲法院认为拒绝向欧盟未成年的公民的父母提供权利被《欧盟运行条约》第 20 条排除。

318　9 August 1994, Case C-43/93, *Raymond Vander Elst* v. *Office des Migrations Internationales*.

319　10 July 2008, Case C-33/07, *Ministerul Administrației și Internelor – Direcția Generală de Pașapoarte București* v. *Gheorghe Jipa*.

中所载的任何特别条款的情况下，禁止基于国籍的任何歧视。”[320]与五项自由不同，禁止基于国籍的歧视不是独立的权利。其依赖性表达为“在条约范围内”的要求。因此，必须与五项自由中的一项建立联系。第五项自由，欧盟公民的自由流动将特别容易使歧视情况被条约的范围涵盖。

《欧盟运行条约》第18条保护欧盟国民免受公开和秘密的歧视。[321]禁止基于国籍的歧视影响着整个刑事司法系统（《欧盟运行条约》第18条和第21条）。[322]通过将不同的规则应用于可比较的情况或通过对不同情况应用相同的规则，可能会产生歧视。[323]如果适用的标准与国籍没有直接关系，则存 98
在隐蔽歧视案件，但确实有这种影响。例如，意大利关于交通违法行为的刑法要求违法者驾驶在意大利以外的成员国注册的车辆立即支付最低数额的罚款，或提供两倍的担保，否则他们的驾照会被没收或车辆会被扣留。[324]显然，拥有在另一成员国注册的车辆的绝大多数行为人不是意大利国民，而拥有在意大利注册的车辆的绝大多数行为人是意大利国籍。然而，在这种情况下的差别处理可以是合理的，如果在没有国际或欧盟文书的确保最终处罚得以实施的情况下，[325]存在不会支付罚款或无法收取罚款的风险。[326]在

320 《欧盟基本权利宪章》第21条第1款禁止以任何理由进行歧视。《欧盟运行条约》第45条第2款特别禁止歧视劳动者。《欧盟运行条约》第55条为提供服务规定了类似内容。因此，不能援引一般的不歧视条款。见16 December 2010, Case C-137/09, *Marc Michel Josemans v. Burgemeester van Maastricht*, par.52：“由于非歧视原则已经实施，在提供服务的自由方面，《欧共体条约》第49条、第12条不适用于主要程序中的情况。”

321 14 February 1995, Case C-279/93, *Finanzamt Köln-Altstadt* v. *Roland Schumacker*, par.26.

322 在《关于自由迁移的指令2004/38》中进一步明确了禁止的内容。参见第七章第2节，关于该禁止在判决中的效果。

323 14 February 1995, Case C-279/93, *Finanzamt Köln-Altstadt* v. *Roland Schumacker*, par.30.

324 19 March 2002, Case C-224/00, *Commission* v. *Italy*. 参见一个早期的类似案例，23 January 1997, Case C-29/95, *Eckehard Pastoors and TransCap GmbH* v. *Belgium*。在*Pastoors*案中，比利时法律规定，非居民要么立即支付规定金额，要么在他们选择刑事诉讼的情况下，就每项违法行为提供存款担保，这笔费用将高于所规定的金额，因为在未能即时付款的情况下，他们的车辆将被扣押。虽然欧洲法院没有提到它，但法律顾问Tesauro指出，比利时的规则最终限制了非居民公民获得法院救济的权利。Opinion of Advocate General Tesauro of 3 October 1996, point 20.

325 如今，随着《财务处罚框架决定2005/214》的存在，这种理由将不再可接受。Opinion of Advocate General Stix-Hackl of 6 December 2001, Case C-224/00, *Commission* v. *Italy*, point 8.

326 在一个民事案件中，欧洲法院认为，只有由于在国外执行最终判决才会导致临时扣押的国家法律违反了基于国籍的非歧视原则。10 February 1994, Case C-398/92, *Mund & Fester* v. *Hatrex Internationaal Transport*, par.16.

不同的待遇可以接受的情况下，考虑到三个因素的综合：（1）需要立即付款；（2）罚款是最低规定的两倍；（3）付款意味着放弃权利，实际措施并未通过比例性的检验。[327]

禁止歧视的最重要的例子之一涉及享受服务的自由。英国公民 Ian Cowan 作为旅游者来到巴黎时遭到袭击后受伤。当他作为暴力受害者申请赔偿时，他的请求被拒绝，因为他没有法国国籍。而向法国居民提供补偿——不论其国籍——和向居住在国外的法国国民提供补偿。欧洲法院在对巴黎大法院（法国）提交的初步裁决中裁定，这是一项属于条约范围的
99 事项，并且对游客提供了较不利的条件，这些游客必须被视为“在危险发生时防范袭击风险和获得国家法律规定的经济赔偿的权利的适格接受者”[328]。

间接歧视的其他例子涉及居住方面的区别对待。[329]即使存在本地业主可能无法支付更高租金的风险也不足以正当化更有利的待遇，因为经济目标并不代表公共政策的理由。[330]另外，“欧洲法院已接受国家规则可能要求的某些条件，以确定存在一定程度的一体化，所涉利益的接受者一直是该成员的居民或通常在有关国家在一段时间内居住的居民”[331]。

对国民不利的待遇

联盟法在国家法律秩序中的适用可能导致非国民可以依赖这些权利的情况，而国民则不能。荷兰驾驶执照的有效性就是一个例子。荷兰驾驶执照将在 10 年后过期。荷兰政府认为它不能承认其他成员国规定的更长的有效期，因为这将构成对荷兰驾驶执照持有者的歧视，这些驾照需要每十年更新一次。联盟法是否也保护免受这种国民歧视？欧洲法院对鹿特丹区法院（荷兰）提出的问题的答案是一致和明确的：

> 成员国根据该国法律可能遭受的任何歧视属于该法的范围，因此

327　19 March 2002, Case C-224/00, *Commission* v. *Italy*, par.25.

328　2 February 1989, Case 186/87, *Ian William Cowan* v. *Trésor Public*, par.17.

329　7 May 1998, Case C-350/96, *Clean Car Autoservice GesmbH* v. *Landeshauptmann von Wien*. 关于居留要求的更多近期的例子，见 22 May 2008, Case C-499/06, *Halina Nerkowska* v. *Zakład Ubezpieczeń Społecznych Oddział w Koszalinie*，以及对于国籍的要求，见 5 June 2008, Case C-164/07, *James Wood* v. *Fonds de garantie des victimes des actes de terrorisme et d'autres infractions*。

330　29 April 1999, Case C-224/97, *Erich Ciola* v. *Land Vorarlberg*, par.16.

331　1 October 2009, Case C-103/08, *Arthur Gottwald* v. *Bezirkshauptmannschaft Bregenz* , par.35.

必须在该国内部体系框架内处理。[332]

禁止基于国籍的歧视并不要求消除各成员国法律之间差异造成的所有不同待遇。[333]仅有一个成员国的国民可能因在非国民不会被起诉的境外犯下 100
的罪行而受到刑事管辖的事实并不构成基于国籍的歧视。[334]同样，丹麦的企业法人（与非丹麦企业不同）承担严格的刑事责任这一事实本身并不涉及扭曲竞争背后的条件。[335]

然而，显然欧洲法院不想给予成员国完全的自由裁量权。Hanson and Søn 的判决书第 15 段中使用的“本身”一词表达了这一点。此外，欧洲法院认为，一项条例的经济后果不仅因刑事责任制度而异，还根据罚款的程度和所进行的检查的有效程度而有所不同。

双重国籍

具有东道国国籍和另一个成员国国籍的个人可以援引另一成员国在条约权利方面的国籍。[336]

4.5　相互承认和相互信任

成员国必须相互信任，以便在一个成员国将商品投放市场时，其他成员国必须相信该成员国真正实施了确实遵守欧盟法律的核查情况。[337]因此，如果商品在一个成员国合法投放市场，其他成员国不得对其进行进一步的检查或要求更多手续。[338]这是以成员国相互信任的一般态度为基础

332　29 January 2004, Case C-253/01, *S.A.Krüger* v. *Directie van de rechtspersoonlijkheid bezittende Dienst Wegverkeer*,par.36.

333　这一原则并不排除希望作为民事当事人提起诉讼的刑事被害人在刑事诉讼中被要求授予其代理人特别授权的情况，即使当受害人国籍所在的成员国的法律并不要求这种形式。1 February 1996, Case C-177/94, *criminal proceedings against Gianfranco Perfili*.

334　14 July 1994, Case C-379/92, *criminal proceedings against Matteo Peralta*.

335　10 July 1990, Case C-326/88, *Anklagemyndigheden* v. *Hansen and Søn I/S*, par.15.

336　19 January 1988, Case 292/86, *Claude Gullung* v. *Conseil de l'ordre des avocats du barreau de Colmar et de Saverne*, par.12–13.

337　11 May 1989, Case 25/88, *criminal proceedings against Esther Renée Bouchara, née Wurmser, and Norlaine SA*.

338　8 July 1975, Case 4–75, *Rewe-Zentralfinanz eGmbH* v. *Landwirtschaftskammer*; 22 September 1988, Case 286/86, *Ministère public* v. *Gérard Deserbais*.

的。[339] 欧洲法院在回答拉脱维亚最高法院参议院提出的问题时指出："该条例规定的承认和执行规则是建立在相互信任欧盟的执法之上的。这种信任
101 要求一个成员国的司法裁决不仅在另一个成员国自动得到承认，而且在该成员国能够执行的这些决定的程序是高效和快速的。"[340] 相互信任被欧洲法院定义为如下："因此，在实施欧盟法律时，成员国可根据欧盟法律被要求推定其他成员国遵守了基本权利，这样它们不得对另一个成员国要求比欧盟法律规定的基本权利的更高水平的保护，而且除特殊情况外，它们不得检查该另一成员国是否确实在特定情况下遵守了欧盟所保证的基本权利。"[341]

尽管相互信任可被视为一项宽泛的原则，[342] 但相互承认具有更为具体的性质。相互信任意味着一个成员国将有权作出决定，其他成员国将相信结果，而不会审查第一法院所作的评估。[343] 相互信任假定成员国当局之间的责任划分，[344] 相互信任可能使成员国能够通过一项条例并建立一个强制性的管辖权制度。[345] 用法律顾问 Bot 的话来说，相互信任就是更大的概念和相互承认的结果。关于驾驶执照，他表示：

> 除非为协调一致通过的指令规定的驾驶执照颁发的最低条件得到所有成员国的履行和遵守，否则驾驶执照相互承认原则不能充分发挥潜力。这就是原则的本质。由于欧盟立法机构建立了一个体系，以确保所有成员国都有关于这些许可证问题的最低标准，成员国之间相互信任并相互承认其当局颁发的驾驶执照。因此，当最低标准不被尊重时，相互承认的原则就不能以正常方式实施。[346]

---

339 相互信任偶尔也被称作"相互的信心"。21 December 2011, Joined Cases C-411/10 and C-493/10, *N.S.*（*C-411/10*）v. *Secretary of State for the Home Department and M.E.*（*C-493/10*）, *A.S.M., M.T., K.P., E.H.*, par.79. 没有任何迹象表明它意在创造一个新的而且不同的术语。

340 6 September 2012, Case C-619/10, *Trade Agency Ltd* v. *Seramico Investments Ltd*, par.40.

341 18 December 2014, Opinion 2/13, par.192.

342 在《关于获得律师权利的指令 2013/48》叙文部分第 4 段中指出："实施刑事司法中的决定相互承认原则的前提是成员国相互信任对方的刑事司法系统。"

343 15 July 2010, Case C -256/09, *Bianca Purrucker* v. *Guillermo Vallés Pérez*, par.72–74.

344 1 July 2010, Case C-442/08, *Commission* v. *Germany*, par.70–71.

345 26 April 2012, Case C-92/12 PPU, *Health Service Executive* v. *C.and C.*, par.103.

346 Opinion of Advocate General Bot of 31 March 2011, Case C-184/10, *Mathilde Grasser* v. *Freistaat Bayern*，points 44 and 45.

以类似的方式，在《解释和翻译的指令 2010/64》叙文的叙述 4 中表达了这一点：“相互承认刑事司法中的决定只有本着信任的精神才能有效运作，不仅司法当局，刑事诉讼程序中的所有参与方都将其他成员国司法当 102
局的决定视为等同于自己的决定，这不仅表示信任其他成员国规则的适当性，而且相信这些规则得到了正确适用。”

相互信任和相互承认并不是无限制的。这一点表现在所有关于相互承认的法律文书中反复提到的效果。

> 如果出于客观理由相信判决是为了以性别、种族、宗教、国籍、语言、政治观点或性取向为理由惩罚某人而实施的，或者这些人的立场可能因这些理由中的任何一个而受到偏见，本框架决定中的任何内容均不应被解释为禁止拒绝执行决定。[347]

相互承认试图使对特定产品、服务或文凭的要求产生的差异与另一个成员国承认的目的无关。根据联盟法，这意味着如果荷兰酿造的啤酒符合荷兰的啤酒要求，即使荷兰啤酒不符合德国法律对在德国酿造的啤酒的要求，它也应该可以在德国市场上销售。[348]德国不得对进入德国市场的许可设置更多的要求。[349]

考虑相互承认原则的一个常见领域是驾驶执照。指令以一种有助于公民对其基本自由的使用的方式来管理此事。驾驶执照案件对于自由、安全和公正的领域的相互承认发展至关重要。它们可以被视为互相承认各种形式的刑法“产品”的“实验室”。作为劳动者和企业法人自由的必然结果，这些案件构成了互相承认的桥梁，同自由流动权没有联系。

在若干案件中，欧洲法院认为，《关于驾驶执照的指令 91/439》赋予颁发执照的成员国专有权，以确保持证人符合所有相关要求。[350]如果另一个成员国怀疑驾驶执照的有效性，它必须通知发证成员国。在接收成员国进

347　《关于监禁刑的框架决定 2008/909》叙文第 13 条。

348　特别是，可追溯至 1516 年并且仍然适用的纯度法，该法规定仅能从发芽大麦、啤酒花、酵母和水中获得底部发酵的啤酒。

349　12 March 1987, Case 178/84, *Commission* v. *Germany*.

350　29 April 2004, Case C-476/01, *criminal proceedings against Felix Kapper*, par.48. Opinion of Advocate General Léger of 16 October 2003，其中他强调了发证成员国的排他性权利。See point 39.

103 行系统检查，以核实发行条件是否已经履行是被禁止的。应由发证成员国采取行动。该指令对所有其他成员国“规定了明确和确切的义务，对于为遵守该措施而采取的措施不留任何裁量空间”[351]。这里没有自由裁量的余地。[352]这意味着不允许强制登记许可证，或者在某些情况下有义务将驾照更换为住所地成员国之一的驾照。[353]只有从第二份驾驶执照本身的记载中可以看出，持证人不符合新驾驶执照的条件，欧洲法院才能找到不承认的余地。[354]

在 *Kapper* 案中，[355]被告因在德国驾驶机动车没有驾驶执照而被起诉。Kapper 于 1998 年通过刑事命令被吊销了德国驾驶证，但是，在德国临时禁令申请新许可证已经过期后于 1999 年获得了新的荷兰驾驶执照。在这种情况下，德国当局不得不承认新的荷兰驾照。不过，*Kapper* 案件同与案件具体事实无关的情况更为相关。欧洲法院判决的逻辑后果是，如果德国的禁令在荷兰驾驶证颁发的时候仍然适用，德国当局就没有义务承认新的驾驶证。这是否也意味着如果持有人再次在德国居住（甚至只是开车），德国可能有权撤回荷兰驾照？[356]荷兰当局在发布时不会意识到德国的禁令，那荷兰当局的后果是什么？如果他们知道了德国的禁令，是否已经取消了荷兰驾照？

出现的问题是相互承认的原则。谁必须承认谁？在这里，人们可以看
104 到，相互承认比另一成员国在市场上的商品合法配售更难处理。最后，似乎可以肯定的是，存在绝对的相互承认义务。然而，在部分协调的情况下，相互承认将是规则，但有限的例外是可能的。本书第八章第 4.3 节将更广泛地讨论不可调和决策的问题。

---

351 29 April 2004, Case C-476/01, *criminal proceedings against Felix Kapper*, par.45.

352 10 July 2003, Case C-246/00, *Commission* v. *the Netherlands*, par.61. 在《关于驾驶执照的指令 91/439》生效之前，确实存在一些自由裁量权。但是，居住状态与道路安全的要求不相称。28 November 1978, Case 16/78, *criminal proceedings against Michel Choquet*, par.8–9.

353 10 July 2003, Case C-246/00, *Commission* v. *the Netherlands*, par.67. 29 January 2004, Case C-253/01, *S.A.Krüger* v. *Directie van de rechtspersoonlijkheid bezittende Dienst Wegverkeer*, par.32 and 33.

354 26 June 2008, Joined Cases C-329/06 and C-343/06, *Arthur Wiedemann*（*C-329/06*）v.*Land Baden-Württemberg and Peter Funk*（*C-343/06*）v. *Stadt Chemnitz*；26 June 2008, Joined Cases C-334/06 to C-336/06, *Matthias Zerche*（*C-334/06*），*Manfred Seuke*（*C-336/06*）v. *Landkreis Mittweida and Steffen Schubert*（*C-335/06*）v. *Landkreis Mittlerer Erzgebirgskreis*. 详见第八章第 4 节。

355 29 April 2004, Case C-476/01, *criminal proceedings against Felix Kapper*, par.45.

356 法律顾问 Léger 似乎暗示了这个。Opinion of 21 November 2002, Case C-246/00, *Commission* v. *the Netherlands*, point 67.

可以得出结论，相互信任是法律的虚拟。它被推定存在在那里，即使是在现实中信任缺乏的情况下。但是，成员国必须始终避免任何相互的不信任或恐惧。特别是在 2015 年，随着希腊财政危机和难民危机，并没有看到成员国之间的信任和团结自动实现。

4.6　对自由移动权的合理限制

五项自由不具有绝对性，在联盟法之下可以有一些合理的限制。本节分析可能允许的这些基本自由的例外情况。

联盟法允许两种类型的正当化理由来进行限制。第一个涉及协调发生的领域。这涉及具体的共同政策或市场的共同组织。[357]在欧盟层面有特定统一立法的情况下，该指令或条例是评估联盟法得到遵守情况的工具，而不是关于自由迁移权利的一般规定。[358]但是，欧洲法院认为只有在联盟立法提供充分协调的情况下才能排除基本自由。[359]换句话说，在最低限度的协调一致的情况下，基本自由继续发挥作用，而次级立法必须根据它们来解释。

“条约”为每项具体自由提供了第二种可允许的限制。这些包括公共政策、公共安全和公共卫生。《欧盟运行条约》赋予成员国一些自由裁量权，但联盟法来决定这些例外的理由是否符合条约的条款规定。其中许多例外在国家刑法中找到了依据。《欧盟运行条约》第 67 条第 3 款相当宽泛地允许采取某些措施来预防和打击可能对自由迁移权利产生影响的犯罪。此外， 105
有限数量的仍然存在的国家垄断可能是合理的。

4.6.1　正当化理由

《欧盟运行条约》规定了以下类别的对限制的正当化理由：公共道德（第 36 条）；公共政策（第 36、45、52、65 条）；公共安全（第 36、45、52、65 条）；公共卫生（第 36、45、52 条）；保护具有艺术、历史或考古价值的国宝（第 36 条）；工业和商业财产的保护（第 36 条）。这些理由在下文分别探讨。

357　例子包括 1981 年 12 月 29 日《关于渔业产品市场共同组织的条例 3796/81》，OJ 1981，L379 / 1 和 1999 年 5 月 17 日《关于葡萄酒市场共同组织的条例 1493/1999》，OJ 1999，L 179/1。

358　12 October 1993, Case C-37/92, *criminal proceedings against José Vanacker and André Lesage and SA Baudoux combustibles*, par.9.

359　10 December 1985, Case 247/84, *criminal proceedings against Léon Motte*, par.16.

正当化理由的一般方面

关于自由移动权利的例外，欧洲法院在 *Schreiber* 案中认为可能的正当化理由必须依据以下四点进行考虑："（1）是否有欧洲共同体条约第 28 条所指的限制；（2）有关于此事的共同体协调措施；（3）主要程序中争议的事先授权制度是否基于《欧洲共同体条约》第 30 条；（4）该制度是否相称。"[360]

这些标准经适当变通后也适用于其他自由。许多所谓的理由不符合比例性的要求。[361] 衡量比例性的措施被称为"虚伪检验"。[362] 例如，为了防止洗钱，自由可能是有限的，"一个成员国的当局以一般的方式无差别地认定在另一个成员国设立的机构和实体都从事犯罪活动是不合理的"[363]。

在 *Commission v. France* 案件中，[364] 法国禁止对某些酒精饮料进行广告宣传，并在欧洲法院面前辩称，为了保护公众健康，这是合理的。虽然欧洲法院承认这项措施原则上可以产生保护公众健康的结果，但它没有满足测试的
106 标准，因为它仅适用于某些酒精饮料，而不适用于其他酒精饮料。

在 *Association église de scientologie de Paris and Scientology International Reserves Trust* 案中，欧洲法院认为：

> 尽管成员国原则上仍然可以根据其国家需要自由确定公共政策和公共安全的要求，但这些理由必须在共同体的背景之下进行解读，而且特别是作为对资本自由流动的基本原则的克减应进行严格解读，以便它们的范围不能由各成员国单方面决定，而不受共同体机构的任何控制。因此，公共政策和公共安全只有在对社会的根本利益存在真正的和足够严重的威胁时才可能被援引。而且，这些克减决不能被误用

360　15 July 2004, Case C-443/02, *criminal proceedings against Nicolas Schreiber*, par.44.

361　7 October 2010, Case 515/08, *criminal proceedings against Vítor Manuel dos Santos Palhota, Mário de Moura Gonçalves, Fernando Luis das Neves Palhota, Termiso Limitada.*

362　Opinion of Advocate General Mengozzi of 3 March 2010 , Joined Cases C-316/07, C-358/07 to C-360/07, C-409/07 and C-410/07, *Markus Stoß*（*C-316/07*）, *Avalon Service-Online-Dienste GmbH*（*C-409/07*）, *Olaf Amadeus Wilhelm Happel*（*C-410/07*）*v. Wetteraukreis, and Kulpa Automatenservice Asperg GmbH*（*C-358/07*）, *SOBO Sport & Entertainment GmbH*（*C-359/07*）, *Andreas Kunert*（*C-360/07*）v. *Land Baden-Württemberg*, point 50.

363　6 October 2009, Case C-153/08, *Commission* v. *Spain, par.39.*

364　10 July 1980, Case 152/78, *Commission* v. *France.*

为事实上纯粹是为了经济目的。此外，受基于这种克减的限制性措施影响的任何人必须有权获得法律救济。[365]

一个成员国选择了与另一个成员国所采用的保护制度不同的保护制度的单纯的事实，与评估所通过的条款的必要性和相称性无关，正如来自葡萄牙里斯本地区的民事法院提请欧洲法院的初步裁决中同样认为的。[366]因此，成员国享有一定范围的酌处权。[367]必须根据法律的一般原则，特别是基本权利来解释正当化理由。[368]但是，如果国家立法与《欧洲人权公约》的条款不相容，那么它就不能满足相称性的要求。[369]如果该措施另外违反了《欧洲人权公约》承认的权利，欧洲法院几乎不可能认为这些措施是对《欧盟运行条约》第 63 条的合理限制。[370]换句话说，构成损害《欧洲人权公约》的自由的限制是不合理的。关于根据公共政策、公共安全和公共卫生限制入境权和居住权的一般原则在《关于自由迁移的指令 2004/38》第 27 条中有规定。

公共道德

这个正当化理由仅在《欧盟运行条约》第 36 条中针对商品制定。欧洲 107
法院在关于色情制品中认定，每个成员国应根据自己的价值观和所选形式确定其领土上公共道德的要求。[371]但是，一个成员国不能以不雅或淫秽为理由禁止某些产品的进口，当它不禁止在其领土上生产和销售这类产品。[372]

365　14 March 2000, Case C-54/99, *Association église de scientologie de Paris and Scientology International Reserves Trust* v. *The Prime Minister*, par.17.（引用略）

366　11 September 2003, Case C-6/01, *Associação Nacional de Operadores de Máquinas Recreativeas* (*Anomar*) *and others* v. *Estado Português*, par.80.

367　4 December 1974, Case 41–74, *Yvonne van Duyn v. Home Office*, par.18.

368　26 June 1997, Case C-368/95, *Vereinigte Familiapress Zeitungsverlags-und vertriebs GmbH v. Heinrich Bauer Verlag*, par.24.

369　20 May 2003, Joined Cases C-465/00, C-138/01 and C-139/01, *Rechnungshof v.Österreichischer Rundfunk and Others and Christa Neukomm and Joseph Lauermann v. Österreichischer Rundfunk*, par.91.

370　25 January 2007, Case C-370/05, *criminal proceedings against Uwe Kay Festersen*, par.35.

371　14 December 1979, Case 34/79, *Regina v. Maurice Donald Henn and John Frederick Ernest Darby*, par.15–16.

372　11 March 1986, Case 121/85, *Conegate Limited v. HM Customs & Excise*, 该案关于可充气的真人大小的、具有明显与性有关的属性的娃娃。

公共政策

公共政策是条约关于货物（第 36 条）、劳动者（第 45 条）、企业（第 52 条）、服务（第 62 条）和资本（第 65 条）最重要的正当化理由之一。公共政策如何解释？欧洲法院的判例法提供了许多公共政策已经或未被接受的例子。在这些案件中，公共政策也被称为公共利益[373]，任何限制都必须符合一般利益，适合实现它们所追求的目标，而不是超出必要的范围。[374]

108 欧洲法院认为维护国家金融部门的良好声誉，因此可能构成足以对提供金融服务自由限制的公共利益。[375]防止洗钱和打击逃税的目标属于公共政策的界定范围。[376]国家立法实施刑事制裁这一事实本身并不能证明基于公共政策的例外。[377] 此外，必须毫不歧视地实施刑事制裁。[378]

必须注意阻碍的性质及其理由。根据公共政策概念的具体情况可能因国而异。[379] 这也意味着公共政策例外并不取决于所有成员国共有的共同概

---

373 在 *Liga Portuguesa* 案中，欧洲法院将此作为额外的正当化理由。8 September 2009, Case C-42/07, *Liga Portuguesa de Futebol Profi ssional, Bwin International Ltd*，*formerly Baw International Ltd*，*v. Departamento de Jogos da Santa Casa da Misericórdia de Lisboa*, par.56.

374 最近许多案例都涉及网络赌博。欧洲法院认为，成员国在这方面可能会有相当严格的限制，甚至建立垄断地位。见 30 June 2011, Case C-212/08, *Zeturf Ltd v. Premier ministre*, par.72，以下列方式为国家法院制定了相关标准："（a）一个寻求确保消费者水平特别高的成员国在赌博领域的保护可能是合理的，当认为只有在公共当局严格控制的情况下赋予单一机构专有权力，才能解决与该领域有关的风险，并足够有效地追求防止煽动挥霍钱财进行赌博和打击赌瘾的目标；（b）国家法院应确定：国家当局在该时期真正寻求确保这种特别高的保护水平，并且考虑到所寻求的保护水平，是否确实有必要建立垄断，以及原则上在国家的控制下受益于排他性权利的机构的活动，实际上是在对该机构分配的目标进行一贯和系统的实施；（c）为了符合打击犯罪和减少赌博机会的目标，建立赌博垄断的国家立法必须：基于这样的发现：在有关成员国的领土上，与赌博和赌博成瘾有关的犯罪和欺诈活动是一个问题，而扩大经授权和受管制的活动将能够解决它，并且只允许一定量的广告并严格限制在引导消费者进入受控制的博彩网络所必需的范围内。"

375 10 May 1995, Case C-384/93, *Alpine Investments BV v. Minister van Financiën*, par.44.

376 6 October 2009, Case C-153/08, *Commission v. Spain*, par.39.

377 13 March 1984, Case 16/83, *criminal proceedings against Karl Prantl*, par.36.

378 6 November 2003, Case C-243/01, *criminal proceedings against Piergiorgio Gambelli and others*, par.63 and 65. 如果一个成员国驱逐外国妓女，但不起诉从事类似活动的本国国民，则不能援引公共政策的正当化理由。18 May 1982, Joined Cases 115 and 116/81, *Rezguia Adoui v. Belgium and City of Liège*；*Dominique Cornuaille v. Belgium.*

379 14 October 2004, Case C-36/02, *Omega Spielhallen-und Automatenaufstellungs-GmbH v. Oberbürgermeisterin der Stadt Bonn*, par.31.

念。[380] 在 *Omega Spielhallen* 案件中，德国法律惩罚了“激光射击游戏区域”的开幕，理由是它会侵犯人的尊严和赞美对人类的杀戮。欧洲法院允许德国在这方面享有一些自由裁量权，尽管这一概念已合法地进入另一个成员国的市场。[381]

欧洲法院在处理关于赌博的案件中提出了类似的考虑。道德、宗教和文化因素，以及与博彩和博彩有关的个人和社会在道德和经济上的有害后果的存在，可能有助于国家当局获得足够的判断余地以确定保护消费者和维护公共秩序的需求的内容是什么。[382] 各种因素共同导致了成员国在确定保护赌博者方面需要什么的广泛的裁量权：

> 首先，在所有成员国中都不可能忽视彩票的道德、宗教或文化方 109
> 面，就像其他类型的赌博一样。成员国的总趋势是限制甚至禁止赌博行为，并防止其成为私人收益的来源。其次，考虑到赌注数额的大小以及可以支付给玩家的奖金，特别是当他们大规模经营时，彩票涉及犯罪或欺诈的高风险。最后，他们煽动花费，可能带来损害个人和社会的后果。一个最终的原因，虽然不能被认为是客观的理由，但并不无关紧要的是，彩票可能对慈善或公共利益活动的筹资作出重大贡献，例如社会工作、慈善作品、体育或文化。[383]

根据芬兰法律，进口 80%以上的未变性酒精需持有许可，而无许可进口烈性酒则属于刑事犯罪，并将受到监禁刑的处罚。然而，在芬兰最高法

380　14 October 2004, Case C-36/02, *Omega Spielhallen-und Automatenaufstellungs-GmbH v. Oberbürgermeisterin der Stadt Bonn*, par.37.

381　同样，为了保护青少年，某些视频漫画只有在经过审查和分类后才能进入市场的规定在公共利益上是可以接受的。14 February 2008, Case C-244/06, *Dynamic Medien Vertriebs GmbH v. Avides Media AG.*

382　在 21 October 1999, Case C-67/98, *Questore di Verona v. Diego Zenatti* 的案件中，欧洲法院接受了为避免犯罪和欺诈的风险可以证明对投注的限制是合理的。

383　24 March 1994, Case C-275/92, *Her Majesty's Customs and Excise v. Gerhart Schindler and Jörg Schindler*, par.60. 在 *Betfair* 案件中，法院接受了限制，“因为消费者和运营商之间缺乏直接联系，通过互联网可以获得的投机游戏与此类游戏的传统市场相比，运营商针对消费者具有不同和更大的欺诈风险”。3 June 2010，Case C-203/08, *Sporting Exchange Ltd, trading as 'Betfair' v. Minister van Justitie*, par.34. 3 June 2010，Case C-258/08, *Ladbrokes Betting & Gaming Ltd, Ladbrokes International Ltd v. Stichting de Nationale Sporttotalisator*, par.34.

院提请欧洲法院作出初步裁决的案件中，欧洲法院认为这是阻碍共同体内部贸易的一种形式，并妨碍了其他成员国的货物进入市场。[384] 这是否符合《欧盟运行条约》第 36 条的规定，即如果基于公共卫生和公共政策考虑，允许限制商品自由？[385] 唯一明确的是，判例法已经确立了必须严格规定自由流动基本原则的例外。

至于欧盟公民自由迁移的权利，《关于自由迁移的指令 2004/38》第 27 条第 2 款规定，“以前的刑事定罪不应被视为构成正当化限制性措施的公共政策理由”。此外，成员国必须证明所采取的措施适合追求的目标（适宜性测试），并且不超出必要范围（必要性测试）以实现该目标（比例性
110 测试）。此外，这项措施不得构成任意歧视的手段。证明有例外理由的举证责任在于有关国家。

在芬兰的酒精案中，显而易见的是，鉴于国家对酒精的总体政策，与芬兰酒类产品相比，不存在对外国酒精的歧视。欧洲法院将其交给国家法院裁定所采取的措施是否有效，以打击因饮用烈酒而引起的滥用行为，或限制较少的措施能否确保类似的结果。[386]

多年前，欧洲法院认为，英国可以以公共政策为理由拒绝一名希望就职科学教会秘书的欧盟国民入境，即使联合王国既不禁止该组织，也不阻止自己的国民为科学教工作。[387] 同样，在马斯特里赫特咖啡店的案件中，欧洲法院接受了一项全国性的规定，禁止非居民进入咖啡店和消费大麻，而

384　28 September 2006, Case C-434/04, *criminal proceedings against Ahokainen and Leppik*.

385　然而，这可能不等于保护消费者的考虑因素，因为存在关于该主题的次级立法。欧洲法院断定，与消费者保护有关的问题不能被视为公共政策。6 November 1984, Case 177/83, *Th.Kohl KG v. Ringelhan & Rennett SA and Ringelhan Einrichtungs GmbH*, par.19. 尽管如此，欧洲法院在 *Buet* 案中认为，保护消费者免受私人住宅推销的必要性足以成为起诉的理由。见 16 May 1989, Case 382/87, *R.Buet and Educational Business Services*（*EBS*）*v. Ministère Public*, par.13, 其中欧洲法院审查了潜在购买者的脆弱性和许多有记录的投诉。

386　28 September 2006, Case C-434/04, *criminal proceedings against Ahokainen and Leppik*, par.38. 在 5 June 2007, Case C-170/04, *Klas Rosengren, Bengt Morelli, Hans Särman, Mats Åkerström, Åke Kempe, Anders Kempe, Mats Kempe, Björn Rosengren, Martin Lindberg, Jon Pierre, Tony Staf v. Riksåklagaren* 案中，欧洲法院考量了从另一个成员国邮寄酒精到瑞典的禁令。只有采取措施保护青少年的健康，法院才能找到正当化理由。然而，普遍的禁止并没有区分可能的顾客的年龄，因此不能被接受。

387　4 December 1974, Case 41–74, *Yvonne van Duyn v. Home Office*, par.23.

居民则被允许这样做。[388] 欧洲法院是否允许了一些自由裁量权，因为它意识到这些问题对相关成员国非常敏感？

成员国有一定的自由裁量权来对五项自由作出例外。一个成员国选择与另一个成员国采用的保护制度不同的制度的简单事实是无关紧要的。[389] 适用理由不需要欧洲共同的观点，因此成员国之间可能存在差距。*Läärä* 案的受到争议的赌博并未被完全禁止的事实（而仅由一家国有公司经营），不足以表明国家立法实际上不是为了实现其据称针对的公共利益目标。[390] 欧洲法院承认，有限的赌博授权可以为公共利益目标服务，例如防止欺诈或犯罪的风险。然后它交由 111
成员国来酌情决定是否也可以通过对运营商施加必要的行为准则来达到目标：

> 然而，要求被许可的公共机构支付其业务收益的义务构成了一项措施，鉴于犯罪和欺诈的风险，该措施确保在对具有利润丰厚的性质的这类活动设定严格限制方面显然更加有效。[391]

同样在赌博方面，欧洲法院接受了某些限制，以防止经营者对消费者造成欺诈。但是，这排除了只有营业地在成员国领土内的运营商才可以运营博彩企业的立法。[392] 没有什么可以阻止对这些场所进行监督。

公共安全

公共安全也在《欧盟运行条约》第 36 条、第 45 条、第 52 条和第 65 条中能找到。《欧盟运行条约》第 346 条和第 347 条都允许为了安全的担忧而进行某些限制。《欧盟运行条约》第 346 条第 2 款引用了一份适用于这些条款的 1958 年 4 月 15 日的清单（从未公布，显然从未修订过）。[393] 欧洲

388　16 December 2010, Case C-137/09, *Marc Michel Josemans v. Burgemeester van Maastricht.*

389　21 September 1999, Case C-124/97, *Markku Juhari Läärä, Cotswold Microsystems Ltd and Oy Transatlantic Software Ltd v. Kihlakunnansyyttäjä (Jyväskylä) and Suomen valtio*, par.36.

390　21 September 1999, Case C-124/97, *Markku Juhari Läärä, Cotswold Microsystems Ltd and Oy Transatlantic Software Ltd v. Kihlakunnansyyttäjä (Jyväskylä) and Suomen valtio*, par.37.

391　21 September 1999, Case C-124/97, *Markku Juhari Läärä, Cotswold Microsystems Ltd and Oy Transatlantic Software Ltd v. Kihlakunnansyyttäjä (Jyväskylä) and Suomen valtio*, par.41.

392　9 September 2010, Case C-64/08, *criminal proceedings against Ernst Engelmann*, par.39–40.

393　依据 Opinion of Advocate General Jacobs of 18 May 1998, Cases C-70/94 and C-83/94，*Werner v. Germany*, and Case C-83/94，*criminal proceedings against Peter Leifer, Reinhold Otto Krauskopf and Otto Holzer*, point 20 中所说，它从未公布。本书作者无法找到原文本。

法院认为，能够用于战略目的的（军事）货物的进口、出口和过境可能会影响成员国的公共安全。[394]

《欧盟运行条约》第 207 条过去曾被用作限制或禁止某些商品和服务交付的法律依据。这类条例对兼有民事和军事目的的双重用途产品尤其重要，以及对药物前体而言，这些物质也可用于与药物生产无关的用途。对于基于《欧盟运行条约》第 207 条规定的条例的补充，成员国可以实施国家限制性措施（也可以是刑事性质的），以保护内部和外部安全。[395]

尽管限制向非成员国出口双重用途物品的规则原则上属于欧盟的专有
112 权限，[396] 但在许可特定授权的情况下，成员国有一定的自由裁量权。[397] 对于能够用于处于战争中的国家的军事目的的货物，情况尤其如此。因此，在联合国安理会决议之后，欧盟理事会通过了一份共同立场，禁止向塞拉利昂出售武器。[398]

在《关于自由迁移的指令 2004/38》第 28 条中，公共安全的意义在于，如果存在对于对外关系、国家和平共处或军事利益严重干扰的风险，公共安全可能会受到影响。[399] 欧洲法院认为，这并不排除其他目标，例如打击作为有组织犯罪团体的一部分的销售麻醉品的犯罪。[400] 在2012年的一份判决中，欧洲法院对确定犯下的罪行是否有资格构成“公共安全的必要理由”提供了进一步指导。欧洲法院认定，在本案中，罪行是《欧盟运行条约》第 83 条第1款提到的罪行，是欧洲立法者可能介入的犯罪之一。[401] 它还提到了《关于性侵儿童的指令 2011/93》，该指令的执行期限在判决时尚未到期。但主要的信息是，欧洲法院留给成员国相当大的自由裁量权来确定哪些是特别

394　4 October 1991,Case C-367/89, *criminal proceedings against Aimé Richardt and Les Accessoires Scientifiques SNC*, par.22.

395　17 October 1995, Case C-70/94, *Fritz Werner Industrie-Ausrüstungen GmbH v. Germany.*

396　14 January 1997, Case C-124/95, *The Queen, ex parte Centro-Com Srl v. HM Treasury and Bank of England.*

397　17 October 1995, Case C-83/94, *criminal proceedings against Peter Leifer, Reinhold Otto Krauskopf and Otto Holzer*, par.13 and 29.

398　Common Position 98/409/CFSP of 29 June 1998 concerning Sierra Leone, OJ 1998，L 187/1.

399　欧洲法院指出，在评估可能被认为违反公共安全的行为方面，没有“统一的价值标准”，而且公共安全的必要理由是由成员国界定的。22 May 2012, Case C-348/09, *P.I. v. Oberbürgermeisterin der Stadt Remscheid*, par.21 and 22.

400　23 November 2010, Case C-145/09, *Land Baden-Württemberg v. Panagiotis Tsakouridis*, par.44–45.

401　22 May 2012, Case C-348/09, *P.I. v. Oberbürgermeisterin der Stadt Remscheid*, par.25.

严重的威胁。但是，根据“指令 2004/38 第 27 条第 2 款的规定，这样的发现不足以命令驱逐出境，任何驱逐措施的问题都取决于相关的个人行为，必须存在一种影响社会或东道国成员国基本利益的真正的现有威胁，这意味着一般而言，有关个人存在着将来以相同方式采取行动的倾向”[402]。通过这样做，欧洲法院与法律顾问 Bot 采取了不同的看法，他强调欧盟公民有权自由迁移，不可能因犯罪而遣返任何罪犯。罪行的客观严肃性不能作为唯一标准。公共政策和公共安全概念的含义有所不同：

> 根据其刑法，每个成员国都制定了公共政策框架，因为它界定了 113
> 在制裁的痛苦下禁止的行为。在这方面，显而易见的是，刑法规则都是公共政策规则，因为它们本质上是强制性的规则，个人的意志不能排除它们。它们是专门用来反对个人意志的，当它被认为会对社会价值造成危害。因此，违反这些规则会对成员国制定的公共政策造成干扰，取决于所实施行为的性质，造成较小或较大的干扰，对公共政策造成的干扰通常反映在由国家立法机构制定，以制裁违法行为的处罚的严重程度上。在每一个案件中，这种评估都会依情况根据引起的处罚确定其分量，从而反映出实际造成的干扰程度。对公共安全概念的提及显然似乎不仅自动来源于犯下罪行的事实，而且源于原则上特别严重的犯罪行为及其影响，这超出了对受害人个人或受害人们造成的伤害。因此，这两个概念并不相同，尽管任何按定义对公共安全构成威胁的行为都会扰乱公共政策，但事实恰恰相反，即使知道这种行为可能会在公众舆论中产生一种情绪，也该庆幸反映了犯罪行为造成的干扰。[403]

对于法律顾问 Bot 而言的决定性因素是犯罪的性质（乱伦）并不构成对欧盟公民的威胁。

402　22 May 2012, Case C-348/09, *P.I. v. Oberbürgermeisterin der Stadt Remscheid*, par.30.Kathrin Hamenstädt，The Margins of Discretion in European Expulsion Decisions.National expulsion decisions following a criminal conviction in light of European standards and their effects on the European level，Dissertation Maastricht 2015.

403　Opinion of Advocate General Bot of 6 March 2012, Case C-348/09, *P.I. v. Oberbürgermeisterin der Stadt Remscheid*, points 36–38.

公共卫生

虽然第 36 条允许“保护人类、动物或植物健康和生命”的正当化理由，第 45 条和第 52 条简要提到“公共卫生”。假设这种表述上的差异不会导致解释的不同。根据判例法，与其他理由一样，成员国显然有权酌情遵守其自身的公共卫生政策。但是，任何限制都不能是一般性的。当一个成员国系统地对某些货物穿越边境进行健康检查时，这是不能以公共健康为由的。[404]在奥地利萨尔茨堡独立行政参议院提请的裁决中，奥地利相关立法禁止未包装的糖果（口香糖）从自动售货机出售。由于没有关于这些产品包
114 装的次级联盟立法，必须根据货物自由流通的尺度来评估国家措施。[405]奥地利政府辩称，只有包装可以保护这些产品免受潮湿和蚂蚁的侵害，此外，货物可能在送货托盘中受到污染。在这种情况下，欧洲法院也注意到，其他成员国允许将相同的产品未经包装进行销售。但是，由于没有关于该专题的特定联盟立法，成员国保留其自由裁量权，并可能比其他成员国保持更严格的规则。

与其他理由一样，欧洲法院不需要一个欧洲共同的公共卫生观点。欧洲法院认为，评估与某些产品消费有关的风险取决于几个具有不同性质的因素，特别是包括每个国家的饮食习惯。[406]结果是，一个成员国可能为了公共健康而禁止的产品在另一个成员国可能不会遇到这种障碍。在 *Schreiber* 案中，意大利要求在保护公共卫生的基础上事先许可，方可将雪松木块投放市场。尽管该产品是从其合法投放市场的但没有任何此类要求成员国进口的，欧洲法院仍允许这样做。[407]

另一个问题是一个成员国可能为了公众健康而禁止销售一种新产品，因为该产品所造成的确切危险据称存在不确定性。欧洲法院认为，“在没有欧盟法进行协调的情况下，以及目前的科学研究状况仍存在不确定性的

404　20 September 1988, Case 190/87, *Oberkreisdirektor des Kreises Borken and Vertreter des öffentlichen Interesses beim Oberverwaltungsgericht für das Land Nordrhein Westfalen v. Handelsonderneming Moormann BV*. 在本案中，还应该注意的是，有一个适用的指令在出口国引入了一个统一后的健康检查系统。

405　24 November 2005, Case C-366/04, *proceedings against Schwarz*.

406　5 February 1981, Case 53/80, *Officier van justitie v. Koninklijke Kaasfabriek Eyssen BV*.

407　15 July 2004, Case C-443/02, *criminal proceedings against Nicolas Schreiber*.

情况下”，根据相称性原则，成员国保留一定的自由裁量权。[408] 它将此称为预防性原则，[409] 允许成员国防控真正的 [410]（而不是纯粹假设的）公共卫生风险，“根据通过该决定之日可得到的最新科学数据”。[411] 某些产品的健康风险的客观数据的存在降低了成员国的自由裁量权范围。

关于食品和饲料，欧洲法院认为：

> 对于被另一成员国许可的特定添加剂的使用必须在从该国进口的 115
> 产品的情况下得到许可，一方面鉴于国际科学研究的结果，尤其是欧盟的食物科学委员会，联合国粮食及农业组织（粮农组织）和世界卫生组织的工作，以及另一方面关注进口成员国普遍的饮食习惯，所讨论的添加剂不会对公共健康造成风险，并且能满足真正的需求，尤其是技术需求。[412]

第 36 条可能能够正当化国家禁止通过邮寄销售药品，或者仅禁止那些需要处方的产品。但是，这并不意味着绝对禁止不受有关成员国处方的药品的邮购销售。[413] 虽然第 36 条可能允许成员国对货物的自由流动保持限制，但是，如果指令规定统一实现《欧盟运行条约》第 42 条（援助计划）的具体目标所必需的措施，则排除适用该条款。[414] 打击赌博上瘾也可能被认为属于公共卫生的定义。[415]

408　14 July 1983, Case 174/82, *criminal proceedings against Sandoz BV*, par.16–18；5 February 2004, Case C-95/01，*criminal proceedings against John Greenham and Léonard Abel*, par.37–39.

409　条例 178/2002 第 7 条规定了预防原则，该条例规定了食品法的一般原则和要求，建立了欧洲食品安全局并制定了食品安全事宜的程序。

410　6 May 1986, Case 304/84, *criminal proceedings against Claude Muller and others.*

411　5 February 2004, Case C-95/01, *criminal proceedings against John Greenham and Léonard Abel*, par.42–43. 另见 24 October 2002, Case C-121/00, *criminal proceedings against Walter Hahn*，本案中欧洲法院彻底研究了目前的科研状况，该研究不能确定某些对人类健康构成威胁的微生物的确切浓度。

412　13 December 1990, Case C-42/90, *criminal proceedings against Jean-Claude Bellin*, par.14; 10 December 1985, Case 247/84, *criminal proceedings against Léon Motte.*

413　11 December 2003, Case C-322/01, *Deutscher Apothekerverband eV v. 0800DocMorris NV and Jacques Waterval.*

414　24 October 2002, Case C-99/01, *criminal proceedings against Gottfried Linkart and Hans Biffl*, par.25.

415　6 October 2009, Case C-153/08, *Commission v. Spain*, par.40.

第 36 条规定的最后两类，即“保护具有艺术、历史或考古价值的国宝”和“保护工商业财产”，似乎没有导致任何欧洲法院的判例法。[416]

自由与滥用自由之间的竞争

欧洲法院认为，如果一项措施既影响提供服务的自由，也影响货物的自由流通，如果在这种情况下很明确，一种自由相对于另一种自由完全是次要的，并且可能附属于它，原则上，欧洲法院只就两种自由中的一种自由进行审查。[417] 这似乎更多的是司法经济问题，而不是原则问题。*van Schaik*
116 案就是一个例子，它涉及另一个成员国的汽车维修服务。虽然服务可能涉及货物（配件、汽油等）的供应，但这本身不是目的，而是与一般服务的提供有关。[418]

欧洲法院认为：“一成员国有权采取措施，防止其某些国民在条约所规定的权利的掩护下，不恰当地试图规避其国内立法或防止个人不正当或欺诈地利用共同体法的规定。”[419]

尽管欧洲法院并不排除反欺诈可以正当化限制性措施，但一些措施（例如，拒绝将注册办事处设在另一成员国公司的分支机构注册的申请的一般做法）不符合该正当化理由，因为存在较少侵害性的替代措施。不能援引联盟法来实现滥用或欺骗性的目的。[420] 虽然防止逃税和欺诈行为可能正当化对自由流动的某些限制，但仅仅是滥用或欺诈的风险不能成为一般性限制的理由，这将妨碍联盟权利的真正行使。[421]

垄断

例外的最后一类规定在《欧盟运行条约》第 37 条，它涉及国家垄断。

416　这可以通过以下事实来解释：成员国适用这一理由的酌处权是相当有限的。在《关于归还非法从成员国领土转移的文物的指令 93/7》的附件中，国家宝藏通过有限的详尽清单进行了界定。

417　14 October 2004, Case C-36/02, *Omega Spielhallen-und Automatenaufstellungs-GmbH v. Oberbürgermeisterin der Stadt Bonn*, par.26.

418　5 October 1994, Case C-55/93, *criminal proceedings against Johannes Gerrit Cornelis van Schaik*, par.14.

419　9 March 1999, Case C-212/97, *Centros Ltd v. Erhvervs – og Selskabsstyrelsen*, par.24.

420　21 February 2006, Case C-255/02, *Halifax plc*，*Leeds Permanent Development Services Ltd*，*County Wide Property Investments Ltd v.Commissioners of Customs and Excise*, par.68–69.

421　15 December 2005, Joined Cases C-151/04 and C-152/04, *criminal proceedings against Claude Nadin*，*Nadin-Lux SA and Jean-Pascal Durré*, par.45–46.

显然，内部市场通常会结束国家垄断，因为无国界的法律秩序不能让垄断存在。但是，《欧盟运行条约》第 37 条并未完全排除具有商业性质的国有垄断。成员国应调整这些剩余的垄断，以“确保成员国之间不存在对采购和销售商品条件的歧视”。[422]

因此，这里与《欧盟运行条约》第 34 条有联系。在 *Hanner* 案中，在确定一个国家垄断可接受之前，欧洲法院制定了三个相关的标准需要考虑：（1）销售垄断的选择标准必须是独立于产品的原产地；（2）零售网络必须以保证消费者访问的方式进行组织；（3）所有的营销和广告必须是中立的，并且独立于原产地。[423]

这对斯德哥尔摩地区法院来说意味着什么呢？它当时正在处理尽管存在着瑞典的垄断，而 Hanner 由于销售了尼古丁贴片和尼古丁口香糖被起诉的案件。欧洲法院对该案的答复相当简略：“《欧共体条约》第 31 条第 1 117
款排除了授予独家零售权的销售制度，其安排方式与主要程序中争论的销售制度相同。”[424]

欧洲法院并没有直接告诉国家法院是否应该定罪、无罪或者搁置国家刑事规定。相反，它的答复与瑞典现行的相关制度有关。很明显，适用的国家体系违反了联盟法。但是，体系有可能符合欧洲法院规定的标准。在这种体系下，垄断以外的任何营销都可能受到起诉。由于被告在一个不符合联盟法的体系下运作，国家刑法规定不能适用。

4.6.2 次级立法中的实体权利

为了评估是否存在违反联盟法的情况，欧洲法院总是首先确定是否存在关于此问题的特定联盟立法（指令、法规、框架决定或公约）。在没有任何协调文书的情况下，仅成员国有权决定规则，并且也可以决定在违反条件时适用惩罚措施。但是，这种国家自由裁量权当然不得侵犯《欧盟运行条约》规定的基本自由。[425]

例如，联盟法规定了在共同农业政策范围内采取的具体措施。这优先

422　3 February 1976, Case 59–75, *Pubblico Ministero v. Flavia Manghera and others.*

423　31 May 2005, Case C-438/02, *criminal proceedings against Krister Hanner*, par.49. 23 October 1997, Case C-189/95, *criminal proceedings against Harry Franzén.*

424　31 May 2005, Case C-438/02, *criminal proceedings against Krister Hanner*, par.49.

425　2 October 2003, Case C-12/02, *criminal proceedings against Marco Grilli*, par.39–40.

于条约的一般规定（《欧盟运行条约》第 38 条）。[426] 如果相关立法完全规定了这一事项，则无须查看《欧盟运行条约》第 34 条和第 36 条的一般规定。瑞典普遍禁止种植和拥有工业大麻，破坏了亚麻和大麻市场的共同组织规定。[427] 总而言之，在联盟一级以统一方式管理某一事项的情况下，必须根据该协调措施的规定评估与此有关的任何措施，而不是根据《欧盟运行条约》第 36 条和第 42 条进行评估。[428]

118 在 *Yonemoto* 案中，欧洲法院详细阐述了 *Wurmser* 案 [429] 中关于进口商在从另一成员国进口不合格产品时的责任的规则。Wurmser 因销售一种纺织产品而被起诉，该产品在其成分方面存在虚假信息。当时欧洲法院认为，进口商可以信赖生产成员国当局签发的证书。但是，与 *Wurmser* 案的情况相反，一个指令适用于 *Yonemoto* 案中。在这起芬兰案中，被告进口了一台在法国制造的机器。尽管启动紧急关闭，但员工在更换机器的刀片时损失了八个手指。Yonemoto 在芬兰被起诉是因为进口了一件增加了事故或疾病风险的物体，并且辩称他没有义务检查机器是否符合所有安全规定。

这个案例很好地解释了《欧盟运行条约》和次级立法之间的关系。在本案中进口的机器需要遵守《关于成员国有关机械的法律近似化的指令 98/37》的规定。指令协调了有关机械的各种规则，包括与安全有关的规则。它规定了一份欧洲共同体符合性声明。由 Yonemoto 进口的这台机器获得了由另一个成员国当局颁发的此类声明。欧洲法院认为，在这种情况下，进口商没有义务确认机器是否符合指令的所有要求。[430] 本质上，该指令的具体规定确定了禁止对进口实行数量限制的例外情况，因此，Yonemoto 未履行的唯一义务是他没有提供该机器用户使用说明的进口成员国的语言版

426 16 January 2003, Case C-462/01, *criminal proceedings against Ulf Hammarsten*, par.24.

427 16 January 2003, Case C-462/01, *criminal proceedings against Ulf Hammarsten*, par.30. 同样，在市场共同组织的背景下，是否仍有国家立法空间的问题，必须根据有关条例加以解答。16 January 2003, Case C-265/01, *criminal proceedings against Annie Pansard and others*.

428 23 May 1990, Case C-169/89, *criminal proceedings against Gourmetterie van den Burg*, par.9；24 October 2002, Case C-99/01, *criminal proceedings against Gottfried Linkart and Hans Biffl*, par.18；23 January 2003, Cases C-421/00, C-426/00 and C-16/01, *criminal proceedings against Renate Sterbenz and Paul Dieter Haug*, par.24.

429 11 May 1989, Case 25/88, *criminal proceedings against Esther Renée Bouchara, née Wurmser, and Norlaine SA*.

430 8 September 2005, Case C-40/04, *criminal proceedings against Syuichi Yonemoto*, par.53.

本。法院补充说，“如果结果证实该机器对安全或健康构成风险”，进口商可能有义务向国家检查机构提供所有适当的信息并与其合作。[431]

因此，原则上，Yonemoto 等进口商不可能（意味着没有义务也没有权利）检查是否符合安全规则。他们必须将出口商或其他成员国的符合性声明视为理所当然。但是，如果进口商拥有与符合安全要求不一致的信息，他不得对此视而不见，并且必须采取行动。

条例、指令和框架决定是否会侵犯基本自由？条例施加于企业的义务的事实是否具有等同于条约禁止的数量限制的效果，从而导致条例无效？ 119
这些问题实质上是卢森堡警察法庭在对 Kieffer and Thill 提起的刑事诉讼中关于未能就条例规定的统计信息提供声明的指控提出的问题。[432]尽管法院承认该条例对货物的自由流通具有限制性影响，但根据该条例的目标，它认为这些影响是成比例的。

限制货物的自由流通也可能在指令中找到其依据。如果该指令的目标似乎是保护公共健康，那么该指令规定的禁止必须被广泛地解释，并且例外必须被狭义地解释。[433]即使可以确定禁止保护指令所涵盖的利益，但限制也不得使所有国际转运均不法进行。[434]因此，次级法律文书可以限制基本自由，但不成比例地侵犯权利可能导致这些文书失效。

van Schaik 案例也清楚地表明了适用使得相关领域部分协调一致的指令的后果。住在荷兰（靠近德国和比利时边界）的荷兰人 van Schaik，而且是在荷兰注册的一辆汽车的拥有人在那里被起诉，由于驾驶一辆没有有效的适航性测试证书的汽车。履行这一义务的荷兰法律文书实施了关于成员国有关机动车辆及其拖车适航性测试的法律的指令 77/143。van Schaik 在德国完成了对他的车辆的维修和测试。但是，德国的车行无法为他提供德国的适用性证书，因为他的车没有在那里注册。van Schaik 认为，他在另一个成员国获得服务的自由遭到了侵犯，因为他不能选择德国或比利时的车行，而只有选择范围有限的荷兰车行。虽然欧洲法院承认这是对服务自由的侵犯，但它认为这是可以接受的，因为该指令对测试标准产生了不完全的统

431　8 September 2005, Case C-40/04, *criminal proceedings against Syuichi Yonemoto*, par.61.

432　25 June 1997, Case C-114/96, *criminal proceedings against René Kieffer and Romain Thill.*

433　16 September 2004, Case C-404/03, *criminal proceedings against Olivier Dupuy and Hervé Rouvre.*

434　11 May 1999, Case C-350/97, *Wilfried Monsees v. Unabhängiger Verwaltungssenat für Kärnten.*

一，并且该指令规定，监督适航性测试应该由车辆注册的成员国当局进行。[435]

自由、安全和公正的领域的实质性权利？

120 《欧盟运行条约》第 67 条规定："联盟应构成尊重成员国基本权利和不同法律制度和传统的自由、安全和公正的领域。"这是否意味着本条款中规定的权利应该与五项自由相同？例如，是否存在自由权、安全权和公正权的直接影响？这不能从条约中读取。与内部市场下的自由相比，这些权利没有如此精确的定义。更重要的是，它们对成员国当局比对其公民更有利。被怀疑的、被指控的和被定罪的公民不能从自由、安全和公正的领域中获益，反而会从中遭受损害。一般来说，公民只能间接从这个领域获益，因为打击犯罪将有助于为整个社会提供更多的自由、安全和公正。这涉及维持法律和秩序以及维护国内安全是成员国的首要责任（《欧盟运行条约》第 72 条）。联盟法认为基本权利（人权）只是在内部市场的经济背景下才是法律的一般原则，这是相当奇怪的。鉴于《里斯本条约》带来的变化的性质，发展联盟法的基本权利部分仍然是一项挑战。[436] 特别是由于联盟现在拥有自己的人权文书，即《欧盟基本权利宪章》，这将会引发这种情况。

4.7　一般适用性的情况：没有同自由移动的联系

迄今为止，已经讨论了在欧盟主要法律中找到基础的自由：条约承认的五项自由。虽然大多数次级联盟法律进一步阐述了内部市场背景下的这些自由，但可能会出现次级立法（指令、条例、框架决定）规定对与基本自由无关的个人的权利或主张的情况。联盟法允许两类不受援引基本自由的个人，但仍可能依赖指令的规定。[437] 第一类是由国民反对他们自己的国
121 家，[438] 第二类是非欧盟国民。尽管属于这两类的人无权享有联盟法下的基本自由，但他仍然可以援引指令。

一个例子是对在比利时工作和生活的尼日利亚国民 Ibiyinka Awoyemi 的

435　5 October 1994, Case C-55/93, *criminal proceedings against Johannes Gerrit Cornelis van Schaik*, par.18–22.

436　见第十章。

437　在本分段中，讨论了国民和第三国国民对次级立法的直接援引。应该区别于第 4.3 节讨论的间接援引一级联盟法。

438　显然，这种情况必须属于指令调整的范围。如果情况并非如此，则不排除国家刑事诉讼。16 February 1982, Case 204/80, *Procureur de la République and others v. Guy Vedel and others.*

起诉。尽管他拥有英国当局颁发的有效的共同体模型驾驶执照，但他在比利时因没有有效驾驶执照而被起诉。该指令的条款适用于持有欧盟驾驶执照的任何人，无论其国籍如何。[439] 同样，如果一个成员国的国民取得了另一个成员国的资格，则可以根据一项指令援引自己的权利，即针对本国的相互承认的文凭和证书。[440] 然而，这两类人中的任何一种情况都没有将其纳入条约的范围，这就解释了为什么第三国国民不能从基本自由中获益，即使其保护是有关指令的目的。[441]

El Drid 案提出了一个有趣的问题，他因违反了遣返令被定罪，罪名是没有有效理由而非法居留在意大利领土上。欧洲法院认为，鉴于相关指令关于遣返非法居留的第三国国民的目的，适用监禁判决有可能危及这些目的并推迟遣返令的执行。[442] 然而，当指令提供的遣返程序已经适用而第三国国民仍非法居留在成员国领土内而没有合理的不可返回理由时，情况就不同了。[443] 刑法不得损害为实施指令而制定的程序，[444] 但如果尽管进行刑事诉讼，遣返程序仍可以继续并完成，则这样做并不存在障碍。

在 *Bodil Lindqvist* 案（一个在瑞典的瑞典国民）中，提出了一个问题，即指令的适用是否总是预先假定存在与自由移动权的实际联系。Lindqvist 被起诉，因为她在瑞典教堂当地教区的网站上处理了她自己和同事的个人资料。她因违反瑞典执行《关于数据保护的指令 95/46》的国家法律而被起诉。该指令基于《欧盟运行条约》第 114 条，因此它并没有预先假定在该措施提及的每种情况下，成员国之间存在实际的自由移动联系。[445] 因此， 122
欧洲法院认为，例外只适用于明确列出的活动。[446] 它还规定成员国可以将实施该指令的国家立法的范围扩大到未包含在该指令中的领域，条件是联盟

439　29 October 1998, Case C-230/97, *criminal proceedings against Ibiyinka Awoyemi*, par.22.

440　22 September 1983, Case 271/82, *Vincent Rodolphe Auer v. Ministère public.*

441　29 October 1998, Case C-230/97, *criminal proceedings against Ibiyinka Awoyemi*, par.27 and 29.

442　28 April 2011, Case C-61/11 PPU, *criminal proceedings against Hassen El Dridi alias Soufi Karim*, par.58–59.

443　6 December 2011, Case C-329/11, *Alexandre Achughbabian v. Préfet du Val-de-Marne*, par.48.

444　6 December 2012, Case C-430/11, *criminal proceedings against Md Sagor*, par.32.

445　6 November 2003, Case C-101/01, *criminal proceedings against Bodil Lindqvist*, par.40. 此外，该指令明确排除了《欧盟条约（前里斯本条约）》第五章（共同外交和安全政策）和第六章（刑事司法中的警察和司法合作）条款规定的活动适用本指令。

446　6 November 2003, Case C-101/01, *criminal proceedings against Bodil Lindqvist*, par.44.

法的其他规定不能排除该规定。[447]

在每一个情况下，指令的适用是否需要与自由移动权相联系的问题可能取决于文书的法律基础。例如，《欧盟运行条约》第 114 条旨在协调国家立法的某些规定，以促进自由移动。但是，如欧洲法院所认为的那样，要求在任何情况下都同自由移动有联系：

> 使指令适用领域的限制特别不确定和不确切，这与其协调成员国法律，法规和行政规定以消除内部市场运作的障碍的基本目标相抵触，而这些障碍正是从国家立法之间的差距中产生的。[448]

自《里斯本条约》生效以来，已经通过了几项指令，赋予被告人、被害人和证人权利，而不需要依赖自由移动权。所有这些都旨在具有普遍适用性，并专门为刑事诉讼程序撰写。[449] 因此，这些规则适用于任何人，即使是在其中一个成员国的刑事法院受审的“非法”第三国公民。宪章还给予所有人权利，不论其国籍（第 39—46 条规定的具体公民的权利除外）。

4.8 在这些条约的范围之外?

一些“服务”通常在整个欧盟范围内被禁止。同样，一些产品的存在是被禁止的。这包括由于其固有特性而禁止的商品，如麻醉品、假冒产品和儿童色情制品。在联盟法下它们的地位如何？自由移动规则适用于这些吗?

123 非法服务如非法堕胎、奴役和强迫卖淫等情况如何？非法资本应该如何处理，例如犯罪收益或逃税所得？对于不允许在欧盟范围内工作的个人，也会出现类似的问题。是否所有这些都被视为可能从条约担保中获益的货物、劳动者、服务和资本，或者它们是否超出了条约的范围，因此联盟规则不适用于它们？如果服务的自由利用非法的第三国国民或强迫卖淫提供

---

447 6 November 2003, Case C-101/01, *criminal proceedings against Bodil Lindqvist*, par.99.

448 20 May 2003, Joined Cases C-465/00, C-138/01 and C-139/01, *Rechnungshof v. Österreichischer Rundfunk and Others and Christa Neukomm and Joseph Lauermann v. Österreichischer Rundfunk*, par.42.

449 详见第六章。

性服务，是否可以从中获利？[450]根据国际刑法，某些货物、劳动者、服务和资本可能是非法的，这是否意味着它们无法从条约的任何条款中获利？在一个成员国行为被定为犯罪而在另一个成员国同一行为不被认为是犯罪时，这种情况有何不同？这些问题都涉及成员国在确定例外情况方面的自由裁量权，特别是在打击犯罪方面。

要回答这些问题，我们首先应该检查一下是否存在欧盟对非法产品和服务的看法。是否存在关于道德的"欧盟观点"，该观点对于确定条约的范围有影响？初看起来，根据欧洲法院的判例法，禁令似乎分为两类。第一种是由联盟法或国际法完全禁止的产品、物质和 / 或行为。第二类是那些在一个成员国中属于非法和定罪的产品和服务，但在另一个成员国中不属于。关于后者，只要根据条约的理由之一提出国家禁令，成员国仍可酌情决定将其他成员国选择不予定罪的行为定为刑事犯罪。[451]

第一类（完全禁止的货物）导致了增值税和关税领域的大量判例法。欧洲法院一贯认为，进口毒品不会产生关税，因为这些毒品必须立即被扣押和销毁。[452]然而，关于税法，欧洲法院规定了"财政中立原则"。这可以防止在合法与非法交易之间征收增值税方面存在任何一般的区别：

> 但是，供应具有特殊属性的麻醉品等产品的情况并非如此，因为它们的性质决定了它们被全面禁止在所有成员国销售。[453]

财政中立的例外不妨碍成员国实施刑事制裁的权力。[454]唯一被认为是财政中立规则例外的产品是麻醉药品和假币。[455]这个讨论与增值税的相关性在

450　原则上，卖淫被认为是一种经济活动。20 November 2001, Case C-269/99, *Aldona Malgorzata Jany and Others v. Staatssecretaris van Justitie*, par.50.

451　详见本章第 4.6 节。

452　5 February 1981, Case 50/80, *Joszef Horvath v. Hauptzollamt Hamburg-Jonas*, par.10；26 October 1982, Case 221/81, *Wilfried Wolf v. Hauptzollamt Düsseldorf*, par.13–14 and 26 October 1982, Case 240/81, *Senta Einberger v. Hauptzollamt Freiburg*, par.13–14.

453　29 June 1999, Case C-158/98, *Staatssecretaris van Financiën v. Coffeeshop Siberië vof*, par.14. 5 July 1988, Case 269/86, *W.J.R.Mol v. Inspecteur der Invoerrechten en Accijnzen*, par.18；5 July 1988, Case 289/86, *Vereniging Happy Family Rustenburgerstraat v. Inspecteur der Omzetbelasting*, par.20.

454　28 February 1984, Case 294/82, *Senta Einberger v. Hauptzollamt Freiburg*.

455　6 December 1990, Case C-343/89, *Max Witzemann v. Hauptzollamt München-Mitte*, par.14–16. 类似地，2 August 1993, Case C-111/92, *Wilfried Lange v. Finanzamt Fürstenfeldbruck*, par.12–13.

于，增值税的引入是联盟立法的结果。鉴于联盟法适用于非法产品和服务，那么出现了联盟法的其他规则是否也适用这个问题？

在 *Coffeeshop Siberië* 案中，问题是财政中立原则是否排除租用一张用于出售软性毒品的桌子需要缴纳增值税。欧洲法院认为：

> 出租用于商业活动的场所原则上是一种经济活动，因此属于第六个指令的范围。[456]在那里实施的活动构成刑事犯罪的事实，可能导致租赁不合法，但不会改变租赁的经济性质，也不会阻止该领域的竞争，包括合法和非法活动之间的竞争。[457]

有关活动（出租桌子）与纯粹的犯罪活动（销售毒品）有关的事实并不改变其为合法活动的事实，因此任何构成犯罪的行为都不足以证明豁免增值税。[458]

欧洲法院一直在软性毒品的标准问题上步履维艰。[459]与法律顾问 Fennelly 有趣的意见相反，欧洲法院并未就成员国毒品政策这一敏感问题
125 发表任何声明。[460]当荷兰的最高法院提请欧洲法院作出裁决时，因为它想知道社会对软性毒品供应行为的非法性质观点的演变是否会导致欧洲法院的不同看法，欧洲法院正如主席所建议的那样规避了这个问题。[461]法律顾问 Fennelly 从这个判例法中推导出以下关键要素：

> 首先，《麻醉品单一公约》确认了普遍承认的麻醉药品的危害性；其次，所有成员国都完全禁止其进入正常的经济渠道；最后，它们只

456　第六个指令是《协调成员国关于流转税的法律的指令 77/388》。本指令第 2 条第 1 款规定："作为纳税人在本国境内为获得对价而进行的货物或服务的供应应缴纳增值税。"

457　29 June 1999, Case C-158/98, *Staatssecretaris van Financiën v. Coffeeshop Siberië vof*, par.22.

458　29 June 1999, Case C-158/98, *Staatssecretaris van Financiën v. Coffeeshop Siberië vof*, par.21.

459　5 July 1988, Case 289/86, *Vereniging Happy Family Rustenburgerstraat v. Inspecteur der Omzetbelasting*, par.25.

460　Opinion of Advocate General Fennelly of 11 March 1999, 29 June 1999, Case C-158/98, *Staatssecretaris van Financiën v. Coffeeshop Siberië vof*.

461　Opinion of Advocate General Fennelly of 11 March 1999, 29 June 1999, Case C-158/98, *Staatssecretaris van Financiën v.Coffeeshop Siberië vof*, point 19.

能导致刑事处罚。[462]

他进一步得出结论认为，硬性毒品和软性毒品之间的区别在联盟法或国际法中找不到基础。[463] 提到《关于非法贩运毒品的联合行动 96/750》，有法律顾问认为，欧盟并未对成员国的酌处权采取立场。然而，法律顾问 Fennelly 承认，“在荷兰的咖啡店销售大麻的事实上的非刑罪化，因此，作为一种商业活动，与荷兰运营类似但普通的酒吧或咖啡屋的应纳税人发生潜在的直接竞争”[464]。欧洲法院在 *Goodwin and Unstead* 案中裁定，冒牌香水产品的交易也需缴纳增值税：

> 尽管涉及假冒产品的交易侵犯了知识产权，但任何相应的禁令都与此类产品的性质或基本特征无关，而与其对第三方权利的不利影响有关。[465]

另一个相关标准是假冒香水产品的非法贸易可能会与合法贸易竞争。[466]

在 *Witzemann* 案中，法律顾问 Jacobs 提议在下列两者中划分界限，“一 125
方面，明显超出合法经济活动范围的交易，而不是通过征税，它们只能成为刑事起诉的对象；另一方面，尽管非法，但如果仅仅是为了以财政中立的名义确保犯罪分子不会比合法的交易者受到更有利的待遇，那么这些交易仍应当被征税”[467]。

法律顾问 Jacobs 进一步提出这样一个问题：究竟是什么原因对毒品和

462　Opinion of Advocate General Fennelly of 11 March 1999, 29 June 1999, Case C-158/98, *Staatssecretaris van Financiën v. Coffeeshop Siberië vof*, point 15.

463　另见 Opinion of Advocate General Bot of 15 July 2010, Case C-137/09, *Marc Michel Josemans v. Burgemeester van Maastricht* 第 10 点：“区分失去了所有的针对性。”

464　Opinion of Advocate General Fennelly of 11 March 1999, 29 June 1999, Case C-158/98, *Staatssecretaris van Financiën v. Coffeeshop Siberië vof*, point 35. 咖啡店的独特性提出了一个问题，即哪些“普通”酒吧或咖啡馆会与其产生竞争。

465　28 May 1998, Case C-3/97, *criminal proceedings against John Charles Goodwin and Edward Thomas Unstead*, par.14.

466　关于竞争的论点也能在 11 June 1998, Case C-283/95, *Karlheinz Fischer v. Finanzamt Donaueschingen*, par.22 中看到。

467　Opinion of Advocate General Jacobs of 25 October 1990, Case C-343/89, *Max Witzemann v. Hauptzollamt München-Mitte*, point 10.

假币没有征税可能。他认为，它不是直接来源于《成立欧洲共同体条约》，也不是来自某些普遍的法律原则，并且认为这条规则的基础“有点模糊”。[468]似乎对于法律顾问 Jacobs 来说，对假币和麻醉药品的不同处理，在所有成员国都是在缔约国的国际公约中找到了基础。[469]但是，这需要欧洲法院对这些公约产生的义务的范围作出解释。这里出现的另一个问题是，当某种商品是被来自欧盟的共同立法确认为违法时，如指令或框架决定，类似的标准是否适用。

就欧洲法院而言，它主要依据的是这些货物根据国内法被正式定为犯罪：

> 必须首先观察到，全面禁止销售麻醉药品不受这一事实的影响，即鉴于其显然有限的人力和手段，以及为了利用现有资源集中打击麻醉药品的方式，负责实施该禁令的国家主管部门将提起针对某种毒品贸易的诉讼程序的优先性较低，因为他们认为其他类型的毒品更危险。最重要的是，这种做法不能将非法药物置于与医疗和科学领域主管部门严格控制的经济渠道相同的地位。后者的交易实际上是合法化的，
> 127 而被禁止的交易，尽管在一定限度内可以容忍，但仍然是非法的，并且在主管当局认为此类行动适当时，可以随时成为警方行动的对象。[470]

在最近的 *Maastricht coffeeshop* 案中，欧洲法院遵循了这一推理。它指出，根据所有成员国的国家刑法，销售大麻被定为违反刑法，所有成员国都受禁止大麻的主要国际公约的约束，甚至欧洲联盟本身也通过了这些文书。

---

468 Opinion of Advocate General Jacobs of 25 October 1990, Case C-343/89, *Max Witzemann v. Hauptzollamt München-Mitte*, point 20.

469 这不是法律顾问第一次提出不同待遇的正当化理由是什么的问题。Opinion of Advocate General Capotorti of 30 June 1982, Case 221/81, *Wilfried Wolf v. Hauptzollamt Düsseldorf*, point 6 表示：“在我看来，理由可能在于，与其他货物相比，几乎所有毒品贩运都是违禁品，并且意图非法使用，因此将它们投入商业流通可能被认为是具有次要性的例外事件。此外，一旦发现并缉获走私的毒品，它们被摧毁是正常的。（……）在任何情况下，欧洲法院对毒品提供的海关规则的解释具有特定性质，不得扩展到其他产品，这些产品也可能仅在一个系统中获得授权和检查后即可进口并投入市场用以消费。”

470 5 July 1988, Case 289/86, *Vereniging Happy Family Rustenburgerstraat v. Inspecteur der Omzetbelasting*, par.29.

这不受特定成员国实行宽容销售大麻政策的事实的影响。[471]

关于堕胎问题，欧洲法院回答了是否存在非法服务这样的问题，因为诉讼中的一方认为堕胎不能被视为服务，理由是它是非常不道德的并涉及破坏人的生命。欧洲法院引用国内法：

> 无论道德层面上这些论点的价值如何，它们都不能影响对国家法院第一个问题的答案。在有关活动得到合法执行的成员国中，欧洲法院也不会将合法实施该活动的成员国的立法机构的评估替换为自己的评估。[472]

关于彩票的状况可以找到类似的说理：

> 即使彩票的道德至少是有问题的，欧洲法院也不会将合法实施该活动的成员国的立法机构的评估替换为自己的评估。[473]

成员国将特定行为定为犯罪的自由裁量权提出了联盟法是否承认道德价值的问题。在条约的意义下，《欧盟运行条约》第 57 条对“服务”提供了一个非常明确和广泛的定义，其决定性因素是它被提供了报酬。有人认为，由于《欧盟运行条约》适用于与条约目标有关的经济活动，有些活动不在条约的范围之内。然而，欧洲法院不愿意赞同这个推理。[474]

根据该判例法可以推导出什么规则？首先，有些货物是完全禁止的， 128
并且经过反思，可以分为三个子类别。第一个子类由麻醉药品和假币组成。成员国不得对这些货物征收关税或增值税，因为它们只能在扣押之后销毁。

471　16 December 2010, Case C-137/09, *Marc Michel Josemans v. Burgemeester van Maastricht*, par.36–43.

472　4 October 1991, Case C-159/90, *The Society for the Protection of the Unborn Children Ireland Ltd v. Stephen Grogan and others*, par.20.

473　24 March 1994, Case C-275/92, *Her Majesty's Customs and Excise v. Gerhart Schindler and Jörg Schindler*, par.32.

474　24 March 1994, Case C-275/92, *Her Majesty's Customs and Excise v. Gerhart Schindler and Jörg Schindler*, par.19. 另见 28 March 1995, Case C-324/93, *The Queen v. Secretary of State for Home Department, ex parte Evans Medical Ltd and Macfarlan Smith Ltd*, par.20，法院认为，“为了商业交易而越过边境采购的货物受条约第 30 条的约束，无论这些交易的性质如何。由于它们具有这些特征，公约范围内并可在其下销售的药物受第 30 条的约束”。（引用略）

第二个子类包括一系列同样完全禁止的产品（例如假冒香水产品），但财务中立原则（不区分合法和非法产品和服务）适用于此类产品，否则非法贸易会比合法贸易占优势。第三个子类，如前所述，在一个成员国中有一类商品和服务被定为犯罪，而另一成员国则没有。这由成员国自行决定。因此，联盟法对商品和服务没有任何道德观点。[475]

对某些商品和服务的道德缺乏联盟法观点会带来麻烦。这两项标准（基本特征和与合法贸易的竞争）并不特别令人信服或合理。当比较麻醉药品和假冒香水产品的相对地位时，这一点变得特别清楚。一方面，鉴于禁止生产，使用和拥有精神药物的国际公约为医学用途作出了例外规定，[476]因此，麻醉药品本身并不是非法的。另一方面，假冒香水产品没有合法用途。换句话说，对于麻醉品来说，使用目的是重要的，而对于假冒香水产品来说，目的是无关紧要的。

此外，对所采用的其他标准的依赖——合法贸易商的不利条件，这应该导致财政中立——这是不合逻辑的。对于每一种非法产品或服务，都会有（尽管是非法的）市场，因此这些活动将与合法市场竞争。需要一个更原则化的方法，这将考虑到三类商品、服务和资本的存在：

根据国际法或联盟法律绝对禁止的那些（例如，儿童色情制品、奴役、假冒产品和假币）；

129 根据国际法或联盟法律“相对”禁止的那些（例如，麻醉品、强迫卖淫、洗钱），这种禁令是相对的，因为它取决于具体情况，而不是商品、服务或资本本身固有的；

根据一个成员国的国家刑法禁止的，但根据另一成员国的法律（例如，软性毒品和提供流产服务或在没有国家许可的情况下提供银行服务）合法的那些。

475　8 September 2009, Case C-42/07, *Liga Portuguesa de Futebol Profi ssional, Bwin International Ltd, formerly Baw International Ltd v. Departamento de Jogos da Santa Casa da Misericórdia de Lisboa*, par.57. 因此，“每个成员国都应根据自己的价值尺度在这些领域确定为确保有关利益得到保护所需的内容”。

476　1961年《麻醉品单一公约》第4条。

对外国人不利的待遇？

上面讨论了成员国之间受到不同限制的货物和服务的立场。一个结论是，一个成员国不禁止货物和服务这一事实并不妨碍另一个成员国将其入罪。欧洲法院的判例法并不要求成员国之间对限制适用相同的正当化理由。荷兰的总体的软性毒品政策，以及特别是马斯特里赫特市市长的咖啡店政策，引发了关于部分或事实上的非定罪化后果的问题。众所周知，尽管根据荷兰法律，它在形式上仍然是一种刑事犯罪，[477] 但拥有大麻和其他软性药物以供个人使用通常不会受到起诉。对于非国民和非居民购买这些商品的自由，事实上的非定罪化有什么后果？当马斯特里赫特市市长发布禁止向非居民出售软性毒品的当地法律，并规定了对违反的人进行刑事起诉，这个问题就显露出来了。背景是为了毒品而来的游客被认为是这个边境城市的一个大麻烦。

人们立即认识到这里的隐蔽的歧视性因素。这是一项明确歧视非荷兰国民在获得软性毒品方面的规则。他们是否可以援引联盟法律，声称应无限制地获得在与国民同等条件下购买软性药物的服务？第一个倾向可能是辩称，如果国家法律允许在市场上出售某种产品，那么它的供应条件就不应该在国民之间进行歧视。

但是，这当然不是欧洲法院采取的做法。无论软性毒品的法律资格根据荷兰法律如何，欧洲法院都明确它应当被禁止。在此基础上，它得出结论认为，大麻的消费不能被视为一项服务，因此联盟法不适用于这种情况。

随后，欧洲法院不得不处理非居民获得咖啡店的非酒精饮料和食品，130
这项服务无疑是合法的，但与非法活动有关。后者并没有阻止欧洲法院得出结论认为服务的自由流动受到限制。因此，它审视了欧盟法律承认的可能的正当化理由。[478]

在要求成员国打击毒品旅游的各种法律文书中发现了这种理由。此外，其他成员国担心其国民将从荷兰获得的毒品带入其国家，根据这些成员国

477 欧洲法院正确认识到被容忍的“软性毒品”与医疗和科学领域内交易的药物之间的区别，这些药物已正式合法化。16 December 2010, Case C-137/09, *Marc Michel Josemans v. Burgemeester van Maastricht*, par.41–43.

478 16 December 2010, Case C-137/09, *Marc Michel Josemans v. Burgemeester van Maastricht*, par.55–60. 这样做，欧洲法院没有遵循2010年7月15日法律顾问Bot的意见，在这种情况下，他认为这是人为地区分合法饮料和软性毒品。

的刑法，这构成了刑事犯罪，并且这些国家可能采取措施予以防范。一项阻止在荷兰购买在另一成员国被认为是非法货物的措施肯定会减少非法货物进口到这些国家。

因此，为了公共利益，维持社会秩序的必要性而允许明确区别对待的措施。从对成员国国家立法差距的普遍接受以及欧洲法院容许斯堪的纳维亚的关于获得酗酒和赌博的限制性立法方面可以明显看出，成员国有一定的自由裁量权来实施自己的政策。旧的 *van Duyn* 案已经提出理由，认为成员国可以出于公共利益的理由区分国民和非国民。它可能禁止以其他方式许可国民的行为。[479] 最近，引用 *van Duyn* 案，欧洲法院认为：

> 《欧共体条约》第 39 条和第 46 条中的保留允许成员国就其他成员国的国民，特别是以公共政策为由，采取不适用于本国国民的措施，因为它们没有权力将后者驱逐出境，或拒绝他们进入。[480]

在 Maastricht coffeeshop 的案件中，欧洲法院进一步阐述了这一点。它认为：

> 重要的是要指出，主要程序中争议的规则的歧视性本身并不意味着它们追求既定目标的方式没有连贯性。尽管欧洲法院在 *Adoui and Cornuaille* 案中认为，一个成员国不能有效地依靠公共政策的理由来处理非国民行为，因为就其本国国民的同一行为而言，它没有采取镇压措施或其他真正有效的措施，但事实依然是，主要诉讼中的争议是不同法律背景的一部分。
>
> 131 77. 正如该判决第 36 段指出的那样，根据国际法和欧洲联盟法，禁止所有成员国销售麻醉药品，但严格控制用于医疗和科学用途的贸易除外。相比之下，除贩运人口以外，*Adoui and Cornuaille* 案中提到的卖淫的行为，在一些成员国中是被容忍或受到管制的（参见 Case C-268/99 *Jany and Others*［2001］ECR I-8615，第 57 段）。
>
> 78. 对于成员国采取适当措施，处理来自其他成员国希望受益于

479　4 December 1974, Case 41–74, *Yvonne van Duyn v. Home Office.*

480　4 October 2007, Case C-349/06, *Murat Polat v. Stadt Rüsselsheim*, par.38.（引用略）

> 该成员国所容许销售的产品的居民的大量涌入，由于这些产品的本质在所有成员国都禁止出售，不能认为该成员国不具有一致性。[481]

最后，欧洲法院认为，非居民获得咖啡店非酒精饮料和食物的权利并不是绝对的，因为市内还有许多其他场所可以购买。

欧洲法院偶尔避免了真正的问题，而是规定由国家当局评估限制是否成比例。[482] 总之，按照马斯特里赫特地方法规定的歧视是联盟法可以接受的，因为麻醉品一般不属于条约规定的商品或服务的定义。然而，这不太可能会成为荷兰软性毒品传奇的终结。荷兰可以根据《关于非法贩运毒品的框架决定 2004/757》第 2 条第 2 款，决定不起诉国内法界定的专门为其本人消费而犯罪的肇事者。但是，如果非居民因没有被起诉的居民的同样行为而受到起诉，肯定会违反非歧视原则。[483]

---

481 16 December 2010, Case C-137/09, *Marc Michel Josemans v. Burgemeester van Maastricht*, par.76–78.

482 21 September 1999, Case C-124/97, *Markku Juhari Läärä, Cotswold Microsystems Ltd and Oy Transatlantic Software Ltd v. Kihlakunnansyyttäjä (Jyväskylä) and Suomen valtio*, par.35.

483 欧洲法院已经在下述案例中做出了决定，20 November 2001, Case C-269/99, *Aldona Malgorzata Jany and Others v. Staatssecretaris van Justitie*, 另见 Opinion of Advocate General Bot of 31 March 2011, Case C-347/09，*Staatsanwaltschaft Linz v. Jochen Dickinger, Franz Ömer*, point 48。

第四章　对欧盟法的解释

1. 欧洲法院的权限

133 此前曾讨论过如何要求欧洲法院进行解释，其管辖权是什么，以及其判决的影响。[484]欧洲法院的任务是确保联盟法得到一致的解释。事实证明，基本上有两种主要方式可以要求欧洲法院解释法律。第一种是委员会因成员国不履行条约规定的义务而提起的案件。这样的程序可能会导致欧洲法院裁定该成员国违反联盟法，或者甚至更具体地说，某一特定的国内法违反了欧洲法律。第二种欧洲法院可以被要求对联盟法做出解释的情况是通过提请欧洲法院进行初步裁决。

在回答初步裁决的请求时，欧洲法院不会裁定国家法律与条约的相容性。它认为其管辖权限于向国家法院提供与联盟法有关的所有解释标准，以使其能够评估兼容性。[485]它将仅限于根据国家法院提供的事实对联盟法进行解释。欧洲法院“在必要时刻对于一条联盟法规定的含义和适用范围的定义和澄清，以该规定自生效之时必须或应当被理解和应用的方式进行”[486]。

欧洲法院的解释将使得国家法院正确适用联盟法。成员国本身可能会纠正不符合欧盟法律的国家立法。如果欧洲法院通过声明法律文书无效而宣布对初步裁决的请求作出判决，则这是任何其他国家法院以相同方式来

484　见第二章第 5.1 节。

485　28 November 1991, Case C-186/90, *Giacomo Durighello v. Istituto Nazionale Della Providenza Sociale*, par.10.

486　27 March 1980, Case 61/79, *Amministrazione delle finanze dello Stato v. Denkavit italiana Srl*, par.16; 13 February 1996, Joined Cases C-197/94 and C-252/94, *Société Bautiaa v. Directeur des Services Fiscaux des Landes and Société Française Maritime v. Directeur des Services Fiscaux du Finistère*, par.47 (emphasis added).

看待该文书的充分理由。[487]欧洲法院认为欧洲联盟的司法制度是"一套完整的法律救济措施和程序，旨在确保审查机构行为的合法性"[488]。 134

欧洲法院使用"司法或紧密合作"一词——根据国家法院和欧洲法院不同职能的分配——它依据《欧盟运行条约》第 267 条向国内法院提供对欧盟法的解释。[489]在刑法方面，这一用语与刑事司法合作的传统术语混淆了，这一术语的内涵完全不同。传统上，刑事司法合作被理解为在不同国家的司法当局需要时提供援助，例如位于另一国境内的被告人或证据。

在第二章第 5 节中，讨论了欧洲法院对《里斯本条约》生效之前和之后通过的法律文书（2009 年 12 月 1 日）的管辖权，具体参照了《欧盟运行条约》第 267 条和第 276 条，条款明确了欧洲法院对所有新的法律文书以及共同体的法域的权限。欧洲法院在共同外交和安全政策领域（第 24 条第 1 款《欧盟条约》）中没有任何作用，[490]该领域不得通过立法行为。《欧盟运行条约》第 267 条规定了欧洲法院对条约解释问题的一般权限。[491]每一个国家法院或法庭若认为有必要，使其能够在国家案件中宣判判决，则可以要求欧洲法院作出裁决。对于那些决定没有司法救济的法院而言，自由裁量权较小。[492]第 267 条规定，如果提出任何此类问题，最高法院应将此事提交欧洲法院。欧洲法院认为，"《欧盟运行条约》第 267 条对于维护条约所确立的法律的共同体性质至关重要，旨在确保在所有情况下该法律对所有成员国具有同等效力"[493]。 135

自 2014 年 12 月 1 日起，欧洲法院享有适用于特定成员国的所有法律的全部权限，包括在刑事司法方面的警务合作和司法合作领域通过的法律

487　13 May 1981, Case 66/80, *SpA International Chemical Corporation v. Amministrazione delle finanze dello Stato*, par.9–18.

488　8 March 2011, Opinion 1/09, par.70.

489　21 April 1988, Case 338/85, *Fratelli Pardini SpA v. Ministero del Commercio con l'Estero and Banca Toscana*（*Lucca Branch*）, par.8.

490　注意 TEU 第 40 条和《欧盟运行条约》第 275 条都存在例外。

491　此外，欧洲法院还可以解释欧盟加入的国际公约，以及"根据条约，共同体承担了成员国以前在国际公约适用的领域行使的权力，因此其条款具有约束共同体的效力，欧洲法院有权解释此类公约，即使该公约尚未得到共同体的批准"。22 October 2009, Case C-301/08, *Irène Bogiatzi, married name Ventouras v. Deutscher Luftpool, Société Luxair, société luxembourgeoise de navigation aérienne SA*，*European Communities, Grand Duchy of Luxembourg, Foyer Assurances SA*, par.25.

492　详见第六章第 8.3 节。

493　8 March 2011, Opinion 1/09, par.83.

（《关于过渡性条款的议定书》第 10 条）。在那一天，2009 年 12 月 1 日《里斯本条约》生效时开始的过渡期结束了。[494]

欧洲法院作出初步裁决的权限现在由具体法律文书是否适用于其国家法院希望提交的成员国的问题确定。[495]

关于某些国家尚未承认欧洲法院管辖权的情况的判例法现在可能与文书不适用于特定成员国的情况有关。赋予英国、爱尔兰和丹麦在自由、安全和公正的领域特殊地位的议定书规定，这些成员国将不受欧洲法院决定的约束。[496] 关于从欧洲法院权限一般受《阿姆斯特丹条约》管辖的时期的生效的公约，公约所附议定书确定了欧洲法院对每一项公约的管辖权。[497] 将《申根协定》纳入条约框架的议定书并未载有关于欧洲法院对联合王国和爱尔兰的管辖权的任何规定。

《欧盟运行条约》第 276 条对刑法具有特殊意义。它规定，欧洲法院对成员国当局的行动的合法性没有管辖权。在行使其第三部分标题五之下
136 第四章和第五章有关自由、安全和公正的领域规定的权力时，欧洲法院无权审查警察或成员国的其他执法机构进行的行动，或履行成员国在维持法律和秩序以及维护国内安全方面承担的责任而进行的其他执行行动的有效性或相称性。[498]

这对于《欧盟运行条约》第 82—89 条是适当的，并似乎是过去在欧盟没有关于证据或警方活动的立法时的遗物。例如，如果欧洲法院不得不

---

494 关于这对欧洲法院的权限带来的后果，见本书第二版，第 128—132 页。

495 当一个成员国表示不会参与某些领域时，委员会有权拒绝该成员国参与通过该领域的法律文书。26 October 2010, Case C-482/08, *United Kingdom of Great Britain and Northern Ireland v. Council*. 详见第三章第 2.4 节。

496 详见第三章第 2.4 节。

497 Protocol of 23 July 1996 on the interpretation, by way of preliminary rulings, by the Court of Justice of the European Communities of the Convention on the establishment of a European Police Office, OJ 1996, C 299/2; Protocol of 29 November 1996 on the interpretation, by way of preliminary rulings, by the Court of Justice of the European Communities of the Convention on the Protection of the European Communities' fi nancial interests, OJ 1997, C 151/1; Protocol of 29 November 1996 on the interpretation, by way of preliminary rulings, by the Court of Justice of the European Communities of the Convention on the use of information technology for customs purposes, OJ 1997, C 151/15. 在这种做法被接受后，该条款被纳入公约本身。见《海关当局的互助公约》第 26 条。《阿姆斯特丹条约》在欧盟条约中插入了关于法院选择加入权的条款。

498 《欧盟运行条约》第 72 条还强调，维护法律和秩序以及维护国内安全不属于欧盟的政策领域，仍是成员国的责任。

解释任何关于辩护权的指令，《关于欧洲调查令的指令 2014/41》或关于欧洲公共检察官办公室的条例，它可能不可避免地会处理警察行动的有效性。《欧盟运行条约》第 276 条因此最终可以被废除。

2. 提请初步裁决的可接受性

在欧洲法院解释联盟法之前，必须首先确定国家法院提出的请求的可接受性。[499] 本节讨论国家法院可能提请裁决的问题，是否和何时必须提交问题，必须提供哪些信息，可以接受哪些问题以及欧洲法院的答案。

哪些法院可以被接受？

《欧盟运行条约》第 267 条规定了可向欧洲法院提交问题的国家法院。[500]

法院和法庭不仅有能力提交，而且调查刑事事项的法官或调查地方法官也有资格。为了确定作为《欧盟运行条约》第 267 条目的的法院或法庭是否为法院或法庭，法院考虑了若干因素，例如该机构是否依法设立、是不是永久性的、管辖权是不是强制性的、其程序是不是当事人之间的、是否适用法治原则以及是否独立。[501] 下列机构已被接受：

Giudice per le indagini preliminari（意大利法官负责初步调查）；[502] 139

Pretura Circondariale（巡回裁判法院）；[503]

Pretore（执政官）；[504]

---

499 这一节仅限于国内法院或法庭提及的可接受性，并不讨论欧洲法院（委员会或成员国）是否可以接受其他诉讼。

500 关于更详尽的关于初步裁决请求的可接受性的指引参见：René Barents，Guide de la jurisprudence sur l'article 267 TFUE，cinquième édition，Direction Générale de la Bibliotheque，Recherche et Documentation，April 2013，with update up to June 2015.

501 10 December 2009, Case C-205/08, *Umweltanwalt von Kärnten v. Kärntner Landesregierung*, par.35. 另见 2009 年 6 月 25 日法律顾问 Ruiz-Jarabo Colomer 的有趣的意见，他未能成功说服欧洲法院限制标准。

502 15 January 2004, Case C-235/02 ,*criminal proceedings against Marco Antonio Saetti and Andrea Frediani*, par.23.

503 12 December 1996, *Joined Cases C-74/95 and C-129/95, criminal proceedings against X* .1998 年废止了裁判官。

504 11 June 1987, Case 14/86, *Pretore di Salò v. Persons unknown.*

rechter-commissaris bij de arrondissementsrechtbank（审查治安法官）；[505]

Consiglio Nazionale Forense（国家律师协会）；[506]

Fonds de garantie des victimes des actes de terrorisme et d'autres infractions（受害者赔偿基金）。[507]

法院并没有将以下机构视为《欧盟运行条约》第267条范围内的法庭或法院：

Directesur des Contributions Directes et des Accises（税务局局长）；[508]

作为诉讼一方的检察官办公室代表；[509]

Epitropi Antagonismon（希腊竞争委员会）；[510]

欧洲学院的申诉委员会。[511]

就欧洲学院而言，欧洲法院认为，尽管欧洲学院的申诉委员会具有《欧盟运行条约》第267条意义上的法院或法庭的资格，但它不是多个成员国共同的法院。相反，它是一个形式上与成员国司法系统截然不同的国际组织。[512]这种解释也将排除国际刑事法庭提出请求的可接受性。

138 1972年，欧洲法院已经认定，国家程序的性质不会影响提请初步裁决命令的可接受性：

第177条（AHK：现已被第267条《欧盟运行条约》取代），以宽

---

505 13 July 1990 and 6 December 1990, Case C-2/88 Imm., *J.J.Zwartveld and others.*

506 30 November 1995, Case C-55/94, *Reinhard Gebhard v. Consiglio dell'Ordine degli Avvocati e Procuratori di Milano.*

507 5 June 2008, Case C-164/07, *James Wood v. Fonds de garantie des victimes des actes de terrorisme et d'autres infractions.*

508 30 March 1993, Case C-24/92, *Pierre Corbiau v. Administration des Contributions.*

509 12 December 1996, Joined Cases C-74/95 and C-129/95, *criminal proceedings against X.*

510 31 May 2005, Case C-53/03, *Synetairismos Farmakopoion Aitolias & Akarnanias (Syfait) and Others v. GlaxoSmithKline plc and GlaxoSmithKline AEVE, formerly Glaxowellcome AEVE.* 欧洲法院不把希腊竞争委员会视为《成立欧洲共同体条约》第234条意义上的法院或法庭的原因之一是，委员会根据条例1/2003第11条第16款的规定可以免除其权限。参见判决第34段。

511 14 June 2011, Case C-196/09, *Paul Miles and Others v. European Schools.*

512 14 June 2011, Case C-196/09, *Paul Miles and Others v. European Schools*, par.41–42.

> 泛的用词规定，制定提请初步裁决问题的国家程序框架的性质，不论是刑事还是其他方式，都没有区别。共同体法律的有效性不能因它可能影响的国家法律的各个分支而有所不同。[513]

如果问题涉及未决争议，并且国家法院或法庭“被要求作出能够考虑到初步裁决的决定”，此时欧洲法院才有管辖权。[514] 一般认为，检察官无法向欧洲法院提出请求。然而，在欧洲法院判决的最早的一起刑事案件中，它宣布 *Pretore di Salò* 可以被接受。它注意到，在未决诉讼中，执政官合并了检察官和预审法官的职能。重要的是，“该请求来自法院或法庭，该法庭或法庭在法律授予的管辖范围内的总体框架内独立和依法审理案件，即使提出初步裁决的程序的法院或法庭的某些功能严格地说不具司法性质”[515]。

引用 *Pretore di Salò* 案件，法律顾问 Ruiz–Jarabo Colomer 指出，各种初步调查可能符合条件：

> 调查可能导致不得采取进一步行动的命令，以传唤出庭或释放，但在任何情况下，不得为此目的制造不可逆转的程序性情况，在国家法律之下也不构成受基本保障制约的司法行为。[516]

鉴于欧洲法院关于一罪不二审和庭外和解的判例法在不断发展，[517] 产生的问题是，检察官提出的请求是否应该继续不予受理。在一个有趣的意见中，法律顾问 Ruiz–Jarabo Colomer 指出，在 *Pretore di Salò* 案件时期，意大利法律规定的执政官的职能是检察官和审查法官的职能。[518] 如果欧洲法院在 139

513　21 March 1972, Case 82–71, *criminal proceedings against Società Agricola Industria Latte*, par.5.

514　21 April 1988, Case 338/85, *Fratelli Pardini SpA v. Ministero del Commercio con l'Estero and Banca Toscana*（*Lucca Branch*）, par.11.

515　11 June 1987, Case 14/86, *Pretore di Salò v. Persons unknown*, par.7，另见 Opinion of Advocate General Mancini of 17 March1987 中关于执政官职能的分析，point 4。

516　Opinion of Advocate General Ruiz-Jarabo Colomer of 25 June 2003, Case C-60/02, *criminal proceedings against X*, point 22.

517　参见第六章第 4 节。

518　Opinion of Advocate General Ruiz-Jarabo Colomer of 18 June 1996, Joined Cases C-74/95 and C-129/95, *criminal proceedings against X*, points 5–9 and endnote 2 thereof. 自 1989 年起，执政官不再承担公诉人的职能。

Gözütok 案中非常重视庭外和解，使其与法院判决具有同等价值，那么检察官的调查可能满足其提出请求的资格。*Gözütok* 案的检察官遵守 *Pretore di Salò* 案制定的标准：

> 在这样的程序之后，进一步的检控被绝对禁止，该人必须被视为是为了《执行申根协定条约》第 54 条的目的，涉及他所指控的行为，其案件最终被处理的人。此外，一旦被告人完成了其义务，进一步起诉被禁止，该程序伴随的处罚必须被视为已为第 54 条的目的而被执行。[519]

一些框架决定和指令的范围是由“尤其是对刑事事项具有管辖权的法院”的程序确定的。[520] 这是一个需要统一适用联盟法的概念。[521] 问题是这个限制是否对欧洲法院的管辖权产生作用。

谁确定何时是否必须提出问题？[522]

国家法院决定是否有必要提出这些问题以宣判判决。[523] 国家法院在这方
140 面有完全的自由裁量权，并且不依赖于政府的许可。[524] 只有在特殊情况下，

519　11 February 2003, Case C-187/01 and Case C-385/01, *criminal proceedings against Hüseyin Gözütok*（*C-187/01*）*and Klaus Brügge*（*C-385/01*）, par.30.

520　《关于经济处罚的框架决定 2005/214》和《关于获得律师的权利的指令 2013/48》。

521　14 November 2013, Case C-60/12, *proceedings concerning the enforcement of a financial penalty issued against Marián Baláž*, par.26. 在 2013 年 7 月 18 日的案件的意见中，法律顾问 Sharpston 说到需要统一解释，因为该条款为个人提供了保障。

522　另见第六章第 8.3 节。

523　12 January 2006, Case C-246/04, *Turn-und Sportunion Waldburg v. Finanzlandesdirektion für Oberösterreich*, par.20–21.

524　9 November 2010, Case C-137/08, *VB Pénzügyi Lízing Zrt.v. Ferenc Schneider*, par.32–34. 匈牙利法律责成法院在向法院提交问题时通知司法部部长。然而，由于这不是提出请求的条件，它不影响匈牙利法院根据《欧盟运行条约》第 267 条的特权。他们甚至必须这样做，如果一项国家规定要求他们受到违反欧盟法律的解释的约束：“一个国家法院，如提请法院，有义务主动要求初步裁决，即使在其有关成员国宪法法院搁置其第一项裁决之后，即使国家法律规定有义务通过遵守宪法法院的法律意见来解决争端。”15 January 2013, Case C-416/10, *Jozef Križan and others v. Slovenská inšpekcia životného prostredia, intervener: Ekologická skládka as*, par.73.

才能推翻国家法院提出的问题的相关推定。[525]作为一般规则，提交的国家法院确定在解决争端案件时是否有必要将该案件提请初步裁决。正是这个直接了解案件的事实的法院，处于评估是否有必要做出初步裁决才能宣判判决的最佳位置。如果问题涉及对联盟法的解释，欧洲法院原则上有义务作出裁决。这在欧洲法院根据葡萄牙波尔图税务法院提交的初步裁决中得到了坚持。[526]如果国家法院的唯一目的是确定条约的规定是否能够影响相关国家规则的适用，则可以接受这种请求。[527]然而，欧洲法院在这方面没有给予国家法院绝对的酌处权。[528]当这个问题似乎与国家法院的案件事实不相关时，欧洲法院不会回答这个问题。

在国内程序的任何阶段，都可以提出进行初步裁决的请求的问题。一条排除这一点的国家法律规定将被搁置不用。[529]提请法院简单地重复了被告律师向其提交的问题并将其提交给法院的事实并未使该请求不可接受，[530]同时相关事件发生在指令生效之前的事实也不会使请求不被受理。如果调查仍在进行之中，嫌疑人仍然未知，那么这不会成为受理的障碍。[531]

如果在作出初步裁决的请求之后确定被告人身份，则必要时可以提交新的问题。刑事诉讼中的情况尤其如此，因为在这些诉讼中必须采用最不严厉的规定。[532]当提请法院的程序已经终止时，欧洲法院没有管辖权，[533]或没有案件悬而未决，则欧洲法院没有管辖权。[534]

---

525 16 June 2005, Case C-105/03, *criminal proceedings against Maria Pupino*, par.30. 28 June 2007, Case C-467/05, *criminal proceedings against Giovanni Dell'Orto*, par.39.

526 16 July 1992, Case C-343/90, *Manuel José Lourenço Dias v. Director da Alfandega do Porto*, par.15–16.

527 11 September 2003, Case C-6/01, *Associação Nacional de Operadores de Máquinas Recreativeas (Anomar) and others v. Estado Português*, par.38.

528 21 March 2002, Case C-451/99, *Cura Anlagen GmbH v. Auto Service Leasing GmbH (ASL)* .

529 14 December 1995, Case C-312/93, *Peterbroeck，Van Campenhout & Cie SCS v. Belgian State*, par.21；14 December 1995, Joined Cases C-430/93 and C-431/93, *Jeroen van Schijndel and Johannes Nicolaas Cornelis van Veen v. Stichting Pensioenfonds voor fysiotherapeuten*, par.18.

530 7 December 1995, Case C-17/94, *criminal proceedings against Denis Gervais, Jean-Louis Nougaillon, Christian Carrard and Bernard Horgue.*

531 11 June 1987, Case 14/86, *Pretore di Salò v. Persons unknown*, par.10–12.

532 1 June 1999, Case C-319/97, *criminal proceedings against Antoine Kortas*, par.17.

533 21 April 1988, Case 338/85, *Fratelli Pardini SpA v. Ministero del Commercio con l'Estero and Banca Toscana (Lucca Branch)*，par.11.

534 18 June 1980, Case 138/80, *Jules Borker.*

随着提请初步裁决的令状必须提供哪些信息？

141 就 *Placanica* 案而言，欧洲法院列出了一个提请裁决的法院应提交的清单：

> 关于必须在初步裁决的参考范围内向法院提供的信息，应该指出，这些信息不仅仅是为了使欧洲法院能够提供对国家法院有用的答案；它还必须使成员国政府和其他有关方面根据《法院规约》第 23 条提出意见。为了这些目的，根据已确定的判例法，首先，有必要让国家法院确定其提出的问题的事实和立法背景，或者至少解释这些问题所基于的事实情况。其次，提请法院必须列出确切的理由，为什么它不能确定共同体法律的解释，以及为什么认为有必要将问题提交欧洲法院作初步裁决。因此，提请法院必须至少提供一些解释，说明选择共同体条款需要解释的原因以及它在这些条款与主要程序中适用于争端的国家立法之间建立的联系。[535]

如果提请法院没有向欧洲法院提供任何证据支持认为审理案件的法院可能被要求采用旨在确保遵守联盟法律规定的条款的意见，欧洲法院将宣布它没有管辖权。[536]

为了国家法院的便利，而且为了减少提请初步裁决的数量，欧洲法院已经发布了指导方针。[537]如果国家法院提供的案件事实资料不足以回答提出的问题，则将被宣布为不可受理。[538]为请求提供资料的义务不仅有助于欧

535 6 March 2007, Joined Cases C-338/04, C-359/04 and C-360/04, *criminal proceedings against Placanica*，*Palazzese and Sorrichio*, par.34 .（引用略）

536 9 October 1997, Case C-291/96, *criminal proceedings against Martino Grado and Shahid Bashir*；30 April 1998, Joined Cases C-128/97 and C-137/97, *criminal proceedings against Italia Testa and Mario Modesti.*

537 Recommendations to national courts and tribunals in relation to the initiation of preliminary ruling proceedings,OJ 2012，C 338/1.

538 23 March 1995, Case C-458/93, *criminal proceedings against Mostafa Saddik*；20 March 1996, Case C-2/96, *criminal proceedings against Carlo Sunino and Giancarlo Data*；25 June 1996, Case C-101/96, *criminal proceedings against Italia Testa*；19 July 1996, Case C-191/96, *criminal proceedings against Mario Modesti.*

洲法院给予有用的答复，而且使成员国和其他有关方面能够提出意见。[539]
欧洲法院宣布该提请不可受理的事实并不妨碍国家法院再次提出该问题， 142
条件是当时提供了足够的信息。[540]

哪些类型的问题可以受理？

《欧盟运行条约》第 267 条规定，欧洲法院的任务是解释依据条约通过的条约和法案。国家法院可能会提出联盟措施是否有效的问题。[541] 因此，国家法院提出的问题应该要求法院对联盟法的具体方面提供解释。自从 *Foto-Frost* 案以来，国家法院显然无权宣布联盟机构的行为无效。[542] 如果国家法院怀疑联盟法律文书的有效性，它应该提请欧洲法院裁决，因为：

> 成员国法院之间关于共同体法律文书有效性的分歧可能会危及共同体法律秩序的统一性，并且会减损法律明确性的基本要求。[543]

也是由法律顾问 Mancini 提出的这一论点，[544] 今天在欧盟背景下的看法可能有所不同，欧盟已经在欧洲法院的管辖权方面提供了相当多的拼凑的内容。在一个有趣的意见中，法律顾问 Mengozzi 认为，国家法院有权对他们面前的任何框架决定和决定的有效性作出自己的判断。[545] 在 *Pupino* 案中，他辩称国家法院有权这样做，因为联盟法并不构成一个完整的法律救济制度。此外，欧洲法院的权限在各国中不相同的事实并不能保证在第三支柱的范围内统一适用联盟法。

539　12 September 1996, Joined Cases C-58/95, C-75/95, C-112/95, C-119/95, C-123/95, C-135/95, C-140/95, C-141/95, C-154/95 and C-157/95, *criminal proceedings against Sandro Gallotti*, *Roberto Censi, Giuseppe Salmaggi*, *Salvatore Pasquire*, *Massimo Zappone, Francesco Segna and others*, *Cesare Cervetti, Mario Gasbarri, Isodoro Narducci and Fulvio Smaldone*, par.8.

540　一个例子是：14 December 1995, Case C-387/93, *criminal proceedings against Giorgio Domingo Banchero*.

541　1 December 1965, Case 16–65, *Firma G.Schwarze v. Einfuhr-und Vorratsstelle für Getreide und Futtermittel*.

542　22 October 1987, Case 314/85, *Foto-Frost v. Hauptzollamt Lübeck-Ost*, par.12–16.

543　22 October 1987, Case 314/85, *Foto-Frost v. Hauptzollamt Lübeck-Ost*, par.15.

544　Opinion of Advocate General Mancini of 19 May 1987, Case 314/85, *Foto-Frost v. Hauptzollamt Lübeck-Ost*, point 5.

545　Opinion of Advocate General Mengozzi of 26 October 2006, Case C-354/04 P, *GestorasPro Amnistiá and others*, points 121–130.

欧洲法院的答复不可避免地导致对主要法律规定的解释的事实并不一
定意味着欧洲法院没有管辖权。如果国家法院在联盟规则是否适用于这种
情况这个问题上犹豫不决，那么这个问题是可以接受的，因为它的目的是
143 对条约的解释。[546] 当然，这与解释的结果无关。换句话说，即使欧洲法院认
为没有联盟规则适用于这种情况，它仍然会对联盟法律作出解释。

此外，欧洲法院在其他案件中已经以特定方式作出裁决的事实不会导致后来的问题不可接受。但是，如果提请初步裁决的内容涉及欧洲法院已经回答的问题，法院可根据《程序规则》第 104 条第 3 款发布命令而不是作出裁决。[547] 初步裁决程序“的目标特别是确保在所有成员国适当适用和统一解释共同体法，并防止大量不符合共同体规则的国家判例法在任何成员国中生效”[548]。当国家法院在理解欧洲法院判决遇到困难时，它可以提请欧洲法院，这个过程可能会导致与先前提交的问题不同的答案。[549]

根据判例法，在初步裁决的程序中，欧洲法院无权决定国家规定是否与联盟法律相一致。[550] 然而，在某些情况下，欧洲法院重新提出了被提请的问题，以便将重点放在与对联盟法的解释有关的那些方面上，[551] 即使在问题制定得非常广泛的情况下：例如，“[适用的国家立法] 是否符合《罗马条约》的条款和欧洲经济共同体的指令文件？”[552] 欧洲法院的这种做法可能归

546　5 March 2002, Joined Cases C-515/99 and C-527/99 to C-540/99, *Hans Reisch and others v. Bürgermeister der Landeshauptstadt Salzburg and Grundverkehrsbeauftragter des Landes Salzburg* and Joined Cases C-519/99 and C-524/99 to C-526/99, *Anton Lassacher and others v. Grundverkehrsbeauftragter des Landes Salzburg and Grundverkehrslandeskommission des Landes Salzburg*, par.23 and 26.

547　例见，6 March 2007, Case C-191/06, criminal proceedings against Gallo and Damonte, 同下列案件的判决中回答的问题类似。6 March 2007, Joined Cases C-338/04, C-359/04 and C-360/04, *criminal proceedings against Placanica，Palazzese and Sorrichio.*

548　2 April 2009, Case C-260/07, *Pedro IV Servicios SL v. Total España SA*, par.32.

549　5 March 1986, Case 69/85, *Wünsche Handelsgesellschaft GmbH & Co.v. Germany*, par.15. 当然，这并不影响以前作出的判决的有效性。

550　7 April 1995, Case C-167/94, *criminal proceedings against Juan Carlos Grau Gomis.*

551　29 November 1978, Case 83/78, *Pigs Marketing Board v. Raymond Redmond*；22 September 1988, Case 228/87, *Pretura unificata di Torino v. X*；26 September 1996, Case C-168/95, *criminal proceedings against Luciano Arcaro.*

552　8 December 1987, Case 20/87, *Ministère public v. André Gauchard.* 1 April 1982, Joined Cases 141 to 143/81, *Gerrit Holdijk and others.*

因于“初步裁决程序必须贯彻的合作精神”[553]。欧洲法院接受有关侧面问题，如费用的问题时也可以看到这一点。欧洲法院对《欧盟运行条约》第 267 条所指的“作出判决”这一概念作了广泛的解释，该概念“涵盖了判决的 144
全部过程，包括与诉讼费用责任有关的所有问题”[554]。

具有明显假设性质的问题将不会被处理。[555]欧洲法院不发表咨询意见，因为其任务是协助成员国的司法行政。[556]如果所寻求的联盟法律的解释显然与案件事实无关，欧洲法院可以拒绝裁定。[557]然而，欧洲法院偶尔会宽容一些：

> 即使文件中的某些信息可能引起主要诉讼背后的情况被怀疑，即使为了得到欧洲法院就涉及普遍利益的共同体法律问题作出的裁决，也不能否认存在真正的合同，其履行或撤销无疑取决于共同体法律的问题。[558]

欧洲法院也接受了根据国内法适用联盟法规定的管辖权，尽管它没有义务这样做。[559]即使在欧洲法院注意到确定与联盟法问题有关的答案影响实际案件十分困难的情况下，情况也是如此。[560]

在案件 *der Weduwe* 中欧洲法院认为，该案关于一个居住在卢森堡的荷兰国民，提请初步裁决的问题是假设性的。在比利时受调查期间，被指控的 Weduwe 拒绝回答向他提出的问题，他援引了卢森堡银行法赋予他的职业保密义务。比利时国家法院提请欧洲法院进行初步裁决，以确定卢森堡的相关立法是否违反了提供服务的自由。该请求的不可受理性在于比利时

553　16 July 1992, Case C-343/90, *Manuel José Lourenço Dias v. Director da Alfandega do Porto*, par.17.

554　17 February 2011, Case C-283/09, *Artur Weryński v. Mediatel 4B spółka z o.o.*, par.41–42.

555　28 September 2006, Case C-467/04, *criminal proceedings against Gasparini and others*, par.45. 如果当事方在共同体法律上构建一个争议用于未决诉讼以外的其他争议，欧洲法院将不具有管辖权。11 March 1980, Case 104/79, *Pasquale Foglia v. Mariella Novello*.

556　16 July 1992, Case C-83/91, *Wienand Meilicke v. ADV/ORGA F.A.Meyer AG*, par.25.

557　22 January 2002, Case C-390/99, *Canal Satélite Digital SL v. Administración General del Estado*.

558　21 March 2002, Case C-451/99, *Cura Anlagen GmbH v. Auto Service Leasing GmbH*（*ASL*）, par.27.

559　8 November 1990, Case C-231/89, *Krystyna Gmurzynska-Bscher v. Oberfinanzdirektion Köln*；18 October 1990, Joined Cases C-297/88 and C-197/89, *Massam Dzodzi v. Belgium*, par.36–39.

560　12 June 1986, Joined Cases 98, 162 and 128/85, *Michele Bertini and Giuseppe Bisignani and others v. Regione Lazio and Unità sanitare locali*.

法院仅考虑对卢森堡立法提供了一种可能的解释。鉴于卢森堡法院并未就
145 此事作出裁决，卢森堡政府在向欧洲法院提出意见时质疑该解释的事实，这一请求是假设性的。[561]然而，欧洲法院指出在这一诉讼阶段声明所提出的问题是假设性的，事实上，仍然给予了国家法院对遵守欧盟法律的担忧的答复。

欧洲法院可能会审查框架决定是否被恰当通过。[562]在 *Pupino* 案之后，根据框架决定解释国内法的可能性是可受理性的要求。[563]与指令相关的问题一样，它们也必须与案件的实际事实或其目的相关，而且问题可能不是纯粹的假设性质。只有很明显对联盟法的解释或对联盟法规则的有效性的审查与案件的实际性质无关，欧洲法院才可以拒绝请求。[564]如果问题与联盟法律没有任何关系，而提请法庭对“1988 年 4 月 13 日意大利法律颁布后某些意大利法官可能产生的心理反应”有疑问，欧洲法院不会承担管辖权。[565]

国家法院经常向欧洲法院提出请求，因为它需要澄清联盟文书中的某些术语。许多可能的例子之一就是《关于通过管理其中的贸易来保护野生动植物物种的条例 338/97》中“获得”的含义，是否要将 50 多年前获得条例 338/97 所列标本的人视为现在的所有人？[566]

此外，《葡萄酒和葡萄汁的描述和陈述通用规则的条例 2392/89》中的“标记”是什么意思？欧洲法院认为它涵盖与有关葡萄酒无关的装饰或广告。[567]刑事诉讼中产生的一些问题需要完全不同领域的科学知识。[568]这些鸟类的案件提供了一个很好的解释问题范例，这些问题都同时属于法院管辖范

561　10 December 2002, Case C-153/00, *criminal proceedings against Paul der Weduwe*, par.37.

562　3 May 2007, Case C-303/05, *Advocaten voor de Wereld VZW v. Leden van de Ministerraad*, par.18.

563　28 June 2007, Case C-467/05, *criminal proceedings against Giovanni Dell'Orto*, par.44.

564　11 July 1991, Case C-368/89, *Antonio Crispoltoni v. Fattoria autonoma tabacchi di Città di Castelo*, par.11.

565　26 January 1990, Case C-286/88, *Falciola Angelo SpA v. Comune di Pavia*, par.9.

566　23 October 2003, Case C-154/02, *criminal proceedings against Jan Nilsson*.

567　5 July 1995, Case C-46/94, *criminal proceedings against Michèle Voisine*.

568　《关于野生鸟类保护的指令 79/409》是否适用于仅在成员国的欧洲领土之外的野外自然发生的鸟类亚种，在那里它们所属的物种或该物种的其他亚种确实在所讨论的领土内的野生状态下自然发生。这引起了鸟类专家参与的长期讨论，根据该指令的目的，对物种和亚种进行了区分。8 February 1996, Case C-202/94, *criminal proceedings against Godefridus van der Feesten*.

围之内和之外。关于出售的鸟类是不是矮小的加拿大鹅或加拿大黑雁的问 146
题是属于国家法院权限范围内的事实问题之一，但不属于欧洲法院。然而，是否在《关于野生鸟类保护的指令 79/409》附件中列出了矮小加拿大鹅或加拿大黑雁，是一个涉及欧洲法院有权限的联盟法的解释的问题。[569]

欧洲法院会给予什么样的答复？

欧洲法院认为自己的任务是“向国家法院提供关于共同体法律规则范围的指导，以使法院能够正确地将规则适用于本案中的案件事实，欧洲法院不应该自己适用这些规则，更不用说，因为它不一定能够提供所有必要的信息”[570]。

这是欧洲法院经常给出的初步陈述，为了明确表示它将自己限于对联盟法的解释。它不会将联盟法律应用于事实，也不会解释国家法律，[571]这两者都是国家法院的任务。显然，欧洲法院的答复往往意味着国内法是不符合的。然而，联盟法将其留给成员国来解决。

欧洲法院不会说明其裁决是否对国家法院具有约束力，以法院受到国家最高上诉法院的法律约束的相同方式。[572]欧洲法院只会重申，国家法院受欧洲法院裁决的约束。根据联盟法律，如果国家法律要求下级法院遵守该国最高法院的裁决，那么国家法律必须为这个问题提供答案。[573]

3. 解释的来源和技巧

与所有法律一样，联盟法的规定也必须经过解释。欧洲共同体法律时期欧洲法院的一致判例法要求在整个欧盟范围内统一解释。由于含混不清的术语和各种作准语言的使用，可能会出现解释问题。尽管所有法
院都有解释和适用联盟法的任务，但欧洲法院是这些问题的最高法院。 147

569 8 February 1996, Case C-149/94, *criminal proceedings against Didier Vergy*.

570 21 June 2007, Case C-259/05, *criminal proceedings against Omni Metal Service*, par.15.

571 30 June 1966, Case 61–65, *G.Vaasse-Göbbels v. Management of the Beambtenfonds voor het Mijnbedrijf*, par.261.

572 3 February 1977, Case 52–76, *Luigi Benedetti v. Munari F.lli s.a.s.*

573 另见法律顾问 Ruiz-Jarabo Colomer 的意见，16 May 2006, Joined Cases C-338/04, C-359/04 and C-360/04, *criminal proceedings against Placanica, Palazzese and Sorrichio*, points 76–90。

因此，确定欧洲法院所遵循的解释规则是相关的，[574] 因为它们也应由国家法院来遵守。

文义解释和情境解释

欧洲法院的主要方法是通过文义解释。[575] 但是，欧洲法院还认为，在解释联盟法的一项规定时，“有必要不仅考虑其措辞和背景，还考虑其所构成的规则追求的目标”[576]。由于具体法律文书的各种作准版本之间存在矛盾的细微差别，对有关文本的解释可能会很困难。[577] 在这种情况下，欧洲法院将采取情境解释。[578] 欧洲法院偶尔似乎依赖于量化方法：“大部分的语言版本。”[579] 已结案的判例法规定，不能孤立地考虑条款，而必须根据其他正式版本来解释和应用条款。[580] 在语言版本之间存在分歧的情况下，该条款必须参照它构成其一部分的规则的目的和总体计划

574 Hanneke Senden，Interpretation of Fundamental Rights in a Multilevel Legal System.An analysis of the European Court of Human Rights and the Court of Justice of the European Union，Intersentia 2011，especially pp.173-190，311-403.

575 28 June 2007, Case C-467/05, *criminal proceedings against Giovanni Dell'Orto*, par.54.

576 23 December 2009, Case C-403/09 PPU, *Jasna Detiček v. Maurizio Sgueglia*, par.33.

577 有时候，法院甚至可能会发现用特定语言的版本包含实质性错误。27 February 1997, Case C-177/95, *Ebony Maritime SA and Loten Navigator Co.Ltd v. Prefetto della Provincia di Brindisi and others*, par.31 和 17 October 1996, Case C-64/95, *Konservenfabrik Lubella Friedrich Büker GmbH & Co.KG v.Hauptzollamt Cottbus*，其中德国版本的法规包含重大错误，使用了甜樱桃而不是酸樱桃。具体看，语言在欧洲刑法中的作用：Francisca Ruggieri(ed.), Criminal Proceedings，Languages and the European Union，Springer 2014.

578 19 November 1998, Case C-210/97, *Haydar Akman v. Oberkreisdirektor des Rheinisch-Bergischen-Kreises*，par.30-32；28 June 2007, Case C-467/05, *criminal proceedings against Giovanni Dell'Orto*, par.55-57.

579 21 January 2003, Case C-378/00, *Commission v. European Parliament and Council*, par.45. 然而，欧洲法院在 1998 年 4 月 2 日已经否决了这种量化办法，Case C-296/95, *The Queen v. Commissioners of Customs and Excise, ex parte EMU Tabac SARL, The Man in Black Ltd, John Cunningham*, par.36：“原则上，所有语言版本都必须被承认是相同的权重，并且这不能因使用有关语言的成员国的人口数量而有区别。”

580 5 December 1967, Case 19-67, *Bestuur der Sociale Verzekeringsbank v. J.H.van der Vecht*, p.345；17 June 1998, Case C-321/96, *Wilhelm Mecklenburg v. Kreis Pinneberg – Der Landrat*，par.29；26 May 2005, Case C-498/03, *Kingscrest Associates Ltd, Montecello Ltd v. Commissioners of Customs and Excise*, par.26 and 27.

加以解释。[581] 欧洲法院经常提到立法序言中的叙述。必须指出的是，序言似乎越来越长。[582] 然而，“共同体法案的序言没有法律约束力，不能作为背离有关法律文书的实际条款的理由，也不能以明显违背其措辞的方式解释这些规定”[583]。对关于在 2009 年 12 月 1 日《欧盟基本权利宪章》以前通过的序言或次级立法条款的请求，应根据《欧盟基本权利宪章》评估这些规定的有效性。[584] 欧洲法院一贯认为，如果次级立法的措辞可以有多种解释，“应优先考虑使条款符合《成立欧洲共同体条约》的解释，而不是导致其与条约不相容的解释”[585]。 148

欧洲法院强调，法律文书中的词语在联盟法中有其独立的含义。这是一般规则，不需要在法律文书中明确提及。[586] 法律顾问 Ruiz–Jarabo Colomer 补充说，“一个术语不应该等同于它来自国内法的意义，因为这将导致不同的解释”[587]。这种自主解释（不依赖国家体系中的概念）通常会使规则发挥其有用的作用。人们也会发现它以其他方式表述，例如“规则的有效性”，通常以下列方式表述：“这种解释会损害规定 xy 的有用效果。”欧洲法院使用的文义解释的必然结果是国家法院根据联盟法解释执行欧盟法的立法的作用。[588] 149

---

581 27 March 1990, Case C-372/88, *Milk Marketing Board of England and Wales v. Cricket St.Thomas Estate*, par.19；27 February 1986, Case 238/84, *criminal proceedings against Hans Röser*, par.22；24 October 1996, Case C-72/95, *Aannemersbedrijf P.K.Kraaijeveld B.V.e.a. v. Gedeputeerde Staten van Zuid-Holland*；19 April 2007, Case C-455/05, *Velvet & Steel Immobilien und Handels GmbH v.Finanzamt Hamburg-Eimsbüttel*, par.18–20. 偶尔，不同语言版本的措辞如此混乱，法院只是采取一种解释来结束含混不清。25 January 1994，Case C-212/91，*Angelopharm GmbH v. Freie Hansestadt Hamburg.*

582 例如，《关于被害人权利的指令 2012/29》有不少于 72 条叙文。

583 24 November 2005, Case C-136/04, *Deutsches Milch-Kontor GmbH v. Hauptzollamt Hamburg-Jonas*, par.32.Idem 25 February 2011, Case C-562/08, *Müller Fleisch GmbH v. Land Baden-Württemberg.*

584 1 March 2011, Case C-236/09, *Association belge des Consommateurs Test-Achats ASBL, Yann van Vugt, Charles Basselier v. Conseil des ministres*, par.17.

585 例如 26 June 2007, Case C-305/05, *Ordre des barreaux francophones et germanophones, Ordre français des avocats du barreau de Bruxelles, Ordre des barreaux flamands, Ordre néerlandais des avocats du barreau de Bruxelles v. Conseil des Ministres*,par.28.

586 但是，偶尔有这样的引用。例如，参见《关于欧洲证据令的框架决定 2008/978》第 2 条 e 项中的“搜查和扣押”的定义。

587 Opinion of Advocate General Ruiz-Jarabo Colomer of 22 February 2005, Case C-498/03, *Kingscrest Associates Ltd, Montecello Ltd v. Commissioners of Customs and Excise*, point 23.

588 关于国内法院的任务，详见第六章第 8.3 节。

国际法的影响

欧洲法院并未使用其他条约来解释一项法律文书："建立共同体条约之一的条款措辞，与共同体和非成员国之间的国际协议之间的相似性不足以使协议获得与条约条款相同的含义。"[589]

法律顾问 Cosmas 明确否认 1969 年《维也纳条约法公约》规定的解释规则的适用性。[590] 由于欧盟法律秩序的特殊性质，国际公法的规则不适用："一旦条约文本中插入了主要的共同体法律条款，并且适用于共同体法律秩序，它们根据作者的意愿获得自主的价值。"[591]

在一个寻求庇护案中，出现了指令 2004/83 中关于第三国国民或无国籍人士是否为难民或作为其他需要国际保护的人员的资格和地位的最低标准的"国际性武装冲突"，应该根据国际人道主义法确定的标准来解释的问题。欧洲法院认为："虽然国际人道主义法的设计除其他外，通过限制战争对人身和财产的影响为冲突地区的平民提供保护，但与指令 2004/83 第 2 条 e 项不同，与该指令第 15 条 c 项一并解读——规定对冲突地区和冲突地区之外的某些平民给予国际保护。国际人道主义法规定的'武装冲突'的定义不是为了确定需要这种国际保护的情况，因此必须由成员国主管当局批准。"[592] 欧洲法院很明确不希望受到另一个法律领域针对稍微不同的情况给出的定义的约束。

在 *Metalsa* 案中，欧洲法院必须解释欧洲经济共同体与第三国之间的协议。在这种情况下，它明确偏离了联盟法下的正常解释规则：

589　23 October 2003, Case C-115/02, *Administration des douanes et droits indirects v. Rioglass SA and Transremar SL*, par.13；26 October 1982, Case 104/81, *Hauptzollamt Mainz v. C.A.Kupferberg & Cie KGa.A.*, par.29–31；1 July 1993, Case C-312/91, *Procedural issue relating to a seizure of goods belonging to Metalsa Srl.*, par.11–12；27 September 2001, Case C-63/99, *The Queen and Secretary of State for the Home Department v. Wieslaw Gloszczuk and Elzbieta Gloszczuk*, par.48. 对于产生于特定国家体系的解释也是如此："原则上，共同体法律秩序的目的不在于根据一个或多个国家法律体系确定概念，除非有明确的规定。" 2 April 1998, Case C-296/95, *The Queen v. Commissioners of Customs and Excise, ex parte EMU Tabac SARL, The Man in Black Ltd, John Cunningham*, par.30.

590　Opinion of 16 March 1999, Case C-378/97, *criminal proceedings against Floris Ariël Wijsenbeek*, points 50–54.

591　Opinion of 16 March 1999, Case C-378/97, *criminal proceedings against Floris Ariël Wijsenbeek*, point 54（emphasis added）.

592　30 January 2014, Case C-285/12, *Aboubacar Diakité v. Commissaire général aux réfugiés et aux apatrides*, par.23.

> 一项国际条约不应该仅仅参照其措辞的用语来解释，也应该参照其目标。1969 年 5 月 23 日《维也纳条约法公约》第 31 条就此规定，条约应根据其上下文中的术语的普通含义并根据其目标和宗旨进行善意解释（Opinion 1/91［1991］ECR I-6079，第 14 段）。[593] 150

因此，欧洲法院并未以与国际协定中相同的术语来确定其对条约措辞的解释。

Racke 案提出了一个稍微不同的问题。Racke 对一项条例的有效性提出质疑，认为该条例违反了《维也纳条约法公约》，暂停了与南斯拉夫的合作协议。[594] 欧洲法院认为，由于情况发生根本性变化（本案中是南斯拉夫战争）而终止和中止条约义务的国际法习惯规则对欧盟机构具有约束力，并构成联盟法律秩序。[595] 援引由中止协议产生权利的个人可能会质疑暂停其实施的条例的有效性。欧洲法院是否会用一项国际条约作为解释的根据的决定性标准是欧盟或缔约方之一？[596] 事实上，欧洲联盟是一个公约的缔约国，则欧洲法院有义务将该公约视为共同体法的一部分。[597] 一项法律文书的有效性可能因其与国际法不相符而受到影响。[598]

欧盟加入国际协议的情况应该与所有成员国而非欧盟成为缔约方的情况加以区分。在后一种情况下，国际公约不能成为评估联盟法律文书有效性的标准。[599]

第三支柱下进行不同的解释？

在一个有趣的意见中，法律顾问 Kokott 讨论了第一支柱下通过的立法条款在第三支柱中是否应该具有相同的含义。虽然她支持一致的解释，但 151

---

593 1 July 1993, Case C-312/91, *Procedural issue relating to a seizure of goods belonging to Metalsa Srl.*, par.12；25 February 2010, Case C-386/08, *Brita GmbH v. Hauptzollamt Hamburg-Hafen*, par.41–42.

594 16 June 1998, Case C-162/96, *A.Racke GmbH & Co v. Hauptzollamt Mainz.*

595 16 June 1998, Case C-162/96, *A.Racke GmbH & Co v. Hauptzollamt Mainz*, par.46.

596 该表述来自 *Peralta* 案，其中欧洲法院拒绝解释《防止船舶污染国际公约》，由于欧洲共同体并不是该公约的缔约方。

597 见第三章第 2 节。

598 21 December 2011, Case C-366/10, *Air Transport Association of America and Others v. Secretary of State for Energy and Climate Change*, par.51.

599 3 June 2008, Case C-308/06, *The Queen on the application of: International Association of Independent Tanker Owners（Intertanko）, International Association of Dry Cargo Shipowners（Intercargo）, Greek Shipping Co-operation Committee, Lloyd's Register, International Salvage Union, v.Secretary of State for Transport*, par.49–52.

“不应混淆超越国家的共同体法之下缔结的条约和联盟法之间的差异，前者更多地依据传统的国际法”[600]。引用《欧盟条约》第6条，她的同事法律顾问Sharpston认为，在欧盟法律的所有领域中，一事不再理原则应该是一样的。[601]

欧洲法院并没有明确排除指令能够对框架决定的解释产生影响的可能性。[602]但是，它使用指令本身的条款来证明其推理的合理性，因此似乎也可以使用其他法律文书来解释特定的法律文书。法律顾问Kokott以非常明确的方式表示：“在欧共体法律中已经证明了自己的规范技术，解决问题的方法和理念也可以用于欧盟立法。”[603]

关于申根法律体系，欧洲法院多次表示它将其视为共同体法的一部分，因为该议定书第1条将申根协定纳入了欧盟框架。[604]有时，欧洲法院在“共同体法”的共同标题下讨论了第一支柱和第三支柱立法。[605]从这一点可以得出结论，在（前）第一支柱和第三支柱中术语的使用是可以互换的。

对历史解释无偏好

152 欧洲法院几乎不会依据历史解释。[606]刑法领域中历史解释无关性的最突出的例子是对《执行申根协定条约》第54条的解释。[607]鉴于《执行申根协

600 Opinion of Advocate General Kokott of 8 March 2007, Case C-467/05, *criminal proceedings against Giovanni Dell'Orto*, point 46.

601 Opinion of Advocate General Sharpston of 15 June 2006, Case C-467/04, *criminal proceedings against Gasparini and others*, point 101.

602 28 June 2007, Case C-467/05, *criminal proceedings against Giovanni Dell'Orto*, par.58.

603 Opinion of Advocate General Kokott of 8 March 2007, Case C-467/05, *criminal proceedings against Giovanni Dell'Orto*, point 45.

604 18 July 2007, Case C-367/05, *criminal proceedings against Norma Kraaijenbrink*, par.3.

605 28 September 2006, Case C-467/04, *criminal proceedings against Gasparini and others*；18 January 2007, Case C-229/05, *Osman Öcalan（PKK）and Serif Valy（KNK）appellants, Council, defendant*；28 September 2006, Case C-150/05, *van Straaten v. the Netherlands and Italy*, par.3-15. Opinion of Advocate General Ruiz-Jarabo Colomer of 8 June 2006, Case C-150/05, *van Straaten v. the Netherlands and Italy*, point 45. 然而，同一法律顾问在其2005年10月20日关于Case C-436/04, *criminal proceedings against van Esbroeck* 的意见中称其为“欧盟法”。

606 判例法中存在一些例外。见26 May 1981, Case C-157/80, *criminal proceedings against Siegfried Ewald Rinkau*，解释1968年9月27日《关于管辖权和执行民事和商事判决公约》附件中的议定书条款。17 June 1998, Case C-321/96, *Wilhelm Mecklenburg v. Kreis Pinneberg – Der Landrat*, par.28，欧洲法院确实考虑了该指令的历史。18 October 1990, Joined Cases C-297/88 and C-197/89, *Massam Dzodzi v. Belgium*, par.36，此案中欧洲法院引用了“条约作者们的意图”。

607 详见第六章第4节。

定条约》谈判的历史，正如所陈述的那样，没有法院参与这样的程序这一事实的不相关性，[608]是相当惊人的。[609]检方提出的和解方案由荷兰提出，但被其他谈判成员国否决，因此未纳入其中。这也解释了，没有必要说出相反的情况，“没有明确的相反指示”[610]。

作为其“魔术”公式，欧洲法院利用自由、安全和公正的领域（后来的条约确定）来解释《执行申根协定条约》的规定。它通过基于平等待遇的论据（不仅保护那些犯下严重罪行的人，而且也保护犯下轻微罪行的人）建立与自由迁移的关系，这将受到不承认的限制，并因此扩展到庭外和解。此外，对“大部分语言版本”（第 44 段）的提及在历史解释中并不十分令人信服。在订立《执行申根协定条约》时存在的三种语言版本（德国、法国、荷兰）指向另一个方向。欧洲法院只是宣布缔约方的意图与条款的解释无关，[611]从而明确地采用自主解释。[612]

欧洲法院不考虑法律文书的历史这一事实对那些接受（国际）刑法培训并利用《维也纳条约法公约》的解释规则的人来说可能是很奇怪的。然而，欧洲法院在 *Gözütok* 案的判决中遵循了一贯的判例法：该条款的背景，而没有其他任何与其解释有关的内容。本判例法的一个例子是 *VAG Sverige* 153
AB 案，其中欧洲法院认为：

以会议纪要记录的声明价值有限，因为它们不能用于解释共同体

608　联盟法中这样的规定并不是全新的。见《关于保护财政利益的条例 2988/95》叙文部分之一：“鉴于为实施本条例的目的，当国家主管当局和有关人员达成协议时，刑事诉讼可视为已完成。”

609　“没有任何法院参与这种程序，而且程序终结的决定并不构成司法裁决，这一事实并不引起对该解释的怀疑，因为程序和形式问题不会影响到程序的效果。” 11 February 2003, Case C-187/01 and Case C-385/01, *criminal proceedings against Hüseyin Gözütok*（*C-187/01*）*and Klaus Brügge*（*C-385/01*）, par.31.

610　作为解释的规则，这提出了一个问题，即是否包括了所有未被明确排除的东西。这种规则的普遍适用会违反合法期望和法治原则。

611　另见 Opinion of Advocate General Ruiz-Jarabo Colomer of 19 September 2002, Case C-187/01 and Case C-385/01, *criminal proceedings against Hüseyin Gözütok*（*C-187/01*）*and Klaus Brügge*（*C-385/01*）, point 117：“由于成员国不同意而不相关。”

612　如同委员会建议的。Opinion of Advocate General Ruiz-Jarabo Colomer of 19 September 2002, Case C-187/01 and C-385/01, *criminal proceedings against Hüseyin Gözütok*（*C-187/01*）*and Klaus Brügge*（*C-385/01*）, point 42.

法律的条款，在该条款的措辞中没有提及声明的内容，因此声明没有法律意义。[613]

在 *Grøngaard and Barg* 案中，检方援引了指令的准备性文件，该文件支持了嫌疑人的行为属于禁令范围内。被告人当然采取了相反的观点。法律顾问 Maduro 说：

确实没有一个通用的标准可以从准备文件中推断出来，因为它们只能增加相关条款的字面含义。还可以补充的是，在目前的情况下，所引用的准备性文件尚未公布，这不利于解释该指令。"正常"一词实际上将参照国内情形进行解释。准备文件无疑强化了对禁止披露的例外的限制性解释的适当性。[614]

154 欧洲法院在解释条款时并不愿意处理准备文件，而只是简单地陈述："考虑到使用的条款。"[615] 但是，在与相关指令的继承文件有关的案件中，被

---

613 29 May 1997, Case C-329/95, *Administrative proceedings brought by VAG Sverige AB*, par.23；13 February 1996, Joined Cases C-197/94 and C-252/94, *Société Bautiaa v. Directeur des Services Fiscaux des Landes and Société Française Maritime v. Directeur des Services Fiscaux du Finistère*, par.51. 在较早的判例法中，欧洲法院确实使用了录制的理事会会议内容。7 February 1979, Case 136/78, *criminal proceedings against Vincent Auer*, par.25. 关于类似的记录，Opinion of Advocate General Kokott of 30 April 2015, Case C-105/14, *criminal proceedings against Ivo Taricco and others*, points 96–98："然而，理事会的解释性报告仅仅是一个欧盟机构的无法律约束力的意见，而该机构本身并不是日内瓦公约的缔约方，而只是参与了相关的准备工作，起草了并建议成员国根据其各自的宪法通过该公约［《欧盟条约》第 K.3（2）（c）条］。因此，理事会的解释性报告不能被视为日内瓦公约的权威性解释，特别是公约本身及其附加议定书都没有提及该报告。只有欧洲法院有权解释在欧盟内具有法律约束力的日内瓦公约；这一开始从日内瓦公约的附加议定书就显而易见，该议定书授权欧洲法院解释该公约，现在则依据 TEU 第 19 条第 1 项第二句、TEU 第 19 条第 3 项和《欧洲联盟运行条约》第 267 条。我认为，欧洲法院不应该将理事会关于日内瓦公约的解释性报告与欧盟机构就立法行为发布的新闻稿或在通过此类法律行为时在会议记录中发表的声明区别对待：这已经成为判例法，如果没有在该条款的措辞中提及这种通信，则不能将此类通信用于解释次级法的规定。"

614 Opinion of Advocate General Poiares Maduro of 24 May 2004, Case C-384/02, *criminal proceedings against Knud Grøngaard and Allan Barg*, point 33.

615 22 November 2005, Case C-384/02, *criminal proceedings against Knud Grøngaard and Allan Barg*, par.27.

废止的关于内幕交易的指令 2003/6，它取代了指令 89/592，欧洲法院确实提及该提案及其在欧洲议会中的讨论。[616] 因此，似乎欧洲法院在涉及次级立法或经修订的联盟立法时确实会查看法律历史。[617]

在最近的判例法中，欧洲法院具体审查了一些条款的准备工作文件。[618] 可以预料，鉴于自《里斯本条约》生效以来，欧洲议会有权共同决定，将会有越来越多的准备文件被查询。然而，迄今为止的引用都表现出方便而非原则的态度。鉴于情况变化，欧洲法院应明确说明欧洲议会草案的历史是否重要。

欧盟法的一般原则

多年来，欧洲法院制定了“共同体法律的一般原则，在解释法律时必须适用这些原则”[619]。这些原则优先于欧盟主要和次要立法中规定的义务。[620]《欧盟条约》第 6 条中的一般性引用文献已经对其进行了编纂：

> 1. 欧盟承认 2007 年 12 月 12 日在斯特拉斯堡修改的 2000 年 12 月
> 7 日《欧洲联盟基本权利宪章》中规定的权利、自由和原则，该类权利、
> 自由和原则具有与条约相同的法律价值。(……) 3.《欧洲保护人权 155
> 和基本自由公约》保障的基本权利以及由成员国共同的宪法传统所产

616　23 December 2009, Case C-45/08, *Spector Photo Group NV, Chris Van Raemdonck v. Commissie voor het Bank-, Financie-en Assurantiewezen*（*CBFA*）, par.33–35.

617　15 July 2010, Case C -256/09, *Bianca Purrucker v. Guillermo Vallés Pérez*, par.84–85. 另见 1 December 2008, Case C-388/08 PPU, *criminal proceedings against Artur Leymann, Aleksei Pustovarov*, 在解释《关于欧洲逮捕令的框架决定 2002/584》时，欧洲法院提到 1996 年欧洲联盟成员国之间的引渡公约，见判决的第 67 条和第 74 条。这是引人注目的，因为该公约从未生效，只是在各种双边关系的背景下暂时适用。

618　26 April 2012, Case C-419/10, *Hofmann v. Freistaat Bayern*；30 May 2013, Case-168/13 PPU, *Jeremy F.v.premier ministre*, par.63. 另见 16 July 2015, Case C-237/15 PPU, *Minister for Justice and Equality v. Francis Lanigan*, par.49。

619　与联盟法的其他规定不同，一般原则不能根据先前的公约规定义务。关于平等待遇原则，见 2 August 1993, Case C-158/91, *criminal proceedings against Jean-Claude Levy*，关于此方面详见 Takis Tridimas，The General Principles of EU Law，2 nd edition，Oxford University Press，2006。

620　21 September 1989, Joined Cases 46/87 and 227/88, *Hoechst AG v. Commission*, par.12；17 October 1989, Case 85/87, *Dow Benelux NV v. Commission*, par.23.

生的基本权利构成欧盟法律的一般原则。[621]

尽管通过这种编纂方式得到了象征性的承认，但仍有必要谈谈法院的判例法，以便更清楚地了解法律的一般原则是什么。根据判例法，找出下列问题的答案是有用的。什么是法律的一般原则？欧洲法院如何找到这些原则？成员国法律的影响是什么？

欧洲法院已将各国刑事司法系统的各项刑法原则确认为共同体法的一般原则。在《欧盟条约》序言部分和第 2 条中都提到了法治原则。另外的例子包括禁止溯及既往的原则、[622] 刑法无溯及力的原则、[623] 无过错则不为罪的原
156 则、[624]犯罪嫌疑人不能被强迫自证其罪的原则、[625]适用更温和的法律的原则、[626]

---

621 令人困惑的是，还有各种法律文书另外提到了具体的人权。见《关于欧洲逮捕令的框架决定 2002/584》第 1 条第 3 款提及"《欧盟条约》第 6 条所载的基本权利和基本法律原则"。《关于市场滥用的指令 2014/57》叙文第 27 条的内容如下："本指令是尊重基本权利并遵守 TEU 所承认的《欧盟基本权利宪章》（宪章）承认的原则。具体而言，应适当尊重个人资料保护权（第 8 条）、言论自由和信息自由（第 11 条）、开展业务的自由（第 16 条）、获得有效救济的权利和获得公正审判的权利（第 47 条）、无罪推定原则和获得辩护权（第 48 条）、法定原则和刑罚相称性原则（第 49 条）以及不得受到对同一罪行两次刑事审判或处罚的权利（第 50 条）。"这些引用提出了一个问题，即在不提及《欧洲人权公约》或《欧盟基本权利宪章》的情况下，它们是否不适用。这些法律文书是一般性原则的一部分，因此它们的适用性不能取决于具体的引用。

622 10 July 1984, Case 63/83, *Regina v. Kent Kirk*, par.21–23；13 November 1990, Case C-331/88, *The Queen v.Minister of Agriculture, Fisheries and Food and Secretary of State for Health, ex parte*：*Fedesa and others*；14 July 1994, Case C-352/92, *Milchwerke Köln/ Wuppertal eG v. Hauptzollamt Köln-Rheinau.*

623 8 October 1987, Case 80/86, *criminal proceedings against Kolpinghuis Nijmegen B.V.*；3 May 2005, Cases C-387/02, C-391/02 and C-403/02, *criminal proceedings against Silvio Berlusconi*（*C-387/02*）, *Sergio Adelchi*（*C-391/02*）, *Marcello Dell'Utri and others*（*C-403/02*）. 法无明文不为罪的原则也带有惩罚必须可预见的因素。这是在竞争法案件中规定的。8 February 2007, Case C-3/06 P, *Groupe Danone*, par.90–92.

624 Opinion of Advocate General van Gerven of 5 December 1989, Case C-326/88, *Anklagemyndigheden v. Hansen and Søn I/S*, points 12–16. 根据法律顾问 Kokott 的意见，这一原则享有作为成员国宪法传统共同的基本人权的地位。28 February 2013, Case C-681/11, *Bundeswettbewerbsbehörde, Bundeskartellanwalt v. Schenker & Co.AG, and others*, points 41.

625 18 October 1989, Case C-374/87, *Orkem v. Commission*, par.28–35.

626 1 June 1999, Case C-319/97, *criminal proceedings against Antoine Kortas*, par.16. 见 29 October 1998, Case C-230/97, *criminal proceedings against Ibiyinka Awoyemi*, par.38："共同体法律并不妨碍国家法院根据其刑法原则考虑到适用比指令 91/439 中更为有利的规定以适用国内法，尽管委员会在其书面意见中指出，共同体法律没有规定这种效力的义务。" 1 July 2004, Case C-295/02, *Gisela Gerken v. Amt für Agrarstruktur Verden*, par.57.

比例原则、[627] 法律明确性原则、[628] 一事不再理原则、[629] 合法预期原则、[630] 罪责原则、[631] 拥有财产的权利、[632] 罪刑法定原则、[633] 平等对待原则、[634] 获得辩护的权利、[635] 有效司法保护原则、[636] 获得有效救济的权利、[637] 被听取的权利，[638] 以及一罪不二审原则 [639]。这些原则或者是所有成员国的实体刑事法律或程序刑法的 157

627　5 March 1980, Case C-265/78, *H.Ferwerda BV v. Produktschap voor Vee en Vlees*; 13 December 1979, Case C-44/79, *Liselotte Hauer v. Land Rheinland-Pfalz* . Petter Asp，Two Notions of Proportionality，in：Festschrift in Honour of Raimo Lahti，Helsinki 2007，pp.207–209.

628　5 March 1980, Case C-265/78, *H.Ferwerda BV v. Produktschap voor Vee en Vlees*; 8 February 2007, Case C-3/06 P, *Groupe Danone*, par.23. 另见 7 July 2009, Case C-558/07, *The Queen*，*on the application of*：*S.P.C.M.SA, C.H.Erbslöh KG, Lake Chemicals and Minerals Ltd*，*Hercules Inc. v. Secretary of State for the Environment, Food and Rural Affairs*, par.41：“作为共同体法律的一般原则之一的相称性原则要求通过共同体条款实施的措施应该适合实现追求的目标，并且不得超出实现它的必要条件。”

629　16 March 2006, Case C-234/04, *Rosemarie Kapferer v. Schlank & Schick GmbH*, par.21.

630　12 November 1981, Joined Cases 212 to 217/80, *Amministrazione delle finanze dello Stato v. Srl Meridionale Industria Salumi and others*; *Ditta Italo Orlandi & Figlio and Ditta Vincenzo Divella v. Amministrazione delle finanze dello Stato*，par.10. 这必须基于主管当局提供的信息。律师提供的法律建议不符合该条件。18 June 201, Case C-681/11, *Bundeswettbewerbsbehörde*，*Bundeskartellanwalt v. Schenker & Co.AG*，*and others*, par.41.

631　26 May 1981, Case C-157/80, *criminal proceedings against Siegfried Ewald Rinkau.* 另见 Opinion of Advocate General Lenz of 11 June 1992, Case C-143/91, *Criminal proceedings against Leendert Van der Tas*, point 11：“但是，行为的可诉性通常是刑事责任的先决条件。无过错则不处罚的一般原则明确指出，个人过失是刑事责任的先决条件。”

632　13 December 1979, Case C-44/79, *Liselotte Hauer v. Land Rheinland-Pfalz.*

633　12 December 1996, Joined Cases C-74/95 and C-129/95, *criminal proceedings against X*；7 January 2004, Case C-60/02, *criminal proceedings against X* .

634　13 July 2000, Case C-36/99, *Idéal Tourisme SA v. Belgium*, par.35.

635　21 September 1989, Joined Cases 46/87 and 227/88, *Hoechst AG v. Commission*；17 October 1989, Case 85/87, *Dow Benelux NV v. Commission.*

636　18 July 2013, Case C-501/11 P, *Schindler v. Commission*, par.36.

637　15 May 1986, Case 222/84, *Marguerite Johnston v. Chief Constable of the Royal Ulster Constabular*, par.18，加上，《欧洲人权公约》“第 6 条和第 13 条也规定了这条原则”。

638　5 November 2014, Case C-166/13, *Sophie Mukarubega v. Préfet de police, Préfet de la SeineSaint-Denis.*

639　3 February 1969, Case 14–68, *Wilhelm.* 关于《执行申根协定条约》第 55 条和第 56 条，存在一个一般的抵消原则。见 Opinion of Advocate General Sharpston of 5 December 2006, Case C-367/05, *criminal proceedings against Norma Kraaijenbrink*, points 58–60，他提出，欧洲法院已作出关于抵消原则的矛盾判决。

共同原则，或者是来源于人权公约的原则。[640]

欧洲法院如何找出这些一般原则?

欧盟建立在尊重法治和人权的价值观基础之上。这些基本权利构成了一般法律原则的组成部分。尽管人权条约对联盟法律秩序没有直接影响，但判例法“将这些条约以及成员国共同的宪法传统视为帮助确定共同体法律一般原则的内容”[641]。

《欧洲人权公约》具有“特殊意义”。[642]因此，欧盟不能接受与遵守公认和有保障的人权不相符的措施。[643]欧洲法院还提到这些原则已在《欧盟条约》第6条第2款中重申。[644]它明确提及和使用欧洲人权法院的判例法，[645]并将在欧盟法律属于联盟法范围之前解释欧洲人权法院。[646]虽然欧洲人权法院经常被用作解释的来源，但法院不愿意明确声明存在对于《欧洲人权公约》

640　根据定义，载于《欧洲人权公约》的基本权利属于在联盟法律的一般原则范围内。4 October 1991, Case C-159/90, *The Society for the Protection of the Unborn Children Ireland Ltd v. Stephen Grogan and others*. 14 May 1974, Case 4–73, *J.Nold, Kohlen-und Baustoffgroβhandlung v. Commission*；21 September 1989, Joined Cases 46/87 and 227/88, *Hoechst AG v. Commission*.

641　Opinion of Advocate General van Gerven of 11 June 1991, Case C-159/90, *The Society for the Protection of the Unborn Children Ireland Ltd v. Stephen Grogan and others*, point 30.

642　26 June 2007, Case C-305/05, *Ordre des barreaux francophones et germanophone, Ordre français des avocats du barreau de Bruxelles, Ordre des barreaux flamands, Ordre néerlandais des avocats du barreau de Bruxelles v.Conseil des Ministres*, par.29. 其他人权义务显然没有《欧洲人权公约》具有的特殊地位。《公民权利和政治权利国际公约》只属于那些在适用联盟的一般法律原则时才纳入考量的法律文书。27 June 2006, Case C-540/03, *European Parliament v. Council*, par.37.

643　13 July 1989, Case 5/88, *Hubert Wachauf v. Bundesamt für Ernährung und Forstwirtschaft*, par.17.

644　6 March 2001, Case C-274/99 P, *Bernard Connolly v. Commission*, par.38.

645　26 June 2007, Case C-305/05, *Ordre des barreaux francophones et germanophone, Ordre français des avocats du barreau de Bruxelles, Ordre des barreaux flamands, Ordre néerlandais des avocats du barreau de Bruxelles v.Conseil des Ministres*, par.30–32；16 July 2009, Case C-344/08, *criminal proceedings against Tomasz Rubach*, par.31.

646　30 September 1987, Case 12/86, *Meryem Demirel v. Stadt Schwäbisch Gmünd*, par.28；18 June 1991, Case C-260/89, *Elliniki Radiophonia Tiléorassi AE and Panellinia Omospondia Syllogon Prossopikou v.Dimotiki Etairia Pliroforissis and Sotirios Kouvelas and Nicolaos Avdellas and others*, par.43–45；4 October 1991, Case C-159/90, *The Society for the Protection of the Unborn Children Ireland Ltd v.Stephen Grogan and others*, par.31.

的违反。[647]在《里斯本条约》生效之前,《欧盟基本权利宪章》已被确认为一般法律原则的一部分。[648]《欧洲人权公约》并不构成联盟法律的一部分;因此它本身不能被用作审查欧盟机构行为合法性的标准。[649] 158

一般原则首先看起来由基本权利组成,正如人权条约所体现的那样,其中《欧洲人权公约》具有"特殊意义"。其次基本权利也可能来自成员国共同的宪法传统。[650]但欧洲法院如何得出这些一般原则呢?欧洲法院在*Internationale Handelsgesellschaft*案认为:

> 基本权利是欧洲法院保护的一般法律原则的组成部分。必须在共同体的结构和目标的框架内确实保护这些权利,同时受到成员国共同的宪法传统的启发。[651]

然而,无可争议的是,欧洲法院不会将只有一个成员国具有的宪法原则或传统转化为联盟法的一般原则。欧洲法院再次在*Internationale Handelsgesellschaft*案件中声明:

---

647 25 January 2007, Case C-370/05, *criminal proceedings against Uwe Kay Festersen*, par.35. 欧洲法院没有明说,措施违反公约的权利,而只是指出,要求限制了《欧洲人权公约》下的权利。虽然欧洲法院往往将它的论点构造为表示一个特定的情况下违反了《欧洲人权公约》,它将最后的结论留给国家法院。20 May 2003, Joined Cases C-465/00, C-138/01 and C-139/01, *Rechnungshof v. Österreichischer Rundfunk and Others and Christa Neukomm and Joseph Lauermann v. Österreichischer Rundfunk*, par.91.

648 3 May 2007, Case C-303/05, *Advocaten voor de Wereld VZW v. Leden van de Ministerraad*, par.46.

649 Opinion of Advocate General Kokott of 19 March 2015, Case C-398/13 P, *Inuit Tapiriit Kanatami and Others v. European Commission and Others*, point 66.

650 附属条约的宣言1指出,具有法律约束力的《欧盟基本权利宪章》,促进印证了《欧洲保护人权和基本自由公约》所保障的基本权利,而且它们从成员国共有的宪法传统产生。捷克共和国声明(声明53)基本权利和原则,由于它们是从各成员国共有的宪法传统产生的,应当同这些传统相一致的方式进行解释。

651 17 December 1970, Case 11–70, *Internationale Handelsgesellschaft mbH v. Einfuhr-und Vorratsstelle für Getreide und Futtermittel*, par.4; 14 May 1974, Case 4–73, *J.Nold, Kohlenund Baustoffgroßhandlung v. Commission*; 13 December 1979, Case C-44/79, *Liselotte Hauer v. Land Rheinland-Pfalz*, par.15; 18 June 1991, Case C-260/89, *Elliniki Radiophonia Tiléorassi AE and Panellinia Omospondia Syllogon Prossopikou v. Dimotiki Etairia Pliroforissis and Sotirios Kouvelas and Nicolaos Avdellas and others*, par.41.

> 共同体措施的有效性或其对成员国的影响，不能因其违反该国宪法规定的基本权利或国家宪法结构的原则的指控而受到影响。[652]

159 在 *Orkem* 案中，欧洲法院采用了以下方法：首先是考察成员国法律制度的情况，其次是《欧洲人权公约》，最后是《公民权利和政治权利国际公约》。尽管得出这样的结论：在这些来源中没有承认这项权利，欧洲法院确实认可了不自己提供自己有罪的证据的权利属于辩护权的一部分。[653]

欧洲法院如何得出“成员国的宪法传统”？这是在比较研究的基础上完成的。[654]在较早的案例中，欧洲法院自己在判决中提到了这项研究，[655]但在最近的案例中，它依赖于法律顾问的意见。分析判例法，难以辨别原则的具体宪法维度。似乎更重要的是，一项原则对于国家制度是共同的，而不是可以援引成员国成文宪法中的具体条款这一事实。有时候，没有进一步的解释，欧洲法院陈述了它不承认的一般原则：例如，欧洲法院不承认如果导致意想不到的困难，则不适用联盟法的原则，[656]确保动物福利也不属于一般原则[657]。

由于该体系受到法治原则制约，欧洲法院指出，对基本自由的解释必须与对基本权利的解释相一致。在 *Omega Spielhallen* 案中，法律顾问 Stix-

---

652 17 December 1970, Case 11–70, *Internationale Handelsgesellschaft mbH v. Einfuhr-und Vorratsstelle für Getreide und Futtermittel*, par.3.

653 18 October 1989, Case C-374/87, *Orkem v. Commission*, par.28–35；另见 Opinion of Advocate General Darmon of 18 May 1989，在他的意见中做出的比较研究，points 84–152。

654 13 December 1979, Case C-44/79, *Liselotte Hauer v. Land Rheinland-Pfalz*，par.20；Advocate General Mischo, Joined Opinions of 21 February 1989, Joined Cases 46/87 and 227/88, *Hoechst AG v. Commission* and Case 85/87, *Dow Benelux NV v. Commission*, points 48–120. Opinion of Advocate General Léger of 10 July 2001, Case C-353/99 P, *Council v. Heidi Hautala*, point 57：“15 个成员国中的 13 个具有一个一般原则，即公众有权获取行政机关持有的文件。这 13 个成员国中的 9 个，知情权是一项基本权利，具有宪法性质或能在宪法中找到，或具有立法性质。在其他 4 个成员国中，该权利从一个或多个法律中产生。”

655 13 December 1979, Case C-44/79, *Liselotte Hauer v. Land Rheinland-Pfalz*, par.20.

656 28 June 1990, Case C-174/89, *Hoche GmbH v. Bundesanstalt für Landwirtschaftliche Marktordnung*, par.31.

657 12 July 2001, Case C-189/01, H.Jippes, *Afdeling Groningen van de Nederlandse Vereniging tot Bescherming van Dieren and Afdeling Assen van de Nederlandse Vereniging tot Bescherming van Dieren v. Minister van Landbouw*，*Natuurbeheer en Visserij*, par.76.

Hackl 提出了作为一般原则适用的基本权利与条约所载的基本自由之间是否存在等级的问题。[658]从她的角度来看，基本权利与其他主要立法地位相同，特别是基本自由。她还提出了基本自由与基本权利之间关系的问题： 160

> 但是，基本自由本身完全可以被很好地归类为基本权利——至少在某些方面是这样的：就其规定禁止歧视而言，例如，它们将被视为法律面前人人平等原则的一般性表达手段。在这方面，条约所载基本自由与基本权利和人权之间的冲突至少在许多情况下也可能是基本权利之间的冲突。[659]

本书稍后讨论自由和权利对自由、安全和公正领域的影响时，将再次提到自由与权利之间的和解。[660]

成员国实施欧盟法的实践的影响

如前所述，法律的一般原则来自成员国共同的宪法传统。从这个意义上说，国家法律有助于联盟法的发展。这就产生了一个问题，即在解释联盟法方面国家法律的重要程度如何。这将通过查看协调的要求来处理。

法律的协调带来了某些期望。人们可能会期望在各国之间几乎没有差异。公民的期望可能是，在一个成员国中构成犯罪的行为不能在另一个国家仍属于个人自由。或者恰恰相反，一个成员国将不会起诉另一个成员国不受惩罚的问题。协调和近似的推定是，成员国的法律或多或少会相同。个人是否可以援引成员国对协调准则的解释，还是只有一种解释：欧洲法院的判决？刑事诉讼中的犯罪嫌疑人是否可以援引某种解释，因为这种解释尤其最接近预期的协调效应？

这些问题似乎围绕协调而不是实施的概念。尽管协调应该使不同的法律体系更加接近，但存在的控制机制往往会使单个法律体系更接近共

---

658 Opinion of Advocate General Stix-Hackl of 18 March 2004, Case C-36/02, *Omega Spielhallen und Automatenaufstellungs-GmbH v. Oberbürgermeisterin der Stadt Bonn.* 最为相关的部分是 points 49，50，53，62，71 and 72。

659 Opinion of Advocate General Stix-Hackl of 18 March 2004, Case C-36/02, *Omega Spielhallenund Automatenaufstellungs-GmbH v. Oberbürgermeisterin der Stadt Bonn*, point 50.

660 见第十章。

同的措施。这应该放在其他成员国如何处理同一标准的情况下来考虑。法院并没有这样做，而是采用了既定的欧洲标准，只是审查有关成员国在何种程度上处理这一标准。成员国解释这一标准的方式不影响欧洲法
161 院的解释。[661] 这是合乎逻辑的，因为如果欧洲法院要将国家实施作为解释的来源，那么讨论就不限于一个成员国是否正确实施了联盟法，而是实际上也会包括成员国在其各自的国家刑事司法系统内作为欧洲规范制定了哪些内容。[662]

4. 符合指令或框架决定的解释

在前一节中，讨论了欧洲法院对联盟法的解释规则。这里的重点是解释实施联盟法的国家法律。在适用欧盟法的情况下，欧盟法规定如何解释国内法。在适用国内法时，[663]无论是在指令之前还是之后通过，[664]国家法院都必须解释该法律，并且必须尽可能根据指令的措辞和目的以实现所需的结果。[665] 在西班牙加泰罗尼亚高等法院提交的 *Wagner Miret* 案中，欧洲法院认为：

> 以符合指令的方式进行解释的原则必须得到遵守，特别是在国家法院认为，如本案中那样，其在指令之前便存在的国内法的条款符合

661　一个较早的案例，其中欧洲法院确实援引了成员国的国家法律规定，但后续决定没有遵循。21 February 1973, Case 6–72, *Europemballage Corporation and Continental Can Company Inc. v. Commission*, par.19.

662　辩称其他成员国也未能履行其义务的案例都没有成功，例见 11 January 1990, Case C-38/89, *Ministère public v. Guy Blanguernon*。

663　如果某成员国遵守其义务，“执行”将插入国内实施法案的标题。遵守来自 TFEU 第 291 条的这一义务将协助国家当局解释国家执行法律。

664　当一个指令被迟缓地转化，这样做的义务仅存在于转换期限已经过期之时。4 July 2006, Case C-212/04, *Konstantinos Adenele, Pandora Kosa-Valdirka, Nikolaos Markou, Agapi Pantelidou, Christina Topalidou, Apostolos Alexopoulos, Konstantinos Vasiniotis, Vasiliki Karagianni, Apostolos Tsitsionis, Aristidis Andreou, Evangelia Vasila*，*Kalliopi Peristeri, Spiridon Sklivanitis, Dimosthenis Tselefis,Theopisti Patsidou, Dimitrios Vogiatzis, Rousas Voskakis, Vasilios Giatakis v. Ellinikos Organismos Galaktos*（*ELOG*）, par.115.

665　16 December 1993, Case C-334/92, *Teodoro Wagner Miret v. Fondo de Garantía Salarial*, par.20；14 September 2000, Case C-343/98, Renato Collino, *Luisella Chiappero v. Telecom Italia SpA*，par.21.

有关指令的要求时。[666]

许多法律文书规定，国家措施包含引用正在执行的联盟法律文书的义务，有利于依照联盟法解释国内法。[667] 在 *Pfeiffer* 案中，欧洲法院还将这一规则扩展到不是为执行立法而颁布国家规定。它认为： 162

> 虽然必须根据共同体法律解释国内法的原则主要涉及为执行有关指示而制定的国内条款，但它不仅仅需要对这些条款的解释，而且要求国家法院将国内法视为整体来评估它可能适用的程度，以避免产生与指令所要求的结果相反的结果。在这种情况下，如果适用国内法承认的解释性方法，在某些情况下，可以解释国内法的规定，以避免与国内法的另一个规则发生冲突，或者限制该规定的范围至符合有关规则的情况下才适用，则国家法院必须使用这些方法来实现指令所要求的结果。[668]

这是一种方法，已经被法律顾问 Mischo 在 *Kolpinghuis* 案中提出。但是，依照联盟法解释的可能性很大程度上取决于国家法律对犯罪的定义。在 *Kolpinghuis* 案，“提供不合格成分的水”的犯罪提供了相当程度的自由裁量权。[669] 国内法院必须在其管辖范围内采取一切手段，以确保指令完全实施。[670]

依照指令或框架决定解释国内法的义务的限制是双重的。一个限制具

666　16 December 1993, Case C-334/92, *Teodoro Wagner Miret v. Fondo de Garantía Salarial*, par.21.

667　例见《关于未经许可的入境的指令 2002/90》第 4 条第 1 款。

668　5 October 2004, Joined Cases C-397/01 to C-403/01, *Bernhard Pfeiffer*（*Case C-397/01*）, *Wilhelm Roith*（*Case C-398/01*）, *Albert Süβ*（*Case C-399/01*）, *Michael Winter*（*Case C-400/01*）, *Klaus Nestvogel*（*Case C-401/01*）, *Roswitha Zeller*（*Case C-402/01*）, *Matthias Döbele*（*Case C-403/01*）, par.115–116.（引用略）

669　Opinion of Advocate General Mischo of 17 March 1987, Case 80/86, *criminal proceedings against Kolpinghuis Nijmegen B.V.*, points 25–27.

670　27 April 2004, Joined Cases C-397/01 to C-403/01, *Bernhard Pfeiffer*（*Case C-397/01*）, *Wilhelm Roith*（*Case C-398/01*）, *Albert Süβ*（*Case C-399/01*）, *Michael Winter*（*Case C-400/01*）, *Klaus Nestvogel*（*Case C-401/01*）, *Roswitha Zeller*（*Case C-402/01*）, *Matthias Döbele*（*Case C-403/01*）, points 37–38，法律顾问 Ruiz-Jarabo Colomer 的意见认为，引用欧洲法院在 *Arcaro* 案中的说法，即以与欧盟法相一致的方式进行解释的原则不得用来创造刑事责任。

163 有特定的刑事性质：根据欧盟法的解释不得违反一般法律原则。[671] 法律顾问 Ruiz–Jarabo Colomer 将刑法中的合法性原则定性为“共同体指令有效性的固有限制”。[672] 因此，不仅确定刑事责任本身，而且确定其加重情况，也不得完全依赖对指令的广泛解释。[673]

以下列方式解决问题似乎符合联盟法的一般原则。正如将在第五章第1节中进一步讨论的，《关于贩卖人口的指令 2011/36》第2条规定将“剥削人口”定为犯罪。叙文部分第11段进一步阐述了什么构成剥削。据此认为，国家刑事法院可以利用叙文来解释执行该指令义务的国家条款，只要这不是被一般原则，特别是合法性原则（lex certa）排除的。

依照指令或框架决定解释国家法律的义务的另一个限制与国家执行法律（或现行法律）有关：对国内法的解释可能不是对立的。在法院的几项判决中，“对立”一词用于表达符合性解释原则的界限。问题在于它究竟意味着什么，以及国家法院是否可以很容易地适用这些问题，这些法院必须处理指令或框架决定未能正确或完全落实到国家刑事司法系统中的情况。一方面，欧洲法院指示国家法院依照联盟法律文书解释国内法。另一方面，它指出这不应该导致对立解释。这导致了国家刑事法院的混淆，并可能会禁止将对立解释作为一项规则，取代联盟法优先于国家法律的规则。[674]

其中最突出地（尽管不是第一个）使用了这样的措辞的案例之一是针对 *Maria Pupino* 的案件。在此案中，欧洲法院指出：“国家法院在解释其国

---

671 它们包括禁止溯及既往原则和法律明确性原则。16 June 2005, Case C-105/03, *criminal proceedings against Maria Pupino*, par.44.R. 关于法律明确性另见：12 December 1996, Joined Cases C-74/95 and C-129/95, *criminal proceedings against X*, par.24 and 26. 15 April 2008, Case C-268/06, *Impact v.Minister for Agriculture and Food, Minister for Arts, Sport and Tourism, Minister for Communications, Marine and Natural Resources, Minister for Foreign Affairs, Minister for Justice, Equality and Law Reform, Minister for Transport*, par.61. 16 July 2009， Case C-12/08, *Mono Car Styling SA, in liquidation v .Dervis Odemis and Others.*

672 Opinion of 18 June 1996, Joined Cases C-74/95 and C-129/95, *criminal proceedings against X*, point 54 and 73–76. 26 September 1996, Case C-168/95, *criminal proceedings against Luciano Arcaro*, par.42.

673 Opinion of 18 June 1996, Joined Cases C-74/95 and C-129/95, *criminal proceedings against X*, point 60 and 12 December 1996, Joined Cases C-74/95 and C-129/95, *criminal proceedings against X*, par.25.

674 Opinion of Advpocate General Bot of 24 March 2009, Case C-123/08, *criminal proceedings against Wolzenburg*, point 47：“根据 *Pupino* 案，国家法院需要根据框架决定解释其国家立法，在对立解释原则的限制下，阿姆斯特丹法院决定停止诉讼程序并向法院提出初步裁决的问题。”

内法有关规则时，提及框架决定的内容的义务因后者不能获得导致与该框 164
架决定所设想的结果相一致的结果的适用而停止。换句话说，符合解释原则不能作为对立解释国家法律的基础。但是，该原则确实需要国家法院在必要时考虑整个国家法律，以评估可以采用何种程度的适用方式，以避免产生与框架决定所设想的相悖的结果。"[675] 在这一案件中，《关于受害人地位的框架决定 2011/220》中关于弱势受害者的各种规定没有（完全）实施到国家法律中，实质上由此产生的问题是符合性解释是否能填补由国家立法委员留下的空白。欧洲法院总是先作出一些背景的评论：它重申了符合解释原则的极端重要性，[676] 然后指出，该原则不是绝对的，而是受到联盟法律一般原则的限制。[677] 对于刑事诉讼，这尤其适用于规定刑事责任或其加重
情节的规则。[678] 在像 *Pupino* 案这样的情况下，由于案件涉及程序问题，所 165

675 16 June 2005, Case C-105/03, *criminal proceedings against Maria Pupino*, par.47. 4 July 2006, Case C-212/04, *Konstantinos Adeneler and others*, par.110；15 April 2008, Case C-268/06, Impact, par.100；24 June 2010, Case C-98/09, *Francesca Sorge v. Poste Italiane SpA*, par.52；5 September 2012, Case C-42/11, *João Pedro Lopes Da Silva Jorge*, par.55. 它也在更早期的案例中被提及：Takis Tridimas，The General Principles of EU Law，2 nd edition，Oxford University Press 2006，p.30.

676 16 June 2005, Case C-105/03, *criminal proceedings against Maria Pupino*, par.43："鉴于上述所有考虑因素，欧洲法院得出结论认为，符合解释原则对于依据欧盟条约第六章中通过的框架决定具有约束力。在适用国家法律时，被要求解释的国家法院必须根据框架决定的措辞和目的尽可能地做到这一点，以便达到其追求的结果，从而符合《欧盟条约》第 34 条第 2 款 b 项。"

677 16 June 2005, Case C-105/03, *criminal proceedings against Maria Pupino*, par.44："但应该指出，国家法院在解释其国内法有关规则时提及框架决定内容的义务受到一般法律原则的限制，特别是法律明确性和非追溯性的法律原则。"另外，一般原则也影响必须进行符合解释的方式。16 June 2005, Case C-105/03, *criminal proceedings against Maria Pupino*, par.58 and 59："此外，根据欧盟条约第 6 条第 2 款，欧盟必须尊重基本权利，正如 1950 年 11 月 4 日在罗马签署的《欧洲保护人权和基本自由公约》，因为它们源于成员国共同的宪法传统，作为法律的一般原则。所以必须对框架决定进行解释，以便尊重基本权利，尤其是公约第 6 条规定的并由欧洲人权法院解释的公正审判权。"

678 16 June 2005, Case C-105/03, *criminal proceedings against Maria Pupino*, par.45："特别是，这些原则阻止这种义务导致违反框架决定规定的人员的刑事责任，不依赖于执行法律而单独根据这种决定来确定或加重（例如见与共同体指令的关系，Joined Cases C-74/95 and C-129/95 X［1996］ECR I-6609, paragraph 24, and Joined Cases C-387/02, C-391/02 and C-403/02 *Berlusconi and Others*［2005］ECR I-3565, paragraph 74）。"另见欧洲法院没有提及对立解释：28 June 2012, Case C-7/11, *criminal proceedings against Fabio Caronna*，par.51–53.

以法律的一般原则不会受到威胁，[679] 符合性解释的界限是由对抗性划定的。值得注意的是，欧洲法院并未将另一项主要原则纳入适用于联盟法与国内法存在差异的情况的辩论中。这是国家法律与联盟法明显冲突时必须搁置国家法律的原则。当涉及个人权利时，联盟法要求国家法院对立解释国家法律并将其搁置一边。在 *Simmenthal* 案中，欧洲法院具体论述了国家法院在这方面的重要作用：

> 每个国家法院都必须在其管辖范围内的案件中全面适用共同体法律，并保护后者赋予个人的权利，并因此必须搁置可能与其发生冲突的任何国家法律规定，无论是在共同体规则生效之前还是之后。因此，国家法律制度的任何规定以及任何立法、行政或司法实践可能会妨碍适用该法，有管辖权的国家法院有权在其申请时立即采取必要行动搁置可能妨碍共同体规则发挥完全效力和作用的，不符合共同体法的本质要求的国家立法条款。如果共同体法的规定与随后的国内法之间发生冲突，如果冲突的解决办法是由一个拥有自己的裁量权的当局保留的，而不是提到的法院，情况就是这样。[680]

由此产生了两个问题：对立解释究竟意味着什么，[681] 以及为什么与欧盟法相冲突的国家法律必须搁置的规则不适用于这种情况？

首先重要的是分析什么构成对抗解释。在欧洲法院的判例法中，对立
在两种情况下使用。首先是对联盟法的解释。在那里，欧洲法院用对立作
为对一项规定的明显错误解释的表达："有必要从一开始就注意到，纯粹字
166 面上有关叙文的解释本身并不能提供答案，因为它不可避免地导致了证明
根据上述语言变体中的一个或另一个的措辞是对立的结果。" [682]

值得我们关注的是另一种情况，这是国内法下的一种对立情况。这里

679　在建立其论证过程中，这是法院采取的重要步骤。16 June 2005, Case C-105/03, *criminal proceedings against Maria Pupino*, par.46："然而，构成初步裁决的请求的主题规定与有关人员的刑事责任范围无关，而是涉及程序的实施和取证手段。"

680　9 March 1978, Case 106/77, *Amministrazione delle Finanze dello Stato v. Simmenthal SpA*, par.21–23.

681　Tridimas 称其为"一个开放的问题"。Takis Tridimas, The General Principles of EU Law, 2 nd edition, Oxford University Press 2006, p.30.

682　26 April 2012, Case C-510/10, *DR, TV2 Danmark A/S v. NCB -Nordisk Copyright Bureau*, par.43.

出现一些困难。欧洲法院从来没有肯定地表示它已经发现了一种对立的情况。从这个意义上讲，很难说明它到底是什么。可能的解释是，确定某种东西是否对立已经包括对国家法律的解释，而这一切都由国家当局来解决。欧洲法院仅限于提供咨询意见，即国家法院可能不会轻易将这种情况视为国家法律下的一种对立情形，并且它们必须寻找可能的方式使国内法符合联盟法。[683] 在 *Pupino* 案中，欧洲法院看到了可能性，因为来自联盟法律文书的义务没有被精确描述，并且经常引用国家法律，而且国家法律也不排除对弱势的证人给予某些优待。换句话说，它认为符合性解释是可能的。关于使用术语对立的第二种解释可能是，欧洲法院打算明确说明符合性解释不能导致指令和框架决定的普遍直接影响，从而使所有的转化都是多余的。[684] 背景可能是欧洲法院希望维持与不需要转换的条例的不同之处。

鉴于初看起来禁止对立似乎很容易，其实际应用以及搁置与联盟法律相抵触的国家规则的义务的关系造成了含混不清的结果。几位法律顾问在他们的意见中探讨了对立的问题，给出了不同的解释，并偶尔质疑对立规则的联盟法渊源。法律顾问 Kokott 提出了对立规则的起源是什么的问题：

> 意大利政府认为提请初步裁决是不可接受的，因为如果假定国家法律与框架决定相冲突，那么根据框架决定对该国内法的解释将是不可能的。它表示，这可能通过对立的方式实现。它认为，提请法院实际上指出，如果 CP 的第 57 条第 2 款的要求得到满足，则作为辅助处罚执行远离受害人的强制令是必需的。欧洲法院一再表示，国家法院依照欧盟法律解释国内法的义务不能作为对立解释国家法律的基础。 167
> 但是，迄今为止，欧盟法律本身是否禁止对立解释规则，或者欧盟法律是否仅仅不排除国家禁止对立解释规则，在我看来并不明确。无论如何，在国家法律允许这种解释并且这不会导致个人负担的情况下（例如在目前的情况下），它不会导致惩罚被施加或施加得更严格，但

683　如果对国内法有两种可能的解释，其中之一与联盟法有冲突，那么国家法院必然会遵循不涉及违反联盟法的那一种解释。Opinion of Advocate General Mengozzi, 21 January 2009, Case C-12/08, *Mono Car Styling SA v. Dervis Odemis and Others*, point 107.

684　Judit Altena-Davidsen, De reikwijdte van de plicht tot conforme interpretatie in het strafrecht tegen de achtergrond van de verhouding tussen de Europese en de nationale rechtsorde, Ars Aequi 2012, pp.552–561.

与不适用的惩罚相反，目前还不清楚欧盟法律为何应该排除这一点。[685]

法律顾问 Sharpston 将违法进行了如下分析：

> 提交法院必须将“国家法律作为一个整体考虑，以评估可以适用的程度，以便不产生违反指令所要求的结果”。这意味着提交法院需要采用国内法承认的解释方法，在某些情况下，国内法的规定可以这样解释，以避免与国内法的另一个规则相冲突或者限制该条款的适用范围，只有在符合有关规则的情况下才适用。同时，在解释和适用国家法律时提及指令的义务“受到一般法律原则的限制，特别是法律上的确定性和非追溯性”以及“不能作为对立解释国内法的依据”。[686]

根据法律顾问 Trstenjak 的意见，似乎对立意味着唯一可能的符合解释将导致无视国家法律：

> 从提请裁决的令状中不能明确推断，是否完全可以根据指令解释国内法。尽管如此，对初步裁决请求的总体评估可以得出结论，即提请法院仍然可以接受的唯一选择，以便与该指令达成一致的解释性结果，显然是无视有争议的立法条款。鉴于提交法院在其提请的令状中，重申了法院判例法对这种解释方法的限制，可以认为，如果没有对国内法的对立性解释，在主要程序中不可能获得与指令相一致的解释。[687]

168 然而，法律顾问显然不同意对立可能是或不是符合性解释的结果。法律顾问 Bot 在 *Kozłowski* 案中陈述如下：

---

685 Opinion of Advocate General Kokott of 12 May 2011, Joined Cases C-483/09 and C-1/10, *Magatte Gueye and Valentín Salmerón Sánchez*, points 27–29.（引用略）

686 Opinion of Advocate General Sharpston of 11 July 2013, Case C-209/12, *Walter Endress v. Allianz Lebensversicherungs-AG*.

687 Opinion of Advocate General Trstenjak of 8 September 2011, Case C-282/10, *Maribel Dominguez v. Centre informatique du Centre Ouest Atlantique and Préfet de la région Centre*, point 68.（引用略）

在本案中，其他成员国国民如 Kozłowski 先生的情况尤其受 IRG 第 83 条 b（2）（b）段的约束，与框架决定的符合性似乎并没有争议。该条款指出，可以取消，如果为执行判决而引渡但相关人员不同意的情况下，可以拒绝引渡经常居住在本国境内的外国人，以及他在国家领土上执行的判决中有利益——这是值得保护和占优势的。根据框架决定第 4 条第 6 款规定的不执行理由的基本目标，“值得保护和占优势地位的利益”这一概念似乎很适合应用。相反，由于 IRG 第 80 条第 3 款不符合框架决定的规定，而且由于该条款仅涉及德国国民，我认为根据符合解释原则，提请初步裁决的法院不得考虑它，并且必须适用 IRG 的第 83 条 b（2）（b）段。换句话说，非歧视原则应导致 IRG 第 80 条第 3 款规定的对德国国民有利的规定扩展到其他成员国国民 ——特别是鉴于框架决定第 4 条第 6 款以完全相同的方式对待国民和居民 ——不得适用，因为第 80 条第 3 款与框架决定背道而驰，而框架决定优先于任何相冲突的国内法规定。这种做法并没有违背符合性解释义务的界限，因为它并没有导致提请法院对立解释其国内法。在这方面，提请法院面临的情况与法院在导致 *Pfeiffer and Others* 案判决的案件中遇到的情况不同。在 *Pfeiffer and Others* 案中，专门规定主要诉讼程序中申请人情况的国家法律的规定侵犯了共同体法律，并且问题出现了，符合性解释原则是否可能迫使国家法院放弃该条款以支持更广泛的国家法律。[688]

人们可以这样理解这个意见，说明适用对立的国家法律可能完全符合 169
联盟法。这个论点再一次提出了一个问题，那就是应该直接忽略妨碍联盟法的国家法律规定的一般规则是否不能解决这个问题。此外，它提出了一个问题，即禁止对立解释是否具有比不违反一般原则的符合性解释的更大

---

688 Opinion of Advocate General Bot of 28 April 2008, Case C-66/08, *criminal proceedings against Szymon Kozłowski*, par.121–124. Opinion of Advocate General Saggio of 16 December 1999, Joined Cases C-240/98 to C-244/98, *Océano Grupo editorial SA and Salvat Editors SA v. Rocío Murciano Quintero and Others*, points 30–32. Andrzej Sakowicz, the principle of conforming interpretation of national law in the area of criminal law. General remarks, Studies in Logic, Grammar and Rhetoric 31（44）2012, p.93：“如果尽管应用了一致的解释，国内法的规范仍然与欧洲示范规范冲突，则国家法院有义务停止适用国家规范，并且必须使用欧洲规范，如果它适合直接应用。为此，欧盟法律必须清楚，无条件，并且不受国家或欧盟机构实施的影响。”

的附加价值。

有迹象表明，禁止对国内法进行对立解释的情况只适用于个人的义务来自指令条款的情况。[689] 如果法院打算给予对立的意义除了根据联盟法对国内法的解释受联盟法的一般原则限制之外没有其他意义，否则就没有理由使用其他术语。目前的措辞令人困惑，因为国家法院可能将任何无视国家法律的情况理解为对立解释。

为了使所有这些规则保持一致，认为按照一般规则将义务解释为符合联盟法的国家法律可能是有益的。这在一般原则以及国家法律明确规定其他内容的情况下都受到限制。然而，这种冲突的规范必须在与直接影响并赋予个人权利的指令或框架决定的规定冲突时予以搁置。在这种情况下，必须搁置国家法律。法律顾问 Sharpston 说："当国家法院适用国内法时，它们必须尽可能根据任何相关指令的措辞和目的来解释，以达到指令要求的结果。该义务是欧盟运作条约体系中固有的。它使法院在确定其管辖范围内的争议时确保欧盟法律的充分有效性。只有这种做法不可能，例如，如果这样做会导致对立解释——是否有必要考虑指令的相关条款是否具有直接效力，如果是的话，是否可以依据该直接效力反对国内纠纷的一方。" [690] 对于刑法来说，一般原则既可能导致限制，也可能扩大国内法的某些概念，首先是合法性原则，其次是适用获得公正审判的权利。人权概念适用于被告人和受害人，一人的权利可能是另一方义务的反面。

170 如果上述内容是对现有状况的正确表述，禁止对立在刑法领域就没有附加价值，因为直接根据联盟法律来源建立或加重刑事责任（并且违背国家法律）已经被合法性原则排除在外。[691] 此外，必须搁置妨碍公民权利的国家规定。在这种情况下，联盟法要求对国家法律进行对立性解释，并迫使国家法院在国家法律未预见的情况下具有创造性。

在刑法领域，对立解释国家法律的概念仅仅是混淆视听。为了进一步

---

689 正如欧洲法院开始论证时所提及的一般原则，即来自指令的个人义务必须转化为国家法律。16 July 2009, Case C-12/08, *Mono Car Styling SA v. Dervis Odemis and Others*, par.59.

690 Opinion of Advocate General Sharpston of 14 November 2013, Case C-351/12, *Ochranny svaz autorsky pro práva k dílům hudebním*, *o.s.*（*OSA*）*v. Léčebné lázně Mariánské Lázně a.s.*, points 44 and 45.

691 3 May 2005, Cases C-387/02, C-391/02 and C-403/02, *criminal proceedings against Silvio Berlusconi*（C-387/02）, *Sergio Adelchi*（C-391/02）, *Marcello Dell'Utri and others*（C-403/02）.

将其作为一种手段来表明，指令没有普遍的直接影响，会危及对一项基本规则的遵守，即联盟法赋予的个人权利优先于国家法律，而后者必须被搁置，如果该指令的条款是无条件的和足够精确的："只要指令的条款就其主题事项而言是无条件和足够确切的，那么它们可能在国家法院中由个人援引，针对在规定期限内时未能在国内法中实施该指令的或未能正确执行该指令的国家。"[692]欧洲法院依照*Pupino*案中的指令和框架决定复制了其国内法解释规则。[693]它首先考虑到"《欧盟条约（前里斯本条约）》第34条第2款b项的措辞受到《欧共体条约》第249条第3款的启发"。具有约束力的特征要求国内法院依照框架决定解释国内法。

应特别注意执行期仍在进行的情况。在此期间，原则上，成员国没有义务遵守指令的规定。然而，如果一个成员国在实施期限过去之前确实实施了指令，情况会是怎样？指令是判断国家立法是否符合欧盟法律的标准，或者是否仍有充分的自由让成员国偏离该指令的规定？欧洲法院在*Inter Environnement Wallonie*案中对这个问题作出了答复，其中认为，应该考虑转化期的目的，即给成员国必要的时间来遵守指令中的规定。

由于它们的清晰度，欧洲法院在*Inter-Environnement Wallonie*案关于这个问题的考虑全文转载：

> 尽管成员国在规定的转化期的期限结束之前没有义务采取这些措施，但是从第5条第2款（后来的《成立欧洲共同体条约》第10条，现为《欧盟运行条约》第4条第4款：AHK）与第189条第3款（后来的《成立欧洲共同体条约》，现为《欧盟运行条约》第288条：AHK）以及该指令本身一致，在此期间，它们必须避免采取任何可能严重危害规定的结果的措施。 171
>
> 46. 国家法院应评估是否存在需要考虑其合法性的国家条款。
>
> 47. 在进行评估时，国家法院必须特别考虑所发布的条款是否构成对指令的全面转化，以及实际运用这些不相容的条款的影响及它们的持续时间。
>
> 48. 例如，如果已发布的条款旨在对指令进行完全彻底的转化，

692　1 June 1999, Case C-319/97, *criminal proceedings against Antoine Kortas*, par.21.

693　16 June 2005, Case C-105/03, *criminal proceedings against Maria Pupino*, par.33–36.

如果不能及时修改它们，则与指令的不一致可能会导致推定指令规定的结果无法在规定的时间内完成。

49. 相反，国家法院可以将成员国采取过渡措施或分阶段执行该指令的权利纳入考量。在这种情况下，过渡性国家措施与指令的不相容性或者不转化某些条款不一定会损害规定的结果。[694]

总之，如果看起来成员国打算全面实施指令，那么它是否履行了该指令规定的义务的问题已经可以在执行期结束之前进行评估。

如果委员会因违反欧盟法向成员国提起诉讼，与宣布初步裁决时不同，欧洲法院可能认为具体的国家法案违反了联盟法。这也可能对刑事诉讼产生后果。根据《欧盟运行条约》第 260 条的规定：

有关成员国的所有机构都必须按照该条款，在其各自的权力范围内确保欧洲法院的判决得到遵守。如果判决书宣布成员国的某些立法条款违反该条约，那么行使立法权的当局就有义务修改有关条款，使

172 其符合共同体法的要求。就有关成员国的法院而言，它们有义务确保在履行职责时遵守欧洲法院的判决。[695]

源自联盟的国家立法如何被辨认出来？在实践中，可能很难辨别出一个国家法案是为了实施联盟法。然而，从各种来源都提供了一些辨别欧洲国家立法的起源的协助。首先，国家立法机构有义务在修正案中提及它正在实施联盟立法。但是，成员国可能并不总是遵守这一义务，或者可能在最终条款中不再可见。例如，如果实施法案修改了“刑法”的规定，联盟来源不太可能在合并版本的“刑法典”中可见。其次，刑事诉讼当局和当事方应该对与五项自由有关的情况敏感。总的来说，欧盟的次级立法涉及这些自由。

694 18 December 1997，Case C-129/96，*Inter-Environnement Wallonie ASBL v. Région Wallonne*. 另见法律顾问 Jacobs 的非常有趣的意见，24 April 1997 in this case，points 1–53。

695 14 December 1982, Joined Cases 314/81, 315/81，316/81 and 83/82, *Procureur de la République and Comité national de défense contre l'alcoolisme v. Alex Waterkeyn and others*；*Procureur de la République v. Jean Cayard and others.*

第二编

欧盟中的刑事司法

173 本书第一编的焦点是基本自由和国家法之间关系的平衡，刑事司法所扮演的角色仅仅是附带的结果，并不是首要的。但是因为刑法和刑事诉讼法本身的特性，第一编中讨论的观点同样与此二者相关，与量刑也是相关的。第一编主要解决的是成员国的义务，第二编则角度不同。本编中讨论的重点是行为的入罪、刑事诉讼以及量刑。因此，这并不是欧盟为其公民创造的自由，而是成员国和欧盟共同为公民设置的限制。尽管大部分刑事活动遵循国内的刑事司法制度，我们也必须为了被告人、检察官、被害人和国家法院考虑到刑事诉讼中欧盟法和国家法重叠带来的后果。

此外，第二编还讨论了欧盟法不同部分中与刑法相关的规定所形成的欧洲刑事司法制度。这为第三编讨论的焦点问题，即欧洲对于犯罪所采取的普遍做法搭建了桥梁。

第五章　欧洲实体刑法

1. 简　介

本章将讨论由欧洲不同层级的刑法所形成的欧洲实体刑法。欧洲刑法的一个特点就是其来源于不同的层级。这是联盟的法律，包括成文法和法律基本原则；也包括国家法和作为国家法和法律基本原则一部分的人权义务。因此，在国家刑法层面适用联盟法律是非常复杂的。联盟法律和国家法律之间具有双向作用。自从马斯特里赫特条约生效以来，编纂整理了法律基本原则（现在规定在新欧盟条约中的第 3 段第 6 条），各成员国的相关法律传统也在该条中被特别提及。 175

第二节将讨论欧盟在实体刑法中的立法权限和影响。欧盟在刑法方面到底有什么权力？如何在实践中塑造刑法？现有的关于欧盟实体刑法的各个分散规定将按照通常的刑事司法制度加以阐述。因此，第三节将讨论欧盟刑法的总则，第四节讨论分则。将分散的规定按照系统进行整理的价值在于找出欧盟法律发展的特殊方式。

本章在实践方面的意义是双重的。一方面为国家刑法和欧盟法之间的关系提供指引，另一方面用实例阐明了欧盟刑法总则部分的发展，为欧洲公共检察官办公室的建立提供支持。第五节分析了欧盟特有的刑事政策类型。本章结尾部分讨论了欧盟实体刑法如何在成员国国内法中得以实施的问题。

使用的术语是一个值得特别注意的问题。欧盟法可能会使用在国内刑事司法制度中同样被使用的术语。[696] 例如，在指令或是框架决定中，意图 176

696　更多细节参见：Johannes Keiler and David Roef（eds.），Comparative Concepts of Criminal Law，Intersentia 2015.

（*intent*）或参加（*participation*）这些术语会立刻令人联想到国内刑事司法系统中相同或是类似的词语。而联盟立法和判例法都会译成各个成员国的语言，这一事实则加重了上述联想。然而，我们需要牢记的是，欧盟法必须按照自成体系的方式进行解释，[697]成员国国内的解释并不具有决定性。事实上，如果国内法的解释具有决定意义，那么就无法保证统一的解释体系。这一做法贯穿于第二编的始终。此理同样适用于程序法上的术语。听取证人证言、无罪释放或是监禁的实际意义在各个成员国中是大相径庭的。对于实体法和程序法都存在的一个挑战，就是判断一个欧盟法律中的术语是应该以一个自成体系的方式进行解释还是按照国内法进行解释。[698]

国内法的限制

尽管本章的重点是实体刑法的原则和要素，但是在第一编中讨论的实体规范也必须适用。因此，在实施国内刑法时，也必须尊重用于塑造欧盟内部市场的基本自由。[699]此外，希腊玉米案（*Greek maize*）标准可能会导致国内法被搁置以及国内刑法不能被适用。当涉及通过刑法实施欧盟法时，成员国依然具有忠实合作的义务。在 Cowan 案中，欧洲法院具体描述了成员国对此具有的自由裁量权：

> 尽管在原则上各国规定中都包括刑事立法和刑事诉讼规则并且由各个国家负责，但是法院不断强调共同体立法为国家的权力设置了限制。这种立法权力不得歧视被共同体法律赋予平等权的人，或是不得限制共同体法律保障的基本自由。[700]

此外，禁止民族歧视也会影响国内法。然而，当禁止规定对民族或是
177 血统不存在不利影响时，成员国则可自由进行规定。[701]例如，如果不存在比

697　参见第四章第 3 节。

698　参见第四章第 3 节。

699　6 March 2007，Joined Cases C-338/04，C-359/04 and C-360/04，*criminal proceedings against Placanica，Palazzese and Sorrichio*，par.68.

700　2 February 1989，Case 186/87，*Ian William Cowan v. Trésor Public*，par.19.

701　18 March 1980，Case 52/79，*Procureur du Roi v. Marc J.V.C.Debauve and others*.

较，不适用于特定民族的外国人犯罪是可以存在的。[702]

在一些情况下，欧洲法院曾判决，尽管成员国应该防止对欧盟法的特定侵犯，但是在特定案件中适用刑法可能是不合比例的。[703]总体上讲的刑法处罚以及监禁，在仅仅违反行政法的情况下是不合比例的。这可能出现矛盾之处。一方面，欧盟法要求成员国履行欧盟法律。另一方面，欧盟法会排除刑法的适用。结果就是，这将由成员国来确定平衡点。欧盟法可以影响适用、自由裁量权以及成员国适用国内刑法的范围。只要一个成员国拒绝完成某行政规范或认为不可能完成，那么该成员国可以在违反欧盟法的情况下不将刑法适用于未能完成的情况。[704]在还没有被协调一致的领域，成员国在自己国家确定的原则的基础上[705]可以完全自由地将某行为入罪。[706]

一个凸显欧盟法和国家法之间的分歧的案例是 *Michelangelo Rivoira and others*，理由是这些人就从西班牙进口的葡萄的来源地做虚假声明（案件来源 *Tribunal de grande instance de Montpellier*，法国）。[707] Michelangelo Rivoira 和他的合作伙伴声明葡萄来源于意大利。法国海关检查了进口信息并发现此声明是不真实的。然而。基于欧洲经济共同体和西班牙（西班牙当时还不是成员国）之间的协定，西班牙葡萄在进口发生时并不是任何被禁止的对象。此外，因为法国不被允许妨碍进口，法国确实有权限要求对来源地做出说 178
明并进行检查。欧洲法院对国家刑法的界限做出了说明：

尽管从意大利进口到法国的西班牙葡萄被宣称原产于意大利，这

702　14 July 1977，Case 8–77，*Concetta Sagulo*，*Gennaro Brenca and Addelmadjid Bakhouche*，par.12.

703　7 July 1976，Case 118–75，*Lynne Watson and Alessandro Bellmann*，par.21；15 December 1976，Case 41–76，*Suzanne Criel*，*née Donckerwolcke and Henri Schou v.Procureur de la Republique au tribunal de grande instance de Lille and Director General of Customs*；29 February 1996，Case C-193/94，*criminal proceedings against Sofia Skanavi and Konstantin Chryssanthakopoulos.*

704　6 March 2007，Joined Cases C-338/04，C-359/04 and C-360/04，*criminal proceedings against Placanica*，*Palazzese and Sorrichio*，par.69. 参见第六章第 8.2 节。涉及就某一国家刑法条款不适用的决定的程序问题。

705　例如，他们可以将更加有利的新刑法规定适用于过去的案件事实。26 September 1996，Case C-341/94，*criminal proceedings against André Allain and Steel Trading France SARL*，*as a party liable at civil law*，par.28–30.

706　即使在相关领域存在一个指令也是如此。5 February 1981，Case 108/80，*criminal proceedings against René Joseph Kugelmann*.

707　28 March 1979，Case 179/78，*Procureur de la Republique*，*Michelangelo Rivoira and others.*

> 一事实在恰当情况下可能违反关于禁止虚假声明的刑法规则，但是将原本是针对禁止进口的产品而规定的关于禁止虚假声明的刑法规则无差别地用于此处，确实是不合比例的。[708]

换言之，法国被允许检查并以虚假声明为由起诉 Michelangelo Rivoira。然而此处虚假声明的严重性程度不能与被禁止进口的产品相提并论。

除去欧盟法对现有法律的影响，欧盟法还对刑法领域的立法设置了义务。规定入罪义务的方法引发的问题就是这种义务是否应该遵循最低限度的入罪（minimum criminalisation）。使用“至少”一词以涵盖特定行为（如《关于私人部门腐败问题的联合行动文件 98/742》第 2 条和第 3 条）就涉及这个问题。尽管成员国在此具有一定的自由裁量权，但是这不能被看作全权授权成员国来建立一种限制五大自由的极端压制性的体系。

欧盟法的限制

授权原则、辅助原则和比例原则限制着欧盟对成员国可能的影响。[709] 这三大原则也深深影响着立法过程。但是许多法律文本又都表明，这些原则不得改变其对基本权利负有的义务。[710] 结论就是欧盟法将特定行为入罪的做法不能够限制基本权利。2008 年 11 月 28 日通过的《框架决定 2008/919》修改了《关于打击恐怖主义的框架决定 2002/475》，特别约定：“本框架决定不得要求成员国采取任何与表达自由这一基本权利相悖的措施，特别是出版自由和在其他媒体形式下的表达自由，这些措施来源于宪法传统和与决定或限制出版和其他媒体责任有关的规则，并规制出版与其他媒体的权利和责任以及提供程序保障。”《宪章》第 11 条适用于其他违反表达自由的行为。

179 《欧盟运行条约》第 83 条第 3 款关于成员国刑事司法体系的基本规定是一个相对具有创新性的条款。成员国对于指令草案是否会影响本国刑事司法体系的基础层面的评估也与立法程序有很大关联。[711] 这条规则现已经被收

708　28 March 1979，Case 179/78，*Procureur de la Republique*，*Michelangelo Rivoira and others*，par.20.

709　参见第二章第 4.5 节。

710　Article 7 *Framework Decision 2008/913 on Racism and Xenophobia.*

711　还参见 Protocol No 35 第 35 号议定书免于爱尔兰接受任何与爱尔兰宪法第 40.3.3 条相违背的规则。该宪法条款保护生命权，禁止流产。

入《欧盟运行条约》第 83 条。[712] 其实，这条规则已经多次出现在三大支柱下通过的各种法律文件中。总体态度就是欧盟立法不应该改变一个成员国的法律体系。这一点也体现在《关于参与犯罪组织的联合行动文件 98/733》第 2 条上，该条规定了犯罪预备的入罪问题"遵循相关成员国刑法的基本原则"。[713]《关于打击贩卖人口的联合行动文件 97/154》第 1 部分 B 点提及了"尊重各成员国宪法规则和法律传统"。《关于未经授权入境的框架决定 2002/946》第 1 条第 4 款做出了更加明确的规定："如果对于维护国家刑法体系一致性是必要的，第 3 款中定义的行为应该被判处最高刑不低于六年的监禁，前提是此刑期属于可适用于与其同等程度的其他犯罪的最长刑期。"

《财政利益公约》第一议定书第 4 条明确规定了同化原则（assimilation principle）。成员国必须"确保在其刑法中，对某种犯罪的描述……类似地适用于欧盟官员所犯此类罪的案件中"。[714]《关于私人部门腐败的框架决定 2003/568》曾经两次提到"在国家刑法背景下"。第 1 条明确规定违反职责的含义应该根据各国国家法进行解读；第 4 条第 3 款提及"符合其宪法规则和原则的必要措施"。

在特定法律文件中对同化原则的规定，以及此原则在成员国自由选择其适用和执行欧盟法的机制的场合时的普遍适用，都表明在刑法领域中欧盟法规定的义务不得与成员国刑事司法体系中既存的基本原则相违背。[715]

基于上述条款以及成员国对接受会系统性改变自己国家刑事司法体系的规定表现出的不情愿，欧盟法不会要求成员国在适用欧盟法时改变自己 180
刑法的基础特征。[716] 从这一点上讲，成员国刑法影响欧盟法。这个原则的一

712　参见第二章第 4.6 节。

713　该联合行动文件被《关于打击有组织犯罪的框架决定 2008/841》（*Framework Decision 2008/841 on the fight against organised crime*）废止，后者没有提及国家体系。

714　Article 4 *Corruption Convention.*

715　1997 年 6 月 16 日《关于对新合成药物的信息交流，风险评估和控制的联合行动文件 97/396》，OJ 1997，L 167/1 是关于在新毒品风险方面尽快交换信息，因此能够保证成员国将之列为非法。

716　特别是在德文文献中，刑法的特殊性被写成不愿修改国家法律的原因，或是德文"对刑法特殊性的保护是欧洲化的边界"。Helmut Satzger，in Helmut Satzger，Ulrich Sieber，and Bernd von Heintschel-Heinegg（eds.），Europäisches Strafrecht，2nd edition，Baden-Baden 2014，p.253. 我并不认为刑法的属性在这里会造成什么不同，而是授权原则、辅助原则和比例原则这些一般原则限制了欧盟法可能对国家（刑法或是其他）法律造成的影响。

个例外就是基于《欧盟运行条约》第 83 条通过的指令中明示规定需要作出改变的地方。

2. 欧盟在刑法领域中的立法权限

《欧盟运行条约》第 83 条中的两个基础

《欧盟运行条约》第 83 条第 1 款规定，在具有跨境属性的特别严重犯罪领域，鉴于其属性或是影响，或是出于建立一个打击此类犯罪的共同基础的特殊需要，欧盟可以以指令的方式定义该领域中犯罪行为并规定刑罚的最低标准。[717] 这些犯罪如下：恐怖主义犯罪、人口贩卖以及对妇女儿童的性剥削、非法毒品买卖、非法武器买卖、洗钱、腐败、伪造支付方式、电脑犯罪和有组织犯罪。此外，欧盟可以“基于犯罪的发展”，决定在此列表中加入其他犯罪。

《欧盟运行条约》第 83 条第 1 款给出了两个理由解释各个成员国刑法和相关规则趋同：第一，犯罪的属性和影响；第二，建立一个打击此类犯罪的共同基础的特殊需要。

在已经协调一致的领域中，刑法趋同对于确保欧盟政策实施是必要的，此时，《欧盟运行条约》第 83 条第 2 款创造了其他权限。这个补充性的权限可以被认为是对欧洲法院判例法的汇编。[718] 从逻辑上来讲，第 1 款中的
181 各项不涵盖第 2 款，反之亦然。这两款各自规定不同类型的犯罪。[719]

《欧盟运行条约》第 83 条第 1 款授权欧盟通过指令“规定犯罪定义和刑罚的最低标准”。[720] 第一个问题就是犯罪的定义和刑罚，以及什么算是最低标准。至于犯罪定义，很明显，一个指令可以规定犯罪构成。这自然就

717　Petter Asp，The Substantive Criminal Law Competence of the EU，Towards an Area of Freedom，Security & Justice，Stockholms universitet 2012，Part I，pp.70–139.

718　13 September 2005，Case C-176/03，*Commission v. Council*；23 October 2007，Case C-440/05，*Commission v. Council* .See also Christoph Safferling，Internationales Strafrecht，Berlin/ Heidelberg 2011，pp.415–417.

719　Steve Peers，EU Justice and Home Affairs Law，3rd edition，Oxford University Press 2011，p.763.

720　值得一提的是其与《欧盟运行条约》第 82 条第 1 款的巨大不同，后者的“措施”可以适用于程序性事项。这意味着指令或其他法律文件可以以第 82 条第 1 款为基础。而第 82 条第 2 款和第 83 条则仅指指令。

导致指令会对被禁止的行为进行描述。因为这是一个指令，成员国必须将其规定的义务转化为自己国家的刑法。如果在国家刑法中不存在相应的条款，指令中的条款不可以成为判定刑事责任的基础。

同理，第 83 条还表明，指令可以要求成员国对指令中定义的犯罪必须设定的刑罚，或者更加确切地说，刑罚的形式。这个立法权限很广，可以包括在个人因为违反某禁止行为而被判定有罪的情况下，制定具体条文规定刑罚种类和程度。这可以是监禁、罚金、社区服务或任何其他形式，并指明监禁年限，该年限至少必须是国家立法中最为严厉的量刑。指令还可以进一步包括最低刑罚和强制刑罚。此外，基于《欧盟运行条约》第 83 条规定的措施还可以被用于非犯罪行为。[721]

“最低标准”的含义导致了更多的问题。[722] 特别是在涉及犯罪构成时，是很难想象的。一个指令可以规定，恐怖活动犯罪是“以恐吓一个成员国的公民为目的而故意杀害他人”。这个定义包含了如下要件：(1)杀人；(2)故意；(3)以恐吓民众为目的。我们应该怎么在这个内容下理解最低标准呢？如果此处最低被解释为可以增加其他要件，这极可能产生我们 182
不希望看见的后果。为犯罪定义增加要件会缩小被禁止行为的范围，从而令检方证明该犯罪变得更加困难。

相反，如果最低标准被理解为意图允许成员国通过减少构成要件而扩大禁止的范围，那么所导致的问题就是这是否还能够被称为一个最低标准。举例来讲，在“恐怖主义”的定义中，什么是最低标准，在一个特定成员国中“故意”是否可以不再是必要的构成要件？如果如此设定，指令中的“最低标准”所起到的趋同的效果将会非常有限。我对此用语的理解就是欧盟意图采用其他领域，如内部市场，在过去几年中使用的那种趋同机制。在特定领域中，部分内容的最低标准已经被统一，其他部分留给成员国来自由裁量。然而，在犯罪定义这一领域，这是非常令人困惑的。在 *Spector*

721　Frank Meyer，Strafrechtsgenese in Internationalen Organisationen.Eine Untersuchung der Strukturen und Legitimationsvoraussetzungen strafrechtlicher Normbildungsprozesse in Mehrebenensystemen，Nomos 2012，p.469.

722　Hans G.Nilsson，How to combine minimum rules with maximum legal certainty? Europarattslig Tidskrift 2011，pp.663–675.Asp 讨论了该书作者关于最低标准的特征的观点，并对不设限制的传统方式的最低标准提出了建议。Petter Asp，The Substantive Criminal Law Competence of the EU，Towards an Area of Freedom，Security & Justice，Stockholms universitet 2012，Part I，pp.111–127.

Photo 案中，欧洲法院曾经判决，因为《关于内幕交易和市场操纵的指令 2003/6》（现已被撤销）的目标是确保金融市场的完整以及增强投资者的信心，如果违法行为需要满足附加要件（在本案中是主观要件），那么该指令实现目标的效果就会被削弱。[723] 此外，欧洲法院还认为，因为平等机会等其他目标，成员国也不应该以更加严苛的方式实施指令。换言之，在此语境下，最低的统一性限度也同时是最高的统一性限度，并没有给成员国区别于指令行事的自由裁量的空间。然而，这个结论并不能被推定为欧洲法院的一般做法。欧洲法院的出发点是欧盟法律文件的目标，并从这个角度出发，认为就此指令而言，成员国不应该以更加严苛的方式禁止某行为。

因此，"最低"一词的解释取决于法律文件的目标（或精神）以及内部市场这一更广的语境。"精神"必须表明法律意欲何为，违反这种精神的行为都是不被允许的。《关于非法贩运毒品的框架决定 2004/757》规定"最低标准适用于犯罪构成"。《关于通过刑法保护环境的指令 2008/99》叙文 12（Recital 12）规定："本指令适用最低标准，各成员国自由决定采取或是保持更加严格的措施以有效地利用刑法对环境进行保护。此类措施必须与公约相
183 匹配。"《关于保护欧元的指令 2014/62》规定："因为本指令规定的是最低标准，所以成员国可以采取或是保持更为严格的规则以应对伪造货币的犯罪。"

《关于贩卖人口的指令 2011/36》产生了一个新问题。第 2 条以一个相对笼统的用语规定了成员国必须将"剥削"（exploitation）入罪，而前言中的叙文 11 则阐述了应该如何理解"剥削"。这是否意味着各国的立法者应该将前言部分的内容纳入本国刑法中，还是意味着前言仅仅是在各国解释本国法律时需要注意的内容，以保持本国法律与指令相一致？[724] 尽管刑法学者倾向于认为这是一个合法性的问题，但是欧洲法院持有不同观点。在禁止内部交易的一个案件中，欧洲法院判决禁止此行为的目的是"确保合同各方在股票交易中的平等"。[725]

---

723 23 December 2009，Case C-45/08，*Spector Photo Group NV*，*Chris Van Raemdonck v. Commissie voor Bank-*，*Financie-en Assurantiewezen*（*CBFA*）.

724 参见第四章第 4 节。

725 23 December 2009，Case C-45/08，*Spector Photo Group NV*，*Chris Van Raemdonck v. Commissie voor het Bank-*，*Financie-en Assurantiewezen*（CBFA），par.48. 在法律顾问 Kokott 2009 年 9 月 10 日的观点中，她认定旧的指令允许成员国扩展禁止的范围。在新的指令中则不存在这一条款。因此，她认为（现被撤销的）指令 2003/6 暗示这是一个完全协调一致的规定（81 和 87）。

国家刑法与欧盟法之间的较小差别意味着国内定义的犯罪必须与特定欧盟法律文件中规定的一样严重。[726]而执行标准的适用则进一步加强了入罪的最低门槛。第三支柱中的法律文件包括了欧洲法院在希腊玉米案中规定的执行义务。希腊玉米案标准在大多数的刑法法律中出现。这应该被认为是激励成员国将尽可能多的行为入罪并采用最为严厉的刑罚吗？[727]在标准本身中可以找到答案。除了那些更倾向于抑制犯罪的有效惩戒措施，措施应该合比例。[728]进一步讲，同化原则同样适用。各国法律关于欧盟补贴诈骗犯罪的规定不得比国内对其他相同程度的补贴的规定更为严苛。[729]行为入罪的上限在总体上讲是由比例原则决定的，具体而言，则是由罪行的定义不得 184
以不公正的方式限制公民自由这一要求决定的。[730]符合法治原则的刑法体系应该保护其公民免受无范围限制的刑法规则的侵犯。

此外还存在其他问题。第 83 条对总则部分意味着什么？欧盟是否有权利基于《欧盟运行条约》对总则部分进行立法？存在不同方式来回答这个问题。对《欧盟运行条约》文本进行语义解读得出的结论就是欧盟的立法权力仅仅限于犯罪定义和相应的刑罚。然而，如果同时涉及定义和刑罚，那么将不可避免地涉及与总则相关的问题。[731]犯罪行为中不同行为人角色之间的区分可能也要求法律加以规定。欧盟法制定刑罚的规则可以被认为这代表着欧盟同时也可以就与该刑罚相对应的特定刑事责任进行规定。欧盟可以要求成员国将法人行为定罪。在过去，框架决定确实曾经包括一些

---

726 参见本章第 3 节和第 4 节内容。

727 一个少见的案件是关于规定的犯罪定义和刑罚是否符合执行标准，欧洲法院认为，国家立法并没有符合标准，但是没有给出理由。18 October 2001，Case C-354/99，*Commission v. Ireland*. 欧盟委员会在本案中辩称刑罚应该至少 1000 爱尔兰英镑，而法律仅规定了 5 镑到 100 镑。

728 Article 3，paragraph 1，*Framework Decision 2008/919 of 28 November 2008 amending Framework Decision 2002/475 on combating terrorism* 特别规定："成员国应该保证定罪与民主社会追求的合法目标成比例，并且是必要的，应该排除任何形式的任意性和歧视。"

729 6 May 1982，Case 54/81，*Firma Wilhelm Fromme v. Bundesanstalt für landwirtschaft liche Marktordnung*，par.7.

730 关于可接受的正当化理由参见第三章第 4 节，特别是其中第 4.6 小节。Kai Ambos，Internationales Strafrecht，4th edition，C.H.Beck 2014，p.557.

731 Joachim Vogel，Die Strafgesetzgebungskompetenzen der Europäischen Union nach Artikel 83，86 und 325 AEUV，in：Kai Ambos（ed.）Europäisches Strafrecht post-Lissabon，Göttinger Studien zu den Kriminalwissenschaften Band 14，2011，p.45.

总则部分的问题，然而却从来没有被直接定义过，因此仍是由成员国进行定义。

欧盟刑法基于第 83 条第 2 款规定的行为是在哪些领域也同样可能有关系。至今，欧盟已经就某些犯罪进行了十分具体的规定，但是对于总则部分则完全保持沉默。理事会曾经试图通过制定刑法上的标准条款而打破这种沉默，但是却遭到了来自委员会的强烈反对。[732] 什么是欧盟层面的定罪标准？普遍接受的定罪原则是否适用？这包括了伤害原则（harm principle）、宽容原则（the principle of tolerance）、比例原则和辅助原则，以及刑法必须是最后的手段。

第 83 条第 2 款涉及的犯罪要“对欧盟政策的有效实施有重要影响”。但是这从事实上非常难以证明。委员会已经表明其不会再采用零散的方式进行规定。其希望能够确保刑罚的连贯性和一致性。而委员会将要如何做呢？第一印象却是《欧盟运行条约》仍然继续采用这种零散的规定方
185 式。第 83 条第 1 款对一系列犯罪进行了列举，这种方式显示了其仍然关注于特定犯罪而非着眼于普遍规则。人们可以认为这是欧盟一般权利义务（acquis）的保护性列表。

此外，第 83 条是不是欧盟在刑法领域立法权的唯一基础？欧盟是否还有其他立法权限，基于例如《欧盟运行条约》第 325 条[733] 关于诈骗的规定？欧洲法院在 2005 年和 2007 年认定两个框架决定无效的判决又如何解释？[734] 这些判决是否在里斯本条约批准后就失去了意义？起草者是否意图用《欧盟运行条约》第 83 条第 2 款来弥补欧洲法院在判决中造成的法律空白？我们必须回答这些问题。

732　Council Document 15565/09，9 November 1009，Draft Council Conclusions on guidelines and model provisions on criminal law.The Commission followed up with a Communication from the Commission to the European Parliament，The Council，the European Economic and Social Committee and the Committee of the Regions，Towards an EU Criminal Policy：Ensuring the effective implementation of EU policies through criminal law，Brussels 20.9.2011，COM（2011）573 final.

733　Satzger 表示：“通过可直接适用的刑法可能是以打击欺诈的新条文为基础［art.325（4）TFEU］。”Helmut Satzger，International and European Criminal Law，München 2012，p.56.

734　13 September 2005，Case C-176/03，*Commission v. Council*；23 October 2007，Case C-440/05，*Commission v. Council.*

关于诈骗的刑法条款:《欧盟运行条约》第 325 条

《欧盟运行条约》第 325 条提及了一个特定的犯罪:"诈骗以及其他影响欧盟财政利益的非法活动。"《欧盟运行条约》第 325 条设立了一个特殊的义务以反诈骗,该义务高于《欧盟条约》第 4 条第 3 款中成员国忠诚合作的义务。成员国必须根据同化原则履行义务(《欧盟运行条约》第 325 条第 2 款)。第 325 条第 3 款委托欧盟议会和理事会采取必要措施以防止和打击诈骗犯罪。委员会在 2012 年基于第 325 条提交了一份草案。[735] 议员们的观点则相对十分极端,认为第 325 条并不是此草案的正确法律基础,第 83 条是唯一的立法基础。[736] 与《欧盟运行条约》第 82 条和第 83 条中各自的第 3 款不同,第 325 条没有规定理事会具有紧急暂停立法程序的权力。[737]

一种剩余权限?

尽管里斯本条约在刑法领域无可辩驳地赋予了欧盟立法权限,但是对之前制度的一些看法也是有意义的。原因就是欧洲法院在那时做出的论证 186
与当下依然具有关联性。[738] 反驳观点认为《欧盟运行条约》第 83 条为刑事立法提供了一个清晰不容争辩的法律基础。此观点的前提是里斯本条约削减了之前在政策领域中的刑事立法权限。然而这是不可能的,所以有必要研究欧洲法院创造的权限。

2005 年 9 月,数十年来被认为没有争议的观点被欧洲法院推翻了。[739] 从欧洲共同体初期开始,曾经十分明确,成员国对于刑法具有唯一的权限。

735　Proposal for a Directive of the European Parliament and of the Council on the fight against fraud to the Union's financial interests by means of criminal law, Brussels, 11.7.2012, COM(2012)363 final.

736　Steve Peers, EU Justice and Home Affairs Law, 3rd edition, Oxford University Press 2011, pp.765–766. 法律基础随后变为第 83 条。John Vervaele, European Criminal Justice in the Post-Lisbon Area of Freedom, Security and Justice, Editoriale Scientifica 2014, p.49.

737　Satzger 辩称这对基于第 325 条第 4 款通过的指令同样适用。Helmut Satzger, International and European Criminal Law, München 2012, pp.81–82.

738　Valsamis Mitsilegas, EU Criminal Law, Hart Publishing 2009, pp.75–84.

739　在事后,其他法律文件和决定也赋予了欧盟委员会在刑法领域的权力。例如 Regulation 2241/87(replaced by *Regulation 2847/93 establishing a Control System applicable to the Common Fisheries Policy*)针对渔业活动建立了特定监控措施以及 27 March 1990, Case C-9/89, *in Spain v. Council*。

成员国具有义务执行共同体法律，[740]但是可以自由选择在本国中的执行方式。尽管欧洲法院已经在1992年承认共同体在确保有效适用共同农业政策领域中的规则时有权力进行刑法上的规制，[741]但是却从来没有表示过共同体立法机关可以要求某些行为必须受到刑法制裁而不是其他方式的制裁。[742]在偶然情况下，成员国会自愿接受一些例外情况，例如在洗钱和诈骗案件中，[743]但是总体来讲，成员国在刑法领域保留有排他的立法权。[744]

在2005年和2007年两个委员会诉理事会的案件中（C–176/03和C–440/05）欧洲法院彻底改变了之前欧盟刑法实施非强制性这一观点。两个案件处理的问题都是《成立欧洲共同体条约》（*Treaty establishing the*
187 *European Community*）规定的委员会在特定领域的权限是否限制了理事会基于《欧盟条约》而拥有的刑事立法权限。

委员会质疑理事会是否有权限通过含有刑法条款的框架决定。欧洲法院首先考察了旧版欧盟条约（EU）第47条和第29条这一对"双胞胎条款"。前者规定里斯本条约之前的欧盟条约中的任何一条不得影响《成立欧洲共同体条约》中的条款；后者指出欧洲法院有职责确保第6节（Title VI）范围内的行为不侵犯共同体权力。[745]

在案件C–176/03中，欧洲法院重申了在原则上刑法立法属于成员国的立法权限：

> 作为一般规则，刑法和刑事诉讼法规则的制定都不属于共同体的权限……然而，当由各国主管机关实施有效、合比例且具有劝诫作用

740　本节使用了"共同体法律"（Community law）这一表述，这是因为有助于理解相关原则。

741　27 October 1992，Case C-240/90，*Germany v. Commission*，par.11.

742　法律顾问Jacobs在其观点3 June 1992，Case C-240/90，*Germany v. Commission*，point 12中确实承认共同体在统一成员国刑法方面的权力。

743　在案件In 8 July 1999，Case C-186/98，*criminal proceedings against Maria Amélia Nunes and Evangelina de Matos*中，被告人被指控为了不正当获取欧洲社会基金提供的经济援助而伪造文书并贪污。欧洲法院认定"共同体立法并没有将不正当获取欧洲社会基金提供的经济援助作为一种罪行"（第8段）。

744　2001年，委员会向欧洲议会和理事会提交了一份指令草案，是关于用刑法保护共同体金融利益的，参见OJ 2001，C 240E/125。然而，该草案并没有被接受。

745　In 20 May 2008，Case C-91/05，*Commission v. Council*，欧洲法院就《欧盟条约》第5节（Title V of the Treaty on European Union）规定的措施作出了一个类似决定，并且废止了一项防止小型武器和光武器扩散的共同外交和安全政策方面的指令。

> 的刑法规则对于打击严重环境犯罪具有重大作用时，上述结论并不妨碍共同体的立法机关采取与成员国刑法相关的措施，只要其认为此措施对于确保环境保护相关规则有效实施是必要的。[746]

刑法的效果是最为显著的。[747] 欧洲法院随后研究了框架决定中的规定是否也“本可以在指令中进行恰当的规定”。[748] 例如，鉴于《成立欧洲共同体条约》第 80 条第 2 款并没有设定明示的限制，共同体在整个交通领域具有广泛的立法权。

在案件 C–440/05 中，欧洲法院再次确定，作为一般规则，刑法和刑事诉讼法规则的制定都不属于共同体的权限。[749] 然而，之后法院明确提出了一个具有革命性意义的标准：

> 当由各国主管机关实施有效、合比例且具有劝诫作用的刑法规则 188
> 对于打击严重环境犯罪会具有重大作用时，共同体立法机关可以要求成员国采取此种刑法规则以确保相关领域的法律得以有效实施。[750]

在案件 C–440/05 中，欧洲法院进一步判决：“共同体一项措施的法律基础必须依据客观因素进行选择，这些因素要接受司法审查，具体包括措施的目标和内容。”[751] 此表述与辅助原则相关。

这里产生数个问题。过去的共同体的权限包括哪些？这一点十分重要，这是因为在刑法领域可能存在额外的权限。在理论上讲，根据新的判例法，在欧盟法有权限的政策领域其就有资格进行刑事立法。然而，鉴于在这些领域已经存在重要的法律，把刑法作为进一步的执行手段的

746　13 September 2005，Case C-176/03，*Commission v. Council*，par.47 and 48.

747　一些人甚至表示“有效性原则是宪法原则”。Ester Herlin-Karnell，The Development of EU Precautionary Criminalisation，1 European Criminal Law Review 2011，p.162.

748　13 September 2005，Case C-176/03，*Commission v. Council*，par.51；23 October 2007，Case C-440/05，*Commission v. Council*，par.54.

749　法律顾问认定，为了在刑法领域拥有更大的权限，需要特别制定的法律基础。Opinion of Advocate General Mazák，28 June 2007，in Case C-440/05，*Commission v. Council*，point 122.

750　23 October 2007，Case C-440/05，*Commission v. Council*，par.66.

751　23 October 2007，Case C-440/05，*Commission v. Council*，par.61.

正当性可以表明刑法作为最后手段如何取得其他措施不能实现的效果。这与刑法中的一个传统原则有关，即从国家角度讲，在其遇到非法行为时，刑法是最后手段。

这也符合另一条判例法，欧洲法院曾经在一个案件中明确表明，即使在成员国有义务执行欧盟法的情况下，采取刑法这一执行方式是不合比例的。[752] 合比例性一直是欧盟法中的一个上位标准。更为严苛的刑罚要适用于更为严重的罪行。

关于给予援助（Entitlement to aid）的判例法可以阐明该问题。就此问题，欧洲法院始终认为"如果遵守某义务对于共同体体系的正常运转具有重大意义，那么违反该义务就可以通过剥夺共同体法律赋予的一项权利而受到处罚，如给予援助"[753]。

接下来的一个问题与此权限范围有关。此权限仅限于判断被禁止的行为，还是也包括决定应与之对应的刑罚？欧洲法院表明在刑法领域，共同体的立法权限不是无限制的。刑罚的种类和等级的确定并不在共同体的权
189 限内。[754] 这意味着共同体的权限仅限于对犯罪行为进行定义，此种方式仅仅能够向成员国指出其应该对此设置刑罚。之后就由成员国来决定采取其认为合适的刑罚方式（监禁、罚金或者没收），并决定被定罪之人所承受的刑罚等级（刑罚的持续时间、罚金的金额）。

这些限制保证成员国可以保留各自刑事司法体系的基本特性。刑事实体法和程序法的其他领域，如总则部分、证据规则和公正审判相关规则，没有被提及。很明显，成员国在刑罚种类和等级上的自由裁量权受到希腊玉米案标准的影响。

何时使用刑法是必要的？必要性标准产生了许多问题。欧洲法院如何判断刑罚是否完全有效？一个例子就是关于《规定对非法居留的第三国国民的雇主的制裁和措施的最低标准的指令 2005/52》，该指令声称，仅仅是

752 29 February 1996，Case C-193/94，*criminal proceedings against Sofia Skanavi and Konstantin Chryssanthakopoulos*.

753 12 October 1995，Case C-104/94，*Cereol Italia Srl v. Azienda Agricola Castello Sas.*，par.25.

754 23 October 2007，Case C-440/05，*Commission v. Council*，par.70.The Court follows the Advocate General here.See Opinion of Advocate General Mazák of 28 June 2007，Case C-440/05，*Commission v.Council*，points 111-112. 这与竞争法不同。在竞争法中，欧盟基础条约规定了处罚措施（《欧盟运行条约》第 101—106 条）。

行政处罚不足以震慑那些“肆无忌惮的雇主”。[755] 为了保证完全的有效性，将该行为定罪是必要的。但是什么是“完全的有效性”？一种手段是否符合必要性标准这一问题可以在刑事审判中进行司法审查吗？[756] 缺乏必要性是否会影响法律文件的合法性呢？

关于有效性问题，欧洲法院法律顾问 Mazák 曾暗示有必要从犯罪学角度进行理解：“刑法总是对效果不佳的情况一种恰当弥补这一假设过于简单了。”[757] 据此，在案件 C-440/05 中，就刑罚必要性的问题，欧洲法院采纳了理事会的观点。论据如下：理事会对于刑法统一化领域具有直接的权限，其在框架决定中规定刑罚是必要的，这本身就是必要性测试中要求的刑罚必要性的证据。共同体有资格采取这些措施，这是因为在与这 190
些刑罚相关的领域共同体具有权限。在将来，我们可以期待必要性不会仅仅依赖于理事会的意向，并发展出在实质上更加确定的标准。尽管由两个判决发展出的欧盟的剩余权限仍然存在，但是在欧盟可以根据其他法律基础进行刑事立法的情况下，欧盟不大可能会经常援引此剩余权限。[758]

什么是刑罚？什么是刑法？

鉴于欧盟在刑法领域拥有立法权限，所以欧盟对于刑法的定义则变得十分重要。[759] 但是刑法是否真的在欧盟层面存在一个定义？[760] 法律顾问 Mazák

---

755 Directive of 18 June 2009，OJ 2009/52，L 168/24.

756 在共同农业政策领域略有不同的情况下，欧洲法院认定法律明确性原则并不要求“欧共体机构适用的任何措施建立在理性和客观的基础上，司法审查必须……限于仅审查所涉措施是否因为明显错误或是滥权而无效，或是所涉主管机关行使的权力是否明显超越了自己的自由裁量权范围”。13 November 1990，Case C-331/88，*The Queen v. Minister of Agriculture*，*Fisheries and Food and Secretary of State for Health*，*ex parte*：*Fedesa and others*，par.8. 如果这是争辩的标准，那么必要性要求很容易被满足。

757 28 June 2007，Opinion of Advocate General Mazák，23 October 2007，Case C-440/05，*Commission v. Council*，point 117.

758 Safferling 同样认为在《欧盟运行条约》第 33 条、第 79 条和第 352 条基础上存在额外的权限。Christoph Safferling，Internationales Strafrecht，Berlin/Heidelberg 2011，pp.410–412.

759 Bernd Hecker，Europäisches Strafrecht，Springer 2005，pp.140–156.

760 法律顾问 Jacobs 在观点 3 June 1992，Case C-240/90，*Germany v. Commission*，point 11 中做出如下定义：“传统意义上讲，刑罚的目的不仅仅是震慑，还通常将之作为社会的不认同或是表示更多的道德指责。因此，刑罚的程度经常反映了社会不认同的程度，而不是出于实用主义角度。”

在案件 C-440/05 的判决中提出了这个问题。[761] 他认为刑法这一概念不存在一个统一的定义，[762] 并将《欧洲人权公约》当作一个共同的起点。为了论证自己的观点，他提及了欧洲人权法院的判例法，该判例法对刑事指控（criminal charge）做出了一个独立的定义。该定义中一个重要的因素就是刑罚必须含有惩罚性因素。[763] 欧洲法院判决："退回通过非常规行为而获得的不正当利益的义务并不违反合法性原则。退回的义务并不是一项刑罚。"[764]

迄今为止，尽管一些案件具有刑法属性，但欧洲法院并没有对此做出明确表态。例如，*Meico-Fell* 案[765] 涉及了《关于进出口关税清关后补交关税的欧盟条例 1697/79》第 2 条中"可能引发刑事诉讼的行为"的含义解读。如果补交进出口关税的要求针对的行为"可能引发刑事诉讼"，那么对提
191 出该要求设置的时间限制就不再适用了。因此，欧洲法院不得不考虑基础行为的本质为何。与法律顾问 van Gerven 不同，欧洲法院通过提及国家刑法而规避了这个问题：

> 从该条款的上下语境来看，"可能引发刑事诉讼的行为"这一表述的含义是指，在成员国主管部门要求补交关税的情况下，那些在成员国法律体系下可以根据国家刑法被归类为犯罪的行为。[766]

欧洲法院意识到这种解读会导致不同成员国之间不同的结果，但是这仅仅是"在刑法中对特定类别行为的分类还没有统一，因此分类方式

---

761 Opinion of Advocate General Mazák, 28 June 2007, Case C-440/05, *Commission v. Council*, points 69–71.

762 恰如法律顾问 Sharpston 的观点：Opinion of 15 May 2012, Case C-79/11, *criminal proceedings against Maurizio Giovanardi and others*, point 51.

763 参见第一章第 1 节，其解释了本书对于刑事犯罪的定义遵循欧洲人权法院的判例法。

764 4 June 2009, Case C-158/08, *Agenzia Dogane Uficio delle Dogane di Trieste v. Pometon SpA*, par.28.

765 27 November 1991, Case C-273/90, *Meico-Fell v. Hauptzollamt Darmstadt.*

766 27 November 1991, Case C-273/90, *Meico-Fell v. Hauptzollamt Darmstadt*, par.9. More recently, 18 December 2007, Case C-62/06, *Fazenda Pública – Director Geral das Alfandegas v. ZF Zefeser– Importação e Exportação de Produtos Alimentares Lda*, par.25–26; 16 July 2009, Joined Cases C-124/08 and C-125/08, *Gilbert Snauwaert, Algemeen Expeditiebedrijf Zeebrugge BVBA, Coldstar NV, Dirk Vlaeminck, Jeroen Den Haerynck, Ann De Wintere（C-124/08）, Géry Deschaumes（C-125/08）v. Belgische Staat*, par.25.

仍由各个成员国法律进行规定”。[767] 然而，在欧洲法院需要将刑法与其他法律区分开来时，如行政法，其就不可避免地要在欧盟层面对刑法做出定义。[768]

法律顾问 *van Gerven* 在 *Meico-Fell* 案中提议应该在共同体层面对“刑事诉讼”（criminal proceedings）做出定义。[769] 他的建议是完全采取欧洲人权法院就《欧洲人权公约》第 6 条中“刑事指控”提出的标准。鉴于当时所涉案件是关于德国“违反治安行为”（Ordnungswidrigkeit），一种违反行政法的行为，且案件情况类似欧洲人权法院标志性案件 *Öztürk* 案，所以这个建议并不令人吃惊。法律顾问 van Gerven 表示：

> 刑罚的正式分类并不重要，或者说至少不是最重要的，真正重要的是刑罚的本质和严苛程度……在本案中这一点有什么特别含义呢？本人认为，主管法院可以认定“可能引发刑事诉讼的行为”首 192
> 先是指所涉行为根据国家现行法律受到严格意义上的刑事处罚；其次还指违反了总则中条款的行为，根据国家现行法律受到的刑法处罚具有震慑或者惩罚性质和 / 或其严苛程度可以与严格意义上的刑罚等同。[770]

在 *Bonda* 案中，欧洲法院明确采纳了欧洲人权法院提出的恩格尔（Engel）标准：

767　27 November 1991，Case C-273/90，*Meico-Fell v. Hauptzollamt Darmstadt*，par.12.

768　8 September 2010，Joined Cases C-316/07，C-358/07 to C-360/07，C-409/07 and C-410/07，*Markus Stoß*（*C-316/07*），*Avalon Service-Online-Dienste GmbH*（*C-409/07*），*Olaf Amadeus Wilhelm Happel*（*C-410/07*）*v. Wetteraukreis*，and *Kulpa Automatenservice Asperg GmbH*（*C-358/07*），*SOBO Sport & Entertainment GmbH*（*C-359/07*），*Andreas Kunert*（*C-360/07*）*v. Land Baden-Württemberg*，par.115：“还应该提及的是，根据判例法，成员国不得将刑罚适用于未能完成一项行政程序的行为。”

769　Opinion of Advocate General van Gerven of 26 September 1991，Case C-273/90，*Meico-Fell v. Hauptzollamt Darmstadt*. 该观点同样解释了 *Meico-Fell* 案和欧盟委员会提出的争论。法律顾问 van Gerven 的方法在 16 年后被法律顾问 Trstenjak 采纳。3 May 2007，Case C-62/06，*Fazenda Pública – Director Geral das Alfandegas v.ZF Zefeser – Importação e Exportação de Produtos Alimentares Lda*，points 35–36 and 57.

770　Opinion of Advocate General van Gerven of 26 September 1991，Case C-273/90，*Meico-Fell v. Hauptzollamt Darmstadt*，point 10.

> 根据这个判例法，相关标准有三个。第一个标准是根据国家法对违法行为进行的法律分类，第二个标准是行为的本质属性，第三个标准是行为人应受的处罚的属性和严苛程度。对于第一个标准，我们必须认识到条例 1973/03 第 138 条第 1 款中规定的措施在欧盟法语境下从本质上讲并不属于刑法措施，根据欧洲人权法院判例法，在本案中，欧盟法等同于“国家法”。对于第二个标准，需要判断的是施加于农民的处罚的目的是否具有惩罚性。[771]

欧洲法院确认措施的目的并不是惩罚，临时排除在援助申请中做了虚假陈述的申请人是为了保护欧盟资金的管理体系。[772]第三个标准则是确保刑罚的效果可以排除该农民获得进一步的援助。

欧洲法院将欧盟法下的定义和国家法下的定义等同起来。该逻辑看上去就像欧盟还没有自己的刑法。然而，在认定违反相关条例不构成刑事犯罪时，欧洲法院在本质上采取了恩格尔案中的第二个和第三个标准。[773]结果就是第一个标准（国家法下的定义）在欧盟法中不起作用。*Bonda* 案可以被认为是避免在欧盟法下对刑法做出定义的又一成功案例。

193 欧洲法院的判例法并不是全无矛盾的。在回答一个在刑事案件中拥有管辖权的法院有何职权时，欧洲法院提出了如下标准：“独立行政委员会拥有不受限制的管辖权并且适用刑事诉讼程序，该程序要遵守适合于刑事案件程序的各项保护制度。就这一点而言，应该指出的是，这里的保护制度特别包括《行政刑法》（*Verwaltungsstafgesetz*）第 1 条规定的罪刑法定原则，第 3 条和第 4 条规定的只有在有责任能力或刑事责任时才能判定有罪，和第 19 条规定的刑罚必须与责任等级和事实成比例。”[774]

法律顾问 Sharpston 代表欧洲法院发表了意见：

771　5 June 2012，Case C-489/10，*criminal proceedings against Łukasz Marcin Bonda*，par.37–39；26 February 2013，Case C-617/10，*Åklagaren v. Hans Åkerberg Fransson*，par.35.

772　法律顾问 Kokott 的观点。18 April 2013，Case C-501/11 P，*Schindler v. Commission*，point 34：“就某一主题是否为《欧洲人权公约》第 6 条项下的刑法的‘核心’部分不应该仅仅依据刑罚的等级来进行判断。”

773　其在之前就这样做过，参见法律顾问 Kokott 对之前案件的观点。15 December 2011，Case C-489/10，*criminal proceedings against Łukasz Marcin Bonda*，points 35–41.

774　14 November 2013，Case C-60/12，*proceedings concerning the enforcement of a fi nancial penalty issued against Marián Baláž*，par.39–40.

> 就如我曾经指出的那样，在框架决定第 5 条中列出的罪行可以获得互相承认和执行，其包括的是各个成员国都视之为刑事犯罪的行为，如“恐怖主义”，但是有些行为在一些国家被认为是刑事犯罪，而在其他国家则不是（在后者这些行为被行政法规制，而非刑法）。“违反交通法规的行为”就属于后一种情况。立法机关的意图就是在不需要统一“刑事”（criminal）犯罪概念的情况下简化经济处罚判决的互相承认。只要是第 5 条包括的罪行，其就获得了共同承认而无论判决国或是执行国的法律是否将该行为归类为“刑事”犯罪。因为“刑事”这一术语含义缺乏统一性，所以对“在刑事事务中拥有管辖权的法院”中“刑事事务”一词也不可能存在一致解读。据此，我认为欧盟委员会建议的解读方式不能被采纳。如果只按照成员国法律定义的“刑事事务”来判断哪些法院被包括在“特别在刑事事务中拥有管辖权的法院”中，那么这种理解会为框架决定的适用范围设置一个预期之外的限制。一些成员国没有将第 5 条列举的犯罪全部归类为“刑事”犯罪，针对这些未被包括在内的行为，成员国法院作出的是行政判决，管辖法院也是区别于根据成员国法律规定的负责刑事案件的法院，此时，在针对这些行为作出经济处罚决定时，成员国就不能够利用互相承认程序而令其获得其他成员国的承认。这对我来说违背了立法机关将此类行为写入第 5 条的意图，并因此与框架决定的目标背道而驰。[775]

鉴于欧盟新的立法职权以及委员会和欧洲法院的监督机制，已经不可能再继续回避这个关于定义的问题了。如果来源于指令的义务是规制特定“刑事犯罪”并实施“刑罚”，那么这些行为和处罚具有的刑事本质就要受到欧洲法院的审查以判断成员国是否履行了其在欧盟基础条约下的义务。 194

欧洲法院很有可能遵循欧洲人权法院提出的恩格尔标准。这可能意味着欧洲法院在将来会对一些案件得出不同结论。在涉及恐怖分子的案件中，共同体一审法院判决冻结财产只是一种“预防性措施”，此类“措施并不构成刑事处罚，而且也并没有暗示会导致任何刑事指控”。[776] 在其他案件中

775　Opinion of 18 July 2013，Case C-60/12，*proceedings concerning the enforcement of a financial penalty issued against Marián Baláž*，points 52–54.

776　Court of First Instance，11 July 2007，Case T-47/03，*Sison v. Council*，par.101.

同样，欧洲法院也曾经判决没收由贸易者自愿交付的保证金或是抵押物并不具有刑法上的意义。[777]

欧盟加入《欧洲人权公约》可能在将来导致这一判例法被修改。欧洲法院和一审法院（现更名为欧盟普通法院，the General Court）一直以来不仅将《欧洲人权公约》中列出的那些人权适用于刑事诉讼中的被告人，还适用于竞争法程序中的被告。[778]欧盟受《欧洲人权公约》约束并适用其标准，以及《欧盟运行条约》第 82 条和第 83 条强迫欧盟立法机关明确说明什么是其认为的“刑法”，此三点综合在一起将不可避免地导致竞争法成为刑法的一种。[779]

交叉引用

195 在 2005 年之前，欧洲法院并没有在刑法领域给予共同体立法权。而这种在刑法权限上的缺失则通过使用所谓的交叉引用得到弥补，即特定行为被一个法律文件（指令）禁止，同时被另一个法律文件（公约或框架决定）入罪。此技巧在实践中被数次使用。《关于未经授权入境的框架决定

777　17 December 1970，Case 11–70，*Internationale Handelsgesellschaft mbH v. Einfuhr-und Vorratsstelle für Getreide und Futtermittel*；18 November 1987，Case 137/85，*Gesellschaft mbH and others*，*Bundesanstalt für landwirtschaftliche Marktordnung*（*BALM*）.

778　然而，这导致竞争法在没有正式声明其为刑法的情况下被当作刑法对待。这貌似表明欧洲一审法院比欧洲法院还要犹豫是否指出“欧盟委员会根据条例 17 进行的程序在本质上仅仅是行政性质”。Court of First Instance，8 July 2008，Case T-99/04，*AC-Treuhand AG v. Commission*，par.113.

779　欧洲人权法院已经认定在意大利竞争法程序中判处的罚金是《欧洲人权公约》第 6 条意义下一种的刑罚；参见 ECtHR，27 septembre 2011，*A.Menarini Diagnostics S.R.L.c.Italie*，Requête 43509/08，或是如法律顾问 Kokott 所说的，在竞争法领域“至少是刑法的近亲”。Opinion of 23 April 2009 to 10 September 2009，Case C-97/08 P，*Akzo Nobel NV and Others v. Commission*，point 39. 然而，在其观点 13 June 2014，Opinion 2/13，points 149–151 中，她强调的观点略有不同：“根据欧洲人权法院现行判例法表明的立场，尽管行政处罚，包括竞争领域中的那些，确实属于《欧洲人权公约》第 6 条中刑事诉讼程序中的保障范畴，但是它们并不是刑法的‘核心’——其也可以被描述为仅仅与刑法类似——这意味着《欧洲人权公约》第 6 条中的刑法保障并不必然地被彻底贯彻。欧洲人权法院近期明确承认如果所涉公司能够在认定卡特尔程序中对其判处罚金的决定向拥有完全管辖权的司法机关（法语：pleine juridiction）申诉，那么就可以由主管机关对其卡特尔行为判处罚金。法律保护中的欧盟体系满足了这个要求，这可以从欧洲法院判例法和欧洲人权法院的判例法中推断出来。相应地，就《欧洲人权公约》第 6 条，欧盟加入《欧洲人权公约》并不要求就竞争法领域判处罚金制度做出任何组织机构上的变化。”

2002/946》第 1 条要求成员国为《关于未经授权入境的指令 2002/90》第 1 条和第 2 条中所定义的侵害行为设置刑事处罚。此技巧的原理在于努力综合“两个世界的优势”。指令规定了需要成员国履行的义务，而框架决定则规定将行为入罪这一履行义务的方式。[780] 但是既然现在指令可以要求成员国适用刑罚这一做法获得了欧洲法院承认，里斯本条约对此也有明确规定，那么我们本可以预期交叉引用这一技巧不会再被使用。[781] 然而，2014 年颁布的《关于市场滥用的指令 2014/57》和《关于市场滥用的条例 596/2014》再次采取了这一做法。《关于市场滥用的指令 2014/57》叙文 6 阐述了如此做的原因：“通过刑罚的实施提高对市场滥用规则的遵守程度是十分重要的，相较于行政处罚，刑事处罚更能够体现社会强烈反对的态度。至少将市场滥用中的严重形式规定为犯罪的做法为那些尤其不可接受的行为类型设置了清晰的界限，并向公众和潜在犯罪者发出了信号，表明主管机关非常严肃地对待此类行为。”

3. 刑法总则的零散性

在欧洲公共检察官办公室（European Public Prosecutor’s Office）运行之前，除了竞争法领域之外，欧盟在刑法领域并没有直接执行的权力。然而，
欧盟法（成文法和判例法）确实明确规定了可适用于刑事法的规则。实体 196
刑法方面的规则是从欧盟已经颁布的法律文件以及有限数量的判例法中推导出来的。欧盟法令包括那些所有成员国刑法总则部分共有的因素。然而，因为在欧盟层面对总则没有形成系统理论，所以存在许多漏洞和灰色区域。

尽管不完整，但是现有的零散规定已经部分告诉我们什么行为被欧盟视为犯罪，什么属于共同犯罪，以及对犯罪行为的定义应该是怎样的。尽管总则和分则部分规定都是零散的，但是这些规则不断得到扩充。欧盟刑事立法对成员国刑法的影响与日俱增，这就要求欧盟刑法以类似于成员国刑事司法体系的结构进行构建。欧盟在其立法中，以及欧洲法院在其判例法中都选择尊重总则和分则这一传统划分的做法就体现了这一思路。

780　其他例子包括洗钱、涉及欧盟的欺诈、非法入境、环境保护和船舶污染。

781　13 September 2005，Case C-176/03，*Commission v. Council*；23 October 2007，Case C-440/05，*Commission v. Council*.

欧盟的立法方式（一件事项、一件事项的立法）可能导致人们对特定条款具有的总则“特征”产生怀疑。每一个框架决定或是指令就特定犯罪行为都规定了自己的总则部分。有些总则部分条款与之前的对应条款表述一致，而有些则是独特的且只出现一次。那么由此带来的问题就是这些条款是否仍可以被认为具有总则性质。然而，就如普通法系那般，尽管偶尔一些关于特定犯罪的个别法律文本已经对总则中部分原则进行了编纂，但是欧盟刑法的总则部分本身并没有被编纂成法律，而是在实践中不断发展。[782] 这就依赖于司法来塑造这一法律体系。

3.1 合法性

就如所有其他遵循法治原则的刑事司法体系一样，合法性原则是欧盟法固有的重要元素，并且得到判例法和成文法的一致认同，是欧盟法的一项普适原则。合法性原则被规定在《欧盟基本权利宪章》第 49 条之中，由其可以延伸出如下原则：罪刑法定原则、禁止溯及既往原则、（在犯罪之后宣判之前法律变更时）从轻原则（lex mitior）、纽伦堡例外原则（纽伦堡例外原则是指纽伦堡审判中发展出的对罪刑法定原则的一个例外，即遵守上级指令并不能完全排除犯罪的可能性。——译者注）和量刑成比例原则。即使在早期判例法中，欧洲法院也已经以不同的名称承认了合法性原则。欧洲法院曾判决刑罚必须具有一个恰当的法律基础。[783] 在 *Kolpinghuis* 案中，欧洲法院指出不能直接依据一个指令判处刑事责任。[784] 对违反欧盟法的刑事责任的追究总是要在成员国的刑法框架下进行。从这点上来讲，欧盟法依赖于成员国法律。关于刑法的指令必须在成员国法律框架中执行这一事实完全符合所规定的合法性原则（《欧盟运行条约》第 83 条、第 288 条和第 291 条）。

197 国家将指令转化为国内法的必要性不仅限于为转化指令而进行立法。以符合指令的方式解释法律的义务意味着做出的解释不得决定或加重刑事

782　André Klip（ed.），Substantive Criminal Law of the European Union，Maklu 2011.

783　11 November 2004，Case C-457/02，*criminal proceedings against Antonio Niselli*，par.30.

784　8 October 1987，Case 80/86，*criminal proceedings against Kolpinghuis Nijmegen B.V.*；7 October 2010，Case C-224/09，*criminal proceedings against Martha Nussbaumer.*

责任。[785] 因此，在 *Milchwerke Köln* 案中，欧洲法院指出：

> 尽管我们需要打击虚假交易，但是为生产商替换购买者这一惩罚已经预示了存在为这一刑罚设置条件和范围的法律基础。[786]

框架决定中规定的成员国义务也是如此。在成员国转化后的法律之外，框架决定内容既不能决定也不能加重刑事责任。[787] 然而，对与指令中被禁止行为相关的关键术语的解读在事实上可以造成扩大或限制刑事责任的效果。在 *criminal proceedings against Damgaard* 案中，欧洲法院认为在商业或是工业活动之外的第三人采取的行动可以伤害公共健康，保护公共健康是相关指令的基本目标。[788]

此外，条例也不允许成为刑事责任的唯一基础。从这一点来讲，条例的效果与指令的效果也并无不同。如果对国家法律的解读是符合欧盟条例的，那么各国的法院受到此解读的约束。[789] 如果做出符合欧盟条例的解读是可能的，那么成员国法院必须这样做。然而，就如指令一样，[790] 条例不能够独立于成员国现行有效的法律而独自确定或加重刑事责任。[791] 考虑到条例和 198
指令之间的区别，此处两者会产生相关效果就很不寻常了，这是因为就如欧洲法院认定的那样，从本质上讲条例根本不需要转化就可以直接生效。这种例外只能被解释为是因为刑法的根本属性，[792] 以及指令和条例之间法律

785　12 December 1996，Joined Cases C-74/95 and C-129/95，*criminal proceedings against X*，par.24；22 November 2005，Case C-384/02，*criminal proceedings against Knud Grøngaard and Allan Barg*，par.30.

786　14 July 1994，Case C-352/92，*Milchwerke Köln/Wuppertal eG v. Hauptzollamt Köln-Rheinau*，par.22.

787　16 June 2005，Case C-105/03，*criminal proceedings against Maria Pupino*，par.45.

788　2 April 2009，Case C-421/07，*criminal proceedings against Frede Damgaard.*

789　7 January 2004，Case C-60/02，*criminal proceedings against X*，par.59–63.

790　11 June 1987，Case 14/86，*Pretore di Salò v. Persons unknown*，par.18；26 September 1996，Case C-168/95，*criminal proceedings against Luciano Arcaro*，par.37 and 42.

791　7 January 2004，Case C-60/02，*criminal proceedings against X*，par.60–62. See also 28 October 2010，Case C-367/09，*Belgisch Interventie-en Restitutiebureau v. SGS Belgium NV*，*Firme Derwa NV*，*Centraal Beheer Achmea NV.*

792　《关于保护财政利益的条例 2988/95》（*Regulation 2988/95 on Protection of the Financial Interests*）第 2 条第 2 款同样将合法性原则适用于行政处罚。

效果上的区别。这种区别也是欧洲法院希望维持的。

尽管禁止类推解释，[793]但是罪刑法定原则并不禁止“对刑事责任规则进行渐进式解读”。[794]鉴于欧洲法院在解读违法行为上的自由裁量权，欧洲法院严格遵循了欧洲人权法院的判例法，这些判例法着重强调了可预见性。[795]例如，某成员国刑法中的一条法律条文转化自一个关于医药产品的指令，欧洲人权法院判决对此类特定产品的分类并不违反《欧洲人权公约》第 7 条。其言道：

> 在定义的边缘部分经常出现灰色地带。边界不明本身并不会导致一条法律条款违反第 7 条，只要能够证明在绝大部分案件中该定义足够明确即可。考虑到日常实践中可能发生的不同情况，法院进行的裁判工作正是用来消除这种因解释而导致的困惑的。[796]

根据个人的专业活动，他们可能不得不采取高度谨慎的态度。[797]欧洲法
199 院判决“如果个人可以从相关条款的表述中，或者在需要的时候借助法院的解释，知晓什么样的作为或是不作为行为会令其承担刑事责任”，那么就是满足合法性原则的。[798]

---

793 Opinion of AG Bot of 16 November 2011，Case C-72/11，*Generalbundesanwalt beim Bundesgerichtshof v. Mohsen Afrasiabi*，*Behzad Sahabi*，*Heinz Ulrich Kessel*，point 46.

794 28 June 2005，Joined Cases C-189/02 P，C-202/02 P，C-205/02 P to C-208/02 P and C-213/02 P，*Dansk Rørindustri and Others v. Commission*，par.217.

795 参见 ECtHR，15 November 1996，*Cantoni v.France*，Application 17862/91。可预见性与普通法系中充分警告（fair warning）类似。同样参见 7 June 2007，Case C-76/06 P，*Britannia Alloys & Chemicals Ltd v. Commission*，在该案中欧洲法院坚持了可预见性这一要求。法律顾问 Bot 于 2007 年 3 月 1 日在本案观点中明确讨论了《欧洲人权法院》第 7 条的要求。

796 ECtHR，15 November 1996，*Cantoni v. France*，Application 17862/91，par.32. 欧洲人权法院引用了数个欧洲法院的判例，包括 30 November 1983，Case 227/82，*criminal proceedings against Leendert van Bennekom*，在该判例中，欧洲法院解读了指令中的术语。欧洲人权法院在 *Cantoni* 案中没有发现违反《欧洲人权公约》的情况出现。

797 28 June 2005，Joined Cases C-189/02 P，C-202/02 P，C-205/02 P to C-208/02 P and C-213/02 P，*Dansk Rørindustri and Others v. Commission*，par.219.

798 3 June 2008，Case C-308/06，*The Queen on the application of*：*International Association of Independent Tanker Owners*（*Intertanko*），*International Association of Dry Cargo Ship owners*（*Intercargo*），*Greek Shipping Co-operation Committee*，*Lloyd's Register*，*International Salvage Union*，*v. Secretary of State for Transport*，par.71.

对于可预见性的强调表明法律明确是合法性原则的必要因素。[799]在针对X的刑事诉讼程序中，欧洲法院认为：

> 刑法中的条款不得被扩大解释以致损害被告人，这是事关罪与罚时合法性原则的必然要求，在行为没有被法律明确定义为有罪时，法律明确性原则禁止针对其提起刑事诉讼。[800]

因此，法律明确性是一个更广的概念，包括合法性和禁止将类推出的解释作为下级分类。

欧盟法坚持要求刑法条款应该被编入成员国国内法。判例法明确了这一点，同样要求成员国将其转化为国内法。[801]判例法完全没有迹象表明普通法系在转化欧盟法时可以罔顾必须存在成文刑法条款这一要求。法律顾问Ruiz–Jarabo Colomer进一步区分了禁止溯及既往（lex praevia）和法律明确性（lex certa）这两个要素，[802]而法律顾问Kokott曾表示：

> 这一原则还禁止对刑法条款做出不利于被告人的解释，并且在遵守指令的情况下在刑事诉讼中对如何解释条款设置了严格的限制。[803]

799　29 March 2011，Case C-352/09 P，*ThyssenKrupp Nirosta GmbH*，*formerly ThyssenKrupp Stainless AG v. Commission*，par.82. Christina Peristeridou，The Principle of Lex Certa in National Law and European Perspectives，in：André Klip（ed.），Substantive Criminal Law of the European Union，Maklu 2011，p.69–95；Christina Peristeridou，The principle of legality in European criminal law，Dissertation Maastricht，Intersentia 2015.

800　12 December 1996，Joined Cases C-74/95 and C-129/95，*criminal proceedings against X*，par.25.

801　欧洲法院曾判决，在刑法领域之外，一项共同体的措施可以例外地从其公布之前开始生效。这需要满足两个条件："需要达成的目标如此要求和需要充分尊重合法期待的时候。" 11 July 1991，Case C-368/89，*Antonio Crispoltoni v. Fattoria autonoma tabacchi di Città di Castelo*，par.17；13 November 1990，Case C-331/88，*The Queen v. Minister of Agriculture, Fisheries and Food and Secretary of State for Health*，*exparte*：*Fedesa and others*，par.45.

802　Opinion of 18 June 1996，Joined Cases C-74/95 and C-129/95，*criminal proceedings against X*，point 57.

803　Opinion of Advocate General Kokott of 10 June 2004，Case C-457/02，*criminal proceedings against Antonio Niselli*，point 54.

200 然而，即使合法性原则本身不要求对指令做出明确的解释，但是其却排除了扩大解释的可能性。[804]欧洲法院确认了这一观点，认为诉讼的刑事属性以及合法性原则并不影响严格解释：

> 对于指令范围的解释不能够取决于援引该指令的诉讼的民事、行政或者刑事属性。[805]

成员国国家法院在解释法律的时候负责评估自己的解释是否符合法律明确性原则。[806]从这点可以得出结论，转化后的国家刑法必须符合原则的要求，而不是为国家设置转化义务的欧盟法。[807]

如果一个（约束个人的）法案尚未提供成员国语言版本，那么在该语言官方期刊（the Official Journal）颁布之日之前，不得依据该法案约束个人。[808]总体来讲，欧盟法从存在可用文本之时就可适用，一般而言是指官方期刊颁布之日。[809]判例法也是以此官方期刊纸质版为准的。至于是否考虑网络上的文本，欧洲法院确实承认大部分使用者参考 EUR-Lex 网站。但是其反复强调只有在欧盟官方期刊中刊登的版本才是欧盟认证的唯一权威版本。[810]鉴于自从 2013 年 6 月 1 日起，只有官方期刊的电子版本是被认证并且产生法律效果的，那么我们可以认为公民只能依赖于此电子版本。

---

804 Opinion of Advocate General Poiares Maduro of 24 May 2004，Case C-384/02，*criminal proceedings against Knud Grøngaard and Allan Barg*，point 24.

805 22 November 2005，Case C-384/02，*criminal proceedings against Knud Grøngaard and Allan Barg*，par.28.

806 22 November 2005，Case C-384/02，*criminal proceedings against Knud Grøngaard and Allan Barg*，par.29.

807 因此，认为特定欧盟立法违反法律明确原则的主张并没有合理依据。这一点被明确写在《欧洲形势政策宣言 2011》中，参见 1 European Criminal Law Review 2011，pp.86–103。尽管许多欧盟法律文件包括对禁止行为非常模糊的描述，但是这并没有违反法律明确原则。被告人只受到国家转化后的法律约束，而可能违反原则的是这些国家法律。

808 26 November 1998，Case C-370/96，*Covita AVE v. Elliniko Dimosio*，par.27；8 November 2001，Case C-228/99，*Silos e Mangimi Martini SpA v. Ministero delle Finanze*，par.15–16；25 January 1979，Case 98/78，*A.Racke v. Hauptzollamt Mainz*，par.15–17.

809 25 January 1979，Case 98/78，*A.Racke v. Hauptzollamt Mainz*.In 31 March 1977，Case 88–76，*Société pour l'exportation des sucres SA v. Commission*，由于罢工，该文件延迟出版发放。

810 11 December 2007，Case C-161/06，*Skoma-Lux sro v. Celní ředitelství Olomouc*.

欧洲法院还判决，无论是在刑事诉讼还是民事诉讼中，如果相关欧盟条款没有被充分地公开宣传从而引起经济参与者的注意，那么就不能援引该条款处罚这些经济参与者。[811]2003年4月4日颁布的《关于航空安全的共同基本标准的执行措施的条例622/2003》(*Regulation 622/2003 of 4 April 2003 laying down measures for the implementation of the common basic standards on aviation security*)附录中的禁止性条款就曾被认为不符合该要求。欧洲法院判决，因该附录出于保密状态，所以其不能够对公民产生不利影响（在登机行李中携带网球拍）。[812] 201

在竞争法中，委员会可以提高罚金标准这一做法已经被认可。欧洲法院认为这是可预见的，[813]欧盟委员会在设置罚金时享有较大的自由裁量权。[814]设置罚金的法律基础是《关于反不正当竞争法的条例1/2003》第23条（之前是条例17/62的第15条第2款）。委员会的指导方针并不是设置罚金数额的法律基础，仅仅是用于明确竞争条例中处罚条款的适用问题。[815]

在实施其管辖权时，欧盟普通法院和欧洲法院有权限取消、降低或是增加委员会施加的罚金或是处罚。[816]换言之，在竞争法案件中是不存在最高处罚的。[817]在*Ebony Maritime*案中，欧洲法院认为法无明文不为罚的原则不要

811　20 May 2003，Case C-108/01，*Consorzio del Prosciutto di Parma and Salumificio S.Rita SpA v. Asda Stores and Hygrade Foods Ltd*，par.96–99.

812　10 March 2009，Case C-345/06，*Gottfried Heinrich*.

813　28 June 2005，Joined Cases C-189/02 P，C-202/02 P，C-205/02 P to C-208/02 P and C-213/02 P，*Dansk Rørindustri and Others v. Commission*，par.232. This system fully complies with the principle of legality，see 18 July 2013，Case C-501/11 P，*Schindler v. Commission*，par.57 and 58.

814　28 June 2005，Joined Cases C-189/02 P，C-202/02 P，C-205/02 P to C-208/02 P and C-213/02 P，*Dansk Rørindustri and Others v. Commission*，par.336. 7 June 1983，Joined Cases 100 to 103/80，*SA Musique Diffusion française and others v. Commission*，par.105–108. 8 February 2007，Case C-3/06 P，*Groupe Danone*，par.90–92.

815　8 February 2007，Case C-3/06 P，*Groupe Danone*，par.28.

816　15 October 2001，Joined Cases C-238/99 P，C-244/99 P，C-245/99 P，C-247/99 P，C-250/99 P to C-252/99 P and C-254/99 P，*Limburgse Vinyl Maatschappij NV*(*LVM*)(*C-238/99 P*)，*DSM NV and DSM Kunststoffen BV*(*C-244/99 P*)，*Montedison SpA*(*C-245/99 P*)，*Elf Atochem SA*(*C-247/99 P*)，*Degussa AG*(*C-250/99 P*)，*Enichem SpA*(*C-251/99 P*)，*Wacker-Chemie GmbH and Hoechst AG*(*C-252/99 P*)*and Imperial Chemical Industries plc*(*ICI*)(*C-254/99 P*)*v. Commission*.

817　参见第七章第3节。

求条例规定对违法行为的具体处罚。[818]

欧盟法语境中理解的合法性原则不要求规定针对某违法行为的处罚。特别是一些欧盟层面的犯罪，其构成是否符合合法性原则存在疑问。一些对被入罪的行为的更加宽泛的描述也是此类情况。《关于私人部门腐败问题的联合行动文件 98/742》第 2 条第 2 款和第 3 条第 2 款要求对如下行为
202 入罪："至少在共同市场中涉及或是可能涉及扭曲正当竞争的行为，通过不正当奖金或是合同的不正当的履行从而导致或可能导致他人的经济损失的行为。"特别是"可能涉及扭曲"这一表述具有极高的不确定性，远远不是对禁止行为的一种清晰的描述。

从 2003 年 7 月 31 日起，这份联合行动文件被《关于私人部门中的腐败问题的框架决定 2003/568》所替代。本框架决定第 2 条第 3 款并没有解决上述针对联合行动文件提出的批判："一个成员国可以宣布在货物买卖或商业活动情况下将第 1 款限制在涉及或是可能涉及扭曲正当竞争的行为。"

这些条款令成员国在遵守合法性原则（防止对个人而言内容过于模糊）和履行其义务（防止对成员国而言内容过于模糊）两方面变得极为困难。至于措辞模糊的《关于打击恐怖主义的共同立场 2001/930》第 1 条是否符合合法性原则是存在疑问的。唯一可能的后果就是令相关欧盟法令无效。这是因为如果成员国仍然执行相关法令，那么就等于要求成员国违反一项法律基本原则（更加确切地讲是合法性中的法律明确性原则）。这种分析方法说明该结论可以类推适用于其他基本原则，尤其是人权方面的义务。违反一项基本原则的入罪是不能被用于判决公民有罪的。[819]

合法性原则不要求成员国之间符合双重犯罪原则（double criminality）。在成员国之间根据所谓罪行名单进行引渡的情况下废除双重审判原则并不违反合法性原则。[820] 欧洲法院在比利时的 *Advocaten voor de Wereld* 案中的论理

818 27 February 1997，Case C-177/95，*Ebony Maritime SA and Loten Navigator Co.Ltd v. Prefetto della Provincia di Brindisi and others*，par.35.

819 在一些情况下，欧盟立法者曾经提到何种行为不构成性犯罪："性取向不能够被认为包括根据成员国法律构成犯罪的行为：与性别相关的方面可以被考虑，但是其本身不构成适用该条款的前提假设。" Article 10，paragraph 1 sub d Directive 2004/83/EC of 29 April 2004 on minimum standards for the qualification and status of third country nationals or stateless persons as refugees or as persons who otherwise need international protection and the content of the protection granted.

820 3 May 2007，Case C-303/05，*Advocaten voor de Wereld VZW v. Leden van de Ministerraad*，par.54.

是充分的，即废除双重犯罪并不影响合法性。欧洲逮捕令是基于成员国可适用法发布的，进而对刑事责任进行追诉。

从轻原则

在贝卢斯科尼（*Berlusconi*）案中，被告人在 1986 年至 1989 年，利用 203
自己是 Fininvest 集团主席以及该集团其他公司股东的身份，为 Fininvest SpA 公司以及同一集团其他公司年度账目伪造相关文件。这些伪造文件，据称可以帮助提高专门用以特定违法交易的隐藏储备金数额。[821]

犯罪发生时的意大利民法典第 2621 条明确规定伪造文件和违法分配利润和股息可以被认定为刑事犯罪，并规定了一年至五年的有期徒刑和 1032 欧到 10329 欧的罚金。在 2002 年 4 月 16 日，民法典相关规则被议会授权政府颁布的法令（*legislative Decree*）61/2002 修改，[822] 该法令降低了刑罚标准，同时也减轻了主管和董事的责任。此外，对该犯罪的起诉是以他人提出投诉为前提的。在 2002 年修改之前，意大利关于公司法的法律是符合当时关于公司年度账目的欧盟指令的。然而修改之后的法律不再符合这些指令。

在欧洲法院的诉讼程序中，委员会辩称，考虑到犯罪发生时有效的国家刑法是符合欧盟法的，以及成员国有义务继续遵守欧盟法，那么当时有效的国家法律产生的法律效果应该得到维护。[823] 然而，欧洲法院在这一点上没有听从委员会的意见，而是适用了欧盟法的基本原则："较轻刑罚具有溯及既往的效力这一原则普遍存在于成员国的宪法传统中。"[824] 欧洲法院引用了

821　3 May 2005，Cases C-387/02，C-391/02 and C-403/02，*criminal proceedings against Silvio Berlusconi*（*C-387/02*），*Sergio Adelchi*（*C-391/02*），*Marcello Dell'Utri and others*（*C-403/02*）.

822　西尔维奥·贝卢斯科尼在 1994 年 5 月 10 日至 1995 年 1 月 17 日，2001 年 6 月 11 日至 2006 年 5 月 17 日（法律修订期间），以及 2008 年 5 月 8 日至 2011 年 11 月 16 日曾任意大利国家总理。这一情况明显作为提交欧洲法院初步裁定的基础背景。然而，提交申请的国家法院、欧洲法院、法律顾问抑或成员国在欧洲法院的程序中都没有提到这一点。

823　3 May 2005，Cases C-387/02，C-391/02 and C-403/02，*criminal proceedings against Silvio Berlusconi*（*C-387/02*），*Sergio Adelchi*（*C-391/02*），*Marcello Dell'Utri and others*（*C-403/02*），par.49–50.

824　3 May 2005，Cases C-387/02，C-391/02 and C-403/02，*criminal proceedings against Silvio Berlusconi*（*C-387/02*），*Sergio Adelchi*（*C-391/02*），*Marcello Dell'Utri and others*（*C-403/02*），par.68.

Kolpinghuis 案的判决，认为：

204 在本案所涉事项中，考虑到指令本身以及其独立于成员国转化后的国家法律这一情况，指令没有决定或增加被告人刑事责任的效果，所以成员国有权机关在刑事诉讼中并不能援引此类关于公司法的欧盟指令判处被告人。[825]

从贝卢斯科尼案中可以看出，即使在罪行发生时有效的刑法是符合欧盟法的，该法律也可以因为之后对法律的修改更有利于被告人而不被适用。[826]法律顾问 Kokott——在 *Berlusconi* 案和 *Niselli* 案——发表了与之后欧洲法院在 *Berlusconi* 案做出的判决相反的观点：

在国家立法机关的新观点与未改变的欧盟规定相悖时，我们没有理由让个人享受由这种改变带来的溯及既往的利益。相反地，法律体系的协调性要求成员国遵守欧盟法，因为欧盟法具有优先适用性。[827]

Kokott 认为在该案中，欧盟法可以要求搁置不符合欧盟法的成员国国内法。欧洲法院并没有采纳该观点。在欧洲法院的意见总体上必须被遵守的情况下，有疑问的地方在于主要被告人是当时的政治领袖一事是否会导致不同的解读。如果被告人自己造成了法律的改变，立法机关的客观性就会遭到质疑。如《欧洲人权公约》第 7 条第 2 款规定的，这种特殊的情况

825　3 May 2005，Cases C-387/02，C-391/02 and C-403/02，*criminal proceedings against Silvio Berlusconi*（C-387/02），*Sergio Adelchi*（C-391/02），*Marcello Dell'Utri and others*（C-403/02），par.78.

826　在 *Muliez and others* 案中，欧洲法院重申了这一观点。4 May 2006，Cases C-23/03，C-52/03，C-133/03，C-337/03 and C-473/03，*criminal proceedings against Michel Mulliez and others and Giuseppe Momblano*（*Joined Cases C-23/03 and C-52/03*），*Alessandro Nizza and Giacomo Pizzi*（*C-133/03*），*Fabrizio Barra*（*C-337/03*），*Adelio Aggio and Others*（*C-473/03*）.

827　Opinion of Advocate General Kokott of 10 June 2004，Case C-457/02，*criminal proceedings against Antonio Niselli*，point 72. 表述不同，但是含义类似：Opinion of Advocate General Kokott of 14 October 2004，Cases C-387/02，C-391/02 and C-403/02，*criminal proceedings against Silvio Berlusconi*（C-387/02），*Sergio Adelchi*（C-391/02），*Marcello Dell'Utri and others*（C-403/02），points 132–138 and 162.

难道不应该属于纽伦堡例外原则的范围吗？

例如，欧盟规定的基本自由自 2004 年起对那些当年加入欧盟的国家有效，那么在这些国家中从轻原则的适用对这些基本自由有什么影响？在加入欧盟之前，波兰和立陶宛工人会因为没有国家的工作许可而被处罚。如果此类案件在其加入欧盟后仍处于未决状态，这是否意味着必须适用对被告人更加有利的法律（完全的自由）？*Skanavi* 案对该问题给出了答案。
案件中的事实发生在马斯特里赫特条约生效三天前，该条约首次在第 8a 205
条中规定了自由迁移的权利。欧洲法院判决：

> 尽管诉讼中的主要事实发生在 1993 年 10 月 28 日，即在欧盟条约生效前三天，但是国家法院提交的问题关注的却是对欧共体条约（EC Treaty）的解读。尽管《欧盟条约》第 6 条很大程度上复制了欧共体条约第 7 条，第 52 条也被保留，但是成员国法院认为，第 8a 条作为一条新条款，可以在其生效之前已经开始的刑事诉讼中排除相应国内法规则的适用。因此，各成员国法院可以适用获得本国法律承认的如下原则：刑法中对被告人更加有利的规则应该具有溯及既往的效力，并因此在国内法与欧盟条约有冲突的范围内搁置国内法的适用。[828]

国家立法草案的通知机制

贝卢斯科尼案涉及的问题是在国内刑法修正案违反欧盟法的情况下该修正案的合法性，而相较之下公告则更多地具有形式上的属性。一些指令要求成员国通知欧盟委员会任何属于该指令范畴的立法草案。所涉情况是成员国在这些指令生效之后运用自己的权力通过更进一步的法律。[829] 然而，这些国内法不得违背这些指令。

通知机制就是解决这个问题的有效方法。如果成员国向欧盟委员会通

828　29 February 1996，Case C-193/94，*criminal proceedings against Sofia Skanavi and Konstantin Chryssanthakopoulos*，par.16–17.

829　这个特殊的通知义务必须与适用于转化程序的常规义务区分开来。成员国有义务将其立法草案通知欧盟委员会。委员会能够借此帮助成员国转化法律，但是委员会同样获得了成员国违反义务没有正确转化欧盟法的相关信息。关于这一点参见 the Joint Political Declaration of 28 September 2011 of Member States and the Commission on explanatory documents，OJ 2012，C 369/14。

报了其立法草案，委员会并没有表示反对，那么成员国就可以通过该立法。一个重要的例子是《关于技术标准的指令 83/189》[830] 和 1988 年 5 月 16 日的《关于通讯终端设备市场竞争的指令 88/301》。这些指令允许成员国采取进一步转化措施。

要求成员国就刑法上的特定立法草案通知欧盟委员会会产生什么影响呢？欧洲法院曾判决违反该义务构成一个重大的程序性缺陷，该缺陷会导
206 致技术性条款不适用，并且因此针对个人不具有可执行性。[831] 在国内刑事审判中被告人可以直接援引关于通知机制的指令。

在刑诉背景下，第一个问题就是判断国家相关法律是不是一个“技术性条款”，[832] 第二个问题就是判断这个技术性条款是针对谁的。换言之，被告人是否受技术性条款约束？如果答案是肯定的，那么被告人就不能被定罪。在 CIA 安全（*CIA Security*）案中，欧洲法院判决：如果一项规则有其自己的法律效力，那么从《关于技术标准的指令 83/189》角度讲该规则就属于技术规则。[833]

欧盟法和成员国国家刑法之间的矛盾

现行有效的欧盟法和国家法之间可能存在矛盾。从原则上讲，适用国家法，除非欧盟法排除国家法的适用。在合法性原则上与此相关的有三个事项。

第一个事项是欧盟法对定罪的要求是否必须被视为最低标准。与此相关的内容如下：在转化刑法条款时，被成员国入罪的行为可能多于或是范围大于欧盟法所规定的那些行为。被告人是否可以基于欧盟法规定的较小的入罪范围从而主张更宽泛的定义，不能够对其形成不利判决？我们貌似可以根据不同欧盟法的精神而得出不同的答案。所涉欧盟法是倾向于限制

830　27 October 1993，Case C-69/91，*criminal proceedings against Francine Gillon，née Decoster.*

831　30 April 1996，Case C-194/94，*CIA Security International SA v.Signalson SA and Securitel SPRL*，par.42；16 June 1998，Case C-226/97，*criminal proceedings against Johannes Martinus Lemmens*，par.33.

832　对于成员国法院而言，单单靠自己通常是非常困难的，它们经常性地向欧洲法院就此问题提出申请。8 March 2001，Case C-278/99，*criminal proceedings against Georgius van der Burg*；21 April 2005，Case C-267/03，*criminal proceedings against Lars Erik Staff an Lindberg*；16 June 1998，Case C-226/97，*criminal proceedings against Johannes Martinus Lemmens .*

833　30 April 1996，Case C-194/94，*CIA Security International SA v.Signalson SA and Securitel SPRL*，par.29 and 30.

入罪，还是为成员国设置了义务要求成员国至少将欧盟法律文件中描述的行为入罪？对于前者，被告人可以援引欧盟法案，国内法应该被搁置，而对于后者，成员国则可以自由地适用国内法。

在关于内部交易的一个案件中，欧洲法院曾判决可以适用国内刑法中更加严格的条款，认为这些国内法条款是普遍适用的，并未仅针对特定类别的人。[834] 三大支柱的法律文本给人们的印象是被告人不大可能援
引欧盟法案。在一定程度上，欧盟法案仅仅是最低入罪标准。然而，恰 207
如本章第 1 节中提到的那样，其他规定，如比例原则，可以起到平衡宽泛定义的作用。

第二个事项是在原始欧盟法令被废止的情况下成员国之间据此转化而成的国内刑法的状态问题。之前讨论过的两个框架决定的废止[835]就导致了如下问题：这种废止是否影响之前为了履行该协议而通过的国内刑法规则？如果不影响国内刑法，那么国内法院是否仍然必须按照这些框架决定解释国内法？在废止框架决定的情况下，成员国是否也同时被解除了其他义务，比如履行的义务？这些问题的答案一定是：废止是与理事会采取特定措施的权限相关的。欧洲法院的判决不能够废止成员国的法律。

换言之，某欧盟法的废止不影响国家法律。制定实体刑法的权限独属于成员国这一事实可以解释这一结论。国内刑法的有效性依赖于欧盟法有效性会违背法律明确性。那么成员国的法院将不得不判断哪一部分的国内法律是用以转化欧盟法的，哪一部分不是。

第三个事项与反恐怖主义立法中出现的问题相关。在诉 E 和 F 的刑事程序（*criminal proceedings against E and F*）中，成员国的刑事法院根据某一组织被写入一欧盟条例而认定该组织为恐怖组织。在这种情况下，条例是被告人被定罪或对其适用的国内法的基础，被告人可以主张该条例中的相关条款不具有合法性，因为国内法院本身不具有判断是否合法的管辖权，所以被告人可以要求国内法院将该问题提交欧洲法院。[836] 恰如法律顾问在其意见中阐明的那样，这种情况是由合法性原则导致的："当本身不具

---

834 3 May 2001，Case 28/99，*criminal proceedings against Jean Verdonck*，*Ronald Everaert and Edith de Baedts*.

835 *Framework Decision 2005/667 on Ship-source Pollution and Framework Decision 2003/80 on the Protection of the Environment*.

836 29 June 2010，Case C-550/09，*criminal proceedings against E*，*F*，par.45.

有刑事属性的法律条文被用以共同判断罪行内容的时候，恰如本案中条例 2580/2001 和理事会关于冻结 DHKP-C 基金的决定，那么该原则同样适用于这些法律条文。”[837]

208 就刑事责任方面，本段中讨论的各种不同角度可以总结为如下表格。

成员国刑法的转化和适用

转化的不同阶段 （已入罪）行为	转化期间			转化已完成	
	成员国尚未转化成国内法	成员国转化国内法错误	成员国转化国内法正确或是已经符合欧盟法规定	成员国转化国内法正确	成员国本应该转化国内法正确
行为根据国内法已入罪。欧盟指令将该行为出罪	自由裁量是否处罚	不能处罚	不能处罚	不能处罚	不能处罚
欧盟指令将行为入罪	不能处罚	不能处罚	必须处罚	必须处罚	不能处罚

3.2　管辖权

管辖权可以被定义为立法机关将法律适用于特定行为的权力。将刑法适用于某行为可能与行为发生地有关，也可能与行为人有关，或是行为所针对的人有关。本节将讨论欧盟法中不同的管辖原则。成员国同样必须将与犯罪行为相关的管辖权原则转化为国内法。在国内法不存在相应管辖基础的情况下，成员国不能够仅以一个指令中的规定为基础宣布管辖权，这是因为欧盟法律的直接适用不得判定或加重刑事责任。

因为欧盟法律文件将管辖权和实体刑法规则规定在一起，所以管辖权问题会在本章进行讨论。在实体刑法或刑事诉讼法领域的管辖权资格问题上，各个成员国在其刑事司法体系上的规定各有不同。事关特定犯罪的管辖权肯定含有实体刑法因素。然而，程序因素貌似更占据主导地位，特别是在一事不再审原则背景下。[838]

837　View of Advocate General Mengozzi of 17 May 2010，Case C-550/09，*criminal proceedings against E*，*F*，point 117.

838　参见第六章第 4.2.2 节。

3.2.1 地域管辖权

在管辖权这个问题上，欧盟总体来讲采取了一般的管辖权原则。[839] 就 209
像世界上其他刑事司法体系一样，欧盟法规定地域管辖是所有其他管辖权原则的基础。这意味着成员国对在本国领土上实施的犯罪有管辖权。《关于非法贩运毒品的框架决定 2004/757》第 8 条就是一个例子，在其他许多法律文件中也可以找到，要求（有时候是允许）成员国对“在其领土中实施的全部或部分犯罪”拥有管辖权。[840] 因此，管辖权要求与领土存在联系，恰如成员国国内法规定的那样。《关于参与犯罪组织的联合行动文件 98/733》第 4 条以及第一支柱中的数个法案，例如《制定适用于共同渔业政策的控制系统的条例 2847/93》第 1 条，同样规定了管辖权义务。

欧盟法通常将判断犯罪发生地的方法留给成员国来决定。然而，仍有一些例外。在一些情况下，欧盟法律以犯罪实施方法为基础对管辖权进行了扩展。管辖权涵盖“以与领土有连接的电脑系统为实施方法的犯罪，而不论该电脑系统是否在领土上”[841]。

《财政利益公约》第 9 条第 4 款可以被认为是一个类似的扩展，尽管其与犯罪过程有关：“全部或部分在领土上实施，包括在该领土获利的诈骗行为。”[842]《关于打击恐怖主义的框架决定 2002/475》第 9 条第 4 款要求：在恐怖主义“已经全部或部分在其领土上实施，即恐怖组织基地建立在该国领土上或是在该国领土上进行他们的犯罪活动”的情况下，该成员国必须

---

839 比较法观点参见：Martin Böse，Frank Meyer and Anne Schneider（eds.），*Conflicts of Jurisdiction in Criminal Matters in the European Union*，*Volume I：National Reports and Comparative Analysis*，Nomos 2013，pp.411–463.

840 Article 6 *First Protocol Financial Interests Convention*；Article 7 *Corruption Convention*；Article 7 *Joint Action 98/742 on Corruption in the Private Sector*；Article 9 *Framework Decision 2001/413 on Combating Fraud*；Article 9 *Framework Decision 2002/475 on Combating Terrorism*；Article 6 *Framework Decision 2002/629 on Combating Trafficking in Human Beings*；Article 4 *Framework Decision 2002/946 on Unauthorised Entry*；Article 7 *Framework Decision 2003/568 on Corruption in the Private Sector*；Article 17 *Directive 2011/93 on Sexual Abuse of Children*；Article 7 *Framework Decision 2008/841 on the fight againstorganised crime*；Article 9，paragraph 1 sub a *Framework Decision 2008/913 on Racism and Xenophobia*.See more recently Article 10，paragraph 1 *Directive 2011/36 on Trafficking in Human Beings*；Article 10 *Directive 2014/57 on Market Abuse*.

841 Article 17，paragraph 3 *Directive 2011/93 on Sexual Abuse of Children*.

842 参见 Article 8，paragraph 1 sub c*Framework Decision 2003/80 on the Protection of the Environment*（被欧洲法院认定无效）。

拥有此类犯罪的管辖权。类似地，《关于保护环境的框架决定 2003/80》（被
210 欧洲法院认定无效）第 8 条第 1 款与管辖权的惯常表述也存在差别，该款规定对于“全部或者部分在其领土上”实施的犯罪，“即使犯罪的效果完全发生在其他地方”，成员国也应该规定相应的管辖权。

无论如何，管辖权必须与领土有联系。在竞争法中，对于所在地在欧盟之外的公司是否有管辖权存在争议。欧洲法院曾经认定，如果公司活动对欧盟内部市场有影响，那么就存在管辖权。[843]

《关于对信息系统的攻击的指令 2013/40》第 12 条第 2 款要求各个成员国的领土管辖必须包括如下两种情况：其一是犯罪行为人在实施犯罪时身处在该国领土，而不论犯罪行为是否侵犯的是该领土内的信息系统；其二是犯罪行为侵犯了该领土内的信息系统，无论行为人是否身处该领土内。[844] 此外，《财政利益公约》第 4 条第 2 款含有一条十分有趣的条款，该条款中规定的管辖权貌似与犯罪参与者居住地有关：“在其领土中的个人明知地协助或是引诱在其他成员国领土上实施此类欺诈。”公约中其他部分则没有证据表明欧盟法规定了犯罪地的确定标准。

域外管辖权涉及的是对在成员国领土外实施的犯罪的管辖权问题。对欧盟境内发生的犯罪和欧盟境外发生的犯罪的管辖权之间进行区分十分重要。作为一个先决问题，欧洲法院认定欧盟法没有要求成员国“管辖权扩张至超过国际法原则设定的界限，此处国家法原则应该是关于国家间刑事管辖权分配的且普遍被接受的原则”[845]。如果真的在实践中涉及了域外管辖权，欧盟必须在行使其权利的时候尊重国际法。[846]《船源污染框架决定 2005/667》（被欧洲法院认定无效）第 7 条提及了成员国根据国际法确定的专属经济区或是等同区域。

国际法同意欧盟对其境外实施的犯罪具有管辖权，这种情况可以在欧盟法案中找到。《关于打击恐怖主义的框架决定 2002/475》第 9

843　14 July 1972，Case 48–69，*Imperial Chemical Industries Ltd. v. Commission*，par.126. 法律顾问 Mayras 在其 1972 年 5 月 2 日的意见中详细地提及了常设国际法院（the Permanent Court of Justice）在 1927 年 *Lotus decision* 案中就国际犯罪管辖权做出的判决。

844　Article 9，paragraph 2 *Framework Decision 2008/913 on Racism and Xenophobia*.

845　27 March 1990，Case C-9/89，*Spain v. Council*，par.27.

846　24 November 1992，Case C-286/90，*Anklagemyndigheden v. Peter Michael Poulsen and Diva Navigation Corp*.

条第 1 款规定，在犯罪行为发生在其他成员国领土上的时候，成员国可以扩张管辖权。共同体领土被定义为适用欧盟条约的所有成员国的领土之和。[847] 此外，部分条文还适用于成员国公民和在成员国注册的 211
船舶。

3.2.2 船旗国管辖原则

《关于打击恐怖主义的框架决定 2002/475》第 9 条第 1 款规定了船旗国管辖原则："(在如下情况成员国应该采取必要措施建立对犯罪的管辖权) 犯罪发生在悬挂有该国旗帜的船舶上或是在该国注册的飞行器。"[848]船旗国管辖原则规定了成员国对悬挂有该国国旗的船只上或飞行器中实施的犯罪具有管辖权。根据国际法，船舶的国籍由其注册地决定。结果就是，欧盟的渔业法律不适用于在欧盟境外注册的船舶。[849] 船舶不可能具有双重国籍。即使船长，甚至全体船员都具有欧盟籍，这条规定也不会改变。国际法进一步允许在成员国领水上的无害通过权。然而，欧盟法律可能适用于航行于内水的船舶或是停靠在成员国港口的船舶。[850]

3.2.3 主动属人管辖原则

在很多法律文件中都可以找到主动属人管辖这一管辖权原则。术语"主动属人管辖"的含义是一个国家对其本国公民实施的犯罪具有管辖权。《关于非法贩运毒品的框架决定 2004/757》第 8 条允许成员国对本国

847　关于特殊限制措施 Recital 7 of Regulation 2580/2001 of 27 December 2001 在涉及反恐时可以针对个人和实体，OJ 2001，L 344/70。该条例第 10 条是关于本条例适用问题的，该条文可以导致成员国适用国内法规定的管辖权，进一步参见 29 March 2007，Case C-111/05，*Aktiebolaget NN v. Skatteverket*，par.53–61。

848　Article 7，paragraph 1 sub c *Framework Decision 2005/667 on Ship-source Pollution*(被欧洲法院认定无效) for ships. 类似地，Article 8，paragraph 1 sub b *Framework Decision 2003/80 on the Protection of the Environment*(被欧洲法院认定无效)。

849　24 November 1992，Case C-286/90，*Anklagemyndigheden v. Peter Michael Poulsen and Diva Navigation Corp*，par.12–19.

850　24 November 1992，Case C-286/90，*Anklagemyndigheden v. Peter Michael Poulsen and Diva Navigation Corp*，par.22–29.

国民和在其领土上建立的法人拥有域外管辖权。[851]在《关于性侵儿童的指令
212 2011/93》中规定主动属人管辖就是为了打击欧洲人去其他国家进行性旅游。[852]欧洲法院曾经有机会判断主动属人管辖原则是不是基于国籍的歧视。法院认为某成员国公民可能比非该国公民就在国外所犯罪行面临该国更宽的管辖，这并不足以构成上述歧视。[853]国家为本国公民规定更差待遇是为判例法允许的，该判决与此判例法相一致。[854]

主动属人管辖原则中的一个特殊问题就是官员犯罪时的管辖问题。在《财政利益公约》第一议定书和《反腐败公约》（*Corruption Convention*）中关于成员国官员和共同体官员章节中都可以找到相关条款。

《关于保护环境的框架决定 2003/80》（被欧洲法院认定无效）第 8 条第 1 款 b 项要求，"如果成员国公民所犯罪行违反了犯罪地刑法或是犯罪地不处于任何领土管辖范围内"，则成员国必须对犯有罪行的本国公民拥有管辖权。[855]这是因为很多罪行的定义中都包含"非法"这一要素。理所当然地，合法性是由犯罪地国家的法律确定的。然而，如果罪行发生在领土或是领水之外，这就比较成问题了。

总的来讲，与各成员国刑事司法体系相比，尽管令人惊讶，但是主动属人管辖原则或是国籍管辖原则并没有以行为在发生国入罪为前提。一个较少见的例子就是在《财政利益公约》第4条第1款中对双重犯罪的规定。[856]

---

851 Article 7 *Joint Action 98/742 on Corruption in the Private Sector*; Article 9 *Framework Decision 2001/413 on Combating Fraud*; Article 9 *Framework Decision 2002/475 on Combating Terrorism*; Article 6 *Framework Decision 2002/629 on Combating Trafficking in Human Beings*; Article 4 *Framework Decision 2002/946 on Unauthorised Entry*; Article 7 *Framework Decision 2003/568 on Corruption in the Private Sector*; Article 17 *Directive 2011/93 on Sexual Abuse of Children*; Article 12, paragraph 3 *Directive 2013/40 on Attacks against Information Systems*; Article 7 *Framework Decision 2005/667 on Ship-source Pollution*（被欧洲法院认定无效）; Article 7 *Framework Decision 2008/841 on the fight against organised crime*; Article 9, paragraph 1 sub c *Framework Decision 2008/913 on Racism and Xenophobia*; Article 10, paragraph 1 *Directive 2011/36 on Trafficking in Human Beings*; Article 10 *Directive 2014/57 on Market Abuse*.

852 Recital 29 *Directive 2011/93 on Sexual Abuse of Children*.

853 14 July 1994, Case C-379/92, *criminal proceedings against Matteo Peralta*.

854 参见第三章第 4.4 节。

855 Article 7, paragraph 1 sub d *Framework Decision 2005/667 on Ship-source Pollution*.（被欧洲法院认定无效）

856 Article B referring to Article A, sub F（ii）of the repealed *Joint Action 97/154 on Trafficking in Human Beings*.

类似地，《关于打击欺诈的框架决定 2001/413》第 9 条允许在适用主动属人管辖原则时受到双重犯罪原则的限制。被废除的《关于打击贩卖人口的联合行动文件 97/154》第 C 条要求那些保留双重犯罪原则的成员国审查该原则的必要性。《关于贩卖人口的指令 2011/36》第 10 条第 3 款以及《关于性侵儿童的指令 2011/93》第 17 条第 4 款[857]在域外管辖权一些基础方面全面废除了双重犯罪原则。[858] 213

在法律中经常会出现或引渡或起诉原则。[859]在国际刑事诉讼法中可以找到该原则的源头。在一个国家接到引渡请求时国际刑法只提供了两个选择：要么同意引渡涉案者，要么自己审判。后一个选项表明了之前所述的双重犯罪管辖原则不适用。

《关于欧洲逮捕令的框架决定 2002/584》与之前的国际条约和欧盟法案不同，该框架决定第 4 条和第 5 条不再允许仅凭借被请求引渡的人是本国公民和定居者为理由拒绝引渡请求。然而，成员国可以以公民或是定居者在本国服刑为引渡条件。

《关于打击恐怖主义的框架决定 2002/475》中或引渡或起诉条款与其他所有框架决定和联合行动文件都有轻微的不同。第 9 条第 3 款规定：

> 在成员国拒绝将第 1 条至第 4 条所列犯罪的犯罪嫌疑人或是已定罪的上述犯罪的行为人移交或是引渡至其他成员国或是第三国家，那

857　根据一份受害者报告，管辖权类似，参见第 17 条第 5 款。

858　《关于保护欧元的指令 2014/62》第 8 条第 2 款类似。后者的条文增加了一条令人十分费解的条款，是关于对煽动、协助和教唆，以及犯罪未遂行为的管辖权。这一规定在其他任何欧盟法律中都没有出现过。

859　See Article 5 *Financial Interests Convention*; Article 8 *Corruption Convention*; Article 7, paragraph 4 *Joint Action 98/742 on Corruption in the Private Sector*; Article 10 *Framework Decision 2001/413 on Combating Fraud*; Article 9, paragraph 4 *Framework Decision 2002/475 on Combating Terrorism*; Article 6, paragraph 3 *Framework Decision 2002/629 on Combating Trafficking in Human Beings*; Article 5 *Framework Decision 2002/946 on Unauthorised Entry*; Article 9 *Framework Decision 2003/80 on the Protection of the Environment* (nullified by the Court); Article 7, paragraph 3 *Framework Decision 2003/568 on Corruption in the Private Sector*; Article 8 *Framework Decision 2004/68 on Child Pornography*.The provision cannot be found in *Directive 2011/93 on Sexual Abuse of Children*, which replaces the Framework Decision; Article 8, paragraph 3 *Framework Decision 2004/757 on Illicit Drug Trafficking*; Article 10, paragraph 3 of the replaced *Framework Decision 2005/222 on Attacks against Information Systems*. 然而，后者不再被包括在 *Directive 2013/40 on Attacks against Information Systems* 中。

么成员国应该采取必要措施建立对此类犯罪的管辖权。

与其他法律文件不同之处在于上述规定对国籍并无要求。这意味着成员国必须对实施恐怖主义活动的非本国公民拥有管辖权。[860]

3.2.4 被动的属人管辖原则

214 《关于贩卖人口的指令 2011/36》第 10 条第 2 款 a 项以及《关于性侵儿童的指令 2011/93》第 17 条第 2 款 a 项是欧盟法中首次提及被动属人管辖原则。然而，上述条款并不强迫成员国引入被动属人管辖原则。指令仅要求成员国在其以此为基础进一步规定管辖权时通知欧盟委员会。

3.2.5 主动住所管辖原则

被废除的《关于打击贩卖人口的联合行动文件 97/154》A 条 F（ii）项规定了惯常居住地原则，也称住所原则。[861] 该管辖权原则上针对的是非本国公民在域外实施的犯罪，但是其惯常居住地或是住所在某一成员国内。只有《关于打击恐怖主义的框架决定 2002/475》第 9 条第 1 款和《关于性侵儿童的指令 2011/93》第 17 条第 2 款 c 项直接规定了住所或是居住地原则。《关于对信息系统的攻击的指令 2013/40》第 12 条第 3 款和《关于市场滥用的指令 2014/57》第 10 条虽然允许了该管辖权原则，但是没有强迫成员国引入该原则。

在欧洲逮捕令的背景下，欧洲法院认定惯常居住地是指："在执行成员国有实际的居住地点，或是在该国持续稳定的活动之后从而与该国建立特定的联系，这种联系与由居住而产生的联系应处于类似水平。"[862] 在解释这一标准时，所涉之人在成员国的居住是否连续，以及其是否遵守了国家关于外国人居留的相关法律规定等情况是相关的。如果所涉之人在一个国家系统性地实施犯罪，或是被拘禁了一段时间，这些情况不能够帮助认定惯常居住地。[863]

860　实际上，本条款要求成员国对已经定罪的人拥有管辖权。

861　《关于贩卖人口的指令 2011/36》第 10 条第 2 款 c 项中将居住地原则"降级"为一种非强制的原则。

862　17 July 2008，Case C-66/08，*proceedings concerning the execution of a European arrest warrant issued against Szymon Kosłowski*，par.46.

863　17 July 2008，Case C-66/08，*proceedings concerning the execution of a European arrest warrant issued against Szymon Kosłowski*，par.46–51.

《关于贩卖人口的指令 2011/36》第 10 条第 2 款 b 项规定了法人的住所原则："法人建立在该国领土上，为了该法人的利益而实施的犯罪。"

3.2.6 被动住所管辖原则

《关于性侵儿童的指令 2011/93》第 17 条第 2 款 a 项首次在欧盟法中规定了被动住所管辖原则。 215

3.2.7 辅助管辖原则

辅助管辖原则是指当拥有属地管辖权的国家不能或是不使用自己的管辖权，那么另一个国家可以行使自己的管辖权。[864]愿意行使管辖权的国家可以替代一个更加适合的国家。

被废除的《关于打击贩卖人口的联合行动文件 97/154》D 条在惯常居住地的情况下规定了辅助性管辖原则恰如 A 条 F（ii）项，该辅助性管辖原则是以犯罪发生所在国不愿意或是无能力管辖为前提的。

3.2.8 保护性管辖原则

欧盟的次级立法中暗含保护性管辖原则。对于在国外实施的犯罪行为拥有管辖权的相关理由是保护国家利益。相关理论认为如果不适用此管辖权原则，欧盟法就不能获得有效执行。关于欧共体和南斯拉夫联邦共和国之间贸易的条例 990/93 导致了一个有趣的案例。在该案中，欧洲法院能够就管辖原则，虽然不是直接地阐述其观点。从条例措辞来看，欧洲法院认为条例同样可以用于制裁在国际水域上进行的行为。[865]

《船源污染框架决定 2005/667》（被欧洲法院认定无效）第 7 条第 1 款 f 项更加清晰地规定了保护性管辖原则，即当罪行在成员国领土或是经济区内已经导致或是可能导致污染，并且船舶自愿地停靠在成员国某一港口或是近海码头，那么该成员国拥有管辖权。类似地，《关于打击恐怖主义的框架决定 2002/475》同样包含了保护性管辖原则："被实施的罪行侵犯了

864　国际刑法中一个明显的例子就是国际刑事法院规约第 17 条规定的补充原则（complementary principle）。

865　27 February 1997，Case C-177/95，*Ebony Maritime SA and Loten Navigator Co.Ltd v. Prefetto della Provincia di Brindisi and others*，par.25–27.

所涉成员国的机构或公民，或是侵犯了欧盟的一个机构，或是侵犯了根据建立欧共体或欧盟的条约而成立的、位于该成员国内的主体。”

216 赋予了法律文本有效性的欧盟法案的解释必须在刑事管辖领域有助于保护性管辖的行使。*van Swieten* 案体现了这一点。该案关注于驾驶员剩余驾驶时间。欧洲法院必须回答在解释相关条例时，如《关于统一与公路运输有关的某些社会立法的条例 3820/85》，法院是否应该同样考虑到在第三国家的驾驶时间。欧洲法院认定：

> 如果共同体体系的适用取决于在不同成员国内注册的车辆的里程，以及如果在行程只有部分在共同体内时成员国国内法继续适用，那么那些规则的有效性就会打折扣。由此，条例 3820/85 适用于车辆在一个成员国内注册并在共同体内运营的所有道路运输服务，即使运输途经非成员国。[866]

3.2.9 普遍管辖原则

普遍管辖原则是指国家刑法适用于某一犯罪行为，而不论该犯罪行为在哪里或是由谁实施的。该原则极少适用于欧盟法。只有《关于启用欧元的框架决定 2000/83》在第 7 条第 2 款规定那些已经使用欧元作为货币的国家对相关罪行拥有管辖权而不论行为人国籍以及犯罪发生地。[867] 类似地，《关于洗钱的指令 2015/849》适用于“即使赚取洗钱所涉财产的活动是在另一成员国或是第三国领土上进行的”的情况（第 1 条第 4 款）。

《船源污染框架决定 2005/667》（被欧洲法院认定无效）第 7 条第 1 款 g 项设立了对公海上实施的犯罪的管辖权。然而，这并不是普遍管辖权的无限制适用。该框架决定要求犯罪要与欧盟有所关联，此类管辖权的行使是以船舶自愿停靠在某一成员国的港口或是近海码头为前提的。

866　2 June 1994，Case C-313/92，*criminal proceedings against Van Swieten BV*，par.17–18.

867　有趣的是，该框架决定的继任者，《关于保护欧元的指令 2014/62》修订了该域外管辖权，规定：“（a）犯罪行为人在该成员国领土内且并没有被引渡；或者（b）与罪行相关的伪造欧元纸币和硬币的行为已经在成员国领土内进行了侦查。”

3.2.10 管辖权冲突的预防

《欧盟运行条约》第 82 条中规定，欧盟自己有义务尽力预防管辖权产生冲突。但是法律文件却没有赋予欧盟在预防该冲突方面的动议权。[868] 与之相反，如上文表述，大量法律文件要求成员国拥有域外管辖权。因此，这些法律文件自然而然地创造了许多重叠的管辖区域。即将建立的欧洲公共检察官办公室将会进一步要求预防管辖权上的冲突。然而，一些欧盟法案包括一些条文旨在解决（而非预防）管辖权冲突。[869] 217

3.2.11 欧盟中的管辖原则

作为结论，我们可以看到，欧盟采取的管辖权原则总体来讲遵循了大陆法系国家中对管辖权的规定。[870] 值得注意的例外情况包括被动国籍管辖原则（因受害人国籍而拥有对犯罪的管辖权）和辅助管辖原则（因其他国家的请求而拥有管辖权）的缺失。[871]《关于被害人权利的指令 2012/29》叙文 13 限制了在欧盟之外实施的犯罪中的被害人权利。该指令规定，只有针对境外犯罪的刑事诉讼程序是在欧盟境内进行的，该犯罪的被害人权利才适用该指令。[872]

---

868 该结论是相较于私法领域而得出的，在私法领域，现行条例是《关于管辖权和承认民事判决的条例 1215/2012》，之前是《关于管辖权和承认民事判决的条例 44/2001》，致力于预防此类冲突，并且据此“避免不同程序导致冲突判决的风险”。11 October 2007, Case C-98/06, *Freeport plc v. Olle Arnoldsson*, par.37. See Frank Zimmermann, Strafgewaltkonfklikte in der Europäischen Union.Ein Regelungsvorschlag zur Wahrung materieller und prozessulare strafrechtlicher Garantien sowie staatlicher Strafinteressen, Nomos 2014.

869 参见《关于管辖权冲突的框架决定 2009/948》。在此文件生效之前，欧盟确实曾经采取其他措施来解决管辖权冲突问题。欧洲司法合作组织（Eurojust）的建立就是为了规制重叠管辖权所产生的后果。在其 2003 年年度报告中，该合作组织撰写了一份指导手册以确定最为合适的成员国进行起诉。具体内容将在第八章第 5.3 节进行讨论，到时候会提及一些关于管辖等级顺序的（含糊）意见。

870 参见与普通法系国家的一个比较研究：Anne-Sophie Massa, Jurisdiction in England and Wales and the Netherlands, A Comparative Appraisal with a European Touch, in: André Klip (ed.), Substantive Criminal Law of the European Union, Maklu 2011, pp.103–121.

871 欧盟法律文件中并不包括辅助或是次级管辖。理事会 1972 年《欧洲刑事程序转移公约》第 2 条规定，缔约国如果因为他国请求而获得对某一犯罪的管辖权，那么该缔约国可以根据他国法律对该犯罪提起公诉。

872 因此本条款主要的内容就是被害人权利保护规则只有在刑事诉讼程序已经启动的情况下才能适用。如果刑事诉讼没有启动，那么被害人不享有任何权利，包括要求审查不起诉决定的权利。

218 欧盟现有的管辖权原则主要是为了保护各个成员国的利益。在打击犯罪方面管辖权的规定没有明显体现出试图维护欧盟共同利益这一点。[873]对于内部市场，自由、安全和公正的领域的有限关注和对欧盟法关于管辖权的条文的有限关注之间存在明显差别。大部分欧盟法规则都是旨在在欧盟内部适用，而域外管辖权原则同样可以适用于在欧盟境外进行的活动。相较于《欧盟运行条约》第82条中规定的避免管辖权冲突这一目的，我们要优先考虑成员国的域外管辖权有利于法律实施。然而，在这个背景下，这一目标是否能够实现遭到质疑。这种做法有可能刺激产生一个相反的效果，导致成员国消极怠工：每一个人的工作就是没人做工作。

在此有必要强调，一事不再理原则中规定的互相承认原则，同时也是国际合作的一种形式，可以在多重管辖的情况下间接决定谁具有优先管辖权。CISA第54条运行的基础是"先到先得"原则。[874]第一个结束诉讼程序的成员国排除了其他成员国的管辖权。事实上，在刑事上的合作中的互相承认可以导致类似的结果。如果一个成员国针对特定人第一个发布了欧洲逮捕令并对其进行了看押，这将会在事实上导致其他（非羁押）成员国在此之后不再能够开始或是继续针对相同案件进行有效的刑事诉讼。

在实践中，欧洲逮捕令的互相承认以及外国判决的互相承认加强了地域管辖作为首要管辖原则的重要性。具有地域管辖权的国家也最有可能首先获知犯罪发生事实，按照一般逻辑而言，这个国家也将会首先采取行动。

3.3 犯罪的主客观要件

从成文法和判例法来看，欧盟很明显采取的是由主客观要件构成的经典犯罪构成。在*Emsland-Stärke GmbH*案中，欧洲法院判决：

219 认定滥用要求存在以下情况：首先，尽管共同体法律中规定的条件在形式上被遵守，但是存在一系列事实表明这些法律的目标并没有被实现；其次，要求主观要件，主观要件包括通过伪造共同体法律规定的条件而获得法律规定的利益这一意图。如果有证据证明接受退税

---

873 参见第十章关于管辖权原则所面临的挑战。

874 这个原则在理论上被认为是不可取的。See Michiel Luchtman，Choice of Forum in Cooperation Against EU Financial Crime.Freedom，Security and Justice and the Protection of Specific EU-Interests，Eleven International Publishing，Pompereeks 71，The Hague 2013.

的共同体出口方和非成员国中商品的进口方存在共谋，那么就可以认定满足犯罪的主观构成要件。[875]

因此，认定犯罪需要一个犯罪行为，即被禁止的行为以及犯意。结果就是，只有有犯意的行为才可能被认定为犯罪。

3.3.1 犯罪行为

犯罪行为可以被定义为被禁止的行为。定义犯罪的法律文件主要使用作为（acts）、行动（actions）、举止（behaviour）或行为（conduct）。只在欧盟欺诈犯罪中不作为才被规定为一种犯罪行为。在合法性要求下，《欧盟基本权利宪章》第 49 条包括了“作为或者不作为”。这表明作为和不作为都可以导致刑事责任。[876] 在《关于打击有组织犯罪的框架决定 2008/841》叙文 5 中可以看到一段有意思的表述：“在不损害成员国自由解释‘犯罪活动’这一术语的情况下，第 2 条 a 项的要求暗指这一术语是指实际作为行为的实施。”然而，没有任何一份法律文件定义了作为和不作为。欧盟法也没有为行为的入罪规定任何条件或是标准。[877] 此外，也没有许多关于犯罪行为的判例法在进行事实认定时是合乎逻辑的。最接近的应该是 *Skanavi* 案，在该案中，欧洲法院要求从欧盟整体出发审查其中的实质行为：

> 当不存在相关共同体法律规制该方面事务时，成员国有权对违反义务的行为施以惩戒。受共同体法律保护的个人享有居留的权利，而获得该权利需要符合特定的形式要件，部分判例法关注于违反这些形式要件的情况。从这些判例法中可以看出，成员国施加的惩罚不得与 220
> 违法行为的严重性不合比例，以至于这些惩罚成为人自由迁移的障碍。如果惩罚措施包括监禁，那么这些措施就极有可能成为这种障碍（see,

---

875　14 December 2000，Case C-110/99，*Emsland-Stärke GmbH v. Hauptzollamt Hamburg-Jonas*，par.52–53.

876　参见《关于被害人地位的框架决定 2001/220》第 1 条中“被害人”的定义：“‘被害人’应该是指遭受伤害的自然人，伤害包括身体和心理上的伤害，感情上遭受的痛苦和经济损失，而这种伤害则是由违反成员国刑法的作为或不作为行为而直接导致的。”在《关于被害人权利的指令 2012/29》第 1 条的新定义中，“作为或不作为行为”被“一个犯罪行为”所取代。

877　只在必要的时候才能使用刑法这一要求是唯一与此相接近的。参见本章第 2 节。

in particular，Case C-265/88 *Messner*［1989］ECR 4209，paragraph 14）。鉴于驾驶机动车的权利对人自由迁移造成的实际影响，在判定某人违反交换驾照这一义务时也必须考虑到同样的问题。[878]

3.3.2 犯意、故意和严格责任

犯罪的实施包括犯意或是过错因素，所以除了犯罪行为之外，行为人必须知道或是必须试图以某种方式行事。[879] 刑事司法体系对犯罪意图进行不同等级的划分。总体来讲，欧盟法律文件在将行为入罪时会提到“故意的行为”（intentional conduct）[880] 或是“故意”（intentionally）实施的行为。[881] 在大部分刑事司法体系中，故意（Intent）用以表明对实施犯罪行为最强烈的一种愿望。[882] 所有的框架决定都要求故意行为。[883]《关于打击有组织犯罪的框架决定 2008/841》反复强调对犯罪组织的目标和总体活动了解并具有故意，或是实施某犯罪的意图和积极参与。该框架决定特别要求行为人必须“深层次了解”自己的参与将会帮助犯罪组织完成犯罪活动。更加笼统地说，欧洲法院曾就“明知地”（knowingly）和“故意地”（intentionally）进行阐述，认为：“当行为人在参与条例 423/2007 第 7 条第 4 款规定的犯罪活动时，有预谋地试图间接或是直接地实现某目标或是取得某效果，那么就满足了明知和故意这两个要求。当行为人知晓参与此活动可以实现犯罪目的或是取得效果，并且接受这种可能性，同样也满足了这两个要求。”[884] 法律顾问 Sharpston 提议
221 了“明知地”判断标准，即行为人要么知晓要么本应该知晓：“根据我的观点，如果某人明知或是本应该知道他的行为会促进违法行为的发生，并且对违法行为负有间接责任时，那么对此人施加刑事处罚将有助于法律的实施并

---

878 29 February 1996，Case C-193/94，*criminal proceedings against Sofia Skanavi and Konstantin Chryssanthakopoulos*，par.36.

879 进一步参见：Jeroen Blomsma，Mens rea and defences in European criminal law，Dissertation Maastricht，Intersentia 2012.

880 Article 2，paragraph 1 *Framework Decision 2004/757 on Illicit Drug Trafficking.*

881 *Directive 2002/90 on Unauthorised Entry.*

882 故意要求了解或是明知。28 October 2010，Case C-367/09，*Belgisch Interventie-en Restitutiebureau* v. *SGS Belgium NV*，*Firme Derwa NV*，*Centraal Beheer Achmea NV*，par.57.

883 同样参见：*Directive 2011/93 on Sexual Abuse of Children* and Article 2 *Framework Decision 2003/568 on Corruption in the Private Sector.*

884 21 December 2011，Case C-72/11，*Ge1neralbundesanwalt beim Bundesgerichtshof v. Mohsen Afrasiabi*，*Behzad Sahabi*，*Heinz Ulrich Kessel*，par.67.

达到所预期的高保护标准。然而，如果将刑事责任扩展至不知或是本不能够知晓违法行为的人，那么就是不合比例的做法，因为该人无机会拒绝参与违法行为。”[885] 在竞争法案件中，欧洲法院已经认为，竞争主体故意限制竞争或是“一定完全知晓其行为具有限制竞争的属性”足以成为判决的基础。[886]《关于通过刑法保护环境的指令 2008/99》要求行为必须是故意或是至少具有“重大过失”。在打击儿童色情方面，立法者对于行为人的心理方面做出了进一步规定：“只有在行为人故意访问含有儿童色情内容的网站，并知道在该网站可以找到此类色情图片时，其才有责任。行为人在不经意间访问含有儿童色情的网站时不应该受到处罚。通过行为人再次访问网站或是有偿提供服务等情况可以明确推断出该行为是故意的。”[887]

严格责任可以被定义为只要实施了被禁止的行为就要承担刑事责任，而无论行为人的犯意为何。行为人在未能阻止损害发生方面具有过失的情况下，严格责任具有合法性。然而，严格责任并不违背欧盟法。[888] 第一印象可能是欧盟法着重于法律实施的有效性和劝诫功能，因此支持严格责任的适用。然而，欧洲法院则更加宽大，认为在确定刑罚时，此种责任基础必定会造成不利后果：

> 如果一个成员国的刑事法包括假设每个人知晓法律这一基本原则，那么共同体法律不会阻止此原则的应用……然而，鉴于本指令的目的，即促进公约所保障的自由，在确定所施加的刑罚时，必须考虑到犯罪行为人的善意……[889]

如果申请援助的人证明对于自己特定的违法行为没有罪过，那么就 222

885 Opinion of Advocate General Sharpston of 14 November 2013，Case C-390/12，*Robert Pfleger*，*Autoart as*，*Mladen Vucicevic*，*Maroxx Software GmbH*，*Hans-Jörg Zehetner*，points 34–36.

886 7 June 1983，Joined Cases 100 to 103/80，*SA Musique Diffusion française and others v. Commission*，par.112.

887 Recital 18 *Directive 2011/93 on Sexual Abuse of Children.*

888 10 July 1990，Case C-326/88，*Anklagemyndigheden* v. *Hansen and Søn I/S*，par.11–17.

889 12 July 2001，Case C-262/99，*Paraskevas Louloudakis* v. *Elliniko Dimosio*，par.76；27 February 1997，Case C-177/95，*Ebony Maritime SA and Loten Navigator Co.Ltd* v. *Prefetto della Provincia di Brindisi and others*，par.37.

不应该对其施加刑罚。[890] 在另一个竞争法案件中，法律顾问 Ruiz-Jarabo Colomer 提及了归责原则（the principle of culpability），而该原则限制了刑罚权的行使。这个原则将令客观（严格）责任体系无立足之地。在法人案件中，尽管没有理由废除犯罪的主观要件，但是对归责原则的适用也必须灵活多变。[891] 如果市场中一个公司对自己限制竞争的行为不能独立作出决定，而是遵循另一个公司的命令作出决定，那么该企业限制竞争的行为可以归咎于下达命令的企业。[892]

《财政利益公约》《关于保护环境的框架决定 2003/80》和《船源污染框架决定 2005/667》(被欧洲法院认定无效)[893] 都认为过失（或是非故意）行为是犯罪，《财政利益公约》还适用于不作为行为。在针对 *Rinkau* 案的刑事诉讼中，欧洲法院有机会解释“非故意实施的犯罪”——被规定在《布鲁塞尔公约议定书》第Ⅱ条——的含义。欧洲法院认为：“这是一个独立的概念，要对其进行解释必须首先参考本公约目的和结构，其次是考虑成员国司法体系共有的基本原则。”[894] 欧洲法院判决：

> 因此有必要确定是否存在一个在所有缔约国司法体系通用的分类标准，该标准将犯罪按照其严重程度进行了区分，而且依据该标准，大部分，如果不是所有，与道路事故相关的犯罪都被归类于非严重犯罪。大多数缔约国的国内法以不同方式区分了故意犯罪和非故意犯罪。即使这种区别可以导致不同法律体系中犯罪的分类在内容上有略
> 223 微不同，但是其仍然服务于上述目标。在处罚故意犯罪时要求行为人具有故意，而非故意实施的犯罪可能是由于大意（carelessness）、疏忽

890　1 July 2004，Case C-295/02，*Gisela Gerken v.Amt für Agrarstruktur Verden*，par.60. 此外，严格责任并没有消除成员国要遵循合比例原则量刑的义务，9 February 2012，Case C-210/10，*Márton Urbán v. Vám-és Pénzügyőrség észak-alföldi Regionális Parancsnoksága*，par.53.

891　Opinion of Advocate General Ruiz-Jarabo Colomer of 11 February 2003，Joined Cases C-204/00 P，C-205/00 P，C-211/00 P，C-213/00 P，C-217/00 P and C-219/00 P，*Aalborg Portland A/S and Others v. Commission*，points 63–65.

892　21 February 1973，Case 6–72，*Europemballage Corporation and Continental Can Company Inc. v. Commission*，par.15; 28 June 2005，Joined Cases C-189/02 P，C-202/02 P，C-205/02 P to C-208/02 P and C-213/02 P，*Dansk Rørindustri and Others v. Commission*，par.117.

893　该框架协定被认定无效。指令 2008/99 要求所涉行为至少是重大过失。

894　26 May 1981，Case C-157/80，*criminal proceedings against Siegfried Ewald Rinkau*，par.11.

（negligence），甚至仅仅是在客观上违反了法律规定。因此，总体而言，这些行为在本质上就属于较轻的犯罪，其次，大部分与道路事故相关犯罪出于草率、疏忽或仅仅是在客观上违反了法律规定，属于非故意犯罪。因此，Hoge Raad 第一个问题的答案为：1968 年 9 月 27 日《关于民事和商事案件的管辖权和判决执行的公约》附录中的议定书第Ⅱ条规定的"非故意实施的犯罪"应该被理解为对犯罪的定义不要求，不论是明示还是从犯罪属性中推断出，被告人在实施可受处罚的行为或是不作为时具有故意。[895]

在 *Rinkau* 案件中，欧洲法院非常清楚地对故意行为和非故意行为进行了区分，后者又具体被划分为大意、疏忽和客观责任。[896] 在 *Intertanko* 案中，欧洲法院将疏忽定义为："非故意行为或是不作为行为，通过这些行为，责任人明显违背了自己负有的注意义务，而根据责任人自己的特征、知识、能力和个人情况，其本应该或是本能够履行这些注意义务。"[897]

Yonemoto 案是关于疏忽行为的一个有趣案件。原则上来讲，制造者对机器的安全负有责任。根据《关于成员国有关机械的法律的近似化的指令 98/37》，进口商没有义务检查商品是否符合这些规定。因此，欧盟法可能限制了疏忽行为的可能性，因为内部市场禁止成员国检查商品是不是合法地进入市场。进口商不能因被禁止做的事情被认定具有疏忽。然而，成员国中的进口商可以被施加一些次级义务。[898]

欧盟法中的基本实体规则应该无差别地适用。一个德国案例在要求持有有效身份文件一事上做出了区分。在本案中，对于外国人，疏忽就足以

895　26 May 1981，Case C-157/80，*criminal proceedings against Siegfried Ewald Rinkau*，par.13–16.

896　法律顾问 Bot 对故意过错和大意或疏忽造成的过错进行了区分。See Opinion of AG Bot of 16 November 2011，Case C-72/11，*Generalbundesanwalt beim Bundesgerichtshof* v. *Mohsen Afrasiabi*，*Behzad Sahabi*，*Heinz Ulrich Kessel*，points 85–90. 他明确地将"明知"和"大意或疏忽"等同起来。

897　3 June 2008，Case C-308/06，*The Queen on the application of*：*International Association of Independent Tanker Owners*（*Intertanko*），*International Association of Dry Cargo Shipowners*（*Intercargo*），*Greek Shipping Co-operation Committee*，*Lloyd's Register*，*International Salvage Union* v. *Secretary of State for Transport*，par.77.

898　8 September 2005，Case C-40/04，*criminal proceedings against Syuichi Yonemoto*，par.45–55. 进一步参见第三章第 4.6.2 节。

224 构成违法，而对于德国人，必须是故意或轻率（recklessness）才构成违法。[899] 然而，成员国刑法不能够在过错等级上对本国公民和欧盟公民进行区别对待。这是禁止歧视规则规定的体现。

塞浦路斯拉纳卡法院在其提交的初步裁定申请中提出的重要问题就是在强制非法逗留的第三方公民出境失败后是否可以对其提起公诉。[900]

3.4 参与犯罪和未遂的犯罪

欧盟法律包括对参与犯罪的相关规定，尽管这些规定在一定程度上并不具有一贯性。一般来讲，刑事司法体系将除主犯之外的所有其他人对犯罪做出的贡献都归类为对犯罪的参与。《关于性侵儿童的指令 2011/93》第12条第3款提及了刑法中的三类自然人：主犯（perpetrator）、教唆犯（inciter）和从犯（accessory）。将未遂的犯罪行为入罪则是试图在危害实质化之前干预行为。然而，法律并没有对这些内容进行进一步的规定。[901] 因此，成员国有责任对犯罪的参与和未遂进行具体规定。但是关于这一点的判例仍然很少。然而，欧洲法院认为成员国国内法律可以不区分主犯和同谋者（accomplice），而是使用一个统一的概念，这种做法并不违反罪刑法定原则。[902]

3.4.1 犯罪参与

许多欧盟法要求各国刑法应该包括“参与”犯罪的行为。[903]《关于打击有组织犯罪的框架决定 2008/841》第2条第1款b项规定当“任何人与他
225 人约定共同实施某行为”时，该人的行为应该被入罪。然而，在该框架决定中，参与犯罪组织则是被认为是单独一项犯罪，与共谋罪类似。该框架决定将“犯罪组织”定义为“有组织的团体”（structured association）。

899　30 April 1998, Case C-24/97, *Commission* v. *Germany*. 显然，对于不同刑罚的规定也是同理。这会同时违反同化原则和非歧视原则。

900　Request of 18 August 2014, Case C-390/14, *Astinomikos Diefthintis Larnakas* v. *Masoud Mehrabipari*, removed by Order of the President on 5 June 2015.

901　参见 Annex A of *Decision 2009/316 on ECRIS* 对此作出的区分。

902　Court of First Instance, 8 July 2008, Case T-99/04, *AC-Treuhand AG* v. *Commission*, par.148–149.

903　Article A Title II *Joint Action 97/154 on Trafficking in Human Beings*, Article 4 *Framework Decision 2003/80 on the Protection of the Environment*（被欧洲法院认定无效）以及 Article 1, paragraph 3 *Financial Interests Convention*。

许多欧盟法律中都可以找到煽动（instigation）、帮助和支持（aiding and abetting）及未遂（attempt）。例如，《关于私人部门中的腐败问题的框架决定 2003/568》第 3 条要求成员国将上述这些犯罪形态入罪。但是该框架决定没有对这些形态给出定义。[904]《船源污染框架决定 2005/667》（被欧洲法院认定无效）第 3 条除了“未遂”之外做出了同样的规定。[905]《关于非法贩运毒品的框架决定 2004/757》第 3 条使用了“教唆”（incitement）一词，[906] 而非“煽动”（instigation），并且对两类未遂规定了例外情况。《关于保护环境的框架决定 2003/80》（被欧洲法院认定无效）第 4 条同样将煽动行为入罪。

《关于私人部门腐败问题的联合行动文件 98/742》第 4 条规定了另一种犯罪形态，即“在犯罪行为中扮演从犯（accessory）或煽动者（instigator）的角色”。《关于私人部门中的腐败问题的框架决定 2003/568》第 5 条规定帮助犯和煽动者都要受到刑事处罚。《关于未经授权入境的指令 2002/90》第 2 条规定“任何人：煽动者、同谋者（accomplice）、试图实施犯罪者”都应该受到处罚。《关于通过刑法保护环境的指令 2008/99》第 4 条规定的犯罪形态是“教唆（inciting）、帮助和支持（aiding and abetting）故意犯罪行为”。

总而言之，欧盟法将参与犯罪模式的定义问题留给成员国解决。[907] 不少判例是关于参与违反正当竞争行为的。这些案件足以令欧洲法院表明，在某会议上达成了反正当竞争的协议的情况下，如果某公司参与了该会议，那么就可以推断该公司没有明确反对该协议。[908] 如果公司参与会议这一事实被确定，那么该公司就必须证明他在参会期间具有完全不同主张。[909] 在竞争法中，参与和共谋多多少少算是同一硬币的两面：

904　类似地，Article 4 *Framework Decision 2002/475 on Combating Terrorism*；Article 2 *Framework Decision 2002/629 on Combating Trafficking in Human Beings*；Article 7 *Directive 2011/93 on Sexual Abuse of Children*；Article 8 *Directive 2013/40 on Attacks against Information Systems*；Article 6 *Directive 2014/57 on Market Abuse*（使用了“inciting”一词）。

905　Article 2 *Framework Decision 2008/913 on Racism and Xenophobia.*

906　Article 4 *Directive 2014/62 on the Protection of the Euro* uses “incitement，aiding and abetting，and attempt”.

907　Johannes Keiler，*Actus reus* and participation in European criminal law，Dissertation Maastricht，Intersentia 2013.

908　16 November 2000，Case C-291/98P，*Sarrió SA v. Commission*，par.50.

909　28 June 2005，Joined Cases C-189/02 P，C-202/02 P，C-205/02 P to C-208/02 P and C-213/02 P，*Dansk Rørindustri and Others v.Commission*，par.142.

226 一方如果以默示方式支持某一违法提议，没有明确与其保持距离，或是向行政主管部门报告，那么就视其有效地帮助延续了该违法行为并且阻碍了有关部门发现该违法行为。这种共谋是对违法行为的一种被动参与模式，因此可以在仅存单个协议的情况下认定公司的责任。[910]

此外，欧洲法院貌似不仅要求与会者不要参与协议相关活动，还要求公司向主管部门报告。

3.4.2 未遂的犯罪

《关于打击贩卖人口的联合行动文件 97/154》第二章第 A（a）条规定了犯罪未遂（attempt）。《关于对信息系统的攻击的指令 2013/40》第 8 条允许成员国规定犯罪“未遂”的内容。从《关于打击恐怖主义的框架决定 2002/475》第 4 条第 2 款中可以看出欧盟对于犯罪着手实施时间点的理解。本款没有将第 1 条中规定的两种行为认定为犯罪未遂而加以处罚：试图购买武器和试图威胁实施第 1 条第 1 款 a—h 项中所列任一犯罪。该条还进一步排除了第 2 条规定的与恐怖组织有关的罪行作为未遂犯罪的形式入罪。所有这些被排除的罪行都是犯罪预备的形式。这种做法支持了一种结论，即欧盟法并不处罚试图进行犯罪预备的行为。

将犯罪预备入罪同样不是一种普遍做法。然而，《财政利益公约》第 1 条第 2 款要求，如果有意准备实施对欧共体的欺诈还没有被规定为其他形式的参与犯罪，那么就必须规定其为主犯罪行为。尽管《关于保护欧元的指令 2014/62》第 3 条第 1 款 d 项没有如此规定，但是其规定预备行为也是一种犯罪。[911]《关于打击欺诈的框架决定 2001/413》第 3 条和第 4 条采取了类似的结构。[912]《关于打击恐怖主义的共同立场 2001/930》第 1 条规定实质上就是一种预备行为，但是该行为被定义为一种独立的犯罪。

关于参与犯罪与犯罪未遂规定的总体特征之一就是令人费解和不一致。一些犯罪形态可见诸某一法律文件，而却未被另一法律文件提及。而

910 28 June 2005，Joined Cases C-189/02 P，C-202/02 P，C-205/02 P to C-208/02 P and C-213/02 P，*Dansk Rørindustri and Others v.Commission*，par.143.（引用略）

911 第 3 条第 2 款排除了预备行为的未遂，据此也可以得出该结论。

912 该框架决定第 5 条同样没有将未遂的预备行为入罪。

一些术语是否可以互相替换也是不清楚的，如从犯（accessory）和共谋者（accomplice），或是教唆（incitement）和煽动（instigation）。唯一可以得出的结论就是，成员国只要在本国刑法体系中包括某一犯罪模式，那么其就可以完全自由地对这些特定的犯罪模式进行定义。欧盟法律使用了刑法中为人熟知的那些术语（参与、未遂）这一做法也支持这一论断。然而，这将导致给欧盟法中的这些术语附加一个已经在国内刑法体系中存在的解释。鉴于成员国之间刑法总则部分存在的差异，这一情况只会扩大这种既存的差别。 227

3.5 法人

在 1995 年前后，第一次尝试规定法人的刑事责任，但是也仅限于将“企业负责人或是在企业中有决定权或控制权的人员”定罪。[913] 第二次采取的措施——尽管仍然很勉强——是引入了法人的责任，成员国有权决定是在刑法中规定这种责任还是以其他责任形式为基础。[914] 很明显，法人的形式责任对一些成员国曾经是并且仍然是一个敏感话题。当时，并没有强迫成员国规定法人的刑事责任，并且成员国有权自由决定责任构成要件。然而，如果成员国没有规定刑事责任，那么其有义务采取其他有效的替代方式。

这些法律规定并没有改变自从 *Hansen* 案和 *Vandevenne* 案就存在的问题，在案件中，欧洲法院判决：“如果共同体条例没有对违法行为规定特定的处罚，那么成员国保留自由决定处罚种类的权利。”[915] *Vandevenne* 案涉及的条例没有要求成员国引入法人刑事责任，虽然该条例也不禁止这样做。[916]

随着新一代的欧盟法无条件地为法人施加了责任，这种自由对于那些

913 Article 3 *Financial Interests Convention*; Article 6 *Corruption Convention*.

914 See, for instance, Article 3 of the repealed *Joint Action 98/733 on Participation in a Criminal Organisation* and the repealed *Joint Action 97/154 on Trafficking in Human Beings*.

915 10 July 1990, Case C-326/88, *Anklagemyndigheden v.Hansen and Søn I/S*, par.17; 2 October 1991, Case C-7/90, *criminal proceedings against Paul Vandevenne*, *Marc Willems*, *Jozef Mesotter and Wilms Transport NV*, par.11.

916 *Hansen* 案中的申诉方向欧洲人权法院提出，关于刑事责任的规定违反了《欧洲人权公约》第 6 条第 1 款和第 2 款。最后各方达成了和解。ECtHR, 11 July 2000, *Hansen v. Denmark*, Application 28971/95.

228 犹豫不决的成员国变得越来越有限了。[917]如果成员国并没为法人规定刑事责任，那么就必须采取其他措施，以获得等同效力。《关于非法贩运毒品的框架决定 2004/757》第 6 条第 1 款对行为人进行了描述：

> 法人可以被判定负有责任……实施的行为是为了法人的利益，行为人要么以个人身份要么以法人机构成员的身份实施该行为，且该行为人基于以下几点而在法人中具有领导地位：（a）具有代表法人的权力；（b）以法人的名义进行决策；（c）在法人中具有控制权。[918]

此外，《关于非法贩运毒品的框架决定 2004/757》第 6 条第 2 款还规定："在缺乏第 1 款规定的人员的监督或控制的情况下，实施任一罪行都是可能的。"[919]

如果这被当作事实因素的话，就会导致严格责任：证明缺乏监管就可以成立违法行为。然而，这种规定更像是意图仅将过失性的缺乏控制和监管规定为犯罪。规定公司刑事责任的那些法律文件具有的共同点就是相关

917　欧洲法院曾经判决，依据《关于被害人地位的框架决定 2001/220》"没有迹象显示欧盟立法机关试图强迫成员国规定法人的刑事责任"。12 July 2012，Case C-79/11，*criminal proceedings against Maurizio Giovanardi and others*，par.45. 这一结论可能具有更普遍的效力。

918　相同表述可见于如下条文：Article 3 *Second Protocol Financial Interests Convention*；Article 5 *Joint Action 98/742 on Corruption in the Private Sector*；Article 7 *Framework Decision 2001/413 on Combating Fraud*；Article 7，paragraph 1 *Framework Decision 2002/475 on Combating Terrorism*；Article 4，paragraph 1 *Framework Decision 2002/629 on Combating Trafficking in Human Beings*；Article 2，paragraph 1 *Framework Decision 2002/946 on Unauthorised Entry*；Article 6 *Framework Decision 2003/80 on the Protection of the Environment*（nullified by the Court）；Article 5 *Framework Decision 2003/568 on Corruption in the Private Sector*；Article 12，paragraph 1 *Directive 2011/93 on Sexual Abuse of Children*；Article 10 *Directive 2013/40 on Attacks against Information Systems*；Article 5 *Framework Decision 2005/667 on Ship-source Pollution*（nullified by the Court）；Article 5 *Framework Decision 2008/841 on the fight against organised crime*；Article 6 *Directive 2008/99 on the protection of the environment through criminal law*；Article 5 *Framework Decision 2008/913 on Racism and Xenophobia*；Article 8 *Directive 2014/57 on Market Abuse*；*Article 6 Directive 2014/62 on the Protection of the Euro.*

919　Article 3 *Second Protocol Financial Interests Convention*；Article 5 *Joint Action 98/742 on Corruption in the Private Sector*；Article 7，paragraph 2 *Framework Decision 2002/475 on Combating Terrorism*；Article 4，paragraph 2 *Framework Decision 2002/629 on Combating Trafficking in Human Beings*；Article 6 *Framework Decision 2003/80 on the Protection of the Environment*（nullified by the Court）；Article 12，paragraph 2 *Directive 2011/93 on Sexual Abuse of Children*；Article 10，paragraph 2 *Directive 2013/40 on Attacks against Information Systems*；Article 5 *Framework Decision 2005/667 on Ship-source Pollution*（被欧洲法院认定无效）；Article 6 *Directive 2014/62 on the Protection of the Euro.*

条款不是排他性的，而是与自然人个人刑事责任并存。[920] 229

什么是法人则是由各国国家法确定。[921]实施国家主权的国家和公共机构以及国际公共组织是被排除在外的。[922]

3.6 管辖权和理由

在欧盟层次根本没有规定可以正当化或消除某行为犯罪特征的抗辩。欧盟法最接近的规定就是承认必要性（necessity）可以是违法行为的一个正当化理由。在一个竞争法案件中，欧洲法院没有拒绝必要性或自我保护可以将违法行为正当化。然而，在这个特定的案件中，公司没能够证明其存续受到威胁。[923]《关于统一与公路运输有关的某些社会立法的条例 3820/85》第 12 条规定（涉及何者可以在刑法中被视为必要）在紧急情况下可以解除关于每天最低休息时长的义务。在一个案件中，雇主和司机在旅程开始前就约定解除该义务，欧洲法院判决解除义务只适用于不可预见的事件。[924]

在上述两个案例中，尽管欧洲法院不承认存在必要性，但是其在原则上确实接受必要性可以成为违法行为的一个抗辩理由。在欧盟法缺乏关于此类抗辩的规定时，可以适用各国国内刑法中规定的抗辩理由。人权的优先性可以在一些情况下作为正当化理由。例如，自由表达权可以限制特定 230

---

920 Article 3 *Second Protocol Financial Interests Convention*; Article 5 *Joint Action 98/742 on Corruption in the Private Sector*; Article 7, paragraph 3 *Framework Decision 2002/475 on Combating Terrorism*; Article 2, paragraph 3 *Framework Decision 2002/946 on Unauthorised Entry*; Article 6 *Framework Decision 2003/80 on the Protection of the Environment*（被欧洲法院认定无效）; Article 5 *Framework Decision 2003/568 on Corruption in the Private Sector*; Article 12, paragraph 3 *Directive 2011/93 on Sexual Abuse of Children*; Article 6, paragraph3 *Framework Decision 2004/757 on Illicit Drug Trafficking*; Article 10, paragraph 3 *Directive 2013/40 on Attacks against Information Systems*; Article 5 *Framework Decision 2005/667 on Ship-source Pollution*（被欧洲法院认定无效）; Article 6 *Directive 2008/99 on the protection of the environment through criminal law*; *Article 8 Directive 2014/57 on Market Abuse*; Article 6 *Directive 2014/62 on the Protection of the Euro*.

921 《关于保护欧元的指令 2014/62》第 2 条给出的定义可以被认为普遍适用："'法人'是指根据现行法任何具有法律人格的实体，排除实施国家主权的国家或是公共机构或是国际公共组织。"

922 Article 2（d）*Directive 2008/99 on the Protection of the Environment through Criminal Law*; Article 2 *Directive 2013/40 on Attacks against Information Systems*.

923 7 June 1983, Joined Cases 100 to 103/80, *SA Musique Diffusion française and others v. Commission*, par.90.

924 9 November 1995, Case C-235/94, *criminal proceedings against Alan Jeffrey Bird*.

犯罪。在 *Damgaard* 案中，欧洲法院认为该案中侵犯被告人自由表达权的有罪判决“具有合法目的，即保护公共健康，所以该判决可以被认为是合理且合比例的”。[925] 儿童色情不得被认为是一种观点的表达。[926]

尽管不具有系统性，欧盟法确实规定了一些特定的免罪理由。成员国可以规定“当服用毒品的行为人仅仅是国内法定义下为了自己个人服用”，那么该行为就不违反相关框架决定。《关于非法贩运毒品的框架决定 2004/757》第 2 条第 2 款规定了这个例外，但是仅限用于个人服用的少量毒品。《关于性侵儿童的指令 2011/93》第 5 条第 7 款和第 8 款也规定了类似范畴。理论依据貌似是损害他人利益原则（the harm principle），因为《关于性侵儿童的指令 2011/93》不适用虚拟的儿童淫秽作品，[927] 以及已经达到可以做出性允诺年龄的儿童图片（第 3 条第 2 款 a 项和 b 项）。特定年龄的个人同意消除性行为的刑事责任，但是在人口贩卖案件中，“被害人同意”是不可以作为正当化事由的（《打击贩卖人口的框架决定 2002/629》第 1 条第 2 款）。《关于贩卖人口的指令 2011/36》第 8 条规定了一个更加笼统的排除规则。[928]

《关于未经授权入境的指令 2002/90》允许（但不是强制规定）了一种人道主义例外，“在行为的目的是给所涉之人提供人道主义援助的情况下”，成员国可以决定不适用刑罚。

一些欧盟法案对犯罪的定义做出了额外规定，这些规定略微表明了通过入罪而保护的价值。《关于非法贩运毒品的框架决定 2004/757》第 2 条第 1 款针对毒品犯罪创造了“无权利”（without right）这一类行为。其中的权利是指一些个人在精神性药品方面有权参与非常有限的合法交易（如
231 医院）。[929]《关于打击欺诈的框架决定 2001/413》第 3 条采取了同样的方法。如果信用和金融公司出于诚信公布可疑交易，那么它们就不能被判定违反了保密义务（《关于洗钱的指令 2015/849》第 37 条或《关于市场滥用的指

925　2 April 2009，Case C-421/07，*criminal proceedings against Frede Damgaard*，par.28.

926　Recital 46 *Directive 2011/93 on Sexual Abuse of Children.*

927　存在虚构儿童的图片。

928　该条文规定：“当第 2 条所列行为直接导致人口贩卖中的受害者被迫参与犯罪活动，各成员国应该根据各自法律体系中的基本原则，采取必要措施，确保国家主管部门不会起诉这些受害者或是对其施以刑罚。”

929　以类似的方式：Recital 17 *Directive 2011/93 on Sexual Abuse of Children.*

令 2014/57》第 3 条第 8 款)。《关于对信息系统的攻击的指令 2013/40》第 2 条 d 项将“无权利”定义为:“本指令所指行为,包括未被所有者或是系统或其部分的另一权利拥有者授权,或是未被国家法律许可,而对系统进行存取、干预或监控的行为。”针对 Vo 的刑事诉讼程序有一点有趣的地方,[930] 该案中 Vo 因涉嫌非法偷渡非欧盟国家公民而被起诉。这些偷渡者令欧盟成员国大使馆相信他们只是希望在欧洲以游客身份进行旅行,从而获得了真实签证。根据保护外界边境的立法,尽管签发签证的成员国没有将这些签证作废,但是其他成员国可以认定:根据国内法对非法入境或偷渡犯罪的定义,行为已经满足了犯罪要件。

4. 分则——欧盟层面的犯罪 [931]

欧盟层面的犯罪的分则部分范围比总则部分要清晰许多。[932] 有一系列的法律文件非常明确地将特定形式的行为入罪,或者至少是禁止这些行为。因此,刑法中的分则的主体部分是逐渐发展出来的。在本节,欧盟法中规定的犯罪是按照法律所保护的合法价值进行分类的。[933]

4.1　违反正当竞争的犯罪

该种犯罪可以分为三类。第一,狭义上,违反竞争法的犯罪。这是指《欧盟运行条约》第 101 条和第 102 条中禁止的行为。第二,妨碍、限制或是扰乱竞争。第三,滥用市场主导地位都是与内部市场规则不相 232

930　10 April 2012, Case C-83/12 PPU, *criminal proceedings against Minh Khoa Vo*.

931　欧盟委员会对欧盟层面的犯罪做出了明确定义,是指那些《欧盟运行条约》第 83 条第 1 款中规定的犯罪。Communication from the Commission to the European Parliament, The Council, the European Economic and Social Committee and the Committee of the Regions, Towards an EU Criminal Policy: Ensuring the effective implementation of EU policies through criminal law, Brussels 20.9.2011, COM(2011)573 final, p.5.

932　许多欧盟理事会决议(Resolution)都要求将这些行为入罪,但是却没有规定一个明确的义务。就这一点不会在此进行讨论。其中一例就是 1996 年 9 月 27 日《关于打击非法雇佣非欧盟成员国公民的决议 OJ 1996, C 304/1》(Resolution of 27 September 1996, on combating the illegal employment of third country nationals, OJ 1996, C 304/1)。

933　这与 Annex A to *Decision 2009/316 on ECRIS* 中规定的犯罪类别没有关系。这些类别与相应的法律反映了成员国现有的犯罪整体目录。其功能并不是意图将犯罪定义统一化或是将行为入罪。进一步参见第八章第 5.1 节。

符合的。[934] 被禁止行为的定义是十分广泛的：所涉行为是为了实现《欧盟运行条约》第 101 条所禁止的不正当竞争的目标，该行为能够在个案中导致妨碍、限制或扭曲市场中的竞争。欧洲法院判决："不要求存在实际的妨碍、限制或是扰乱竞争，或是所涉行为与消费价格间不必然存在直接联系。"[935]

法律顾问 Kokott 将这种禁止规定和刑法中已知的危险犯罪进行了比较："在大部分法律体系中，个人在受到酒精或是毒品的严重影响下驾驶车辆要承担刑事责任或是受到行政处罚，而不论其是否在实际上威胁了其他道路使用者或者是否真的导致事故发生。"[936] 法律顾问 Sharpston 将竞争法和刑法完全等同起来。根据恩格尔标准，她表示："就这一点而言，应该值得注意的是，共同体对于违反竞争规则建立的处罚体系，如第 17 号条例所规定的以及判例法解释的那样，表明，因为其本身属性，卡特尔被处以最严重的罚款。卡特尔对市场可能造成的具体影响，特别是在多大程度上限制了竞争从而导致市场价格高于没有卡特尔的可能价格，并不是决定罚款金额的决定性因素"（省略参考文献）。[937]

《关于私人部门中的腐败问题的框架决定 2003/568》第 1 条和第 2 条将私人部门中被动和主动腐败入罪。[938] 最后一个种类是协助为《关于未经授权入境的指令 2002/90》第 1 条和与其同日颁布的《关于未经授权入境的框架
233 决定 2002/946》所禁止的非法入境、过境或是居留。指令和框架决定有两个主要目标。其一是阻止和处罚非法进入欧盟的人；其二是阻止非法居留的非欧盟公民扰乱劳动市场。《规定对非法居留的第三国国民的雇主的制裁和措

934　进一步参见第九章第 3.1 节。

935　4 June 2009，Case C-8/08，*T-Mobile Netherlands BV*，*KPN Mobile NV*，*Orange Nederland NV*，*Vodafone Libertel NV* v. *Raad van bestuur van de Nederlandse Mededingingsautoriteit*，par.43.

936　Opinion of Advocate General Kokott of 19 February 2009，point 47，Case C-8/08，*T-Mobile Netherlands BV*，*KPN Mobile NV*，*Orange Nederland NV*，*Vodafone Libertel NV* v. *Raad van bestuur van de Nederlandse Mededingingsautoriteit*.

937　Opinion of Advocate General Sharpston of 10 February 2011，Case C-272/09 P，*KME Germany AG*，*formerly KM Europa Metal AG*，*KME France SAS*，*formerly Tréfi métaux SA*，*KME Italy SpA*，*formerly Europa Metalli SpA*，point 64. Advocate General Kokott refers to this Opinion，but does not concur with it.See Opinion of Advocate General Kokott of 14 April 2011，Case C-109/10 P，*Solvay SA* v. *European Commission*.

938　框架决定废止了其前任：*Joint Action 98/742 on Corruption in the Private Sector*.

施的最低标准的指令 2009/52》更加明确地对内部市场提供了保护。[939]

4.2 破坏金融（健全性）的犯罪[940]

指令 91/308 第 1 条首次禁止了洗钱行为，第 2 条规定第 1 条所定义的洗钱行为应该被“禁止”。[941] 成员国同样做出了共同宣言，声明它们将会处罚该行为。此外，《财政利益公约》第二议定书将指令中定义的行为规定为犯罪。这种做法的背景是当时的权力分立。

《关于市场滥用的指令 2014/57》规定内幕交易（第 3 条）、非法泄露内幕信息（第 4 条）和操纵市场（第 5 条）是犯罪行为。该指令与《市场滥用条例 596/2014》共同起作用。该指令包含有与刑法相关的条款，其将刑法作为实施欧盟法的手段。应该将这些规定放在一起解读，例如，指令中的“内幕信息”是条例中所指“信息”。

《协调有关内幕交易条例规定的指令 89/592》第 2 条和第 3 条规定内幕交易是犯罪行为。在针对 *Grøngaard and Barg* 的刑事判决中，欧洲法院解释了该指令，却没有解释基础法律。然而，该判决表明欧洲法院知晓其利用刑法来执行欧盟法。欧洲法院参考了相关指令的大背景以及立法的目的和方式。因为禁止泄露内幕信息并不是绝对的，所以欧洲法院必须解释指令 89/592 中规定的例外在实际上的限制程度。[942]

指令 2003/6 替代了指令 89/592。[943] 在 *Spector Photo Group* 案中，欧洲法 234
院不得不解释指令 2003/6 第 2 条第 1 款中“在完全知晓事实的情况下利用信息牟利”的含义。根据欧洲法院的理解，该说法“仅仅禁止了最初的内幕知情人在进行市场交易时利用内幕信息。该条款为此类被禁止的交易

---

939 Directive of 18 June 2009，OJ 2009/52，L 168/24.

940 《欧盟运行条约》第 83 条第 1 款提及的欧盟层面犯罪中包括洗钱和伪造支付方式。

941 Directive 91/308 was replaced by *Directive 2005/60 on Money Laundering*，which will be replaced as of 26 June 2017 by *Directive 2015/849 on Money Laundering*.

942 22 November 2005，Case C-384/02，*criminal proceedings against Knud Grøngaard and Allan Barg*，par.31–54.Another judgment interpreting inside information is 10 May 2007，Case C-391/04，*Ipourgos Ikonomikon Proistamenos DOI Amfi ssas* v. *Charilaos Georgakis* .

943 Directive 2003/6 of 28 January 2003 on insider dealing and market manipulations（market abuse），OJ 2003，L 96/16.See on Article 1，paragraph 2 of the Directive 7 July 2011，Case C-445/09，*IMC Securities BV* v. *Stichting Autoriteit Financiële Markten*. Directive 2003/6 has been repealed by the *Market Abuse Regulation 596/2014*.

明确规定了两种构成要件，即可能参与的人和构成交易的实质行为。指令 2003/6 第 2 条第 1 款没有规定最初的内幕知情人是否必须具有投机或欺诈的意图，或是对行为具有故意或是过失。该条没有明确表示是否有必要证明内幕信息对于进行交易这一决策要起决定性作用，或是最初的内幕知情人必须知晓其所掌握的信息属于内幕信息”[944]。

欧洲法院一致认为该指令没有“明确规定一个主观要件，这是因为立法机关的目的是针对内幕交易建立一种预防机制并规定行政上的处罚，如果这种规定受制于对主观要件存在与否的全面分析，其有效性将会大打折扣。”[945]

《关于保护欧元的指令 2014/62》第 3 条规定了与货币欺诈有关的所有种类的行为都是犯罪行为。

《关于打击欺诈的框架决定 2001/413》第 2、3、4 条规定了与支付工具相关的罪行。

4.3 针对欧盟财政利益的犯罪

《财政利益公约》第 1 条首次将在欧盟层次的欺诈入罪，虽然这种行为已经在其他法律中作为“不当行为”（irregularity）而被禁止了，例如《关于保护财政利益的条例 2988/95》，该条例包含了对共同体法律下不当行为的同质检查（Homogenous checks）、行政措施和处罚。《关于保护财政利益的条例 2988/95》第 1 条第 2 款如此定义不当行为：

> 235 是一种对共同体的法律条款的违反，是由经济运行者的作为或是不作为造成的，而这种违法行为对共同体的总体预算或是他们自己的预算造成损害，或将会造成损害，无论是其直接代表共同体收集的资源从而产生的盈利减少或是损失，或是非正当性支出。

4.4 侵犯人类尊严的犯罪[946]

《针对种族和仇外的框架决定 2008/913》第 1 条禁止了种族和仇外主

944 23 December 2009，Case C-45/08，*Spector Photo Group NV*，*Chris Van Raemdonck v. Commissie voor het Bank-*，*Financie-en Assurantiewezen*（*CBFA*），par.31.

945 Ibid.，par.37.

946 《欧盟运行条约》第 83 条第 1 款列举的犯罪中包括恐怖主义犯罪和有组织犯罪。

义。[947] 该条款涵盖了多种形式的歧视。

《打击贩卖人口的框架决定 2002/629》第 1 条将贩卖人口规定为犯罪行为。[948]

《关于性侵儿童的指令 2011/93》第 3—6 条强制要求成员国将对未成年的性侵和性剥削，以及儿童淫秽作品和以引诱儿童进行性活动等行为规定为犯罪。[949]《关于性侵儿童的指令 2011/93》第 8 条允许成员国从犯罪定义中排除如下情况：同龄人之间自愿进行，以及已经达到性允诺年龄的儿童和其伴侣之间的性活动。[950] 叙文 9 明确举例说明了什么是儿童淫秽。

4.5　侵犯民主社会的犯罪[951]

《关于参与犯罪组织的联合行动文件 98/733》规定参与犯罪组织是犯罪行为。《关于打击有组织犯罪的框架决定 2008/841》废止和取代了上述联合行动文件。[952]

恐怖活动导致了一系列定义非常模糊的犯罪。《关于打击恐怖主义的 236
框架决定 2002/475》第 1、2、3 条规定了恐怖主义犯罪、参与恐怖组织和与恐怖活动相关的犯罪。[953]《关于打击恐怖主义的共同立场 2001/930》第 1 条规定资助恐怖主义是一种犯罪。第 3 条的规定将有助于产生以反恐为目

947　该框架决定于 2010 年 11 月 28 日取代了《针对种族主义和仇外的联合行动文件 96/443》。

948　被《关于贩卖人口的指令 2011/36》于 2013 年 4 月 6 日取代。

949　《关于性侵儿童的指令 2011/93》于 2013 年 12 月 18 日取代了《儿童淫秽框架决定 2004/68》。后者废止了《关于贩运人口问题的联合行动文件 97/154》，该联合文件也包括了儿童淫秽和其他形式的儿童性侵。

950　参见《关于性侵儿童的指令 2011/93》叙文 8 和叙文 20。从语言上而言，第 8 条第 2 款允许成员国将未达到性允诺年龄的同龄人之间的自愿性行为排除出儿童淫秽范畴。这种做法是否意图将此类行为排除出刑法领域是不明确的。

951　《欧盟运行条约》第 83 条第 1 款提及的欧盟层面犯罪中包括贩卖人口和对妇女儿童的性剥削。

952　《关于打击有组织犯罪的框架决定 2008/841》第 9 条规定：其他文件提及联合行动文件 98/733 中参与犯罪组织时，应该被解释为框架决定中的相关规定。

953　被 Framework Decision 2008/919 of 28 November 2008，amending Framework Decision 2002/475 on combating terrorism 修订。

标的总方针政策。[954] 此外，《关于打击恐怖主义的共同立场 2001/930》第 14 条规定，成员国“应该尽快签署”本文件附录中列举的“与反恐相关的国际公约和议定书”。

这意味着什么呢？首先，很明确，欧盟认同：被所列 13 个公约规定为恐怖主义犯罪活动的行为应该在欧盟也被定义为犯罪。其次，成员国选择不签署上述公约的空间已经十分有限了。后果是很明确的，成员国必须签署。然而，在多长时间内签署并没有确定（“尽快”）。这种做法最重要的作用就是为顺利的刑事合作消除所有可能的障碍，而非在实体刑法领域中。[955] 这是否对成员国有约束力？这是否会导致各国议会成为摆设？

4.6　侵犯公共行政廉洁性的犯罪[956]

《反腐败公约》第 2 条规定主动和被动腐败都是犯罪行为。《财政利益公约》仅限于将造成共同体财政利益损失的腐败入罪。

就官员在其他成员国活动期间针对该官员或是官员自己实施的犯罪活动，《欧盟互助公约》第 15 条规定了比其他法律文件更加明确的入罪规则。该条规定：“在进行第 12、13、14 条所列活动期间，来自非活动所在地成员国的其他成员国官员，在涉及针对其实施的犯罪或是由其实施的犯罪时，该官员应该被视为活动所在地成员国的官员。”[957]

该公约第 12、13、14 条规定了引渡、联合调查小组和卧底侦查。这些
237 都是合作的形式，通过这些合作，官员可以在其他成员国活动。《关于欧洲调查令的指令 2014/41》第 17 条进行了类似规定。

4.7　损害公共健康的犯罪[958]

理事会多项决议都要求将多种人工合成药物规定为违法药物，尽管其

954　Recital 7 Framework Decision 2008/919 of 28 November 2008，amending Framework Decision 2002/475 on combating terrorism.

955　参见第八章第 2 节。

956　《欧盟运行条约》第 83 条第 1 款规定的欧盟层面犯罪包括了腐败犯罪。

957　类似地，参见 Article 6 *Europol Decision 2009/371* regarding Europol officials in joint investigation teams；Article 22 *Decision 2008/615 on Stepping up Cross-border Cooperation*。

958　《欧盟运行条约》第 83 条第 1 款规定的欧盟层面犯罪包括了非法毒品交易。

没有直接强制成员国如此做。[959] 这样做的法律基础是 1997 年 6 月 16 日《关于对新合成药物的信息交流，风险评估和控制的联合行动文件 97/396》第 5 条第 1 款。[960]《关于非法贩运毒品的框架决定 2004/757》第 1 条第 1 款将《联合行动文件 97/396》认定的新型人工合成毒品也定义为“毒品”（drugs）。

4.8 损害司法公正的犯罪

欧洲法院规约第 27、29、30 条是关于证人和专家出庭和宣誓后作证的义务。欧洲法院可以直接对缺席证人罚款。关于伪证罪，第 30 条规定成员国在起诉伪证罪时，“应该如该罪行在其国内法院中发生的一样”。

如果在视频会议中做出虚假陈述，也是类似的规定。《欧盟和美利坚合众国之间相互提供法律协助的协议》第 6 条第 4 款规定：“在视频会议期间，证人或专家如果故意做出虚假陈述或其他不当行为，应该按照申请国国内相应程序被处罚。”

损害司法公正的犯罪和涉及在其他成员国活动的官员的犯罪都涉及一个问题，即在欧盟规定将含有欧洲层面要素的行为等同为那些已经被国内法认定为犯罪的行为的情况下，那么在遵守上述欧盟规定时，是需要成员国将这些规定进行特别的转化，还是仅仅对已有的国内法律进行扩大解释。[961] 238

4.9 破坏环境的犯罪

《关于通过刑法保护环境的指令 2008/99》第 3 条要求将多种形式的“故意违法行为或至少是严重过失的”破坏环境行为入罪。该指令第 2 条特地

959 参见例如，Decision 1999/615 of 13 September 1999 将 4-MTA 定义为新型人工合成毒品，这导致该药物受到严格控制，与其相关活动可能受到刑法处罚。OJ 1999，L 244/1; Decision 2002/188 of 28 February 2002 concerning control measures and criminal sanction in respect of the new synthetic drug PMMA，OJ 2002，L 63/14; Decision 2003/847 of 27 November 2003 concerning control measures and criminal sanction in respect of the new synthetic drug 2C-I，2C-T-2，2C-T-7 and TMA-2，OJ 2003，L 321/64.

960 OJ 1997，L 25/1.

961 Satzger 认为这并不是一个具有自动执行力的规范。Helmut Satzger，in: Helmurt Satzger，Ulrich Sieber and Bernd von Heintschel-Heinegg（eds.），Europäisches Strafrecht，2nd edition，Baden-Baden 2014，p.255–256. 详见本章第 6 节。

定义了何为“违法”，即违反了附录中所列的欧盟法律中的任一条款。[962]

4.10　破坏信息社会的犯罪[963]

《关于对信息系统的攻击的指令 2013/40》第 3、4、5、6 条规定了违法存取信息系统、违法干扰系统、违法干扰数据和违法监控行为是犯罪行为。第 7 条进一步将犯罪行为扩展至用于实施这些犯罪的工具的相关行为，例如以实施这些罪行为目的而开发的电脑程序。

5. 一个欧盟层面的刑事政策？

在理事会五年工作计划中，其阐述了在未来五年中应该优先进行的立法和转化工作。最近的一个发展计划就是加强刑诉程序中嫌疑人和被告人的程序权利，[964]该计划已经在 2010 年的斯德哥尔摩项目中完成。[965]在该项目或计划完成之后，许多其他立法草案也将被提上日程。

回顾以往，从上述关于欧盟对于欧盟层面的犯罪的立法实践中可以得出什么结论呢？在该层面是否存在一个特定的立法和实践上的刑事政策？欧盟是如何选择立法项目的？协调一致（harmonisation）的条件是什么？发展计划阐述了一个明确的政治选择，即加强被告人和被害人的权利，然而，更加困难的是确认单个法律文件做出了何种决策。

鉴于缺乏解释性的备忘录或是对原因的阐述，就只能从立法法案序言中推导出起草者的意图。[966]基于此，我们可以确认欧盟立法对金融犯罪（洗钱、内幕交易、补贴欺诈、伪造货币罪、不同形式的腐败以及与支付方式

962　被认定无效的《关于保护环境的框架决定 2003/80》规定了故意和过失犯罪。尽管该框架决定已经无效，但是因为其极有可能已经被成员国转化，所以在此被提及。被认定无效是发生在 2005 年 9 月 13 日，而转化期限截止到 2005 年 1 月 27 日。有可能一些成员国已经履行了它们的转化义务。基于同样原因，《船舶污染指令 2005/35》以及相伴的（之后也被欧洲法院认定无效）《船源污染框架决定 2005/667》，都应该被考虑在内。

963　《欧盟运行条约》第 83 条第 1 款规定的欧盟层面犯罪包括了计算机犯罪。

964　OJ 2009，C 295/1.

965　The Stockholm Programme-An open and secure Europe serving and protecting citizens，OJ 2010，C 115/1.

966　参见例如，《关于打击有组织犯罪的框架决定 2008/841》叙文 1 敦促“采取更加有效和综合的措施打击跨境犯罪问题，如有组织犯罪”。

相关的罪行）最为关注。

所有这些都是旨在保护内部市场的正常运转，以及为相关领域的完整性提供保障。

其他共同点就是一些关于欧盟政策领域的犯罪（毒品、非法入境、污染环境、种族歧视和仇外）。其他类型的犯罪则关于保护弱势群体保护儿童不受性侵和打击人口贩卖，[967]以及保护整个社会不受恐怖主义威胁。一些人认为主导因素是预防危险。[968]

尽管一些行为因其与政策上的联系而被归为犯罪行为，但是这并不适
用所有犯罪行为。此外，许多政策也没有导致任何行为被入罪。这就涉及
一个问题，即是如何做出这种选择的。欧盟仅仅关注于严重犯罪吗？入罪
标准并不显而易见。已经被取代的《关于对信息系统的攻击的框架决定
2005/222》中的叙文13规定："有必要避免过度入罪，特别是在轻微案件中，
以及要避免对权利享有者和有授权的人进行刑事处罚。"[969]对于性侵，很明
显地，被害人的弱势地位导致性侵成为一种犯罪行为。[970]欧盟有没有研究 240
对违法行为可能产生的反应？如果行为已经被入罪，存不存在对此的效果
评估机制呢？

2011年9月，欧盟委员会正式表达了其希望刑事政策能够在立法上贯彻一致。[971]尽管我们必须赞扬该文件承认并指出了一个事实，即迄今为止，刑事政策并没有特别具有连贯性，但是该文件几乎没有对解决方法发表意见。在欧盟层面，到底应该适用什么样的入罪标准呢？

在之前，刑法作为一种欧盟法的执行手段，与其相关的问题总是在涉及欧盟权限时出现。[972]随着《里斯本条约》生效，问题不再是欧盟是否在刑

967　人们可以看出这些规定更加希望的是预防犯罪，而非镇压犯罪。参见例如，《关于性侵儿童的指令2011/93》叙文33和叙文34。

968　Ester Herlin-Karnell，The Development of EU Precautionary Criminalisation，1 European Criminal Law Review 2011，pp.149–169.

969　参见框架决定第2、3、4条规定"至少对于非轻微案件"。

970　《关于性侵儿童的指令2011/93》叙文19。

971　Communication from the Commission to the European Parliament，The Council，the European Economic and Social Committee and the Committee of the Regions，Towards an EU Criminal Policy：Ensuring the effective implementation of EU policies through criminal law，Brussels 20.9.2011，COM（2011）573 final.

972　参见本章第2节。

事方面具有立法权限，而是鉴于欧盟拥有该项权限，为什么欧盟应该或是不应该使用该权限。

有一种说法是，适用刑法或是关于犯罪的一般规则，[973] 可以有助于更好地执行欧盟法。法律顾问 Ruiz–Jarabo Colomer 在就案件 C–176/03 发表自己的观点时表示，违法行为需要：

> 一种刑罚，该刑罚的严苛程度必须与受到威胁的法益的重要性和违法行为受到的社会谴责程度相关。[974]

还有一种说法就是刑罚令法律更加有效。[975] 另外，在一些案件中，欧盟法会对基本自由做出特定限制，但是同时认定动用刑罚，特别是监禁，会不合比例地限制自由迁移的权利。[976] 欧盟貌似会更多地利用已经建立的"欧盟犯罪预防网"（the European Crime Prevention Network）给相关欧盟主
241 体和成员国提供专业支持。[977]《关于贩卖人口的指令 2011/36》第 18—20 条要求成员国采取预防措施，建立国家层面的报告制度，并促进出台打击人口贩卖的策略，还要提高认识以及采取其他非刑事手段。

在欧盟背景下，"为什么是刑法"这一问题并不经常出现。应该适用刑法似乎是不证自明的。这意味着完全没有一个成型的入罪标准。欧盟立法者却对适用刑法的效果十分感兴趣："刑法的适用可以并应该强化遵守法律的行为，相较于行政处罚或是民法中的赔偿机制，刑法表示出的社会不认同与前者存在本质上的不同。"[978] 然而，在 2009 年年底，理事会撰写了用于指导其审议刑法事宜的模范条例。[979] 这对于欧盟内部刑事政策多元化尤其

---

973 参见《关于通过刑法保护环境的指令 2008/99》叙文 4。

974 Opinion Advocate General Ruiz-Jarabo Colomer of 26 May 2005，Case C-176/03，*Commission* v. *Council*，point 46. See，also，point 74.

975 参见《关于通过刑法保护环境的指令 2008/99》叙文 3。Opinion Advocate General Ruiz-Jarabo Colomer of 26 May 2005，Case C-176/03，*Commission* v. *Council*，point 84.

976 3 July 1980，Case 157/79，*Regina* v. *Stanislaus Pieck*；21 September 1989，Case C-378/97，*criminal proceedings against Floris Ariël Wijsenbeek*，par.44.

977 Decision 2009/902 setting up a European Crime Prevention Network（EUCPN）and repealing Decision 2001/427.

978 《关于通过刑法保护环境的指令 2008/99》叙文 3。

979 Draft Council conclusions on model provisions，guiding the Council's criminal deliberations，27 November 2009，16542/2/09.

重要。[980]模范条例具有经典刑法的特征，其出发点是视刑法为最后的手段。

欧盟议会在2011年和2012年进行的辩论涉及更加基础的问题。[981]欧盟议会自我反省了欧盟过往刑事立法的不连贯性，在其制定新的刑法之前，议会认为自己有义务进行一次“必要性检验”。这种做法对于防止立法转化工作对国家主权机构造成过重的负担是必要的。欧盟议会想要阻止极容易出现的一种情况，即提议某刑法条款是因为据称其具有象征和劝诫效果。

议会将一些原则作为在未来审议刑事立法的基础。这些原则并不具有
创新性，因为欧盟中所有的刑事司法体系都适用了这些原则。[982]然而，具
有创新性的是，在刑法是不是最佳手段这一问题上，这些原则结合了欧盟 242
法的辅助原则和比例原则。基本的考量如下：

> 3. 强调：在这一点上，仅仅参照抽象的观念或是象征性的效果是不足的，但是必要的事实证据必须能够说明制定新的实体刑法是必要的，这些事实证据需要表明：
>
> 刑法条款关注的行为会造成社会、个人或是私人团体重大的金钱或非金钱损失；
>
> 对于此类行为没有其他更加温和的措施；
>
> 所涉犯罪具有特别严重的跨国属性，或是在应该统一化的领域该犯罪对于某一欧盟政策的有效转化具有直接的负面影响；

980　Christoph Safferling，Strafrechtsentwicklung in der EU – Konglomerat oder Synthese?，in：Franz Streng and Gabriele Kett-Schraub（eds.），Strafrechtsvergleichung als Kulturvergleich，Beiträge zur Evaluation deutscher “Strafrechtsexports” als “Strafrechtsimports”，Mohr 2013.

981　这导致了一份关于欧盟在刑法领域中采取的方法的报告。2010/2310（INI），written by rapporteur Cornelis de Jong.Resolutions were adopted on 24 April 2012（A7–0144/2012.

982　这与《欧盟刑事政策宣言》（*the Manifesto on European Criminal Policy*）相同，强调了如下原则：合法目标的要求（the requirement of a legitimate purpose）、最终手段原则（the ultima ratio principle）、有罪原则（the principle of guilt）、合法性原则（the principle of legality）、辅助原则（the principle of subsidiarity）和一致性原则（the principle of coherence）。这些原则要么被欧盟条约承认要么被欧洲法院判例法承认。然而，主要的关注点貌似是欧盟法对各国刑事司法体系的影响：“刑法领域中单个的立法法案并不总是遵循相同的概念，国家层面上的必要转化常常会与成员国传统的、或多或少前后连贯的刑法体系产生冲突。”Helmut Satzger，International and European Criminal Law，München 2012，p.83. More extensively Petter Asp，The Substantive Criminal Law Competence of the EU，Towards an Area of Freedom，Security & Justice，Stockholms universitet 2012，Part I，pp.164–224.

基于共同基础，有打击所涉刑事犯罪的必要，即对欧盟具有附加的实践上的价值，特别是考虑到，该罪行在成员国中的普遍性和发生频率；

以及遵循《欧盟基本权利宪章》第 49（3）条，被提议的刑罚的严苛性与罪行并不合比例。

4. 承认刑法中其他基本原则的重要性，例如：

个人责任原则（法无明文不为罚），因此仅仅对故意实施的犯罪施加刑罚，或是在例外情况下的严重过失行为；

法律明确性原则（lex certa）：对于一项罪行构成要件的描述必须用词明确，个人应该能够预测自己的行为是否会令自己承担刑事责任；

禁止溯及既往原则和从轻原则（lex mitior）：只有在有利于犯罪行为人的情况下才允许对禁止溯及既往原则作出例外规定；

一事不再理原则（ne bis in idem），是指在一个成员国终审中如果被告人已经被宣判或是无罪释放，那么其在其他成员国就不能就同一事由在刑事诉讼程序中被再次起诉或是处罚；

无罪推定原则，每一个被起诉犯罪的人在依法确定其是否有罪之前都被认定为无罪；

5. 支持欧盟委员会在其最近的关于欧盟刑事政策的文件中承认，刑事立法应该总是首先决定是否有适用实体刑法的必要。

6. 鼓励欧盟委员会在不损害必要性和辅助原则的情况下，提议的措施可以促进国家层面上对既存欧盟实体刑法规定的实施更加连贯和一致。

7. 强调被提议的统一化措施应该主要是为了在实践中支持互相承认原则，而非仅仅是为了加深欧盟刑法统一化的程度。

243 8. 鼓励欧盟委员会继续在影响评估中进行必要性和合比例性检验，学习在程序权利保护方面具有高水平的成员国的最佳实践经验，对所列基本权利进行评估，并引入一项检验，以评估提案如何反映了上述刑法中的基本原则。[983]

人们可能承认伤害原则（the harm principle）可以作为入罪的一个正当

983 有人可能注意到第 3 款将一些诉讼法上的保障与实体刑法上的概念混淆在一起。

化理由，同辅助原则和比例原则一起作为一个开端，[984] 这与其在互相承认中的作用是相关的。有罪（Guilt）是欧盟刑法中一个基本的概念，但是前提条件是个人可以预判自己行为可能的后果是什么。

6. 向成员国刑法的转化

本章一开始就明确了合法性原则作为一项法律基本原则，要求刑事责任要有各国国内刑法作为基础。禁止直接适用欧盟法，即未经国家转化的欧盟法不能直接被适用。这就涉及一个问题，即成员国在履行入罪方面的义务时，在实际上使用何种技巧。很明显，成员国需要遵守同化原则（the principle of assimilation）。[985] 这意味着成员国在将欧盟层面的犯罪规定为本国犯罪时，使用的方法与国内法规定同等犯罪时的方法类似。除去一些新型犯罪，如洗钱和内幕交易，成员国极有可能已经有了相关刑法规定，这些规定在一定程度上已经包括了本章第 4 节所描述的行为。

对于大部分犯罪，欧盟法案的附加价值已经扩展至既存的国家层面的犯罪，并对这些罪行命名（如人口贩卖、恐怖主义活动和儿童淫秽）。从欧盟法律文件中的描述可以看出，对行为进行实体上的转化就已经足够了，欧盟法并没有要求成员国将这些正式名字引入国内法。成员国在转化欧盟法的立法实践上体现出了多种多样的技巧，即使同一成员国也会采取不同的技巧。欧盟法允许成员国自由使用这些技巧。重要的是结果，框架决定 244
中的标准用语是："每一个成员国应该采取必要措施保证如下故意行为受到刑事处罚。"

利用"复制粘贴"（copy and paste）的方法，成员国将对禁止行为的表述原封不动地写入国内刑法条款中。在成员国希望遵守义务时，这貌似是一种非常安全的做法。在不违反欧盟法的情况下适用国内法变得十分简单。然而，这种方法的危险之处在于，如果欧盟法使用的术语与国内的刑事司法体系不相符合，那么就会因此造成体系混乱。

984　参见欧盟入罪的条件：Anna Wetter，Making EU Legislation in the Area of Criminal Law，A Swedish Perspective，Uppsala University 2013.

985　Kai Ambos，Internationales Strafrecht，4th edition，C.H.Beck 2014，pp.451 and 566–574.

另一种安全的方法就是“参照”（reference）技巧。[986]成员国会在国内的刑事立法中写明：“实施某指令某条中规定的行为的，应被视为犯罪行为。”在一些国家的司法体系中，这种做法可能是有问题的，因为欧盟法可能使用一些国内司法体系不使用的术语，会令人困惑。然而，与“复制粘贴”方法不同，使用“参照”方法，在欧盟法律修改时，成员国无须修改自己的立法。当然，这只适用于只有国内法提出参照的条款被修改的情况。此种转化欧盟法的方法自动引入任何欧盟法中的变化。从立法角度，对于那些可能经常被修改的技术性条例，这种优势显而易见。如果我们将合法性原则理解为要求国内刑法规则必须详细描述被禁止的行为，那么“参照”技巧可能与法律明确性原则相冲突。该技巧又具体分为两种：动态参照，即在国内法中表明，自动引入欧盟法被修改的部分；而静态参照则不是如此，在欧盟法修改之后，这种参照也随之失效。[987]

一个更加常用的技巧则是“翻译”。通过这种方式，成员国将欧盟法规定的义务翻译成自己的语言。成员国这样就可以保持国内刑事司法体系的一致性。然而，即使欧盟法律文件存在各个成员国语言的官方版本，但是欧盟法中使用的术语也不会与国内法中那些术语完全相符。部分原因可能是对欧盟法的解释是独立于其他法律体系，除此之外，还可能是多种语言版本涵盖了多个刑事司法体系（荷兰语、英语、德语、希腊语和瑞典语）。

245 另外一种方法并不必然是一种立法技巧，而是一种法律适用上的技巧：司法上对国家法定义下的犯罪构成要件进行“欧盟性的解释”（European interpretation）。一个例子就是国内的刑事法院在解释本国刑法中既存的条款时将欧盟法律考虑在内。在国内条款是履行欧盟义务的结果的情况下，认定这些条款符合欧盟指令或框架决定本身就意味着从欧盟法的角度对其进行了解释。此外，除去对罪行的描述，欧盟法有时候会进一步地定义一些重要的术语。有时候这些术语非常的宽泛，如“非法入境或居留”（unauthorised entry or residence）、“违法”（unlawful）和“废物”（waste

---

986　成员国转化欧盟法后形成的法律必须提及原始的欧盟法律文件，该要求应该被理解为是对其源自欧盟法和相应内容的一种承认，而不是在实际入罪时必须直接参照欧盟法。参见《欧盟运行条约》第291条第4款。

987　Helmut Satzger，in：Helmut Satzger，Ulrich Sieber and Bernd von Heintschel-Heinegg（eds.），Europäisches Strafrecht，2nd edition，Baden-Baden 2014，p.257.

products)，或者一些非常特定的术语，如“捆绑”(tethered)。[988] 国家刑事法院可以从欧盟的角度解释国内法术语，而不需要进一步的法律转化。以符合欧盟指令和框架决定的方法进行解释的限制就是合法性原则。

根据解释同化性(assimilation interpretation)原则，在官员活动期间由官员实施的或针对其实施的犯罪，以及破坏司法公正的犯罪，在解释时要认定关于此类犯罪的国内现行刑法条款同样包括外国官员。[989] 因为《欧盟互助公约》第 15 条也是国际法公约的一部分，除了那些欧盟指令和框架决定，国际法中关于直接生效的其他规则适用于该公约。这取决于成员国法律制度对国际法适用的体系(一元论或是二元论)以及国内法对犯罪的具体定义。一些欧盟法案对犯罪行为进行了极端详细的描述，这产生了一个问题，即成员国是否可以把这种行为归类为另一种犯罪。两个例子可以解释清楚这个问题。就《财政利益公约》关于欺诈的规定，成员国可以将欧盟层次的欺诈作为一种新的犯罪引入本国刑法，该犯罪要求欺诈行为损害了欧盟利益。欧盟之前利用伪造罪(forgery)的条款打击此类欺诈，而相较于伪造罪，证明欺诈对检方是一个额外的负担。检方更容易证明一般法条款，这是因为其包含较少的要件。被告人是否会因为此类关于欺诈的条款属于特殊法而受到新的指控(对检方更加复杂，对犯罪行为人更加有利)？

第二个例子是关于《关于打击欺诈的框架决定 2001/413》的。该框架决定要求将“偷盗支付工具”入罪。这是否意味着，在盗窃罪——存在于 246
所有刑事司法体系中的一般法——之上，成员国应该将盗窃信用卡犯罪作为盗窃罪的特殊法在国内法中予以规定？

另一个需要考虑的问题是，转化而来的法律应该如何在国内刑事立法中定位。很明显，欧盟法没有给成员国提供任何指导，将这个问题完全留给成员国自己决定。国内立法者在进行转化立法的过程中必须克服各种困难以保持现有的法律秩序。他们必须做出决定。转化后的规定是纳入刑法典还是以单行刑法规则的形式进行规定？成员国可能有各种动机，要么尽可能地将转化后的规定融入一般的刑法规定，或是尽可能地将之作为单行刑法规则。前者可能更有利于保持国内刑事司法体系的连贯性。

988　3 April 2008，Case C-187/07，*criminal proceedings against Dirk Endendijk*.

989　参见 Kai Ambos, Internationales Strafrecht, 4th edition, C.H.Beck 2014, p.566，以及本章第 4.6 节和第 4.8 节。

然而，保持连贯性可能同样支持相反的做法。转化一项欧盟规范，可能会在国内法层面造成混乱。另外，采用单行刑法的方法可以更好地识别出其欧盟法来源。有时候人们可能会疑惑，采用单行刑法的方式是否部分因为成员国希望该规定受到尽量少的关注。

在成员国履行义务将特定行为入罪这一方面并没有判例法，这是因为在《里斯本条约》生效之前欧洲法院对此类案件没有管辖权。

第六章　欧盟刑事程序

1. 简　介

本章将围绕三个问题进行讨论。第一个问题是欧盟法和成员国国家法律在成员国国内刑事诉讼领域的互相影响。第二个问题是欧盟委员会在调查违反欧盟法，特别是竞争法的行为时需要遵守的程序。第三个问题就是在欧盟设置自己的标准时，其造成的影响，特别是对于被告人和被害人地位方面的影响。类似于第五章，本章对于诉讼法的分析结合了欧盟刑事诉讼的现状。 247

2009 年 11 月 30 日，欧盟理事会通过了《加强刑事诉讼中犯罪嫌疑人和被告人诉讼权利的路线图》（*the Roadmap for strengthening procedural rights of suspected or accused persons in criminal proceedings*）。[990] 按照“分步走”的方案，计划要求采取措施保障：获得口译和笔译的权利（措施 A）、被告知享有的权利和起诉内容的权利（措施 B）、法律建议和法律援助的权利（措施 C）、与亲属雇主和领事馆交流的权利（措施 D），以及采取措施为弱势的犯罪嫌疑人或被告人提供特殊保障（措施 E）。因此，多项欧盟指令作为一揽子计划，建立了被告人和被害人权利的连贯体系。[991] 程序规则的详细程度一般是比较高的，留给成员国自由裁量的空间较小。

欧盟基于《欧盟运行条约》第 82 条在刑事诉讼领域拥有的立法权限与《欧盟运行条约》第 83 条关于实体刑法上的权限二者规定类似。基于

990　OJ 2009，C 295/1.

991　这里是指：*Directive 2010/64 on Interpretation and Translation*；*Directive 2011/36 on Trafficking in Human Beings*；*Directive 2011/93 on Sexual Abuse of Children*；*Directive 2012/13 on the Right to Information*；*Directive 2012/29 on Victim's Rights*；*Directive 2013/48 on the Right of Access to a Lawyer.*

该条款，规定最低标准的欧盟指令应该旨在加强判决和司法决定的互相承认，以及刑事领域中的警察和司法合作。这些规则应该与成员国间对证据
248 的互相承认、刑诉中个人权利和被害人权利相关。[992] 换而言之，刑事诉讼事项完全在欧盟权限之内。欧盟采取的措施不一定必须与司法或警察合作相关。第一份刑诉领域的欧盟指令《关于口译和笔译的指令 2010/64》的通过就表明了这一点，该指令适用于成员国中所有刑事诉讼。《欧盟运行条约》第 82 条第 1 款提及了在哪些领域可以根据《欧盟运行条约》第 83 条第 2 款进行立法。[993] 尽管第 82 条第 1 款授予欧盟采取"措施"（measures）的权限，但是第 82 条第 2 款规定的立法权只能以欧盟指令方式实现。

尽管与《里斯本条约》规定的立法权限类似，但是诉讼法与实体刑法仍然有很多不同之处，因此有必要在本章对其进行完全独立的分析。在本介绍小节之后，会对欧盟法基本原则以及《欧洲人权公约》和《联合国宪章》中包含的基本权利进行讨论，这是因为这些原则中的许多内容具有诉讼法的属性。第四章从欧洲法院解释法律时依据的法源的角度对基本原则进行了讨论。本章中所有的具有程序属性的基本原则都是从欧盟基本原则中摘取出来的，同时，本章对其进行了详细分析，以期阐明与国内刑事诉讼相关的那些原则。第 3 节是关于欧盟中不断增加的、与被告人权利相关的规则。第 4 节中的起诉的权利（The right to prosecute）则是完全来源于一事不再理原则，因为没有任何其他刑法话题会如此频繁地成为欧洲法院判决中的争议问题。

第 5 节是关于既存的一个刑诉法问题，即"起诉或是不起诉"（to prosecute or not to prosecute），焦点集中在成员国国家刑事司法体系的差异上。第 6 节涉及了调查、强制措施和证据等话题。第 6.6 节中提及的"自成一体"（sui generis）的诉讼程序与抵制措施和反恐措施相关。第 7 节特别关注了被害人地位。第 8 节从国家刑诉法的角度讨论了成员国对欧盟法的转化。从国家刑事法院的角度也对初步裁定制度进行了分析。该节着眼于实践方面。

本章关注于那些受到欧盟法影响的刑事诉讼程序。类似于实体刑法，刑事诉讼法同样"遭受"了来自欧盟法的影响。欧盟法的目标是在成员国
249 法律秩序中生效，总体来讲，起草欧盟法时没有考虑其对特定法律领域造

992　《欧盟运行条约》第 82 条第 3 款同样规定"紧急刹车"程序。参见第二章第 4.6 节。
993　参见第五章第 2 节。

成的后果或影响。尽管如此，欧盟法仍可能对刑事诉讼法产生特定影响。此外，从欧盟法中会衍生出一些程序性规则，这些规则目的明确地意图影响刑事诉讼规则。这就是本章讨论的主要内容。

鉴于内部市场创设了各种自由，有时成员国国内的诉讼规则必须被搁置。用欧洲法院的表述就是：

> 本案中涉及的国内条文来源于刑事立法和刑事诉讼规则，尽管在原则上刑事立法和刑事诉讼规则是成员国负责的事项，欧洲法院一贯主张共同体为成员国权力设置了界限。此类立法不得歧视那些享有共同体法律赋予的同等权的那些人，以及不得限制共同体法律保障的基本权利。[994]

因此，与实体刑法的方法类似，即使程序上的强制性措施也不得限制任何欧盟公约保障的自由。在 *Rioglass* 案中，西班牙市场上合法销售的商品在其准备离开法国运往非欧盟国家时被法国海关扣押。[995] 法国海关怀疑这批商品的生产侵犯了知识产权而将其扣押。即使商品准备运往非欧盟成员国，其仍然受到《欧盟运行条约》第 34—36 条的约束。[996]《欧盟运行条约》中第 36 条规定的例外情况（可以用以打击侵犯商标权的行为）在此并不适用，因为商品是在运输中，而不在市场中。[997]

在刑事诉讼中，对自由迁移原则的限制通常与检查和监管措施有关。在这一点上，欧洲法院：

> 一贯认定在商品和公民自由迁移方面，共同体法律允许成员国采取监管措施，但是同时为成员国设置了特定的限制。行政措施或是处

994　2 February 1989，Case 186/87，*Ian William Cowan* v. *Trésor Public*，par.19.24 November 1998，Case C-274/96，*criminal proceedings against Horst Otto Bickel and Ulrich Franz*，par.17.

995　23 October 2003，Case C-115/02，*Administration des douanes et droits indirects* v. *Rioglass SA and Transremar SL* .

996　23 October 2003，Case C-115/02，*Administration des douanes et droits indirects* v. *Rioglass SA and Transremar SL*，par.20.

997　23 October 2003，Case C-115/02，*Administration des douanes et droits indirects* v. *Rioglass SA and Transremar SL*，par.22–30.

罚不得超越严格必要性，监管程序的设置方式不得限制自由。[998]

250 欧盟法在刑事诉讼领域可以为个人规定义务、赋予权利。与其他类型的规则类似，义务需要转化，欧洲法院认为有必要记住："欧盟指令自身并不能为个人设置义务，因此不能够将欧盟指令中的条款适用于个人。"[999]

然而，欧盟法中也有可以直接适用于个人的规则，这些规则的适用效果存在巨大的不同。不像实体规则，程序性规则可以具有立竿见影的效果，可以适用于在欧盟指令或框架决定生效之前一段时间发生的情况。[1000]此外，程序性规则不一定需要转化。

2. 欧盟法的基本原则

各个成员国宪法传统中存在普遍通用的法律基本原则，第四章讨论了欧洲法院适用这些原则的情况。[1001]欧洲法院在解释法律时使用这些原则。这通常意味着欧盟法的直接效果因为这些上位的原则而打了一些折扣。欧盟法的适用不得不计一切后果。其在自由和实施规则方面承担的义务并不纯粹是一种工具，也要考虑到对个人权益的保障。本节会进一步分析与公正审判和辩护权相关的一些具体权利，欧洲法院认可这两种权利属于法律基本原则。欧洲法院遵循了欧洲人权法院的判例法，这可能会导致其对自身就基本原则做出的判例法进行再思考。[1002]同样重要的是，尽管基本自由在原则上仅仅适用于欧盟公民，但是欧盟法的基本原则和人权适用于所有人。[1003]

998　14 December 1995，Case C-387/93，*criminal proceedings against Giorgio Domingo Banchero*，par.58.

999　26 May 2005，Case C-297/03，*Sozialhilfeverband Rohrbach* v. *Arbeitskammer Oberösterreich and Österreichischer Gewerkschaft sbund*，par.32.

1000　16 June 2005，Case C-105/03，*criminal proceedings against Maria Pupino* par.44–46；28 June 2007，Case C-467/05，*criminal proceedings against Giovanni Dell'Orto*，par.48.

1001　参见第四章第 3 节。Takis Tridimas，The General Principles of EU Law，2nd edition，Oxford University Press 2006.

1002　22 October 2002，Case C-94/00，*Roquette Frères SAv.Directeur général de la concurrence*，*de la consommation et de la répression des fraudes and the Commission*，该案涉及的问题是在《欧洲人权公约》第 8 条含义下，办公场所是否与住宅享有同等保护。

1003　参见第三章第 4.7 节。

欧洲法院已经承认了大量可以适用于刑事诉讼的基本原则，内容令人惊叹。
其中一些原则可以在《欧洲人权公约》或是其他人权公约中找到类似内容，
而其他的则是独立发展出来的。竞争法案例中提及了大部分刑事诉讼中的 251
基本权利。[1004] 本章将讨论这些原则和权利。

2.1 基本权利

欧洲法院反复强调，基本权利是法律基本原则的一部分。人权是法律基本原则不可分割的一部分，欧洲法院确保其被遵守。《欧洲人权公约》在这一点上具有特殊的意义。欧洲法院同样将《公民权利和政治权利国际公约》《儿童权利公约》和《欧盟基本权利宪章》作为欧盟法基本原则加以适用。[1005] 鉴于欧洲法院赋予了《欧洲人权公约》一个更加突出的地位，我们有必要讨论该公约与成员国国内法之间的关系和效力等级。《欧盟条约》第 6 条第 3 款明确提及了《欧洲人权公约》。[1006] 这可以被认为是欧洲法院判例法对《欧洲人权公约》条文的编纂，将之作为基本原则的一部分。[1007]

《欧盟基本权利宪章》（以下简称《宪章》）针对的是欧盟机构（《欧盟条约》第 6 条第 1 款），以及转化欧盟法的成员国（《宪章》第 51 条第 1 款）。[1008] 欧洲法院在回答保加利亚最高行政法院提出的请求时，认为当在

1004　8 July 1999，Case C-235/92 P，*Montecatini SpA（formerly Montedison SpA，then Montepolimeri SpA，then Montedipe SpA，appellant，supported by DSM NV*；8 July 1999，Case C-199/92 P，*Hüls，appellant，supported by DSM NV*，par.150.

1005　27 June 2006，Case C-540/03，*European Parliament* v. *Council*，par.33–39.

1006　24 April 2012，Case C-571/10，*Kamberaj* v. *Istituto per l'Edilizia Sociale della Provincia autonoma di Bolzano and Others*，par.63："《欧盟条约》第 6（3）条中对《欧洲人权公约》的援引并不要求国家法院在国家法与《欧洲人权公约》冲突的情况下直接适用公约条款，而不适用与该公约不一致的国家法。"

1007　26 June 2007，Case C-305/05，*Ordre des barreaux francophones et germanophone*，*Ordre français des avocats du barreau de Bruxelles*，*Ordre des barreaux flamands*，*Ordre néerlandais des avocats du barreau de Bruxelles* v. *Conseil des Ministres*，par.29；18 October 2007，Case C-299/05，*Commission* v.*European Parliament and Council*，par.76；14 December 2006，Case C-283/05，*ASML Netherlands BV* v. *Semicondutor Industry Services GmbH（SEMIS）*，par.26；12 September 2006，Case C-479/04，*Laserdisken ApS* v. *Kulturministeret*，par.61. 参见第四章第 3 节。

1008　The Explanation relating to the Charter of Fundamental Rights，OJ 2007，C 303/17. See Gráinne de Búrca，The Evolution of EU Human Rights Law，in：Paul Craig and Gráinne de Búrca，The Evolution of EU Law，2nd edition，Oxford University Press 2011，pp.465–497.

特定案件中没有适用欧盟法，欧洲法院不会回答与《宪章》相关的问题。[1009]

252 欧洲法院已经有各种机会来认定《宪章》第 51 条第 1 款包括哪些情况。其必须与人、服务或资本的自由流动有关，或是案件涉及由欧盟法转化而来的国家法律。[1010]

关于《宪章》第 51 条最重要的判决是 *Åkerberg Fransson* 案，[1011] 该案被告首先被判处了罚金，之后又因同样事由被起诉。为了评估《宪章》第 50 条规定的一事不再理原则是否适用，有必要首先判断《宪章》是否适用。欧洲法院首先做出了宣言式的声明："当成员国国内立法属于欧盟法范围时，《宪章》保障的基本权利就必须被遵守。因此不存在欧盟法适用而基本权利不适用的情况。欧盟法的适用导致了《宪章》保障的基本权利的适用。"[1012] 之后欧洲法院认为 Åkerberg Fransson 受到的刑事指控与其违反申报增值税的义务相关。申报增值税的义务来源于欧盟次级立法。此外，欧洲法院提到："《欧盟运行条约》第 325 条强制成员国通过有效的震慑措施打击损害欧盟财政利益的非法行为，并且特别要求成员国采取与打击损害本国利益的欺诈行为相同的措施打击损害欧盟财政利益的欺诈行为……已经统一化的增值税评估基数是根据欧盟规则确定的，欧盟还适用了统一的增值税率，鉴于欧盟自己的收入部分来源于该税收，因此在根据欧盟法征收增值税和与增值税收入相应的欧盟预算之间存在直接联系，而在征收过程中的漏洞势必会造成预算的减少。"[1013] 因此，欧洲法院在该案中适用了《宪章》规定。

在上述案件中，围绕《宪章》适用性产生的问题所涉范围是很广的。法国人 *Delvigne* 案件就凸显了这一点，在该案中，该法国人因其 1988 年

253 实施的谋杀罪行而在法国被定罪。除去有期徒刑（现今已经服刑完毕），

1009　12 November 2010，Case C-339/10，*Krasimir Asparuhov Estov*，*Monika Lyusien Ivanova*，*Kemko International EAD* v. *Ministerski savet na Republika Bulgaria*.

1010　1 March 2011，Case C-457/09，*Claude Chartry* v. *Belgische Staat*，par.25. See further the Explanation relating to the Charter of Fundamental Rights on Article 51，OJ 2007，C 303/22.

1011　26 February 2013，Case C-617/10，*Åklagaren* v. *Hans Åkerberg Fransson*. See further on Article 51 Charter，Mirjam de Mol，De directe werking van de grondrechten van de Europese Unie，Dissertation Maastricht 2014，p.61–131.

1012　26 February 2013，Case C-617/10，*Åklagaren* v. *Hans Åkerberg Fransson*，par.21.

1013　26 February 2013，Case C-617/10，*Åklagaren* v. *Hans Åkerberg Fransson*，par.26. 在本案 2012 年 6 月 12 日发表的意见中，法律顾问 Cruz Villalón 主张涉案成员国并没有适用欧盟法，因为其没有根据欧盟法判定刑罚（point 55）。欧洲法院则明确表示不存在此类要求（par.28）。

Delvigne 还被终身禁止选举。1992 年，法国法被修改，仅可以在有限的情况下判决剥夺选举权。Delvigne 主张如果不将新修改的法律适用于自己的情况，那么就是没有对其适用最有利的条款，而这违反了《宪章》第 49 条。法律顾问 Cruz Villalón 认为，国家法不适用从轻原则不能够被认为是由欧盟法转化而来。[1014] 然而，Cruz Villalón 认为国家法关于剥夺选举权的规定必须被认为是由欧盟法转化而来，因此《宪章》第 39 条适用。

只有在必要并且真正符合欧盟认可的普遍利益的目标的时候，或是需要保护其他权利或是自由的时候，法律才可以对《宪章》规定的权利和自由设置限制（《宪章》第 52 条第 1 款）。[1015] 这在成员国转化欧盟法的情况下会产生一些问题。欧洲法院曾判决在成员国对基本权利设置限制的时候，必须适用《宪章》。[1016] 迄今为止，设置的门槛并不是很高，[1017] 甚至是否存在一个门槛都是问题。[1018]

诉讼中可以直接援引《宪章》。国家立法的有效性必须结合《宪章》条款进行判断。[1019] 自从《里斯本条约》生效，欧洲法院将《宪章》当作判

1014 Opinion of Advocate General Cruz Villalón of 4 June 2015，Case C-650/13，*Th ierry Delvigne* v. *Commune de Lesparre Médoc and Préfet de la Gironde*. The Court followed this view in its judgment of 6 October 2015.

1015 参见 the elaborate Opinion of Advocate General Cruz Villalón of 14 April 2011，Case C-70/10，*Scarlet Extended SA v.Société belge des auteurs compositeurs et éditeurs*（*Sabam*）（关于何种情况下可以设置此类限制）。欧洲法院认为对严重犯罪案件的侦查、调查和起诉，如同各个成员国在本国法律中定义的那样，规定要符合合比例原则。8 April 2014，Joined Cases C-293/12 and C-594/12，*Digital Rights Ireland Ltd*（*C-293/12*）v.*Minister for Communications*，*Marine and Natural Resources*，*Minister for Justice*，*Equality and Law Reform*，*Commissioner of the Garda Síochána*，*Ireland*，*The Attorney General*，*intervener*：*Irish Human Rights Commission*，*and Kärntner Landesregierung*（*C-594/12*），*Michael Seitlinger*，*Christof Tschohl and others*.

1016 30 April 2014，Case C-390/12，*Robert Pfleger*，*Autoart as*，*Mladen Vucicevic*，*Maroxx Soft ware GmbH*，*Hans-Jörg Zehetner*，par.34–36.

1017 22 December 2010，Case C-279/09，*DEB Deutsche Energiehandels-und Beratungsgesellschaft mbH* v. *Bundesrepublik Deutschland*.

1018 尽管在 2011 年 9 月 15 日（Joined Cases C-483/09 and C-1/10，*Magatte Gueye and Valentín Salmerón Sánchez*，par.69），欧洲法院认为鉴于本案所涉框架决定没有规定强制刑罚的问题，所以这个问题同样不在《宪章》适用范围内。

1019 9 November 2010，Joined Cases C-92/09 and C-93/09，*Volker und Markus Schecke GbR*（*C-92/09*），*Hartmut Eifert*（*C-93/09*）v. *Land Hessen*，par.45–46.

254 断个人权利是否被侵犯时的标准。[1020]从表面来看,《宪章》的附加价值貌似十分有限，因为其没有在《欧洲人权公约》规定的权利之外和之上规定更多或是不同的权利。[1021]

然而，在最先的几个案件中，欧洲法院表明了将《宪章》作为欧盟法标准的意愿。[1022]法律顾问 Poiares Maduro 表示,“一些法律用以保护欧盟条约第 6 条第 2 款提及的权利，而在对这些法律进行解释时,《宪章》肯定不是无效的”[1023]。《宪章》第 52 条第 3 款解释了《欧洲人权公约》和《宪章》的关系：与《欧洲人权公约》中保障的权利相应的权利应该被认为具有相同含义和范围。同时，欧盟可以提供更广泛的保护。[1024]

欧洲法院曾经表述了第 51 条和第 52 条的含义：

> 首先，根据《宪章》第 51 条第 1 款,《宪章》条款仅仅在成员国转化欧盟法时作用于成员国。根据第 51 条第 2 款,《宪章》并没有令欧盟法的适用领域超出欧盟权力，也没有“为欧盟设置新的权力或是职责，或是修改欧盟公约界定的欧盟的权力和职责”。相应地，欧洲法院在根据《宪章》解释欧盟法时，被要求限制在其被赋予的权力范围内。

1020 22 December 2010，Case C-279/09，*DEB Deutsche Energiehandels-und Beratungsgesellschaft mbH* v. *Bundesrepublik Deutschland*，par.30–33.

1021 Opinion of Advocate General Bot of 5 April 2011，Case C-108/10，*Ivana Scattolon* v. *Ministero dell'Istruzione*，*dell'Università e della Ricerca*，point 125，法律顾问在解释《宪章》时采取了与欧洲人权法院相同的方法。

1022 即使没有提及《宪章》第 51 条而是直接适用《宪章》，see 1 July 2010，Case C-211/10 PPU，*Doris Povse* v. *Mauro Alpago*，par.64. 这符合欧盟委员会的目标，即欧盟在这一点上必须起到示范作用。Communication from the Commission.Strategy for the effective implementation of the Charter of Fundamental Rights by the European Union，COM（2010）573 final. Opinion of Advocate General Bot of 5 April 2011，Case C-108/10，*Ivana Scattolon* v. *Ministero dell'Istruzione*，*dell'Università e della Ricerca*，point 108.

1023 Opinion of Advocate General Poiares Maduro of 14 December 2006，Case C-305/05，*Ordre des barreaux francophones et germanophone*，*Ordre français des avocats du barreau de Bruxelles*，*Ordre des barreaux flamands*，*Ordre néerlandais des avocats du barreau de Bruxelles* v. *Conseil des Ministres*，point 48；Opinion of Advocate General Poiares Maduro of 9 September 2008，Case C-465/07，*M.Elgafaji*，*N.Elgafaji* v. *Staatssecretaris van Justitie*，point 21.

1024 对第 52 条的解释就是一个例子，说明了《宪章》中的权利与《欧洲人权公约》中的权利具有相同含义和范围的情况，以及《宪章》中的权利的含义相同但是范围更广的情况。Explanation relating to the Charter of Fundamental Rights，OJ 2007，C 303/33.

之后，根据本案案情，在解释《关于婚姻事务的条例 2201/2003》时应该仅仅考虑《宪章》内容，而不应该参考国内法。更加具体的问题是，《宪章》条款是否排除了该判决第 44 段中对条例做出的解释，尤其是考虑到该解释参考了国内法。 255

此外，从《宪章》第 52 条第 3 款推断出，只要《宪章》包括的权利与《欧洲人权公约》保障的权利相对应，那么这些权利的含义和范围也应该与《欧洲人权公约》规定的一致。然而，该条款并不排除欧盟法提供更加广泛的保护。根据《宪章》第 7 条，“每一个人都有权要求其私人和家庭生活，住宅和通讯（communication）被尊重”。《欧洲人权公约》第 8（1）条的措辞与《宪章》第 7 条相同，唯一的区别在于前者使用了“通信”（correspondence）而非“通讯”（communication）。因此《宪章》第 7 条必须被理解成与欧洲人权法院判例法中解释的《欧洲人权公约》第 8（1）条的含义和范围相同（see, by analogy，Case C450/06 Varec［2008］ECR I-581，paragraph 48）。[1025]

《规定对非法居留的第三国国民的雇主的制裁和措施的最低标准的指令 2009/52》序言中叙文 37 中提及了《宪章》中的特定条文，这导致了一个问题，即《宪章》其他条文是否也适用。[1026] 然而，没有迹象表明次级法律文件可以限制基本原则，例如《宪章》中包括的那些效力。在说明《欧洲人权公约》和《宪章》之间的关系之后，剩下的问题就是人权的集合（《欧洲人权公约》《宪章》和其他人权条约）和欧盟条约中基本自由之间真正的关系。当权利之间存在冲突时哪种权利优先？在涉及成员国义务时，欧洲法院曾根据《欧洲人权公约》权衡其与个人权利之间的关系。总的来讲，对于人权不合适的措施是不被欧盟接受的。[1027] 然而，欧洲法院同样表示，根据《欧洲人权公约》，除去一些特定的绝对权利（生命权和禁止酷刑），其他权利在特定情况下是可以被限制的。[1028]

1025 5 October 2010，Case C-400/10 PPU，*J.McB. v. L.E.*，par.51–53.

1026 Directive of 18 June 2009，OJ 2009/52，L 168/24.

1027 12 June 2003，Case C-112/00，*Eugen Schmidberger*，*Internationale Transporte und Planzüge* v. *Republik Österreich*，par.73.

1028 12 June 2003，Case C-112/00，*Eugen Schmidberger*，*Internationale Transporte und Planzüge* v. *Republik Österreich*，par.80.

Schmidberger 案中，运输者起诉由奥地利造成的损失，后者允许一个环保
256 团体在布伦纳高速路上游行。该案体现了一项基本权利和基本自由之间的平衡。本案涉及的是对自由表达权的限制。欧洲法院判决，鉴于布伦纳高速路仅仅在有限的时间内被封锁，[1029]以及游行的目的并不是限制特定类型或是产地的商品流通，奥地利政府没有义务限制这种自由的表达。更笼统地讲，很难想象欧盟法律会规定，甚至是宽容明显违背人权保护义务的行为。[1030]

另一个问题是欧洲法院是否可以真的自己解释《欧洲人权公约》或是认定公约被违反。考虑到欧洲法院首要任务是解释欧盟条约，以及次级欧盟立法，欧洲法院曾经在认定人权是否被侵犯时比较犹豫。此外，只有案件在欧盟条约范围内，欧洲法院才可以处理人权相关问题。在解释《欧洲人权公约》时，欧洲法院遵循了欧洲人权法院的判例。欧洲人权法院的判例在涉及欧洲法院的判例法和欧盟法时也遵循了类似的方法，比欧洲法院对待《欧洲人权公约》更加谨慎，欧洲人权法院避免就任何欧盟法事项发表观点。这可能是因为欧洲人权法院更加清晰的管辖权规定，欧洲人权法院只能解释《欧洲人权公约》。与之相反，《欧洲人权公约》则是基本原则的一部分，欧洲法院不得不对其进行解释。这同样解释了为什么欧洲法院会逐渐成为欧盟中最高的人权法院。唯有欧洲法院有权限调和《欧洲人权公约》《宪章》和欧盟条约规定的成员国义务之间的关系。此外，欧洲人权法院的监督机制面临着不断增长的积压案件。欧洲委员会至今未能够有效地管理欧洲人权法院的工作量。

2.2　欧盟和《欧洲人权公约》

针对欧盟的申诉

欧洲人权法院判例法以及之前的欧洲人权委员会（EComHR）（现已被撤销）曾表示不受理针对欧盟或其机构的申诉。在 1978 年一个直接针对欧共体及其成员国，共同和分别，提出申诉的案件中，欧洲人权委员会第一次认定欧共体某一机构对所涉违法行为的发生负有责任，而且该机构具有法

1029　这条高速公路连接德国和意大利，穿过阿尔卑斯山脉。

1030　详见第四章第 3 节。

人资格。[1031] 该委员会认定针对所有成员国提出的申诉等同于针对欧共体提出的申诉。然而，针对成员国分别提出的申诉并不“等同于”针对欧共体提出的申诉，这是因为“通过参与欧共体理事会的决议……在当前案件中，（它们）在《欧洲人权公约》第 1 条的范围内行使了它们的‘管辖权’”。 257

在 1989 年的一个案件中，欧洲人权委员会决定不受理某申诉，[1032] 但是其允许在穷尽共同体法律提供的所有救济手段之后针对所有成员国提出申诉，但是该案的申诉者并不符合该要求。[1033]

一年之后的一个案件，其背景是欧洲法院之前判决了申诉者违反了竞争法，德国在执行欧洲法院判决时要求申诉者缴纳罚金，申诉者由此针对德国向欧洲人权委员会提出申诉。[1034] 该委员会首次认定：

> 根据《欧洲人权公约》第 1 条，成员国对于本国机构违反本公约的所有作为和不作为行为都负有责任，而不论所涉的作为或是不作为行为是由国内法或规则导致的，还是由履行必要国际义务导致的。

委员会还假定，如果本案中竞争法程序是由德国主权机构实施的而不是欧盟司法机关，那么该程序应该遵守第 6 条。[1035] 委员会继续表示：

> 通过观察可知，《欧洲人权公约》并不禁止成员国将权力移交给国际组织。尽管如此，委员会表示“如果一个成员国签署了某项条

1031 EComHR，10 July 1978，*Confédération Française Démocratique du Travail* v. *the European Communities*，*their Member States*，*jointly and severally*，8030/77，Decisions and Reports 13，231.

1032 EComHR，19 January 1989，*Dufay* v. *les Communautés Européennes*，*subsidiairement*，*la collective de leur états Members et leurs états Membres pris individuellement*，13539/88，未发表。

1033 参见 Court of First Instance，7 June 2004，Case T-338/02，*Segi*，*Araitz Zubimendi Izaga*，*Aritza Galarraga v.Council*，第 38 段：“与理事会的意见不同，如果成员国的国家行为是根据共同立场 2001/931 而实施的，那么对于申诉者而言，试图追究每个成员国单独的责任并以此为手段获得损害赔偿将是没有用的。”

1034 EComHR，9 February 1990，*M.& Co.* v. *the Federal Republic of Germany*，13258/87，Decisions and Reports 64，138.

1035 本案与 *Tillack* 不同，后者中比利时在欧洲反欺诈办公室的建议下全权负责调查，而且比利时有权进行调查。ECtHR，27 November 2007，*Tillack contre Belgique*，Requête 20477/05.

> 约，之后又随之签署了其他国际协议，在后签署的国际协议会导致该成员国不能履行先行签署的条约义务，那么该成员国需要承担违背之前条约义务所造成的任何后果”［cf.，No.235/56，Dec.10.6.58，Yearbook 2，p.256（300）］。委员会认为，在涉及被转移权力的行使时，权力转移这一情况并不必然免除《欧洲人权公约》中成员国的责任。否则，《欧洲人权公约》中的保障会被任意限制或是免除，并因此被剥夺其强制性特征。《欧洲人权公约》作为保护个人的工具，其对象
> 258 和目标要求解读和适用其条款时应该保证公约规定的权利保障实际并有效地运行（cf.，Eur.Court H.R.，Soering judgment of 7 July 1989，Series A no.161，p.34，para.87）。因此，如果在国际组织中基本权利得到同等保护，那么将权力转移给国际组织并不违反《欧洲人权公约》。委员会注意到欧共体法律体系并不仅仅保障基本权利，还规定了对其遵守情况的监督机制。

就斯特拉斯堡司法部门的意见，这个同等保护检验似乎在评估可用救济方式时起到决定性作用。这个检验来源于如上要求，即对《欧洲人权公约》的解读和适用应该保证公约规定的权利保障实际并有效地运行。欧洲人权委员会表示，因为欧洲法院通过判例法确认了其基于基本权利，包括载入《欧洲人权公约》的权利，对欧盟法案拥有的监督权，所以委员会很满意该要求已经被满足。[1036] 2002 年，欧洲人权法院判决：

> 当成员国建立国际组织，或是对国际协议做必要修改时，以期在特定领域进行合作，可能会牵涉基本权利保护问题。如果缔约国在涉及该特定领域时免除其在《欧洲人权公约》中的责任，那么该行为就

1036 EComHR，10 January 1994，*Heinz against the Contracting States party to the European Patent Convention in so far as they are High Contracting parties to the European Convention on Human Rights*，i.e.，*Austria*，*Belgium*，*Denmark*，*France*，*Germany*，*Greece*，*Ireland*，*Italy*，*Liechtenstein*，*Luxembourg*，*Netherlands*，*Norway*，*Portugal*，*Spain*，*Sweden*，*Switzerland and the United Kingdom*，21090/92，未发表。欧洲人权委员会宣布本申诉基于与 *M.& Co. v. Germany* 案相同的理由而不予受理。其分析了《欧盟专利条约》（*the European Patent Convention*）中规定的多种程序保障。

违背了《欧洲人权公约》的目标和对象。[1037]

考虑到本判例法的观点以及欧盟在刑法直接执行方面扮演的日渐重要的角色，受理申诉者对欧盟或是其机构或官员提出的申诉是必要的。就这一点，如下文所述，同样涉及欧洲刑警组织和未来的欧洲公共检察官办公室。[1038]

加入条约的议定书

《欧盟条约》第 6 条第 2 款规定欧盟“应该加入《欧洲人权公约》”，该条是关于欧盟加入欧洲保障人权和基本自由公约的规定，该条附录议定书第 8 条（Protocol No 8）表明加入《欧洲人权公约》并不仅仅是简单地批 259
准一项条约。[1039] 欧洲法院意见 2/13（Opinion 2/13）认定，欧盟不能以本案中的协议为基础加入《欧洲人权公约》。[1040] 欧洲法院特别提到欧盟法律秩序作为一般法的特点。法院认为加入《欧洲人权公约》不能对欧盟法律秩序的自主权产生负面影响。[1041]

尽管在欧洲法院判决之后，可能在许多年之后才会重新尝试加入《欧洲人权公约》，但是加入《欧洲人权公约》一直是受到支持的。现在越来越多的法律脱离了《欧洲人权公约》保护范围，而加入《欧洲人权公约》会结束这种不利的局面。就目前而言，相较于公民在面对单独成员国的行为时，公民在面对欧盟和合作成员国时享有较少的基本权利。在竞争法方面，欧盟加入《欧洲人权公约》将需要对诉讼程序做出一系列修正。就其当前的模式，欧盟委员会集合了调查者、检察官和一审的角色于一体。[1042]

加入《欧洲人权公约》同样应该解决欧盟组织及其所创建的机构的责任问题。如果申诉者直接就，例如，欧洲刑警组织、竞争法案件中的欧盟

1037 ECtHR，7 March 2002，*T.I. v. United Kingdom*，Application 43844/98. See further on the responsibilities of co-operating Member States，Chapter 8，Section 4.

1038 详见第九章第 2.1.2 节和第 3.2 节。

1039 OJ 2007，C 306/155 and 156.

1040 18 December 2014，Opinion 2/13.

1041 18 December 2014，Opinion 2/13，par.183.

1042 然而，欧洲法院判决欧盟委员会不能够被认定为《欧洲人权公约》第 6 条所定义的审判组织。29 October 1980，Joined Cases 209-215 and 218/78，*Heintz van Landewyck SARL and others v. Commission*，par.81.

委员会或是欧洲公共检察官办公室的违法行为提出申诉时，穷尽国家救济应该怎样理解？仅要求穷尽某一成员国内的程序还是需要同时穷尽欧洲法院的程序？然而，被欧洲法院拒绝的协议草案仅仅涉及了欧洲人权法院进行的诉讼和法官选任。[1043] 这是极度令人失望的。

特别的是，在刑事国际合作中需要处理的事项包括人权保护。[1044] 主要问题是是否应该由申诉者在向欧洲人权法院申诉时说明哪个成员国对违法行为负有责任。对于个人申诉者而言，在申诉中准确认定是欧盟或是其某一机构，和 / 或一些成员国负有责任是非常困难的。随着欧盟和其成员国之间合作程度不断加深，那么根据《欧洲人权公约》是否仍存在单独责任是有疑问的。在决定是否受理申诉时，这就不应该再成为相关理由。申诉者
260 的任务应该是提供充足的事实，为受理申诉提供合理依据。申诉被受理之后可以再来处理责任分担问题。

3. 欧盟中的被告人权利

刑诉中被告人享有多种权利。因为一些权利在诉讼各个阶段都有涉及，所以具有普遍适用性。这些权利将在第 3.1—3.12 小节中进行讨论。一些权利是典型的审前权利（第 3.13—3.14 小节），另外一些权利仅适用于审判阶段（第 3.15—3.17 小节）。

3.1　公正审判和辩护权

欧洲法院的判例法在获得公正审判的一般性权利和更加具体的权利之间进行了区分。[1045] 辩护权是欧盟法中的一项基本原则，必须被遵守。[1046] 关于这一权利，代表性案件是 *Hoechst* 案和 *Dow* 案。这两个案件讨论了被告人在受到涉嫌违反竞争法的调查时与欧盟委员会合作的义务。两个公司都向欧洲法院上诉，称欧盟委员会侵犯了他们各自的权利。欧洲法院首先提及

1043　Draft Agreement on the accession of the EU to the Convention，Council of Europe Document，CDDH-UE（2011）04，Strasbourg，25 February 2011.

1044　参见第八章第 6.4 节。

1045　本判例被《宪章》编纂为成文法。《宪章》第 47 条规定了受到公平公开审判的一般权利。《宪章》第 48 条第 2 款规定："应该保障任何被起诉之人的辩护权。"

1046　10 May 2007，Case C-328/05 P，*Appeal of SGL Carbon AG*，par.59.

了在之前判决中已经获得承认的辩护权，但是之后又对这些权利进行了更加详细的阐述，[1047] 将之在欧盟法下的适用范围扩展至调查阶段：

> 在先予调查程序期间，特别包括那些对于证明行为非法具有决定性作用的调查……同样有必要避免那些权利被严重侵害。[1048]

与欧洲人权法院的判例法类似，欧洲法院判决获得公正审判的权利并不是一个静态权利，而是可能需要和他人的权利和利益相平衡。[1049] 在 *Pupino* 案中，欧洲法院同时强调了《欧洲人权公约》和成员国宪法传统中的基本 261
权利的重要性。[1050] 相关的框架决定同样提到了要遵守成员国的基本法律原则。来自《欧洲人权公约》第 6 条的义务要求被告人获得公正审判的权利需要与弱势被害人的权利相平衡。[1051]

竞争法案件中口头证据起到的作用很小，而书面证据具有核心地位。这一事实将竞争法案件与其他刑事案件区分开来。结果就是，获得公正审判的权利原则不能够被理解为在含有入罪证据的文件中特定信息必须保密的情况下，必须自动将该文件从证据中排除。[1052]

判例法或是《宪章》中的特定权利，包括被告知起诉内容的权利、阅卷的权利、获得自由和安全的权利、隐私权、获得法律代理的权利、律师—客户保密特权、在合理期限内获得审判的权利、获得有效救济的权利、在中立法庭获得审判的权利以及无罪推定。该列表并没有穷尽相关权利。[1053] 该表的依据是欧洲法院判例法承认的以及《宪章》中规定的那些具体权利。然而，可以想到的是，欧洲人权法院判例法承认的其他权利可能作为被告

1047 7 June 1983，Joined Cases 100 to 103/80，*SA Musique Diffusion française and others* v. *Commission*，par.10–11.

1048 21 September 1989，Joined Cases 46/87 and 227/88，*Hoechst AG* v. *Commission*，par.15；17 October 1989，Case 85/87，*Dow Benelux NV* v. *Commission*，par.26.

1049 14 February 2008，Case C-450/06，*Varec SA* v. *Belgian State*.

1050 16 June 2005，Case C-105/03，*criminal proceedings against Maria Pupino*，par.57 and 58.

1051 Opinion of Advocate General Kokott of 11 November 2004，Case C-105/03，*criminal proceedings against Maria Pupino*，point 67.

1052 25 January 2007，Case C-411/04，*Salzgitter Mannesmann GmbH* v. *Commission*，par.44.

1053 21 September 1989，Joined Cases 46/87 and 227/88，*Hoechst AG* v. *Commission*，par.16；17 October 1989，Case 85/87，*Dow Benelux NV* v. *Commission*，par.27；18 May 1982，Case 155/79，*AM & S Europe Limited* v. *Commission*.

人获得公正审判权或是辩护权项下的一项具体权利。

3.2　获得律师的权利

通过《关于获得律师的权利的指令 2013/48》欧盟立法者希望能够进一步加强辩护权。该指令是一揽子被告人权利中的一部分，同属于此的还有《关于口译和笔译的指令 2010/64》以及《关于信息权的指令 2012/13》。[1054] 从《指令 2013/48》叙文中的第一段可以看出，该指令被看作《宪章》第 47 条、《欧洲人权公约》第 6 条和《公民政治权利公约》第 14
262 条中包括的获得公正审判权利的应有之义。[1055] 类似其他两指令，《关于获得律师的权利的指令 2013/48》为所有刑事程序中的犯罪嫌疑人和被告人的权利设置了最低标准，而不论所涉犯罪是否与欧盟或是自由迁移有关。该指令在所有刑事程序以及欧洲逮捕令程序中都适用。[1056] 指令第 1 条规定该指令适用于犯罪嫌疑人和被告人。但是该指令并没有定义这些术语。

从个人被告知自己涉嫌或是被起诉实施了某一犯罪行为那一刻起，《关于获得律师的权利的指令 2013/48》开始适用（《指令 2013/48》第 2 条第 1 款），[1057] 而不论个人是否被剥夺了自由。并且这种适用持续到最终审判或是其他可能的法律救济。《指令 2013/48》第 2 条第 2 款规定从个人在相关成员国中被逮捕一刻开始，指令适用于逮捕令程序（the arrest warrant proceedings）。指令确实考虑到个人可能在与警察或是其他执法机关接触时成为犯罪嫌疑人或是被告人。在这种情况下，该指令从那一刻起就开始适用。该规定与禁止强迫自证其罪相关（注释 21）。

本指令并不适用于由行政机关负责审理但上诉至刑事法院的轻微违法

1054　参见叙文 9—11。

1055　指令的人权特征还反映在如下一些条款中，例如法律援助（第 11 条），有效救济（第 12 条），弱势的犯罪嫌疑人或是被告人（第 13 条）和保障水平不得减损条款（non-regression）（第 14 条）。

1056　《指令 2013/48》第 1 条特别提到了《关于欧洲逮捕令的框架决定 2002/584》。这产生的问题是本指令在除逮捕令程序之外其他程序中是否也适用的问题，例如判决互相承认、发回重审时羁押的转移或欧盟保护令。所有这些程序的共同之处在于它们不涉及对诉讼本质的判断，后者是指那些认定诉讼是刑事诉讼的决定性标准。然而，这些程序的特征又与逮捕令程序类似，涉及嫌疑、起诉或是量刑等后果，因此获得律师的权利应该受到同等保护。《指令 2013/48》第 2 条同样表示获得律师的权利涵盖整个程序。

1057　本指令其实是对欧洲人权法院判例法新进展的一个编纂，这种进展起始于判决 27 November 2008，*Salduz v. Turkey*，Application 36391/02。

行为，也不适用于不存在自由刑的轻微违法行为（第2条第4款）。[1058]此处例外并不是绝对的，取决于获得公正审判的权利。第2条第4款最后一句话重申："在任何情况下，当犯罪嫌疑人或是被告人被剥夺了自由，本指令都应该被适用，而不论所处的刑事诉讼阶段。"

第3条阐述了获得律师这一基本权利的细节内容。[1059]第1款要求成员国确保犯罪嫌疑人和被告人有权利获得律师，其获得律师的时间和方式必须确保涉案之人能够实际有效地行使其辩护权。这表明这项权利不仅不是一个象征性权利，而且成员国必须保障个人尽可能早地且没有不当拖延地行使该权利。必须在下列列表中最早的那个时间点保障涉案之人获得律师： 263

被告人被警察或是其他执法机关或是司法机关讯问之前；

在调查或是其他有相应职权的机关进行调查或是其他证据收集行为之际；

在被剥夺自由之后毫无不当拖延；[1060]

在被告人被有刑事案件管辖权的法院传唤出庭的情况下，在其出庭之前的合理时间内。

获得律师的权利都包括什么呢？这在第3条第3款中有规定。犯罪嫌疑人和被告人有权私下会见其代理律师，包括在被警察或其他机关讯问之前会见律师。与代理律师交流的权利还可能因通信科技而受到影响。个人有权在被讯问时要求律师在场并有效参与。这是该权利在欧盟法中的基本内容。而有效参与的含义则是由成员国法律进一步进行规定（第3条第3款b项）。该权利与讯问相关，而与确认个人身份或是审核占有武器的合法性无关（叙文20）。律师还必须有机会参与犯罪嫌疑人辨认、对质和犯罪过程重现事宜。在例外情况下，在审前阶段第3款规定的权利可能被暂时削减。只有两个有

1058 叙文13同样排除了监狱内部和军事犯罪的惩戒程序。详见叙文16—18。

1059 叙文15："本指令'律师'（lawyer）一词表示任何，根据国内法，有资格和有权，包括被有权机关任命，为犯罪嫌疑人或被告人提供法律建议和帮助的人。"

1060 第3条第5款规定了例外情况："在例外情况下以及仅在审前阶段，当犯罪嫌疑人或被告人获得律师的权利因为地理上的距离在其被剥夺自由后不能够在恰当的时间内得以保障，成员国可以暂时停止适用第2款c项。"详见第8条适用于权利减损的规则，强调这些规则的例外性和临时性的性质以及要考虑到合比例原则和公正审判的要求。

说服力的理由可以将这种削减合理化：（a）在紧急情况下，对于保护生命、自由或是身体健康免受严重损害具有必要性；或是（b）调查机关必须立即行动以避免刑事程序受到实质性妨碍（第 3 条第 6 款）。[1061]

因为该权利，成员国有义务提供一般信息以促进犯罪嫌疑人或被告人
264 获得律师（第 3 条第 4 款）。[1062] 如果满足第 9 条规定的条件，第 3 条和第 10 条中规定的刑诉中获得律师的权利是可以被放弃的。在第 1 款中规定的这些条件可以被总结为需要知情的、自愿的和明确的同意。弃权可以是书面做出也可以是口头做出。在刑诉中的任何时刻，犯罪嫌疑人或是被告人都可以撤回弃权声明。撤回并不影响在权利被放弃期间进行的诉讼行为的合法性（叙文 41）。

3.3　自由选择辩护律师

被告人有权自己选择其代理律师。原则上讲，任何被欧盟承认的律师都有候选资格。因此，更多的是取决于在其他成员国提供服务的律师或是希望在其他成员国设立执业机构的律师需要满足何种条件。[1063] 在过去，律师在其他成员国提供服务或是设立机构是非常复杂的。很长一段时间，律师的学位、证书和其他资质总体来讲是被排除在成员国互相承认原则之外的。《关于律师自由的指令 77/249》结束了这一局面。该指令是关于律师在其律师资格注册和所遵守职业道德规范的国家之外的成员国自由提供法律咨询服务等相关内容。成员国必须承认指令第 1 条中规定的律师有权在其领土内进行职业行为。

在该指令生效之前，欧洲法院曾判决成员国法律可以要求法律代理人必须在欧洲法院管辖内以执业为目的建立固定执业机构，只要“该要求在客观上可以合理地确保行为符合相关职业规则这一需求，特别是，在行为与司法和职业道德相关联时”[1064]。

1061　进一步参见第 8 条关于权利减损规则的适用，强调了减损规则例外和暂时性的特征，并考虑到了合比例原则以及公正审判原则的要求。

1062　这与《关于信息权的指令 2012/13》相关。

1063　Sjoerd Claessens，Free Movement of Lawyers in the European Union，Nijmegen 2008，pp.13–76.

1064　3 December 1974，Case 33–74，*Johannes Henricus Maria van Binsbergen* v. *Bestuur van de Bedrijfsvereniging voor de Metaalnijverheid*，par.14.

然而，执业机构所在地在遵守职业行为规范时不再具有任何意义。《关于律师自由的指令 77/249》第 4 条规定律师有义务同时遵守行为所在地国和其本国的职业行为规范。

律师在法律程序中代理客户时，成员国可以要求该律师与本国律师合作（《关于律师自由的指令 77/249》第 5 条）。这可能导致一名在某一成员 265
国具有资质的律师不被其他成员国接受。然而，欧洲法院曾经判决，在国内法不强制要求律师代理的程序中，外国律师不得被拒绝。[1065]尽管成员国法律可以（出于安全目的）要求访问被羁押的人时必须有本国律师陪伴，但是与被羁押者其他形式的交流不得被设置限制。[1066]

欧洲法院同样认定，根据《关于律师自由的指令 77/249》中"遵守东道国的职业行为规范"的表述，如果一名律师"因尊严、好的名望和品格上的原因而被某一成员国禁止从事法律行业"，那么该成员国可以拒绝其在本国从事法律业务，即使该律师在另一成员国设有执业机构。[1067]

该指令没有涉及律师开设执业机构的自由。在《关于律师称号的指令 98/5》生效之前，欧盟没有任何具体法律规定，仅仅适用自由迁移一般规则。欧洲法院典型案例是 *Reyners* 案，在该案中，欧洲法院判决，与"国家主权行使"相关的活动可以作为例外而不享有开设执业机构的自由（现《欧盟运行条约》第 51 条），但是与"国家主权行使"相关的活动不包括律师职业活动，"例如咨询、法律援助或是在庭审中代表当事人并为其辩护，即使这些活动是强制的或是存在法律垄断"[1068]。

Gebhard 案主要就是关于律师在其他成员国自由设立执业机构的问题。[1069] Gebhard 是一名有资质的德国律师，但是在意大利开设机构并作为律师执业。当地律师协会暂停其执业。由此产生的问题就是一个成员国是否可以对律师开设机构执业设定限制。欧洲法院认定，成员国可以通过法律设置限制条件，从而"对从事某一特定行为人员在学位、资格证或是其

1065　25 February 1988，Case 427/85，*Commission* v. *Germany*.

1066　25 February 1988，Case 427/85，*Commission* v. *Germany*，par.29–32.

1067　19 January 1988，Case 292/86，*Claude Gullung* v. *Conseil de l'ordre des avocats du barreau de Colmar et de Saverne*，par.21–22.

1068　21 June 1974，Case 2–74，*Jean Reyners* v.*Belgian State*，par.55.

1069　30 November 1995，Case C-55/94，*Reinhard Gebhard* v. *Consiglio dell'Ordine degli Avvocati e Procuratori di Milano* .

他形式上的资质证明方面进行限制，或是规定行为人属于某一职业群体成员，或是遵守特定规则或是受到特定监管的人。在本案中，成员国同样可以规定使用职业名称的条件，如 *avvocato*”[1070]。

禁止在多个成员国开设事务所的规定是违反设立机构自由的。[1071]不能仅
266 仅因为律师不具有东道国学位或东道国不承认非本国执业资格而拒绝该律师在该国设立机构并执业。[1072]

然而，即使成员国可以适用国家标准，其也必须考察个人已在其他成员国习得的知识和获得的资质，而不能简单地因为其来源国而无视这些已经获得的知识和资质。[1073]恰如欧洲法院在 *Vlassopoulou* 案中判决的那样：

> 考察程序要能够令成员国主管机关基于客观基础确信，外国学位能够证明学位持有者至少拥有与本国学位所代表的相等同（如果不完全一致）的知识和资质。这种对外国学位等同效力的评估必须完全建立在学位持有人应该被认为掌握的知识和具有的资质水平上，这要考虑到学习的属性和持续时间以及与学位相关的实践训练（参见判决 Case 222/86 UNECTEF v. Heylens，cited above，paragraph 13）。在考察过程中，成员国可以考虑来源国相关职业法律框架和相关领域活动与本国存在的客观区别。在律师行业，成员国可以对学位进行比较考察，并考虑国家法律体系之间存在的差别。如果对学位比较考察的结果是外国学位保证的知识量和资质与东道国法律要求相等同，那么成员国必须承认该学位满足了国内法规定的要求。另一方面，如果比较结果是认定二者之间仅部分等同，那么东道国有权要求所涉之人证明其已经掌握了不等同部分的相关知识并具有相关资质。在这一点上，国家主管机关必须评估相关人员在东道国获得的知识，或是通过学习或是通过实践经验，是否足以证明其已经掌握了所缺少的那部分知识。如

1070 30 November 1995，Case C-55/94，*Reinhard Gebhard* v.*Consiglio dell'Ordine degli Avvocati e Procuratori di Milano*，par.35.

1071 12 July 1984，Case 107/83，*Ordre des avocats au Barreau de Paris* v.*Onno Klopp*.

1072 28 April 1977，Case 71–76，*Jean Th ieffry* v.*Conseil de l'ordre des avocats à cour de Paris*，par.19.

1073 这是推定等同性原则的一个应用。Christine Janssens，The principle of mutual recognition in the EU Internal market and the EU Criminal Justice area：a study into the viability of a cross-pillar approach，Dissertation Antwerp 2011，pp.42–50.

> 果东道国规则要求相关人员在执业前进行一段时间准备或是训练，相应国家主管机关必须判断在来源国或是东道国获得的专业经验是否可以被认为完全或部分满足这一要求。最后，必须指出的是，只能由国家主管机关对外国学位保证的知识量和资质与东道国法律要求是否相
> 等同进行考察，考察程序必须符合共同体法律相关要求，即共同体条 267
> 约所保障的对基本权利的有效保护。做出的任何决定在共同体法律层面的合法性必须能够接受司法程序的审查，相关人员必须能够确定相关决定的理由（参见判决 Case 222/86 UNECTEF v. Heylens，cited above，paragraph 17）。[1074]

《关于律师称号的指令 98/5》的目的不仅仅是确保律师可以根据其在母国的职业名称在其他成员国进行执业，还简化了其在东道国获得职业名称的过程。《关于律师名称的指令 98/5》第 6 条和第 7 条规定了在与行为和内部惩戒程序（disciplinary proceedings）相关的规则被违反的情况下，这些规则的适用问题。指令第 10 条规定了在何种条件下一名律师可以在东道国获得职业头衔。

《宪章》第 47 条规定了那些缺乏足够资源的人应该获得法律援助，只要相关援助对于确保有效获得司法公正具有必要性。因此，欧盟公民获得法律援助的权利与本国公民相同。《宪章》中的条款貌似不仅仅参考了《关于获得律师的权利的指令 2013/48》第 11 条："本指令在不损害成员国法律的情况下涉及法律援助，法律援助应该根据《宪章》和《欧洲人权公约》予以适用。"

3.4　律师—客户保密特权

《关于获得律师的权利的指令 2013/48》第 4 条规定犯罪嫌疑人或是被告人和他们的律师之间交流具有保密性。多个律师协会共同起诉比利时联邦内阁的一个案子特别处理了律师和其客户之间的保密关系。[1075] 法律顾问

1074　7 May 1991，Case C-340/89，*Irène Vlassopoulou v. Ministerium für Justiz*，*Bundes-und Europaangelegenheiten Baden-Württemberg*，par.17–22.

1075　26 June 2007，Case C-305/05，*Ordre des barreaux francophones et germanophone*，*Ordre français des avocats du barreau de Bruxelles*，*Ordre des barreaux flamands*，*Ordre néerlandais des avocats du barreau de Bruxelles v. Conseil des Ministres*.

Poiares Maduro 在其意见中认为在大部分成员国中，律师的职业保密性享有
268 基础地位。[1076]欧洲法院随后承认律师在刑事案件中的特殊地位。[1077]欧盟委员会希望将律师享有的豁免限制在代理出庭的阶段，但是欧洲法院与此不同，后者还认为律师—客户保密特权在咨询阶段也应该受到保护，因为这是“开始或是避免司法程序的手段”。[1078]然而，在另一个判决中，欧洲法院没有承认一个机构内部的律师享有法律职业特权，尽管这些律师也在律师协会或是法律社团中注册。[1079]

在 *Akzo Nobel Chemicals* 案中，欧洲法院一审详细地分析了法律职业特权原则。[1080]商业记录可能受到法律职业特权原则的保护。但是仅仅宣称一份文件是受保护的还不够，必须向欧盟委员会官员提交相关材料证明记录中的交流内容满足享有法律保护的条件。[1081]欧洲法院判决公司在受到违反竞争法规则的调查时有权拒绝欧盟委员会查看一份或是多份声称受保密原则保护的特定文件，即使是粗略查看。[1082]

援引欧洲法院的判词，律师—客户保密特权包括：

> 首先，此类保护试图在正当的司法管理中保护公共利益，以确保客户可以自由咨询其律师，而不必担心任何秘密信息会被泄露。其次，该特权的目的是避免欧盟委员会在读了机密文件之后会不恰当

1076　Opinion of Advocate General Poiares Maduro，14 December 2006，Case C-305/05，*Ordre des barreaux francophones et germanophone*，*Ordre français des avocats du barreau de Bruxelles*，*Ordre des barreaux flamands*，*Ordre néerlandais des avocats du barreau de Bruxelles* v. *Conseil des Ministres*，point 39.

1077　22 October 2002，Case C-94/00，*Roquette Frères SA* v. *Directeur général de la concurrence*，*de la consommation et de la répression des fraudes and the Commission*，par.46.

1078　26 June 2007，Case C-305/05，*Ordre des barreaux francophones et germanophone*，*Ordre français des avocats du barreau de Bruxelles*，*Ordre des barreaux fl amands*，*Ordre néerlandais des avocats du barreau de Bruxelles* v. *Conseil des Ministres*，par.34.

1079　14 September 2010，Case C-550/07 P，*Akzo Nobel Chemicals Ltd*，*established in Hersham*（*United Kingdom*），*Akcros Chemicals Ltd*，*established in Hersham* v. *Commission*，par.43–47.

1080　Court of First Instance，17 September 2007，Joined Cases T-125/03 and T-253/03，*Akzo Nobel Chemicals Ltd and Akcros Chemicals Ltd* v. *Commission*.

1081　Court of First Instance，17 September 2007，Joined Cases T-125/03 and T-253/03，*Akzo Nobel Chemicals Ltd and Akcros Chemicals Ltd* v. *Commission*，par.79–80.

1082　Court of First Instance，17 September 2007，Joined Cases T-125/03 and T-253/03，*Akzo Nobel Chemicals Ltd and Akcros Chemicals Ltd* v. *Commission*，par.82.

> 地将之加入调查档案，从而避免对公司的辩护权造成侵犯。因此，即使在根据竞争法规则对公司进行处罚时，这份文件没有被作为证据使用，公司依然可能遭受不可挽回或是难以挽回的损害。受法律职业特权保护的信息可能被欧盟委员会直接或间接地利用，以获得新的信息或新的证据，而相关公司往往不能够确认是何种信息或证据，或不能阻止此类信息或证据被用于针对自己。此外，公司还担 269
> 心将受法律职业特权保护的信息泄露给第三人会造成不可挽回的损害，例如，如果在欧盟委员会的行政程序中此类信息被用于反对声明。因此，仅仅是欧盟委员会不能将受特权保护的文件在处罚决定中作为证据使用是不足以挽回或是消除由委员会阅读文件内容造成的损害的。[1083]

律师—客户保密特权并没有免除辩护律师根据《关于洗钱的指令2015/849》报告客户可能存在的非法行为（洗钱）的义务。[1084]

3.5　阅卷权

《关于信息权的指令 2012/13》第 7 条规定了免费获得案件材料的权利。如果根据国内法，由主管机构掌握的特定案件材料对于被逮捕和羁押的人质疑逮捕或羁押的合法性是必需的，那么后者必须有权利接触这些材料（第 7 条第 1 款）。第 7 条第 2 款规定检方具有披露义务，要允许辩护方能够接触到所有检方掌握的材料。[1085]第4款规定了当阅卷权将威胁到他人生命、重要的公共利益或国家安全时，阅卷权可以被削减。然而，即使在上述情况下，对权利的削减也不得损害被告人获得公正审判的权利。

在竞争法案件中，欧洲法院判决阅卷权意味着欧盟委员会必须给予涉案公司一个机会以检查调查卷宗中与公司辩护可能相关的所有材料。[1086]此披

1083　Court of First Instance，17 September 2007，Joined Cases T-125/03 and T-253/03，*Akzo Nobel Chemicals Ltd and Akcros Chemicals Ltd* v. *Commission*，par.87.

1084　ECtHR，6 December 2012，*Michaud* v. *France*，Application 12323/11.

1085　根据第 3 款，这可能受到时间限制。然而，最晚在检方将诉讼提交法院的时候，必须允许辩方接触案卷。

1086　7 January 2004，Joined Cases C-204/00 P，C-205/00 P，C-211/00 P，C-213/00 P，C-217/00 P and C-219/00 P，*Aalborg Portland A/S and Others* v. *Commission*，par.68.

露义务同时涉及入罪和出罪证据。如果欧盟委员会未能就一份文件与辩方成功沟通但是委员会依然援引这份文件证明辩方违法行为，这种情况就侵犯了辩方权利。[1087] 欧洲法院判决：

270 因此，涉案公司必须证明在一份没有提供给公司的文件被欧盟委员会用来认定公司违法行为成立的情况下，如果这份文件不被接受为证据，那么委员会做出的决定可能会不同。另一方面，如果一份无罪证据没有被提供给公司，公司只需要证明未披露该文件对公司造成了不利影响，即影响了诉讼程序和委员会决定内容。[1088]

3.6 获得自由和安全的权利

《宪章》第6条规定了保障公民自由和安全的权利。关于公民享有自由的权利，人们可能提到欧洲人权法院基于《欧洲人权公约》第5条发展出来的成员国需要尊重的所有权利和遵守的所有义务（acquis）。欧盟制定的《关于监督措施的框架决定2009/829》在保证公共利益的同时确保公民自由的权利并为审前羁押提供替代方式。[1089] 根据欧洲法院法律顾问 Mazák 在 *El Dridi* 案中的观点，任何形式的逮捕，不论是根据刑事法还是外国人法，都侵犯了公民自由的权利。[1090] 安全的权利是一个新的权利。问题在于该权利的内容为何以及其与公民在自由、安全和公正的领域享有的安全在何种

1087 7 June 1983，Joined Cases 100 to 103/80，*SA Musique Diffusion française and others* v. *Commission*，par.36；Court of First Instance，29 June 1995，Case T-30/91，*Solvay SA* v. *Commission*；15 October 2001，Joined Cases C-238/99 P，C-244/99 P，C-245/99 P，C-247/99 P，C-250/99 P to C-252/99 P and C-254/99 P，*Limburgse Vinyl Maatschappij NV（LVM）（C-238/99 P），DSM NV and DSM Kunststoffen BV（C-244/99 P），Montedison SpA（C-245/99 P），Elf Atochem SA（C-247/99 P），Degussa AG（C-250/99 P），Enichem SpA（C-251/99 P），Wacker-Chemie GmbH and Hoechst AG（C-252/99 P）and Imperial Chemical Industries plc（ICI）（C-254/99 P）v. Commission*，par.315–317.

1088 7 January 2004，Joined Cases C-204/00 P，C-205/00 P，C-211/00 P，C-213/00 P，C-217/00 P and C-219/00 P，*Aalborg Portland A/S and Others* v. *Commission*，par.73–74.See，also，2 October 2003，Case C-194/99 P，*Thyssen Stahl AG* v. *Commission*，par.30.

1089 参见第八章第5.2节。

1090 View of 1 April 2011 in Case C-61/11 PPU，*criminal proceedings against Hassen El Dridi alias Soufi Karim*，point 33.

程度上相关联。[1091]

《关于将定罪判决纳入考量的框架决定 2008/675》（*Framework Decision 2008/675 on taking account of convictions*）要求成员国在如下三个阶段作出决定时要考虑到其他成员国在此之前作出的有罪判决：（1）审前阶段；（2）审判阶段；（3）执行阶段（第 3 条第 2 款）。在审前阶段，这意味着，当决定在审判前羁押或是释放被告人时，其他国家在此之前作出的判决必须被考虑在内。这种规定被认为将会在再犯案件中发挥显著作用。当被告人曾经因为某一罪行被捕，并且该人在此之前已经因为相同或是类似的罪行被定罪，那么这将影响法院的决定。此外，关于其他犯罪的信息同时完善了被告人的形象。而什么应该被“考虑在内”则是由成员国国内法决定。一 271
般而言，这表示一个成员国有义务将外国的判决当作本国自己的判决来对待。而此处的“定罪判决”则仅限于“刑事法院做出的某人就某一刑事犯罪的最终有罪判决”（《关于判决谅解的框架决定 2008/675》第 2 条）。这不符合推动其他领域最终判决的互相承认这一发展趋势，如法院外和解协议。[1092] 判例法已经承认一事不再理原则包括法院外和解协议，那么由此推断出，法院外和解协议也应该在上述情形下被考虑在内。

诸如此类，关于何种犯罪以及何种程度的嫌疑可以将一名犯罪嫌疑人羁押方面的国家法同样适用于其他欧盟国家。然而，大部分成员国在决定一名犯罪嫌疑人是否应该临时或是附条件被释放时，会适用与潜逃风险相关的判断标准。当嫌疑人在本国没有住所时，该风险会被认为较高。例如，如果一个成员国适用的标准直接与国籍相关，或是间接与住所有关，那么这种做法有可能违反欧盟法（《欧盟运行条约》第 18 条）。《关于监督措施的框架决定 2009/829》在一定程度上限制了这些规则，其叙文 5 中规定：

> 关于受刑事追诉人员的羁押问题，在受审国家有住所的人和没有住所的人之间存在被区别对待的风险：在相似情形下，一个没有住所的人面临被审前羁押的风险，而有住所的人则无此风险。在没有内部边界的共同欧盟司法领域，有必要采取措施以确保受刑事追诉的人在

1091　参见第十章第 2、3、4、10 和 13 节。

1092　参见本章第 4.2 节。

受审国没有住所时，与那些有住所的人受到相同待遇。

为了努力加强自由权利和无罪推定，作为其目标，框架决定努力推动非羁押措施作为临时羁押的替代措施。第2条第2款规定本框架决定并没有给予个人任何权利以享有非羁押措施替代羁押，但是该条款确实在消除被起诉的外国人和本国人之间的差别待遇上起到明显作用。《关于监督措施的框架决定2009/829》叙文18重申框架决定的适用应该与自由迁移和自由定居的权利相符合。《欧盟运行条约》第2条可能在违反或不违反第18条的情况下被轻易违反。

基本自由在*Cowan*案中获得的广泛承认可以说明这一点。仅仅基于英国人Cowan是到法国旅行的旅游者这一事实，就可以认定Cowan是服务的
272 接受方。在其成为暴力犯罪的被害人之后，未能成功申请到法国被害人基金。因为其不具有法国国籍，所以其申请被拒绝。欧洲法院判决这违反了欧盟法。[1093] 由此可以推断出的一般规则是，影响到非本国人的措施是被禁止的，或是用法律顾问Jacobs的说法：

> 尽管Cowan是犯罪行为的被害人，相同的规则同样适用于刑事程序中的被告人的权利。那些权利并不是不属于基础权利，必须被认为是自由迁移权利应有之义。[1094]

一个国家的程序规则可以影响非本国国民的自由迁移权利。欧洲法院曾在一个民事诉讼中判决“为了解决任何由其经济活动产生的纠纷，他们必须能够以与某成员国国民一样的方式在该成员国法院起诉，这是那些自由的应有之义”[1095]。如果欧盟公民因在其他成员国实施犯罪而被怀疑或是被起诉，他们不得仅仅因为他们不具有本国国籍和/或无本国住所而受到不

1093 2 February 1989, Case 186/87, *Ian William Cowan v. Trésor Public*; 24 November 1998, Case C-274/96, *criminal proceedings against Horst Otto Bickel and Ulrich Franz*.

1094 Opinion of Advocate General Jacobs of 19 March 1998, Case C-274/96, *criminal proceedings against Horst Otto Bickel and Ulrich Franz*, point 18. 被告人Bickel和Franz，不是意大利人，不被允许用德语进行诉讼，而意大利籍的德语者却可以。

1095 26 September 1996, Case C-43/95, *Data Delecta Aktiebolag and Ronny Forsberg v. MSL Dynamics Ltd*, par.13.

利待遇。[1096] 所有国家主管机构有义务实现该等同原则。欧洲法院判决：

> 条约中关于人自由迁移的条款旨在简化共同体公民在整个共同体内从事各种职业活动，并且排除那些令共同体公民在其他成员国从事经济活动过程中处于不利地位的措施。[1097]

根据欧洲法院的判例法，非常清楚的是享有迁徙自由的欧盟公民实施犯罪后，不得认为他们不再享有这种自由。因为没有任何自由是绝对的，所以欧盟公民可能在被怀疑或被判决实施犯罪后受到限制。合比例原则的 273
要求适用于限制规定。对于被追诉但是还没有最终定罪的人，要适用无罪推定。这意味着，犯罪以及支持嫌疑成立的事实必须非常有说服力。在暂时释放和假释决定中适用这些标准时，欧盟公民不得被置于一个较成员国本国公民更加不利的地位。[1098]

此外，不能够出庭的风险随着欧洲逮捕令机制的建立而大大降低。该风险在《关于监督措施的框架决定2009/829》生效后甚至会进一步降低。[1099]

3.7　推定无罪

欧洲法院在参考了欧洲人权法院判例法之后认为："无罪推定试图保证没有人在其被法院认定有罪之前被宣布有罪或是被当作有罪的人对待。"[1100] 无罪推定还包括被告人有权利表明其行为合法。

《宪章》第48条特地在一般层面规定了获得公正审判的权利以及在特殊层面上规定了无罪推定原则："每一个被起诉的人都应该被假定无罪，直

1096　在承认一事不再理原则的情况下，欧洲法院强调的自由迁移的重要性也应该在这一点上被提及。参见第六章第4.2节和第七章第3节。

1097　18 January 2007，Case C-104/06，*Commission* v. *Sweden*，par.17. 参见第八章第5.2节。

1098　阿姆斯特丹法院在这一话题上撤回了它们的初步裁定的申请是非常令人遗憾的。Case C-297/09，*criminal proceedings against X.*

1099　然而，法律顾问La Pergola认为："第6条规定的非歧视原则是完全自治的，其在欧盟法以及成员国程序规则中产生效力是不需要获得成员国在司法合作领域签署的协议的支持。" Opinion of Advocate General La Pergola of 23 May 1996，Case C-43/95，*Data Delecta Aktiebolag and Ronny Forsberg* v. *MSL Dynamics Ltd*，point 17.

1100　16 July 2009，Case C-344/08，*criminal proceedings against Tomasz Rubach*，par.31.

到根据法律被认定有罪。”[1101] 尊重无罪推定意味着暂时羁押只有在极端情况下才可以被适用。《关于监督措施的框架决定 2009/829》提供了审前羁押的替代措施。[1102]

3.8 保持沉默权

274 欧洲法院在 *Orkem* 案和 *Limburgse Vinyl Maatschappij* 案中承认了沉默权。数个公司向欧洲法院申诉欧盟委员会违反了这项权利。在 *Limburgse Vinyl Maatschappij* 案中，欧洲法院考虑了欧洲人权法院判例法的发展趋势。[1103] 欧洲法院一审认为保持沉默权并不意味着被告人没有向欧盟委员会提交信息的义务。[1104]

3.9 隐私权——住宅不可侵犯[1105]

《宪章》第 7 条和第 8 条规定了要尊重隐私和家庭生活，以及要保护个人数据。《欧洲人权公约》第 8 条第 2 款规定任何对私人生活的侵犯都要有法可依，而欧盟委员会对竞争法违法行为进行调查是依据了竞争法规

1101 “《宪章》第 48（1）条和《欧洲人权公约》第 6（2）条都可能因此被认为默示包括法无明文不为罚原则……最终，《宪章》和《欧洲人权公约》这两条被认为是法无明文不为罚原则在诉讼法中的表述。” Opinion of Advocate General Kokott of 28 February 2013, Case C-681/11, *Bundeswettbewerbsbehörde*, *Bundeskartellanwalt* v. *Schenker & Co.AG*, *and others*, point 41.

1102 参见第八章第 5.2 节。

1103 15 October 2001, Joined Cases C-238/99 P, C-244/99 P, C-245/99 P, C-247/99 P, C-250/99 P to C-252/99 P and C-254/99 P, *Limburgse Vinyl Maatschappij NV*（*LVM*）（*C-238/99 P*）, *DSM NV and DSM Kunststoffen BV*（*C-244/99 P*）, *Montedison SpA*（*C-245/99 P*）, *Elf Atochem SA*（*C-247/99 P*）, *Degussa AG*（*C-250/99 P*）, *Enichem SpA*（*C-251/99 P*）, *Wacker-Chemie GmbH and Hoechst AG*（*C-252/99 P*）*and Imperial Chemical Industries plc*（*ICI*）（*C-254/99 P*）v. *Commission*, par.273–276.

1104 Court of First Instance 20 February 2001, Case T-112/98, *Mannesmannröhren-Werke AG* v. *Commission*, par.65–67. 还参见：“有义务回答欧盟委员会提出的单纯关于事实的问题以及根据委员会要求提供已经存在的文件的这一规定并没有侵犯被告人的权利也没有损害获得公平法律诉讼的权利。”（par.78）

1105 在 *Roquette Frères* 案中，该权利被命名为在任何私人活动领域获得免受来自公共权力机关随意或是不合比例侵犯的权利。*22 October 2002*, *Case C-94/00*, *Roquette Frères SA v. Directeur général de la concurrence*, *de la consommation et de la répression des fraudes and the Commission*.

则的，因此委员会的行为是符合《欧洲人权公约》第 8 条第 2 款要求的。[1106]

在竞争法案件中，欧盟委员会可以要求成员国国家机构采取侵犯基本权利的强制措施。为了满足《欧洲人权公约》要求，欧洲法院允许成员国法院审查欧盟委员会要求的强制措施是不是任意的或是不合比例原则的。[1107] 在这个情况下，成员国法院可以要求欧盟委员会向其提供相关解释，以表示委员会掌握的信息和证据能够合理支持其对某行为违反竞争法规则 275
的怀疑。[1108] 然而，成员国法院没有必要自己去检查这些证据。欧洲法院只是为了特别保证在合比例原则没有被遵守的情况下强制措施有被拒绝的可能性。[1109]

在 *Hoechst* 案和 *Dow* 案中，欧洲法院认为隐私权仅限于自然人，并不包括公司。[1110] 就这一点，欧洲法院对《欧洲人权公约》的解释与欧洲人权法院的解释不同。在欧洲法院 *Hoechst* 案和 *Dow* 案判决之后几年，欧洲人权法院承认《欧洲人权公约》第 8 条包括非私人场所的不可侵犯性。[1111]

3.10　口译和笔译权

《关于口译和笔译的指令 2010/64》规定了在刑事诉讼中获得口译和笔译的权利以及执行欧洲逮捕令程序的相关规定。犯罪嫌疑人或被告人从官方通知做出的一刻开始享有该权利，并包括任何上诉决定（第 1 条第 2 款）。这适用于调查和司法机构进行的刑事程序，包括警察询问，所有法庭听证，以及必要的临时听证（第 2 条第 1 款）。第 2 条第 2 款要求成员国确保被

1106　26 June 1980，Case 136/79，*National Panasonic（UK）Limited* v. *Commission*，par.19–20.

1107　22 October 2002，Case C-94/00，*Roquette Frères SA* v. *Directeur général de la concurrence*，*de la consommation et de la répression des fraudes and the Commission*，par.52. 在本案中，欧洲法院参考了欧洲人权法院的判例法。

1108　22 October 2002，Case C-94/00，*Roquette Frères SA* v. *Directeur général de la concurrence*，*de la consommation et de la répression des fraudes and the Commission*，par.61.

1109　22 October 2002，Case C-94/00，*Roquette Frères SA* v. *Directeur général de la concurrence*，*de la consommation et de la répression des fraudes and the Commission*，par.80.

1110　21 September 1989，Joined Cases 46/87 and 227/88，*Hoechst AG* v. *Commission*，par.17–18；17 October 1989，Case 85/87，*Dow Benelux NV* v. *Commission*，par.28–29. 然而，法律顾问 Mischo 支持商业场所享有不受侵犯的基本权利。Joined Opinion of 21 February 1989，Joined Cases 46/87 and 227/88，*Hoechst AG* v. *Commission*，and Case 85/87，*Dow Benelux NV* v.*Commission*，point 103.

1111　ECtHR，16 December 1992，*Niemietz* v. *Germany*，Series A-251B.

告人和其代理律师可以在交流时获得书面翻译。本指令中对大部分权利的表述都十分清晰明确，以至于援引这些条文时并不依赖于其是否被转化为国内法。欧洲法院曾判决，如果成员国国内法授权本国公民可以选择以何种官方语言进行诉讼，那么这项权利也必须同时授予其他欧盟公民。[1112]

276 欧洲法院在第一次有机会解释《关于口译和笔译的指令 2010/64》时，区分了第 2 条和第 3 条的含义：

> 指令第 2 条规定了获得口译的权利，从该条文的实际措辞来看，本条文是指对口头表述进行口头翻译，而第 3 条则规定了对特定重要文件的书面翻译。
>
> 因此，根据指令的第 2 条第 1 款和第 3 款，只有犯罪嫌疑人或是被告人在不能够用诉讼程序所用语言进行自我表达的情况下，不论是因为他们不说或是不懂那门语言，还是因为他们有听说障碍，他们才可以行使获得口译的权利。[1113]

欧洲法院在保障诉讼公平的背景下考虑被告人权利。结果就是，在被告人被要求做口头陈述时，其有权利使用自己的语言，或是根据法律顾问 Bot 表述，“被告人可以根据指令第 2 条要求获得语言上的帮助，‘不仅仅是为了能够理解别人说什么，也是为了能够让别人理解自己’”[1114]。

然而，当涉及被告方自己制作的文件的翻译问题时，是不存在上述权利的。欧洲法院认为：“然而，如 Mr Covaci 和德国政府建议的那样，不仅要求成员国保证以母语充分地通知所涉之人其被起诉的事实并就这些事实提供他们自己的版本，而且要求成员国负责翻译所涉之人针对司法判决提出的每一个上诉文件，这种要求已经超出了指令 2010/64 所欲达到的目

1112 11 July 1985，Case 137/84，*criminal proceedings against Robert Heinrich Maria Mutsch*. 比利时法律规定，在比利时的德语区，比利时公民可以选择用德语或是法语进行诉讼，而却拒绝 Mutsch，来自卢森堡的一名工人，享有该权利。在 24November 1998，Case C-274/96，*criminal proceedings against Horst Otto Bickel and Ulrich Franz* 中，欧洲法院判决如果意大利法律允许说德语的意大利人用德语进行诉讼，那么说德语的非意大利人应该同样享有该权利。

1113 15 October 2015，Case C-216/14，*criminal proceedings against Gavril Covaci*，par.30 and 31.

1114 Opinion of Advocate General Bot of 7 May 2015，Case C-216/14，*criminal proceedings against Gavril Covaci*，point 60.

标。”[1115] 指令 2010/64 第 2 条规定的口译权关注口译者对犯罪嫌疑人或被告人与调查司法机关或是代理律师之间的口头交流进行的翻译，排除由犯罪嫌疑人或被告人制作的书面文件的书面翻译。指令第 3 条规定的含义是被告人必须知道他被以什么罪名起诉。这并不包括其有权利要求自己书写的书面文件被翻译。

第 3 条规定的重要文件翻译权不可避免地引发更多讨论。成员国必须为被告人在合理时间内提供重要文件的翻译件。第 3 条第 2 款详细列举了 277
重要文件包括剥夺个人自由的任何决定、任何公诉书或大陪审团起诉书，以及任何判决。根据主管机关的决定，其他文件也可能被认为是重要文件。第 3 条第 4 款同样引发很多法庭讨论，该款规定不需要翻译无关章节。成员国应该负担口译和笔译费用（第 4 条）并采取措施保证口译和笔译达到规定的质量标准（第 8 条）。

3.11　公正

获得公正审判的权利包括受到一个独立公正法庭审判的权利。[1116] 欧洲法院判决公正包括两个方面：“一方面，法庭组成人员本身必须是公正的，也就是说，任何成员不得表露任何偏见或是个人的成见，在没有相反证据的情况下，假设个人是公正的；另一方面，法庭必须客观公正，就是说，法庭必须提供足够的保障以排除任何法律疑虑。”[1117] 在参考了欧洲人权法院判例法之后，欧洲法院表示这并不禁止同一法官先后参与两个审判组织，就同一案件参与庭审并做出判决。

1115　15 October 2015，Case C-216/14，*criminal proceedings against Gavril Covaci*，par.38.

1116　1 July 2008，Case C-341/06 P and C-342/06 P，*Chronopost SA（C-341/06 P），La Poste，（C-342/06 P），Union française de l'express（UFEX），established in Roissy-en-France（France），DHL Express（France）SAS，formerly DHL International SA，established in Roissy-en-France，Federal express international（France）SNC，established in Gennevilliers（France），CRIE SA，in liquidation，established in Asnières（France）*v. *Commission*.

1117　1 July 2008，Case C-341/06 P and C-342/06 P，*Chronopost SA（C-341/06 P），La Poste，（C-342/06 P），Union française de l'express（UFEX），established in Roissy-en-France（France），DHL Express（France）SAS，formerly DHL International SA，established in Roissy-en-France，Federal express international（France）SNC，established in Gennevilliers（France），CRIE SA，in liquidation，established in Asnières（France）*v. *Commission*，par.54（references omitted）.

3.12 判决中的论证

根据欧洲法院的判例法，一审法院必须对其判决做出解释。然而，这并不要求对诉讼各方提出的所有论点进行逐一论证。[1118]然而，判决中的论证必须令所涉之人知晓采取相关措施的原因。论证的另一个作用是为上诉法
278 院提供充足的材料令其可以行使审查的权力。这些规则可以作为公正审判权项下的一项特殊权利被移植并适用于刑事诉讼中。

3.13 被告知起诉内容的权利

随着《关于信息权的指令 2012/13》的生效，欧盟立法机关表明了其意图强化犯罪嫌疑人和被告人在国内刑事诉讼中的权利，以及强化欧洲逮捕令程序的当事人的权利。《关于信息权的指令 2012/13》第 2 条第 1 款明确规定了指令的适用范围：指令“适用开始于个人被成员国主管机关通知其被怀疑实施了一项犯罪或是被起诉，直到诉讼结束，此处是指就犯罪嫌疑人或被告人是否实施了犯罪问题作出最终判断，包括，在欧盟法适用的情况下，量刑和任何上诉决定”。当某一行政诉讼可能上诉至一个刑事法庭，那么本指令同样适用于该行政诉讼。

获得信息的权利包括：

（a）获得律师的权利；
（b）获得免费法律咨询和获得此类咨询的相关条件被满足；
（c）根据第 6 条被告知起诉内容的权利；
（d）获得口译和笔译的权利；
（e）保持沉默的权利。

第 3 条规定必须立刻提供此类信息，并且要保证享有此权利的人可以有效行使该权利。其允许成员国以简单和可以理解的语言并以口头或书面形式提供该信息，并且要兼顾弱势犯罪嫌疑人或被告人的特殊需求。这立刻凸显了指令所涉及的权利中欠缺的因素。我们可以期待所有被告知其权利的被告人能够理解这些权利吗？第 4 条规定的权利通知书已经弥补这一

1118　8 February 2007，Case C-3/06 P，*Groupe Danone*，par.46.

缺陷。这份通知书必须是书面形式，被告人应该被允许保留这份通知书。第 4 条第 2 款进一步扩展了权利通知书中应该包括的权利："（1）阅卷权；（2）有权利通知领事馆和他人；（3）获得紧急医疗救助的权利；（4）在开庭之前犯罪嫌疑人或被告人最长可以被剥夺自由的小时数和天数。"第 4 条第 3 款表示，权利通知书必须还提供关于如下内容的基本信息，即对逮捕合法性提出质疑的任何可能性，和获得羁押审查或申请临时释放的任何 279
可能性。必须说明的是，第 3 条和第 4 条并没有在国内法层面上创造新的权利，而仅仅是设置了一个获得关于上述特别权利在国内法适用情况的相关信息的权利。然而，保护水平不得低于欧洲人权法院判例法设置的水平。[1119] 本指令设置了最低标准。成员国可以提高保护标准。成员国必须确保权利通知书用语简单明了。在官方公布的《关于信息权的指令 2012/13》附录中有一份推荐的权利通知书模板。[1120]

第 6 条进一步解释了被告知起诉情况及其内容的权利。任何被告人都有权立刻被告知他们被怀疑或是被起诉的罪名（第 6 条第 1 款）。[1121] 对于那些被羁押的人，他们还应该被告知被逮捕或羁押的原因（第 6 条第 2 款）。最晚在向法院提交起诉书的时候，成员国要提供如下具体信息，包括犯罪属性和法律分类，以及被告人参与犯罪的性质（第 6 条第 3 款）。

在《关于信息权的指令 2012/13》生效之前，在竞争法案件中已经发展出了一些判例法。向被告人递交的起诉书的语言必须是其能够理解的语言。被告人不仅必须被告知起诉因由，也就是说，其被怀疑实施的并被起诉的犯罪行为，也必须被告知那些起诉情况的具体法律性质。[1122] 即使起诉书

1119 这包括了上诉的权利。15 October 2015，Case C-216/14，*criminal proceedings against Gavril Covaci*，par.67. 允许成员国就刑事决定的通知事项采用强制性规定，即强制被告人指定的人接受通知，并为通知设定时效，即在时效过后刑事决定即可以执行。然而，此种强制规定在成员国法律规定的法定期限内不得剥夺被告人任何上诉的可能性，该法定期限从被告人知晓决定之时开始计算。

1120 参见《关于信息权的指令 2012/13》叙文 40。

1121 OJ 2012，L 142/8，基于欧洲逮捕令而被捕的人与之类似，OJ 2012，L 142/8.

1122 参见获得关于起诉和被告人权利的通知的权利的背景，Taru Spronken，An EU-Wide Letter of Rights，Intersentia 2010，pp.43–73，本项目成为欧盟委员会对《关于刑事诉讼中获得信息的指令》（*a Directive on the right to information in criminal proceedings*）提案（COM（2010）392/3）的基础。

不包括支持起诉事实的证据，被告人的权利也不得被减损。[1123]在*Hoechst*案和*Dow*案中，欧洲法院判决，在欧盟委员会采取强制措施的情况下，其必须告知所涉人员起诉性质：

> 280 尽管委员会不被强制要求向调查决定接受方通报所有其掌握的关于可能违法行为的信息，或是对那些违法行为做出具体的法律分析，但是委员会无论如何都要清楚地表明其意图调查的事实。[1124]

获得信息的权利并不要求被告人回应收到的信息。公司没有义务答复欧盟委员会做出的声明。[1125]在*Roquette Frères*案中，欧洲法院判决就措施进行通知的要求"不仅是为了表明计划进入公司经营场所是具有合法理由的，而且保证那些公司在了解自己在何范围内具有合作义务的同时保障公司的辩护权"[1126]。如果被告人有机会对违法行为持续时间、严重程度和性质发表意见，那么就认为后者的要求已经被满足。[1127]

3.14 通知他人自己被捕的权利

《关于获得律师的权利的指令2013/48》第5条规定犯罪嫌疑人和被告人有权要求至少一个人在合理时间内就自己被剥夺自由一事获得通知。在儿童案件中，要通知监护人。立法者还提及了亲属和雇主。然而，应该由被逮捕者提名。此类权利可以在如下情况下被临时剥夺：（1）需要紧急阻止涉及生命、自由或身体完整的严重不利后果；（2）需要紧急阻止对刑事诉讼可能造成实质性损害的情况出现（第5条第3款）。[1128]有权利通知至

1123 欧洲法院如此判决，援引了欧洲人权法院判例：8 May 2008，Case C-14/07，*Ingenieurbüro Michael Weiss und Partner GbR* v. *Industrie-und Handelskammer Berlin*，par.70.

1124 21 September 1989，Joined Cases 46/87 and 227/88，*Hoechst AG* v.*Commission*，par.41；17 October 1989，Case 85/87，*Dow Benelux NV* v. *Commission*，par.9.

1125 Court of First Instance，12 December 1991，Case T-30/89，*Hilti AG* v. *Commission*，par.37–38.

1126 22 October 2002，Case C-94/00，*Roquette Frères SA* v. *Directeur général de la concurrence，de la consommation et de la répression des fraudes and the Commission*，par.47.

1127 10 May 2007，Case C-328/05 P，*Appeal of SGL Carbon AG*，par.58.

1128 此类权利减免在涉及儿童的情况下，必须通知负责儿童保护的主管机关（第5条第4款）。进一步参见第8条关于适用于权利减免的规则，强调了其例外性和临时性的特征，并且要考虑到比例原则和公正审判的需求。

少一名由犯罪嫌疑人或是被告人提名的第三人是由第 6 条规定的。成员国可以将该权利限制于“强制性要求（imperative requirements）或是适当可执行要求（proportionate operational requirements）”。

被剥夺自由的犯罪嫌疑人和被告人如果不是本国公民，则有权要求自己国家的领事馆获得通知（第 7 条）。[1129] 如果他们希望，他们有权利与领事 281
馆进行交流。作为此通知和交流权利的结果，第 7 条第 2 款规定了其有权被领事人员探视。此外，其有权与领事人员口头和书信交流，并有权获得由领事馆安排的法律代理人，这种安排要获得领事馆的同意并且符合犯罪嫌疑人或被告人的愿望。

3.15 出席庭审并获得代理的权利

被告人是否必须出庭是由成员国的刑事诉讼规则决定的。不论国家法律是否要求被告人出庭，被告人都有权利出庭。此外，被告人有权利获得法律代理。[1130]《宪章》第 47 条规定：“每个人都应该有机会获得咨询、辩护和法律代理人。”获得法律代理的权利已经被欧洲法院认定为辩护权的一部分。[1131] 如果成员国律师协会某一成员作为律师受到职业行为准则的规制，那么他做出的一份简单声明就足以令其获得辩护人的权力。[1132]

《布鲁塞尔公约议定书》第Ⅱ条规定，如果在其他成员国定居的公民，[1133] 因非故意犯罪被不是母国的其他成员国起诉，那么该公民有权利“获得有资质的人的辩护，即使公民个人并不出庭”。[1134]《关于管辖权和承认民事判决的条例 1215/2012》保留了这条规则：

> 在不损害国家法中任何更加有利的规定的情况下，当在一个成员国定居的公民因为非故意犯罪而被非母国的其他成员国起诉时，即使

1129 1963 年《维也纳领事关系公约》第 36 条已经规定了该权利。

1130 《关于缺席审判的框架决定 2009/299》进一步加强了这一权利。

1131 22 October 2002，Case C-94/00，*Roquette Frères SA v. Directeur général de la concurrence，de la consommation et de la répression des fraudes and the Commission*，par.46.

1132 18 January 2007，Case C-229/05，*Osman Ocalan（PKK）and Serif Valy（KNK）appellants，Council，defendant*，par.116–122.

1133 本公约首先被《关于管辖权和承认民事判决的条例 44/2001》取代，后者在 2015 年 1 月 10 日被《关于管辖权和承认民事判决的条例 1215/2012》取代。

1134 26 May 1981，Case C-157/80，*criminal proceedings against Siegfried Ewald Rinkau*，par.5–9.

所涉公民没有亲自出庭，他们也可以由具有相应资质的人代表其出庭。然而，相关法院可以强制要求本人出庭；在缺席审判的情况下，如果所涉人员没有机会安排自己的辩护事宜，那么其他成员国可以不承认或不执行相关民事判决。

缺席审判

282 欧洲逮捕令实施的第一年的经验凸显了引渡程序中最突出的问题——成员国在缺席审判问题上观点存在较大差异。一些成员国根本不接受或不允许缺席审判，而另一些成员国则接受和进行缺席审判。然而，即使是原则上接受缺席审判的成员国，其对缺席审判的定义和法律后果方面的规定也不尽相同。此外，在合作方面的多种框架决定也并不是相互协调的。尽管，正式地讲，缺席审判的定义仅仅在互相承认原则的基础上适用于国际合作，但是《关于缺席审判的框架决定 2009/299》的执行导致了通用定义的产生，进而起到了协调统一传唤被告人的方式方法的作用。[1135] 如前言中所说，《欧洲人权公约》第 6 条保障的被告人获得公正审判的权利，是协调统一被告人本人出庭权利的重要基础。框架决定首先表明被告人本人出庭权利并不是绝对的，在特定条件下，其可以根据自己的意愿明示或是默示——但是要明确地——放弃此权利。在适用条例 44/2011 的民事诉讼中，欧洲法院表示："欧盟法必须被理解为：在不可能定位被告人的情况下，如果相关法院已经初步根据勤勉义务和诚信原则的要求进行了所有可能的调查以确定被告人所在地，并且相关诉讼程序已经根据国内法进行了公告，那么欧盟法并不禁止缺席宣判。"[1136] 欧洲法院将这个问题与如下问题进行了区分，即被告人权利是否允许针对未知地址的被告人执行欧盟执行令（European Enforcement Order）。

在成员国国家法院在缺席庭审过程中遵守共同规则的情况下，本框架决定减少了令状被拒绝的可能性。这些条件与国家必须保障被告人获得庭审通知，以及被告人被重新审判的义务和权利相关。《关于欧洲逮捕令的

1135　完整标题为《关于修订框架决定 2008/909 和 2008/947 的框架决定 2009/299》（*Framework Decision 2009/299 amending Framework Decisions 2008/909 and 2008/947*），用以加强个人的诉讼权利并促进互相承认原则适用于缺席审判情况下做出的决定。

1136　15 March 2012，Case C-292/10，*G* v. *Cornelius de Visser*，par.59.

框架决定 2002/584》第 4a 条明确规定上述内容。在一定程度上，该条款可以被认为表明了被告人没有权利通过自己的缺席阻止刑事诉讼的进行。

3.16 合理时间

《宪章》第 47 条规定每个人享有在合理时间内获得由一个独立和公正的审判组织进行的公平和公开的审判。在多个竞争法案例中，欧洲法院处理了法律程序持续时间合理性的问题。这必须考虑“每个案件的特殊情况，特别是，案件对于所涉人员的重要性、复杂性与申请者和主管机关的行为”[1137]。在 *Thyssen* 案中，欧洲法院着重强调了案件的事实情况，即 11 家公司申请废除欧盟委员会一项罚款决定，而且该申请是在四种不同语言的程序中进行的。该事实将程序持续较长时间合理化。[1138] 通过强调这些复杂因素，以及被告人在程序中的态度，欧洲法院遵循了欧洲人权法院制定的标准。[1139] 如果欧洲法院认为在合理时间内获得审判的权利被违反，那么其可以降低量刑。[1140] 283

3.17 有效救济

《宪章》第 47 条要求存在有效救济，并要求诉讼由一个公正的审判组织进行。上诉的权利，或申请其他法律救济必须被无歧视地适用。《关于获得律师的权利的指令 2013/48》第 12 条特别规定了有效救济的权利。《关于冻结犯罪所得的指令 2014/42》第 8 条为受冻结和没收影响的人规定了特别保障。成员国应该采取必要措施确保在冻结令状执行之后尽快通知受其影响的人。通知应该，至少简要地，包括发布令状的原因。如果延时通

1137 2 October 2003，Case C-194/99 P，*Thyssen Stahl AG* v. *Commission*，par.155；25 January 2007，Joined Cases C-403/04 P and C-405/04，*Sumitomo Metal Industries Ltd and Nippon Steel Corp*.v. *Commission*，pp.116–122.

1138 同样参见 17 December 1998，Case C-185/95 P，*Baustahlgewebe GmbH* v. *Commission*，par.43。

1139 15 October 2001，Joined Cases C-238/99 P，C-244/99 P，C-245/99 P，C-247/99 P，C-250/99 P to C-252/99 P and C-254/99 P，*Limburgse Vinyl Maatschappij NV（LVM）（C-238/99 P）*，*DSM NV and DSM Kunststoffen BV（C-244/99 P）*，*Montedison SpA（C-245/99 P）*，*Elf Atochem SA（C-247/99 P）*，*Degussa AG（C-250/99 P）*，*Enichem SpA（C-251/99 P）*，*Wacker-Chemie GmbH and Hoechst AG（C-252/99 P）and Imperial Chemical Industries plc（ICI）（C-254/99 P）*v. *Commission*，par.187.

1140 17 December 1998，Case C-185/95 P，*Baustahlgewebe GmbH* v. *Commission*.

知有关冻结令状的事项对于避免危及刑事侦查是必要的，那么主管机关可以延时通知相关人等。

284 根据旧的《关于外国人迁移和居留的指令64/221》，即使成员国因为公民实施的犯罪活动而可以合法地限制其自由迁移的权利，针对此决定的法律救济“不得少于自己本国公民享有的救济”。[1141] 尽管欧洲法院已经承认有效的司法保护原则是一项普适原则，但是其“不要求引入一种独立的程序来主要用以争论国家法规与共同体法律的协调性”[1142]。然而，在最近的判例法中，欧洲法院确实表明《宪章》第47条体现的有效司法保护原则可以禁止成员国规定法人无权获得法律救济。[1143] 如果寻求救济的公民为了避免刑事程序而不得不同意车辆被扣押或不得不支付一项标准化的罚款，那么有效司法保护原则就被违反了。[1144]

4. 起诉的权利

4.1 简介

从原则上讲，一个成员国是否有权利追诉取决于自己本国法律，特别是其关于管辖权的规定。在之前的章节中已经讨论了管辖权问题。[1145] 本节重点关注追诉权的丧失，特别是由一事不再理原则导致丧失追诉权的情况。一事不再理原则是指在被告人已经因为相同事实被另一国审判，那么禁止对其提起二次诉讼。本节同样还涉及一些其他导致成员国丧失管辖权的原因。

此处对追诉权利的讨论是在刑事诉讼语境下展开的。这可能并不适用于所有成员国的国内刑事司法体系。一些成员国认为国家或是检察官是否有权利起诉或是拥有管辖权问题是一个审前事项，因此被认为具有形式特

1141 5 March 1980，Case 98/79，*Josette Pecastaing* v. *Belgium*，par.13.

1142 13 March 2007，Case C-432/05，*Unibet（London）Ltd*，*Unibet（International）Ltd* v. *Justitiekanselern*，par.47.

1143 22 December 2010，Case C-279/09，*DEB Deutsche Energiehandels-und Beratungsgesellschaft mbH* v. *Bundesrepublik Deutschland*.

1144 7 June 2007，Case C-156/04，*Commission* v. *Greece*.

1145 参见第五章第3.2节。

征。一些其他成员国可能将追诉权利问题看作与犯罪行为是否发生有关，因此是与实体刑法相关的。一份判定检察官不再拥有追诉权的诉讼决定则 285
反映了此种差异。采取形式主义的成员国将会判定不予立案，或是驳回起诉（non–lieu），或是认定无案可查。这些成员国不会对案件实质部分进行评估。另一方面，那些将追诉权看作实体法律问题的成员国会做出无罪释放判决。

4.2　一事不再理

4.2.1《执行申根协议的公约》（*Convention implementing the Schengen Agreement*，CISA）第 54 条

《执行申根协议的公约》第 54 条到第 58 条禁止了二次追诉。在第三支柱早些年间，没有其他刑法条文对一条审前规则做出如此多的规定，因此，《执行申根协议的公约》令欧洲法院能够就一事不再理原则包含的所有因素做出判决。在每一个判决中，欧洲法院进一步细化了该原则包含的各个因素。“*ne*”（拉丁语意为“不”——译者注）如何理解呢？什么样的行为被禁止呢？“*bis*”（拉丁语意为“两次”——译者注）如何理解？[1146] 什么样的行为会触发该原则？“*idem*”（拉丁语意为“同一件事”——译者注）如何理解？被最终解决（finally disposed of）是什么意思呢？什么是相同事实（the same act）？什么样的管辖权受此规定约束？谁受到该原则的保护，又是如何受到保护的？下文中会对这些问题进行讨论。第一个在刑事领域涉及第三支柱法律的案件是 2003 年的 *Gözütok and Brügge* 案。欧洲法院对庭外和解协议（out–of–court settlements）的效力问题做出了具有革命性意义的判决。[1147]

判决中的关键段落如下：

30. 在那些情况下，此类程序之后的进一步起诉是被绝对禁止的，

1146　欧洲法院判决退回非法得到的补助并不构成可适用一事不再理的处罚。21 July 2011，Case C-150/10，*Bureau d'intervention et de restitution belge v. Beneo-Oraft i SA*，par.70.

1147　11 February 2003，Case C-187/01 and Case C-385/01，*criminal proceedings against Hüseyin Gözütok*（*C-187/01*）*and Klaus Brügge*（*C-385/01*）.

此时就自己被起诉所实施的犯罪一事，所涉之人的案件必须被认为已经在《执行申根协议的公约》第 54 条含义内获得最终解决。此外，一旦被告人已经履行了其义务，阻却进一步起诉的那些程序中施加的刑罚必须被认为在第 54 条含义内被执行。

31. 没有法院参与此类程序以及认定程序终结的决定没有以司法
286 判决的形式出现等事实并不影响如上解释，因为此类程序和形式问题并不影响程序效果，就如本判决第 28 段和第 29 段描述的那样，在没有与第 54 条明确相反的表述的情况下，此类程序必须被认为足以令一事不再理原则得以适用。

32. 此外，应该指出的是，欧盟条约第 VI 章中关于刑事事项中警察和司法合作的内容（其中第 34 条和第 31 条是《执行申根协议的公约》第 54 条到第 58 条的法律基础），或是《申根协议》或是《执行申根协议的公约》本身，在可以阻碍起诉的程序方面，都没有规定《执行申根协议的公约》第 54 条的适用取决于成员国在实体刑法上的统一，或是至少近似。

33. 涉及《执行申根协议的公约》第 54 条规定的一事不再理原则是否适用于可以阻却进一步起诉的那些程序（不论是否有法院参与）或是司法决定这一问题，一个必要的暗示就是成员国互相信任彼此的刑事司法体系，并且每一个成员国都承认在其他成员国实施的刑法规则，即使结果可能与本国法律实施结果不同。

欧洲法院没有孤立地解释《执行申根协议的公约》第 54 条规定的一事不再理原则，而是考虑了自由迁移的权利和欧盟融合发展的背景。这解释了为什么欧洲法院能够做出一个公然违反欧盟条约法律历史的决定。[1148]将该原则适用于庭外和解协议被认为符合自由迁移的要求。欧洲法院认为，如果其不这样做，严重犯罪者将会从该原则中获益，而那些仅实施了轻微犯罪的人则不能。欧洲法院因此将《执行申根协议的公约》第 54 条的保护范围扩大，包括了检方达成的庭外和解协议。欧洲法院这样做是因为此种协议的效果就是阻却进一步的追诉。

1148 然而，必须重申的是，当欧洲法院解释一个条款时，其几乎不会回顾立法史。参见第四章第 3 节，关于欧洲法院的解释规则。

欧洲法院同样强调，对外国判决的互相承认并不取决于欧盟协调统一（harmonisation）的程度。其固有内容是互相承认要求承认其他成员国的刑法，“即使结果可能与本国法律实施结果不同”。[1149] 这很符合逻辑，因为如果承认要求的是协调统一，这个问题根本就不会再存在。互相承认的前提就是存在不同。结果就是，其认定对犯罪的法律分类在此不相关。确实， 287
如果法律分类需要被考虑在内的话，那么就将根本不会存在一事不再理的案件。[1150] 从定义角度而言，对一个犯罪的法律分类和表述在国与国之间总是存在差异的。《执行申根协议的公约》第 54 条的背后目的就是阻止平行的和连续的程序。本规则也是存在问题的，会出现的问题就是，不同的成员国可能会在自己根本不知道的情况下陷入一种争做第一的竞争中。关于这一点的一个相关案件是针对 M 的刑事诉讼（*criminal proceedings against M*）。在本案中，比利时和意大利同时进行了调查，比利时做出最终判决是在意大利开庭的前一周。[1151]

4.2.2 “最终解决”

就这点而论，《执行申根协议的公约》第 54 条并不禁止在多个成员国同时进行调查。然而，根据《关于管辖权冲突的框架决定 2009/948》，成员国必须尽力防止一名被告人同时面临两个程序。*Gözütok and Brügge* 案已经涉及了案件是否“被最终解决”这一问题的一个方面。这与做出第一个决定的主管机关相关。之后关于《执行申根协议的公约》第 54 条的案件涉及了“被最终解决”的另一方面：什么样的决定符合“被最终解决”这一要求？在 *van Straaten* 案中，法律顾问 Ruiz–Jarabo Colomer 对三种无罪释放决定做出了区分：

> 在无罪释放的情况下，如果国家已经在处罚犯罪上实施了自己的垄断权力，那么以任何形式进行的进一步的“实质性”（the merits）审查措施都是被禁止的。取决于决定中的不同依据，*Miraglia* 案中的

1149 同样参见 the Opinion of Advocate General Ruiz-Jarabo Colomer of 19 September 2002，Cases C-187/01 and Case C-385/01，*criminal proceedings against Hüseyin Gözütok*（*C-187/01*）*and Klaus Brügge*（*C-385/01*），point 42，认为对上述问题的答复不能考虑各个体系具有的独特性。

1150 18 July 2007，Case C-288/05，*criminal proceedings against Jürgen Kretzinger*，par.33.

1151 5 June 2014，Case C-398/12，*criminal proceedings against M.*

表述包含了几种不同的情况，一些是被告人内在固有的依据，其他一些则是外在依据。内在固有的依据包括因为缺乏责任承担中要求的必要条件（与缺乏责任能力相关的原因，如不足年龄或是精神失常）而对被告人无罪开释的情况。外在依据包括事实情况——指在特定情况下不可能做出其他行为（合理情境：自卫、必要性或是过度恐惧），或是罪行中针对个人的要求（与罪行实施者相关的因素）没有被满足；还包括那些与时间或是事实真相相关的因素。后者包括三种无罪释放的依据：（1）行为不构成犯罪，（2）被告人没有实施犯罪，或（3）无法证明被告人实施了犯罪；此处的问题涉及的是第三种情况。[1152]

288 欧洲法院将最终决定的程序结果简化为两种，即要么是有罪判决要么是无罪判决。[1153]对于一些国家的刑事司法体系而言，将除去有罪判决的其他所有判决或决定都归类为无罪判决是有些奇怪的。如果人们能够记起欧盟法是一个自治的系统，某术语的含义并不必要与成员国内的刑事司法体系中使用的相同术语相关联。然而，欧洲法院并不想以这种方式进行表述，这一点在之后的一个案件中已经清楚了。这个案件涉及的问题是比利时做出的驳回起诉（non–lieu）的决定[1154]是否应该被视为《执行申根协议的公约》第 54 条中“最终”判决，并因此而禁止意大利的进一步审判。欧洲法院表示“评价本案中刑事决定是否具有‘最终’的属性时，其依据必须是做出该决定的成员国的法律”。[1155]这表示，如果程序根据国内法终结了，除非是采用特殊法律手段的情况，那么根据《执行申根协议的公约》第 54 条该程序就是最终的。

在 *Gözütok and Brügge* 案中，欧洲法院对案件实质部分是否已经被处理这一问题进行了特别关注。法律顾问 Ruiz–Jarabo Colomer 已经就此问题为

1152 Opinion of Advocate General Ruiz-Jarabo Colomer of 8 June 2006，Case C-150/05，*van Straaten v. the Netherlands and Italy*，points 65–66.（脚注省略）

1153 欧洲法院没有说明三种形式的无罪释放之间的区别，但是提到了“缺乏证据情况下最终释放的案例”。28 September 2006，Case C-150/05，*van Straaten v. the Netherlands and Italy*，par.59.

1154 根据比利时法律，在细致的侦查后“驳回起诉”的决定终结了刑事诉讼，但是允许在发现新证据的情况下重启程序。

1155 5 June 2014，Case C-398/12，*criminal proceedings against M*，par.36.

欧洲法院开辟了一条路，认为如果法院已经就案件实质部分作出了判决，那么该判决就符合一事不再理原则的要求。[1156] 这符合欧洲法院在竞争法 *Limburgse Vinyl Maatschappij* 案中作出的判决。欧洲法院援引了《欧洲人权公约》第 7 号议定书第 4 条第 1 款中一事不再理条款，判决：

> 该原则的适用预先假设了已经就犯罪是否在事实上被实施做出了判断，或对其合法性评估进行了审查。因此，一事不再理原则仅仅是禁止了对犯罪情况再次进行深入评价，而此种评价可能会因为再一次认定责任而导致在第一次处罚之外进行第二次处罚，或是在第一份判决中没有成立的责任在再次判决中被认定，从而导致第一次处罚。[1157]

一个法院因为缺乏证据而释放一个人的情况适用一事不再理 289
原则。[1158]

有两个案件是关于将程序从一个成员国转到另一个成员国的。在 *Miraglia* 案中，欧洲法院认定检察官做出的不起诉决定以及宣布结束案件并不具有此种效果。这是因为此类决定“没有对案件实质部分作出任何判定”。[1159] 在这个案件中，荷兰的公共检察官已经决定不起诉，唯一的依据是涉及相同事实的刑事诉讼已经在意大利开始了。检察官没有做出关于案件实质部分的任何判定。[1160] 因为荷兰检察官终止程序的决定没有满足 *Limburgse Vinyl Maatschappij* 案中的其他条件，那么欧洲法院就没有理由赋予该决定进一步的效果。在 *Turansky* 案中，奥地利首先将案件转给了斯洛伐克。斯洛

1156 Opinion of Advocate General Ruiz-Jarabo Colomer of 8 June 2006, Case C-150/05, *van Straaten* v. *the Netherlands and Italy*, point 67.

1157 15 October 2001, Joined Cases C-238/99 P, C-244/99 P, C-245/99 P, C-247/99 P, C-250/99 P to C-252/99 P and C-254/99 P, *Limburgse Vinyl Maatschappij NV* (*LVM*)(*C-238/99 P*), *DSM NV and DSM Kunststoffen BV* (*C-244/99 P*), *Montedison SpA* (*C-245/99 P*), *Elf Atochem SA* (*C-247/99 P*), *Degussa AG* (*C-250/99 P*), *Enichem SpA* (*C-251/99 P*), *Wacker-Chemie GmbH and Hoechst AG* (*C-252/99 P*) *and Imperial Chemical Industries plc* (*ICI*)(*C-254/99 P*) v. *Commission.*

1158 28 September 2006, Case C-150/05, *van Straaten* v. *the Netherlands and Italy*, par.54–61.

1159 28 September 2006, Case C-150/05, *van Straaten* v. *the Netherlands and Italy*, par.60.

1160 10 March 2005, Case C-469/03, *criminal proceedings against Filomeno Mario Miraglia.*

伐克警察机构决定中止刑事诉讼。此决定不能禁止奥地利的诉讼，因为斯洛伐克仍然可以开始新的程序。[1161]

根据之前的判例法，欧洲法院在 *Gasparini* 案中的判决就难以理解了。[1162] 在该案中，欧洲法院认为法院作出的因超出诉讼时效而不起诉的决定也可能适用一事不再理原则。欧洲法院强调，因为互相信任原则，成员国应该承认其他成员国作出的决定，即使“结果与适用本国法时得出的结果不同”。[1163] 有人认为，*Gasparini* 案在概念上是错误的，因为因超出诉讼时效而不起诉的决定并没有对案件实质部分进行评价。[1164] 此外，*Gasparini* 案似乎还要求承认就某事项没有（不再有）管辖权的成员国做出的决定。很难让人接受的是，一个没有管辖权的成员国如何能够决定其他有管辖权的成员国不得再行使其管辖权。[1165]

管辖权问题必须被认为是具有程序性属性的审前问题，并不涉及庭审
290 中的核心问题：[1166] 被告人是否真的实施了其被起诉的罪行。一个国家认为本国没有管辖权仅仅与该国相关，而对其他成员国不具有约束性。

《关于欧洲逮捕令的框架决定 2002/584》第 3 条第 1 款就是遵循了这个内在的逻辑。如果欧洲逮捕令执行成员国根据本国刑法对某一犯罪有管辖权，有权起诉，但是该犯罪在该国属于特赦范畴，那么欧洲逮捕令必须被驳回。[1167]

探究 *Gasparini* 案中的思维脉络只能进一步表明其论理是不可靠的。

1161　22 December 2008，Case C-491/07，*criminal proceedings against Vladimir Turansky.*

1162　28 September 2006，Case C-467/04，*criminal proceedings against Gasparini and others.*

1163　28 September 2006，Case C-467/04，*criminal proceedings against Gasparini and others*，par.30.

1164　See，also，Advocate General Sharpston，who discusses this element at length.Opinion of Advocate General Sharpston of 15 June 2006，Case C-467/04，*criminal proceedings against Gasparini and others*，points 92–124.

1165　将之与《关于管辖权和承认民事判决的条例 1215/2012》第 45 条相比，后者规定了对没有管辖权的法院做出的判决不需承认。

1166　In his Opinion of 19 September 2002，Case C-187/01 and Case C-385/01，*criminal proceedings against Hüseyin Gözütok*（*C-187/01*）*and Klaus Brügge*（*C-385/01*），point 114，法律顾问 Ruiz-Jarabo Colomer 表示“一事不再理并不是……一个程序性规则，而是对公民的基本保障”。

1167　类似地，关于驾照的（不）承认的判例法仅要求承认有发布此类文件资格的成员国发布的驾照。29 April 2004，Case C-476/01，*criminal proceedings against Felix Kapper*；6 April 2006，Case C-227/05，*Halbritter v. Freistaat Bayern*；28 September 2006，Case C-340/05，*criminal proceedings against Stefan Kremer.*

为了承认一个非同一般的决定——一个成员国没有管辖权，[1168]引发的问题是互相承认是否只适用于法院的决定或判决，或是，例如，仅仅是某成员国的检察官因为超出诉讼时效而做出的不启动程序的决定也适用于一事不再理原则。[1169]这是关于这些问题的典型争论。[1170]当一事不再理原则要求承认关于不实施管辖权的决定，这将会导致一种情况，即规定有最短诉讼时效的成员国将会令其他所有有管辖权的成员国不能够再起诉。如果不起诉的决定是基于国家法律规定而进行自由裁量的结果，那么情况是否会有所不同呢？[1171]

欧洲法院在 *Gasparini* 案和 *Turansky* 案中或许更加注重于公民自由迁移的权利在公民已经被一成员国起诉之后不得受到影响。[1172]然而，一事不再理 291
原则并没有承认这一因素。例如，《执行申根协议的公约》第 54 条在量刑没有被完全执行的情况下，是允许第二次起诉的。[1173]

然而，欧洲法院应该修正这种不合理的过度保护，并彻底回到一事不再理原则仅仅适用于对案件实质部分的判决这一标准上。欧盟成员国之间的引渡条约也支持这一解释。该条约第 8 条明确规定不得因为被请求引渡成员国的法律禁止针对个人的起诉或是惩罚而拒绝引渡。[1174]

《执行申根协议的公约》第 54 条适用于在两个国家间条约生效后进行的第二次起诉。[1175]行为事实以及第一次判决可以追溯至《执行申根协议的公约》生效前。这可能表明欧洲法院在 *van Esbroeck* 案中认为一事不再理原

1168　刑事法院认定起诉超出诉讼时效的情况极其少见，因为只有在检察官错误判断本国法仍允许追诉的情况下才会发生。通常情况下，检察官会自己声明结束此类案件，而不会涉及法院。

1169　参见第八章第 4.3 节。

1170　对于此类案件，参见 22 December 2008，Case C-491/07，*criminal proceedings against Vladimir Turansky*，欧洲法院不认为检察官做出的决定足以启动一事不再理原则。

1171　这是 2014 年 11 月 4 日由 the Hanseatisches Oberlandesgericht Hamburg（Germany）提请的初步裁定中的主题。Case C-486/14，*criminal proceedings against Piotr Kossowski*. See further Chapter 6，Section 4.2.

1172　欧洲法院似乎在 2008 年 12 月 22 日表明了这一点，Case C-491/07，*criminal proceedings against Vladimir Turansky*，par.44. Gasparini 被起诉，Turansky 则没有。

1173　其他地方曾经提到过，这与互相承认原则不相符。进一步参见 Maria Fletcher and Robin Lööf，EU Criminal Law and Justice，Edward Elgar Publishing 2008，p.16。

1174　从 2004 年 1 月 1 日起，本公约，与其他关于引渡的公约，只在极为例外的情况下适用，并且之后被《关于欧洲逮捕令的框架决定 2002/584》替代，而后者没有类似条款。

1175　9 March 2006，Case C-436/04，*criminal proceedings against van Esbroeck*，par.22–24.

则是一个程序性规则。*Gasparini* 案中的无罪释放判决不是法律顾问 Ruiz-Jarabo Colomer 在 *van Straaten* 案中提到的那些无罪释放中的任何一种。欧洲法院在 *Gasparini* 案中创造了第四类吗？ *Gasparini* 案同样与一个更早的判决产生了冲突，这个更早的判决是关于起诉特定法国香水生产商的，在该案中，欧洲法院认为，欧盟委员会因为认定生产商的行为没有违反共同体条约而结束了对其涉嫌违反欧共体卡特尔规定的调查，这一事实并不能阻止拥有更严格竞争法规则的成员国对其进行刑事追诉。[1176]

4.2.3　执行条件

德国联邦法院就暂缓执行量刑提出了一个有趣的问题。暂缓执行的量刑是已经被执行了还是实际上在被执行的过程中？欧洲法院认为此类“量刑自可执行之日起以及在缓刑期内必须被视作‘实际上正在被执行’。此
292 外，一旦缓刑期到期，刑罚必须在该条款项下被认为‘已经被执行’”[1177]。被判决有罪的人已经缴纳完罚金但还没有开始履行同一判决中的自由刑的状态并不算在上述情况内。在此类情况下，刑罚不得被认为已经被执行，也不是正在被执行。[1178]一事不再理原则并不涵盖以审前羁押为目的的剥夺自由。[1179]此外，如果量刑国家本可以根据《关于欧洲逮捕令的框架决定2002/584》要求引渡被告人，但是实际上并没有这样做，这种情况并不影响第 54 条中对执行概念的理解。[1180]

Bourquain 案的问题是什么可以算作“不再能够被执行”（can no longer be enforced）。[1181]德国籍公民 Bourquain 在 1961 年因谋杀罪被法国判处死刑。他成功逃到德意志民主共和国，死刑从未被执行。2002 年，德国检察官开始了针对他的刑事诉讼。欧洲法院认为，因为死刑的属性——法国取消死刑，此人不再能够被执行死刑，并受到《执行申根协议的公约》第 54 条的保护。换言之，如果在第二次诉讼开始时，第一个缔约国根据本国法律

1176　19 July 1980，Joined Cases 253/78 and 1 to 3/79，*Procureur de la République and others* v. *Bruno Giry and Guerlain SA and others*.

1177　18 July 2007，Case C-288/05，*criminal proceedings against Jürgen Kretzinger*，par.42.

1178　27 May 2014，Case C-129/14 PPU，*criminal proceedings against Zoran Spasic*，par.85.

1179　18 July 2007，Case C-288/05，*criminal proceedings against Jürgen Kretzinger*，par.50–52.

1180　18 July 2007，Case C-288/05，*criminal proceedings against Jürgen Kretzinger*，par.63.

1181　11 December 2008，Case C-297/07，*Staatsanwaltschaft Regensburg* v. *Klaus Bourquain*.

不再能够执行该刑罚，那么案件必须被认为已经“最终解决”。

Spasic 案讨论了《执行申根协议的公约》第 54 条和《宪章》第 50 条之间的关系。[1182] 前者要求刑罚已经被执行，而后者并未涉及这一点。欧洲法院认定，第 54 条规定的适用条件必须被认为是对一事不再理原则的限制，就如《宪章》第 52 条第 1 款规定的那样。因此，《执行申根协议的公约》第 54 条符合《宪章》第 50 条。欧洲法院提到，适用条件是为了合法阻止有罪而免罚的情况出现。之后，欧洲法院还表明，尽管在许多程序阶段都尽可能地将刑事诉讼集中并展开合作，但是仍然可能存在一种情况，即被定罪的人既不能被引渡到相应成员国彻底承担其应受刑罚，也不能够将刑罚转移到其定居成员国去完成。[1183] 欧洲法院的论理可以被理解为其只是暂时承认执行条件，因为同时进行的平行程序并没有被禁止。很明显，欧洲法院在表示“《关于管辖权冲突的框架决定 2009/948》第 5 条要求不同成员国的主管机关声明重叠的管辖权，直接就涉及相同事实的刑事诉讼问题进 293
行协商，以期能够达成有效的解决方案，以避免此类平行程序可能导致的冲突后果”的时候，欧洲法院将目前的状态视为次优选择。[1184]

4.2.4　相同行为

相同行为的概念是欧洲法院判例法发展出的一事不再理原则在刑事审判中适用于竞争法领域的一个例子。[1185] 然而，如果在竞争法中讨论这个原则，提及的来源则是刑法。[1186] 在竞争法中，欧洲法院曾经将一事不再理原则适用于非成员国的法律体系与竞争主管机构对相同事实和公司以及涉嫌违法的事实拥有管辖权的情况。[1187] 与《执行申根协议的公约》第

1182　27 May 2014，Case C-129/14 PPU，*criminal proceedings against Zoran Spasic.*

1183　27 May 2014，Case C-129/14 PPU，*criminal proceedings against Zoran Spasic*，par.60–74.

1184　27 May 2014，Case C-129/14 PPU，*criminal proceedings against Zoran Spasic*，par.66.

1185　参见例如，判例法在 the Opinion of Advocate General Sharpston of 15 June 2006，Case C-467/04，*criminal proceedings against Gasparini and others*，points 57–58 中的发展。14 December 1972，Case 7–72，*Boehringer Mannheim GmbH* v. *Commission.*

1186　参见非常有趣的法律意见：Opinion of Advocate General Mayras of 29 November 1972，Case 7–72，*Boehringer Mannheim GmbH* v. *Commission*，其就六个成员国刑事司法体系中的一事不再理原则进行了一项令人印象深刻的比较研究。

1187　29 June 2006，Case C-308/04 P，*SGL Carbon AG* v. *Commission*，par.27. See，also，10 May 2007，Case C-328/05 P，*Appeal of SGL Carbon AG*，par.28.

54条相关的案件中，欧洲法院进一步评估了竞争领域的判例法。[1188]对相同行为概念的解释已经被扩展至了欧洲逮捕令。《关于欧洲逮捕令的框架决定 2002/584》第 3 条第 2 款规定，在相同行为已经被处置的情况下，允许成员国拒绝执行欧洲逮捕令。[1189]

不同法院作出的决定是不是就相同事实做出的这一问题更多的是实际操作上的问题。*van Esbroeck* 案中，欧洲法院在审判药品犯罪时不得不处理一个具有共性的问题。van Esbroeck 因为从比利时向挪威进口药品而被挪威定罪。[1190] 随后，其在比利时因为向挪威出口相同药品而被起诉。是否应该
294 因为向挪威进口和从比利时出口药品发生在相同时间和地点，并事关相同数量的药品而被认定是同一事件？还是应该因为挪威刑法中药品进口的法律规定与比利时刑法中药品出口的规定差别巨大而被认定为是两个事件？欧洲法院认为，唯一相关的标准就是行为的实质内容的同一性，此处应该被理解为，存在彼此密不可分一系列具体事实。所以，欧洲法院认为此处是相同行为。[1191]

欧洲法院表示，协调一致的要求（harmonisation）并不是承认外国判决的先决条件。[1192]一事不再理原则体现了互相信任，意味着国家将不得不承认这些判决，“即使结果可能与本国法律实施结果不同”。[1193]恰如 *Gözütok and Brügge* 案中，欧洲法院将之与欧盟法中的基本自由联系在一起，表示：

> 只有在行为实施者知道，其一旦被认定有罪并服刑，或者在欧盟法适用的情况下，被一个成员国最终认定无罪，他就可以自由在申根区域旅行而无须担心另一成员国基于自己的法律体系将其行为视为不

1188 《关于管辖权冲突的框架决定 2009/948》第 2 条第 2 款明确提到本框架决定旨在确保一事不再理被尊重，并不适用于竞争法程序。

1189 16 November 2010，Case C-261/09，*Gaetano Mantello.*

1190 挪威和冰岛也是《执行申根协议的公约》的成员国。因此，这两个国家做出的判决同样适用一事不再理原则。9 March 2006，Case C-436/04，*criminal proceedings against van Esbroeck.*

1191 18 July 2007，Case C-367/05，*criminal proceedings against Norma Kraaijenbrink*，par.26；18 July 2007，Case C-288/05，*criminal proceedings against Jürgen Kretzinger*，par.29.

1192 9 March 2006，Case C-436/04，*criminal proceedings against van Esbroeck*，par.25–42.

1193 9 March 2006，Case C-436/04，*criminal proceedings against van Esbroeck*，par.30.

同犯罪而再次被起诉，自由迁移的权利才可以被有效保障。[1194]

因此，起重要作用的是实质行为的同一性。这可以通过 *van Straaten* 案中的事实进行解释。van Straaten 因如下罪名在荷兰被起诉：（i）A. Yilmaz 大约在 1983 年 3 月 26 日从意大利向荷兰进口大约重 5500 克海洛因；（ii）大约在 1983 年 3 月 27 日至 30 日在荷兰持有大约 1000 克海洛因；以及（iii）1983 年 3 月在荷兰持有枪支和弹药。根据 1983 年 6 月 23 日的判决，荷兰斯海尔托亨博斯（*'s-Hertogenbosch*）地区法院认定进口海洛因一事不能合法并充分地被证明，因而就此罪名判其无罪，但是就其他两项罪名认定其有罪，判处有期徒刑二十个月。

在意大利，因为 van Straaten 与其他人一起大约在 1983 年 3 月 27 日持有并在不同场合伙同 Karakus Coskun 向荷兰出口大量海洛因，总重大约 5 千克，意大利米兰地区法院（the Tribunale ordinario di Milano）在 1999 年 11 月 22 日进行的缺席审判中认定，van Straaten 和其他两个人有罪，并判处有期徒刑十年，并处罚金 5000 万里拉，同时承担诉讼费用。[1195] 欧洲法院援 295
引了 *van Straaten* 案判决，并进一步说明“在与毒品犯罪相关的案件中，涉案毒品数量并不要求一致”。[1196]

判例法向来要求行为实质部分具有同一性，即存在彼此密不可分的一系列具体事实。这是国家法院用来判断是否存在此类情况的标准。认定案件事实必须分开处理的决定不能够因为被告人对两个犯罪行为具有相同犯罪意图而被否认。[1197] *Kretzinger* 案中的问题是，运输走私烟草，涉及连续穿越申根内部区域国界，必须被认为是单一行为。欧洲法院认为：

> 行为包括在一个缔约国接收走私外国烟草，将烟草进口给另一缔约国，并在那里持有该烟草。该行为特点是在两个缔约国受到起诉的被告人从一开始的意图就是在持有烟草后将之运输至最终目的地，在此期间穿越数个缔约国边境。该行为可以被认为构成第 54 条下的“相

1194　9 March 2006，Case C-436/04，*criminal proceedings against van Esbroeck*，par.34.

1195　这份对于事实的描述来自 28 September 2006，Case C-150/05，*van Straaten* v. *the Netherlands and Italy*，par.20–21。

1196　28 September 2006，Case C-150/05，*van Straaten* v. *the Netherlands and Italy*，par.49–50.

1197　18 July 2007，Case C-367/05，*criminal proceedings against Norma Kraaijenbrink*，par.29.

同行为"。应该由相应的国家法院根据第 54 条内容对这一点做出最终判断。[1198]

《宪章》同样引入了一事不再理条款。《宪章》第 50 条：

> 任何人若因某一罪行已在欧盟境内被最终依法认定无罪或有罪，则此人不得因同一行为再受刑事审判或处罚。

本条款在两方面与《执行申根协议的公约》第 54 条至第 58 条不同。[1199] 首先，其更加全面地禁止了与犯罪地相关的例外规定。其次，其设置了更
296 多限制，因为其没有提到庭外和解协议的效果。两个条款在欧盟中都起作用。从表面来看，《执行申根协议的公约》第 54 条提供的保护比《宪章》第 50 条更加广泛。除此之外，欧洲法院依赖于原则本身而非某一法律文件中的表述这一事实，支持了一种结论，即《执行申根协议的公约》第 54 条判例法影响了欧洲法院对《宪章》第 50 条的解释。

4.2.5 互相承认的两种模式

需要指出的是，就国际合作中的互相承认问题是存在多个不同模式的。在国际合作中，互相承认要求另一个特定的成员国做一些事情。如果执行国家——不论是何原因——没有执行令状，这对于发布令状的国家中进行的诉讼程序并不起关键作用，该程序仍可以继续，尽管其可能因为缺乏协助而面临一些实际困难。这种形式的互相承认是服务于发布令状成员国的利益。[1200] 在更多情况下，犯罪嫌疑人、被告人或已被定罪人不会希望承担互

1198 18 July 2007，Case C-288/05，*criminal proceedings against Jürgen Kretzinger*，par.37.

1199 还有一些其他欧洲条约存在（类似的）一事不再理条款。《执行申根协议的公约》第 54 条至第 58 条提供的保护与 1987 年 5 月 25 日《欧共体成员国间关于双重危险的公约》（*Convention between the Member States of the European Communities on double jeopardy*）（该公约从未生效）第 1 条至第 4 条中的保护相同。《财政利益公约》第 7 条也可以找到类似条款。但是上述条款都没有明确承认基于庭外和解协议而进行的跨国保护，更近一些的《宪章》也没有此类规定。然而，《关于保护财政利益的条例 2988/95》叙文中的一段写道："为了适用此条例，当国家有权机关和相关个人达成协议，那么刑事诉讼可以被认为已经完成。"

1200 参见第八章第 4 节。

相承认的结果。

在 *Mantello* 案中，欧洲法院在一份欧洲逮捕令被拒绝执行的背景下混淆了两种互相承认模式。其将“相同行为”概念从“最终解决”的概念中区分出来了。[1201]根据欧洲法院的观点，相同行为是欧盟法下的一个自治概念，可以由执行机关决定。然而，相同行为是否被最终审判则是根据做出判决的成员国的法律来决定的。欧洲法院做出这种区分十分牵强。欧洲法院自己也如此认为：“当发布令状的司法机关在回复执行的机关根据框架决定第 15 条第 2 款提出的获取信息的请求时，明确声明并解释，其之前的判决并没有涵盖自己发布的逮捕令中提及的所有行为，因此并不排除进行逮捕令中提及的刑事诉讼，那么执行逮捕令的司法机关有义务从发布机关的回复中得出所有恰当的结论。”[1202]

《执行申根协议的公约》第 54 条和《宪章》第 50 条规定的一事不再理是一种形式上的承认，在原则上，该承认与刑事事务合作没有关系。如果一个成员国“最终解决”了一个案件，其并不需要请求任何其他成员国做什么。只有当另一个成员国启动第二次诉讼时，第一个案件将完全阻碍任何第二个案件的进行。这种形式的互相承认主要是服务于被定 297
罪之人或是被无罪释放之人的利益，在某种轻微程度上，也服务于第一个起诉的成员国。然而，鉴于“相同行为”被认为是欧盟法中的自治概念，将之作为拒绝国际合作的理由应该具有终止在发布令状成员国中的刑事诉讼的效果。[1203]

4.3　限制起诉权的其他理由

除了一事不再理原则，其他理由也可能导致一个成员国不能行使自己的起诉权。比如时效规定、豁免和未能满足一些其他形式要求。

4.3.1 起诉时效

欧盟条例可能包括关于诉讼时效的规定、时效中止的规定以及执行行

1201　16 November 2010，Case C-261/09，*Gaetano Mantello.*

1202　16 November 2010，Case C-261/09，*Gaetano Mantello*，par.50.

1203　参见第八章第 4.3 节。

政处罚的时效。[1204]提及这一点的重要性在于条例中规定的追诉时效远远短于国家刑法对相应犯罪规定的追诉时效。

《关于保护财政利益的条例 2988/95》第 6 条是关于刑事诉讼和共同体行政措施之间的关系的，如果已经启动刑事程序，那些行政措施将会暂停（第 6 条第 1 款）。如果刑事程序中断（第 6 条第 2 款），或是审结，那么行政程序可以继续进行，除非被一般原则禁止（第 6 条第 3 款）。

《关于性侵儿童的指令 2011/93》第 15 条第 2 款规定了起诉时效的一个延长期。该条款要求成员国根据本国法律允许检察官在受害者达到成年之后至少仍能够对最严重的犯罪提起诉讼。

4.3.2 豁免

298 《欧盟运行条约》第 343 条规定欧盟"应该享有豁免权"。《关于欧盟特权和豁免的第 7 号议定书》（*Protocol No 7 on the Privileges and Immunities of the European Union*）规定了详细条件。议定书第 11 条规定欧盟官员和其他工作人员就行使官方职责时的行为享有免于法律诉讼的豁免权，这些行为包括他们的口头和书面的语言。[1205]他们离职之后仍然享有豁免权。然而，鉴于豁免权仅仅是为了欧盟利益，该权利可以由官员或其他工作人员为之服务的机构放弃（议定书第 17 条）。根据第 19 条和第 20 条，这些规则适用于欧盟委员会委员、法官、法律顾问，以及欧洲法院的常务官长（Registrars）和助理报告员（the Assistant Rapporteurs）。同样适用于欧洲中央银行和欧洲投资银行。《欧洲法院规约》第 3 条规定其法官享有免受法律诉讼的豁免权。只有欧洲法院全体法官组成的审判庭可以声明放弃豁免权。第 3 条进一步规定：

1204 Article 3 *Regulation 2988/95 on Protection of the Financial Interests*. 进一步参见 Council Regulation 2988/74 of 26 November 1974，关于在与交通和竞争相关的欧洲经济共同体法规中程序和执行处罚的时效，OJ 1974，L 319/1，时效从违法行为实施那一刻开始计时。3 September 2015，Case C-383/14，*proceedings établissement national des produits de l'agriculture et de la mer*（*FranceAgriMer*）v. *Sodiaal International SA*，par.28.

1205 关于欧盟议会成员的豁免权：21 October 2008，Case C-200/07 and C-201/07，*Marra* v. *de Gregorio*（*C-200/07*）*and Clemente*（*C-201/07*），参见 11 July 1968，Case 5–68，*Claude Moïse Sayag and S.A.Zurich* v. *Jean-Pierre Leduc*，*Denise Thonnon*，*spouse of Leduc*，*and S.A.La Concorde*，p.395，欧盟公务员在去正式访问的路上造成了交通事故，其刑事豁免权被排除。

当欧洲法院法官的豁免权被取消，并受到刑事指控，在任何成员国中，只有该国有权审判本国最高司法机关成员的法院可以对其进行审判。

《第7号议定书》第1条规定欧盟的场所和建筑不可侵犯。它们免于搜查、请求征用（requisition）、没收（confiscation）或征收（expropriation）。第8条和第9条规定了欧盟议会成员的地位，成员不得因为行使职责时表达的观点或投的票受到任何形式的询问，羁押或法律诉讼。[1206]

《欧洲刑警组织决定2009/371》第51条规定《关于欧盟特权和豁免的第7号议定书》同样适用于欧洲刑警组织局长、副局长和员工。

《国际刑事法院和欧盟之间就合作和互助事项的协议》（*Agreement* 299
between the International Criminal Court and the European Union on cooperation and assistance）第12条规定，如果国际刑事法院意图针对享有特权或豁免的欧盟官员行使管辖权，相关机构要根据所有相关国际法规定剥夺此人的这些特权。[1207]

国际合作中可能出现两种形式的临时豁免权。最重要的一种就是特定规则（*speciality rule*）的适用。根据欧洲逮捕令被从一个成员国引渡到其他成员国的公民不得以逮捕令以外的罪名被起诉（《关于欧洲逮捕令的框架决定2002/584》第27条第2款）。[1208]欧洲法院还认为本规则与执行成员国的主权相关，并授予了被请求者一种权利。[1209]*Leymann and Pustovarov*案中的问题就是不同于被引渡罪名的“其他犯罪”是何含义。Leymann因为涉嫌进口苯丙胺而被引渡。之后，其因进口大麻被起诉。欧洲法院判决：

1206 一名欧盟议会成员涉嫌在停车场侮辱一名警察，关于对此进行的起诉，欧洲法院认为“为了享受豁免权，欧盟议会成员必须‘在行使其职责’的时候表达了某种观点，因此要求表达的观点和议会职责存在联系”。6 September 2011，Case C-163/10，*Aldo Patriciello*，par.33. 欧洲法院还表示，议会就支持其成员享有豁免权而做出的决定对国家法院没有强制力。

1207 Agreement of 10 April 2006 between the International Criminal Court and the European Union on cooperation and assistance，OJ 2006，L 115/50.

1208 类似地，《关于监禁刑的框架决定2008/909》第18条为那些被从一个成员国转移到另一个成员国的公民提供了类似的保护。不幸的是，欧盟立法者现在的提法是“特定规则”（specialty rule），但是意思没有改变。

1209 1 December 2008，Case C-388/08 PPU，*criminal proceedings against Artur Leymann*，*Aleksei Pustovarov*，par.44.

> 恰如欧盟委员会在其观察报告中指出的那样，引渡请求是基于在发布欧洲逮捕令时的调查状态相关信息而发布的。因此在诉讼过程中，对罪行的描述有可能不再与原始描述完全一致。被收集到的证据可以令逮捕令描述的犯罪构成要件清晰化，甚至变更这些要件。
>
> 框架决定第 27 条第 2 款中的术语“被起诉”“被判刑”或“被剥夺自由”表明，在判断不同于被引渡罪名的“其他犯罪”时，必须考虑到诉讼的不同阶段以及可以改变罪行的法律类别的任何程序性文件。
>
> 鉴于引渡是以执行国家同意为前提的，为了判断是否有可能从一份程序性文件中推断出与逮捕令有异的“其他犯罪”，必须将逮捕令中对犯罪的描述与之后的程序性文件相对照。
>
> 要求执行国家同意对犯罪描述的每一处变更的做法超出了特定规
> 300 则的应有之义，且违背了框架决定规定的加速和简化成员国间司法合作这一目标。
>
> 为了判断是否涉及有别于引渡罪名的“其他犯罪”，有必要根据发布国家给出的法律描述来确定，犯罪的构成要件是否为引渡罪名的构成要件，以及逮捕令中给出的信息与之后程序性文件包含的信息之间是否存在足够的一致性。变更犯罪时间和地点信息是允许的，只要做出变更的证据是发布国进行诉讼过程中收集到的，并且这些证据是关于逮捕令中所描述的行为的，此外，这些变更不能改变犯罪属性，并且不能导致框架决定第 3 条和第 4 条中规定的不执行理由的出现。[1210]

至于“构成要件”（constituent elements），欧洲法院没有提及“犯罪的要件”（elements of the crime），而是转而提及需要在欧洲逮捕令中勾选的犯罪列表。[1211] 在本案中，重要的一点就是从苯丙胺到大麻的信息变更并没有改变犯罪列表中对其的分类。这表明成员国确实有一定的自由裁量权去修改对犯罪的描述。欧洲法院通过强调由规则保护的利益来对这种自由裁量权设定限制。*Leymann and Pustovarov* 案表明特定规则概念必须与一事不再理

1210　1 December 2008，Case C-388/08 PPU，*criminal proceedings against Artur Leymann*，*Aleksei Pustovarov*，par.53–57.

1211　此处指欧洲逮捕令中的模板，并被所有其他互相承认的法律文件所复制，在这些文件中，发布逮捕令的成员国必须对相应犯罪进行勾选。Annex to the Framework Decision in OJ 2002，L 190/13.

原则进行区分，在没有定罪的情况下，对引渡罪名的事实是没有一个清晰的描述的。特定规则还必须区别于安全通行的豁免，后者保护被告人免于遭受因之前犯罪而针对其进行的所有强制措施。

《关于欧洲逮捕令的框架决定 2002/584》第 27 条第 3 款与《关于监禁刑的框架决定 2008/909》第 18 条第 2 款都规定了例外。其中最重要的两个就是利益相关人员明示放弃，以及该人在有机会离开这个国家的情况下仍然在该国逗留超过 45 天。另一个临时豁免权可能产生于刑事事务互助行为中。1959 年《欧洲刑事司法互助公约》第 12 条规定被告人、证人或专家在因为请求国司法机关传唤而出庭时享有所谓的安全通行权（safe conduct）。这意味着，公民因为传唤而出庭时“不得因为其离开被请求国之前的行为或罪行在传唤方领土被起诉、被羁押或受到任何其他对个人自由的限制”[1212]。然而，这种安全通行并不保护公民免受针对新罪行的措施， 301
尤其是伪证罪。

另一个焦点是过境中的个人。如果一个人因为欧洲逮捕令或是监禁地点转移而过境第三方成员国，即既不是逮捕令发布方也不是执行方，此人不得被逮捕或起诉。[1213]

更困难的是如何将《关于打击欺诈的框架决定 2001/413》中关于国家机关免予承担刑事责任的规则放在正确的位置。第 1 条规定，成员国，或行使成员国主权的其他公共机构，以及公共国际组织，在本框架决定内不得被认为是法人。

本条款确认了国家实体享有的豁免权，但是仅仅在第三支柱文件中出现了一次。鉴于成员国对国家（及其机关）的刑事责任问题存在根本上的争议，在其他法律文件中没有此类规定的现象不能被理解为其意图将国家机关的刑事责任归类于法律实体的刑事责任。

4.3.3 其他形式

行政和刑事诉讼的叠加

针对影响欧盟财政利益的违法行为，行政和刑事诉讼都是可能的。《关

1212 进一步参见第八章第 5.1.3 节。

1213 参见《关于欧洲逮捕令的框架决定 2002/584》第 25 条和《关于监禁刑的框架决定 2008/909》第 16 条。

于保护财政利益的条例 2988/95》第 6 条有效地要求成员国二者择其一。很明显，起草者并不认为就同一违法行为应该同时采取两种不同程序。另一方面，《财政利益公约第一议定书》第 5 条第 2 款并不禁止行政和刑事诉讼叠加进行。《关于 OLAF 调查的条例 883/2013》第 2 条第 4 点也可以推断出类似规则。欧洲反欺诈办公室的调查并不影响成员国进行刑事诉讼的权力。[1214]

取决于被害人报告的追诉

302 一些框架决定和指令要求对犯罪的调查或起诉不得依赖于被害人的报告或检举。[1215]而另一些框架决定则原则性地取消了对被害人报告或检举的要求，尽管其同时允许成员国在域外管辖的情况下可以自由裁量以决定是否对此作出要求。[1216]

在人口贩卖和性侵的案件中不得追诉被害人

欧盟第一次在法律文件中特别规定了一个禁止起诉的情况。《关于贩卖人口的指令 2011/36》第 8 条规定："根据各自的法律体系的基本原则，成员国应该采取必要措施以保障人口贩卖中的被害人不得因为其被迫参与犯罪活动而受到追诉或处罚，不得将追诉或处罚作为被害人实施第 2 条中提及的任何犯罪的直接后果。"与此类似，《关于性侵儿童的指令 2011/93》第 14 条要求根据各国法律体系的基本原则，不得起诉参与犯罪活动的儿童被害人。

5. 起诉或是不起诉

当成员国采取完全不同的体系的时候，起诉决定则是另一个问题。这里用以区分的点就是起诉职权主义和机会主义。在采用所谓的职权主义

1214 Christoffer Wong, Criminal sanctions and Administrative Penalties: the *quid* of the *ne bis in idem* principle and some original sins, in: Francesca Galli and Anne Weyembergh, Do labels still matter? Blurring boundaries between administrative and criminal law. The influence of the EU, Institut d'études européennes 2014, pp.219–246.

1215 Article 7 *Framework Decision 2002/629 on Combating Trafficking in Human Beings*; Article 10, paragraph 1 *Framework Decision 2002/475 on Combating Terrorism*; Article 8 *Framework Decision 2008/841 on the fight against organised crime*; Article 8 *Framework Decision 2008/913 on Racism and Xenophobia*; Article 9, paragraph 1 *Directive 2011/36 on Trafficking in Human Beings*.

1216 Article 7, paragraph 1 *Framework Decision 2002/629 on Combating Trafficking in Human Beings* and Article 15, paragraph 1 *Directive 2011/93 on Sexual Abuse of Children*.

（legality principle）的刑事司法体系中不存在自由裁量权：所有引起警察或是检察官注意的案件都必须被起诉。尽管这些体系在存在特定理由的情况下允许做出不起诉决定，但是总体情况是明确的：起诉是原则，不起诉是例外。理论上，与其他适用机会主义原则的体系之间的差异是巨大的。在后者，起诉并不自然而然地发生。当公共利益要求国家不起诉，那么国家可能就不会启动追诉程序。这可能针对相当轻微的犯罪，以及其他一些情况，或是检察官决定遵循的政策。

尽管二者的基本概念在传统意义上完全相反，但是其在实际操作中是
否存在明显差别则是值得怀疑的。例如，两个体系中都规定了庭外和解和 303
行政处罚。对于采取职权主义的成员国，其认为这两种形式就代表着起诉已经发生。对于采取机会主义的成员国，其认为鉴于已经进行了庭外和解或行政处罚，那么公共利益就不再强制要求起诉。

此外，就如何启动这个机制（认定存在实施犯罪的事实）这一点，理论分歧可能远远大于实际操作上的分歧。职权主义的国家可能认为事实不足以证明存在犯罪，因此其没有义务起诉。而机会主义的国家则认为如果案件没有可能被最终定罪，那么起诉就不符合公共利益。二者之间其实没有太大差别。

此外，在利益相关方可能在法院抗议起诉或不起诉决定的情况下，两种刑事司法体系都规定了矫正机制。[1217]然而，明确的一点是，就不起诉决定而言，机会主义比职权主义给予国家更多的自由裁量空间。在职权主义国家，刑事政策基本上是针对立法机关，而机会主义国家同样可以形成一个官方的起诉政策。

本节讨论了成员国在特定体系中执行欧盟法时产生的结果。就这一点，我们必须关注欧洲法院在希腊玉米案中形成的履行标准。人们可以认为对有效惩戒措施的要求更倾向于义务起诉。另外，“同样的勤勉”原则可以

1217　欧洲法院认为《关于被害人地位的框架决定2001/220》（后被《关于被害人权利的指令2012/29》替代）和“《宪章》第47条（1950年11月4日在罗马签署的《欧洲人权公约》第6条，特别是2001年3月29日就《欧洲人权公约》做出的判决 Asociación de Víctimas del Terrorismo v Spain（No 54102/00））都没有保障刑事被害人有权要求刑事诉讼针对第三方以确保其被定罪”。21 December 2011，Case C-507/10，*criminal proceedings against X*，*intervening party*：*Y*，par.43. 这份判决是关于意大利刑事司法体系的，该体系适用合法性原则。

被认为是遵循了机会主义。

欧洲法院并没有要求成员国在两种体系中选择其一。我们必须假定，欧洲法院在判决希腊玉米案的时候熟知各个成员国体系之间存在的差异。两种程序都能够（且必须）找出执行欧盟法的方法，尽管用不同的理由。执行欧盟法这一义务并不要求成员国做不可能的事情。换言之，当一个案
304 件被认真地进行了调查，但是就是没有足够的证据支持有罪判决，如果根据与欧盟法无关的国家法律，成员国将不起诉，那么根据与欧盟法相关的法律，成员国也可以不起诉。[1218]职权主义和机会主义国家尽管有不同的依据，但是都遵守了其在欧盟法中承担的义务。

那么，希腊玉米案对是否存在起诉义务这一问题有什么影响呢？判决并没有改变刑事司法体系的基础，但是其确实要求成员国做一些事情。就这一点，一个有趣的案例是 1997 年的法国草莓案（*French strawberries*），在这个案件中，法国机构涉嫌在近乎长达十年的时间内，没有对反复阻碍西班牙水果和蔬菜（主要是草莓）通过法国的行为进行干预。草莓和卡车被愤怒的法国农民肆意破坏。[1219]尽管明显存在犯罪事实，但是法国主管机构几乎没有对此进行干预，只进行了极少的调查和少数起诉。欧洲法院没有直接表明法国主管机关应该采取刑事措施。首先，欧洲法院不得不处理一个形式问题，即个人行为是否可以归因于成员国。这个案件来源于欧盟委员会的申诉，其认为法国违反了其在欧共体条约中的义务。因为成员国具有执行欧盟法的义务，所以必须明确，在上述情况下成员国有义务执行欧盟法。欧洲法院判决：

> 31. 成员国不采取行动，或如本案，未能够采取恰当措施以消除对货物自由流通的阻碍——特别是当这种阻碍是由其领土上的私人个体为了针对来源于其他成员国的产品而设置的时候——这一情况，就

1218 参见 21 September 1983，Joined Cases 205 to 215/82，*Deutsche Milchkontor GmbH and others* v. *Germany*，par.23：“国家主管机关的注意程度必须与仅仅适用国家法律且具有可比性的案件相同。”

1219 十年前，欧洲法院认为对公共秩序和安全的威胁，作为转化共同体法律的后果，不构成执行欧共体法律义务的意外情况。29 January 1985，Case 231/83，*Henri Cullet and Chambre syndicale des réparateurs automobiles et détaillants de produits pétroliers v. Centre Leclerc à Toulouse and Centre Leclerc à Saint-Orens-de-Gameville*，par.32–33.

如阻碍共同体内贸易的积极行为一样。

32. 因此，第 30 条要求成员国不仅要自己不采取会导致贸易壁垒的措施或是不参与会导致贸易壁垒的行为，而且，根据欧共体条约第 5 条，要采取一切必要和恰当的措施以保证在其领土内基本自由得到尊重。

33. 在后者语境下，成员国具有排他性的职权以维护公共秩序并保障内部安全，因此成员国毫无疑问地具有广泛的自由裁量权以选择 305
最恰当的措施来消除上述情况下的进口壁垒。

34. 因此，并不是由欧共体来代替成员国行事，并命令成员国必须采取和有效实施何种措施以保障货物在其领土上的自由流通。（……）

65. 考虑到所有上述因素，得出的结论是，在本案中，法国政府显而易见地，并持续地不采取恰当和有效的措施以结束破坏行为——该行为损害了来源于其他成员国的特定农产品在其领土上的自由流通——以及防止此类行为再次发生。

66. 因此，必须判决，因为法国政府未能够采取所有必要和恰当的措施以防止水果和蔬菜的自由流通受到私人行为的阻碍，所以法国政府未能够满足欧共体条约第 30 条、第 5 条以及农产品市场的共同组织（the common organizations of the markets in agricultural products）项下的义务。[1220]

尽管欧洲法院暗示了刑事措施的必然性，法律顾问 Lenz 的观点更加直接："因此法国主管机关还未能够付出必要的精力以起诉那些犯罪。"[1221] 这个判例法要求成员国必须采取刑事强制措施。[1222] 与之类似，在渔业立法中缺乏控制措施的背景下，欧洲法院认为"如果成员国相关机构既未能够进行刑事或是行政程序也未能够将此类程序转移给注册成员国"，那么该成员国可能违反了义务。[1223]

这些案件清晰地传递出这样的信息：当违反欧盟法的行为出现时，成

1220　9 December 1997，Case C-265/95，*Commission* v. *France*，par.31–34 and 65–66.

1221　Opinion of Advocate General Lenz of 9 July 1997，Case C-265/95，*Commission* v. *France*，point 76.

1222　法律顾问 Jacobs 似乎在其观点中暗示了这一点。Opinion of 11 July 2002，Case C-112/00，*Eugen Schmidberger*，*Internationale Transporte und Planzüge* v. *Republik Österreich*，points 69–70.

1223　27 March 1990，Case C-9/89，*Spain* v. *Council*，par.31.

员国不得作壁上观。它们必须至少进行调查。[1224] 成员国要以与国内其他案件同样的勤勉程度做出是否起诉的决定。

仅仅因为起诉欧盟欺诈案件费时、复杂且需要大量资源的事实而做出不调查或不起诉的决定并不符合成员国具有的执行欧盟法的义务。然而，如
306 果成员国已经做出了认真的努力，那么情况就会完全不同。执行欧盟法的义务并不会改变成员国在追诉或本国刑事政策方面具有的优先权。

不同于具有刑事属性的法律文件，关于各种补贴的违法行为的条例包含了检查和调查方面的多项义务。《关于保护财政利益的条例 2988/95》第 8 条规定的一般性义务可见一斑。该条要求成员国进行必要检查以预防和调查违法行为。真正履行这一义务的成员国将会掌握更多信息。相较于仅在存在合理怀疑时才会进行调查的情况，这将导致更多诉讼。

共同渔业政策（The Common Fisheries Policy）导致了多项条例的产生。现行有效的《制定适用于共同渔业政策的控制系统的条例 2847/93》为成员国设立了多项义务以确保捕捞限制被遵守。第 31 条规定在未遵守相关规则的情况下，“成员国应该确保采取恰当措施，包括符合本国法律的行政行为或刑事程序”。

因此，一个成员国不得疏于监管或行动、检验和监控。欧洲法院还判决，这种需要做些什么的义务可能导致刑事强制措施和起诉，这并不是不合比例的。[1225]

对于种族灭绝罪、反人类罪和战争罪，理事会决议要求成员国采取必要措施，在“相关事实被发现以至于怀疑”存在此类犯罪时，保障这种情况被察觉。[1226]

6. 调查、强制措施和证据

本节讨论了欧盟法和国内法对于调查、证据收集采纳和对证据效力判断，以及强制措施的双重影响。此外，也将会对欧盟委员会的权力做出界定。

1224　22 December 2008，Case C-189/07，*Commission* v. *Spain*.

1225　27 March 1990，Case C-9/89，*Spain* v. *Council*.

1226　Decision 2003/355 of 8 May 2003 on the investigation and prosecution of genocide，crimes against humanity and war crimes，OJ 2003，L 118/12.

6.1　调查

多个欧盟法律文件要求成员国在各自国内法中规定特定调查手段。[1227]比 307
如，要求成员国规定扣留、身份确认以及追踪涉嫌的犯罪所得。[1228]1995年1月17日《关于合法监听电讯的决议》（*The Resolution of 17 January 1995 on the Lawful Interception of Telecommunications*）规定成员国在实施电讯监听措施时应该满足的要求。[1229]其他法律文件仅仅是关注于某一特定方法的相关性，如锁定毒品交易者的财产。[1230]

规定提取样本的指导规范[1231]和描述特定方式用法的法律文件对实践有更大的影响。其他第三支柱的文件旨在简化和协调一致特定刑事侦查方法，并且建立或集中专家鉴定机制。[1232]在一份建议中，欧盟理事会邀请成员国建立恐怖分子档案并且与其他成员国和欧洲刑警组织就此交流信
息。[1233]申根执行委员会就管理支付线人的报酬制定了基本原则。[1234]有时也 308

1227　通常情况下是以相当开放的方式。参见《关于保护欧元的指令2014/62》第9条："成员国应该采取必要措施以保证第3条和第4条提及的有责任调查和起诉犯罪的个人、单位或服务机构可以使用有效的调查手段，例如在调查组织犯罪或其他严重犯罪案件中使用的那些手段。"本指令叙文21更加具体地提及了一系列特别手段。

1228　*Directive 2014/42 on Freezing Proceeds of Crime.*

1229　OJ 1996，C 329/1.

1230　Recommendation of 25 April 2002 on improving investigation methods in the fight against organised crime linked to organised drug trafficking：simultaneous investigations into drug trafficking by criminal organisations and their finances/assets，OJ 2002，C 114/1. Joint Action 97/732 of 9 June 1997 for the Refining of Targeting Criteria，Selection Methods，etc.，and Collection of Customs and Police Information，OJ 1997，L 159/1.

1231　Recommendation of 30 March 2004 regarding guidelines for taking samples of seized drugs，OJ 2004，C 38/1.

1232　Joint Action 96/747 of 29 November 1996 Concerning the Creation and Maintenance of a Directory of Specialized Competences，Skills and Expertise in the Fight against International Organized Crime，OJ 1996，L 342/2；Council Resolution of 9 June 1997 on the Exchange of DNA Analysis Results，which invites Member States to consider establishing national DNA databases，OJ 1997，C 193/2. See，also，Council Resolution of 25 June 2001 on the Exchange of DNA Analysis Results，OJ 2001，C 187/01；Decision 2001/887 of 6 December 2001 on the Protection of the Euro against Counterfeiting要求成员国的国家分析中心对涉嫌伪造的纸币和硬币进行必要的专家分析；Article 6 of the repealed *Joint Action 98/699 on Money Laundering* 要求对主管机关人员安排恰当的训练和准备工作以达到最佳的工作效果。

1233　Recommendation of 28 November 2002 on the Development of Terrorist Prof iles，Doc.11858/3/02 of 18 November 2002.

1234　Decision of 28 April 1999，OJ 2000，L 239/417.

规定了对特定技术的采用进行评估的机制。[1235] 最近，《关于贩卖人口的指令2011/36》第 9 条要求成员国确保负责侦查或起诉的公民、单位和服务机构接受相应的培训。考虑到一些犯罪的属性以及被害人有可能否定侵犯，《关于性侵儿童的指令 2011/93》第 15 条第 3 款和第 4 款以及叙文 26 和叙文 27 建议规定恰当的侦查手段，包括执法机关可以在网上隐瞒身份。此外，同样是关于性侵儿童，立法者希望鼓励任何人举报。[1236]

欧共体的旧条例在特定领域有着更加持续且系统的影响。数个条例规定了必须进行检查的情况以及检查方式。[1237] 条件被表述得很明确，而且因为条例具有直接适用性，其规定的程序必须被严格遵守。如欧洲法院在 *Ohrt* 案中判决的那样，被告人有权要求一个恰当的程序。Finn Ohrt 被起诉，理由是其违反了国家转化《规定关于渔船检查的详细规则的条例 1382/87》之后形成的法律。Ohrt 是渔船“阿克提尼亚”号（Actinia）的船长，在其穿越卡特加特海峡时，丹麦检查船“北日德兰”号（Nordjylland）正在进行渔业检查，其充气艇靠近阿克提尼亚号。Ohrt 没有改变航道，并且没有理会检查船通过无线电和旗语令其立刻停船的命令。被起诉时，Ohrt 辩称，发出停船命令的检查船没有条例要求的身份认证标志。欧洲法院判决，任何声称代表检查机关的船只都必须印有该标志。如果没有此类标志：

> 那么可以推定应该被检查的渔船的船长并不知晓发出停船命令的是某一成员国的有权机关。如果有证据表明应该被检查的船只的船长已经知晓对方来自检察机关，那么这种假设将被推翻。[1238]

1235　Decision 2002/996 of 28 November 2002 establishing a mechanism for evaluating the legal systems and their implementation at national level in the fight against terrorism，OJ 2002，L 349/1；Joint Action 97/827 of 5 December 1997 Establishing a Mechanism for Evaluating the Application and Implementation at National Level of International Undertakings in the Fight against Organized Crime，OJ 1997，L 344/7.

1236　Article 16 and Recital 28 *Directive 2011/93 on Sexual Abuse of Children.*

1237　Regulation 259/93 on the supervision and control of waste within，into and out the European Community；Regulation 386/90 on the monitoring carried out at the time of export of agricultural products receiving refunds or other amounts.

1238　18 January 1996，Case C-276/94，*criminal proceedings against Finn Ohrt*，par.13.

一些指令允许成员国执法机关自由获取信息，但是如果相关信息会对正在或已被审理的事项造成影响，或是信息是初步侦查对象，那么这些指令规定执法机关不得获取此类信息。*Wilhelm Mecklenburg* 案解释了《关于获得环境信息自由的指令 90/313》中“初步侦查程序”（preliminary investigation proceedings）的含义。[1239] 欧洲法院认为：“这个例外仅仅包含了司法或是类司法性质的程序，或者在（行政或刑事）违法成立时，会不可避免导致处罚的程序。”[1240]《关于冻结犯罪所得的指令 2014/42》要求成员国在冻结财产的相关法律中规定之后根据最终犯罪判决可能进行的没收，针对全部或部分债券、收益或与债券或收益等值的其他财产（第 7 条）。 309

6.2　国家机关收集的证据

前一节解释了欧盟法对侦查方式的规范化影响。这当然也影响收集此类侦查结果的方式，对于判断证据是不是合法收集的这一问题也可能具有决定性影响。然而，在很多情况下，国家法得以完全适用，而没有可以适用的欧盟法。总体而言，如果存在可适用的欧盟立法，那么就应该适用相关的法律条文。遵守欧盟法规定的程序自然而然带来的结果就是因此而收集的证据必须在刑事诉讼程序中被采纳。国家刑事司法体系不得因为形式原因而拒绝采纳此类证据。[1241]

欧洲法院认为必须采纳由其他成员国收集的证据这一义务是成员国机关之间“互相信任情况下责任分担”的结果。[1242] 这可以看作一种证据上的互相承认，但是如果某一成员国的程序体系更加侧重口头证据并排除传闻证据，那么这会对该国带来一些问题。然而，证据采纳规则没有涉及任何关 310
于可采纳证据的结论。这可能“拯救”那些适用传闻证据规则的成员国，因为他们尽管形式上接受了传闻证据，但是它们不需要给予其证据效力。很重要的一点，《关于欧洲证据令的框架决定 2008/978》除了规定国家法

1239　17 June 1998，Case C-321/96，*Wilhelm Mecklenburg* v. *Kreis Pinneberg – Der Landrat*.

1240　17 June 1998，Case C-321/96，*Wilhelm Mecklenburg* v. *Kreis Pinneberg – Der Landrat*，par.27.

1241　例如，《条例 515/97》第 12 条和第 16 条规定了通过互相行政协助而获得的所有种类的认定、证书、信息和文件都可以被采纳为证据。

1242　1 July 2010，Case C-442/08，*Commission* v. *Germany*，par.70 and 71. In her Opinion of 25 March 2010，Advocate General Trstenjak 表示：“只有在进口国海关承认出口国海关的决定的情况下才可以进行合作”（point 82）。

律适用以外，没有说明证据应该如何收集。

《关于洗钱的指令 2015/849》创立了强制报告可疑交易的机制。[1243]信用和金融机构有义务报告所有种类的金融交易。[1244]此类信息可以在之后用于刑事诉讼，成员国之间也可以交换此类信息。[1245]同理，在欧盟委员会 2011 年提案通过之后，所谓的旅客姓名登记数据亦是如此。[1246]

此外，对《关于法医服务提供者的框架决定 2009/905》的转化导致了特定形式的协调一致。为了确保由获得认证的法医服务提供者得出的实验结果能够被负责阻止、发现和侦查刑事犯罪的主管机关接受，本框架决定对质量标准作出了定义。例如，这与定位和发现物品踪迹，或确认 DNA 或指纹数据有关。框架决定第 5 条要求成员国承认根据证据司法鉴定方面的国家规则得出的结论。《关于被害人权利的指令 2012/29》第 3 条规定，由国家法律来决定被害人在何种程度上有机会提供证据。只有在对实现刑事诉讼目的必要的时候，才允许询问被害人（第 20 条）。然而，《关于被害人权利的指令 2012/29》第 23 条规定在需要保护被害人的情况下，允许
311 在公开庭审之外提交证据。[1247]该指令第 17 条还规定成员国必须尽其所能令在其他国家居留的被害人可以以视频会议的形式提供证据。同时，该指令还规定了证据收集的方式以及确定证据可采性的方法。然而，其并没有规定某种证据应该具有何种证明效力。因此，该指令就是一个实例，表明公民可以直接援引欧盟法而不论相关成员国是否已经转化了框架决定。此外，法律可以规定在特定情况下使用信息作为证据。例如，通过国际合作获得的证据或信息可以被排除，或是在特定条件下使用，这取决于关于互助的

1243 法律顾问 Sharpston 在意见 3 September 2015，Case C-235/14，*Safe Interenvios*，*SA* v. *Liberbank*，*SA*，*Banco de Sabadell*，*SA*，*Banco Bilbao Vizcaya Argentaria*，*SA*，point 128 中对可疑交易做出了如下定义："特别是在如下情况下会怀疑发生《指令 2005/60》第 7 条 c 项下的'洗钱或资助恐怖分子'活动，即考虑到顾客和交易的具体情况（包括对账户的使用和管理），有一些可以证实的依据显示存在与此顾客相关的洗钱或资助恐怖分子的风险，或是将要发生此类风险。"

1244 25 April 2013，Case C-212/11，*Jyske Bank Gibraltar Ltd* v. *Administración del Estado*.

1245 OLAF 收集的信息和证据与此类似。进一步参见本章第 6.3 节。

1246 Proposal for a Directive on the use of Passenger Name Record data for the prevention，detection，investigation and prosecution of terrorist offences and serious crime，Brussels，2.2.2011，COM（2011）32 final.

1247 框架决定给成员国留有巨大的自由裁量空间。21 December 2011，Case C-507/10，*criminal proceedings against X*，*intervening party*：*Y*，par.28.

文件的规定。[1248]

在欧盟立法缺位的情况下承认外国证据这一方面是存在一些判例法的。在一个涉及更正出生日期的条件和程序的案件中，欧洲法院允许德国法院不承认希腊法院作出的相关决定。这是因为成员国尚未就此类事项达成一致，也没有就该事项建立起互相承认体系。[1249]

当证明存在违反欧盟法的情况下，一般规则的基础与上述不同。在这种情况下，证据规则不得比适用于国内相同情况下的规则更加不利。成员国的证据规则不得在实践中令个人无法行使欧盟法赋予的权利或是行使权利变得极端困难。[1250]

6.3　欧盟委员会收集的证据

欧盟委员会拥有一系列职权可以直接收集证据。[1251] 出于多种目的，欧盟委员会被授予这些职权。首先，这些职权必须与欧盟委员会监督成员国实施欧盟法这一职责相关，还要与其根据《欧盟运行条约》第 258 条可以
向欧盟法院就成员国违反欧盟条约提起诉讼这一权力相关。[1252] 其次，委员 312
会负责打击针对欧盟的欺诈（《欧盟运行条约》第 325 条）。最后，其在竞争法领域有特殊职权。[1253]

委员会出于上述任一目的而收集的信息和证据可以移交给成员国执法机关。本节将讨论委员会出于监督和打击针对欧盟欺诈行为而自主进行

1248　参见例如，Article 39，paragraph 2 *CISA*。在警察合作期间获得的信息，只有在获得明示许可的情况下才可以被使用。

1249　2 December 1997，Case C-336/94，*Eft alia Dafeki* v. *Landesversicherungsanstalt Württemberg*，par.16.

1250　3 February 2000，Case C-228/98，*Charalampos Dounias* v. *Ypourgio Oikonomikon*，par.69–71.

1251　关于欧盟委员会收集和使用证据参见：John Vervaele，European Criminal Justice in the Post-Lisbon Area of Freedom，Security and Justice，Editoriale Scientifica 2014，pp.97–138.

1252　参见例如，《制定适用于共同渔业政策的控制系统的条例 2847/93》第 29—33 条授予欧盟委员会现场检查的权力。本条例第 30 条第 3 款表明，如果国家刑事程序根据国家法律规定特定行为只能由其官员进行，那么委员会官员不应该参与到此类行为中去。特别是，委员会官员不应该参与到搜查或是根据国家刑法进行的正式审讯中去。然而，他们应该有权获得因此而得到的信息。

1253　欧洲法院拒绝认为，欧洲法院在竞争法中应该被视为同时扮演检察官和法官的角色，这违反了《欧洲人权公约》第 6 条。7 June 1983，Joined Cases 100 to 103/80，*SA Musique Diffusion française and others* v. *Commission*，par.7–8. 关于在竞争法中委员会的角色进一步参见第九章第 3.1 节。

的证据收集，还会涉及将这些证据提供给成员国以用于刑事诉讼程序的问题。[1254]

基于《欧盟运行条约》第 325 条，《OLAF 条例 1073/1999》[1255] 首先设立了一个特殊反欺诈办公室，即 OLAF，该条例之后被《关于 OLAF 调查的条例 883/2013》取代。OLAF 活动的重心在于保障欧盟利益，打击涉及欧盟的欺诈、贪污和其他非法行为（《关于 OLAF 调查的条例 883/2013》第 1 条）。OLAF 将会为成员国提供来自欧盟委员会的帮助，组织成员国之间主管机关进行密切的常规合作，以期协调其行为，旨在打击欺诈行为，保护欧盟的财政利益。其还会参与设计与发展预防和打击欺诈、贪污和其他影响欧盟财政利益的非法行为的方法。OLAF 将与成员国一道促进和协调操作经验以及在保护欧盟财政利益领域最好的程序性实践方面的分享交流，应该支持成员国出于自愿而进行的联合反欺诈行动。条例区分了外部调查（第 3 条）和内部调查（第 4 条）。OLAF 可以在所有基于欧盟条约建立的机关、主体、办公室和机构范围内进行内部调查。OLAF 可以自主启动调查，但同时也可以由成员国提出（第 9 条）。根据条例，OLAF 的调查可以导致
313 刑事诉讼（第 2 条第 4 点）。OLAF 已经开始行政性调查并不影响成员国进行刑事诉讼的权力（《关于 OLAF 调查的条例 883/2013》第 2 条以及《关于现场检查的条例 2185/96》第 1 条）。[1256]

第 3 条规定了外部调查，还进一步援引了《关于保护财政利益的条例 2988/95》以及《关于现场检查的条例 2185/96》。涉及针对欧盟的欺诈案件的现场检查行为是由所涉成员国法律规制的（第 3 条第 3 款）。OLAF 可以在经济主体的场所内进行现场检查，在内部调查过程中获得的信息属于行业秘密。这些信息只能用于预防欺诈、贪污或是其他非法行为的目的（第 10 条第 2 款）。OLAF 形成的调查报告“与成员国行政调查员形成的行政性报告，要以相同的方式并在相同的条件下”在成员国诉讼程序中成为具

1254　第八章分析了所谓的垂直合作，即成员国法律执行机构为欧盟委员会提供帮助，反之亦然，特别是在第八章 3.4 节。

1255　J. F. H. Inghelram，Legal and Institutional Aspects of the European Anti-Fraud Office（OLAF），Dissertation Groningen 2011；Valsamis Mitsilegas，EU Criminal Law，Hart Publishing 2009，pp.210–219.

1256　什么构成“现场检查”？参见 16 June 2011，Case C-536/09，*Marija Omejc* v. *Republika Slovenija*。

有可采性的证据。"对 OLAF 报告和成员国行政调查员形成的行政性报告应该适用相同的评价标准，并且二者应该具有相同价值。"（第 11 条第 2 款）

第 4 条规定了内部（在欧盟机构内部）调查。OLAF 可以立刻和不经通知获得机构所有信息。机构所有官员都有义务与 OLAF 合作。《1999 年 5 月 25 日欧洲议会、理事会和委员会之间就 OLAF 内部调查达成的机构间协议》（*the Interinstitutional Agreement of 25 May 1999 between the European Parliament, the Council of the European Union and the Commission of the European Communities concerning internal investigations by the European Anti-fraud Office, OLAF*）进一步细化了这一点。[1257]OLAF 主管可以向成员国司法机关移交其在内部调查期间获得的且会导致刑事程序的信息（第 11 条第 5 款）。[1258]成员国主管机构则就 OLAF 完成的调查作出采取何种措施的决定（《关于 OLAF 调查的条例 883/2013》叙文 31）。OLAF 可以在成员国国内诉讼程序中提交证据（《关于 OLAF 调查的条例 883/2013》第 12 条第 4 款）。委员会不得公开表示移交给成员国机关的信息中涉及的公民已经实施了犯罪。这违反了无罪 314
推定原则。[1259]在内部调查之后，如果没有发现问题，则调查结束，并通知相关方［《机构内部协议 OLAF》（*Inter-institutional Agreement OLAF*）第 5 条］。第 9 条规定了可适用的一般性程序性保障。OLAF 在阐述自己调查结果时，适用被告人权利，但这并不意味着，在 OLAF 进行调查期间，被调查官员有权利获得听证或是要求信息披露。[1260]

希腊玉米案标准同样适用于欧盟委员会进行的检查（《关于保护财政利益的条例 2988/95》第 2 条第 1 款规定欧盟委员会可以进行检查）。《关于现场检查的条例 2185/96》规定了委员会调查员可以行使权力的条件。第 2 条

1257 OJ 1999, L 136/15.

1258 这将很难阻止此类报告被提交给国家机关。参见 Court of First Instance, 4 October 2006, Case T-193/04, *Tillack* v. *Commission*, 很有趣地看到，比利时随后被认为因为采取了不合比例的措施而违反了《欧洲人权公约》第 10 条。ECtHR, 27 November 2007, *Tillack* v. *Belgium*, Application 20477/05.See further Joaquín González-Herrero González and Maria Madalina Butincu, The Collection of Evidence by OLAF and Its Transmission to the National Judicial Authorities, Eucrim 2009, pp.90–93.

1259 Court of First Instance, 8 July 2008, Case T-48/05, *Yves Franchet and Daniel Byk* v. *Commission.*

1260 Order of the President of the Court of Justice, 8 April 2003, Case C-471/02 P（R）, *Santiago Gómez-Reino* v. *Commission*; In the same manner Order of the President of the Court of First Instance, 17 October 2002, Case T-215/02 R, *Santiago Gómez-Reino* v. *Commission* and Court of First Instance, 18 December 2003, Case T-215/02 R, *Santiago Gómez-Reino* v. *Commission.*

规定：

> 在侦查到严重的跨国非法行为或涉及在数个成员国进行经济活动的主体的非法行为；
>
> 为了侦查非法行为，根据成员国中的情况，需要在特定案件中加强现场检查和调查力度，以期更加有效地保护财政利益，并确保共同体内等同的保护水平；
>
> 应所涉成员国请求。

共同体可以与成员国主管机关进行紧密合作，以准备并实施检查和调查（《关于现场检查的条例 2185/96》第 4 条）。这种做法可以保证根据不同条例或是成员国根据本国法进行的类似检查和调查不会在相同时间针对相同事实进行（《关于现场检查的条例 2185/96》第 3 条）。

现场检查和调查可以针对经济活动行为主体，后者应该允许调查人员进入其场所、土地，接触其运输方式或其他具有商业目的的领域（《关于现场检查的条例 2185/96》第 5 条）。在进入被拒绝的情况下，条例要求成员国给予委员会调查人员适当协助(《关于现场检查的条例 2185/96》第 9 条)。[1261] 调查员
315 与根据国内法行事的成员国行政性质的调查员在相同条件下享有同样的获得信息和文件的权利（《关于现场检查的条例 2185/96》第 7 条）。

《关于现场检查的条例 2185/96》第 7 条第 1 款列举了一系列现场检查中可能需要检查的东西。成员国有责任根据国家法律采取恰当措施保存证据(第 7 条第 2 款)。以此种方式收集的信息属于所涉成员国行业秘密范畴。委员会要尽快向所涉成员国主管机关报告“任何与非法行为相关的事实或嫌疑情况”（《关于现场检查的条例 2185/96》第 8 条第 2 款）。

委员会根据本条例形成的报告构成具有可采性的证据，因此再次适用同化原则（《关于现场检查的条例 2185/96》第 8 条第 3 款）。为了简化这种操作，该条例第 8 条第 3 款同样规定：“委员会的调查员应该确保在撰写报告时要考虑到所涉成员国国家法律规定的程序性要求。”

同化原则还被应用于行政性报告的评估规则上（《关于现场检查的条例 2185/96》第 8 条第 3 款）。进一步讲，《关于现场检查的条例 2185/96》

1261　进一步参见第八章第 3.4 节。

第 8 条第 5 款允许委员会调查员在欧盟领域外进行检查和调查。然而，其并没有规定此种情况下适用哪种法律，而是规定撰写报告应该遵守的条件是“要确保报告能够在成员国行政或是司法程序中构成具有可采性的证据，而且在程序中使用这些证据是必要的”。

6.4 证据的效力 / 证明等级

欧盟立法并没有规定“证明”（proof）的概念，而是由成员国法院来采纳和评估证据。[1262] 在相关成员国诉讼法中具有可采性的任何形式的证据在原则上都是可以被采纳的。[1263] 然而，成员国法院必须考虑公正审判权。在 *Steffensen* 案中，欧洲法院判决：

> 应由成员国法院在考量所有事实和法律证据之后来决定在主要程 316
> 序中采纳当前分析结果的证据是否会侵犯对抗原则，以及是否侵犯公正审判权。在评判时，国家法院将不得不更加具体地检查在主要程序中的证据是否属于法官不了解的某一技术领域，该证据是否可能对事实判断具有重要影响，如果是，Steffensen 先生是否将有机会对该证据做出有效评论。如果国家法院认定在主要程序中采纳当前分析结果的证据可能会侵犯对抗原则和公正审判权，那么其不得采纳那些结果作为证据，以避免此类侵犯。[1264]

1262 16 July 2009，Case C-344/08，*criminal proceedings against Tomasz Rubach*. 一些文件规定，为了遵守同化原则，对于国家的报告应该适用相同规则。Article 9，paragraph 2 *OLAF Regulation 1073/1999*.

1263 23 March 2000，Joined Cases C-310/98 and C-406/98，*Hauptzollamt Neubrandenburg* v. *Leszek Labis*, *trading as "Przedsiebiorstwo Transportowo-Handlowe（'Met-Trans'）"（C-310/98）*，*Sagpol SC Transport Miedzynarodowy i Spedycja（C-406/98）*. 参见 par.30：“结果就是，类似在主程序中出现的本案的这种情况，是由国家机关根据本国法律证据原则决定在特定案件中，并考虑到所有情况，犯罪或违法行为的哪些情况获得了符合其证明标准的证明；例如，是由它们决定是否应该接纳特定证言，和证据是否应该具有证明效力。特别是，当该证人参与的运输活动受到了本案不法行为的影响的情况下，应该由国家机关评估证人的可靠性。”

1264 10 April 2003，Case C-276/01，*Proceedings against Joachim Steff ensen*，par.78–79：同样参见 Advocate General Stix-Hackl in her Opinion to this case of 22 October 2002，point 68，relying on ECtHR case law：“刑事或民事案件的一方必须有机会获知和评论所有被提出的证据或会影响法院决定的观察意见；此外，他必须能够在庭审中出席自己的案件，前提是这不会将其置于与对方当事人相关的极度不利的情况下。”

相较于大部分证据规则与证据收集方式相关，并且要求将之采纳为证据，仅有少数规则规定从证据中应该得出何种结论。两份法律文件规定了可以推断故意犯罪的基础。第 1 条规定："第 1 款和第 3 款中提及的行为的故意或是过失可以根据客观的事实情况推断。"[1265]第 2 条规定："犯罪构成要件中的明知、故意或是目的……可以根据客观的事实情况推断。"[1266]欧盟法律文件不涉及从证据中得出何种结论的规则在《关于欧洲证据令的框架决定 2008/978》以及其继任者《关于欧洲调查令状的指令 2014/41》中得以保留。尽管这些法律文件史无前例地规定了为其他成员国收集证据的义务，但是它们并没有改变证明标准的本质，或是应该得出的结论。尽管法律文件没
317 有对此作出明确规定，但是其固有含义就是被提交给发出请求的成员国的证据将会在刑事诉讼中被采纳。

《关于反不正当竞争法的条例 1/2003》第 2 条规定证明责任"应该由主张违法事实一方或是主管机关承担"。例如，某会议签署了一项违反竞争法的协议，而如果欧盟委员会能够证明某公司参加了该会议，而且该公司没有明确表示不同意会议所讨论的内容，那么欧盟委员会就完成了自己的举证责任。[1267]一些指令同样提及了特定主张的证明责任。这会对刑事诉讼造成影响，除非其明确将刑事案件排除在外。[1268]

6.5 数据保护

《欧盟运行条约》第 16 条规定："每一个人都有权保护事关自己的个人数据。"[1269]如果实施的行为属于欧盟范畴，那么处理个人数据方面保护公民的

1265 Article 1，paragraph 4 *Financial Interests Convention.*

1266 Article 1，paragraph 6 *Directive 2015/849 on Money Laundering.*

1267 25 January 2007，Joined Cases C-403/04 P and C-405/04，*Sumitomo Metal Industries Ltd and Nippon Steel Corp. v. Commission.*

1268 Article 8，paragraph 3 Directive 2000/43 of 29 June 2000 implementing the principle of equal treatment between persons irrespective of racial or ethnic origin，OJ 2000，L 180/22；Article 3，paragraph 2 Directive 97/80/EC of 15 December 1997 on the burden of proof in cases of discrimination based upon sex，OJ 1998，L 14/6；Article 10，paragraph 3 Directive 2000/78 of 27 November 2000 establishing a general framework for equal treatment in employment and occupation，OJ 2000，L 303/16.

1269 关于《欧盟运行条约》第 16 条的第 20 号宣言：会议声明，每当保护个人数据的规则依据第 16 条被采用的时候，其能够直接适用于国家安全部门，但必须恰当考虑具体情况。当前有效的立法（特别是 Directive 95/46/EC）在这一点上规定了特定的减免。

规定适用于欧盟机关、主体、办公室和机构以及成员国。

以 1981 年《关于自动处理个人数据方面保护公民的欧洲公约》（*Council of Europe Convention for the Protection of Individuals with Regard to Automatic Processing of Personal Data*）为基础颁布了数个指令，这些指令试图在二者之间寻求平衡，即一方面是公民在数据保护方面的利益，另一方面是以调查、侦查和起诉犯罪为目的获取信息。[1270]《关于数据保护的指令 95/46》是在刑法中赋予公民权利的数个法律文件之一。然而，该指令第 13 条规定了在预防犯罪方面的例外。《关于电子通信行业处理个人数据和保护隐私的指令 2002/58》将《关于 318
数据保护的指令 95/46》中规定的原则翻译成了电子通信领域的具体规则。[1271]

《关于数据保护的框架决定 2008/977》为数据保护设置了通用标准。尽管该法律最终目的是简化成员国与其他主管机关之间的数据交换，其同样对国际数据传输之外的领域产生影响。[1272]框架决定恰当地关注了对体系的整体要求。其规定了以刑事侦查为目的的一系列适用于个人数据的通用规则，而无论该数据是否会被传输给其他主管机关或是仅被用于国内程序。立法者所期望的是通用规则可以加强成员国主管机关之间的互相信任（《关于数据保护的框架决定 2008/977》叙文 5）。

框架决定适用于那些由有权部门以预防、侦查、调查或是起诉犯罪或是执行刑罚为目的收集或处理的个人数据（第 1 条第 2 款）。其适用于自动或是以其他方式处理的数据。第 3 条规定收集个人数据必须遵守三个基本原则：必须以法律规定为基础；必须是必要的；并且必须与目的合比例。框架决定规定了更正、删除和屏蔽数据的规则（第 4—6 条），规定了特定时间限制（第 9 条）以及存储义务（第 10 条）。第 14 条第 1 款 c 项允许在

1270　刑事事项中关于数据保护的合作，参见第八章第 5.1.1 节和第九章第 2.1.2 节。

1271　Directive 2006/24 on the retention of data generated or processed in connection with the provision of publicly available electronic communications services or of public communication networks 对此进行了修订，OJ 2006，L 105/54。欧洲法院宣布《指令 2006/24》无效。8 April 2014，Joined Cases C-293/12 and C-594/12，*Digital Rights Ireland Ltd*（*C-293/12*）v. *Minister for Communications*，*Marine and Natural Resources*，*Minister for Justice*，*Equality and Law Reform*，*Commissioner of the Garda Síochána*，*Ireland*，*The Attorney General*，*intervener*：*Irish Human Rights Commission*，*and Kärntner Landesregierung*（*C-594/12*），*Michael Seitlinger*，*Christof Tschohl and others.* 关于数据保护领域各个指令间的关系，参见 29 January 2008，Case C-275/06，*Productores de Música de Espaóa*（*Promusicae*）v. *Telefónica de España SAU*。

1272　正式而言，框架决定并不只适用于成员国的情况（叙文 7）。然而，成员国也不可能针对跨国情况制定一个不同的数据保护体系。

刑事诉讼中向私人传输数据，例如，在对于预防个人权利遭受严重损害十分必要的情况下。

每一个“数据主体”（存储的数据所涉及的公民）有权利知道此类数据是否被传输（第 7 条）。尽管存在严格限制，其有权更改数据并获得补偿（第 18 条和第 19 条）。第 22 条要求成员国采取多种安全措施以保护个人数据不因意外或是非法原因损坏或丢失。

6.6　欧盟法规定的措施：冻结、制裁和抵制

319 本节论述了数个与刑事犯罪相关的措施，但是这些措施又不能被认为是旨在确认是否有罪的程序中的一部分。[1273] 这些措施旨在阻止特定商品或是人跨过边境，包括冻结商品和财产。这些措施的共同点是其并不是基于管辖法院或其他法律执行官员因合理怀疑可能存在的犯罪而做出的个别决定，而是基于怀疑涉嫌参与与恐怖主义相关的活动，这是法律文件本身就做出了规定的。[1274]《欧盟运行条约》第 75 条允许欧盟采取行政措施以阻止和打击恐怖主义和相关活动，如冻结基金、金融资产或经济收入。根据里斯本之前的关于冻结令状的判例法，第 75 条最后一句话很有趣：“本条中提及的法令应该包括关于法律保障的必要条款。”[1275]

在抵制南斯拉夫期间，条例 990/93 规定扣押所有南斯拉夫飞行器。土耳其博斯普鲁斯航空公司（Turkish Bosphorus Airways）从南斯拉夫 JAT 公司租借了一架飞机。该飞机在到达都柏林机场预备检修和保养时

1273　法律顾问 Poiares Maduro 提到，申诉人声称，如果起诉是针对他的，那么其将会处在一个更有利的地位。Opinion of 16 January 2008，Case 402/05 P，*Yassin Abdullah Kadi* v. *Council and Commission*，point 48.

1274　Torbjörn Andersson，Targeted sanctions：How to Enforce Institutionalized Fear and Maintain the Rule of Law，in：Kai Ambos（ed.）Europäisches Strafrecht post-Lissabon，Göttinger Studien zu den Kriminalwissenschaften Band 14，2011，pp.77–109.

1275　Declaration No.25 on Articles 75 and 215 of the Treaty on the Functioning of the European Union：“会议重申了对基本权利和自由的尊重，特别暗示了要适当关注对个人或实体的正当程序权利的保护和遵守。为了这一目的，并为了保障对涉及个人和实体的限制性措施的判决进行全面审查，此类判决必须基于明确清楚的标准。这些措施应该根据每个限制性措施的特点而量身打造。”尽管对于自由、安全和公正领域的措施，英国采取了选择退出机制，但是其曾宣称其意图参与根据《欧盟运行条约》第 75 条提出的所有草案。Declaration 65 by the United Kingdom of Great Britain and Northern Ireland on Article 75 Treaty on the Functioning of the European Union.

被扣押。欧洲法院判决，飞机租借给非南斯拉夫航空公司这一情况并
不构成条例适用的豁免。欧洲法院将完全不应当对战争负责的个人的
权益与制裁机制所追求的目标（即结束地区战争状态并终结对于人权
与人道主义法律大规模的侵犯的目标），进行了比较，得出了驳回土耳 320
其航空公司提出的违反了合比例原则主张的结论。[1276]

作为回应“9·11”袭击的一系列措施中的一部分，条例 2580/2001 规定了冻结被认为与恐怖主义相关的个人和实体的资产的可能措施的适用条件和情况。这些措施与宣布制裁的联合国安理会决议一致，或由其执行。在名单上的个人和实体将会被冻结资产（条例 2580/2001 第 2 条）。他们不得接受金融服务。条例与两个共同立场文件共同获得通过，由随后的框架决定实施。一个共同立场文件将资助恐怖主义行为入罪，并为冻结资产提供了法律基础。[1277]另一个共同立场文件包括了一份应被冻结资产的个人和实体名单。[1278]这些共同立场文件是在共同的外交和安全政策框架下以欧盟条约（里斯本条约之前）第 23 条为基础通过的。[1279]

因为这些措施与刑事法院确认这些个人与实体实施了某一犯罪无关，所以这些措施必须被视为针对被告人的临时措施，适用无罪推定。这些措施的正当性，以及对所涉个人、团体和实体的刑事责任的认定，可以之后进行。[1280]此处，特殊性在于对犯罪活动的怀疑是否足够强烈到将这些措施正当化不是由中立的刑事法院决定的，而是由欧盟立法机关决定的。[1281]

1276　30 July 1996，Case C-84/95，*Bosphorus Hava Yollari Turizm v e Ticaret AS* v.*Minister for Transport, Energy and Communications and others.*

1277　OJ 2001，L 344/90. 关于反恐措施中的人权的分析参见 Karin Veegens，A Disrupted Balance? Prevention of Terrorism versus Compliance with Fundamental Rights and Principles of Law – the Dutch Anti-Terrorism Legislation，Dissertation Maastricht，Intersentia 2011。

1278　OJ 2001，L 344/93.

1279　参见 Common Position 2004/694/CFSP on further measures in support of the eff ective implementation of the mandate of the International Criminal Tribunal for the Former Yugoslavia（ICTY），OJ 2004，L 315/52 被 Decisions 2010/603，OJ 2010，L 265/15 取代。Regulation 1763/2004，OJ 2004，L 315/14 转化了这个指令。

1280　Court of First Instance，21 September 2005，Case T-315/01，*Yassin Abdullah Kadi* v. *Council and Commission*，par.248.

1281　作为后果，对于那些对这些法律文件做出妥协的立法者而言，找到有效法律救济是非常困难的。

《关于打击恐怖主义的具体措施的共同立场2001/931》适用于所有参与恐怖组织活动并被列在文件附录中的个人、团体和实体。该共同立场第
321 1条第2款和第3款对其所用的术语进行了定义。然而，这些条款仅仅是为了让理事会将相关个人、团体和实体包括在名单中。成员国机构并没有获得相应机会考量特定个人或实体是否符合第1条第2款和第3款标准。[1282]理事会每六个月审查一次个人和实体是否应该继续保留在名单中。[1283]

可能被预见的是这些措施不会引起那些已经规定此类措施的机构的兴趣。在名单上的人除了没有机会对这些措施表达自己的观点，还被剥夺了个人的经济手段，这令其生活变得极为困难。然而，意料之外的是，针对冻结令的保护非常有问题。欧洲人权法院已经决定不接受被包括在恐怖分子名单中个人提出的申诉，这些人主张因为这份名单其谋生手段被剥夺。[1284]欧洲法院认为仅仅被包括在名单中这一事实并不能令申诉者具有《欧洲人权公约》第34条下的被害人地位。[1285]

欧洲法院给所涉之人提供了比欧洲人权法院根据《欧洲人权公约》更多的保护。这一点之所以引人关注，是因为欧洲法院的这种做法已经表明欧洲人权法院拒绝了属人管辖。欧洲法院认为尤其重要的是，鉴于《条例2580/2001》规定的措施带来的严重后果，司法保护是有效的。[1286]例如，理事会不能够一方面辩称PKK不具有法人地位因此不能在欧洲法院就措施提出申诉，而另一方面又决定对其采取限制措施。其他政治组织同样受到共同立场文件的影响，因为它们的名字在名单上，这些组织申请查阅理事会

1282 Court of First Instance，21 September 2005，Case T-306/01，*Ahmed Ali Yussuf*，*Al Barakaat International Foundation* v. *Council and Commission*.

1283 对于在名单中保留一个名字的必要性进行常规审查将有希望避免尴尬的情况发生，比如诺贝尔和平奖获得者、前南非总统尼尔逊·曼德拉在2008年之前都被列入美国的恐怖主义清单。

1284 ECtHR，23 May 2002，*Segi and Gestoras Pro Amnistiá* v. *15 Member States of the European Union*，Application 6422/02 and 9916/02. 欧洲人权法院判决："两位申请人的名字出现在名单中并被定义为参与恐怖主义活动的组织或实体这一事实可能是非常尴尬的，但是这种联系过于微弱以至于不能够适用公约。"因此，欧洲人权法院判决申请者不能够被认为是《欧洲人权公约》定义下的被害人。

1285 18 January 2007，Case C-229/05，*Osman Ocalan（PKK）and Serif Valy（KNK）appellants*，*Council*，*defendant*，par.79–83.

1286 18 January 2007，Case C-229/05，*Osman Ocalan（PKK）and Serif Valy（KNK）appellants*，*Council*，*defendant*，par.110.

据之编写名单的文件。[1287]在两个案件中，申诉者辩称他们没有任何手段质疑 322
将他们包括在共同立场文件附录中这一决定，因此，他们获得有效司法保护的权利受到损害。[1288]

尽管欧洲法院承认欧盟体系并没有提供综合保护，然而申诉者并没有被剥夺所有此类既存的保护方式。欧洲法院将欧盟条约（里斯本条约之前）第35条解释为该条限制了其对框架决定和决议做出解释的权力。然而，第35条第1款针对理事会采取的所有措施，并且在可以提请初步裁定的情况下，试图对第三方产生法律效果。出于这一目的，欧洲法院判决“狭义的解释第35条第1款将会违背这一目的”。[1289]欧洲法院因此允许就试图产生法律效果的共同立场文件提请初步裁定。[1290]

欧洲法院此外还援引了《欧盟运行条约》第296条，该条要求，如果欧盟条约没有特别规定应该如何采取特定法律行为，那么就必须针对采取该法律行为的理由做出说明。说明必须以一种清楚明确的方式阐述采取措施的机关所遵循的逻辑，这种方式可以令所涉之人知晓采取措施的原因，并且相应法院可以审查措施的合法性。[1291]在*Al-Aqsa*案中，欧洲法院认为必须废除冻结申诉人资产的决定，因为没有“任何事实和特定理由可以将其正当化，考虑到陈述理由这一义务和获得有效救济权利之间的关系，申诉人在欧洲法院前并不能够仅凭一己之力实现自己的权利”。[1292]

没有对理由进行说明并不能通过所涉之人在欧盟司法程序中获知行为

1287 参见两个相同的判决：27 February 2007，Case C-354/04 P，*Gestoras Pro Amnistiá and others*，par.51 and 27 February 2007，Case C-355/04 P，*Segi and others*，par.51. 这些判决建立于欧洲法院在*Les verts*案中的判决，该判决认为：“欧盟条约建立了一个完整的法律救济和程序的体系，旨在允许法院能够审查机构采取的措施的合法性。”23 April 1986，Case 294/83，*Parti écologiste "Les Verts" v. European Parliament*，par.23 and 1 February 2007，Case C-226/05P，*Jose Maria Sison v. Council*.

1288 成员国针对欧洲司法合作组织的决定进行的申诉不被受理的理由或许是此类决定并没有影响到个人，而是成员国。欧洲法院至少看上去是这样暗示的。15 March 2005，Case C-160/03，*Spain v. Eurojust*，par.41–43.

1289 参见两个相同的判决：27 February 2007，Case C-354/04 P，*Gestoras Pro Amnistiá and others*，par.53 and 27 February 2007，Case C-355/04 P，*Segi and others*，par.53.

1290 法律顾问Mengozzi正确地指出初步裁定的可能性不能够被认为是一种救济。Opinion of 26 October 2006，Case C-354/04 P，*Gestoras Pro Amnistiá and others*，point 95.

1291 11 July 2007，Case T-327/03，*Stichting Al-Aqsa*. See，also，11 July 2007，Case T-47/03，*Sison v. Council*.

1292 11 July 2007，Case T-327/03，*Stichting Al-Aqsa*，par.64.

323 理由这一事实得到弥补。[1293]以相似论证，欧洲法院废止了冻结条例，该条例禁止向阿富汗出口特定商品和服务，理由是相关机构拒绝给予名单上的人一个机会以质疑其继续被包括在名单中的理由。欧洲法院认为，因为欧盟理事会从没有通知上诉者将之包括在恐怖分子名单中所依据的证据，所以这侵犯了基本权利，包括获得有效法律救济的权利。[1294] 然而，这并不意味着，所有证据，例如关于参与恐怖主义活动的证据，必须被公开，如果公开证据会引发安全担忧，也可以不公开。[1295]

7. 被害人地位

《关于被害人权利的指令 2012/29》是在该领域最重要的一份法律文件，且规定最为详细，[1296]该文件的目的是确保犯罪中的被害人获得恰当的信息、支持和保护，并且能够参与刑事诉讼。[1297]《关于被害人权利的指令 2012/29》第 2 条定义了什么是被害人："经受了由犯罪行为直接造成伤害，包括物理和心理或是情感伤害或是经济损失的自然人。"[1298]被害人的这个主要类别派生出了被害人群体（victimhood）："由犯罪行为直接造成的死亡之人的家庭成员，以
324 及因该人的死亡遭受伤害的家庭成员。"[1299]《关于被害人权利的指令 2012/29》

1293 11 July 2007，Case T-47/03，*Sison v. Council*，par.186.

1294 3 September 2008，Joined Cases 402/05 P and C-415/05 P，*Yassin Abdullah Kadi and Al Barakaat International Foundation v. Council and Commission*，par.345–353；Court of First Instance 4 December 2008，Case T-284/08，*People's Mojahedin Organization of Iran v. Council*.

1295 4 June 2013，Case C-330/11，*ZZ v. Secretary of State for the Home Department.*

1296 该指令在 2015 年 11 月 16 日取代了《关于被害人地位的框架决定 2001/220》。前者现在可以被视为适用于被害人的一般规则。对《欧盟运行条约》第 8 条的声明 19 要求成员国采取所有必要措施支持并保护国内暴力行为的被害人。

1297 在 *Dell'Orto* 案中，米兰法院请求欧洲法院明确确认在框架决定的含义下，谁和什么是"被害人"。28 June 2007，Case C-467/05，*criminal proceedings against Giovanni Dell'Orto.* 框架决定是否同样适用于被害人不是自然人而是法人的情况？欧洲法院判决框架决定只与自然人有关。Confirmed in 21 October 2010，Case C-205/09，*criminal proceedings against Emil Eredics*，*Mária Vassné Sápi.*

1298 明显地，立法者受到欧洲法院判例法的启发。参见 12 July 2012，Case C-79/11，*criminal proceedings against Maurizio Giovanardi and others*，par.46，使用了相同的表述。法人实施的行政违法行为的后果被算为伤害是太过的。框架决定并没有对犯罪者做出定义。就这一点参见本案的 Opinion of AG Sharpston of 15 May 2012，point 50。

1299 《关于被害人权利的指令 2012/29》第 2 条第 2 款允许基于成员国法律设置特定限制。

将指令中的措施划分为四类。第一类是关于信息和支持的条款（第 3—9 条）；第二类与参与刑事诉讼相关（第 10—17 条）；第三类是保护被害人并且承认了需要特定保护的被害人（第 18—24 条）；第四类和最后一部分是其他条款（第 25—32 条）。我将按照这个顺序阐述被害人在刑事诉讼中的地位。欧洲法院援引了匈牙利的 the *Fõvárosi Bíróság of Hungary* 案中的初步裁定，认为提起自诉的被害人必须有机会提交证据。这并不必然要求其具有证人地位。[1300]

7.1　信息和支持

第 3 条授予被害人理解和被理解的权利。本质上，该条款赋予被害人享有个性待遇的权利。成员国必须确保从第一次联络开始，以及在任何进一步必要配合期间，被害人被理解。成员国还必须考虑到被害人个人特点，在口头和书面沟通时要使用简单直白的语言。成员国必须在首次接触时允许被害人由其自己选择的人员陪同（第 3 条第 3 款）。第 4 条包括了应该通知被害人其能够获得的各种形式的支持。涉及他们可以获得的支持的类型，就刑事犯罪他们可以如何申诉，如何获得保护措施，如何获得法律意见，如何申请赔偿，是否有权获得翻译，如何就被害人支持提出申诉，被害人支持服务的具体联系方式，修复性司法（restorative justice）是否可用，以及参与诉讼的费用是否可以获得补偿。此外，如果被害人是在其他成员国定居的，因此而导致的任何特殊程序都必须提醒告知被害人（第 4 条第 1 款 g 项）。第 4 条第 2 款表明信息的范围和细节可能根据情况而不同。

第 5 条规定要寄给被害人一份包括犯罪基本要素的确认书。如果被害人不懂官方语言，那么其可以获得其他语言的确认书或是获得必要的语言上的协助。[1301] 第 6 条规定的基本权利是被害人有权获知案件进展。[1302] 这包 325
括通知被害人关于不再进行侦查或不对犯罪起诉的任何决定。如果进行公诉，那么应该通知被害人庭审的时间和地点。第 6 条第 2 款提到了一些必须通知被害人的特定信息：任何最终判决的细节，以及令被害人可以了解

1300　See 9 October 2008，Case C-404/07，*criminal proceedings György Katz v. István Roland Sós.*

1301　在这里必须一提的是，其并没有援引《关于口译和笔译的指令 2010/64》，其表述并不等同于获得口译和笔译的权利。获得笔译的权利只存在于对其申诉的书面通知，恰如第 5 条第 1 款规定的那样。

1302　第 4 款暗示了成员国必须询问被害人其是否希望被通知。同样参见叙文 27 关于信息必须被送至哪个地址。

刑事诉讼状态的信息。[1303]第6条第3款导致的结果就是，对最终判决以及终止案件的决定做出解释的义务被激活。[1304]第5款规定了一个有趣的权利："在被羁押、被起诉或是被判刑的人被释放或是越狱，成员国应该保证没有无必要迟延地通知被害人。此外，成员国应该保证被害人在犯罪行为人释放或脱逃情况下就相关保护措施获得通知。"第一眼看去第5款的意图十分明确，即在被告人或被定罪者丧失人身自由状态结束时的通知义务，但是第6款规定却又模糊不清，其规定"至少在有危险或是确定的伤害风险情况下"要向被害人提供信息。[1305]

刑事诉讼中必须处理被害人获得赔偿的权利（框架决定第9条，《关于贩卖人口的指令2011/36》第17条）。2004年通过了一份关于被害人赔偿的指令，规定故意暴力犯罪的被害人可以在居住国申请赔偿（《关于犯罪被害人的指令2004/80》第1条）。成员国必须任命一个或数个机关负责接收这些申请。[1306]

根据诉讼中被害人的角色，获得翻译的权利仅限于刑事诉讼中（第7条第1款）。条款特别规定在一些情况下至少要有一份翻译。翻译可以通
326 过现代科技手段实现（第7条第2款）。当被害人没有掌握刑事诉讼语言的情况下，被害人有权获得的信息必须被翻译（第7条第3款和第4款）。[1307]鉴于必须被翻译的信息仅限于基本文件，被害人可以选择请求某文件被视为基本文件，从而获得翻译（第7条第5款）。[1308]在不损害程序公正的情况下，可以以总结的方式给出口头翻译。[1309]

1303　所有这些义务引发的问题就是没有履行这些义务的后果是什么？是否导致重新审判？被告人是否能够引用那些授予被害人权利的条款？

1304　叙文30规定，在被害人权利的背景下引用一个决定应该被理解为只是涉及对犯罪的认定或是涉及刑事诉讼程序的结束。

1305　根据叙文32，这与犯罪的属性和严重性以及打击报复的风险相关。其还规定不适用于轻微犯罪以及不适用于被害人受到伤害的风险较小的情况。

1306　进一步参见第八章第5.1.4节。

1307　翻译服务是否必要将由成员国有职权的部门决定，被害人可以提出质疑（第7条第7款）。

1308　被害人请求翻译"基本"文件或段落的权利引发的问题是这些文件与基于被告人利益而必须被翻译的文件是不是相同的"基本"文件（《关于口译和笔译的指令2010/64》第3条）。

1309　在这里必须一提的是，仅仅第7条第6款提到了"程序的公正"。而"被告人权利"则被提及数次，参见第7条第2款、第18条第1款、第20条第1款和第23条第1款。这是否表示"程序的公正"不是与被告人相关，而是与被害人相关？

第 8 条要求成员国确保提供支持服务。第 9 条规定支持服务必须至少包括：

（a）与被害人权利相关的信息、意见和支持，包括享受国家对刑事损害赔偿的安排的信息、意见和支持，也可以是关于被害人在刑事诉讼中的角色，包括帮助其为参加庭审做准备；

（b）关于任何相关的专业支持服务，或是直接推荐此类服务；

（c）情感或是心理支持；

（d）其他公共或私人服务另有规定除外，对于受到次级和再次伤害以及受到恐吓和报复的风险与预防的建议。第 8 条第 1 款规定必须根据被害人的需求以及因刑事犯罪而受到的伤害来提供支持。[1310] 第 8 条第 3 款允许免费的专业服务。这包括为需要一个安全所在的被害人提供临时住宿，对有特殊需求的被害人提供有针对性和综合的服务，如性犯罪的被害人（第 9 条第 3 款）。第 8 条第 5 款强调了服务要非官僚化；是否获得服务不得以正式申诉为前提。[1311]

7.2 参与刑事诉讼

《关于被害人权利的指令 2012/29》第三章，第 10 条至第 17 条，规定了被害人参与诉讼的多种形式。第 10 条第 1 款赋予被害人在刑事程序中获得听审的基本权利。其并没有明确说明该权利具体内容，只在第 2 款提及听审的权利由成员国法律中的诉讼规则来确定。[1312] 在决定不起诉的情况 327

1310 第 9 条第 2 款重申了后者。

1311 叙文 10 也反映了这一点。指令中的权利并不以在成员国中定居为前提。基于相同原因，作为被害人也并不为定居者创造任何权利。

1312 在这个语境下，叙文 20 是重要的："刑事司法体系中被害人的角色以及他们是否能够积极参与刑事程序的情况在各个成员国是不同的，这取决于国家体系，也由以下一个或数个标准决定：国家体系是否承认其在刑事程序中作为一方的法律地位；被害人是否承担法律义务或是被请求积极参与刑事诉讼，如作为证人；当国家体系并没有赋予被害人作为刑事诉讼中一方的法律地位的时候，被害人是否根据国家体系有法定权利积极参与刑事诉讼，并且正在寻求这样做。当指令提及被害人在相关刑事司法体系中的角色时，成员国应该决定适用哪种标准来判断本指令规定的权利范围。"叙文 41 认为允许被害人以书面形式作出声明或是解释的做法就已经实现了其出席诉讼的权利。

下，成员国必须规定被害人有权对此类决定申请审查（第 11 条第 1 款）。[1313] 对于那些在起诉之后被害人才被承认为被害人的法律体系中，第 2 款试图规定补偿措施。严重犯罪的被害人有权利对不起诉决定提出审查。[1314] 请求审查权的一个逻辑前提就是获得通知的权利。第 11 条第 3 款对此做出了规定。在达成庭外和议的情况下，只有第 11 条第 2 款适用（第 11 条第 5 款）。这种规定很有意义，因为其将庭外和议等同于起诉。如叙文 45 规定的那样，前提条件是庭外和议包括警告或是义务。

《关于被害人权利的指令 2012/29》大量涉及了修复性司法，这在欧盟刑法中尚属首次。[1315] 第 12 条和叙文 46 规定在如下条件下有权获得修复性司法服务：

> （a）只有在考虑到所有安全因素之后，认定修复性司法对被害人有利，并且被害人在获得充分信息的情况下自愿同意，才可以使用修复性司法，且被害人同意可以在任何时候撤回；
>
> 328 （b）在同意参加修复性司法程序之前，要充分和无偏见地告知被害人关于该程序的信息、潜在的后果，以及监督协议执行程序的相关信息；
>
> （c）犯罪行为已经承认了案件基本事实；
>
> （d）任何协议都是在自愿基础上达成的，并且可能在进一步的刑事诉讼中被考虑；
>
> （e）在修复性司法中进行的非公开讨论需要保密，在之后不得被披露，除非参与方同意或是成员国法律出于保护更为重要的公共利益而要求如此。

尽管第 13 条规定了在被害人是刑事诉讼一方时具有获得法律援助的一般权利，但是具体条件是由国家法确定。类似地，第 14 条规定了获得

1313 叙文 43 表示本权利在法院作出判决之后就不存在了。

1314 这意味着“被害人”和“严重犯罪”都是欧盟法自治的概念，并不取决于成员国法律。

1315 前身《关于被害人地位的框架决定 2001/220》第 10 条确实已经承认了基本原则。21 October 2010，Case C-205/09，*criminal proceedings against Emil Eredics*，*Mária Vassné Sápi*，par.37. See also 15 September 2011，Joined Cases C-483/09 and C-1/10，*Magatte Gueye and Valentín Salmerón Sánchez*，par.73 and 74.

费用补偿的权利。第 15 条规定被害人有权无不正当延迟地拿回在刑事诉讼程序中被扣押的财产，除非诉讼程序仍然需要该财产。第 16 条同样没有规定一个强势的权利：该条文是关于有权获得关于犯罪行为人赔偿的决定。该决定应该在刑事诉讼程序中做出，除非成员国法律另有规定。

第 17 条是最具创新的条文，规定了跨国的被害人权利。基本上讲，在被害人定居成员国并非犯罪行为实施地时，其享有相同的权利，成员国有义务将这种情况导致的困难最小化。被害人陈述必须被立刻记录，在被害人回到定居国之后，视频和电话会议必须可供选择（第 17 条第 1 款 a 项和 b 项）。第 2 款和第 3 款确保对犯罪行为的申诉也可以向定居国主管机关提出，该申诉要无不正当延迟地提交给犯罪行为地国。如果被害人已经离开了犯罪行为地成员国的领土，那么该成员国不再有义务为被害人提供协助（叙文 51）。

7.3　被害人保护和对有特殊保护需求的被害人的承认

十分明显，《关于被害人权利的指令 2012/29》规定的优先事项之一就是防止次级和反复伤害（叙文 52—58）。[1316] 这是刑诉程序中各种利益竞争的 329
结果，第 18 条表明了立法者也知道这一点。一方面，详细地询问被害人对于寻求事实真相和辩护权利是必要的。这在有时候可能对于被害人是一个挑战。另一方面，被问及的许多问题可能会令被害人回想起关于犯罪的可怕记忆。被害人有权利就此受到保护。第四章（第 18—24 条）试图平衡各

1316 《关于被害人权利的指令 2012/29》可追溯到早期对加强被害人地位的零散尝试。参见 *Framework Decision 2001/220 on the Standing of Victims.*《关于打击恐怖主义的框架决定 2002/475》第 10 条第 2 款规定，除了已经被取代的《关于被害人地位的框架决定 2001/220》中规定的措施，成员国应该“在必要时采取一切可能措施确保对被害人家庭提供恰当帮助”。这个一般且具有约束力的规定导致了另一个更加有限的范围失去了实质意义。1995 年 11 月 23 日《在打击国际组织犯罪中保护证人的决议》（*Resolution of 23 November 1995 on the Protection of Witnesses in the Fight against International Organised Crime*）呼吁成员国为证人提供恰当的保护，OJ 1995，C 327/5。必须保护这些证人，以及必要时其亲属，免受各种形式的直接或是间接威胁、压力或是恐吓。Resolution of 20 December 1996 on Individuals who Co-operate with the Judicial Process in the Fight against International Organised Crime，OJ 1997，C 10/1. 此外，被撤销的《关于贩运人口问题的联合行动文件 97/154》规定了数个措施。《关于贩卖人口的指令 2011/36》进一步评估了被害人的一般地位。第 11 条规定了提供协助和支持的多种措施。第 12 条规定了特殊保护措施。《关于性侵儿童的指令 2011/93》的规定超出了这个范围，同样旨在在刑事诉讼之后和成年之后为儿童被害人提供帮助。

种利益。在很多情况下，询问被害人是不可避免的，第 18 条规定询问的方式必须保护被害人的尊严。必须无不当迟延地询问被害人（第 20 条第 1 款），询问次数不得超出十分必要的限度（第 2 款），被害人可以由法律代理人陪伴（第 3 条），并且只能对被害人进行最低限度的医学检验（第 4 款）。

两类被害人可能需要特殊保护。第一类是特别弱势的被害人（第 23 条）；第二类是儿童（第 24 条）。第 22 条规定了个人评估以确定在刑诉程序中被害人是否需要特殊保护，如果需要，是何种保护。这种个人评价应该考虑到被害人本人、犯罪的类型或是属性，以及犯罪情况（第 22 条第 2 款）。[1317] 在调查阶段需要进行的特别保护规定在第 23 条第 2 款中：

> （a）对被害人进行的询问应该在特别为此目的设计或是适合于该目的的场所进行；
>
> 330 （b）对被害人进行的询问应该由为此目的经过特别训练的专业人士进行；
>
> （c）所有对被害人进行的询问应该由同一个人进行，除非这有悖于良好的司法管理；
>
> （d）在不会损害刑事诉讼的情况下，所有对性暴力、以性别为基础的暴力或是被关系亲密之人的暴力伤害的被害人进行的询问应该由与被害人同性别的人进行，如果被害人希望如此，但检察官和法官不在此列。

在刑事诉讼中的特殊保护（第 3 款）包括：

> （a）采取措施避免被害人和犯罪行为人见面，包括在取证阶段，恰当的方式包括运用通信科技；
>
> （b）采取措施确保被害人在不出庭的情况下可以在法庭发言，特别是通过使用恰当的通信科技；
>
> （c）采取措施避免对被害人与犯罪无关的私生活的不必要的询问；
>
> （d）采取措施允许在非公开情况下进行听证。

1317 第 22 条第 3 款对应该进行何种“特殊关注”列举了很多例子。叙文 15—19 进一步扩展了该列表。结果就是，可以假设大部分被害人被认定需要保护。

除了第 23 条中规定的措施，第 24 条规定如果被害人是儿童，成员国应该确保：

（a）在刑事调查中，所有对儿童被害人进行的询问可以进行视听录音，此类录音可以作为刑事诉讼证据；

（b）在刑事侦查和诉讼中，根据国家法律，当监护人因为与儿童被害人之间存在利益冲突，或是儿童无人陪伴，或是离开家人的情况下，根据被害人在相关刑事司法体系的地位，主管机关要为儿童被害人任命一位特别代表人；

（c）如果诉讼程序中，监护人和儿童被害人有或可能有利益冲突，当儿童被害人有获得律师的权利时，他或她有权利以自己的名义获得法律意见和代理。

一些其他权利并不会对辩护权造成很大影响。第 19 条规定被害人有权利在诉讼进行的场所避免与犯罪行为人进行接触。新的法院建筑必须为被害人提供单独的等待室。成员国必须尽力在刑事诉讼过程中保护被害人隐私（第 21 条）。

7.4　培训、协调与合作

第 25 条和第 26 条规定了这一点。成员国必须确保可能会接触到被害 331
人的官员接受恰当的培训以提高其对被害人需求的认识。这包括警察和法院职员、检察官和法官。值得注意的是，指令仅仅建议律师提高其对被害人需求的认识（第 25 条第 3 款）。第 26 条要求不同服务部门之间协调合作，并致力于进一步提高对被害人权利和地位的认识。

《关于被害人权利的指令 2012/29》第 1 条第 2 款规定成员国对待儿童被害人时要小心谨慎，要恰当考虑到儿童的年龄、成熟度、意见、需求和关注点。[1318] 贩卖人口中的儿童被害人以及家庭要能够获得恰当帮助。[1319]

1318　儿童是指小于 18 岁的公民。Article 2，paragraph 1 sub c *Directive 2012/29 on Victim's Rights.*

1319　Article 7，paragraph 3 *Framework Decision 2002/629 on Combating Trafficking in Human Beings*; Article 19 *Directive 2011/93 on Sexual Abuse of Children.* See more specifi cally Articles 13–16 *Directive 2011/36 on Trafficking in Human Beings*; Recitals 26 and 32 *Directive 2011/93 on Sexual Abuse of Children.*

7.5 被告人权利背景下的被害人权利

《关于被害人权利的指令 2012/29》在非特定层面规定了何时必须规定被害人权利，以及其与公正审判的权利的关系。尽管指令确实承认了辩护权和被害人权利之间的关系，但是其对于何种权利最终优先的规定十分模糊。例如，第 7 条第 6 款规定可以给被害人提供口头摘要或是口译而不是书面翻译，前提是此类口头摘要或是口译不会损坏“公正审判”。这产生的问题就是此处的公正是针对被害人的还是被告人的。第 7 条第 8 款规定翻译工作不得不合理地延长刑事诉讼。这明显涉及了所有诉讼方的利益，并且可能与被告人在合理时间内接受审判的权利和审判效率问题相关。

其他一些涉及“辩护权”的规定更加明确表明，采取保护被害人利益的特殊措施不得损害辩护权。这包括在为被害人翻译时运用科技手段（第 7 条第 2 款），被害人保护性措施（第 18 条第 1 款），在刑事侦查中保护被
332 害人（第 20 条第 1 款）以及保护具有特殊需求的被害人（第 23 条第 1 款）。所有这些条款都假设辩护权优先于被害人权利，并没有再对何种辩护权进行具体说明。反过来则并没有提及被害人：关于被告人权利的指令则完全没有提及被害人。[1320]

指令没有提及什么情况下一个人应被认定为被害人。第 2 条确实给出了一个定义，但是没有规定是否必须与被告人有联系，如果有，是何种联系。被害人是指受到刑事犯罪直接伤害的人。这意味着只有在刑事犯罪被确定的情况下才可能认定被害人。[1321] 这并不要求确认何人实施了犯罪。这也是符合逻辑的，因为在确认犯罪行为人之前或是在进行针对特定被告人的审判之前，被害人可能就已经被确认了。指令并没有明确规定在允许被害人参加诉讼之前就要确认针对被害人的刑事犯罪与被告人之间有因果关系。

指令推定被害人是出庭受审的被告人的被害人，或至少是犯罪的被害人。问题是这是否会违反无罪推定并影响公正审判，这是因为被告人将要面对一个位于检察官之上的额外追诉者。指令中没有任何一处显示，被认

1320 *Directive 2010/64 on Interpretation and Translation*，*Directive 2012/13 on the Right to Information and Directive 2013/48 on the Right of Access to a Lawyer.*

1321 指令 2012/29 并没有说明如何或是由谁做出这个认定。在认定主体是成员国刑事法院的时候，如果某人是被害人的认定与被害人是被告人的被害人的认定一致，其可能违反了无罪推定。

为的被害人不可以是被告人的被害人。[1322]那么如果在程序最后查明所谓的被害人出现如下情况，将会产生什么后果：

——根本不是被害人；

——不是受审的被告人的被害人；或是

——不是被告人受审罪名的被害人？

指令显示了其对待被害人存在先入为主的判断。叙文 12 将犯罪行为人定义为被定罪的人、犯罪嫌疑人或被告人。对于被害人并没有类似规定，被害人是经过最终判决确定的被害人。很明显，确认何人是被害人的决定既不能被被告人也不能被任何其他人质疑。对被告人的控诉会由中立司法 333
机关进行定期审核（特别是在被告人在押的时候），而对被害人地位貌似只会进行一次决定，然后就一直有效，而应该由哪个机关做出这个决定则是不清楚的。在做出最终刑事判决之前，认定某人为被害人的标准是什么？

需要保护被害人权利被视作不证自明的一件事情是一个很有趣的观点。其认为被害人被遗忘、被忽视，他们的声音必须被倾听。[1323]除了提到被害人权利是欧盟的一个优先事项，对该权利并没有其他解释或是理论基础。Groenhuijsen 研究认为存在被害人疲劳，在某些点上对被害人权利的关注过多。[1324]对于实践者可能是这样，但是对于立法者和政治家肯定不是。然而，一个相关问题就是在刑事审判中被害人权利具体有什么目的。只有在我们明了其目的的情况下，才有可能将之与刑诉中其他受到威胁的权利相匹配。[1325]对于被告人而言，该目的很明确：个人权利服务于被告人受到公正审判以及保护人权这一最终目标。

1322 很多作者建议不要用术语“被认定的被害人”（alleged victim），因为这会对被害人带来负面影响。M.E.I. Brienen and E.H. Hoegen，Victims of Crime in 22 European Criminal Justice Systems，Nijmegen 2000，p.1169.

1323 Kerstin Braun，Giving Victims a Voice：On the Problems of Introducing Victim Impact Statements in German Criminal Procedure，14 German Law Journal 2013，pp.1889–1908.

1324 M.Groenhuijsen，The development of international policy in relation to victims of crime，20 International Review of Victimology 2014，p.42.

1325 《被告人权利的指令》明确表示文件的总体目标是实现公正审判。Recital 1 *Directive 2013/48 on the Right of Access to a Lawyer*，Recital 5 *Directive 2010/64 on Interpretation and Translation* 以及 Recital 5 *Directive 2012/13 on the Right to Information*.

被害人在刑事诉讼中扮演着越来越重要的角色，对多方面产生影响。这不仅要求相关机关就后勤保障（通知被害人、协助被害人以及在审判中空出时间给被害人发言）做出切实努力，而且这会导致刑事审判更加耗时。在国际刑事法院，被害人参与人数的增加，导致了很多失败和拖延，特别是在那些拥有众多被害人的诉讼中。[1326]除了大量的被害人，真正的被害人并不会出席国际刑事法院审判，而是由他们的律师代表。被害人大范围的参与导致了本就十分复杂的程序进一步拖延。2008年，国际刑事法院上诉庭认定，根据刑事法院规约承认一名被害人，不必证明该被害人是被告人
334 的被害人，也不需证明被告人被起诉的罪名与此人相关。[1327]国际刑事法院因此将被害人参与诉讼变成了可能与受审之人没有任何关系的事情。

另一个指令中并没有提及的事项是如果被害人权利之一被违反了会造成什么后果。这是否意味着程序要被中止直到消除违反情境？还是会导致案件驳回，或是相关被害人获得经济赔偿？还是会仅仅导致欧盟委员会针对涉事成员国启动违法审查程序？最后一个貌似更符合逻辑，因为已经有先例，如果早期的法律文件缺乏履行措施，之后的法律文件会规定更多的有约束力的义务以补充之前的不足。[1328]我个人对欧盟委员会是否会采取这个方法表示怀疑，因为成员国违反关于被害人权利的法律文件的情况与其

1326 Marianna Tonnelato，The Victim's Participation at a Crossroads：How the International Criminal Court Could Devise a Meaningful Victim's Participation while Respecting the Rights of the Defendant，20 European Journal of Crime，Criminal Law and Criminal Justice 2012，pp.315–359.

1327 参见 ICC，11 July 2008，Judgement on the appeals of The Prosecutor and The Defence against Trial Chamber I's Decision on Victims' Participation of 18 January 2008，*Prosecutor v.Thomas Lubanga Dyilo*，A.Ch.，ICC-01/04–01/06，OA9OA10，André Klip and Steven Freeland，Annotated Leading Cases of International Criminal Tribunals-XV-165，par.66："规则第85条和罗马规约的框架决定都没有将被害人的参与限制在审前确认的指控中涉及的犯罪。"

1328 可以预见的是，随着义务的数量在指令2012/29中大幅度增加，不遵守的程度也会增加。成员国在一般情况下不能够遵守本框架决定，参见 Report of 16 February 2004 from the Commission pursuant to Article 18 of the Council Framework Decision of 15 March 2001 on the standing of victims in criminal proceedings（2001/220/JHA），COM（2004）54 final and Report of 20 April 2009 from the Commission pursuant to Article 18 of the Council Framework Decision of 15 March 2001 on the standing of victims in criminal proceedings（2001/220/ JHA），COM（2009）166 final。同样参见 M.Groenhuijsen，The development of international policy in relation to victims of crime，20 International Review of Victimology 2014，pp.31–48。

他领域的法律文件并无不同。[1329]

《关于被害人权利的指令 2012/29》可能导致刑事诉讼中相对混乱和不明确的情况，在这些诉讼中，被害人和其他参与人很可能会非常失望。被害人在刑事诉讼中越来越重要的角色引发了更多问题，这么做的目的是什么，在刑事审判范畴内，这些目的是否可以在不影响被推定为无罪的被告人的权利前提下得以实现。只有明确这些才能够尊重所有相关利益。

8. 成员国转化和初步裁定

8.1　转化

只有在转化阶段结束的那一刻开始，一个规则才可以无条件地且明确 335
到足以被个人援引。结果就是，在这一阶段结束之前，个人都不得援引欧盟法对成员国提出申诉。[1330]与实体刑法不同，程序规则的适用不必然以欧盟法律转化为成员国法律为前提条件。这是因为很多规则并不要求一个特定的法律基础，仅仅需要在实践中或是判例法中做出改变。此外，不像受到合法性原则约束的实体刑法，程序规则可以立即生效。然而，这不应该被理解为程序规则从不需要转化。如果涉及侦查技术的使用，证据的收集和使用，或是强制性措施（在欧盟法语境下，是指可以直接判定公民承担某义务的情况），成员国的刑事司法体系可以要求特定措施需要国家法律层面的规定做基础。[1331]在此类案件中，十分明显，成员国将不得不对欧盟法进行转化。《欧盟运行条约》第 291 条要求成员国采取所有必要措施转化具有约束力的欧盟法案。

对于实体刑法，当成员国决定如何转化欧盟法时，成员国有多种方式

1329　A.Klip，E.Versluis，and J.Polak，Improving mutual trust amongst European Union member states in the areas of police and judicial cooperation in criminal matters lessons from the operation of monitoring，evaluation and inventory mechanisms in the First and Th ird Pillars of the European Union，http：//wodc.nl/onderzoeksdatabase/1808a-assessing-and-learning-from-the-functioning-of-monitoring.aspx#publicatiegegevens.

1330　10 November 1992，Case C-156/91，*Hansa Fleisch Ernst Mundt GmbH & Co.KG* v. *Landrat des Kreises Schleswig-Flensburg*，par.20.

1331　在人权的基础上也可能对此提出要求。使用强制措施可能侵犯人权。总体而言，此类侵犯只有在法律规定的基础上才可能符合人权要求。

可供选择。[1332] 成员国有很大的自由裁量权来做出决定，只要它们最终达成了被要求的效果。成员国可以通过刑事诉讼法总则完成要求，或是通过独立法案，或是找到另一种方法。

8.2　认定成员国法律必须被搁置的程序性后果

在解读欧盟法律文件和国家转化后的法律的时候可能会得出结论，认为成员国法律不符合欧盟规则。这带来的结果就是，不得适用成员国规则。
336 欧盟法并没有规定，在成员国法院认定本国法律必须被搁置的时候，成员国法院根据本国法律必须做出什么样的决定。欧洲法院并没有指导成员国法院需要做什么。其仅仅是说明：

> 当刑事诉讼是由被认定为违反共同体法律的成员国措施而引发的，那么这些程序中做出的有罪判决有可能是违反共同体法律的。[1333]

成员国法院将不得不在此类案件中根据本国法律自己做出程序性裁决。它们不可能从欧洲法院获得帮助，这是因为欧洲法院只会为成员国法院提供对欧盟法的解释，而不是成员国法律。然而，因为成员国法律必须被搁置，成员国法院可能发现本国法律并不能提供一个答案。那么就需要成员国法院富有创造力。然而，这对于成员国法院而言是困难的，这是因为它们必须做本国法律没有规定的事情。不管如何，成员国法院有义务做出符合欧盟法的判决。

当欧盟法强迫一条成员国实体刑法条文被搁置的时候，相关有罪判决不得被执行。原因可能是此类条文（如禁止向其他成员国运输货物）违反了欧盟法，或是因为在特定案件中（如必须对提供特定服务的外国人进行更严格的控制）该款不得被适用。做出的决定应该是无罪释放（不能证明实施了犯罪）或是被起诉的行为根本不是犯罪，[1334] 驳回起诉（不存在一个真正的案件），没有案件处理（起诉不合理），撤销起诉（没有法律依据维持

1332　参见第五章第6节。

1333　16 December 1981，Case 269/80，*Regina* v. *Robert Tymen*，par.16；16 February 1978，Case 88/77，*Minister for Fisheries* v. *C.A.Schonenberg and others*；10 February 1982，Case 21/81，*criminal proceedings against Daniël Bout and BV*，*I.Bout en Zonen*，par.11.

1334　这是下述判例中提到的无罪释放的第一组。28 September 2006，Case C-150/05，*van Straaten* v. *the Netherlands and Italy*，par.66.

起诉），或是其他程序性决定，这取决于成员国法律体系本身。成员国立法规定了多种程序后果。欧盟法并不强迫成员国做出某一特定决定，只要成员国实现的最终效果符合欧盟法即可。

国家实体刑法中一个规范违反欧盟法在一定程度上与程序性规范的情况不同。如果实体规范违反了欧盟法，后果可能是无罪释放，而如果是程序性规范违反了欧盟法，那么结果可能是不一样的。作为一般规则，人们可以认为，违反程序性规则会对与之相关的事项产生影响。例如，如果违反了收集证据的规则，那么不得使用与之相关的证据。其他可能性是被告 337
人获得减刑。[1335]没有迹象表明，欧洲法院将会以诉讼程序本不会继续为理由，认为在诉讼某一阶段违反了辩护权将会影响整个诉讼。在一些案件中，欧洲法院曾触及这个问题，表示“必须注意到，根据欧盟法，违反辩护权，特别是获得庭审的权利，并不会导致程序无效，除非是在如果没有违反辩护权的情况存在，程序结果可能会不同”[1336]。《关于获得律师的权利的指令2013/48》第12条第2款中，立法者在获得公正审判这一一般性权利的背景下对这种情况进行了规定，要求成员国确保：“在评估犯罪嫌疑人或被告人做出的陈述或是评估在违反他们获得律师的权利的情况下得到的证据的过程中……辩护权和公正审判的权利应该被尊重。”[1337]

在程序规则被违反的情况下应该怎么做，取决于规则的含义以及是否可以回复至事前情况或是否可以赔偿。在极端情况下，被告人只能被无罪释放，例如，整个程序都没有翻译成他理解的语言。然而，如果没有被翻译的只是对判决并不起决定作用的某一证人的证词，是否需要如此严格的答案尚存质疑。

最近，欧洲法院有机会深入地解决了成员国规则不适用可能意味着什么这一问题：

> 当成员国法院认定所涉国家条文在案件中并不满足欧盟法的要求，相关措施不能够有效地阻止逃避增值税的行为，那么，该法院

1335　参见第七章第3节。

1336　10 September 2013，Case C-383/13 PPU，*M.G.*，*N.R.* v. *Staatssecretaris van Veiligheid en Justitie*，par.38.

1337　同样参见叙文50，其明确提到了欧洲人权法院的判例法，并表示当被告人在警方审讯期间没有获得律师的机会的情况下做出有罪陈述且该陈述被用于有罪判决的时候，在原则上，这无可挽回地侵犯了被告人权利。

将不得不确保欧盟法被完全执行，在必要情况下，可以搁置那些条款，从而中和上述第 46 段提及的后果，而不必要求或是等待通过立法方式抑或其他宪法程序废止那些条款。根据欧盟法先例原则，在其与成员国国内法关系上，《欧盟运行条约》第 325 条第 1 款和第 2 款在其生效之时，就可以自动导致任何与其相违背的成员国国内法不适用。应该补充的是，如果国家法院决定搁置相关国内法条款，
338 其还必须确认相关个人的基本权利受到尊重。确实，如果根据国内法公民极有可能不会被施以刑罚，而按照欧盟法则可能会被判处刑罚，那么搁置国内法条款就损害了该人的基本权利。从这个角度而言，向欧洲法院提交观察报告的数个利益相关方提及了《宪章》第 49 条，该条规定了合法性原则和罪刑相适应原则。根据这些原则，如果某一行为或是过失在其发生时根据国家法律或是国际法并没有构成犯罪，那么行为人就不得因其行为而被判有罪。然而，经过国家法院的确认，搁置国家法律条款的仅有的效果就是在待审案件程序中不缩短总体期限，允许有效的起诉并且在必要的时候确保意图保护欧盟财政利益的刑罚和那些意图保护意大利财政利益的刑罚被相同对待。此种对国内法的搁置将不会侵犯被起诉人的权利，恰如《宪章》第 49 条保障的那样。[1338]

下表总结了本节中讨论的关于程序规则适用性的各个方面。

刑事诉讼规则的转化与适用

转化期 / 权利和义务	转化期间			转化已完成	
	成员国尚未转化成国内法	成员国转化错误	成员国已经正确转化或是已经符合欧盟法规定	成员国已经正确转化	成员国本应该正确转化
公民在 Dir/FD 中的义务	自由裁量是否适用	自由裁量是否适用	必须适用	必须适用	不能被适用
公民在 Dir/FD 中的权利	自由裁量是否适用	自由裁量是否适用	必须适用	必须适用	必须适用

1338　8 September 2015，Case C-105/14，*criminal proceedings against Ivo Taricco and others*，par.49，52–55.（援引省略）

8.3　是否就解释法律问题向欧洲法院提请初步裁定

成员国法院是欧盟的法院，必须对欧盟法进行解释。然而，尽管欧洲法院提供了法律解释规则，但是成员国法院仍有可能不确定欧盟法的正确含义，或是不确定相关后果是什么。因此，《欧盟运行条约》第 267 条允 339
许成员国法院就法律解释问题提请欧洲法院进行初步裁定。哪一个法院可以向欧洲法院提出申请则是由成员国国内法进行决定，欧洲法院判决：

> 由各个成员国的法律体系来决定哪一个法院有管辖权对涉及共同体法律规定的个人权利的争端进行审判，但是同时，成员国有责任确保这些权利在每一个案件中受到保护。鉴于此，对于共同体法律的特定法律定义，不应该由欧洲法院来干涉成员国国家司法体系中产生的任何管辖权问题。[1339]

被告人没有权利向欧洲法院提出申请。[1340] 国家法院决定是否需要提请初步裁定，[1341] 并确定就何种问题提出申请以及何时提出申请。然而，欧洲人权法院判定，如果被告人要求相关法院向欧洲法院提请初步裁定而法院不做回应，则可能引发《欧洲人权公约》第 6 条第 1 款相关问题。就这一点的相关案件是 *Ullens de Schooten and Rezabek* v. *Belgium* 案。[1342] 本案涉及税务欺诈，被告人要求向欧洲法院就数个问题提请初步裁定。比利时刑事法院拒绝了这些请求，理由是欧盟法的含义是清楚的。欧洲人权法院承认，基于《欧盟运行条约》第 267 条，应该由成员国最高法院来决定其对欧盟法问题作出的判断是否能够令其作出判决。欧洲人权法院判决：

1339　9 July 1985，Case 179/84，*Piercarlo Bozzetti v. Invernizzi SpA and Ministero del Tesoro*，par.17；16 December 1976，Case 33–76，*Rewe-Zentralfinanz eG and Rewe-Zentral AG* v. *Landwirtschaftskammer für das Saarland*，par.5.

1340　欧洲人权法院认为，做出不提交给欧洲法院的决定并不构成违反《欧洲人权公约》第 6 条第 1 款和第 2 款。ECtHR，7 septembre 1999，*Dotta c.Italie*，Requête 38399/97；ECtHR，7 September 2006，*Grifhorst v. France*，Application 28336/02.

1341　14 February 1984，Case 278/82，*Rewe Handelsgesellschaft Nord mbH und Rewe-Markt Herbert Kureit* v. *Hauptzollämter Flensburg*，*Itzehoe and Lübeck-West*，par.8.

1342　ECtHR，20 September 2011，*Ullens de Schooten and Rezabek* v. *Belgium*，Applications 3989/07 and 38353/07.

> 在初步裁定机制存在的情况下，国内法院拒绝此类申请在特定情况下可能会侵犯程序的公正性——即使这个法院并不是终审法院，而不论做出裁定的是国家法院还是共同体法院。如下情况同理：当拒绝决定被证明是武断的（同上），即使现行规则不允许初步裁定原则存在任何例外或是替换方案，仍然拒绝提请初步裁定；当拒绝决定
> 340 没有法律依据；以及当拒绝决定没有依据规则进行合理论证。第 6 条第 1 款因此规定，在这种情况下，成员国法院必须在现行法律的基础上，就其拒绝提请初步裁定决定做出说明，特别是当现行法律仅仅允许在例外情况下才能够拒绝相关方的申请。在《成立欧洲共体条约》（*the Treaty establishing the European Community*）第 234 条（《欧盟运行条约》第 267 条）第 3 款语境下，这意味着如果成员国法院拒绝向欧洲法院就其遇到的关于共同体法律解释的问题申请初步裁定，而且成员国法律没有就此种拒绝决定提供救济，那么成员国法院有义务在欧洲法院判例法规定的例外情况的基础上对其决定给出理由。根据上述提到的 *Cilfit* 案判例法，成员国法院将必须解释为什么它们认为这个问题无关，或是所涉欧盟法条文已经被欧洲法院解释，或是共同体法律的正确适用已经非常明确，以至于没有任何合理怀疑的空间。[1343]

在 *Peterbroeck* 案中，国家法律限制在特定诉讼阶段就欧盟法提出问题的可能性。无论此种程序规则的属性为何，其必须被搁置，每个诉讼阶段都必须处理欧盟法解释问题。欧洲法院判决：

> 对于问题第一部分，欧洲法院一直认为，根据《欧共体条约》第 5 条规定的合作原则，应该由成员国为公民根据欧共体法律直接效力享有的权利提供法律保护。如果欧共体法律对某一事项没有进行规定，那么就由每一个成员国国内法律体系分配法院和其他审判组织的管辖权，并规定具体的程序规则以保障公民根据欧共体法律直接效力享有

1343　ECtHR，20 September 2011，*Ullens de Schooten and Rezabek v. Belgium*，Applications 3989/07 and 38353/07，par.59，60 and 62.（援引省略）同样参见 ECtHR，21 juillet 2015，*Schipani et autres c.Italie*，Requête 38369/09。

的权利。然而，此类规定不得比其他国内类似规则更加不利，也不得导致公民行使欧共体赋予的权利在实际上变为不可能或是极端困难。欧洲法院还判决，如果国内法规定阻碍了《欧共体条约》第 177 条的程序进行，那么该规定必须被搁置。为了适用那些原则，如果案件涉及了国家程序性规定是否导致不可能适用欧共体法律或是适用极端困难这一问题，那么成员国各级法院在每一件此类案件中都必须将该条款在程序中的作用、进程和特征作为一个整体进行分析。在分析中，国内司法体系基本原则，如被告人权利的保护、法律明确性原则、对程序恰当执行，在恰当的情况下，必须被考虑在内。[1344]

哪个法院有义务直接适用欧盟法？如第四章讨论的那样，对于欧盟法 341
直接效力，应该由审判案件的成员国国家法院来决定是否直接适用欧盟法。它们不必等待根据国内法律有职权的其他法院或是机构来纠正违反欧盟法的行为，[1345] 相关方不可以根据国家法律对提请初步裁定的命令提出上诉。即使根据成员国法律低级法院普遍受到最高法院判例的约束，低级法院可以自由决定是否向欧洲法院提请初步裁定。[1346] 特别是在低级法院认为高级法院判决可能会导致其判决违反欧盟法，那么该低级法院必须能够就其关切的问题自由地向欧洲法院提请进行初步裁定。[1347]《欧盟条约》第 19 条第 1 款第 3 句话对欧洲法院判例法进行了编纂：

成员国提供的救济应该足以确保欧盟法涵盖的领域存在有效的法律保护。

对于何时存在法律解释问题，欧洲法院在著名的 *Cilfit* 案中判决：

1344　14 December 1995，Case C-312/93，*Peterbroeck*，*Van Campenhout & Cie SCS* v. *Belgian State*，par.12–14（references omitted）.

1345　9 March 1978，Case 106/77，*Amministrazione delle Finanze dello Stato* v.*Simmenthal SpA*. 进一步参见第三章第 3.1 节。

1346　16 January 1974，Case 166–73，*Rheinmühlen-Düsseldorf* v. *Einfuhr-und Vorratsstelle für Getreide und Futtermittel.*

1347　22 June 2010，Joined Cases C-188/10 and C-189/10，*proceedings against Aziz Melki*（*C-188/10*），*Sélim Abdeli*（*C-189/10*），par.42.

在这一点上，为了欧共体法律，有必要对表述“任何此类问题出现的时候”给出定义，旨在判断在成员国法律没有规定司法救济的情况下，国家法院或是其他审判组织在什么情况下有义务就某一事项向欧洲法院提交初步裁定申请。

9. 对此，首先需要指出的是，第 177 条并不构成一种国家法院中待审案件相关方可用的补偿方式。因此，仅仅是案件一方主张争议涉及欧共体法律解释问题并不意味着强迫相关法院或是其他审判组织判定已经存在第 177 条规定的问题。另一方面，一个国家法院或是其他审判组织在恰当情况下，可以自发向欧洲法院就某一事项提请初步裁定。

10. 其次，从第 177 条第 2 款和第 3 款之间的关系来看，第 3 款提及的法院或其他审判组织与其他国家法院或审判组织拥有相同的自由裁量权，以判断其对欧共体法律问题的理解是否能够确保其作出判决。相应地，如果那些法院和其他审判组织遇到的涉及欧共体法律解释的问题与案件不相关，也就是说，如果该问题的答案，无论内容为何，都不能影响案件结果，那么法院和其他审判组织没有义务就该问题向欧洲法院提交申请。

11. 然而，如果法院和其他审判组织认为就欧共体法律进行咨询对其审判案件是必要的，那么第 177 条要求它们就其遇到的任何事关解释的问题向欧洲法院咨询。

12. 由意大利法院提交的问题试图明确，在特定情况下，第 177 条第 3 款规定的义务是否依然存在限制。

13. 与之相关。在判决 27 March 1963 in joined cases 28 to 30/62（*Da Costa v. Nederlandse Belastingadministratie*（1963）ECR 31）中，欧洲法院认定：“尽管第 177 条第 3 款毫无保留地要求法院或是其他审判组织在国内法没有规定司法救济的情况下……就其遇到的每一个法律解释问题向欧洲法院提请初步裁定，但是法院根据第 177 条做出的解释的权威性可能令该义务丧失其目的，并因此失去实质意义。特别是当被提出的问题在实质上与在另一个类似案件中做出的初步裁定所涉问题一致的时候。”

14. 就为第 177 条第 3 款规定的义务设置的限制，当欧洲法院之前的判决已经解决了所涉法律问题，即使所涉问题并不是严格的一致，且无论做出这些判决的程序属性，可能会产生相同的效果。

15. 然而，我们不能忘记，在所有此类情况下，国家法院或是其他审判组织，包括第 177 条第 3 款提到的那些，在其认为恰当的时候，可以完全自由地决定将某一事项提交欧洲法院。

16. 最后，欧共体法律的正确适用可能会非常明确以至于对于解决所涉问题的方式没有任何合理怀疑的空间。得出的结论是，此类情况是指国家法院或是其他审判组织必须相信，所涉事项对于其他成员国的法院和欧洲法院同等明确。只有这些条件被满足的情况下，国家法院或是其他审判组织可以不向欧洲法院提交相关问题，并自己承担责任解决这个问题。

17. 然而，对此种可能性的评估必须考虑到欧共体法律的特征以及在解释中遇到的困难之处。

18. 首先，必须牢记的一点就是欧共体法律是由多种语言起草的， 343
不同语言版本具有相同的权威。对欧共体法律一个法条的解释因此涉及对比不同语言版本。

19. 其次，还必须牢记的是，即使不同语言版本完全一致，欧共体法律用的术语也可能是各国独有。此外，必须强调的一点是，在欧共体法律和在各个成员国法律中，同一法律概念不一定具有相同含义。

20. 最后，欧共体每一条都必须放在上下文中理解，并且要将欧共体法律作为一个整体加以解释，要考虑到其目的，以及相关法条被通过的时候其所处的发展阶段。[1348]

本判决继续作为国家法院解释欧盟法以及评估向欧洲法院申请初步裁定必要性的指导纲要。此外，欧洲法院还向成员国法院和其他审判组织就启动初步裁定的程序公布了建议案。[1349]

总而言之，国家法院貌似对于向欧洲法院提请初步裁定一事表示迟疑。很难判断这是由于缺乏欧盟法相关知识导致的，还是因为某一法院无权做出某一有罪判决而是应该由高一级法院作出，或是因为在表述问题上存在

1348 6 October 1982，Case 283/81，*Srl CILFIT and Lanificio di Gavardo SpA* v. *Ministry of Health* ，par.8–20. See，also，10 July 1997，Case C-261/95，*Rosalba Palmisani* v.*Istituto nazionale della previdenza sociale*(*INPS*)，par.20.

1349 OJ 2012，C 338/1.

困难，或是因初步裁定浪费时间，或是其他原因。基于判例法，清楚的是，所有国家法院和其他审判组织有义务自己解释欧盟法。它们不能够要求高一级法院或是某特别法院进行解释。然而，欧洲法院表示，当其接收的文件清楚地表明其他关于欧盟法解释的问题，即不是在特定案件中出现的，也是相关的时候，欧洲法院非常愿意对国家法院提供帮助。[1350] 欧洲法院经常会以符合欧盟法习惯的方式更改问题的表述方式。

对于欧洲逮捕令，法律顾问 Ruiz–Jarabo Colomer 表示："希望对于认可自己作为欧共体法院的责任存疑的其他宪法法院，将会遵循这个模式，并且与欧洲法院进行对话，这对于建立一个统一的欧洲十分必要。"[1351]

344 指令中规定的禁止行为中的术语的解释问题经常会被提请到欧洲法院进行初步裁定。[1352] 这种背景下，非常流行的一个词是"浪费"（waste），这已经导致了大量的初步裁定。[1353] 另一个例子就是《关于统一与公路运输有关的某些社会立法的条例 3820/85》中的表述"材料或是工具"（material or equipment），[1354] 这与行驶和中间休息的长度有关。[1355]

在向欧洲法院提交申请之前，建议国家法院和案件相关方查阅相关法律文件不同语言版本。当本国语言版本不清楚的情况下，这一点尤为重要。如果诉讼程序使用的语言的相应法律版本，或是在特定细节或是在整体上，

1350 参见第四章第 2 节。

1351 Opinion of Advocate General Ruiz-Jarabo Colomer of 12 September 2006，Case C-303/05，*Advocaten voor de Wereld VZW* v. *Leden van de Ministerraad*，footnote 20.

1352 例如，根据指令 91/629"被拴住的"牛犊是指什么？3 April 2008，Case C-187/07，*criminal proceedings against Dirk Endendijk*. 荷兰语版本的相关指令中"拴住"特指使用属性是金属的链条，而其他语言版本则是不限材质的泛指。欧洲法院判定当牛犊被绳子绑住时，也符合指令 91/629"被拴住"这一概念；类似地，21 March 1996，Case C-39/95，*criminal proceedings against Pierre Goupil*，《关于统一与公路运输有关的某些社会立法的条例 3820/85》中"用于……垃圾收集和处理的车辆"的表述。

1353 25 June 1997，Joined Cases C-304/94，330/94，342/94，224/95，*criminal proceedings against Euro Tombesi and Adino Tombesi*，*Roberto Santella*，*Giovanni Muri and others*，*and Anselmo Sanini*；15 January 2004，Case C-235/02，*criminal proceedings against Marco Antonio Saetti and Andrea Frediani*；7 September 2004，Case C-1/03，*criminal proceedings against Paul van de Walle*，*Daniël Laurent*，*Thiery Mensch and Texaco Belgium SA*.

1354 17 March 2005，Case C-128/04，*criminal proceedings against Annie Andréa Raemdonck and Raemdonck Janssens BVBA*.

1355 15 December 1993，Case C-116/92，*criminal proceedings against Kevin Albert Charlton*，*James Huyton and Raymond Edward William Wilson*.

不能够正确地反映文件含义，那么以此语言为基础构建的主张可能会轻易且成功地被反驳。[1356]

国家法院可以根据自己的意愿向欧洲法院提交申请。诉讼方未能就欧盟法提出问题并不能够阻止国家法院向欧洲法院提交申请。[1357]然而，国家
法院并没有义务主动提出存在违反欧盟立法的情况，等同原则和有效原则
都不要求其这样做。[1358]如之前提到的，国家刑事诉讼中的参与方无权向欧洲
法院提交申请。[1359]这意味着他们不得不说服国家法院提交申请是必要的，这 345
可能是一个非常困难的任务。

然而，如果案件一方主张因为上位的欧盟规则，国家法律必须被搁置，那么这可能会强迫国家法院表态。如果案件一方主张作为刑事诉讼程序基础的欧盟法无效，也是这种情况。只有欧洲法院才能够审查这种判断的正确性，[1360]而不是国家法院。[1361]欧洲法院依据欧盟法基础对法律文件的有效性进行判断。

在国际贸易公司案（*Internationale Handelsgesellschaft*）中，欧洲法院判决："共同体措施的有效性或是其在成员国内的有效性不能因为其违背了该国宪法规定的基本权利或是该国宪法原则而受到影响。"[1362]

从上述内容中得出的结论是，当欧盟法解释问题出现争议的情况下，国家法院有三种可用选择：

1356　众多例子中的一个是 22 March 1984，Case 90/83，*Michael Paterson and others* v. *W.Weddel & Company Limited and others*，在本案中，被告人援引了条例模糊的英文版本，而其他语言版本的表述则排除了不确定性。进一步参见第四章第 3 节。

1357　16 June 1981，Case 126/80，*Maria Salonia* v. *Giorgio Poidomani and Franca Baglieri*，*née Giglio*，par.7.

1358　7 June 2007，Joined Cases C-222/05 to C-225/05，*J.van der Weerd*，*Maatschap Van der Bijl*，*J.W. Schoonhoven*（*C-222/05*），*H.de Rooy*，*sen.*，*H.de Rooy*，*jun.*（*C-223/05*），*Maatschap H.en J.van 't Oever*，*Maatschap F.van't Oever en W.Fien*，*B.van 't Oever*，*Maatschap A.en J.Fien*，*Maatschap K.Koers en J.Stellingwerf*，*H.Koers*，*Maatschap K.en G.Polinder*，*G.van Wijhe*（*C-224/05*），*B.J.van Middendorp*（*C-225/05*），v. *Minister van Landbouw*，*Natuur en Voedselkwaliteit*，par.42.

1359　Article 267 TFEU and 6 October 1982，Case 283/81，*Srl CILFIT and Lanifi cio di Gavardo SpA* v. *Ministry of Health*，par.9.

1360　13 December 1989，Case C-204/88，*Ministère public* v. *Jean-Jacques Paris*.

1361　然而，法律顾问 Mengozzi 建议，国家法院本可以拥有第三支柱法律方面的相关权限。进一步参见第四章第 2 节。

1362　17 December 1970，Case 11–70，*Internationale Handelsgesellschaft mbH* v. *Einfuhr-und Vorratsstelle für Getreide und Futtermittel*，par.3.

其可以裁决不存在欧盟法解释问题，法律明确，相关成员国法律没有违反欧盟法，因此不需要向欧洲法院申请初步裁定；

其可以裁决不存在欧盟法解释问题，相关成员国法律非常明确地违反了欧盟法，国家法院必须搁置本国法律，因此不需要向欧洲法院申请初步裁定；[1363]

国家法院对欧盟法解释存疑，没有说明则不能够对问题作出判决，那么其将向欧洲法院提出申请。

如果被告方先告知欧盟委员会被告人在基本自由方面正在经历的困难，在欧盟委员会开始审查采取针对成员国的措施的可能性之后，被告方再向国家法院提交证据，这可能会对说服国家法院向欧洲法院提交申
346 请起到帮助作用。尽管欧盟委员会对欧盟法没有最终决定权，但是其意见必须被考虑在内。在这种情况下，国家法院向欧洲法院提交申请的顾虑会更少。[1364]

因此，在刑事诉讼中被告人告知欧盟委员会可能存在的违反欧盟法的情况在辩护策略上是十分有优势并且极为有效的方法。[1365]通常情况则是，欧盟委员会将启动针对违法行为的程序，并向欧洲法院起诉所涉成员国，国家法院此时再提请初步裁定。如果委员会针对成员国的程序最终导致欧洲法院认定相关成员国法律违反了欧盟法，该判决将会影响所有未决的国内程序。

提请初步裁定的时间

欧洲法院已经判决国家法院最有资格决定在程序中哪个阶段向欧洲法院申请初步裁定。国家法院的该决定必须受制于对程序上的组织和效率问

1363 26 February 2013，Case C-617/10，*Åklagaren v. Hans Åkerberg Fransson*，par.48："如果司法实践要求国家法院适用侵犯《宪章》保障的基本权利的条款，那么这种做法是被欧盟法禁止的，前提是这种对权利的侵犯根据《宪章》条文或是相关判例法是非常明确的，这是因为就相关条款是否符合《宪章》这一问题，国家法院能够全面评估，可能如本案一样，与欧洲法院合作的权力是被抑制的。"

1364 16 January 2003，Case C-265/01，*criminal proceedings against Annie Pansard and others*，par.16.

1365 欧盟委员会提供了一个在线申诉表格，http：//ec.europa.eu/atwork/ applying-eu-law/ complaint form en.htm，并且在其网站上就如何向委员会提交申诉做出了进一步解释。

题的考量，这也是由国家法院决定的。[1366] 指令和框架决定适用规则的结合，以及从轻原则，要求关注问题发生的时间点。[1367] 在转化阶段结束之后，法律文件可能经常会被援引，[1368] 在转化阶段的情况略有不同。当然，立法的变化将会在刑事诉讼中对程序方面造成影响。

更加具体而言，对欧盟法的解释是针对现行法律，在新的法律对被告人更加有利的情况下，刑事诉讼中的被告人会努力推迟诉讼。类似地， 347
从 *Skanavi* 案中可以得出，即使在转化阶段，国家法院也不得忽视新法律即将生效的情况。[1369] 例如，如果新法律设置了更多自由，在转化阶段施加刑罚可能会被认为不合比例，即使成员国仍然有权利对所涉行为进行处罚。

Skanavi 案中可适用的指令的转化时间表

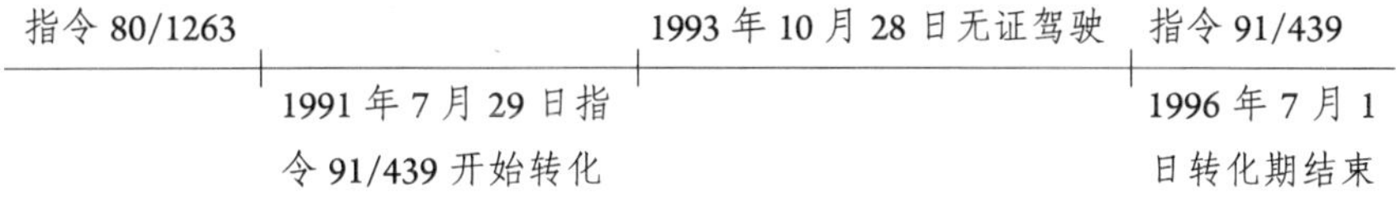

提前初步裁定的后果

在欧洲法院审理期间，成员国国内程序应该暂停。在国家法院考虑是否向欧洲法院提交初步裁定申请的时候，其就应该考虑到欧洲法院的程序会非常耗时。2006 年和 2007 年欧洲法院程序平均时长 18 个到 24 个月。然而，2008 年 3 月之后，《欧洲法院程序规则》（*the Rules of Procedure of the*

1366　10 March 1981，Joined Cases 36 and 71/80，*Irish Creamery Milk Suppliers Association and others* v. *Ireland*，par.7–8.

1367　进一步参见第七章第 3 节。

1368　5 April 1979，Case 148/78，*criminal proceedings against Tullio Ratti*，par.24. 参见欧洲法院在相当模糊的情况下判定初步裁定可被受理 25 April 2013，Case C-212/11，*Jyske Bank Gibraltar Ltd* v. *Administración del Estado*，par.35：“被请求进行解释的 2005/60 在 2005 年 12 月 15 日生效，这就是说，是在 the Servicio Ejecutivo 于 2007 年 1 月 30 日和 6 月 12 日向 Jyske 请求获得信息之前。此外，尽管该指令转化截止日期为 2007 年 12 月 15 日，关于 the Consejo de Ministros 公布的针对 Jyske 的判决的合法性的主要审理程序是在 2009 年 10 月 23 日，这就是说，在转化截止日期之后。”

1369　在 *Skanavi*（29 February 1996，Case C-193/94，*criminal proceedings against Sofi a Skanavi and Konstantin Chryssanthakopoulos*）案中，欧洲法院就从轻原则的适用使用了附条件的形式。国家法院可以适用规则，前提是其在国家法律中找到依据。根据《宪章》第 49 条，这不再是一个条件。

Court）规定了在裁定事关正被羁押的公民的时候适用最低限度的迟延。这个新规则所涉第一案是 2008 年 2 月 18 日欧洲法院接收到的初步裁定申请，并于 2008 年 7 月 17 日做出裁决。[1370]

8.4 欧洲法院程序

《欧洲法院规约》第三议定书第 23 条要求决定暂停诉讼并向欧洲法院提交申请的那个国家法院要通知欧洲法院该决定。欧洲法院的常务官长（Registrar）将会就争议中行为的有效性或解释问题通知国家诉讼程序中的
348 相关诉讼方、所有成员国、欧盟委员会以及在相关的情况下通知适用了该行为的欧盟机关、主体、办公室或机构。所有获得通知者皆可向欧洲法院递交陈述或书面意见。

尽管成员国国内诉讼中的一方没有权利向欧洲法院提出初步裁定的申请，但是一旦国家法院做出了此类决定，那么诉讼方可以向欧洲法院递交书面意见。如果进行听证，诉讼方可以出庭并在欧洲法院陈词。欧洲法院认为所有争议所涉方都能够有机会发表意见是极为重要的。在所有意见被陈述之后，法律顾问将发表自己的观点，之后欧洲法院将会做出判决。

如之前提到的，新条文 23（a）在 2008 年 3 月 1 日生效，并且被纳入了既存的《欧洲法院规约》议定书，该条规定了《欧洲法院程序规则》可以规定简要或是加速程序，或是涉及自由、安全和公正的初步裁定特别程序，或是一个紧急程序。[1371]《欧洲法院程序规则》第 104b 条规定，如果第三支柱事项和庇护问题会由于适用初步裁定的一般程序而受到损害，那么可以适用紧急程序。此外，欧盟理事会同样呼吁欧洲法院在涉及自由剥夺的情况下适用初步裁定紧急程序。[1372]迄今为止，欧洲法院可以在两个月内做出判决。

在国家法院或是其他审判组织适用紧急程序的情况下，其必须说明构成紧急情况并适用例外程序的事实和 / 或法律。此外，提交申请的法院必

1370　17 July 2008，Case C-66/08，*proceedings concerning the execution of a European arrest warrant issued against Szymon Kosłowski*.

1371　Council Decision 2008/79/EC，Euratom of 20 December 2007 amending the Protocol on the Statute of the Court of Justice，OJ 2008，L 24/42.

1372　Statement by the Council，OJ 2008，L 24/44.

须尽可能地阐述出其就提交问题的意见。[1373]

紧急程序在第一年的实施实践表明欧洲法院非常宽松。[1374] 对于欧洲法院而言，最能说服其启动紧急程序的理由就是被告人的自由状态完全取决于欧洲法院的回答。[1375] 在 *El Dridi* 案中，被告人“被羁押”这一事实就足够 349
了，[1376] 在 *Vo* 的案件中，被告人被判监禁四年零三个月。[1377] 然而，法律顾问 Sharpston 警告，紧急情况不得被过于频繁地使用，因为这对于其他待决案件有重大影响。[1378] 被告人在卢森堡出席听证可能会产生问题，因为欧洲法院在其场所没有羁押设施。鉴于这是法院在刑事诉讼中的一项职能，这必须被认为是一个严重的疏漏。

8.5 欧洲法院的回复

原则上讲，国家法院决定在其申请中涉及哪些欧盟法条款。然而，欧洲法院并不受到所提交的条款范围的约束，如果这样做有助于国家法院审理其面临的待决案件。[1379] 欧洲法院将会作出一个解释性的法律说明：“初步裁定并不创造或改变法律，而是解释性的，原则上讲，其从被解释的规则

1373 Rule 104b Rules of Procedure of the Court of Justice.See，further，Recommendations to national courts and tribunals in relation to the initiation of preliminary ruling proceedings，OJ 2012，C 338/1 and the Practice directions to parties concerning cases brought before the Court，OJ 2014，L 31/1.

1374 然而，欧洲法院曾经判决，如果刑事程序从 2004 年就已经待审，而且相关国家机构暂停对被告人提供任何欧盟经济协助，那么紧急程度不能保证适用此类程序。See 24 June 2010，Case C-375/08，*criminal proceedings against Luigi Pontini and Others*，par 42–43.

1375 6 May 2014，Case C-181/14，*criminal proceedings against G* and 27 May 2014，Case C-129/14 PPU，*criminal proceedings against Zoran Spasic.*

1376 28 April 2011，Case C-61/11 PPU，*criminal proceedings against Hassen El Dridi alias Soufi Karim*，par.27. *Idem* 1 December 2008，Case C-388/08 PPU，*criminal proceedings against Artur Leymann*，*Aleksei Pustovarov*，par.37–39.Pustovarov 被羁押，Leymann 被假释。

1377 10 April 2012，Case C-83/12 PPU，*criminal proceedings against Minh Khoa Vo.*

1378 Opinion of AG Sharpston of 9 July 2012，Case C-278/12 PPU，*Atiqullah Adil v. Minister voor Immigratie*，*Integratie en Asiel*，point 32：“这是一个例外程序，应该只在真的必须立刻解决的情况下才能够被启用。这要求欧洲法院集中使用司法和行政资源。鉴于此，如果该程序被过于频繁地申请，这将会抢夺欧洲法院其余案件的资源。很明显，如仅仅为了更快地获得答复而相关事实不满足申请紧急程序的条件时，那么就不应该申请紧急程序。”

1379 25 January 2007，Case C-321/03，*Dyson Ltd* v. *Registrar of Trade Marks*，par.24.

生效起有效。”[1380]欧洲法院“按照规则应有之义规范和定义该规则，并且从规则生效之时起适用”[1381]。

在接到欧洲法院的判决之后，国家法院将会解释并将之适用到国内案件中。然而，国家法院可以根据本国法律，决定首先允许诉讼方就该判决对国家刑事诉讼有何意义一事各抒己见。如果国家法院认为还有进一步的解释问题，其还可以再次向欧洲法院提出申请。在同一诉讼中，并没有正式规定限制国家法院向欧洲法院提交申请的次数。

1380　12 February 2008，Case C-2/06，*Willy Kempter KG* v. *Hauptzollamt Hamburg-Jonas*，par.35. See，further，Chapter 4，Section 3.

1381　6 March 2007，Case C-292/04，*Wienand Meilicke*，*Heidi Christa Weyde*，*Marina Stöfl er* v. *Finanzamt Bonn-Innenstadt*，par.34.

第七章　欧盟量刑和监禁相关法律

1. 简　介

本章相较于其他章节如此简短，应该被视为表明了欧盟法仅仅处在起 351
草关于量刑和监禁方面具体法规的初级阶段。尽管曾经的欧共体一审法院（the Court of First Instance）和欧洲法院在一些竞争法案件中的量刑方面有过判例法，但是根据《马斯特里赫特条约》的结论，在刑法方面的首批公约和联合行动文件通过之前并没有很多判例。在此之后，在针对欧盟欺诈犯罪量刑方面，欧盟对于成员国立法有很大影响。然而，欧洲法院至今还没有对这个立法发展做出太多判决。可能的原因是，直到最近，在许多案件中欧盟委员会没有权利在欧洲法院就相应的违反行为起诉成员国。曾在第三章中讨论过的关于欧盟法的效果和义务的一般规则在量刑事项中同样适用。欧洲法院判决：

> 当欧共体的法律没有为违法行为特别规定任何刑罚或是要求成员国法律进行规定的时候，《欧共体条约》第 5 条要求成员国采取一切必要措施保证欧共体法律的实施和有效性。为了此目的，尽管成员国对于选择何种刑罚保有自由裁量权，但是它们必须保证违反欧共体法律的行为在符合程序和实体条件的情况下被处罚，这些条件要与适用于违反具有类似属性和重要性的成员国法律的那些条件具有可比性，并且在任何时候，都要令刑罚有效、合比例以及具有劝诫功能。[1382]

1382　26 October 1995，Case C-36/94，*Siesse – Soluções Integrais em Sistemas Software e Aplicações Lda* v. *Director da Alfandega de Alcantara*，par.20.

352 希腊玉米案中的标准和非歧视规则都对刑罚的施加有影响。在类似情况下，对非本国国民的处罚不得比本国国民更加严厉。[1383]结果就是，一个成员国不得仅仅因为外国人不适宜参加改造项目，将在服刑之后被驱逐出境而对其判处更高的刑罚。[1384]与之类似，具有国际因素的犯罪不得比仅仅是国内犯罪处以更加严厉的刑罚。欧洲法院曾经判决，在与进口商品相关的逃避增值税的情况下，相较内部贸易规定更高的刑罚是不符合欧盟条约的，“只要刑罚差别相较于两类犯罪之间的不同点不合比例”。[1385]

本章首先解决成员国刑法中规定的处罚的要求（第 2 节），然后讨论量刑标准（第 3 节）。第 2 节单独讨论了欧盟法对于立法的影响，而第 3 节讨论了成员国法院实际量刑时适用的规则。成员国法律中规定的处罚和在具体量刑上欧盟法的应用之间的区别可以进行如下总结。欧盟法包括应该被规定进成员国刑法的量刑规则。成员国立法机关被告知这些规则。此外，欧盟法在具体案件中指示了量刑标准。这些规则可以，但是不必要，告知立法机关：国家法院在审判中适用本国刑法时必须遵守这些规则。应该告知成员国刑事法院关于量刑的欧盟法规则。

2. 成员国法律中应该规定的刑罚

在早期已经确定，一般而言，成员国有义务获得某结果。无论怎样，成员国必须遵守欧盟法。在缺乏将某特定行为入罪的具体义务的情况下，成员国可以或不得将违反欧盟法的行为入罪。然而，同化原则可以强迫成员国规定相应刑罚。成员国规定的刑罚必须符合希腊玉米案标准。

353 除了那些将刑罚留给成员国进行规定的法律文件，[1386]一些指令和框架决定可以要求将特定行为入罪。[1387]结果就是，框架决定和指令编纂了希腊玉米

1383 8 July 2010，Joined Cases C-447/08 and C-448/08，*criminal proceedings against Otto Sjöberg*（C-447/08），*Anders Gerdin*（C-448/08），par.55–57

1384 这是《关于监督措施的框架决定 2009/829》背后的理由之一。进一步参见第七章第 3 节和第八章第 5.2 节。

1385 25 February 1988，Case 299/86，*criminal proceedings against Rainer Drexl*，par.23–25.

1386 在第五章第 2 节，出现了什么才是刑罚这一问题。

1387 有趣的是，《关于通过刑法保护环境的指令 2008/99》叙文 10 表明，成员国没有义务在个案中适用刑罚。司法裁量权受到保护。

案的标准："每一个成员国应该采取必要措施保证规定在 XX 条中的犯罪可以以一种有效、合比例且有劝诫功能的刑罚被处罚"[1388]，经常还会补充规定这些措施应该涉及"剥夺自由，其可以引发引渡程序"[1389]。

规定法人处罚的条款会额外涉及希腊玉米案标准。[1390] 标准段落如下：

> 成员国应该采取必要措施保证根据 XX 条负有责任的法人可以以一种有效、合比例且有劝诫功能的刑罚被处罚。

希腊玉米案标准出现两次的可能原因是该标准具有区分的目的。第一次出现表明针对自然人必须规定有效的刑罚，而第二次则适用于针对法人采取的刑法和非刑法属性的处罚。后者允许成员国规定非刑法属性的处罚，而同时保证所有针对法人的处罚遵守相同标准。此外，第二次提到希腊玉米案标准突出表明针对法人可能要不得不规定某些具体刑罚。

在法律文件中提及国家刑法应该规定的刑罚的时候，大部分情况下并没有提到同化原则。[1391] 因为所有对执行具有规范性影响力的一般标准都有效，354
所以同化原则也必须被遵守。然而，在一些时候，该原则会被提及。例如，《关于打击恐怖主义的框架决定 2002/475》第 5 条第 2 款要求成员国保证"处罚恐怖主义犯罪的自由刑要比根据成员国法律施加于缺乏特定故意的此类罪行的刑罚更严厉"。本条款应该被视为表明了恐怖主义的"特定故

1388 Article 5 *Directive 2008/99 on the protection of the environment through criminal law.*

1389 Article 5 *First Protocol Financial Interests Convention*; Article 5 *Corruption Convention*; Article 6, paragraph 1 of the repealed *Framework Decision 2000/383 on the Introduction of the Euro*, which has not been repeated in its successor *Directive 2014/62 on the Protection of the Euro*; Article 6 *Framework Decision 2001/413 on Combating Fraud*; Article 3 *Directive 2002/90 on Unauthorised Entry*; Article 5 *Framework Decision 2002/475 on Combating Terrorism*; Article 3, paragraph 1 *Framework Decision 2002/629 on Combating Trafficking in Human Beings*; Article 1 *Framework Decision 2002/946 on Unauthorised Entry*; Article 5 *Framework Decision 2003/80 on the Protection of the Environment* (nullified by the Court); Article 4, paragraph 1 *Framework Decision 2004/757 on Illicit Drug Trafficking*; Article 4 *Directive 2011/36 on Trafficking in Human Beings.*

1390 Article 5 *Framework Decision 2002/629 on Combating Trafficking in Human Beings*; Article 3 *Framework Decision 2002/946 on Unauthorised Entry*; Article 7 *Framework Decision 2003/80 on the Protection of the Environment* (nullified by the Court); Article 6 *Framework Decision 2003/568 on Corruption in the Private Sector*; Article 13 *Directive 2011/93 on Sexual Abuse of Children*; Article 7 *Framework Decision 2004/757 on Illicit Drug Trafficking.*

1391 关于同化原则，参见第三章第 3.2 节。

意”将之与既存的国家法律规定的犯罪区分开来，结果就是，应该规定更加严厉的刑罚。另一处规定同样确认了同化原则的一般适用性：

> 成员国应该确保在其司法体系中，针对严重毒品犯罪的刑罚是在同等严重犯罪可用的刑罚中最为严厉的一种。[1392]

修复性司法

《关于被害人权利的指令 2012/29》是第一部提及修复性司法的法律文件。其在第 2 条中甚至对此做出了定义：“修复性司法是指那些允许被害人和犯罪行为人在自愿的情况下，通过中立第三方的帮助积极参与解决由犯罪导致的事项的任何程序。”尽管第 12 条详细地规定了修复性司法，但是其没有创设任何义务。第 1 款使用了表述“当规定了修复性司法服务的时候”。这并没有规定义务，而是当成员国采用修复性司法时应该遵守的特定规则。[1393]

处罚模式

欧盟立法规定了一系列处罚模式。[1394]《欧盟基本权利宪章》第 2 条明确排除了死刑及其执行。然而，法律文件中提及了大量其他模式。总体印象就是，处罚模式应该更强调改造再教育因素而非其惩罚性，这一点是欧
355 盟法所缺乏的。例如，没有任何法律文件提到了社区服务。修复性司法也是最近才出现。然而，这可能与欧盟立法所针对的犯罪严重性有关。对量刑目的进行原则性和基础性的定义是不可能的。只有欧盟在处罚上的合作中提到了监禁之外的模式，如《关于监督缓刑措施的框架决定 2008/947》。然而，本框架决定中确实要求成员国规定不涉及剥夺自由的处罚方式。

与之相同的是，一些成员国区分了主刑和附加刑，区分了处罚（sanction）和措施（measure）。法律顾问 Bot 以更加笼统的方式表示刑罚必

1392 《非法毒品贩卖的联合行动文件 96/750》第 4 条，以及以一种类似的方式。Council Resolution of 20 December 1996 on sentencing for serious illicit drug-trafficking，OJ 1997，C 10/3.

1393 参见第六章第 7.2 节。

1394 刑罚的一般种类和《关于 ECRIS 的决定 2009/316》附录 B 中的措施没有关系。这些类别和相应的条款反映了现行的刑罚类别和措施。进一步参见第八章第 4.1 节。

须有助于被定罪人的改造。[1395]欧洲法院在其判例法中明确表示应该采取最轻的处罚方式："当可以在数个恰当的措施之间选择时，必须采用最轻的那一个，不利影响不得与追求的目的不合比例。"[1396]当针对国内违法行为定罪判决要求行为人远离其妻子，但是夫妻在判决后和解，国家法院施加于犯罪行为人的刑罚在之后阶段可能产生间接后果，而《关于被害人地位的框架决定 2001/220》（现被《关于被害人权利的指令 2012/29》取代）不得被理解为成员国同样有义务保护被害人免于受到这种间接后果的影响。[1397]框架决定第 8 条不能被解释为其限制成员国选择刑罚模式。针对性犯罪者的干扰项目[1398]的主要目的是防止再犯，并将再犯可能性最小化。

监禁

在所有欧盟法律文件中都可以找到监禁这一刑罚模式。在联合行动文件的早期，仅仅是简单规定，在严重的案件中，应该"至少"规定涉及剥夺自由的刑罚（《关于私人部门腐败问题的联合行动文件 98/742》第 4 条）。从此，这些义务变得愈加具体。

在如何选择适用最恰当的刑罚方面，[1399]欧盟理事会同意以下分级能够 356
帮助确定刑罚：

> 第一级：最高刑至少在一至三年之间的监禁；
> 第二级：最高刑至少在二至五年之间的监禁；
> 第三级：最高刑至少十年的监禁（应判处非常严厉刑罚的案件）。[1400]

1395 Opinion of 8 June 2010 of Advocate General Bot，Case C-145/09，*Land Baden-Württemberg* v. *Panagiotis Tsakouridis*，points 48–50.

1396 9 February 2012，Case C-210/10，*Márton Urbán* v.*Vám-és Pénzügyőrség észak-alföldi Regionális Parancsnoksága*，par.24.

1397 15 September 2011，Joined Cases C-483/09 and C-1/10，*Magatte Gueye and Valentín Salmerón Sánchez*，par.67.

1398 Articles 21–24 and Recitals 37–39 *Directive 2011/93 on Sexual Abuse of Children.*

1399 Council Conclusions on the approach to apply regarding approximation of penalties of 24 and 25 April 2002，Brussels 27 May 2002，9141/02.

1400 《关于性侵儿童的指令 2011/93》叙文 11 直接引用了欧盟理事会的结论。存疑的是这些等级具体含义是什么，叙文 25 同样对此作出了规定："作为将刑法协调一致的工具，该指令规定的刑罚等级应该毫无差别地适用于成员国关于儿童犯罪者的特殊刑事政策。"

通过下面的立法实践分析，可以清楚地看出三个分级对于限制量刑级别的多样性并没有什么作用。它们被简单地遗忘了。

总体而言，欧盟避免就成员国应该规定在其刑法中的刑罚对成员国做出具体的指导。值得一提的一个例外就是所谓的最低—最高（*minimum-maximum*）刑。[1401] 这个义务表述如下：

> 每一个成员国应该采取必要措施确保在 XX 条定义下的罪行被处以如下刑罚：(……)

在包括最低—最高刑的文件中，为轻微犯罪规定了如下不同级别：

——最高刑罚涉及监禁的；[1402]
——最高刑期至少一年；[1403]
——最高刑期至少在一至三年之间；[1404]
357 ——最高刑期至少两年；[1405]
——最高刑期至少两年，至少是对于非轻微案件；[1406]
——最高刑期至少在两至五年之间。[1407]

1401 本义务必须被认为是同化原则一般适用性的一种例外，因为其需要规定刑罚特定等级的条款，而无论国家刑法在具有可比性的违法行为方面进行何种规定。

1402 Article 5，paragraph 2 *Directive 2014/62 on the Protection of the Euro.*

1403 Article 3，paragraph 2，Article 4，paragraphs 4 and 7，Article 5，paragraphs 2 and 3，Article 6，paragraph 1 *Directive 2011/93 on Sexual Abuse of Children.*

1404 Article 4，paragraph 2 *Framework Decision 2003/568 on Corruption in the Private Sector*；Article 4，paragraph 1 *Framework Decision 2004/757 on Illicit Drug Trafficking*；Article 6，paragraph 2 of the replaced *Framework Decision 2005/222 on Attacks against Information Systems*；Article 4，paragraphs 1 and 7 *Framework Decision 2005/667 on Ship-source Pollution*（被欧洲法院认定无效）；Article 3，paragraph 2 *Framework Decision 2008/913 on Racism and Xenophobia.*

1405 Article 3，paragraph 3，Article 4，paragraphs 2 and 4，Article 5，paragraphs 4 and 5 *Directive 2011/93 on Sexual Abuse of Children*；*Article 7，paragraph 2 Directive 2014/57 on Market Abuse.*

1406 Article 9，paragraph 2 *Directive 2013/40 on Attacks against Information Systems.*

1407 Article 7，paragraph 1 of the replaced *Framework Decision 2005/222 on Attacks against Information Systems*；Article 4，paragraph 5 and Article 6 *Framework Decision 2005/667 on Ship-source pollution*（nullified by the Court）；Article 3，paragraph 1 *Framework Decision on the fight against organised crime.*

在三年之上的刑期被认为是针对严重刑事犯罪。如果根据成员国法律判处某罪行至少三年监禁或羁押，那么这意味着，该罪行与《关于欧洲逮捕令的框架决定 2002/584》第 2 条第 2 款规定的那些罪行相当或是等同。[1408]

——最高刑期至少三年；[1409]

——最高刑期至少或是不少于四年；[1410]

——最高刑期至少是四年或是更高刑罚；[1411]

——最高刑期至少五年；[1412]

——最高刑期至少在五年至十年之间；[1413]

——最高刑期至少或是不少于八年；[1414]

——最高刑期至少十年；[1415] 358

1408 Article 2，sub k *Eurodac Regulation 603/2013.*

1409 Article 3，paragraph 5，Article 5，paragraph 6 *Directive 2011/93 on Sexual Abuse of Children.*Also provided in Article 9，paragraph 3 *Directive 2013/40 on Attacks against Information Systems*，*on condition that several additional factors apply.*

1410 Article 2 *Framework Decision 2001/500 on Money Laundering*；Article 7，paragraph 3 *Directive 2014/57 on Market Abuse.*

1411 Article 1 *Joint Action 98/733 on Participation in a Criminal Organisation.* 比较稀奇的是，《关于打击有组织犯罪的框架决定 2008/841》废除了联合行动文件，前者的第 3 条将最低—最高刑降低至两年和五年之间。

1412 Article 4，paragraph 1 *Directive 2011/36 on Trafficking in Human Beings*；Article 3，paragraphs 4，5 and 6，Article 4，paragraphs 2，3，5，6 and 7 *Directive 2011/93 on Sexual Abuse of Children.* Also provided in Article 9，paragraph 4 *Directive 2013/40 on Attacks against Information Systems*，*on condition that several additional factors apply*；Article 5 *Directive 2014/62 on the Protection of the Euro.*

1413 Article 4，paragraph 2 and 4 *Framework Decision 2004/757 on Illicit Drug Trafficking*；Article 4，paragraph 4 *Framework Decision 2005/667 on Ship-source Pollution.*（被欧洲法院认定无效）

1414 Article 5，paragraph 3 *Framework Decision 2002/475 on Combating Terrorism*；Article 3，paragraph 2 *Framework Decision 2002/629 on Combating Trafficking in Human Beings*；Article 1，paragraph 3 *Framework Decision 2002/946 on Unauthorised Entry*；Article 3，paragraph 5，Article 4，paragraphs 3 and 5 *Directive 2011/93 on Sexual Abuse of Children*；Article 5 *Directive 2014/62 on the Protection of the Euro.*

1415 Article 4，paragraph 3 *Framework Decision 2004/757 on Illicit Drug Trafficking*；Article 4，paragraph 2 *Directive 2011/36 on Trafficking in Human Beings*；Article 3，paragraphs 5 and 6，Article 4，paragraph 6 *Directive 2011/93 on Sexual Abuse of Children.*

——最高刑期不少于十五年。[1416]

最低—最高刑具体意味着什么呢？一个详细的分析表明这些条款规定的唯一义务就是成员国必须确保其立法中规定的最高刑与欧盟法要求保持一致或是更高。[1417]上述列表中最低—最高刑能够分别表述为最高刑期至少为一年、两年、四年等，因为所有等同于或是高于最低年限的规定都符合要求。这是对立法者提出的要求。然而，其并没有要求国家法院施加最高刑，也没有强迫成员国采取绝对或是最低刑罚。[1418]

尽管是其令人困惑的名字，最低—最高刑与绝对刑无关。欧盟法既没有强制，也没有禁止最低刑。[1419]成员国可以完全自由地遵从自己的意愿。在《阿姆斯特丹条约》议定书中，这一点表述为，允许那些最低刑
359 期要求不符合其体系的成员国不在体系中引入最低刑期。《里斯本条约》没有此类议定书，《欧盟运行条约》第83条确实要求引入最低刑期。然而，如果成员国认为这将会对其刑事司法基础造成影响，那么其可以不采取此类措施。

一些刑罚被认为过于严苛。作为毒品犯罪的判决的一部分，意大利公民 Donatella Calfa 自动被终身禁止进入希腊国土。欧洲法院认为这对自由迁

1416 Article 5，paragraph 3 *Framework Decision 2002/475 on Combating Terrorism*.Dr.Pedro Caeiro of Coimbra University 如下观点引起了作者注意。框架决定的葡萄牙语版本在第 5 条第 3 款中犯了一个错误，省略了单词“最高”（maximum）。结果就是仅仅表述了最低刑期：“Cada Estado-Membro tomará as medidas necessárias para assegurar que as infracções referidas no artigo 2.o sejam passíveis de penas privativas de liberdade que não podem ser inferiores a quinze anos para a infracção prevista no n.o 2，alínea a），do artigo 2.o e a oito anos para as infracções previstas no n.o 2，alínea b），do artigo 2.o Na medida em que a infracção prevista no n.o 2，alínea a），do artigo 2.o apenas se refira ao acto previsto na alínea i）do n.o 1 do artigo 1.o，a pena máxima não.”考虑到解释的一般规则，即解读条款时必须考虑其他语言版本，葡萄牙（及其他成员国）没有义务引入最低刑期。进一步参见第四章第 3 节。葡萄牙确实引入了最低刑期的事实是基于一种误解，即母语版本的适用性具有排他性。

1417 参见第二章第 4.4 节，这些种类的义务具有相对温和的协调功能。

1418 一些条例规定了应该保留的最低限度。Commission Regulation 150/2001 of 25 January 2001 规定了在渔业经营者非法干涉机制情况下适用于经营者的刑罚这一方面 Council Regulation 104/2000 的具体适用规则，并且修订了 Regulation 142/98，OJ 2001，L 24/10。第 3 条第 5 款规定了被保留的底线和规定的其他处罚，这些不应该被认为是刑事处罚。

1419 然而，有一些迹象表明，固定刑期可能违反了比例原则，以及个人刑事责任。进一步参见本章第 3 节。

移造成的侵害是不可接受的。[1420] 这个关于驱逐令的判例法引发的问题是，比例原则的适用是否能够排除最低刑罚。支持欧盟法中最低刑罚的主张认为欧洲法院承认，当立法机关认为某一最低刑期对于特定罪行是合比例的，那么比例原则的要求就已经被满足了。

自由刑之外的刑罚

尽管欧盟立法者表示自己“相信”监禁的震慑作用，[1421] 其确实规定了其他方式。后者主要是针对在私人部门中主动或被动贪污的轻微案件（《关于私人部门腐败问题的联合行动文件 98/742》第 4 条第 2 款）。《关于保护环境的框架决定 2003/80》（被欧洲法院认定无效）同样建议了自由刑之外的刑罚：

> 当导致了他或她有罪的行为显示了同类罪行有明显再犯风险的情况下，特别是取消自然人参与需要官方授权或批准的活动的资格，或是取消其参与创建、管理或领导一个公司或基金会的资格。[1422]

《关于性侵儿童的指令 2011/93》指示成员国制定条款屏蔽儿童色情网站。[1423]

罚金

在自然人方面，没有任何条款提及了罚金，既没有作为刑罚的一种模式，也没有作为一种附加刑。这引发的问题就是针对欧盟层面的欺诈犯罪的罚金是否应该被认为不符合希腊玉米案标准。罚金是否应该被认为无效，360
没有足够劝诫功能，或是与欧盟规范的犯罪的严重性不合比例？

没收

《关于冻结犯罪所得的指令 2014/42》要求成员国在其立法中规定没收，

1420 19 January 1999，Case C-348/96，*criminal proceedings against Donatella Calfa*.

1421 参见《关于保护欧元的指令 2014/62》叙文 17：“针对自然人的有期徒刑对于潜在的犯罪者有强烈的震慑作用，对于整个欧盟都有效果。”

1422 Article 5，paragraph 2 *Framework Decision 2003/80 on the Protection of the Environment*; similarly, Article 4，paragraph 3 *Framework Decision 2005/667 on Ship-source Pollution.*（被欧洲法院认定无效）

1423 Article 25 and Recital 47 *Directive 2011/93 on Sexual Abuse of Children.*

全部或部分债券和收益或财产，其价值等同于刑事犯罪最终判决中要求的债券或收益的价值。该义务仅限于第3条列举的数个欧盟层面的欺诈犯罪。第5条规定了扩大化的没收：

> ……如果一个法院认为所涉财产来源于犯罪行为。这并不意味着其必须证明所涉财产来源于犯罪行为。成员国可以规定，例如，法院可以考虑平衡可能性，或是合理假设在实质上，相较于其他行为，所涉财产更有可能来源于犯罪行为。在这种情况下，法院不得不考虑案件的特殊案情，包括，做出扩大化的没收决定的事实和证据。个人的财产与其合法收入不成比例可能导致法院作出结论，认定财产来源于犯罪行为。成员国还可以规定在特定时间段内获得的财产可以被视为来源于犯罪行为。[1424]

临时或是永久禁止从事职业行为

《关于性侵儿童的指令2011/93》第10条要求成员国确保被判犯有本指令规定的犯罪的自然人被临时或是永久禁止从事与儿童监管有关的职业行为。[1425]这种规定是为了保护儿童被害人。[1426]这同样意味着雇主可以获取定罪信息，成员国必须就此信息进行交换。[1427]

驱逐出境

除了刑罚，成员国应该"在恰当的时候"，考虑驱逐出境。[1428]然而，
361 对于欧盟公民，《关于自由迁移的指令2004/38》第33条第1款规定："成员国不得使用驱逐出境作为刑罚或是监禁的一种法律后果，除非它们满足第27、28或是29条的要求。"[1429]在针对实施了犯罪的欧盟公民的自动驱逐令的情况下，欧洲法院认定驱逐一名欧盟公民的决定必须基于个人行为，

1424 Recital 21 *Directive 2014/42 on Freezing Proceeds of Crime.*

1425 Article 2，paragraph 2 *Framework Decision 2002/946 on Unauthorised Entry.*

1426 Article 10 and Recital 40 *Directive 2011/93 on Sexual Abuse of Children.*

1427 Article 10，paragraphs 2 and 3 *Directive 2011/93 on Sexual Abuse of Children.*

1428 Article 2，paragraph 2 *Framework Decision 2002/946 on Unauthorised Entry.*

1429 这些文章讨论了基于公共政策、公共安全或公共健康设置的限制。进一步参见第三章第4.6.1节。

不得基于之前的判决。[1430]

与之类似地，《关于打击恐怖主义的框架决定 2002/475》第 2 条第 2 款 b 项中故意参与恐怖组织活动不是导致《关于第三国国民或无国籍人士作为难民或作为其他需要国际保护的人的资格和地位的最低限度标准以及所授予保护的内容的指令 2004/83》第 2 条第 2 款 b 项排除条款的自动适用。[1431]

针对法人的处罚

在第三支柱的早期，对义务的规定并不明确："法人可以以一种有效、合比例和劝诫的方式受到处罚并且……可以对其施加实体和经济处罚。"（《关于参与犯罪组织的联合行动文件 98/733》第 3 条）成员国就法人是否应该承担刑事责任无法达成共识。[1432]《船源污染框架决定 2005/667》（被欧洲法院认定无效）规定了最低—最高罚金：

> 最高罚金至少在 150,000 欧元和 300,000 欧元之间；
>
> 对于更加严重的罪行，最高罚金至少在 750,000 欧元和 1,500,000 欧元之间。

第 6 条第 3 款进一步规定了成员国可以根据法人的营业额判处与之成比例的罚金数额。这个体系已经在经济法领域适用了很多年。

规定法人实体的刑事责任的法律文件还提到，成员国还允许适用刑事罚金或是非刑事的罚款以及其他处罚，例如：

> （a）将之从税款减免或其他补助，或公共援助中排除； 362
>
> （b）临时或永久地撤销其从事商业活动的资格；
>
> （c）受到司法监督；
>
> （d）勒令司法清算；
>
> （e）临时或永久关闭用于实施犯罪的场所；

1430　7 June 2007，Case C-50/06，*Commission* v. *The Netherlands*. 进一步参见第三章第 4.4 节。

1431　9 November 2010，Joined Cases C-57/09 and C-101/09，*Bundesrepublik Deutschland* v. *B*（*C-57/09*），*D*（*C-101/09*），par.93.

1432　参见第五章第 3.5 节。

（f）没收。

大部分法律文件规定了 a、b、c 和 d。[1433]e[1434] 和 f[1435] 出现得较少。仅仅是无效的《船源污染框架决定 2005/667》要求采取特定措施消除导致法人责任的犯罪的影响。与之相反，《关于通过刑法保护环境的指令 2008/99》第 7 条笼统地援引了希腊玉米案标准。

3. 量刑标准

相较于在量刑上的少数判例，欧盟立法者对量刑异常关注。成员国必须规定特定等级的处罚。然而，个案中的对处罚的判定是由国家刑事法院来决定的。《关于性侵儿童的指令 2011/93》叙文 15 区分了成员国
363 在其法律中规定相关处罚的义务以及在具体案件中的自由裁量：“在欧盟法打击针对儿童的性侵、性剥削和儿童色情方面，本指令要求成员国在其国家立法中规定刑罚。本指令没有强制要求成员国在个案中适用此类刑罚，或是任何其他可用的体系。”即使在这个领域，欧盟法也规定了适用量刑的规则。一般性规则是，根据希腊玉米案标准，应该由国家法

1433 Article 5 *Second Protocol Financial Interests Convention*; Article 8 *Framework Decision 2002/475 on Combating Terrorism*; Article 7 *Framework Decision 2003/80 on the Protection of the Environment* (nullified by the Court); Article 7 *Framework Decision 2004/757 on Illicit Drug Trafficking*; Article 6 *Framework Decision 2008/913 on Racism and Xenophobia*; Article 6 *Directive 2011/36 on Trafficking in Human Beings*.

1434 Article 8 *Framework Decision 2002/475 on Combating Terrorism*; Article 7 *Framework Decision 2004/757 on Illicit Drug Trafficking*; Article 11 *Directive 2013/40 on Attacks against Information systems*; Article 6 *Framework Decision 2005/667 on Ship-source Pollution* (nullified by the Court); Article 6 *Framework Decision 2008/841 on the fight against organised crime*; Article 13 *Directive 2011/93 on Sexual Abuse of Children*; Article 9 *Directive 2014/57 on Market Abuse*; Article 7 *Directive 2014/62 on the Protection of the Euro*.

1435 *Second Protocol Financial Interests Convention*; *Joint Action 98/742 on Corruption in the Private Sector*; the repealed *Framework Decision 2000/383 on the Introduction of the Euro*, not repeated in its successor *Directive 2014/62 on the Protection of the Euro*; *Framework Decision 2002/629 on Combating Trafficking in Human Beings*; *Framework Decision 2002/946 on Unauthorised Entry*; *Framework Decision 2003/568 on Corruption in the Private Sector*; *Directive 2011/93 on Sexual Abuse of Children*; *Framework Decision 2004/757 on Illicit Drug Trafficking*.

院来决定刑罚的程度。[1436] 总体而言，标准是按照成员国刑事司法体系中规定的相关内容进行表述的。例如，在 1996 年 12 月 20 日《关于严重非法毒品交易的决议》（*Resolution of 20 December 1996 on sentencing for serious illicit drug-trafficking*）提到如下量刑因素：

——交易的范围；
——从非法毒品交易中获益的程度；
——犯罪行为人在其所属的犯罪组织实施的犯罪中的参与程度；
——行为人对于毒品交易组织的控制程度；
——未成年人的被害程度或对未成年人的利用。

《关于被害人权利的指令 2012/29》规定在一般情况下刑事诉讼应该允许被害人出庭，但是成员国法院没有义务遵从被害人的观点。即使被害人的观点不能够影响判决，例如在绝对刑的情况下，也是如此。[1437]

比例原则

这些因素被认为是罪刑相适应原则的一部分。比例原则属于欧盟法基本原则，《宪章》中亦有规定：“刑罚的严苛程度不得与刑事犯罪不合比例。”（《宪章》第 49 条第 3 款）然而，《宪章》不是第一个规定比例原则的法律文件。就该原则的适用问题存在大量的判例法。[1438]

《关于反不正当竞争法的条例 1/2003》第 23 条第 3 款规定：“在确定罚金数额时，应该同时考虑违法行为的严重性和持续时间。”公司的规模和经济能力也可以考虑在内，因此，欧盟委员会可以参考公司的总体营业额。[1439] 364

1436 26 October 1995, Case C-36/94, *Siesse – Soluções Integrais em Sistemas Software e Aplicações Lda* v. *Director da Alfandega de Alcantara*, par.24.

1437 Opinion of Advocate General Kokott of 12 May 2011, Joined Cases C-483/09 and C-1/10, *Magatte Gueye and Valentín Salmerón Sánchez*, points 54–59, 其提及了该框架决定的目的是给予被害人程序性保护，而非改变实体刑法，从而对此做出了解释。

1438 12 July 2001, Case C-262/99, *Paraskevas Louloudakis* v. *Elliniko Dimosio*, par.67.

1439 29 June 2006, Case C-289/04 P, *Showa Denko KK* v. *Commission*, par.16–17.

在各种处罚中，欧洲法院都适用了比例原则，[1440]包括刑罚。[1441]有判例法认定固定的刑罚是不合比例的。[1442]比例原则与违法行为严重性相关，包括两个因素。第一个因素与法律相关。在将某一行为入罪并适用最高或最低刑罚的时候，立法机关必须考虑该原则。第二个因素与国家法院实际判定刑罚相关。国家法院判定的刑罚必须与实际实施的犯罪合比例。欧洲法院曾经判决“适用的刑罚是否合比例只能在具体案件中实际施加的刑罚等级的基础上进行评判”。[1443]在另一个（竞争法）案件中，欧洲法院曾判决：

> 为了判断违法行为的严重性，有必要对每个公司的行为、在建立卡特尔的过程中每个公司扮演的角色以及它们从中的获利进行特别考虑。[1444]

相关因素包括实施的犯罪的特征和被告人的角色。如之前提到的那样，在一些情况下，施加刑罚可以被认为是不合比例的。[1445]在竞争法案件中，欧洲法院已经接受，在量刑中，应该适用平等待遇原则（equal treatment）。该原则禁止具有可比性的情况以不同方式处理，不同情况以相同方式处理。[1446]然而，欧洲法院不是那么倾向于认定平等待遇原则被违反了。

从轻原则

365 溯及既往地适用较轻刑罚的原则是成员国普遍具有的宪法传统，因此

1440 5 February 1987，Case 288/85，*Hauptzollamt Hamburg-Jonas* v. *Plange Kraft futterwerke GmbH & Co*，新增的 20% 退款是不正当的。在最初的刑罚被执行之后决定在将来进一步减少补贴的判决被认定是不合比例的。11 June 2009，Case C-170/08，*H.J.Nijemeisland* v. *Minister van Landbouw*，*Natuur en Voedselkwaliteit*.

1441 31 March 1993，Case C-19/92，*Dieter Kraus* v. *Land Baden-Württemberg*.

1442 20 February 1979，Case 122/78，*S.A.Buitoni* v. *Fonds d'Orientation et de Régularisation des Marchés Agricoles*；9 February 2012，Case C-210/10，*Márton Urbán* v.*Vám-és Pénzügyőrség észak-alföldi Regionális Parancsnoksága*，par.44.

1443 7 June 2007，Case C-156/04，*Commission* v. *Greece*，par.72.

1444 10 May 2007，Case C-328/05 P，*Appeal of SGL Carbon AG*，par.44.

1445 29 February 1996，Case C-193/94，*criminal proceedings against Sofia Skanavi and Konstantin Chryssanthakopoulos*. See，also，Chapter 5，Section 1.

1446 7 June 2007，Case C-76/06 P，*Britannia Alloys & Chemicals Ltd* v. *Commission*.

也是欧盟法基本原则的一部分。[1447]《宪章》禁止判处比在犯罪实施时间点适用的刑罚更加严苛的刑罚。然而，"如果之后的立法规定了更轻的刑罚，那么应该适用这个较轻的刑罚"（《宪章》第 49 条第 1 款）。第五章是从更加有利于犯罪行为者的角度来讨论从轻原则的。在这里，重点仅限于更加有利的刑罚，而没有涉及犯罪者。

震慑

欧洲法院曾在一个竞争法案件中判决震慑作用是在计算罚金数额时应该纳入考量的一个因素。其表示，因素应该包括，"尤其是，案件的特殊案情，其背景和罚金的劝诫效果"。[1448]

加重情节

《关于打击有组织犯罪的框架决定 2008/841》规定了一个一般性义务以确保，在犯罪组织框架下实施犯罪可以被视为加重情节。术语"加重情节"（aggravating circumstances）出现在《关于性侵儿童的指令 2011/93》第 9 条，[1449] 但是其他法律文件还提到了其他可以视为加重情节的情况。《关于非法贩运毒品的框架决定 2004/757》第 4 条第 2 款提到了两个较重情节的类型：

> 涉及大量毒品交易的犯罪；
>
> 罪行要么涉及会对健康造成最严重伤害的毒品，要么是会对数人健康造成严重伤害的毒品。

为了定罪，一些框架决定将加重情节作为判断更加严重犯罪的要件。[1450] 结果就是为了判断犯罪的严重性，与定罪相关的情节被再次使用。问题就是，对加重情节的双重使用，定罪和量刑，是否符合比例原则。《关于性

1447　8 March 2007，Case C-45/06，*Campina* v. *Hauptzollamt Frankfurt Oder.*

1448　8 February 2007，Case C-3/06 P，*Groupe Danone*，par.37.

1449　Article 4，paragraph 3 *Directive 2011/36 on Trafficking in Human Beings.*

1450　Article 3，paragraph 2 *Framework Decision 2002/629 on Combating Trafficking in Human Beings*; Article 1，paragraph 3 *Framework Decision 2002/946 on Unauthorised Entry*; Article 9 *Directive 2011/93 on Sexual Abuse of Children*; Article 9，paragraph 5 *Directive 2013/40 on Attacks against Information Systems.*

366 侵儿童的指令 2011/93》第 9 条表示，应该使用“只要如下情节没有被用作犯罪构成要件的”表述以阻止这种效果。

但是这明显不适用于《关于种族主义和仇外的框架决定 2008/913》第 4 条规定的义务，该条要求考虑将种族主义和仇外动机作为那些没有包括在框架决定中的罪行的加重情节。

惯犯和累犯

《关于将定罪判决纳入考量的框架决定 2008/675》规定了一般性义务，要求在审判阶段考虑其他成员国在之前做出的判决。本质上，这意味着，在做出量刑或是累犯的决定时，外国的判决和国内判决具有同等重量。[1451] 以量刑为目的，交流刑事档案信息的义务加大了国家法院获得被告人完整形象的可能性。[1452] 基于此，国家法院能够考虑针对类似犯罪或完全不同犯罪的其他判决，或是注意到被告人之前从未被定罪。

随着具有一般适用性的法律文件（决定 2005/876 和框架决定 2008/675）生效，更加限制性的义务已经或多或少变得多余了。

关于这一点的一些判例法也是如此。反复违法行为被认定为加重情节。[1453] 欧洲法院曾经判决如果同一主体进行的类似交易违反了相同法律条款，那么该违法行为就是持续的或重复的。[1454]

Sagulo 案中有一个有趣的问题，即根据不符合欧盟法的国家法律条款做出的最终判决是否能够被认为是一个加重情节。[1455] 欧洲法院判决认为不能被认定为加重情节，即使这违反了一事不再理原则。

从轻处罚情节

在欧盟法中可以找到三个从轻处罚情节：

——行为导致与主管部门的合作；

1451 进一步参见第七章第 3 节。

1452 Decision 2005/876 of 21 November 2005 on the exchange of information extracted from the criminal record，OJ 2005，L 322/33.Now replaced by *Framework Decision 2009/315 on Criminal Records.*

1453 8 February 2007，Case C-3/06 P，*Groupe Danone*，par.10–11.

1454 11 January 2007，Case C-279/05，*Vonk Dairy Products BV* v. *Produktschap Zuivel.*

1455 14 July 1977，Case 8–77，*Concetta Sagulo*，*Gennaro Brenca and Addelmadjid Bakhouche.*

——犯罪行为人已经被处罚；

——对于违反被告人权利的行为进行赔偿。

之后会进一步解释这三个类型。

减刑和豁免

为了鼓励参与或已经参与犯罪组织的个人与司法程序合作，呼吁成员 367
国对给予从犯罪组织中脱离的公民好处的可能性进行评估。[1456]

在竞争法中，欧盟委员会减少了对那些披露违法行为的人的罚金。[1457]在这个所谓的减刑通知（Leniency Notice）中，欧盟委员会设立了条件，即满足何种条件时，在调查卡特尔期间与委员会合作的公司可能被豁免或是减少相关罚金。取决于公司具体何时向委员会透露消息，以及其在违法行为中参与程度，与委员会合作可以被免除罚金，或是罚金被大幅度或少量减少。

尽管《关于打击恐怖主义的框架决定 2002/475》第 6 条将具体细节留待成员国自由裁量，但是如果行为人满足如下情况，其规定在特别情况下可以降低刑罚：

（a）放弃恐怖主义活动；[1458]

（b）为行政或司法机关提供后者通过其他途径不能够得到的信息，帮助后者：

（i）阻止或削弱犯罪影响；

（ii）指认其他犯罪行为人或领其到案；

（iii）找到证据；或

（iv）阻止第 2 条和第 3 条提到的进一步犯罪。

1456 Resolution of 20 December 1996 on individuals who co-operate with the judicial process in the fight against international organised crime，OJ 1997，C 10/1.

1457 Commission Notice on Immunity from fi nes and reduction of fi nes in cartel cases，OJ 2006，C 298/17，as amended by OJ 2015，C 256/1.

1458 同样参见，《关于非法贩运毒品的框架决定 2004/757》第 5 条与其一致，除了将“恐怖主义活动”替换为“与毒品及其原材料交易有关的犯罪活动”。

《关于打击有组织犯罪的框架决定 2008/841》第 4 条规定在前文提到的《关于打击恐怖主义的框架决定 2002/475》中规定的情况中可以减免刑罚。《关于打击有组织犯罪的框架决定 2008/841》增加了第五种类型——如果公民“令犯罪组织丧失了非法来源或失去了犯罪活动收益”，是第一个规定完全刑罚豁免的法律文件。这些条款与竞争法领域多年的实践类似。

232368 值得注意的是，是框架决定规定了最严格的最低—最高刑罚，《关于打击恐怖主义的框架决定 2002/475》和《关于非法贩运毒品的框架决定 2004/757》同样是唯二的框架决定规定对与机关合作的犯罪行为人给予减刑。

对遭受性侵的儿童被害人不得适用刑罚

《关于性侵儿童的指令 2011/93》第 14 条呼吁，根据国家法律体系的基本原则，不要对卷入犯罪活动的被害人施加刑罚。

其他刑罚

《财政利益公约》第一议定书第 5 条第 2 款和《反腐败公约》第 5 条第 2 款建议：“国家刑事法院可以根据本国法律原则，考虑对同一人的相同行为施加任何惩罚性的刑罚。”

《反腐败公约》第 10 条第 3 款规定，如果被告人已经在某一成员国受到审判并服刑，那么其他成员国之后基于相同事实对此人量刑时，要从刑罚中扣除此人之前所服的刑期。被害人和犯罪行为人在刑事调解中达成的任何协议都应该被考虑在内（《关于被害人权利的指令 2012/29》第 12 条第 1 款 b 项）。《执行申根协议的公约》第 57 条规定了一个一般性义务，要求考虑在其他成员国基于相同事实进行的诉讼的相关信息。第 56 条要求那些不把其他成员国的最终判决作为阻碍起诉缘由的成员国在其施加的刑罚中扣减公民之前自由刑刑期。第 56 条最终建议：“在国家法律允许范围内，不涉及自由刑的刑罚也应该被考虑在内。”

在欧洲逮捕令的基础上被送到逮捕令签发国的公民有权在其自由刑刑期中扣减掉其在执行逮捕令的成员国受到的羁押时长（《关于欧洲逮捕令的框架决定 2002/584》第 26 条）。在量刑上，本条款并不涉及考虑其他刑罚，这是因为与引渡程序相关羁押必须被要么视为审前羁押的一部分，要么视为执行刑罚的一部分。该条是为了提醒刑罚执行者刑罚已经被部分执行了。

对于违反被告人权利的行为进行赔偿

欧洲法院曾经判决，在竞争法案件中，如果在诉讼程序中出现违反被告人权利的情况，罚金减少 3,000,000 欧到 2,950,000 欧是合理的。其曾经考虑过更加激烈的措施，然而，“在缺少相关迹象显示诉讼时长如何具体影响其结果的情况下，完全搁置判决将是不恰当的”[1459]。 369

4. 刑罚特征或受刑之人的待遇

《关于监禁刑的框架决定 2008/909》的第 3 条中，欧盟立法者第一次提到在执行刑罚时应该考虑到被处罚之人的社会改造和再教育。《宪章》第 4 条禁止酷刑和不人道或是羞辱人格的待遇或是刑罚，这具有一般的规范性影响。可以假设，《联合国反酷刑公约》《欧洲反酷刑公约》以及《欧洲监狱规则》的条款，在欧盟理事会的支持下，被视为欧盟法基本原则。尽管欧盟法没有完全禁止无期徒刑，但是其在引渡领域赋予无期徒刑一定后果。基于《关于欧洲逮捕令的框架决定 2002/584》第 5 条，成员国可以要求签发国保证，当判处无期徒刑时，法律规定最迟在二十年后要对刑罚重新审查。

审查

欧盟法并不要求对最终判决进行审查，即使这能够令其纠正违反欧盟法的情况。[1460]*Kühne & Heitz NV* 案具有改革意义，[1461] 欧洲法院在此案中判决，如欧洲法院的判决明确认定成员国的决定是基于欧盟法的错误解释而做出的，那么在成员国决定成为最终决定之后，有职权的行政主体依然可以再次开启这个案件。该判决之后欧洲法院貌似有一点缓和。在 *Kühne & Heitz NV* 案中欧洲法院反复提到了行政主体，这必须被认为欧洲法院努力将欧洲法院的判决效力限制于审查此类主体的决定，而不扩展至其他法院，例如刑事法院。然而，*Kühne & Heitz NV* 案件确定的规则在申请赦免中扮演

1459　17 December 1998，Case C-185/95 P，*Baustahlgewebe GmbH* v. *Commission*，par.49.

1460　16 March 2006，Case C-234/04，*Rosemarie Kapferer* v. *Schlank & Schick GmbH*.

1461　13 January 2004，Case C-453/00，*Kühne & Heitz NV* v. *Produktschap voor Pluimvee en Eieren*.

370 一定角色。既判力原则（res judicata）是法律基本原则。[1462] 然而，并没有禁止国家机关在申请重审或赦免的时候将判决事后认定的事实——有罪判决（部分）基于欧盟法的错误解释——包括在内。

囚犯的待遇

只有涉及在其他成员国的欧盟公民时候，欧盟法才会关注对待囚犯的方式，和其如何为重返社会做准备。《关于监禁刑的框架决定 2008/909》规定了被定罪的公民移交至国籍国和居住地国的相关事宜。[1463] 然而，欧洲委员会越来越关注监禁条件。[1464] 除了在刑罚执行期间的移交之外，只有一份文件是关于毒品滥用者在监狱中的待遇问题。[1465] 尽管相关需求不高，但是决议显示了对曾经的成瘾者接受社会和专业改造教育及重归社会的适当关注。

很有趣的是，决议叙文 7 要求“在监狱中毒品滥用者的治疗相关事项上，要充分尊重病人的自愿原则和医疗保密原则”。这意味着不能强制戒毒。在叙文 13 中，呼吁成员国令服刑的毒品滥用者能够有机会在常规的治疗机构服刑，这表明此类人没有仅仅因为其有毒瘾而被释放。

除此之外，被定罪的人终将有一天被释放并返回社会这一点很少受到关注。《关于被害人权利的指令 2012/29》第 6 条第 5 款和第 6 款中规定的义务是“至少当他们面临危险或存在对其造成伤害的确定风险的时候”，被害人必须就原被告人的释放或逃跑获得通知，这一点当然不利于被告人重新融入社会。然而，与其前身《关于被害人地位的框架决定 2001/220》第 4 条不同，《关于被害人权利的指令 2012/29》第 6 条第 6 款还考虑到了一种情况，即这种通知也可能给犯罪者带来风险。在这种情况下，则不应该通知被害人。

1462　19 April 2012，Case C-221/1 P，*Artegodan v. Commission*，par.86–88.

1463　参见第八章第 5.5 节。

1464　Strengthening Mutual Trust in the European Judicial Area – A Green Paper on the Application of EU Criminal Justice Legislation in the Field of Detention，Brussels 14 June 2011，COM（2011）327 final.

1465　Resolution of the Representatives of the Member States meeting within the Council on the treatment of drug abusers in prison，approved on 27 January and 8 February 2003，Doc.10497/4/02 of 28 November 2002.

第三编

欧洲合作与欧洲执法

371 第三编涉及两个问题：第一，国家有权机关和欧盟机构之间的合作，以期在特定成员国待决的刑事诉讼中相互协助；第二，共同的打击犯罪的欧盟机制的发展。两者都可能涉及刑事诉讼的各个阶段：从最初的调查到执行刑罚。

第三编建立在前两编的基础上。它应用了第一编所述的一般概念和第二编所采用的刑事情境中的背景方法。它还讨论了欧洲刑法的一体化方式，以及欧盟本身直接实施刑法的发展。

第八章　刑事事项的双边合作

1. 引　言

本章涉及欧盟成员国之间在刑事事项方面的合作。这个表述立即受到 373
两个方面的限制。首先，本章的重点是双边合作或两个成员国执法当局之间的合作（也称为横向合作）。此外，还将重视委员会与个别成员国之间的双边合作（垂直合作）。多边形式的合作，如欧洲刑警组织和欧洲公共检察官办公室，将在第九章中讨论。

其次，这里关于成员国执法当局之间的合作采取的方式是从欧洲联盟的角度出发的。本章并不打算详细讨论在欧洲委员会的计划之下发展并仍然存在的合作方式，尽管这些方式会被提及，因为欧盟的很多工作进一步阐释了欧洲委员会的公约。话虽如此，重点将在于与欧盟有关的具体内容，以及欧盟法目前过渡阶段的关系，在这个阶段中欧洲委员会的规则和欧盟规则都适用于国际合作。

从中可以看出，欧盟正在逐步就更多的国际合作模式进行立法，而这一部分从前完全由欧洲委员会负责。欧洲委员会凌驾于两国之间的合作之上。这是由欧盟实现的，而欧盟发展了并且仍在发展在两个以上的成员国之间开展合作。第九章涉及欧盟内部合作的新增层面：多边合作的出现。

在刑事问题上的合作这一领域中，欧盟曾是一个非常活跃的立法者。自 1992 年《欧盟条约》为刑事立法铺平了道路之后，数以百计的公约、联合行动文件、共同立场、建议、决议、决定和框架决定获得了通
过。要详细处理所有这些文书是不可能的。这些文书大多数都具有类似政 374
策的特征。它们是政治协议的证据，而在某些议题上，立法必须遵循这些协议。

本章的重点是欧盟成员国之间合作的结构和特点。令人印象深刻的法

律文书的数量也叙述了一个失败的故事，许多公约从未生效，因为它们都未得到所有成员国的批准。此外，由于欧洲联盟不再使用“公约”作为法律文书，因此，当成员国未及时实施框架决定或指令时，问题便出现了。

没有另一个成员国或委员会的合作则一个成员国无法履行条约规定的义务，这一事实并不能解除它的义务。履行义务可以通过寻求合作来实现，或者当另一个成员国要求合作时，通过回应该请求或命令来履行。本书第一部分确定的履行原则也适用于刑事事项的合作。例子包括第一支柱项下的诉讼程序的转移，如《制定适用于共同渔业政策的控制制度的条例2847/93》第31条第4款，该制度规定了刑事诉讼的转移。在这方面应该指出的是，欧洲法院在*Spain v. Council*案中认为，成员国共同负责监督捕捞配额计划。[1466]

2. 刑事事项合作的历史发展

欧洲委员会创立的多边条约网络

自20世纪50年代以来，欧洲委员会就刑事事项中的各种形式的国际合作一直在缔结多边公约。几十年来的努力最终完成了刑事事项国际合作的条约网络，这使得缔约国能够从刑事调查的第一阶段一直到刑事判决执
375 行阶段相互协助。1957年，欧洲委员会通过了《欧洲引渡公约》，[1467]随后又在1959年通过了《欧洲刑事司法互助公约》。[1468]其他主要公约是1972年《关于刑事事项诉讼程序转移的欧洲公约》[1469]和（从批准数量来看最受欢迎的公约）1983年的《移交被判刑人员公约》。[1470]

在欧洲委员会主持下起草的公约是开放给理事会成员和被邀请的其他

1466　27 March 1990, Case C-9/89, *Spain* v. *Council*. 真诚合作的义务也加诸共同体机构，而且对于负责执行共同体法律的司法机关尤其重要。13 July 1990 and 6 December 1990, Case C-2/88 Imm., *J.J.Zwartveld and others*, par. 17–18.

1467　European Treaty series 24. 截至2004年5月1日，由于《关于欧洲逮捕令的框架决定2002/584》生效，欧盟成员国之间不再适用该条约。

1468　European Treaty series 30，欧盟所有的成员国都是当事方之一。

1469　European Treaty series 73，截至2015年9月3日，欧盟的13个成员国是当事方之一。

1470　European Treaty series 112，欧盟所有的成员国都是当事方之一。截至2015年9月3日，64个国家已经正式批准公约。

非成员国批准的。[1471] 从20世纪80年代中期欧盟进入刑事事项国际合作领域之时起，欧洲委员会的网络或多或少地涵盖了刑事诉讼的所有阶段。但是，并非所有成员国都是所有公约的缔约方。虽然大多数成员国批准了引渡和互助公约，但只有少数成员是转交执行判决公约的一方。关于1972年《刑事事项诉讼程序转移的欧洲公约》获得的批准最少。

欧盟开始以各种方式参与国际刑事事务合作。首先，它通过了以欧洲委员会所取得的成就为基础的法律文书。此外，它允许强化的合作模式。对于前者，成员国之间引渡的几项公约是相关的，它们都旨在减少手续并加速引渡程序。此外，还有发生在有限的一些成员国内部的进展，其中最引人注目的是《执行申根协定条约》，它规定了它们之间的特定形式的合作。

关于法律文书的形式，这些年来发生了一场重要的革命。最初，欧洲共同体和后来的欧洲联盟选择了缔结公约。当然，这是刑事事项国际合作协议通常订立的形式。由于它们在国际法下的特征，所有公约只有在所有国家都批准公约的情况下才能生效。这导致欧盟委员会不断敦促全面批准或转化第三方支柱文书。但是，对于欧盟委员会的巨大挫折是成员国并未真正批准这些公约。

另一个特点是合并了以前批准的立法。欧盟法律文书被合并为一个新的包罗万象的文书（例如见《欧盟互助公约》）。在一些涉及成员国（不） 376
愿意批准这些文书的令人失望的经验之后，欧盟逐步改变了其战略。“滚动批准”制度被采用，这意味着该公约对批准该公约的成员国生效，因此已批准的成员国不再需要等到最后一个成员国“到达那里”。但是，即使采用这种方法，仍然很难获得大量的批准书，并且未能加速批准进程。

为了对抗这些因素，一个不再依赖批准的机制被制定出来：《阿姆斯特丹条约》（1997年）引入的框架决定。将框架决定作为适当的法律文书使得批准成为不必要的条件。但这并没有消除公约的所有问题，因为框架决定仍然需要实施立法。但是，与公约不同，框架决定适用于所有成员国而不需要批准。如果一个成员国没有采取必要的实施措施，其法律后果就是它没有履行其义务。

此外，当选择另一种法律文书时（从公约到框架决定），合作的特征

1471　例如1983年《移交被判刑人员公约》。

也发生了变化。自从第一个《关于欧洲逮捕令的框架决定 2002/584》实施以来，合作强烈地依赖于相互承认的概念。成员国一致认为，它们认为某些法律数字是等同的，以避免造成合作障碍。这些法律数据并不完全相同，但为了合作的目的，这被忽略了。例如《关于欧洲逮捕令框架决定 2002/584》第 2 条中的清单，其中将成员国之间的差异抽象化了。虽然以前，双重犯罪规则总是必须根据事实的全部情况进行评估，但是，请求国现在仅仅通过检查清单上的一种犯罪来确定某种犯罪是否属于必须提供法律援助的犯罪行为之一。

然而，刑事事务合作的角度是从根本上改变了。欧盟的愿景与欧洲委员会的愿景完全不同。在欧洲委员会的网络中，由哪个国家来进行起诉、审判或执行不太重要；重要的是它发生了。其目标是公正执法，它符合打击犯罪和确保法律明确性的要求，并考虑到（国家、嫌疑人、受害者和证人的）所有相关利益。欧洲委员会的公约网络为刑事诉讼的每个阶段都提供了一个合作的选择，并提供了多种其他选择，允许并行和连续合作的应用。

377 三个例子能够证明这一点。如果一个国家能够进行各种形式的合作，那么不可能采取行动的案件几乎不会发生。例如，如果罗马尼亚无法引渡或获得移交在爱沙尼亚境内发现的嫌疑人，它可以要求将诉讼移交给爱沙尼亚。第二个是荷兰的一个例子，荷兰规定引渡或移交取决于被定罪的人应当在其国籍国服刑。这意味着，例如在引渡到法国之后，审判将在法国举行，被告如果被定罪，随后将被移交回荷兰在那里服刑。第三个例子涉及两个成员国的情况，例如西班牙和意大利同时对同一被告人感兴趣。由于大多数国家不能同时起诉和提供同一案件的互助，则两国都不能利用另一国收集的证据，而被告人面临两起诉讼。协调一致的行动能帮助确定最适当的起诉国家，这将使公正程序成为可能。如果意大利将诉讼移交给西班牙，它将能够向起诉国提供相互援助。因此，被告只面临一次将在西班牙举行的审判。

最初，欧盟的重点仅限于刑事事务合作领域，正如《欧盟条约》所规定的那样。但是，实际上，欧盟早已放弃这一限制。实体刑法领域也正在制定措施，其次是刑事诉讼程序领域。[1472]《里斯本条约》生效后，欧洲联盟继续沿着这条道路前进。尽管有《欧盟运行条约》第 82 条的规定，第一

1472　见第五章和第六章。

个通过的刑事诉讼指令并不仅仅涉及刑事事项的合作，而是普遍适用于所有刑事诉讼。[1473]

另外，可以观察到另一个重要的发展。自千年之交以来，大多数工作的重点是相互承认其他国家的决定和调查方法。[1474]第三支柱的努力主要面向立法，而在执法方面的努力极少。《欧盟运行条约》第 67 条在实现欧盟高度安全目标的背景下，布置了加强警察和司法当局以及其他主管当局之间的密切合作的任务。

《欧盟运行条约》第 82 条、第 83 条和《欧盟运行条约》第 87 条可被
视为正式授权，也可被当作欧盟的立法议程。它们也证明了欧盟的发展， 378
欧盟不再专注于刑事事务的合作。

尽管有这些发展，但欧盟仍然在建立自己的刑事事务合作模式。这解释了为什么某些形式的合作以及刑事诉讼的某些阶段尚未被欧盟立法涵盖。然而，欧盟的体系与欧洲委员会网络的不同之处在于它尚未制定刑事事项双边合作的总体目标。令人惊讶的是，一个欧洲性的国际合作方式仍然不存在。相互承认模式更有利于服务于首先发起行动的成员国的利益，而不是服务于被指控者和其他相关方的利益以及其他成员国的利益。相互承认已将独占性质归因于主动性，原则上不允许其他选择或协商。

对第一个发起行动的成员国的依赖，使得欧洲联盟在刑事事务方面的国际合作计划更加脆弱，因为如果成员国无法获得所需的援助，它可能会关闭通向其他方式和更好的解决方案的途径。相互承认可以被描述为一个可以优化 28 个成员国中任何一个国家的第一个发起行动的系统。这不一定是最好的选择。

欧盟法律文书与欧洲委员会法律文书的关系

由于欧洲联盟的许多法律文书都是建立在欧洲委员会现有文书的基础上的，根据相应的条约，大多数或所有成员国都是其缔约方，讨论这些法律文书之间的关系是具有相关性的。作为原则，较晚通过的文书将包含关于欧盟文书与欧洲委员会文书关系的条款。《关于欧洲逮捕令的框架决定 2002/584 》第 31 条第 1 款规定，框架决定将取代例如《欧洲引渡公约》

1473　关于《解释和翻译的指令 2010/64》第 1 条第 1 款。

1474　两个例子：《关于欧洲逮捕令的框架决定 2002/584》和《关于洗钱的框架决定 2001/500》。

的相应条款。[1475]

379 关于《欧洲调查令的指令 2014/41》第 34 条规定："根据第 35 条，成员国和第三国之间暂时适用本指令，本指令从 2017 年 5 月 22 日起取代下列公约的相应条款，并适用于受本指令约束的成员国。"在一些法律文书中，其他可适用法律文书的关系受到重视。新文书通常规定它们不影响其他国际协议的义务。[1476]

在这一点上有两个问题特别值得关注。一个问题是实用性的。除了补充欧洲委员会缔结的国际合作公约外，还修改和补充了其他两个国际组织的条约：比荷卢经济联盟和北欧理事会（the Nordic Council）。此外，欧盟法律文书还补充了有限数量的成员国之间通过的公约：例如《执行申根协议的公约》。另一个问题是，根据国际法欧盟是否有权确定欧洲委员会公约不再适用于其成员国的双边关系，这一点并不完全清楚。但是，这个问题具有纯粹的国际法性质，在这里不需要考虑。

更加密切和强化的合作

1985 年，比荷卢经济联盟的成员国政府以及德国和法国的政府签署了《申根协定》，[1477] 该协定对从取消共同边境的检查的决定所产生的广泛问题提供了政治上的协议以及执行协议的政策和立法议程。这以《执行申根协议的公约》的订立告终，它促成和简化了各种形式的合作，如警察合作、互助、引渡和刑事判决执行的转移。它还建立了申根信息系统并成立了一个监督委员会：申根执行委员会。《执行申根协议的公约》第 39 条第 4 款规定主管的部长进行安排来规范边境地区的合作。第 39 条第 5 款具体规定了具有共同边界的成员国之间的进一步双边协议。

1475 在向欧洲委员会发表的宣言中，欧盟成员国向欧洲委员会通报了这一变化。此处引用丹麦的宣言作为例子。所有其他成员国都提交了类似的声明。丹麦声明内容如下："根据《欧洲引渡公约》第 28 条第 3 款，丹麦政府特此通知丹麦通过立法实施 2002 年 6 月 13 日关于欧洲逮捕令的欧盟框架决定和欧盟成员国之间的移交程序（2002/584 / JHA）。该框架决定由丹麦法律通过法案第 443 号转化实施，该法将于 2004 年 1 月 1 日生效，并适用于欧盟成员国自该日起提出的移交（引渡）请求。因此，欧洲逮捕令的规定将取代 1957 年 12 月 13 日的《欧洲引渡公约》及其 1975 年 10 月 15 日和 1978 年 3 月 17 日的两项议定书中有关丹麦与欧盟其他成员国之间相互关系的相应条款。"

1476 见《财政利益公约》第 7 条第 4 款。《关于参与犯罪组织的联合行动文件 98/733》第 5 条；《关于未经许可入境框架决定 2002/946》第 6 条提到了 1951 年的《难民公约》。

1477 OJ 2000，L 239/13.

《将申根法律体系纳入欧盟框架的议定书》已被《阿姆斯特丹条约》纳入《欧盟条约》中，对进一步加强合作进行了授权。议定书把整个申根法律体系纳入了《欧盟条约》，其中包括了申根执行委员会的许多决定。[1478] 380

成员国之间的双边关系

成员国之间的双边公约和协议依然存在，除非它们完全并排他地由欧盟机制所取代。这种情况只发生在《关于欧洲逮捕令的框架决定2002/584》上。对于所有其他领域，现有的双边（和多边）协议仍然有效。[1479]此外，所有成员国都与第三国和国际组织有自己的一套双边和多边公约，《里斯本条约》附有一份宣言，确认成员国可与第三国或国际组织就刑事事务和警察合作方面的司法合作进行谈判并达成协议。[1480]

3. 合作模式

上一节概述了随着欧盟作为刑事事项国际合作领域的立法者出现而发生的适用模式的根本性变化。随之产生的是目前存在的三种不同主流模型：请求模型、相互承认模型和可获得性模型。一种或另一种模型的使用将取决于所需的实体行为。有些可以仅适用一种模式，而另一些则可以由需要一项证据的成员国作出选择。例如，在移交的情况下，将发布欧洲逮捕令，并且所有成员国必须予以承认。在没收和执行罚款的情况下，相关的适用相互承认的框架决定或指令并不能取代以前的请求模式。结果是相互承认和请求模型都可能被应用。就其他形式的合作而言，例如转移诉讼，只能向另一个成员国发出请求。 381

3.1　请求模型

国际法——基于条约的请求和非条约请求

请求模式以国际法为基础，并给予成员国充分的酌定权来处理与其他成员国的关系，方式是它们可以对每一个请求作出同意或不同意的答复。

1478　另见第三章第 2.4 节。

1479　例见《关于欧洲调查令的指令 2014/41》第 34 条第 3 款。

1480　《欧洲联盟运行条约》第 218 条的宣言第 36 号涉及成员国就自由、安全和公正的领域谈判达成国际协定。

这种酌定权仅限于各国自愿接受对其主权的限制。在国际合作中，以条约为基础的援助请求与在条约中找不到任何依据的援助请求之间的区别就是例证。先看后者的情形，如果没有条约适用于从一个国家到另一个国家的援助请求，则被请求国有充分的酌定权，依据其认为合适的理由提供协助或拒绝。被请求国的国内法可以规定特定形式的国际合作实施的前提是存在国际条约，[1481]或其他任何互惠的保证。没有条约的国际合作被认为是主权国家之间的一种礼让。

在有可适用的条约的情况下，该条约将明确确定可以进行互助的条件。这些条约规定了相互协助的一般义务。[1482]通过批准这样的条约，缔约国已经接受了对其主权权利的某些限制。如果请求符合条约的条款，则原则上必须配合。但是，为了消除义务的绝对性质，欧洲委员会的所有条约都包含一套拒绝的理由。[1483]这允许（但不强制）被请求国在不违背国际法规定的义务的情况下拒绝一个请求。

关于国际合作的其他一般条约概念将在稍后处理。欧洲委员会的所有公约以及欧盟公约都遵循了请求模式。欧盟就刑事事项达成的这类最后一项公约是《欧盟互助公约》。[1484]

请求的传递

382 大多数条约规定了请求应如何从请求国传递到被请求国。在第二次世界大战之前通过的文书中，主要的传递方式是通过外交途径。这意味着请求国的司法部将提出请求，然后再转移至其外交部。后者将把它带到被请求国的本国大使馆或位于本国首都的被请求国大使馆。在被请求国国内，该请求将遵循从外交部到司法部的同一转交程序。在完成请求后，将沿着反向的同一个耗时的程序进行反馈。

1481 大多数欧盟成员国已经就引渡规定了需要存在一个条约为前提。

1482 一个值得注意的例外是 1983 年《移交被判刑人员公约》。截至 2011 年 12 月 5 日，该公约不再适用于成员国之间的关系。从那天起，成员国将适用《关于监禁刑的框架决定 2008/909》。截至 2015 年 9 月 4 日，并非所有成员国都实施了国家立法。

1483 一个值得注意的例外是 1983 年《移交被判刑人员公约》。

1484 此框架决定是由 1999 年 5 月 1 日生效的《阿姆斯特丹条约》引入的。第一个通过的框架决定是现已废止的《关于引入欧元的框架决定 2000/383》，于 2000 年 5 月 29 日通过，这也是最后一个公约通过的同一天。《里斯本条约》生效前的最后一天通过了最后一个框架决定（2009 年 11 月 30 日）。

欧洲委员会已经通过建立中央有权机关，以及在某些情况下允许司法当局之间的直接沟通来取代这一烦琐的程序。引入中央有权机关意味着司法部完全有能力处理国际合作。后来，欧盟还呼吁建立关于具体要求的联络点。[1485] 一般而言，可以说欧盟的贡献是古典国际合作范围的扩大和深化：可以提出请求或回答援助请求的有权机关的数量显著增加，以及这些有权机关之间的直接沟通渠道的设立。[1486]

双重犯罪

条约确定了能够被适用的条件。它们可能会规定正式的和实质的要求，其中最重要的条件之一是双重犯罪的要求。例如，《欧洲引渡公约》第 2 条规定：

> 当犯罪行为在请求方和被请求方的法律中都会受到包括剥夺自由 383
> 或者最高刑期至少一年的监禁刑或更严厉的处罚时，引渡请求应当被许可。

双重犯罪要求的适用意味着被请求国只能在请求国法律和被请求国法律都将相关行为定为犯罪的情况下提供援助。[1487] 推定请求国在发出请求之前已经做出了这一评估。被请求国将通过自己的程序确定事实是否也构成其

1485 Article B, Title I of the repealed Joint Action 96/443 on Racism and Xenophobia; Recommendation of 25 June 2001 on contact points maintaining a 24-hour service for combating high-tech crime, OJ 2001, C 187/5; Decision 2002/494 of 13 June 2002 setting up a European network of contact points in respect of persons responsible for genocide, crimes against humanity and war crimes, OJ 2002, L 167/1; Decision 2002/956 of 28 November 2002 setting up a European Network for the Protection of Public Figures, OJ 2002, L 333/1; Decision 2002/494 setting up a European network of contact points in respect of persons responsible for genocide, crimes against humanity and war crimes, OJ 2002, L 167/1; Article 9 Framework Decision 2005/667 on Ship-source Pollution（nullified by the Court）; Decision of 22 December 2004 on tackling vehicle crime with cross-border implications, OJ 2004, L 389/28; Decision 2005/671/JHA of 20 September 2005 on the exchange of information and cooperation concerning terrorist offences, OJ 2005, L 253/22.

1486 已废止的《反洗钱联合行动 98/699》第 4 条中有这样一个例子，它鼓励成员国允许执法当局进行直接接触。建议在交换有关恐怖主义的信息时使用一种标准格式：Council Recommendation of 14 November 2002 on the introduction of a standard form of exchanging information on terrorists, Doc. 5712/6/02 of 29 May 2002。

1487 双重犯罪要求的起源可以追溯到在 1800 年左右缔结的最早的引渡条约。当时认为，不能要求一个国家合作执行一个它在自己的刑事司法系统中不会承认的规范。

法律规定的刑事犯罪。

虽然在某些形式的国际合作中双重犯罪是一项要求，但它不适用于刑事事项的所有形式的合作。相反，对于大多数条约而言，当作出请求的主管当局主张该请求关于刑事事项，则对于请求必须仅涉及刑事诉讼的要求便得到了满足。为了公约的目的，“刑事事项”的概念从未被界定。[1488] 因此，没有根据被请求国的法律或根据请求国的法律对犯罪特征的评估。

但是，对于某些侵犯个人权利的国际合作形式，条约规定了双重犯罪的要求。传统而言，这涉及所有形式的引渡、判决转移和诉讼转移。此外，对于互助请求常常要求符合双重犯罪的要求，因为必须使用强制性权力，例如搜查、扣押[1489] 和跨境追捕。在不侵犯个人权利的情况下（例如，传票的送达以及经过本人同意的讯问），信息交换形式和其他形式的互助从未要求符合双重犯罪的要求。[1490]

欧盟法律文书的一般做法是使援助越来越不依赖于例如双重犯罪等条
384 件的满足。[1491] 例如《执行申根协议的公约》第 49 条扩大了能够适用 1959 年《欧洲刑事司法互助公约》和 1962 年《比荷卢条约》的关于引渡和互相协助的规定的诉讼程序。《执行申根协议的公约》第 50 条和第 51 条限制了拒绝理由的使用。[1492] 同样，《欧盟互助公约》第 5 条减少了将文件发送给该国领土上的某个人时必须涉及另一个成员国当局的情况的数量。同一公约第 6 条允许各主管部门之间建立更为非正式的沟通渠道。

欧盟委员会一直认为双重犯罪是迅速合作的严重障碍。它不断对这一原则进行攻击，在每项新文书提案中都宣称它存在问题，并成功地减少了其适用。在引渡方面迈出了革命性的一步，因为《关于欧洲逮捕令的框架决定 2002/584》规定，对于一定种类的罪行来说，不需要符合双重犯罪的要求。[1493] 其他法律文书也已经复制了《关于欧洲逮捕令的框架决定 2002/584》的规定。《关于欧洲证据令的框架决定 2008/978》第 14 条第 4

1488　见 1959 年《欧洲刑事司法互助公约》第 3 条第 1 款“有关于一个刑事事项”。实际上，这意味着由请求国决定相关事件是否属于刑事犯罪的概念。

1489　例如 1959 年《欧洲刑事司法互助公约》第 5 条。

1490　实际上，《关于欧洲调查令的指令 2014/41》第 10 条第 2 款免除了这些双重犯罪合作模式。

1491　《欧盟互助公约》第 3 条确定在某些行政程序中也必须提供互助。另见《关于欧洲调查令的指令 2014/41》第 4 条 b 款。

1492　另见《关于洗钱的框架决定 2001/500》第 1 条。

1493　详见本章第 4.1 节。

款指出，双重犯罪的条件将在2014年由欧盟理事会进一步审查。《关于欧洲调查令的指令2014/41》第11条第1款g项保留了双重犯罪的要求作为拒绝的一个理由，除非它关于列举出来的犯罪。[1494]

尽管如此，有人可能会质疑双重犯罪究竟是否曾经（以及是否现在）在实践中是对国际合作的阻碍。除了这一说法没有经验证据来证实这一事实以外，[1495]该原则还具有在严重的案件中限制严重的合作行为（侵犯了被告权利）的作用。此外，所有被指控的犯罪都无法获得引渡的事实并不妨碍对那些符合双重要求的犯罪进行引渡。

其他拒绝理由

大多数拒绝理由是在引渡法中发展而来的，后来被纳入关于互助和转移判决的条约中。准许一个国家不给予援助的经典理由是：犯罪的政治性质（《欧洲引渡公约》第3条和1959年《欧洲刑事司法互助公约》第2条）；犯罪的军事性质（《欧洲引渡公约》第4条和1959年《欧洲刑事司法互助公约》第1条第2款）；犯罪的财政性质（《欧洲引渡公约》第5条和1959 385
年《欧洲刑事司法互助公约》第2条）；以及在引渡案件中被请求人的国籍。《欧洲引渡公约》第6条允许各国拒绝引渡自己的国民。根据《关于欧洲逮捕令的框架决定2002/584》，国民现在必须被引渡；但是，成员国可以要求一个国民如果被定罪则在本国服刑的保证为引渡条件。

关于引渡，如果犯罪发生在本国领土上（《欧洲引渡公约》第7条），或可能实施死刑（《欧洲引渡公约》第11条和《宪章》第19条），国家也可以拒绝引渡。如果被请求国已对被请求人提起诉讼（《欧洲引渡公约》第8条），也可以拒绝引渡。当适用一罪不二审原则时（《欧洲引渡公约》第9条）或案件超出追诉时效时（《欧洲引渡公约》第10条），援助也可能被拒绝。除了上面简要提到的条约本身可以找到的拒绝理由外，其他拒绝理由可以在对公约提出保留时找到基础。[1496]

欧盟的作用是减少拒绝理由的数量，或者将其全部删除。1996年欧盟

1494 见本章第4节。

1495 例如，由于不符合双重犯罪标准而拒绝的引渡请求的数量同（获得许可的）引渡请求的总数的关系。

1496 例如，比利时对第1条的保留意见："如果移交可能对相关人员造成特殊的严重后果，特别是考虑到其年龄或健康状况，则不予批准。"

成员国之间关于引渡的公约[1497]在第5条、第6条和第7条中规定废除政治犯罪的例外，财政犯罪的例外和便利化对国民的引渡。《欧盟互助公约议定书》第7条、第8条和第9条废除了银行保密、财政和政治的例外。议定书第10条通过提及涉及欧洲司法协调机构的特殊程序，来明确表示拒绝是不应当的。如《财政利益公约》第5条第3款规定：

> 一个成员国不得在欺诈影响欧洲共同体的财务利益时，依据它涉及税收或海关犯罪而拒绝引渡。[1498]

386 对1959年《欧洲刑事司法互助公约》第5条作出保留的成员国应审查维持保留的必要性。[1499]《关于洗钱的框架决定2001/500》第1条敦促成员国不要维持保留意见。已废止的《关于种族主义和仇外的联合行动文件96/443》的第B条第1款规定，这些行为不得被视为能够正当化拒绝互相协助的政治犯罪。[1500]

义务的范围

条约还决定了由条约产生的义务范围。此外，出现了协助义务适用于哪种形式的合作的问题。对于大多数形式的合作，几乎没有关于条约是否规定了方式的讨论。[1501]引渡条约涉及引渡，而判决转移条约涉及判决的转移而不涉及其他事项。互助公约引发了更多的问题，这些问题涉及这些公约包含提供互助的一般义务，然后规定具体形式的事实。例如，1959年《欧洲刑事司法互助公约》以非常概括的方式规定了调查委托书（第3条），但对传票（第7条）和被拘留证人的转移则有更为详细的规定（第11条）。

例如，1959年的《欧洲刑事司法互助公约》并未规定通过视频链接进行讯问。这是否意味着通过视频链接进行讯问的请求，依据证人仍处于居

1497 1996年9月27日的公约，OJ 1996，C 313/11，现在对于欧盟成员国而言已经被《关于欧洲逮捕令框架决定2002/584》所取代。该公约尚未被废止，并已成为欧洲联盟与冰岛共和国和挪威王国之间的协定的基础，OJ 2006，L 292/2。

1498 一个类似的条款是《财政利益公约第二议定书》第6条。

1499 《关于贩卖人口的联合行动文件97/154》第B条第三章。

1500 该条款未再出现在《关于种族主义和仇外的框架决定2008/913》中。

1501 《欧盟运行条约》第82条和第87条必须被视为对欧盟在警察合作和司法合作领域进行立法的授权，而不是创造具体的合作行为的直接基础。

住国内，也属于公约的适用范围？这个问题的答案是，被请求国没有义务以这种方式进行合作。但是，经双方同意，缔约国可自由适用未列入条约的形式。因此，明确规定具体实质行为的效果在于创造出被请求国提供这种形式的义务。现在《欧盟互助公约》第 10 条已经规定使用视频链接进行听证。《关于欧洲调查令的指令 2014/41》第 24 条和第 25 条进一步阐述了通过视频会议或其他视听传输和电话的听证会。

《财政利益公约》第 6 条规定了涉及多个成员国的欺诈案件，成员国“应在调查、起诉以及实施惩罚方面有效合作，例如通过互相提供法律援助、引渡、移交诉讼或执行另一个成员国作出的判决”[1502]。

这样的规定产生了如此宽泛的规定的目的究竟是什么的问题。[1503]对于公 387
约规定的第一类的犯罪行为来说，这似乎是多余的，因为成员国必须根据其他协定提供相互援助。对于第二类犯罪行为而言，情况略有不同，这一规定可能被理解为批准“公约”的刺激因素，以及在有问题的情况下提供援助的基础。

执行请求时适用的法律

对于证据的收集，适用哪个法律的问题是尤其高度相关的。是根据请求国的法律收集证据还是依据被请求国的法律？一个国家可以要求采取特定手续，以便它可以将所收集的证据纳入诉讼程序。逐渐地，国际合作的实践已经从适用所谓的“事实发生地的法律”规则转而适用“作出判决的法院所在地的法律”规则。[1504]前一条规则意味着执行援助请求的国家将适用其自己的立法。这是以对国家主权的特定看法为基础的。

这样做的好处是，被请求的有权机关非常清楚它们将不得不适用的法律，并因此错误地适用法律的可能性很小。其缺点恰恰是被请求国家的规则的适用可能使特定证据在请求国无法获得认可。这就是在最近的条约中，该体系已经转变为适用作出判决的法院所在地的法律的主要原因。这意味着请求国将规定必须遵守哪些手续（包括使用特定印章，在辩护律师在场的情况下进行讯问、交叉询问的权利），这将带来刑事诉讼正在审理的国

1502　另见《关于打击恐怖主义的共同立场 2001/930》，其中载有提供互助的一般义务。

1503　具体而言，这应该“按照适用的公约，多边或双边协议或安排”进行；关于打击欺诈犯罪的框架决定 2001/413 第 11 条。

1504　参见 1959 年《欧洲刑事司法互助公约》第 4 条。

家可以被认可的证据。

现代法律文书从推定成员国将按照发出请求的成员国预期的方式执行
请求开始。[1505] 在不太可能发生的情形下若此种方式不可能，则它们必须提
388 供替代方案。被请求国在不违反其法律的情况下应当采取某些措施。最极
端的方式是，请求国将通过其自己的有权机关在被请求国自行收集证据。
尽管在欧盟，这在公约中没有规定，但是在双方同意的情况下某些形式的
互助被实施，例如自愿对人员的讯问。[1506]

关于其他形式的合作，提出请求的有权机关的协助不再是必要的。例如，程序性文件的寄出和送达可以直接通过邮寄方式完成，无须收件人所在国有权机关的参与（《欧盟互助公约》第 5 条）。

第三种防止证据不被认可的机制不是很常见，就是协调其收集和传递。一个例子涉及受管制的物质样本的传输。关于输送受管制的物质样品的决定第 1 条确定，按照该决定进行的受管制的物质样品的传送在所有成员国都是合法的。[1507]

警察合作与司法合作

《欧盟运行条约》第三部分标题五之下的第四章（第 82—86 条）和第五章（第 87—89 条）区分了警察合作与司法合作。警察合作涉及警方之间的各种合作。司法合作可以被定义为司法当局、海关当局和其他专业执法机构之间的合作（《欧盟运行条约》第 87 条）。这种区分既涉及请求发出的实体，也涉及请求所针对的实体。虽然“警察合作”一词在《执行申根协议的公约》标题三之下第一章（第 39—47 条）中也有使用，但其他联盟法律文书似乎更偏向使用“互助”这个总称。因此，这些概念并没有告诉我们任何关于合作的实质行为。例如，信息交换可能发生在警察和司法当局之间。但是，关于其他方式，排他性确实存在：跨国界追捕只能由警方执行，而不能由法官执行。

1505　例如，参见《欧盟调查令指令 2014/41》第 9 条第 2 款：“除非本指令另有规定，而且此类手续和程序不违背执行国法律的基本原则，则执行机构应遵守发证机构明确指示的手续和程序。”

1506　有趣的是，没有证据表明欧盟已经开始发展任何自助式方案。进一步参见本章第 3.5 节。

1507　2001 年 5 月 28 日欧盟理事会《关于受控物质样品的输送的决定 2001/419》，OJ 2001，L 150/1。

另一方面，判决的转移将在没有警方介入的情况下进行。但是，本书不会探讨具体的请求来源，因为有很多合作的方式，都不限于某些类别的官员。相反，这里讨论了包含各种各样的合作模式的互助，可供警察当局、司法当局或两者使用。一般来说，互助涉及对已经犯下的罪行的调查、起诉、裁决和处决。但是，根据《欧盟运行条约》第 87 条第 1 款的规定，警方的合作也可能涉及对刑事犯罪的预防。[1508] 389

行政合作和海关合作

其他两种相关的合作形式必须被提到：行政合作和海关合作。从理论上讲，它们必须与刑事事项的合作区分开来，因为它们涉及的主要不是针对刑事调查和起诉的合作。但是，行政或海关合作的结果可能会带来存在刑事犯罪的怀疑。那些有权要求和回应行政合作或海关合作，但其主要任务不包括调查和起诉犯罪的主管当局也是如此。[1509]

行政合作可以在指令或条例中找到它的基础。2011 年 2 月 15 日关于税收领域行政合作并废除指令 77/799 的指令 2011/16 是一个例子，该指令要求成员国交换信息，以使其能够对所有税种进行正确评估，除了增值税和关税。[1510] 另一个例子是 2010 年 10 月 7 日《关于行政合作和打击增值税领域欺诈行为的条例 904/2010》。[1511] 虽然其目的主要不涉及刑事诉讼，但很明显，其适用可能导致存在刑事犯罪的怀疑。条例 904/2010 第 55 条第 1 款规定，根据该条例交流的信息可以用于司法程序，并可以采取各种形式。在一些法律文书中，提到了与刑事事务合作的关系，[1512] 而在其他法律文书中则没有。

但是，最常见的引用意味着什么并不清楚，例如《关于税收领域行政 390

1508 具体参见 Decision 2008/617 of 23 June 2008 on the improvement of cooperation between the special intervention units of the Member States of the European Union in crisis situations, OJ 2008, L 210/73, 以及《关于加强跨境合作的决定 2008/615》第 16 条和第 17 条。

1509 然而，经条例 766/2008 修订的条例 515/97 第 23 条第 2 款规定其目标是“协助预防，调查和起诉”。

1510 截至 2013 年 1 月 1 日，指令 77/799 已被废除，并由指令 2011/16, OJ 2011, L 64/1 取代。

1511 OJ 2010，L 268/1. 截至 2012 年 1 月 1 日，它取代了《关于增值税领域行政合作的条例 1798/2003》，OJ 2003，L 264/1; 2008 年 5 月 26 日，《关于收回与某些征税、关税、税收和其他措施有关的费用的互助指令 2008/55》，OJ 2008，L 150/28。

1512 例如，参见 2001 年 6 月 28 日条例 1338/2001（EC）第 7 条，规定了保护欧元对抗伪造所必需的措施，OJ 2001，L 181/6。

合作的指令 2011/16》第 1 条第 3 款："本指令不应影响成员国适用关于刑事事项的互助的规则。"

海关当局的主要任务是适用欧盟海关规定。由于它们在欧盟外部边界的地位，它们可能会获得有关刑事犯罪的信息。海关当局的权限不同于刑事执法机关，因为它们可能在没有合理怀疑存在犯罪的情况下适用；外部边界允许进行控制检查。两个最重要的一般性文书是《海关管理局互助公约》和 1997 年 3 月 13 日关于成员国行政当局互助的第 515/97 条例以及后者与欧盟委员会之间的合作，以确保海关和农业事项相关法律的正确适用。[1513]《欧盟运行条约》第 33 条为欧盟就成员国之间的海关合作采取措施提供了法律依据。

其他与刑事事务最为相关的合作渠道的存在，引发了两个重要问题。首先是各种法律文书的存在，包括刑事性质和行政性质，是否要求当局使用其中一种或另一种。这显然是一个只有在已经存在刑事案件的情况下才有意义的问题，也就是说，在怀疑有犯罪的情况下，因为只有这种情况下刑事合作的文书才可能被适用。第二个问题涉及在刑事诉讼中使用行政合作下获得的信息和证据。

《海关管理局互助公约》第 1 条第 3 款规定，本公约"不应影响刑事司法互助条款"或任何其他更有利的规定。如果《海关管理局互助公约》和刑事司法互助文书都适用，公约第 3 条第 2 款规定司法机关可以选择提交请求的依据。公约之下的互助带来的结果可作为证据（《海关管理
391 局互助公约》第 14 条和第 18 条）。[1514] 金融情报机构根据《关于洗钱的指令 2015/849》交换的信息原则上可用于打击犯罪的目的。[1515]

海关或行政当局获得的信息在刑事背景下的使用程度取决于被告的权利是否受到损害。一方面的行政法和海关法与另一方面的刑法之间的一个主要区别是，对于前者有合作和提供信息的义务，而与后者有关的个人享有不自认其罪的权利。导致有权机关视为被告的人自认其罪的行政或海关措施是非法的。

1513 OJ 1998，C 24/1，被条例 2015/1525，OJ 2015，L 243/1 修订。

1514 类似条例 515/97 第 45 条第 3 款。

1515 Decision 2000/624 of 17 October 2000 concerning arrangements for co-operation between financial intelligence units of the Member States in respect of exchanging information, OJ 2000，L 271/4.

欧盟和第三国的国际协定

欧洲联盟和美利坚合众国缔结了一项协定，该协定加强了各成员国与美利坚合众国间双边司法协助条约已经涵盖的合作。[1516] 本协议第 4 条规定银行信息的交换。第 5 条为一个或多个成员国与美利坚合众国之间的联合调查小组提供了可能性。第 6 条许可通过使用视频会议来取得证词的可能性。第 9 条规定了从被请求国取得的证据或资料可能使用或不可使用的目的。

《欧盟—美国刑事司法互助协定》第 8 条第 1 款授权相互法律协助给“一个正在以可能发生刑事诉讼而对行为进行调查的国家行政当局，或将行为移交刑事调查或检察机关”[1517]。因此，在犯罪活动的早期阶段，欧盟和美利坚合众国之间可以交换所谓的旅客姓名记录的数据，以防止和打击恐 392
怖主义和跨国犯罪。[1518] 澳大利亚和欧盟达成了类似的协议。[1519]

欧盟还与日本就刑事司法协助达成了一项全面协议。[1520] 它包含了互助的所有方面，并且具有在刑事事务合作条约中的典型结构。它始于配合请求的一般义务（第1条）。它定义了援助的范围和可以请求的援助（第2条），指定了主管部门（第 4—6 条）并规定了正式的要求（第 7—10 条）。拒绝

1516 《欧盟和美利坚合众国之间相互提供法律协助的协议》，OJ 2003，L 181/41。欧盟理事会出版了一本关于欧盟—美国的相互法律协助和引渡协议实际应用的手册。见 2011 年 3 月 25 日理事会文件，8024/11。

1517 On 28 June 2010 an agreement was concluded between the European Union and the United States on the processing and transfer of Financial Messaging Data from the European Union to the United States for purposes of the Terrorist Finance Trading Program, OJ 2010，L 195/5. 该协议要求将存储在欧盟境内的与金融支付信息有关的所有数据转交给美国当局。它取代了 2009 年 11 月 30 日订立的类似临时协议，OJ 2010，L 8/11。

1518 目前的协议是 Agreement of 14 December 2011 between the United States of America and the European Union on the use and transfer of passenger name records to the United States Department of Homeland Security, OJ 2012，L 215 / 5-14。该协议取代了 2007 年 7 月 23 日和 27 日的协议，并取代了早先被欧洲法院废止的协议，以及 2006 年 10 月 16 日和 19 日临时协议，OJ 2006，L 298/29。见 30 May 2006, Case C-317/04，*European Parliament and European Data Protection Service*（*EDPS*）*v. Council*，*and European Parliament v. Commission*；另见 2007 年 4 月 30 日《欧盟与美利坚合众国关于保密信息安全的协议》，OJ 2007，L 115/30。

1519 Agreement of 29 September 2011 between the European Union and Australia on the processing and transfer of Passenger Name Record（PNR）data by air carriers to the Australian Customs and Border Protection Service, OJ 2011，L 186 / 4-16.

1520 OJ 2010，L 39/20.

的理由是典型的（第 11 条）。第 13—26 条更加具体地涉及某些形式的援助，例如收集证词或陈述（第 15 条和第 16 条）。

尽管欧洲联盟作为一个国际组织不能引渡人员——只有成员国可以这样做——它仍然与美利坚合众国缔结了第一个引渡条约。[1521] 该协定沿用国际法下引渡条约的典型模式，其职能是在各成员国现有的双边条约的基础上加强合作。协定第 4 条被用来代替那些包含罪名清单的双边条约。第 4 条第 1 款要求符合双重犯罪的标准。违法行为可能被处以最高刑一年以上的剥夺自由的刑罚。当有可引渡的罪行时，同时其尚未服完的刑期至少为四个月，则已经被判刑的人可能被引渡。第 10 条解决了引渡请求和欧洲逮捕令引起的问题。第 11 条在被请求人同意的情况下规定了简化的引渡，第 13 条规定在请求国不保证死刑不予执行的情况下可以拒绝引渡。

393 索马里沿岸海盗的出现引发了欧盟的干预，欧盟现在在公海备有一支舰队以保护商船。欧盟并不打算审判它可能逮捕的所有嫌疑犯。欧盟已经与几个非洲国家就分别向这些国家转交人员以及就其后续处理达成了协议。[1522] 这些协议提供了几项人权保障，被称作海盗的犯罪嫌疑人被转移到这些国家后有权获得这些保障。

1521 Agreement on Extradition between the European Union and the United States of America, OJ 2003, L 181/41.

1522 Exchange of Letters between the European Union and the Government of Kenya on the conditions and modalities for the transfer of persons suspected of having committed acts of piracy and detained by the European Union-led naval force（EUNAVFOR）, and seized property in the possession of EUNAVFOR, from EUNAVFOR to Kenya and for their treatment after such transfer, 6 March 2009, OJ 2009, L 79/49–59; Exchange of Letters between the European Union and the Republic of Seychelles on the Conditions and Modalities for the Transfer of Suspected Pirates and Armed Robbers from EUNAVFOR to the Republic of Seychelles and for their Treatment after such Transfer, 23 October 2009, OJ 2009, L 315/37–43; Agreement between the European Union and the Republic of Mauritius on the conditions of transfer of suspected pirates and associated seized property from the European Union-led naval force to the Republic of Mauritius and on the conditions of suspected pirates after transfer, 14 July 2011, OJ 2011, L 254/3–6; Agreement between the European Union and the United Republic of Tanzania on the conditions of transfer of suspected pirates and associated seized property from the European Union-led Naval Force to the United Republic of Tanzania, OJ 2014, L 108/3–8.

在其他地区，欧盟还与很多国家缔结了与海关合作的条约，[1523]包括与中华人民共和国订立的经常用于非法制造麻醉药品或精神药物的药品化学前体和物质的协议。[1524]该协议规定了行政合作，以防止药物前体的转移，但不妨碍正常的贸易活动和对工业界的利益的合理认可。

欧盟与第三国达成的协议的存在引发了这会给欧盟及其成员国带来什么后果的问题。欧盟在达成协议的同时，总的来说不可能根据它们请求协助或回复请求的协助，这些完全取决于成员国。在援助义务出现的意义上，欧盟是否可以约束成员国？

欧洲联盟与国际刑事法院（ICC）之间的合作

2006年缔结的一项协议要求欧盟和ICC相互合作并相互协助。[1525]其中 394
一项义务涉及信息交换（第7条），该义务符合《国际刑事法院规约》及其《程序和证据规则》的规定。欧盟的协助可能包括提供信息和证据以及为联合国现任或前任工作人员提供保护的措施（第8条）。该协定确立了欧盟与国际刑事法院检察官之间的合作。

欧盟也经常协助其他国际刑事法庭。前南斯拉夫问题国际刑事法庭经常请求欧盟“考虑法庭的辩方申请并披露一系列文件”，[1526]以协助辩方收集证据，否则该证据辩护方无法自行获得。此外，欧盟解除了当时在海牙举行的塞拉利昂问题特别法庭的审判中需要在场的任何证人的旅行限制。[1527]

1523 Agreements on customs co-operation and co-operation in customs matters with Norway, OJ 1997, L 105/13; Korea, OJ 1997, L 121/13; United States of America, OJ 1997, L 222/16, an additional agreement with the USA on container security, OJ 2004, L 304/32; Canada, OJ 1998, L 7/37; Hong Kong, OJ 1999, L 151/20. Additional Protocol on mutual administrative assistance in customs matters to the Framework Co-operation Agreement with Chile OJ 2001, L 167/21.

1524 OJ 2009，L 56/8.

1525 Agreement of 10 April 2006 between the International Criminal Court and the European Union on cooperation and assistance, OJ 2006，L 115/50.

1526 例如，前南斯拉夫问题国际刑事法庭，关于向欧洲共同体监测团发出命令的单方面申请的决定。Prosecutor v.Kordić and Čerkez, Case No.IT-95-14/2-T，T.Ch.III，3 May 2000, André Klip and Göran Sluiter, Annotated Leading Cases of International Criminal Tribunals-IV-221.

1527 Common Position 2008/81（CFSP）of 28 January 2008, amending Common Position 98/409/CFSP concerning Sierra Leone, 98/409 / CFSP, OJ 2008, L 24/54.

3.2 相互承认模式（令状模式）

1999年坦佩雷理事会将相互承认作为民事和刑事事务合作的基石。它已经在《欧盟运行条约》中获得了一个超越了在刑事事项合作范围内的应用的地位。《欧盟运行条约》第70条规定，欧盟应争取“充分实施相互承认”。[1528]《欧盟运行条约》第82条第1款强调，“欧盟刑事事务的司法合作应以相互承认判决和司法裁决的原则为基础”。它原则上要求一个成员国主管当局的决定或命令在另一个成员国得到承认和执行。

395 相互承认受到内部市场原则的启发。与内部市场相似的情况很明显——对于在一个成员国合法取得并投放市场的商品，是不允许第二次检查其是否符合另一成员国的标准的。[1529]逮捕令、没收令、罚款和证据的自由流动应导致接受国的作用仅限于执行。[1530]适用于颁布这些权证和指令的条件由发布成员国确定。立法机构的期望是，这样一个系统将比请求模式下的援助更快速地工作，因而效率更高。为了实现这一目标，已经制定了严格的执行时限，已经大大减少法律救济措施，而推迟执行的条件是框架决定中规定的理由。

除了诉讼程序转移之外，关于所有其他的国际合作模式，相互承认法律文书已取代现有模式。[1531]第4节将讨论相互承认概念的细节。

3.3 可获得性模式

运用可获得性原则，国际合作的新模式已经形成。这意味着国家执法机构掌握的信息可以自动的方式直接提供给另一个成员国的执法机关。应用这一原则的第一个条约是普鲁姆条约，该条约是在有限数量的成员国之间缔结的。[1532]这些国家已成功地将条约中的一些条款转化为《关于加强跨境

1528 欧盟利用各种评估机制加强互信。See Marlèn Dane and André Klip (eds.), An Additional Evaluation Mechanism in the Field of EU Judicial Cooperation in Criminal Matters to Strengthen Mutual Trust, Celsus 2009.

1529 见第三章第4.5节。

1530 《关于管辖权和承认民事判决的条例1215/2012》前言第6条规定了对应的民事上的术语是“民商事判决的自由流通”。

1531 例如，《关于欧洲逮捕令的框架决定2002/584》《关于监禁刑的框架决定2008/909》《关于监督缓刑措施的框架决定2008/947》《关于欧洲调查令的指令2014/41》。

1532 该条约也被称为申根-II或SIS-II。另请参阅第三章第2.4节。

合作的决定2008/615》。[1533] 该决定的叙文第4条阐述了可获得性原则的明确定义：

> 这意味着联盟的一个成员国的执法官员为履行其职责需要信息， 396
> 则它可以从另一个成员国获得，而持有这些信息的成员国执法当局将为所宣称的目的提供这些信息。

可获得性模式基于DNA材料、指纹等的比较来进行在线数据库检索。不应低估调查目的的重要性，因为请求方单方面决定是否以及何时进行比较。《关于加强跨境合作的决定2008/615》第1条详尽地提到了可以在线访问的领域：自动转移包括DNA资料，指纹鉴定数据和车辆登记数据；与重大事件有关的数据；防止恐怖主义犯罪的信息；跨境警务合作的强化。获得的信息可以立即用于调查目的。

该系统的优点是显而易见的：它可以比请求需要起草时更快地工作，并且不需要等待答案。《关于加强跨境合作的决定2008/615》的薄弱环节是数据保护。由于数据传输是自动进行的，所以提供数据的国家不对数据传输的条件进行检查。可获得性模式在保护传输数据的个人的权利方面很脆弱。拒绝的理由不再适用，并且不再提供法律补救措施。

3.4　垂直合作

本章讨论的双边合作主要涉及国家之间的合作。不过，本节重点介绍成员国与欧盟委员会之间的双边合作。成员国当局之间的合作称为横向合作，表明了平等性，而国家当局与委员会之间的合作则被定义为纵向合作。在这种形式的合作中存在层级的要素，因为委员会有权根据具体立法获得某些信息和协助。此外，委员会在执行联盟法方面的总体监督任务使其有权获得某些信息和合作。如果委员会对提供的合作不满意，它可能会向欧洲法院起诉违反条约义务的情形。

1533 《关于实施加强跨境合作特别是在打击恐怖主义和跨境犯罪方面的决定2008/615的决定2008/616》为行政和技术执行确立了共同的规范性条款。决定2008/615和决定2008/616的大多数条款也依据冰岛和挪威达成的协议而适用于这两个国家。见OJ 2009，L 353/1。

397 在本书的背景下，带来最多垂直合作的是针对欧盟的欺诈行为领域。《欧盟运行条约》第 325 条明确规定欧盟和成员国有义务合作打击影响欧盟经济利益的欺诈行为。根据这项条约规定，条例赋予委员会更多的权力，以及进一步相互协助的义务。

关于欧洲反欺诈办公室工作的条例规定欧洲反欺诈办公室"应向委员会提供协助，以便在主管当局之间组织密切和定期的合作"（第 1 条第 2 款）。成员国必须允许委员会检查员进行现场查验和检查，并且应该配合这些任务（《关于现场检查的条例 2185/96》第 3 条和第 4 条）。成员国官员可以参加或者如果他们愿意的话，可以与委员会联合进行查验和检查。如果委员会检查员通过现场查验或检查发现"任何有关违反规范的事实或怀疑"，则应向成员国主管当局报告（《关于现场检查的条例 2185/96 》第 8 条第 2 款）。[1534]

公约中很少能找到委员会与成员国之间的合作规定。《财政利益公约第二议定书》第 7 条是少数提及合作的条款，其目的是"更容易确定事实并确保有效防止欺诈、积极和消极的腐败和洗钱行为"。《议定书》第 8 条使委员会受到《关于数据保护的指令 95/46》的约束。[1535]《议定书》第 10 条授权委员会在符合相关条件的情况下将数据传输给其他成员国和第三国。

本节中至今讨论的合作的重点是关于成员国必须向委员会提供的协助。这些义务还必须在委员会监督欧盟法律得到遵守的任务的背景下加以理解。所有成员国和机构都有义务向委员会提供有关的和所要求的信息。然而，委员会本身也有类似的义务。欧洲法院认为，在成员国当局实施欧盟法的情况下，委员会也有义务提供协助。这在相当奇怪的 *Zwartveld* 案件中变得明显。一名荷兰预审法官调查了与违反国家刑事条款有关的刑事指
398 控，该条款是实施欧共体关于捕捞配额的立法，要求委员会进行合作。除了其他事项之外这项要求与委员会拟定的关于视察荷兰的报告有关，并与授权其官员在预审法官（rechter-commissaris）前接受审查有关。

援引享有的特权和豁免，委员会拒绝提供所要求的协助。欧洲法院认为，成员国和机构都有义务进行真诚的合作：

1534　另见第六章第 6.2 节和第 6.3 节。

1535　第 15 条赋予欧洲法院有权处理委员会对第 8 条的任何主张。

> 共同体机构进行真诚合作的义务对于成员国的司法当局特别重要，后者负责确保共同体法律在国家法律体系中得到应用和尊重。[1536]

然而，法院认为委员会在两种情况下仍然有可能拒绝：保护第三方的权利，或者披露信息将会干扰共同体的运作和独立性。[1537]

向委员会提供信息的义务几乎是绝对的。在欧洲法院判例法中，只有因其他利益而暂时延期才会被接受，例如披露信息可能会干扰刑事调查的功能和独立性。这可能成为拒绝向委员会提供信息的正当化理由。[1538]关于这一点，欧洲法院认为：

> 对于国家刑法系统规定的禁止向某些处于刑事诉讼中的人传送文件的规则，只要对国家当局可以援引同样的限制，就可以依据它来限制委员会。[1539]

因此，欧洲法院宣称自己与法律顾问的立场相反，法律顾问认为不得对委员会援引关于刑事调查机密性的国家规则。[1540]

3.5　域外调查和自助

欧洲委员会和欧洲联盟都在一定程度上为执法官员在另一（成员国）国家的领土上开展工作创造了可能性。根据国际法，两个组织都遵循相同 399
的基本原则。域外操作规则相对简单和透明。存在一个在另一国领土上开展工作的一般禁止，[1541]因为执法人员进入另一国领土时将被视为侵犯主权。

但是，在这些对主权问题担忧之下仍然存在两个例外。首先，各国可以对某些行动给予一般性许可，并在协议中规定这一点。其次，由于缺乏

1536　13 July 1990 and 6 December 1990, Case C-2/88 Imm., *J.J.Zwartveld and others*, par.18.

1537　13 July 1990 and 6 December 1990, Case C-2/88 Imm., *J.J.Zwartveld and others*, par.18, par.11.

1538　10 January 1980, Case 267/78, *Commission v. Italy*.

1539　10 January 1980, Case 267/78, *Commission v. Italy*，par.22.

1540　Opinion of Advocate General Warner of 7 November 1979, Case 267/78, *Commission v. Italy*.

1541　最近在《关于欧洲调查令的指令 2014/41》第 9 条第 5 款中得到确认的一条规则："在执行国境内的签发国的当局在执行调查令期间应受执行国法律的约束 。除非在执行国领土上实施这种权力符合执行国的法律，并且在签发机关和执行机关之间商定的范围内，否则它们在执行国领土内不具有任何执法权力。"

管辖此事的永久性国际法律基础，各国可以授予临时许可。过去，这些权力是在紧急情况下提供的。《执行申根协议的公约》第 40 条和第 41 条规定的紧追和跨境监督就是这方面的例子。外国官员可能会采取行动并越过边界，因为地方当局（尚）不在那里。这些规定填补了任何刑罚执行空白，直到地方当局可以接管的时刻。

新一代并不涉及紧急情况，而是针对特定的跨境犯罪开展的域外调查已经出现。受控的交付，秘密调查和联合调查小组（《欧盟互助公约》第 12—14 条）就是明确的例子。这些调查技巧是针对最有可能在不止一个国家实施犯罪并且有共同利益进行调查的犯罪类型而定制的。外国官员在地方当局的监督下运作。

执法人员的自由流动?

有趣的是，在执法方面，没有任何即将提出的欧盟的倡议，来许可执法人员从一个成员国自由进入另一个成员国，从而允许他们自由进行调查。但是，这些权力已交给欧盟委员会的官员。在其总体监督任务的范围内，或遵循具体的条例，他们可以进行即时或现场检查。在这方面没有遵循与内部市场原则相似的原则。鉴于对许多类型的令状，判决的自由移动和对现有证据和信息的适用可用性原则的努力的重视，这很让人惊讶。[1542]

400 然而，这些犯罪“产品”自由流通的例子并不涉及外国执法人员的业务权力。这可能在未来发生变化。《欧盟运行条约》第 89 条规定了制定国家司法和警察机关在另一成员国领土内运作的条件和限制的可能性。随着主权问题的消退成为阻碍欧盟成员国在刑事事项中顺利合作的一个因素，预计对另一个国家领土上的外国执法人员的存在的反对将会减少。

4. 作为一项基础原则的相互承认

4.1 相互承认意味着什么?

尽管自 1999 年坦佩雷理事会以来，相互承认的地位便是自由、安全

1542 参见《关于加强跨境合作的决定 2008/615》。

和正义领域的基石之一，但它的概念尚未确定。[1543]它建立在相互信赖和相互信任，并且认为其他成员国的规则和法律保护或多或少处于同等水平的基础上。[1544]规则是成员国之间“应当有”相互信任。第二次检查所有相关条件是否已经完成，则被视为不信任的信号，因此是不可接受的。[1545]

但是，人们可能会质疑相互承认理论是否可以很容易地付诸实践。用法律顾问 Sharpston 的话说：“存在一个广泛的，不明确表达出来的对于受到大众媒体宣传而产生的流行的想象的怀疑——这些媒体往往关注于带有
紧迫的个人利益的案件，即国外法院没有自己的国内法院公正，并更可能 401
不公平地支持自己的国民。”[1546]

然而，理论是不一样的。在驾驶执照案件中，欧洲法院认为：

> 因此，一旦一个成员国当局颁发驾驶执照（……），其他成员国就无权调查是否遵守该指令规定的颁发条件。[1547]

简而言之，相互承认文书的信息是响亮而清晰的：应当遵守它，而且越快越好。执行机构的作用仅限于执行。没有必要，也没有时间（重新）

1543 参见关于相互承认的起源。Christine Janssens，The principle of mutual recognition in the EU Internal market and the EU Criminal Justice area：a study into the viability of a cross-pillar approach，Dissertation Antwerp 2011，p.117.

1544 与美国宪法的充分信仰和信赖条款的相似性是惊人的。第 4 条第 1 款规定：“每个州应对其他各州的公共法案、记录和司法程序给予充分的信任和信用。国会可以通过制定一般法律来规定此类法案、记录和程序的证明方式及其效果。”

1545 26 June 2008, Joined Cases C-343/06 and C-343/06, *Arthur Wiedemann*（*C-329/06*）*v. Land Baden-Württemberg and Peter Funk*（*C-343/06*）*v. Stadt Chemnitz* , par. 51; 26 June 2008, Joined Cases C-334/06 to C-336/06，*Matthias Zerche*（*C-334/06*）,*Manfred Seuke*（*C-336/06*）*v. Landkreis Mittweida and Steffen Schubert*（*C-335/06*）*v. Landkreis Mittlerer Erzgebirgskreis*, par.48. 类似参见第三章第 3.2 节。成员国必须相信其他成员国遵守其义务。14 January 1997, Case C-124/95, *The Queen, ex parte Centro-Com Srl v. HM Treasury and Bank of England.*

1546 Opinion of Advocate General Sharpston of 20 May 2010, Case C-256/09, *Bianca Purrucker v. Guillermo Vallés Pérez*, point 88.

1547 26 June 2008, Joined Cases C-329/06 and C-343/06, *Arthur Wiedemann*（*C-329/06*）*v. Land Baden-Württemberg and Peter Funk*（*C-343/06*）*v. Stadt Chemnitz* , par.53；26 June 2008, Joined Cases C-334/06 to C-336/06，*Matthias Zerche*（*C-334/06*），*Manfred Seuke*（*C-336/06*）*v. Landkreis Mittweida and Steffen Schubert*（*C-335/06*）*v. Landkreis Mittlerer Erzgebirgskreis*, par.51；19 February 2011, Case C-321/07, *criminal proceedings against Karl Schwarz*, par.77.

考虑任何事情。[1548]执行当局必须相信发证机关遵守了适用的法律，并尊重了个人的权利。尽管在驾驶执照案件中存在大量与相互承认相关的案例，但必须认识到，其与纯粹刑事事项的相互承认相比存在一个主要缺陷：缺乏人权因素。[1549]

402 重要的是在这里确认，相互承认的意义仅限于在特定情况下承认正式行为。换句话说，相互承认欧洲逮捕令的义务并不要求德国将法国的犯罪定义纳入其国家刑法典。它只要求，为了将人移交法国，实质性刑法的差异并不会成为移交的障碍。正如欧洲法院在 *Advocate voor de Wereld* 案件中认为的：

> 欧盟条约第六章第 34 条和第 31 条被认为构成了框架决定的法律基础，其中没有任何规定能够使欧洲逮捕令的适用以协调成员国的刑法为条件。[1550]

在相似的基础上，相互承认并不取决于协调后的程序规则。但是，在一定程度上，可以将互认机制本身视为提供和请求协助的协调后的体系。在成员国中，相互承认仅限于国际合作范围，并不要求它们在与成员国之间的合作无关的领域改变程序。此外，欧洲法院认识到，在逮捕令的背景下，相互承认“要求成员国在刑事事项司法合作方面的法律和条例相近”。[1551]

1548 原则上成员国受到其他成员国的宣言的约束，除非“产生的证书包含了明显的不准确，此时若国家愿意，则可以向受益者来自的成员国请求更多的信息”。27 September 1989, Case 130/88, *C.C.van de Bijl v. Staatssecretaris van Economische Zaken*, par.24. 欧洲法院还规定一个成员国“不能被要求无视发生在自己领土范围内的事件以及与其直接相关的事件”（par.26）。

1549 用 Opinion of Advocate General Mengozzi of 20 March 2012, Case C-42/11，*João Pedro Lopes Da Silva Jorge* 的原话来表达，第 28 点：“在框架决定所涵盖的领域内，更广泛而言在刑事事项方面的警察和司法合作领域内，作为欧洲逮捕令背后机制的核心的相互承认原则不能以正如承认另一个成员国颁发的大学证书或驾驶执照的情况同样的方式适用。也不能有任何对创造一个自由、安全和公正的领域做出贡献的成员国的质疑，否则效果会是忽略那些行为可能对于自由、安全和公正造成威胁的人的基本权利。相互承认的原则，更确切来说是在它被应用于为执行一项判决而发布的欧洲逮捕令的情况下，如同在主要程序中的，不能自动适用，而相反地必须考虑执行该命令的每项请求背后的个人情况和人性的背景。”

1550 3 May 2007, Case C-303/05, *Advocaten voor de Wereld VZW v. Leden van de Ministerraad*, par.59.

1551 3 May 2007, Case C-303/05, *Advocaten voor de Wereld VZW v. Leden van de Ministerraad*, par.29.

相互承认在国际合作中并不是一个全新的概念。传统的互相协助也承认其他国家的决定。但是，这些维度是不同的，与欧盟的相互承认不同，被请求的国家不能在没有转化的情况下直接执行外国决定。欧洲委员会关于判决执行转移的各种公约，在将判决国家的决定转变为执行国家的决定后，为外国刑罚的执行创造了可能性。1983 年《移交被判刑人员公约》创造了两种承认模式。第一个是按照管理国的程序（第 11 条）进行判决的转换，而第二个非常接近欧盟法中适用的相互承认，是继续执行判决国的判决（第 10 条）。

相互承认模式承认并承担差异，允许它们存在，而仅仅是忽略它们作为合作的障碍。它单方面制定了发布授权令、命令或许可证的成员国的规范标准。执行中的成员国可能使用不同的犯罪定义或其他怀疑标准。有权 403
作出决定或收集证据的当局在另一个成员国可能具有完全不同的地位。但是，这些差异并不能妨碍承认。

之前提到了欧盟追求的争取在没有适用条件的情况下进行合作的目标。《关于欧洲逮捕令的框架决定 2002/584》叙文部分第 5 段提到了“司法裁决在刑事事项中自由流动的制度”。这一框架决定在很大程度上具有废除条件的效果。但是，欧盟无法完全废除双重犯罪要求，因此它仍然存在，适用于非清单上的犯罪（《关于欧洲逮捕令的框架决定 2002/584》第 2 条第 4 款）。[1552] 鉴于此框架决定已成为其他形式合作的典范，本书深入分析了这一主题。[1553] 欧洲逮捕令模式已被复制到几乎所有关于刑事事项国际合作的框架决定中。

《关于欧洲逮捕令的框架决定 2002/584》第 2 条第 2 款列举了 32 项罪行，对此，执行中的成员国不得“对此行为进行核实”。[1554] 为了能处于这

1552　根据阿姆斯特丹地区法院提出的请求，欧洲法院认为第 2 条第 4 款排除了国家的一个条件，即要求移交的罪行可判处至少十二个月的徒刑。25 September 2015, Case C-463/15 PPU, *Openbaar Ministerie tegen A.*

1553　这也是冰岛和挪威移交的模式。Agreement of 28 June 2006 between the European Union and the Republic of Iceland and the Kingdom of Norway on the surrender procedure between the Member States of the European Union and Iceland and Norway, OJ 2006, L 292/2.

1554　请参阅关于在成员国实际实施相互承认的报告。Gisèle Vernimmen-van Tiggelen and Anne Weyembergh, The future of mutual recognition in criminal matters in the European Union/ L'avenir de la reconnaissance mutuelle en matière pénale dans l'Union européenne，Institut d'études européennes 2009.

一文书的适用范围内，所列举的罪行必须在签发成员国根据签发成员国的法律规定获得最高刑期至少三年的拘留或监禁的刑罚。清单上的大多数罪行都是被联盟法律文书或其他国际义务定为犯罪的罪行。这将在脚注中介绍。根据框架决定的条款，并且在未核实该行为是否符合双重犯罪要求的情况下，[1555] 根据欧洲逮捕令，下列罪行可以进行移交：

参与犯罪组织；[1556]

恐怖主义；[1557]

404 贩卖人口；[1558]

对儿童进行性剥削和儿童色情制品；[1559]

非法贩运麻醉药品和精神药物；[1560]

非法贩运武器、弹药和爆炸物；

腐败；[1561]

欺诈行为，包括 1995 年 7 月 26 日《关于保护欧洲共同体财政利益公约》含义范围内影响欧洲共同体经济利益的行为；[1562]

对犯罪所得进行洗钱；[1563]

伪造货币，包括欧元；[1564]

1555 四个成员国（德国、波兰、匈牙利、立陶宛）宣布，它们将不会适用《关于监管措施的框架决定 2009/827》，OJ 2009，L 294/ 40 所附宣言中不必验证双重犯罪的犯罪清单。

1556 《关于打击有组织犯罪的框架决定 2008/841》，它废止了《关于参与犯罪组织的联合行动文件 98/733》。

1557 《关于打击恐怖主义的具体措施的共同立场 2001/931 》和《关于打击恐怖主义的框架决定 2002/475》。德国已经就《关于欧洲证据令的框架决定 2008/978》发表声明，规定它保留核实双重犯罪的权利。见 OJ 2008，L 350/92。

1558 *Joint Action 97/154 on Trafficking in Human Beings* and *Framework Decision 2002/629 on Combating Trafficking in Human Beings.*

1559 *Decision 2000/375 on Internet Pornography* and *Directive 2011/93 on Sexual Abuse of Children.*

1560 *Joint Action 96/750 on Illegal Drug Trafficking* and *Framework Decision 2004/757 on Illicit Drug Trafficking.*

1561 *Corruption Convention, Joint Action 98/742 on Corruption in the Private Sector* and *Framework Decision 2003/568 on Corruption in the Private Sector.*

1562 *Financial Interests Convention.*

1563 *Framework Decision 2001/500 on Money Laundering.*

1564 *Directive 2014/62 on the Protection of the Euro.*

与计算机有关的犯罪；[1565]

环境犯罪，包括非法贩运濒临灭绝的动物物种和濒临灭绝的植物物种和品种；[1566]

协助未经授权的入境和居留；[1567]

谋杀，严重身体伤害；

人体器官和组织的非法交易；

绑架，非法限制人身自由和劫持人质；

种族主义和仇外心理；[1568]

有组织或持械抢劫；

非法贩运文物，包括古董和艺术品；

诈骗；[1569]

敲诈勒索；[1570] 405

产品的假冒和盗版；

伪造行政文件及其贩运；

伪造支付手段；[1571]

非法贩运激素物质和其他促生长剂；

非法贩运核材料或放射性材料；[1572]

贩运被盗车辆；[1573]

强奸；

1565 2001年11月23日《关于网络犯罪的公约》。德国已经就《关于欧洲证据令的框架决定2008/978》发表声明，规定它保留核实双重犯罪的权利。见 OJ 2008，L 350/92。

1566 *Framework Decision 2003/80 on the Protection of the Environment* (*nullified by the Court*) and *Framework Decision 2005/667 on Ship-source Pollution* (*nullified by the Court*) .

1567 *Framework Decision 2002/946 on Unauthorised Entry.*

1568 《关于种族主义和仇外的联合行动文件96/443》。德国已经就《关于欧洲证据令的框架决定2008/978》发表声明，规定它保留核实双重犯罪的权利。见 OJ 2008，L 350/92。

1569 德国已经就《关于欧洲证据令的框架决定2008/978》发表声明，规定它保留核实双重犯罪的权利。见 OJ 2008，L 350/92。

1570 德国已经就《关于欧洲证据令的框架决定2008/978》发表声明，规定它保留核实双重犯罪的权利。见 OJ 2008，L 350/92。

1571 *Framework Decision 2001/413 on Combating Fraud.*

1572 Convention of 3 March 1980 on the Physical Protection of Nuclear Material.

1573 《欧洲刑警组织决定2009/371》将列出的包括贩运被盗车辆的所有罪行纳入欧洲刑警组织的职权范围。进一步参见第九章第2.1.2节。

纵火；

国际刑事法院管辖范围内的罪行；[1574]

非法夺取飞机、船舶；[1575]

蓄意破坏。[1576]

应用相互承认原则的所有其他法律文书都可以找到类似的清单。[1577]这32项罪名的清单并非封闭式清单。理事会可能决定今后增加其他类别。《关于欧洲调查令的指令2014/41》是第一个在主要条款中找不到清单的法律文书，却列在指令的附件中。[1578]

除上述违法行为外，《关于财务处罚的框架决定2005/214》第5条已将下列罪行列入名单：

违反道路交通法规的行为，包括违反有关驾驶时间和休息时间的规定以及危险物品的规定；

406 走私货物；

侵犯知识产权；

对人的威胁和暴力行为，包括体育赛事期间的暴力行为；

刑事损害；

盗窃；

由签发国确定并为执行欧共体条约或欧盟条约标题六所通过文书

1574 1998年7月17日国际刑事法院规约。

1575 1988年3月10日《制止危及海上航行安全非法行为公约》就是这许多条约中的一个例子。

1576 德国已经就《关于欧洲证据令的框架决定2008/978》发表声明，规定它保留核实双重犯罪的权利。见OJ 2008，L 350/92。

1577 Article 3, paragraph 2 *Framework Decision 2003/577 on Freezing Orders* (*replaced*); Article 6, paragraph 1 *Framework Decision 2006/783 on Confi scation Orders*; Article 7, paragraph 1 *Framework Decision 2008/909 on Custodial Sentences*; Article 10, paragraph 1 *Framework Decision 2008/947 on Supervision of Probation Measures*; Article 14, paragraph 2 *Framework Decision 2008/978 on the European Evidence Warrant*; Article 14, paragraph 1 *Framework Decision 2009/829 on Supervision Measures*. The list has also been copied into the Agreement of 28 June 2006 between the European Union and the Republic of Iceland and the Kingdom of Norway on the surrender procedure between the Member States of the European Union and Iceland and Norway, OJ 2006, L 292/2.

1578 见附件D第11条。

所产生的义务服务的犯罪。

对罪行清单的修改的革命性特征更多的是原则问题而不是实质问题。取消双重犯罪要求的实际影响在目前阶段是微乎其微的，因为清单上绝大多数罪行无论如何都在所有成员国被认为是刑事犯罪。这是因为成员国有义务根据单独的法律文书（公约、框架决定、指令）将这些罪行定为犯罪，正如相应脚注中所证明的那样。更为否定的观点是，清单并未消除双重犯罪要求。清单做的是设立一系列罪行，根据定义，这个条件就得到了满足。其余罪行是成员国所有刑事司法系统共同的严重普通罪行。少数犯罪不会立即被认为是普遍接受的犯罪。这包括诈骗、破坏和刑事损害。

特别是关于有将它们罪名化的共同义务的清单上的犯罪，可以假定成员国已经履行了义务并将行为定为犯罪。但是，这并不意味着它们已经以相同的方式实施。发布成员国确定其一个清单上的罪名的国内定义——不一定基于欧盟法律文书的定义。不存在欧盟对清单罪名的自主解释。成员国单方面解释它们。欧洲法院在 *Advocaten voor de Wereld* 案件中认为：

> 为实施框架决定第 2 条第 2 款所列罪行类别清单，这些罪行的实际定义和适用的处罚是根据“发布命令的成员国”的法律来规定。框架决定并不试图协调有关的刑事犯罪的构成要素或其所会受到的刑罚问题。[1579]

法院还认识到，“所涉犯罪类别的定义缺乏准确性，可能会导致在各国法律秩序中截然不同地执行框架决定的危险”[1580]。 407

此外，对列于清单上的但没有共同法律文书的犯罪，有一个双重犯罪的假设。毕竟，这只是关于罪行的名称：相同的标签不一定包含相同的信息。此外，成员国可以改变其立法，并在清单上的一个罪名之下列出若干国内罪行。

必须指出，这种制度不应改变成员国的实质性刑法，而只能规范（或统一）成员国之间的合作。但是，这一点不会系统性地发生，如下例所示：

1579　3 May 2007, Case C-303/05, *Advocaten voor de Wereld VZW v. Leden van de Ministerraad*, par.52.

1580　3 May 2007, Case C-303/05, *Advocaten voor de Wereld VZW v. Leden van de Ministerraad*, par.59.

由于在移交程序中必须保证遣返以在犯罪者本国服刑，但另一种形式的国际合作也必须被适用，即判决执行的转移。[1581]

《关于监护措施的框架决定 2008/909》第 7 条第 4 款，《关于监督缓刑措施的框架决定 2008/947》第 10 条第 4 款和《关于监督措施的框架决定 2009/829》第 14 条第 4 段中，规定了成员国不适用罪行清单的权限。这必须被看作一个信号，即成员国对于欧洲逮捕令的相互承认的初次经历并非都是积极的。但是，目前还没有一个成员国宣布不适用该清单。

值得注意的是，根据罪行清单，欧盟恢复了过去在约 1800 年引入的引渡条约中使用的惯例。引渡条约载有一份准予引渡的罪行的清单。1957 年的《欧洲引渡公约》不再适用该制度，由于新的情况或立法，它认为这份清单僵化且需要定期修改。缔约方当时倾向于选择一个标准，不需要在每次认为必要时修改国际立法。随着罪行清单的引入，欧盟现在已经回到了一个更加僵化的体系。

4.2　什么触发相互承认?

408 尽管它是一个奠基石原则的概念，但相互承认并未获得普遍适用性的自动状态。必须有一个发布成员国的决定，该决定属于具体的框架决定或指令之一的刑事事项的范围，或属于其他法律文书中相互承认已被规定的范围。

一个成员国主管当局向另一个成员国发布欧洲逮捕令引发了这些当局履行该命令的义务。欧洲逮捕令或其他命令会通知另一个成员国的执行当局，该成员国随后有义务执行该命令。相互承认因此为所有有关各方提供了相当多的明确性，因为有一个确定的进行通知的决定，来要求另一个成员国做一些必须承认的事情。

在国家决定不采取某些措施的情况下，例如不命令进行搜查或扣押，或者不没收证据，这种情况更成问题。在国家范围内下达命令，但因为任何理由而不发布欧洲逮捕令或命令，同样存在问题。这就引发了一个确定的决定是不是触发相互承认的唯一方式的问题。

这个问题涉及一罪不二审。[1582] 据证实，对第二次被审判的保护不应仅仅

1581　详见本章第 5.5 节。

1582　见第六章第 4.2 节。

针对那些犯有严重罪行的人，还应该针对不会导致监禁刑罚的不那么严重的罪行。欧洲法院根据条约的规定将其置于自由的范围内。这是否意味着不采取行动的决定会对另一个成员国产生影响？根据关于《执行申根协议的公约》第54条的判例法，很难辨别出对积极和消极决定采取不同处理的实质理由。第六章提到了在国际合作情况之内或之外必须作出的相互承认的区分。虽然触发一罪不二审效应的决定没有传达给应尊重这些决定的成员国，[1583]但在国际合作中引发相互承认的决定是指传达给特定成员国的。

在 *Gözütok and Brügge* 案中，法律顾问 Ruiz-Jarabo Colomer 没有依据特定形式的正式决定的要求。关于对起诉权的限制，他说：

> 这种限制的范围必须从公民的角度来界定，因为这是他的保障之 409
> 一。如果这意味着一旦他被起诉、判决甚至被定罪，受到惩罚，被告有权不让其他签署国也这样做。法律声明的形式及其提供的方式并不重要，只要满足作出决定的法律体系中的所有条件和要求即可。如果认为公约第54条只意味着法院作出的决定——也就是说，在所有保障措施之下的诉讼程序之后作出的决定——以及正是因为这一论点而缩小了保障措施之一的适用范围，这将是荒谬的。此外，对公约第54条的文义解释和严格解释会造成不良后果。事实上，我已经指出，和解程序是一种管理轻微和中等严重程度的犯罪的刑事司法手段，但它并未用于更严重的犯罪领域。因此，德国、法国和比利时政府采取的做法将为那些将受益于“一罪不二审”规则的严重犯罪人提供更好的待遇，而不是那些会受到更少社会谴责的轻微犯罪人。犯下较严重罪行的人只能通过终审判决而被定罪，不能在另一个公约签署国再次被审判，这与已接受并完成检察官提出的惩罚的罪行轻微的犯罪人是完全不同的。[1584]

如果将承认延伸到不起诉的决定，可能会造成实际问题。一个成员国当

1583 从作出判决的成员国的角度看，这是合乎逻辑的；当一个国家最终放弃审判时，它不能要求其他成员国做任何事情。

1584 Opinion of Advocate General Ruiz-Jarabo Colomer of 19 September 2002, Case C-187/01 and Case C-385/01, *criminal proceedings against Hüseyin Gözütok*（*C-187/01*）*and Klaus Brügge*（*C-385/01*）, points 115–116.

局要如何承认尚未引起它们注意的（非）决定？关于《执行申根协议的公约》第 54 条，必须说明，作为原则问题，相互承认不需要通知成员国有关决定。但是，《执行申根协议的公约》第 54 条主要涉及与国际合作无关的情况。

4.3　承认的绝对义务？

相互承认原则是否意味着承认义务具有绝对性质？即使情况差异很大，成员国是否必须始终遵守其他成员国的决定？执行成员国是否有任何余地评估签发成员国是否正确签发了令状或命令？通过这份不再适用双重犯罪要求的罪名清单废止了双重犯罪的要求。哪一个国家决定罪行是否在
410 清单上？是签发成员国还是执行成员国在表格中打勾？[1585] 如果执行国的意见具有决定性意义，那么这可能导致对事实的调查以及犯罪的性质的调查。如果发布国的意见是绝对的，则可能导致该成员国无端地打勾（无论这是故意还是错误），但执行中的成员国仍有义务遵守。

原则上，欧盟法不允许进行双重检查。这体现在关于相互承认的框架决定中，该决定在关于承认和执行的条款中规定："执行国主管当局应无需进一步手续来承认（……）"。[1586] 法律顾问 Ruiz-Jarabo Colomer 表示，任何对于时机的评估都是无关紧要的。[1587] 禁止进行新的评估既有实际后果也有法律后果。另一个成员国的决定便是依据其行事的决定，并且不需要将其转换为国家决定。此外，双重犯罪不需要检验。在相互承认作为适用于刑事事务合作的概念被引入之前，它已经带来了欧盟法之下的判例。该原则的起源在于从前第一支柱的法律，因此分析这一判例是相关的。[1588]

Centro 是一个有趣的案例，涉及南斯拉夫战争期间抵制南斯拉夫的情

1585　这是指欧洲逮捕令模式，并被所有其他相互承认文书复制，其中签发成员国必须在适用罪行方框中打勾。参见框架决定附录 OJ 2002，L 190/13。

1586　有关财务处罚的信息，请参见 *Framework Decision 2006/783 on Confiscation Orders* 第 7 条和 Framework Decision 2003/577 on Freezing Orders 第 5 条（已被替代）以及 *Framework Decision 2005/214 on Financial Penalties*。一个明显的例外是 *Framework Decision 2002/584 on the European Arrest Warrant*，它确实准许一些手续存在。

1587　Opinion of Advocate General Ruiz-Jarabo Colomer of 12 September 2006, Case C-303/05, *Advocaten voor de Wereld VZW* v. *Leden van de Ministerraad*, points 45 and 105.

1588　Wouter van Ballegooij, The Nature of Mutual Recognition in European Law. Re-examining the notion from an individual rights perspective with a view to its further development in the criminal justice area, Dissertation Maastricht 2015.

况。在这种情况下，英国不会释放塞尔维亚和黑山的资金，以交换对这些共和国的出口，除非其当局事先检查了位于意大利的货物的性质。这家意大利公司认为，意大利当局也可以对货物是否属于与塞尔维亚和黑山贸易普遍禁止的例外情况进行检查。欧洲法院同意这一观点：

> 只有按照《制裁条例》的规定，其他成员国的许可程序才能确保有效实施制裁，特别是出口成员国的程序。在这方面，就涉及产品所在成员国主管当局的检查而言，成员国之间必须相互信任。[1589]

在 *Hoffmann v. Krieg* 案中，这是一个根据《布鲁塞尔公约》进行的相互承认的民事案件，[1590] 欧洲法院提到“判决的自由流动”，从中它遵循“获得承认的外国判决原则上必须在寻求实施的国家与在作出判决的国家中具有相同的效力”。[1591] 被要求执行的成员国的法院享有的予以拒绝的酌处权是相当有限的。与 *Hoff v. Krieg* 案类似，在关于《布鲁塞尔公约》的解释的 *Krombach v. Bamberski* 案中，欧洲法院解释了第 28 条，其要求承认，“即使来源国法院错误地获得了管辖权”。[1592] 原则上，“仅仅是因为争端中被裁定（原文如此）来源国法院适用的法律规则与被请求执行的国家的法院可能会适用的法律规则之间存在差异”[1593]，国家不得拒绝执行。 411

在这种背景下，出现了成员国可以在多大程度上纠正另一成员国不遵守欧盟法的问题。在 *Hedley Lomas* 案中，欧洲法院认为“一个成员国不得单方面采取纠正或保护措施，以避免另一成员国违反共同体法律规则”[1594]。在一个起诉法国的案件中，欧洲法院认为：

> 在任何情况下，成员国不得单方面采取纠正措施或保护贸易的措

1589　14 January 1997, Case C-124/95, *The Queen, ex parte Centro-Com Srl* v. *HM Treasury and Bank of England*, par.48 and 49.

1590　截至 2015 年 1 月 10 日，由《关于管辖权和承认民事判决的条例 1215/2012》取代。

1591　4 February 1988, Case 145/86, *Horst Ludwig Martin Hoff mann v. Adelheid Krieg*, par.11.

1592　28 March 2000, Case C-7/98, *Dieter Krombach v. André Bamberski*, par.33.

1593　28 March 2000, Case C-7/98, *Dieter Krombach v. André Bamberski*, par.36.

1594　23 May 1996, Case C-5/94, *The Queen v. Ministry of Agriculture, Fisheries and Food, ex parte: Hedley Lomas(Ireland)Ltd.*, par.20.

施，以防止另一成员国未遵守条约规定的规则。[1595]

或者，用法律顾问 Léger 更强有力的话来说就是：

> 对于共同体法律来说，没有什么比古典国际公法的报复或互惠措施的理念更格格不入的。一个成员国使商品无法自由流通，理由是据
> 412 称在另一个成员国中侵犯了动物保护的更高利益。(……)一个成员国不能对其他成员国的违约行为采取单方面行动。[1596]

相互承认的例外情况

来自总体在内部市场中相互承认原则的适用，以及具体法律文书中相互承认原则的适用，特别是《布鲁塞尔公约》[1597]和《关于驾驶执照的指令 91/439》以及《关于欧洲逮捕令的框架决定 2002/584》，已经出现了以下四类相互承认的例外：

明确的缺点；
可适用的拒绝理由；
不可调和的决定；
优先的义务。

明确的缺点

将明确的缺点视为相互承认的例外，实质上破坏了相互信任的规定，相互信任意味着成员国相信其他成员国对基本自由和基本权利给予了充分

1595　25 September 1979, Case 232/78, *Commission v. France*, par.9.

1596　Opinion of Advocate General Léger of 20 June 1995, Case C-5/94, *The Queen v. Ministry of Agriculture, Fisheries and Food, ex parte: Hedley Lomas (Ireland) Ltd.*, point 27. 25 January 1977, Case 46–76, *W.J.G.Bauhuis v. the Netherlands State.*

1597　以及其替代文书《关于管辖权和承认民事判决的条例 44/2001》(现在又被《关于管辖权和承认民事判决的条例 1215/2012》所取代)。欧洲法院认为“关于条例 44/2001 的规定，只要背景或条款可被视为等同”，则其从前的解释可以被沿用。10 September 2009, Case C-292/08, *German Graphics Graphische Maschinen GmbH v. Alice van der Schee, acting as liquidator of Holland Binding BV*, par.27.

保护。缺点必须明确，并根源于发布成员国提交的信息。[1598] 同样，这是在内部市场中已经形成的一个现象。这可以如下进行说明。Houtwipper 因为没有根据国内法规定的金银的纯度印记进行标记而被起诉，尽管已经存在其他成员国的纯度印记。欧洲法院认为，在产品具有另一成员国印记并合法销售的情况下，不得要求提供第二个印记，以及“印记提供的任何形式的信息等同于由进口成员国所要求的并且为该国消费者可理解的”[1599]。国内 413
法院应该确定这种等同性是否存在：

> 如果在原产地成员国开展的控制结果符合进口成员国的要求，则出口国和进口国的双重管制就不能被正当化。[1600]

从这个判例中可以推导出的规则是，原则上禁止进行第二次检查，除非成员国注意到相关信息，在相关个案中相互信任是不合理的。*Centro* 案证实了这一点，欧洲法院注意到没有迹象表明《制裁条例》规定的制度没有适当运作。这意味着相互信任并不是绝对的。[1601] 因此，欧洲法院指出，如果一个成员国对提交的信息的准确性有严重怀疑，它可以要求成员国当局提供进一步的信息。[1602] 此外，如果该缺陷无疑来自另一成员国提交的信息，国家法院可拒绝相互承认。[1603] 没有义务承认（不再）可以在签发成员

1598 1 March 2012, Case C-467/10, *criminal proceedings against Baris Akyüz*, par.68. 对于《关于管辖权和承认民事判决的条例 44/2001》，欧洲法院认为：“条例 44/2001 的任何条款都没有明确禁止被要求执行的成员国的法院核实在证书中所载事实信息的准确性。” 6 September 2012, Case C-619/10, *Trade Agency Ltd v. Seramico Investments Ltd*, par.35.

1599 15 September 1994, Case C-293/93, *criminal proceedings against Ludomira Neeltje Barbara Houtwipper*, par.15; 22 June 1982, Case 220/81, *criminal proceedings against Timothy Frederick Robertson and others*, par.12.

1600 15 September 1994, Case C-293/93, *criminal proceedings against Ludomira Neeltje Barbara Houtwipper*, par.19.

1601 但是，只有在特殊情况下，“根据条例 2201/2003，采取临时措施的法院的实体管辖权在其所作出的判决的内容并不明显，或者判决没有载有支持该法院实体管辖权的理由的陈述，该陈述应当没有任何含糊之处，并提及条例第 8 条至第 14 条规定的管辖权标准之一，则可以推断，判决不符合条例规定的管辖权规则”。Case 15 July 2010, C-256/09, *Bianca Purrucker v. Guillermo Vallés Pérez*, par.76.

1602 14 January 1997, Case C-124/95, *The Queen, ex parte Centro-Com Srl v. HM Treasury and Bank of England*, par.50–52.

1603 9 July 2009, Case C-445/08, *Kurt Wierer v. Land Baden-Württemberg*, par.59.

国执行的判决。在这种情况下，欧洲法院指出："在这方面，尽管承认原则上应当具有赋予判决权威和效力如同它们在作出判决的成员国中具有的权威和效力一样的效果（……），然而，当它被强制执行时，没有理由给予判决在来源国中没有的权利，或者在被请求强制执行的成员国直接作出的类似判决不会产生的效力。"[1604]

初看起来，*Houtwipper* 案和 *Centro* 案的判决似乎与另一起案件相冲突。在 *Commission v. Spain* 案中，欧洲法院认为，西班牙不能拒绝给作为欧盟国
414 家配偶的第三国国民签证，仅仅由于另一个成员国——德国——向申根信息系统中输入了应当拒绝入境的警告。欧洲法院认为，自动拒绝与《关于外国人迁移和居留的指令 64/221》规定的对欧盟公民配偶的权利相冲突。西班牙当局本应咨询德国，以核实警告的理由是否构成对西班牙社会的严重威胁。[1605] 允许验证对于欧盟法律的一般规则而言存在问题：成员国不应纠正或预见到另一个成员国的缺点。然而，现在受到威胁的利益是不同的。虽然德国当局提供的信息在西班牙引起质疑，但有关人员仍有权享有某些权利。

在驾驶执照案件中，欧洲法院认为，如果成员国有充分理由怀疑其有效性，则必须通知发证成员国。[1606] 例如，这是一个成员国向另一个成员国居民颁发驾驶执照的情况。由于适用的指令只允许居住地所在的成员国签发驾驶执照，因此可以从住所的条目中发现该文件无效。[1607]

根据《关于欧洲逮捕令的框架决定 2002/584》第 8 条，欧洲逮捕令的形式必须包含"该罪行的性质和法律分类，特别是依据第 2 条的规定"，以及"实施犯罪的情况，包括被请求人参与犯罪的时间、地点和程度"，的确带来了问题。这些信息发出机构本身非常清楚，为什么还有必要提供这种信息？如果将信息提供给正在执行的成员国，则会出现执行当局是否

1604　13 October 2011, Case C-139/10, *Prism Investments BV* v. *Jaap Anne van der Meer, in his capacity as receiver in the liquidation of Arilco Holland BV*, par.38.

1605　31 January 2006, Case C-503/03, *Commission* v. *Spain.*

1606　26 June 2008, Joined Cases C-329/06 and C-343/06, *Arthur Wiedemann*（*C-329/06*）v. *Land Baden-Württemberg and Peter Funk*（*C-343/06*）v. *Stadt Chemnitz*, par.37；26 June 2008, Joined Cases C-334/06 to C-336/06，*Matthias Zerche*（*C-334/06*），*Manfred Seuke*（*C-336/06*）v. *Landkreis Mittweida and Steffen Schubert*（*C-335/06*）v. *Landkreis Mittlerer Erzgebirgskreis*, par.54.

1607　19 May 2011, Case C-184/10, *Mathilde Grasser* v. *Freistaat Bayern*. 13 October 2011, Case C-224/10, *Staatsanwaltschaft Baden-Baden* v. *Leo Apelt.*

可以评估所提供的信息并测试令状是否符合所有条件的问题。这是否可以看作一种迹象，表明一个边缘化的对作为法律一般原则的比例原则是否被遵守的检验是可以接受的？[1608]

《关于欧洲调查令的指令 2014/41》第 6 条第 3 款在这个问题上迈出了新的一步。其规定："执行当局有理由相信，当第 1 款提及的条件未得到满足时，可就执行欧洲调查令的重要性向发布机构进行咨询。在咨询后，发布机构可决定撤销欧洲调查令。"实质上，这一规则与相互承认的一个基本方面相冲突，即执行机构不审查发布机构所做的决定。这项新规定可能会严重破坏相互承认原则："执行机构应承认欧洲调查令（……），不需要任何进一步的手续。"[1609]《关于欧洲调查令的指令 2014/41》第 9 条第 1 款增加了在其他相互承认文书中缺乏的一项要素，即执行当局应确保执行"以与执行国当局下令有关的调查措施相同的方式"。第 12 条第 1 款[1610]和第 14 条重申的同化原则将允许执行成员国确定自己的优先事项。 415

初看起来，适用比例原则对移交制度并不陌生。移交是一种严肃的措施，因此只适用于严重的情况。绝对相互承认例外的理由可能在于人身自由受到威胁，其中许多人尚未被定罪，因此被推定为无辜。这些利益与其他利益具有根本上不同的性质，例如，相互承认市场上的商品投放，而不管其大小或价值如何。此外，相互承认的文书，即《关于欧洲逮捕令的框架决定 2002/584》限制了符合相互承认的逮捕令，要求达到一定程度的严重性：清单所列罪名，它们可被处以至少三年徒刑。

一旦在原决定之后发生的新事实允许成员国进行干涉，承认义务就会受到限制。这在针对居住在奥地利并在那里获得驾照的 Sevda Aykul 的诉讼中得到了证明。[1611] 在德国被发现受毒品影响驾车后，德国当局撤销了她的

1608　再一次，与民事判决相互承认的比较是相关的。《关于管辖权和承认民事判决的条例 1215/2012》叙文部分第 26 段指出："相互信任欧盟内部的司法行政，是成员国的判决无须任何特殊程序应得到所有成员国的承认的原则的理由。另外，为了实现进行跨境诉讼不那么耗时和昂贵的目的，在被请求的成员国执行之前取消可执行性声明是合理的。因此，一个成员国法院作出的判决应视为在被请求的成员国中作出的判决。"条例第 52 条明确规定："在任何情况下，一个成员国作出的判决都不应在被请求的成员国中受到对其实体内容的审查 。"

1609　第 9 条第 1 款。

1610　使用了不同的用语，即"同样的迅速程度和优先性"。

1611　23 April 2015, Case C-260/13, *Sevda Aykul v. Land Baden-Württemberg.*

奥地利执照。欧洲法院面临的问题是，这种撤回是否被一般承认义务排除。欧洲法院解释其观点如下：“一旦一个成员国的主管当局根据指令 2006/126 第 1 条第 1 款颁发了驾驶执照，其他成员国无权调查指令中规定的发布的
416 条件是否已被满足。拥有一个成员国颁发的驾驶执照必须被视为其持有人在该执照颁发当天满足这些条件的证据。在本案中，必须指出的是，德国当局质疑 Aykul 女士拥有驾驶执照的条件，不是在颁发执照的当天，而是在 Aykul 女士获得执照并在德国实施非法行为之后。”[1612] 由于相关指令规定适用当地刑法和警察法，在其境内犯罪的成员国有权限制承认其领土上的驾驶执照。但是，这种限制不等于永久性的不予承认。换句话说，必须有一个重新获得驾驶权的希望。

可适用的拒绝理由

欧洲法院已经表明，成员国应该限制性地和详细地解释拒绝的理由。[1613] 在 I.B. 的重要案件中，涉及在缺席程序之后发布的欧洲逮捕令，产生的问题是，逮捕令是否应该具有移交起诉或移交执行的作用。第一种会让被请求人在审判后被送回执行成员国以执行判决，而后者则不会。困难在于，尽管有可能执行判决，但审判的缺席性使被请求人有权重新获得审判。欧洲法院认为：

> 鉴于缺席判决并且仍然可以申请重审的人的情况与为了起诉而被欧盟逮捕令要求逮捕的人相同，没有任何客观原因阻止执行框架决定 2002/584 第 5 条第 1 款的执行司法当局适用该框架决定第 5 条第 3 款所载的条件。此外，这种解释是唯一目前为执行成员国中居住的人提供了重新融入社会的真正可能性，此人获得了一个尚未被执行的判决，并可能在作出判决的成员国获得重审。[1614]

1612　23 April 2015, Case C-260/13, *Sevda Aykul v. Land Baden-Württemberg*, par.47 and 48.（引用略）另见 *Wittmann* 案件，他在被暂时禁止获得德国新驾驶执照的期间获得了波兰驾照。由于德国当局已经撤回德国执照，它们无法撤回第二个波兰驾照。欧洲法院认为，德国有权拒绝承认波兰驾驶执照。21 May 2015, Case C-339/14, *criminal proceedings against Andreas Wittmann.*

1613　26 February 2013, Case C-399/11, *Stefano Melloni v. Ministerio Fiscal*, par.44 and 46.

1614　21 October 2010, Case C-306/09, *proceedings concerning the execution of a European arrest warrant issued against I.B.*, par.57–58.

此结果代表了可适用的原则的示范性使用。一方面，实践中的解决方案必须符合加速引渡程序的必要性。另一方面，被请求人的权利必须得到尊重。最恰当的决定考虑到了这两方面的利益。 417

当然，如果框架决定或其他联盟法案包含拒绝理由，成员国有权援引这些理由。[1615] 在这件事情上，必须提出一个问题，即对（非）执行的成员国的是否适用拒绝理由的评估，是否也受相互承认机制的约束？虽然框架决定没有如此规定，但执行当局强制适用"一罪不二审"也应该导致发布成员国的诉讼程序结束。虽然一些拒绝理由，如一罪不二审或缺席，适用于整个欧盟，但其他拒绝理由仅适用于双边关系。这类问题将必须由欧洲法院回答。某些拒绝的理由本质上是非常宽泛的，而其他理由则较为具体，可能只适用于某种特定形式的合作。

《关于欧洲逮捕令的框架决定 2002/584》为不执行逮捕令制定了三项强制性理由（第 3 条）：

执行成员国对犯罪行为进行了赦免；

其中一个成员国的一罪不二审适用；[1616]

根据执行国法律的规定，被告人尚未达到刑事责任年龄。[1617]

除了这些强制性理由外，第 4 条还规定了可以选择不执行的理由：[1618]

不具备双重犯罪属性；[1619]

1615　6 October 2009, Case C-123/08, *criminal proceedings against Wolzenburg*.

1616　《关于欧洲逮捕令的框架决定 2002/584》第 3 条第 2 款规定的一罪不二审必须用与《执行申根协议的公约》第 54 条相同的方式加以解释。16 November 2010, Case C-261/0, *Gaetano Mantello*. 因此，在执行中的成员国发现一罪二审的情形时理应终止发布成员国的诉讼程序。进一步参见第六章第 4.2.5 节。

1617　Article 15, paragraph 1 sub g *Framework Decision 2009/829 on Supervision Measures*.

1618　《关于监督措施的框架决定 2008/909》第 9 条和《关于监督缓刑措施的框架决定 2008/947》第 11 条中的不承认和不执行的所有理由都是可选的。关于冻结令（被替代）的框架决定 2003/577 第 7 条以及关于没收令的框架决定 2006/783 第 8 条中可以找到一个更为有限的不执行理由清单。

1619　显然，这可能只涉及除《关于欧洲逮捕令的框架决定 2002/584》第 2 条第 2 款清单以外的罪行。另见《关于欧洲证据令的框架决定 2008/978》第 13 条第 1 款 b 项，尽管条文内容略有不同，以及《关于监禁刑的框架决定 2008/909》第 9 条第 1 款。

在执行成员国对同样的行为即将起诉；

418 执行成员国的司法当局已决定不起诉；

法律禁止起诉或惩罚；[1620]

第三国一罪不二审适用；[1621]

移交被定罪的国民，或移交停留在执行成员国的居民或人士，[1622]而执行成员国已经自行开始执行判决；[1623]

逮捕令涉及全部或部分在执行成员国领土内犯下的罪行；[1624]

逮捕令是关于在签发成员国境外犯下的罪行，而执行成员国的法律不允许在类似情况下提起诉讼。[1625]

事实上，执行成员国可根据《关于欧洲逮捕令的框架决定 2002/584》
419 第 5 条向签发成员国要求的保证也有效，如果未能遵守它们，也可以作为拒绝理由：

1620 Article 15, paragraph 1 sub e *Framework Decision 2009/829 on Supervision Measures* and Article 9, paragraph 1 sub e *Framework Decision 2008/909 on Custodial Sentences.*

1621 一些框架决定并不限制该原则适用于某些国家。Article 11, paragraph 1 sub c *Framework Decision 2008/947 on Supervision of Probation Measures*; Article 13, paragraph 1 sub a *Framework Decision 2008/978 on the European Evidence Warrant*; Article 15, paragraph 1 sub c *Framework Decision 2009/829 on Supervision Measures*; Article 11, paragraph 1 *Directive 2014/41 on the European Investigation Order.*

1622 如果成员国的国家立法仅对国民而非居住在本国的欧盟公民适用这一拒绝理由，则违反了《欧盟运行条约》第 18 条中的非歧视原则。5 September 2012, Case C-42/11, *João Pedro Lopes Da Silva Jorge*, par. 41 and 52. 执行成员国声称不可能执行发布成员国作出的判决，并不能作为这种普遍排斥非国民的正当化理由。

1623 “停留”不是一个独立的类别，而是对居住地的补充。欧洲法院认为，这样的人必须拥有“他在执行成员国的实际居住地，或者在该国一段期间稳定的驻留后，获得与该国的某种联系，这些联系的程度与居留产生的程度相同”。17 July 2008, Case C-66/08, *proceedings concerning the execution of a European arrest warrant issued against Szymon Kosłowski*, par.46. 6 October 2009, Case C-123/08, *criminal proceedings against Wolzenburg.*

1624 显然，在应用欧洲逮捕令方面的经验使立法者在《关于监禁刑的框架决定 2008/909》第 9 条第 2 款中规定，应该不情愿地使用它，并且只能在“特殊情况下并且在个案的基础上，考虑到案件的具体情况”。《关于监督缓刑措施的框架决定 2008/947》第 11 条第 2 款，《欧洲证据令框架决定 2008 /978》第 13 条第 3 款重申了同样的内容。此外，虽然表述略有不同，但《关于监禁刑的框架决定 2008/909》第 9 条第 1 款 b 项可能导致适用这一理由来拒绝。

1625 *Directive 2014/41 on the European Investigation Order* 第 11 条第 1 款。

如果该人没有被亲自传唤或以其他方式被通知聆讯，则保证缺席判决的重新审讯；[1626]

保证在发生无期徒刑的情况下，签发成员国最迟在二十年后规定对处罚进行复审；

保证执行成员国的国民或居民将被送回该国，以便在那里服刑。

《关于监禁刑的框架决定 2008/909》增加了拒绝的更多理由：

在下列情况下，执行国主管当局可以拒绝承认判决并执行判决：

（a）第 4 条所指的证书不完整或明显与判决不符，且未在执行国主管当局规定的合理期限内补充完整或更正；

（b）第 4 条第 1 款规定的标准未得到满足；[1627]

……

（f）根据执行国法律存在豁免权，从而无法执行判决；[1628]

（g）对根据执行国法律，由于其年龄不能对发布的判决中的行为承担刑事责任的人判处刑罚；

（h）在执行国主管当局收到判决时，只余不到六个月的服刑时间；

（i）该判决是缺席做出的，除非证书表明该人是根据发证国的国家法律本人被传唤或被有权代表通知了产生缺席判决的程序的时间和地点，或者该人已向主管当局表示他或她不反对该案件；

（j）执行国在根据第 12 条第 1 款作出决定之前根据第 18 条第 3 款提出请求并且发证国根据第 18 条第 2 款 g 项规定不同意对相关人员进行起诉，定罪或者由于有关人员被转移前在执行国所犯的罪行剥夺其自由，而不是因为导致转移的罪行；

（k）判处的刑罚包括一项精神或保健措施或另一项涉及剥夺自 420
由的措施，尽管第 8 条第 3 款规定，执行国依照其法律或医疗保健制

1626 《关于缺席审判的框架决定 2009/299》为缺席审判创造了一个共同的定义。

1627 这意味着被判决的人不是执行成员国的国民，或者执行成员国不是被判刑人的国籍国这个事实没有得到认可。《关于监督措施的框架决定 2009/829》第 15 条第 1 款 b 项具有类似的含义。

1628 Article 15, paragraph 1 sub f *Framework Decision 2009/829 on Supervision Measures* and Article 11(d) *Framework Decision 2008/978 on the European Evidence Warrant.*

度无法执行该措施。

此外，《关于监督措施的框架决定 2009/829》第 15 条第 1 款 d 项涉及税收违法行为，第 1 款 h 项涉及欧洲逮捕令：如果违反监督措施，它将不得不根据 2002 年 6 月 13 日关于欧洲逮捕证和成员国之间移交程序的理事会框架决定 2002/584 / JHA 拒绝交出有关人员。

《关于监督缓刑措施的框架决定 2008/947》第 11 条第 1 款 i 项中提出了一个相当具体的拒绝理由："判决或可适用的缓刑决定规定了医疗 / 保健治疗，尽管有第 9 条，执行国无法在其法律体系或医疗保健制度中进行监督。"

一个似乎随着时间的推移已经消失并且属于传统国际援助的拒绝理由现在已在《关于欧洲证据令的框架决定 2008/978》第 13 条第 1 款 g 项中重新出现，并在《关于欧洲调查令的指令 2014/41》第 11 条第 1 款中保留下来："如果在特定情况下其执行会损害重要的国家安全利益，危及信息的来源或涉及使用与特定情报活动有关的机密信息。"

《关于欧洲调查令的指令 2014/41》第 11 条第 1 款提出了几项新的拒绝理由：

> （a）根据执行国的法律有豁免权或特权使其不可能执行调查令，或确定和限制新闻自由以及其他媒体的言论自由有关的刑事责任的规则，使其不可能执行调查令；
>
> （b）调查令是在第 4 条 b 项和 c 项提及的程序中发布的，而且调查措施将不会根据执行国的法律在类似的国内案件中获得授权；
>
> ……
>
> （g）根据执行国的法律，调查令所针对的行为不构成犯罪，除非如签发机关在调查令中表明的涉及附件 D 所列罪行类别的罪行，而且在签发国会受到最高刑期不少于三年的监禁或拘留的惩处；
>
> （h）根据执行国的法律，使用调查令中所述的调查措施，仅限于列入一个清单或特定种类的犯罪，或者仅限于超过一定阈值才惩处的犯罪，而其中不包括调查令所涵盖的罪行。

在决定不承认或不执行欧洲调查令之前，执行当局应通过一切适当的
421 方式向发证机构进行咨询，并在适当情况下要求发证机构立即提供一切必

要的信息。

查看拒绝理由的特殊性质，它们涉及合法性原则、主权原则和互惠原则。仅拒绝理由的存在就表明相互信任不是绝对的，而是有条件的，而且成员国希望继续掌权。关于监禁刑的框架决定 2008/909 第 9 条第 4 款规定，在决定拒绝之前，在某些情况下，执行成员国必须首先要求签发成员国提供更多信息。这是与相互信任有关的一个一般规则。必须找到一个解决方案，或者必须给出一个答案，以满足寻求正义事业的签发成员国的要求。

《关于欧洲调查令的指令 2014/41》第 11 条第 1 款 f 项引入了基于基本权利的一般拒绝条款："有充分的理由相信执行调查令中列出的调查措施不符合执行国根据 TEU 第 6 条和《欧盟基本权利宪章》所承担的义务。"这符合第 11 条第 1 款的开头语："在不影响第 1 条第 4 款的情况下，可拒绝承认或执行调查令。"[1629] 对此的解释可以是双重的。一个是另外给出了一个一般的人权条款。另一个是适用任何第 11 条规定的拒绝理由受制于基本权利保护，如当拒绝行为可能侵犯辩护权时，则不得适用。第 14 条第 7 款可能有助于支持这一观点。

诸如《关于欧洲调查令的指令 2014/41》第 1 条第 4 款等条款出现在所有基于相互承认的国际合作模式中。[1630] 欧洲法院认为，《关于欧洲逮捕令的框架决定 2002/584》第 1 条第 3 款中的具体引用意味着必须按照《基本权利宪章》解释该法律文书的规定。[1631] 本质上，界限似乎是，欧盟法规定的相互承认义务永远不能导致侵犯人权。有关变化的指令是为了创造一个共同的标准并为建立信任做出贡献。《关于获得律师权利的指令 422
2013/48》叙文第 5 段规定："虽然成员国是《欧洲人权公约》和《公民权利和政治权利国际公约》的缔约国，但经验表明，仅靠这些并不总能对其他成员国的刑事司法系统有足够的信任。"

1629　第 1 条第 4 款规定："本指令不应改变遵守 TEU 第 6 条所载基本权利和法律原则的义务，包括刑事诉讼中的被告人的辩护权，以及任何司法当局在这方面的责任应不受影响。"

1630　*Framework Decision 2002/584 on the European Arrest Warrant* 第 1 条第 3 款。24 July 2015, Case C-404/15，*criminal proceedings against Pál Aranyosi* 提出了对本条的解释问题。请参阅类似的引用人权的情形。*Framework Decision 2008/909 on Custodial Sentences* 第 3 条第 3 款；*Framework Decision 2008/947 on Supervision of Probation Measures* 第 1 条第 4 款；*Framework Decision 2009/829 on Supervision Measures* 第 5 条。

1631　16 July 2015, Case C-237/15 PPU, *Minister for Justice and Equality v. Francis Lanigan.*

不可调和的决定

尽管相互承认的制度是基于一个成员国对来自另一个成员国的决定的承认和执行，但它不会自动回答如何处理不可调和或相互竞争的决定的问题。[1632] 相互承认模式建立在成员国的独立倡议之上，成员国可以在不知道其他人采取措施的情况下采取主动行动。相互承认并不要求广泛通知成员国当局作出的决定。因而成员国独立作出的决定引发了“谁承认谁”的问题。

这个问题在判例法中已经出现，尽管在刑法领域之外。驾驶执照案件提供了一些例子。撤销了一个人的驾驶执照（或拒绝签发第一个驾驶执照）的成员国，是否必须承认此人在另一个成员国取得的新驾驶执照（反之亦然）？对于根本不作任何决定的第三个成员国会产生什么样的后果，因为它发现持有这种执照的驾驶员驾车通过其领土而它可能需要回答一个简单的问题，即驾驶执照是否有效？[1633]

只有新驾驶执照是在有关人员无权获得新驾驶执照的期间内签发的，则已撤销驾驶执照的成员国才可以拒绝承认在另一成员国取得的新驾驶执照。[1634] 欧洲法院在其 2008 年 6 月 26 日的判决中确实允许撤销持有人的驾驶
423 执照的成员国，在其领土上发现其持有来自另一个成员国的新驾驶执照，拒绝承认该新驾驶执照，但只有在：

1632 “不可调和”是《关于管辖权和承认民事判决的条例 1215/2012》第 45 条中使用的术语。

1633 其中一些问题可以由 Convention on Driving Disqualifications, Convention of 17 June 1998, OJ 1998, C 216/2 回答。截至 2015 年 9 月 15 日，本公约已获得保加利亚、塞浦路斯、爱尔兰、克罗地亚、罗马尼亚、斯洛伐克、西班牙和英国的批准，并已对这些国家生效。然而，公约规定的机制似乎比互相承认的机制更具预防性。它规定了导致取消驾驶资格的犯罪行为的发生地国家需要通知居住地国家这个决定。但是，这只能是部分协助。它能够涵盖驾驶执照持有人可以在居住国被找到的情况，但不包括驾驶执照持有人利用其自由移动权利并且离开他们的居住国或者申请新的第三个成员国的驾驶执照。第三个通过的关于驾驶执照互认的指令，驾驶执照指令 2006/126，OJ 2006，L 403/18，可能会阻止进一步的批准。

1634 29 April 2004, Case C-476/01, *criminal proceedings against Felix Kapper*；6 April 2006，Case C-227/05，*Halbritter* v. *Freistaat Bayern*；28 September 2006, Case C-340/05, *criminal proceedings against Stefan Kremer*. 如果持有人在撤回期后在另一个成员国取得执照，则拒绝只能在新执照颁发后以新的事实为依据。2 December 2010, Case C-334/09, *Frank Scheffler* v. *Landkreis Wartburgkreis*; 26 April 2012, Case C-419/10, *Hofmann* v. *Freistaat Bayern*.

> 如果不是根据东道成员国提供的信息，而是根据出现在驾驶执照本身中的条目或由成员国提供的其他无可辩驳的信息可以确定根据指令 91/439 第 7 条第 1 款 b 项规定的居住地所在国的条件尚未得到满足。[1635]

一般来说，东道成员国即使在它自身（本来会）拒绝签发驾驶执照的情况下也必须承认。[1636] 如果有更严格要求的成员国可以维护该国的标准作为排除承认的理由，其他成员国则不得不遵守这些标准。这可以等同于审查请求执行的决定，而这当然是会被排除的。[1637]

在涉及离婚和扶养费用诉讼的 *Hoffmann v. Krieg* 案中，欧洲法院处理了承认义务的后果，即第二国面临一系列新的事实使其无法履行义务。这种特殊情况可能会成为引用公共政策条款的理由。欧洲法院认为：

> 缔约国根据公约第 31 条的规定已经要求了需要执行的外国判决，并且该判决在提出该判决的国家内仍然可以执行的情况下，当在执行国的法律之下，判决由于公约之外的理由无法再继续执行了，则不得继续在寻求执行的国家执行。[1638]

在相互承认的过程中，成员国不需要做不可能的事情。在本案中，有两个来自两个不同国家的判决，而且它们的法律后果是相互排斥的。[1639]

1635 26 June 2008, Joined Cases C-329/06 and C-343/06，*Arthur Wiedemann*（*C-329/06*）v. *Land Baden-Württemberg and Peter Funk*（*C-343/06*）v. *Stadt Chemnitz*, par.72；26 June 2008, Joined Cases C-334/06 to C-336/06, *Matthias Zerche*（*C-334/06*），*Manfred Seuke*（*C-336/06*）v. *Landkreis Mittweida and Steffen Schubert*（*C-335/06*）v. *Landkreis Mittlerer Erzgebirgskreis*, par.69. 11 December 2003, Case C-408/02，*criminal proceedings against José Antonio da Silva Carvalho*；20 November 2008, Case C-1/07，*criminal proceedings against Frank Weber*；3 July 2008, Case C-225/07，*criminal proceedings against Rainer Günther Möginger*；26 April 2012, Case C-419/10, *Hofmann* v. *Freistaat Bayern*.

1636 1 March 2012, Case C-467/10, *criminal proceedings against Baris Akyüz*, par.56 and 57.

1637 26 September 2013, Case C-157/12, *Salzgitter Mannesmann Handel GmbH* v. *SC Laminorul SA*.

1638 4 February 1988, Case 145/86, *Horst Ludwig Martin Hoffmann* v. *Adelheid Krieg*, par.18.

1639 欧洲法院遵循了法律顾问 Darmon 的有趣的意见，他在 1987 年 7 月 9 日 Case 145/86, *Horst Ludwig Martin Hoff mann* v. *Adelheid Krieg* 案中表达了这样的观点：判决的不协调性最好不要导致对承认的拒绝。解决方法应该在执行国承认判决之后产生的法律后果中找到。

424 在纯粹的刑事背景中想象冲突的决定并不难。扣押一个成员国货物的决定可能与另一成员国的法院将货物退还第三方的决定相抵触。一个成员国发布的欧洲逮捕令可能与另一成员国执行判决的命令发生冲突。尽管一些框架决定为冲突的决定提供了规则，[1640] 但并非所有问题都可以解决。

对于非刑事性质的两个例子——驾驶执照和民事判决——规定相互承认的行为也决定了管辖权的规则。这两项法案都旨在为唯一一个成员国建立专属管辖权。只有居住地所在成员国有权签发驾驶执照。正如法院在来自斯洛文尼亚的 *Višje sodišče v. Mariboru* 案件的请求中宣布的那样，宣称另一成员国的判决可执行的成员国不能就该案件作出新的裁决。[1641] 就民事判决而言，确定管辖权会适用更复杂的规则。关于刑事事项相互承认的法律文书都没有规定关于分配管辖权的规则。在刑事案件中完全没有关于管辖权的规则会造成冲突性决定的可能性。

与此同时，依据刑事法相互承认原则的欧盟法律文书并不规范管辖权这一事实，便是偏离绝对承认的论据。当它与管辖权的分配一致时，则相互承认的主张更为有利。

占优势的义务

欧盟的一些国际义务以及成员国的国际义务优先于承认的义务。《欧盟运行条约》第 351 条提到成员国的条约义务，这些条约义务在 1958 年 1 月 1 日生效的《欧洲共同体条约》生效之前已经存在。虽然这一类别每天都在逐渐减少，但它们可能仍然具有影响力：事实上，显然，1950 年的《欧洲人权条约》属于这一类别。

在相互承认的基础上收到欧洲逮捕令或其他命令的成员国，对于另一个成员国内对于人权的尊重有极大的担忧，那么它的立场是什么？《欧盟基本权利宪章》第 19 条的含义是什么？该条约规定，如果有重大可能会判处死刑、酷刑或其他不人道或有辱人格的待遇或处罚的风险，则不得引
425 渡。正如前面讨论过的，同样的机制是否适用，即原则上成员国在执行欧盟法时必须信任其他成员国？

1640 例如，根据《关于欧洲逮捕令的框架决定 2002/584》第 3 条拒绝的理由以及第 4 条中提到的调整了相互冲突的决定。

1641 23 December 2009, Case C-403/09 PPU, *Jasna Detiček* v. *Maurizio Sgueglia*.

关于《欧洲人权公约》，它的相关性在于对于创始国（以及后来的加入国）这是一个 1958 年 1 月 1 日以前的公约。《欧盟运行条约》第 351 条的适用意味着这些较旧协议的权利和义务不受条约的影响。这表明，对于那些在受到《欧盟运行条约》约束之前受《欧洲人权公约》约束的所有成员国，欧洲人权公约中的义务将占上风。最近的相互承认的法律文书之一，《关于欧洲调查令的指令 2014/41》的叙文第 19 条中规定，人权规范受到遵守的推定是可反驳的："在欧盟内部创造一个自由、安全和公正的领域建立在相互信任和其他成员国遵守联盟法的假设之上，特别是尊重基本权利。但是，这种推定是可以反驳的。因此，如果有充分的理由相信执行欧洲调查令要求的调查措施会导致侵犯有关人员的基本权利，并且执行国将忽视其在保护基本权利方面的宪章义务，则应当拒绝执行欧洲调查令。"

在 *Centro* 案中，欧洲法院规定了与这类案件有关的标准：上一份协议是否对成员国施加了义务，而缔约方的非欧盟成员国可能仍需要该成员国履行其义务？[1642] 欧洲法院认为：

> 如果协议允许但不要求采取违反共同体法的措施，成员国就不得采取这种措施。[1643]

如果可以调和两个条约产生的义务，成员国必须这样做。[1644] 由国内法院来判断这是否可能。

在 *Krombach* 案中，班伯斯基是克罗姆巴赫在德国过失杀害的女儿的父亲，他成功地在法国向克罗姆巴赫提起刑事诉讼。法国的诉讼缺席进行。在对克罗姆巴赫定罪后，法国当局要求德国承认作为判决一部分的民事赔偿金。欧洲法院依据《布鲁塞尔公约》第 27 条的公共政策条款的一部分， 426

1642　14 January 1997, Case C-124/95, *The Queen, ex parte Centro-Com Srl* v. *HM Treasury and Bank of England*，par.57.

1643　14 January 1997, Case C-124/95, *The Queen, ex parte Centro-Com Srl* v. *HM Treasury and Bank of England*, par.60.

1644　Case C-324/93, *The Queen* v. *Secretary of State for Home Department, ex parte Evans Medical Ltd and Macfarlan Smith Ltd*, par.27–33. 在 1994 年 10 月 4 日关于该案的意见中，法律顾问 Lenz 甚至认为："英国可能仍然有退出公约的义务。" 27 February 1962, Case 10–61, *Commission* v. *Italy*, p.1.

接受一个成员国可以拒绝相互承认，如果它违反了一项基本原则，而该违反构成明显违反在执行国的法律秩序中被视为必不可少的法治原则。[1645]

欧洲法院在 Apostolides 的案件中补充道：

> 在这方面，被要求执行的国家的法院不能在不破坏条例 44/2001 的宗旨的情况下，仅以其认为国内法或共同体法律在该判决中被误用为由而拒绝承认另一成员国提出的判决。相反，必须考虑的是，在这种情况下，每个成员国的法律救济制度以及《欧共体条约》第 234 条规定的初步裁决程序都为个人提供了充分的保证（见 Renault，第 33 段）。只有在法律错误意味着在被寻求执行的国家承认或执行判决将被视为明显违反该成员国法律秩序中的重要法治原则时，公共政策条款才适用于这种情况（此方面见 Renault，第 34 段）。[1646]

获得辩护的权利是一个这样的原则，因为它来源于成员国共同的宪法传统。[1647] 欧洲法院还认为：

> 即使公约旨在简化有关法院或法庭判决的相互承认和执行的手
> 427 续，但通过侵害公正审判权的做法来实现这个目的是不允许的。[1648]

最近欧洲法院特别提到了违反《欧盟基本权利宪章》第 47 条的情况。

1645 《关于管辖权和承认民事判决的条例 1215/2012》第 45 条第 1 款 a—d 项取代了《布鲁塞尔公约》，内容如下："在任何利益相关方的申请之下，判决的承认应当被拒绝：（a）如果承认明显违反所针对的成员国的公共政策（公共秩序）；（b）如果判决是在未出庭的情况下作出的，如果被告没有在足够的时间内，被送达引起诉讼程序的文件或同等文件，已能够安排他自己的辩护的方式，除非被告在可能时未能发起诉讼来质疑判决；（c）如果判决与所针对的成员国在相同当事方之间作出的判决不相容；（d）如果判决与先前的另一个成员国或第三国涉及相同诉因的对相同当事方之间的判决不相容，条件是先前的判决符合在所针对的成员国中承认的必要条件；（……）"。

1646 28 April 2009, Case C-420/07, *Meletis Apostolides* v. *David Charles Orams, Linda Elizabeth Orams*, par.60.

1647 28 March 2000, Case C-7/98, *Dieter Krombach* v. *André Bamberski*, par.37–40. 欧洲人权法院认为违反了获得公正审判权利。ECtHR, 13 February 2001, *Krombach* v. *France*, Application 29731/96.

1648 28 March 2000, Case C-7/98, *Dieter Krombach* v. *André Bamberski*, par.43.

因此，国内法院可以“在对程序进行全面评估后，并根据所有相关情况，认为该判决是对宪章第 47 条第 2 款所述被告享有的公正审判的权利的明显和不成比例的违反，由于被告无法对此提出适当和有效的上诉”，决定不予承认。[1649]

如果决定在被告在场的情况下进行刑事审判，这一基本原则不会受到侵犯。如果被告在律师的陪同下出席，就不会有任何因素能阻止承认，包括刑事法院处理的民事索赔。[1650]

在来自德国联邦普通法院的请求初步裁决的 *Minalmet* v. *Brandeis* 案中欧洲法院指出：

> 如果一个缔约国提起诉讼的文件没有适当地送达未到庭的被告，则另一缔约国不得承认缺席作出的决定。这一解释并未因被告收到了违反规定作出的判决的通知，并且没有利用该国在程序中规定的补救措施而无效。[1651]

除了“适当送达”的要求之外，送达必须在允许被告足够时间准备辩护的时间范围内发生。[1652] 送达是否“适当”的问题不能根据国内法来决定，
而应根据两个成员国之间适用的国际规则。[1653] 随着《关于缺席审判的框架决 428
定 2009/299》的实施，这些问题应该会逐渐消失。

1649 6 September 2012, Case C-619/10, *Trade Agency Ltd* v. *Seramico Investments Ltd*, par.62. 然而，宪章第 47 条并未要求在发出欧洲逮捕令前听取将被逮捕的人的陈述。29 January 2013, Case C-396/11, *Ciprian Vasile Radu*, par.43.

1650 21 April 1993, Case C-172/91, *Volker Sonntag* v. *Hans Waidmann*, *Elisabeth Waidmann and Stefan Waidmann*. 显然，在场的律师必须以被告的明确授权行事。10 October 1996, Case C-78/95, *Bernardus Hendrikman and Maria Feijen* v. *Magenta Druck & Verlag GmbH*.

1651 12 November 1992, Case C-123/91, *Minalmet GmbH* v. *Brandeis Ltd*, par.14–15.

1652 11 June 1985, *Leon Emile Gaston Carlos Debaecker and Berthe Plouvier* v. *Cornelis Gerrit Bouwman*. 同样，即使作出判决的法院认为送达已经正式生效，要求执行的法院也需要审查送达是否预留了足够的时间，以便被告能够安排其辩护。16 June 1981, Case 166/80, *Peter Klomps* v. *Karl Michel*, par.16. 即使被告的送达发生在尚有足够的时间以使他能够安排他的辩护，但没有以正确的方式被送达的情况也是如此。3 July 1990, Case C-305/88, *Isabelle Lancray SA* v. *Peters und Sickert KG*.

1653 13 October 2005, Case C-522/03, *Scania Finance France SA* v. *Rockinger Spezialfabrik für Anhängerkupplungen GmbH & Co*.

由成员国共同的宪法传统产生的公正审判原则暗示了一般原则的适用，但也与公约中规定的酌情拒绝理由有关。《关于管辖权和承认民事判决的条例 1215/2012》第 45 条也准许尊重被告辩护的权利。关于《布鲁塞尔公约》第 27 条第 2 款的适用，即《关于管辖权和承认民事判决的条例 1215/2012》的前身，欧洲法院还认为，即使作出判决的法院认为被告有充足的时间以准备他的辩护，执行法庭可以自行作出评估。[1654]与《布鲁塞尔公约》第 27 条第 2 款相比，《布鲁塞尔公约》重视"适当送达"，《关于管辖权和承认民事判决的条例 1215/2012》第 45 条更加总体地要求辩护的权利得到有效保护。[1655]

在欧盟法律文书中，拒绝承认的可能性会大大减少。例如，2003 年 11 月 27 日的涉及管辖权以及承认和执行婚姻事务和父母责任问题的判决的条例 2201/2003，将对是否存在违反宪章的问题的评估仅授权给作出判决的成员国。[1656]

相互承认和未能执行框架决定或指令

与其他法律文书一样，包括关于合作的文书，成员国可能迟迟未能实施。令人惊讶的是框架决定或指令简单地忽略了这种情况可能发生。这带来了当其中一个成员国没有转化该相互承认文件时，是否可以应用相互承认文书的问题。似乎很难接受的是，一个没有执行的成员国可以利用这种
429 文书成为签发机构，尽管它向一个已经执行的成员国提出。当签发成员国确实执行了而执行成员国没有执行，情况可能会有所不同。这个签发成员国有权要求其令状得到遵守。执行成员国有义务这样做，并且必须找到一个方法来遵守它。如果相互承认文书创造了有利于被告的法律地位的情况，则更是如此。例如《关于监督措施的框架决定 2009/829》，它使得原本不

1654 15 July 1982, Case 228/81, *Pendy Plastics Products BV* v. *Pluspunkt Handelsgesellschaft mbH*.

1655 14 December 2006, Case C-283/05, *ASML Netherlands BV* v. *Semicondutor Industry Services GmbH* (*SEMIS*), par.18–19.

1656 22 December 2010, Case C-491/10 PPU, *Joseba Andoni Aguirre Zarraga* v. *Simone Pelz*. 法律顾问 Bot 在其 2010 年 12 月 7 日的意见中第 129 点和第 130 点指出，在本案中，明确指出了该民事合作条例与《关于欧洲逮捕令的框架决定 2002/584》之间的区别："在框架决定中，欧盟立法试图确保尊重基本权利，将由请求成员国的法院和被请求成员国的法院进行双重审查。另一方面，在条例 2201/2003 中，共同体立法进一步倾向于相互承认，因为它没有规定这种双重审查。"

得不被拘留的被告能够获得释放。

与其他法律文书不同，《关于缺席审判的框架决定 2009/299》第 8 条第 3 款讨论了不执行的可能性。《关于缺席审判的框架决定 2009/299》自 2014 年 1 月 1 日起（在转化期于 2011 年 3 月 28 日结束后）适用于承认和执行缺席审判时作出的裁决，包括签发成员国和执行成员国。显然，一些成员国以更普通的方式适用这一规则，并在其执行立法中规定，它只适用于已执行该规则的其他成员国。[1657]

4.4　互相承认的特征

相互承认的一个特点是它导致了任务的分工。[1658] 它旨在明确划分成员国在国际合作中的责任和义务。签发成员国在考虑到被怀疑人或被指控人的权利的情况下（《关于欧洲调查令的指令 2014/41》第 6 条），决定援助是否必要和相称。第 6 条第 3 款补充说："执行当局有理由相信第 1 款所述条件未得到满足时，可就执行欧洲调查令的重要性向签发机构进行咨询。在咨询后，签发机构可决定撤销欧洲调查令。"

另一方面，执行成员国就是否适用任何拒绝理由作出决定。相互承认创造了案件的某种所有权。它力求防止同一案件的争议。这只有在明确哪个成员国有权做什么以及哪些时候某些职能将转移给另一个成员国的情况下才能实现。只要执行成员国的判决执行尚未开始，签发成员国 430
可以撤销证书，而执行成员国应当不再执行判决（《关于监禁刑的框架决定 2008/909》第 13 条和《关于监督措施的框架决定 2009/829》第 11 条中的类似规定）。由此可以看出，对作为特定成员国专属权限的决定的管辖权分配存在利益。原则上，执行成员国不得评估签发成员国的处理结果。值得一提的是，《关于欧洲调查令的指令 2014/41》叙文 23 提到了"相互承认的一般原则"。在来自爱尔兰高等法院提请的一项有趣的初步裁决中，此案中规定的移交时限被严重超出，欧洲法院授权执行

1657 Article 5:2, paragraph 2 Wet wederzijdse erkenning en tenuitvoerlegging vrijheidsbenemende en voorwaardelijke sancties, implementing *Framework Decision 2008/909 on Custodial Sentences* and *Framework Decision 2008/947 on Supervision of Probation Measures*.

1658 其他人则区分了实质性和程序性的认可。Jannemieke Ouwerkerk, Quid Pro Quo?, A comparative law perspective on the mutual recognition of judicial decisions in criminal matters, Dissertation Tilburg, Intersentia 2011, pp.31–32.

当局“对具体情况进行具体审查，并考虑到所有相关因素，以期评估程序持续时间的正当化理由，包括有关成员国当局可能未采取行动以及被请求人对此期间做出的贡献。还必须考虑到被请求人可能面临的或已经作出的关于成为发布欧洲逮捕令的理由的行为的判决以及被请求人潜逃的潜在风险”[1659]。

相互承认的拒绝引发了这样的问题，即这是否应该对签发成员国产生任何后果。如果由于案件最终被销毁而被拒绝相互承认，这应该意味着案件在签发成员国不能继续存在。这些以及其他拒绝理由可能导致一个人不止一次在不同的成员国受到欧洲逮捕令的影响的情况，每一个逮捕令都将以被拒绝结束。[1660]在保护个人权利方面存在一个漏洞。人们可以称之为相互承认的“回旋效应”。

在所有关于相互承认的法律文书中都有一个一致的说法，该文书不得“被解释为禁止拒绝执行决定，如果有客观理由认为判决是为了以性别、种族、宗教、国籍、语言、政治观点或性取向等理由惩罚某人而实施的，
431 或者这些人的立场可能因这些理由中的任何一个而受到损害”[1661]。这许可了对被告人或被判刑人在另一成员国可能受到的待遇作出某种最低限度的评估。对于如 TEU 第 6 条所规定的尊重基本权利和基本法律原则的义务是否被遵守的评估也是如此。

《关于监禁刑的框架决定 2008/909》叙文第 14 段明确允许成员国适用与正当程序、结社自由、新闻自由和其他媒体言论自由有关的宪法规则。[1662]从第 9 条第 3 款可以清楚地看出，关于若干拒绝理由，执行成员国可以自行进行评估，而对于其他方面，它必须要求由签发成员国提供进一步的资料。

法律救济措施

总的来说，相互承认模式中的法律救济措施显著减少。[1663]这应该被视为

1659 16 July 2015, Case C-237/15 PPU, *Minister for Justice and Equality* v. *Francis Lanigan*, par.59.

1660 Annika Suominen, The principle of mutual recognition in cooperation in criminal matters, Dissertation Bergen 2011, p.325.

1661 《关于监禁刑的框架决定 2008/909》的叙文第 13 段。同样，《关于监督缓刑措施的框架决定 2008/947》的叙文第 15 段。

1662 另见《关于监督缓刑措施的框架决定 2008/947》叙文第 6 段，其中增加了宗教自由。

1663 另见本章第 6.3 节。

一种信号，即在相互承认的情况下，在相关合作中所涉及的两个国家都没有必要采取法律补救措施。大多数框架决定都提到了法律救济的必要性。但是，每个框架决定中必须存在的法律救济措施各不相同。在《关于欧洲证据令的框架决定 2008/978》中，一些法律救济措施必须在签发成员国寻求，而另一些法律救济措施在执行成员国中寻求。

相互承认模式下受到威胁的利益

过去，在成员国之间进行合作时，只有成员国的利益被纳入考虑范围。然而，随着时间的推移，被告或被定罪者的利益已经受到了更多的重视。其中一个例子是《关于监禁刑的框架决定 2008/909》的叙文第 12 段中关于是否要移交个人或执行判决时作出的考虑。《关于监禁刑的框架决定 2008/909》第 3 条第 1 款规定，转移执行刑罚应有助于被判刑人的社会性的康复。这必须被视为适用于合作的最高原则。签发国和执行国的当局都必须确信达到了这一目的（第 4 条第 2 款）。从第 4 条第 3 款看来，国籍所属的成员国被假定服务于社会性的康复的利益，因此国籍所属的成员国很少有机会拒绝。

第 4 款规定，被指定的执行成员国可能会提出合理的意见，说明为 432
什么在执行国执行这一判决不会有助于被判刑者的社会性康复和重返社会。执行成员国和被判刑的人都可以要求签发成员国移交判决书（第 4 条第 5 款）。此外，判决的移交也可能是由于拒绝承认执行关于国民或居民的刑罚的欧洲逮捕令（《关于欧洲逮捕令的框架决定 2002/584》第 4 条第 6 款），或为了起诉这样一个人而发布的欧洲逮捕令，只有在判决将在执行成员国执行的情况下（《关于欧洲逮捕令的框架决定 2002/584》第 5 条第 3 款）。[1664]

比例原则

在作出决策时考虑到合作成员国的利益以外的其他利益这一事实，也在适用比例原则中显示出来。《关于监督缓刑措施的框架决定 2008/947》第 17 条第 4 款考虑到合作国家和被判刑人两方的利益，通过优先适用侵害最少的方式："如果根据签发国国内法被判刑人必须在作出判刑决定之前接受司法审讯，这种要求可以通过比照国际或欧盟法律文书中所载程序实

1664　另见 *Framework Decision 2008/909 on Custodial Sentences* 第 25 条。

现，该程序提供使用视频链接给受审问的人的可能性。”

作为欧洲逮捕令经验的结果，所选协助的比例性问题越来越突出。《关于欧洲调查令的指令 2014/41》提醒签发成员国，只有在“必要和相称”（第 6 条和叙文第 11 段及第 26 段）时才应发布欧洲调查令。同样，执行中的成员国应该使用侵害最少的手段来获取所要求的物品、文件或数据（叙文第 11 段）。此外，签发令状时应考虑《欧盟基本权利宪章》第 48 条规定的无罪推定和辩护权利（叙文第 12 段）。

《关于监督措施的框架决定 2009/829》一般选择侵害较少的替代方案，通过提供非监禁监督措施而不是临时拘留。叙文第 13 段呼吁，对于不太严重的犯罪，一般应采用监督措施。具体而言，本着同样的精神，它敦促
433 使用电话和视频会议，而不是转移受到刑事起诉的人（叙文第 10 段）。此外，它将电子监视作为一种手段（叙文第 11 段）。

总之，存在三种比例性测试。第一种比例测试是相互承认的措施（采取强制性措施取得证据或逮捕），应根据情况而定。嫌疑程度是否足够高，是否涉及严重犯罪？[1665] 这是专门由签发成员国作出的评估。只有这个国家才能评估这种措施在特定情况下是不是必要的和相称的。但是，它必须选择侵权最少的措施，而不是自动诉诸最快和 / 或侵权最多的替代方案。

在几个成员国投诉后，欧盟委员会敦促成员国在发布欧洲逮捕令之前进行比例测试：

> 当欧洲逮捕令被发布时，若其所针对的案件（审理前）拘留会被认为不合适，则它就对被请求人员的自由和免于限制的权利产生了不成比例的影响。[1666]

第二种比例测试是各相互承认文书中的条件所固有的。所有这些法律

1665 关于此种比例性参见：Mariana Sotto Maior, The Principle of Proportionality: Alternative Measures to the European Arrest Warrant, in: Nico Keijzer and Elies van Sliedregt, The European Arrest Warrant in Practice, TMC Asser Press 2009, pp.213–228.

1666 Report from the Commission to the European Parliament and the Council on the implementation since 2007 of the Council Framework Decision of 13 June 2002 on the European arrest warrant and the surrender procedures between Member States, SEC（2011）430 final/ COM / 2011 / 0175final, p.8.

文书都设定了一定的门槛。并非所有罪行都有资格适用相互承认文书。法律文书的起草者进行了比例测试。具体令状是否符合框架决定的条件，应由签发成员国进行评估，而不是由执行成员国进行评估。只有在滥用和明显缺陷的情况下才能接受例外情况。

第三种比例测试具有更加综合的特点。根据欧盟公民或其他人有权享有的基本自由和其他权利，所选择的措施也必须是相称的。这确实会产生影响，特别是对于欧盟国民。原则上，欧盟公民有权自由迁移。大多数相互承认文书严重地限制了这些自由迁移权利。例如，这意味着因为轻微的盗窃行为将一名正在享受和探索他在另一个成员国的自由行动权的成功商人逮捕并移交回其国籍国的措施可能被认为是不成比例的，因为考虑到可以实现追求正义的签发成员国可以采取的能够实现其正当的忧虑的现有其
他措施，逮捕和移交远远超出必要的范围地侵害了他的自由行动权。在这 434
种情况下，很可能只进行罚款，案件可以转移到居住地的成员国，也可以通过视频链接进行被告的审理。

这种比例性评估考虑到被告的利益，同时尊重签发及起诉成员国的利益。这是一种既能防止被告或被定罪者逃避司法制裁也能防止对较不严重罪行过度反应的做法。同样在基本权利的层面上，所选择的措施对个人人权的影响必须根据现有替代方案相对于成员国的利益进行评估。在这种情况下，例如，在考虑欧洲逮捕令的相称性或转交执行判决时，可以将家庭生活权纳入考量范围。

相互承认与人权

相互承认原则的应用引发了一个问题，即一个成员国是否可以或者必须推定与其合作的其他成员国会尊重人权。如果不是这样，那么这是否带来《欧洲人权公约》等人权条约下规定的责任，即那些没有违法的成员国应避免向一个侵犯了基本人权的成员国提供援助？欧洲人权法院回答了这个问题的最后一部分，指出原则上推定缔约方将遵守《欧洲人权公约》规定的义务。[1667] 此外，一个国家自身必须有机会阻止或补偿对《欧洲人权公约》的侵害行为，并且不应被其他国家要求采取行动。关于对另一成员国履行欧盟法义务的期待的论证基本上是

1667　更多参见本章第 6.4 节。

一样的。[1668]存在一个遵守了有关欧盟立法的规定的推定。但是，在某些情况下这是可以反驳的。

当生命权（《欧洲人权公约》第2条、《欧盟基本权利宪章》第2条）或禁止酷刑（《欧洲人权公约》第3条、《欧盟基本权利宪章》第4条）受到威胁时就是这种情况。这些权利无法得到补偿，必须防止侵犯行为。在这种情况下，各国有自己的责任，不得协助其他成员国的侵犯行为。但是，如果它们确实意识到另一成员国的程序存在系统性缺陷，它们必须据此采取行动。前面已经指出，通过适用相互承认，成员国不得调查其他成员国作出的（或将作出）的可能的缺陷或侵权行为。然而，这些信息可能会自
435 发地传达给它们。此外，相互承认的法律文书通常会导致法律救济的集中。这意味着成员国应相互信任，并接受其他成员国所犯侵权行为的责任。在判例法和立法两方面都存在这样的问题：是否可以将更高的人权标准（《欧洲人权公约》和《欧盟基本权利宪章》除外）作为拒绝相互承认的理由。欧洲法院和立法者均以否定的方式回答："该指令设定了最低限度的规则。成员国可以扩大本指令规定的权利，以提供更高级别的保护。这种较高的保护水平不应构成对这些最低限度规则旨在促进的司法裁决相互承认的障碍。正如欧洲法院和欧洲人权法院的判例法所解释的，保护水平绝不应低于《欧盟基本权利宪章》或《欧洲人权公约》提供的标准。"[1669]

这一结论得到了下列事实的进一步支持，即《欧盟基本权利宪章》的观点在这方面与《欧洲人权公约》有所不同。《欧洲人权公约》确保个人相对于特定国家的权利，而《欧盟基本权利宪章》则保证欧盟公民相对于欧盟的基本权利。这意味着欧洲法院必须做出一些决定，这也会影响《欧洲人权公约》下国家责任的划分。总而言之，一个成员国不能故意无视在相互承认基础上合作的另一个成员国的侵犯人权的行为。这可能要求执行中的成员国以人权担忧为由予以拒绝，[1670]或由于未能这样做而在《欧盟基本权利宪章》或《欧洲人权公约》的监督机制下承担责任。[1671]

1668 21 December 2011, Joined Cases C-411/10 and C-493/10, *N.S.*（*C-411/10*）v. *Secretary of State for the Home Department and M.E.*（*C-493/10*）, *A.S.M.*, *M.T.*, *K.P.*, *E.H.*, par.82 and 106.

1669 《关于获得律师权利的指令2013/48》叙文第54段。此处立法者含蓄地引用26 February 2013, Case C-399/11, *Stefano Melloni* v. *Ministerio Fiscal*。

1670 见本章第4.3节。

1671 详见本章第6.4节。

4.5 相互承认的后果

相互承认尚未完全适应刑事法的需要。当然，可以将一份证据从一个
成员国转移到另一个成员国，它从第一个成员国的法律背景中获得了它存
在的状态。要求第二个成员国盲目接受证据可能会产生协调的效应，如果
第二个成员国只考虑了第一个成员国的话。但情况并非如此：有其他 25 个
成员国，它们的手续完全不同。相互承认不能以这种方式促成协调，甚至
可能会产生相反的效果：无政府状态或“狂野西部”场景，这种状态下任 436
何证据只要来自国外都必须承认。

与欧洲委员会模式的另一个根本区别在于，欧盟的合作开始看起来坚定并以自我为中心。各种令状（逮捕、证据、执行）的出现在与其他方面协商的过程中为所欲为。承认来自 27 个成员国的令状和证据可能会导致过多可适用的规则、形式和各种差异。它损害了平等的待遇，因为适用的标准随着每一项证据的不同而不同。因此，欧盟和成员国似乎都没有看清大局。欧盟法律文书不需要考虑整体，而只需要考虑请求成员国的需要。被请求国的利益以及嫌疑人或受害者的利益不包括在内。国家执法机关在不具备任何控制权，或不能根据自己的优先事项作出选择或采取行动的情况下执行令状。《关于没收令的框架决定 2006/783》叙文第 9 段指出，相互承认预先确信将根据合法性、辅助性和相称性的原则作出决定。但是，实际上没有任何机制来保护这些原则。

相互承认刑事法的“产品”是否存在问题？首先，考虑它所指的“产品”的类型很重要。这些可能是逮捕令和移交令，证据或判决，也可能是国家主管当局的立法和其他行动。这些产品中的每一种都构成了一种没有经济价值的法律现象。可以说意大利的逮捕令和移交令仅仅由意大利的法律规定构成。没有这个组合和它的意大利背景，它根本就不存在。因此，背景决定了一切：谁可以发布令状，在什么情况下，以及令状具有什么法律后果。如果这样的令状跨越边界，那么（与商品不同）它不再是同一个产品；更确切地说，它不再是一个产品。它已经成为一个法律现象，却缺乏它存在所需要的背景。产品“意大利令状”在意大利之外不存在。外国法律将规定其他有权机关，其他情况以及其他法律后果和方式。另外，大多数强制措施并不被视为“一次即永远”的决定。定期根据嫌疑、指控和经过的时间来检查临时拘留的必要性。相互承认的作用是将意大利的令状变成欧盟令状，并赋予其效力。

内部市场的相互承认需要无条件的许可进入市场。但是，刑事法不可能有这样的事情。这不是因为有关成员国不想互相帮助，而是因为斯洛文尼亚市场上没有意大利产品。刑事法市场不是竞争性市场，而更像是国家
437 垄断，如同政府的其他核心任务：国家行政管理、外交政策和国防。刑事法市场不靠供求而存在，也不遵循任何经济规则。

更重要的是，根据定义，产品“刑事法”是非经济的：它不生产耐用品或消费品，并且根据其定义，它限制贸易和商业以及五种自由权利。这些差异使得在没有任何向刑法用语转换的情况下使用经济概念非常困难。这与这样一个事实有关，即刑事诉讼中的“产品”往往是被告，一个有权获得一系列可能与相互承认相冲突的权利和自由的个人。必须在涉及的所有权利和利益之间找到平衡点。[1672]

相互承认的滥用

事实上，单个成员国可能影响到犯罪清单的内容，这就引发了成员国是否会滥用相互承认的问题。有人担心，犯罪清单背后的制度可能会促使成员国在犯罪名称方面发挥创造性。鉴于移交轻微犯罪的比例性，这可能会成为问题。[1673]想象一下这个假设的例子，即一个成员国将其所有刑事犯罪都列入一项总体的犯罪，如破坏。从形式上而言，这将符合框架决定，该框架决定规定签发成员国的法律要求必须得到履行。然而，实质上，这与框架决定的明确意图相冲突，即框架决定的目的是限制取消双重犯罪要求，而不是完全消除这一要求。

尽管一个成员国将其所有违法行为列入清单的例子可能仍然只是理论性的，但可以预见的是，会出现边缘化的讨论。成员国在刑事法方面的立法很可能也会考虑到为了国际合作的目的，一个犯罪标签相对于另一个犯罪标签的后果。换句话说，相互承认的机制可能会影响在国内刑法之下有资格列入清单的犯罪类型的数量。在驾驶执照案中个人滥用相互承认的事实导致了相当多的争议，这进一步加强了这一可能性。这些情况是指那些对相互承认有利益的国家或个人有能力影响什么内容应该被获得承认的情况。

1672 见第十章。

1673 一些作者列出了相当数量的对于欧洲逮捕令的可能的滥用。Katja Šugman Stubbs and Primož Gorkić，Abuse of the European Arrest Warrant System，in：Nico Keijzer and Elies van Sliedregt，The European Arrest Warrant in Practice，TMC Asser Press 2009，pp.245–264.

5. 国际合作形式

前面几节描述了现有合作模式的基本原则。在本节中，将概述欧盟存在的所有具体物质合作行为。这里的目的不是深入讨论法律层面有限的实际问题，[1674]而是集中关注与合作有关的法律问题。重点是欧盟内部合作的特殊性，而不是描述欧洲委员会的现有机制。按照时间顺序，这些特点是相互协助，对预审命令的监督，程序的移交以及引渡和转交判决的执行。 438

5.1　相互协助

总的来说，就要求和回应的数量而言，相互协助是欧盟内部及其他地方最广泛的国际合作形式。相互协助内的各种行为旨在实现以下目的：信息交换；证据收集；程序协助；服务于第三方的利益；构建技能和专业知识；建立联络。

5.1.1 信息交换

《执行申根协议的公约》第39条规定，警方有协助对方的一般义务。第39条第2款规定了关于以信息作为证据的共同规则。这只能在司法当局同意的情况下进行。信息交换也可能发生在预防阶段，作为一种自发信息形式（《欧盟互助公约》第7条和《执行申根协议的公约》第46条）："任何可能对帮助打击未来犯罪和防止针对公共政策和公共安全的犯罪或威胁非常重要的信息。"[1675]更一般而言，《关于信息交换的框架决定2006/960》规定了成员国执法当局之间的信息和情报交换。[1676]本框架决定取代了《执行申根协议的公约》第39条和第46条在涉及信息和情报交换方面的内容（《关于信息交换的框架决定2006/960》第12条）。框架决定的主要目的是创建非正式的快速合作渠道。它涉及调查之初的必要信息和情报。答复预计在八小时内完成，最多两 439

1674　例如请求被传送的方式，或所有成员国的哪些当局被指定为发出或执行请求。不同法律文书的规定可能会有所不同，并且可以很容易地在相应的法律文书中找到。

1675　另见 *Convention on Mutual Assistance between Customs Administrations* 第15—18条。

1676　理事会规定了关于执行2006年12月18日关于简化欧洲联盟成员国执法当局之间信息和情报交流的理事会决定2006/960的指导方针，Council Document 17 December 2010, 9512/1/10, REV.1。

周。信息和情报将为刑事调查和刑事活动提供情报。[1677]《关于信息交换的框架决定 2006/960》第 10 条规定了一些重要的国家利益，正在进行的调查的风险或不适当地使用信息有关的理由，以（暂时）隐瞒信息或情报。

关于维持与群体可能参加的活动有关的法律和秩序，成员国可以就这些群体及其组成情况相互通报情况。[1678]《船源污染框架决定 2005/667》（由欧洲法院废除）第 8 条第 1 段和《关于对信息系统的攻击的指令 2013/40》第 13 条规定了立即通知其他成员国和委员会实际犯罪的义务或造成或可能造成立即污染的这种犯罪的风险的义务。

各种法律文书提到了特定类型的信息交换。例子包括关于银行账户，交易等的信息（欧盟互助公约议定书第 1—5 条），关于金融账户和业务，[1679] 或关于种族灭绝，危害人类罪和战争罪的信息交换。[1680] 根据具体决定，可以交换来自犯罪记录的信息。[1681] 欧盟正在努力建立计算机化的定罪信息交换系统。《关于犯罪记录的框架决定 2009/315》是朝这个方向迈出的又一步。它规定了沟通渠道，并规定了记录被定罪者国籍的义务。该框架决定第 4
440 条规定，将定罪信息转交给定罪者为国民的成员国。第 11 条责成成员国进行必要的技术更新以促进电子信息交换。

欧洲犯罪记录信息系统（ECRIS）是一个分散的信息技术系统，应有助于交换有关犯罪记录的信息。它通过《关于 ECRIS 的决定 2009/316》建立。不能对其他成员国的数据库进行在线访问。成员国各自承担维护和存储该系统的责任（《关于 ECRIS 的决定 2009/316》第 3 条第 2 款）。该决定中最重要的内容是关于罪名类别的索引表和刑罚与措施类型的索引表，都规定在决定的附件中。这些索引表应通过使用代码系统来促进对所传输信息的自动翻译和理解。[1682] 每个成员国将提交国内罪名、处罚和措施的清单，

1677　这两个概念由《关于信息交换的框架决定 2006/960》第 2 条定义。

1678　Joint Action of 26 May 1997 with regard to co-operation on law and order and security, OJ 1997, L 147/1. *Decision 2008/615 on Stepping up Cross-border Cooperation.*

1679　*Directive 2014/41 on the European Investigation Order* 第 26 条和第 27 条。

1680　Decision 2003/335 of 8 May 2003 on the investigation and prosecution of genocide, crimes against humanity and war crimes, OJ 2003, L 118/12.

1681　见 2005 年 11 月 21 日的《关于从刑事记录中提取的信息交换决定 2005/876》，OJ 2005，L 322/33，截至 2012 年 4 月 27 日，已由《关于犯罪记录的框架决定 2009/315》取代。1959 年《欧洲刑事司法互助公约》第 13 条也规定了信息交换。

1682　附件似乎追求涵盖成员国现有各类犯罪、处罚和措施的目标。与欧盟立法的犯罪（见第五章第 4 节）或双重犯罪不适用的犯罪清单（第八章第 4.2 节）没有关系。

并指出它们所在的表格类别。《关于 ECRIS 的决定 2009/316》叙文第 14 段明确指出，该决定不具有协调的目的，或者在罪名、处罚和措施之间建立法律对等关系的目的。

上面已经提到了《关于加强跨境合作的决定 2008/615》，其中根据可获得性原则规定了协助。它使成员国能够查阅各自的在线数据库。其中包括 DNA 数据、指纹数据和车辆登记数据。没有任何其他主题像打击恐怖主义这个主题一样促进了如此多的文书的通过。这些法律文书的绝大多数只是回顾充分和及时交换信息的重要性，或者提请注意要使用的特定技术。还有一些文书涉及打击资助恐怖主义团体。[1683]

交换信息的另一个具体渠道是由《关于交通违法行为的信息交换指令 2015/413》设立。[1684] 基本上有两个理由来建立这个交换。一个原因是犯罪的性质因成员国不同而不同（违反行政法还是属于犯罪）的事实。另一个 441
原因是不实施在另一个成员国发生的交通违法行为的制裁对道路安全有负面影响。《关于交通违法行为的信息交换指令 2015/413》第 2 条规定了该指令适用的各种交通违规行为（超速行驶、饮酒驾驶等）。根据犯罪地所在成员国的法律，其所有犯罪的定义均适用。第 4 条规定，成员国应互相许可获取车辆登记数据以进行自动搜索。随后，犯罪地所在成员国可以发送关于可能需要遵循的诉讼程序的信函（第 5 条）。

数据保护

相互协助涉及非常敏感的信息，并可能侵犯隐私权。[1685] 大多数欧盟文书都对此表示忧虑，规定合作必须遵守数据保护规则。《欧盟互助公约》第 23 条制定了个人资料使用和传播的标准。同样，《海关当局间的互助公

1683 Recommendation of 9 December 1999 on Cooperation in Combating the Financing of Terrorist Groups, OJ 1999，C 373/1. 欧洲议会于 2013 年拒绝了关于使用旅客姓名记录数据预防、侦查、调查和起诉恐怖主义犯罪和严重犯罪的指令的建议。在 2015 年 1 月巴黎遭受袭击后，欧洲议会让它回到了议程上，并正努力在 2015 年年底之前完成新指令的制定。

1684 由于它是在第 87 条的规定的基础上通过的，欧洲法院在 6 May 2014, Case C-43/12, *Commission v. Parliament and Council* 的判决中废除了前任指令 2011/82。欧洲法院认为这是错误的，因为该指令的目的是为道路安全作出贡献，《欧盟运行条约》第 91 条为此提供了适当的法律依据。

1685 关于保护刑事司法合作领域和警察合作领域个人数据的宣言第 21 号："会议承认基于《欧盟运行条约》第 16 条关于在刑事司法合作领域和警察合作领域保护个人数据和这些数据自由流通的具体规则可能是必要的，因为这些领域具有特定的性质。"

约》第25条规定成员国遵守数据保护的要求。第25条提到成员国必须遵守1981年1月28日的欧洲委员会公约，以保护个人在自动处理个人数据方面的利益。成员国的义务并不取决于欧盟文书中提及的该公约，而是由于该国批准了1981年公约而独立受到其中规定的义务的约束。

根据《关于数据保护的框架决定2008/977》，欧盟已经通过了一项普遍适用的关于成员国之间个人数据传输的法律文书。框架决定的目的是制定一个保护隐私权的共同标准，这将有助于在欧盟范围内交换此类数据。框架决定本身并不是为数据交换创造法律基础，而是制定在可能发生交换之前必须保证的条件。[1686] 框架决定还管理成员国和信息系统（如欧洲刑警组织）之间以及成员国和欧盟委员会之间的个人数据传输。[1687] 原则上，数
442 据的传输只有在提交数据的成员国的同意下才能进行（第13条第1款）。只有防止对公共安全造成直接和严重的威胁至关重要时，才允许未经事先许可向另一个成员国传输数据（第13条第2款）。将数据转交给第三国或国际机构的规定更加严格（第13条第3款和第4款）。

5.1.2 证据的收集

《有关欧洲调查令的指令2014/41》也以欧洲逮捕令模式为框架。[1688] 欧洲调查令是一项司法裁决，在另一成员国内进行一项或多项具体调查措施以取得证据（第1条）。[1689] 这样的命令可能与现有的证据以及仍需要收集的证据有关。[1690] 该指令的第1条第3款规定了欧盟法律之下的一个创新："可由

1686 参见 *Framework Decision 2008/977 on Data Protection* 第1条。根据 *Eurodac Regulation 603/2013* 进行的数据交换也必须遵守这些规则：参见 *Eurodac Regulation 603/2013* 第33条。

1687 第六章第6.5节将进一步讨论必须确保的数据保护程度。

1688 第34条规定，从2017年5月22日起，指令取代了受本指令约束的成员国之间适用的以下公约的相应条款：（a）1959年4月20日欧洲委员会的《欧洲刑事司法互助公约》以及其两项附加议定书以及根据其第26条缔结的双边协定；（b）《执行申根协议的公约》；（c）欧盟成员国之间的《刑事司法互助公约》及其议定书。《关于欧洲调查令的指令2014/41》取代了有关受该指令约束的成员国的《关于欧洲证据令的框架决定2008/978》。这意味着《关于欧洲证据令的框架决定2008/978》在丹麦与其他成员国以及爱尔兰和其他成员国之间的关系中仍然有效。

1689 可以发布令状，以暂时防止可以用作证据的物品的销毁、转换、移除、转移或处置（第32条）。

1690 特别是在这方面，《关于欧洲调查令的指令2014/41》的前身《关于欧洲证据令的框架决定2008/978》被认为不足并将被替代。它仅与已经存在的证据有关。

被怀疑或被指控的人或代表他的律师在适用的辩护权范围内依据国内刑事诉讼程序请求发布欧洲调查令。”国内法律决定哪个主管部门可以颁发欧洲调查令，以及是否可以颁发欧洲调查令。第 2 条 c 项明确指出，这最可能是法官、法院、调查法官或检察官。在令状的执行方面，国家法律决定哪个当局将成为执行机构，并随后按照国家法律规定的程序遵守令状。此外，《关于欧洲逮捕令的框架决定 2002/584》第 29 条规定，可以移交能够作为证据使用或者没收或扣押的财产。

《关于欧洲调查令的指令 2014/41》没有对证据进行定义。[1691] 因此，国内法律将再次确定什么属于证据。该指令的第 3 条仅规定欧洲调查令应涵盖“任何调查措施”。[1692] 虽然没有具体说明，但联系第 1 条能得到的逻辑 443
解读是，这一调查措施是为了收集证据而采取的。

第 6 条中发布欧洲调查令的条件的制定反映了人们担心该命令状可能不符合比例原则地发布。第 6 条指示签发成员国评估令状是否“必要和适度”，并考虑到被告人或嫌疑人的权利。其中还规定，只有本国可能命令采取的措施才能被另一个成员国要求实施。实质上，《关于欧洲调查令的指令 2014/41》第 6 条第 1 款规定了不言自明的内容。尽管如此，第 3 款允许执行当局在有理由相信第 1 款中提到的条件未得到满足时，“就执行欧洲调查令的重要性向签发机构进行咨询。在咨询之后，签发机构可能会决定撤销欧洲调查令”。这是一个违反了既定的关于相互承认的判例法的补充，原则上，执行成员国不得评估发布令状的条件。[1693]

执行机构应遵守签发机构明确指出的手续和程序，只要这些手续和程序不违背执行国法律的基本原则（第 9 条第 2 款）。这是一个有用而实际的规则，可以使签发成员国获得在其刑事诉讼中可以受理的证据。按照第 4 款的规定，执行时签发机构的协助也必须在这个背景下考虑。另外，执行机构也可以采用调查令中规定的措施之外的其他调查措施，如果根据执行成员国的国家法律不存在调查令中的措施，或者该调查措施不能在类似的国内案件中应用（第 10 条第 1 款）。这是主要规则，但第 2 款规定了例外：（a）当证据已经存在；

1691 这与对证据作出定义的《关于欧洲证据令的框架决定 2008/978》有所不同。欧洲证据令涉及存在的证据，即执行成员国在证据令签发之前已拥有的物品、文件和数据。

1692 在第 3 条中，排除了通过申请欧洲调查令来设立一个联合调查小组并通过该小组收集证据的行为。

1693 详见本章第 4.2 节。

（b）当该信息已经在数据库中；（c）当涉及对人的审讯。

比例性原则也赋予执行当局采用比欧洲调查令中的手段侵害更少的措施方面的自由裁量权，条件是可以达到同样的结果（第 10 条第 3 款）。如果出现这种情况，“在执行欧洲调查令的过程中，可能适宜采取一开始没有预见或
444 在欧洲调查令发布时无法确定的调查措施”，执行机构应通知签发机构。第 16 条第 2 款 b 项规定的这一条款的背景显然是，在进行调查时，签发成员国不了解的信息或证据可能会出现，并且如果不立即收集，可能无法再次获得。

《关于欧洲调查令的指令 2014/41》第 22 条和第 23 条将这些可能性扩大到所有被羁押的人，无论其身份为证人还是被告人。该指令的另一个创新方面是转换可能发生在签发成员国以及执行调查措施的成员国。《关于欧洲调查令的指令 2014/41》第 22 条和第 23 条规定了视频和电话会议。

与《关于欧洲逮捕令框架决定 2002/584》和其他相互承认文书不同的另一个使得《关于欧洲证据令的框架决定 2008/978》显得多余的因素是，《关于欧洲证据令的框架决定 2008/978》并未创建独有的合作渠道。它允许新文书和旧条约共同存在，例如 1959 年《欧洲刑事司法互助公约》。随着《关于欧洲调查令的指令 2014/41》的出台，这种异常情况即告终结。

根据《欧盟互助公约》第 17—21 条规定了电信截取，其中考虑了现代电信技术创造的所有模式。尽管并不是很多国家可能涉及有线电信的请求，但对于无线连接来说情况更为复杂。例如，希腊网络上的移动电话的用户可能在意大利，并且可能与在英国使用德国网络的人建立卫星连接。因此，一个简单的国际电话可能很容易涉及四个或五个国家。经典的援助请求以及现代欧盟的命令都不能在双边基础上满足所有必要的要求。这些技术问题现在似乎已被《关于欧洲调查令的指令 2014/41》第 30 条和第 31 条的更复杂的规定所涵盖，截至 2017 年 5 月 22 日该指令取代了《欧盟互助公约》，欧盟调查令可能用于截获需要技术协助的成员国的电子通信。将后一标准作为被请求协助的国家的指示是具有创新性的。以前所有有关国际合作的协议均指被截获者所在的国家。[1694] 根据新规则，该国家不再是主要参与者。第 31
445 条要求通知这个国家。然而，该通知的目的是有争议的，而也许更重要的是，鉴于传递和电信的流动性，几乎不可能及时发现应该通知哪个国家。

1694　虽然也清楚地表明，当几个成员国能够提供所需的技术协助时，应优先考虑该人所在的国家（《关于欧洲调查令的指令 2014/41》叙文第 31 条）。

《执行申根协议的公约》第 40 条允许一国对于一个人进行的监视人员继续在另一国领土上进行监视。[1695] 它规定了两种情况：第一种是根据请求和授权后的情况；[1696] 第二种是没有事先要求和授权的。[1697] 在第二种紧急情况下，官员必须立即通知当地政府。第 40 条对两种情况都规定了进一步的条件。根据这些条件以及其对紧追的类似规定（《执行申根条约公约》第 41 条），显然这种跨境的权力旨在填补执法方面的事实上的空白。尽管地方当局原则上是有能力的，但因为它们不在那里——外国机构可能会采取行动，因为如果它们不这样做，证据就会丢失，或者嫌疑人可能会潜逃。跨境观察必须在五个小时后停止（《执行申根条约公约》第 40 条第 2 款），或者如果地方当局如此要求，就是这一情况的证据。外国官员不得进入私人住宅，也不得采取其他强制措施。

在秘密调查中，官员可能会以虚假身份掩护行事。[1698] 控制下交付在《欧盟互助公约》第 12 条和近期的《关于欧洲调查令的指令 2014/41》第 29 条中进行了规定。[1699] 通过这种合作形式，执法人员试图追踪某些犯罪活动的运输和交付，例如贩运非法药品或赃物。

5.1.3 刑事程序便利化

《欧盟互助公约》第 5 条规定了程序性文件的寄出和送达。这可能在收件人所在成员国当局不参与的情况下进行。此外，1959 年《欧洲刑事司法互助公约》第 7—10 条仍然适用于更复杂的案件。被告的临时移交可根 446
据《关于欧洲调查令指令 2014/41》第 22 条和第 23 条进行，这些条款将使被告能够使用其在审判期间在场的权利。

1695 《海关当局间的互助公约》第 21 条对海关官员作出了相同的规定。

1696 自从《关于欧洲逮捕令的框架决定 2002/584》取代《引渡公约》以来，"可引渡的罪行"的条件也必须被解释为"可移交的罪行"。详见本章第 3.5 节。

1697 第 40 条第 7 款将这种权限限于列于清单上的罪行。Council Decision 2003/725 of 2 October 2003 amending the provisions of Article 40（1）and（7）of the Convention implementing the Schengen Agreement of 14 June 1985 on the gradual abolition of checks at common borders, OJ 2003, L 260/37. 修订了《执行申根条约公约》第 40 条第 1 款和第 7 款。

1698 参见 *EU Mutual Assistance Convention* 第 14 条和 *Convention on Mutual Assistance between Customs Administrations* 第 23 条。

1699 《欧盟互助公约》第 2 条第 2 款废除了先前《执行申根条约公约》第 73 条关于此事项的条款。《海关当局间的互助公约》第 22 条为海关当局规定了这种形式的合作。

在民事合作的背景下，根据波兰斯洛德米斯切地区法院的请求，欧洲法院裁定，对在国外出庭的证人获得的费用补偿的概念必须根据欧盟法律自主确定，而不依赖于国内法律下的分类。[1700]

跨境紧追是一种旨在缉拿一名嫌疑人或一名试图跨越边境潜逃的被告的合作形式。《执行申根条约公约》第 41 条赋予一个已经在本国境内追捕一个个人的国家的执法机关继续在另一国领土上追捕的权力。[1701]追捕涉及被实施犯罪时被发现的人员或逃避拘留的人员。追捕官员可以扣留该人，直到当地有权机关到达现场（《执行申根条约公约》第 41 条第 2 款）。这一权限可针对第 4 款清单中提到的罪行以及可引渡的罪行。[1702]

5.1.4 为第三方的利益服务

《欧盟互助公约》第 8 条规定了将物品归还给善意的第三方。关于犯罪被害人的指令2004/80赋予被害人在居住成员国申请赔偿的权利。[1703]成员国必须与发生犯罪的成员国进行合作，以便利获得赔偿。此外，《关于被害人权利的指令 2012/29》规定了一系列保护被害人利益的措施。

5.1.5 技能和专长的建设

1996 年 11 月 29 日联合行动文件 96/747 规定了在打击有组织犯罪方面建立和保持一个专业能力，技能和专门知识的目录。[1704]联合行动文件 96/699 还打算建立一个凝聚机制，以便传送和扩散成员国的药物特征分析
447 的成果。[1705]在被害人保护领域,《关于被害人权利的指令2012/29》为官员提供有意义的培训，以提高对受害者需求的认识。[1706]

1700　17 February 2011, Case C-283/09, *Artur Weryński v. Mediatel 4B spółka z.o.o.*, par.58–62.

1701　《海关当局间的互助公约》第 20 条对海关官员作出了相同的规定。

1702　自从《关于欧洲逮捕令的框架决定 2002/584》取代《引渡公约》以来，“可引渡的罪行”的条件也必须被解释为“可移交的罪行”。

1703　《关于犯罪被害人的指令 2004/80》。详见第六章第 7 节。

1704　OJ 1996，L 342/2; Joint Action 96/610 of 15 October 1996 concerning the creation and maintenance of a Directory of Specialized Counter-terrorist Competences, Skills and Expertise to Facilitate Counter-terrorist Cooperation between the Member States of the European Union, OJ 1996, L 273/1.

1705　Joint Action 96/699 of 29 November 1996 concerning the exchange of information on the chemical profi ling of drugs to facilitate improved co-operation between Member States in combating illicit drug trafficking, OJ 1996, L 322/5.

1706　详见第六章第 7 节。

5.1.6 建立联络

借调联络官到另一个成员国的有权机关促进了有权机关之间的合作并建立信任。联络官员必须与东道国主管当局建立并保持直接联系。《执行申根协议的公约》第 47 条要求各国就此达成双边协议。[1707] 联合行动文件 96/602 为联络官员制定协调一致的行动建立了参考框架。[1708] 决定 2003/170 进一步规定了联络官的应用，尤其关注其在第三国的共同应用。[1709]

与联络官框架类似，联合行动文件 96/277 涉及交换联络官员以加强欧盟成员国之间司法合作的框架，[1710] 其作用是通过鼓励和加速各种形式的刑事司法合作提高合作的速度和效力。由于他们了解了两个成员国的法律和语言，他们可以在制定出成功的请求并向主管当局提出请求方面提供宝贵的帮助。《关于欧洲司法网络的决定 2008/976》规定，联络官员应与欧洲司法网络相连（决定 2008/976 第 2 条第 6 款）。[1711]

上述所有模式的沟通渠道都是双边的，因为每个成员国都与其他个别成员国进行沟通。没有任何的集权发生。请参见下图。

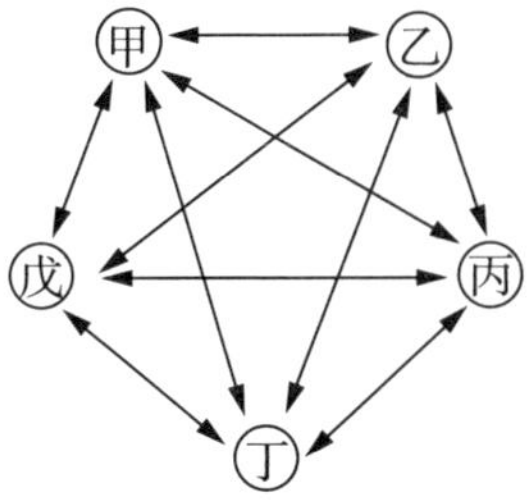

有限的五个成员国之间的沟通渠道

5.2 审前程序中的欧洲监督令

《关于监督措施的框架决定 2009/829》是为被起诉的成员国的非居民 448

1707 另见《海关当局间的互助公约》第 6 条。

1708 Joint Action 96/602 of 14 October 1996 providing for a common framework for the initiatives of the Member States concerning liaison officers, OJ 1996, L 268/2.

1709 Decision 2003/170 of 27 February 2003 on the common use of liaison officers posted abroad by the law enforcement agencies of the Member States, OJ 2003, L 67/27.

1710 OJ 1996，L 105/1.

1711 详见第九章第 2.3 节。

提供暂时拘留的替代办法。因此，它鼓励尊重自由权和被告人无罪的认定，同时保护受害者和公众。

该框架决定的基本假设是类似情况下非居民比居民更经常遭受临时拘留。迄今为止，没有共同的欧洲法律文书来解决这些问题。该框架决定采取了一个创新的步骤，为所有有关各方的利益服务：提出公诉的国家的利益、正义将会实现，被告不会潜逃（叙文第 12 条）；以及被推定为无罪并可继续处于自由状态并享用其基本自由的被告的利益。这是通过将对被告行动的监控转移到他的居住地所在国来完成的。

如果被告人没有自愿返回签发成员国，他可能会根据欧洲逮捕令被移交。由于框架决定也适用于较不严重的罪行（叙文第 13 条），因此《关于欧洲逮捕令的框架决定 2002/584》第 2 条第 1 款不适用于非自愿返回签发成员国的情况（《关于监督措施的框架决定 2009/829》第 21 条）。

《关于监督措施的框架决定 2009/829》第 4 条将关于临时措施的决定定义为"签发国主管当局在刑事诉讼过程中根据其国家法律和程序采取的可执行决定，强加于自然人，作为临时拘留的替代性方案，采取一项或多
449 项监督措施"。监督措施的定义是："根据签发国的国家法律和程序而强加于自然人的义务和指示。"

第 8 条规定了框架决定适用的监督措施类型：

（a）该人有义务通知执行国主管当局居住地的任何变更，特别是为了在刑事诉讼程序中能收到传唤而出席听证会或审判的目的；

（b）不进入签发国或执行国的某些地点，或界定地区的义务；

（c）在指定时间内适当的情况下，有义务留在指定地点；

（d）限制离开执行国领土的义务；

（e）在特定时间向特定机关报告的义务；

（f）避免与涉嫌犯罪有关的特定人员接触的义务。

此外，成员国可通知理事会它们准备采取如下的进一步措施：

（a）不参与同涉嫌犯罪有关的指定活动的义务，其中可能包括参与特定专业或就业领域；

（b）不驾驶车辆的义务；

（c）交存一笔款项或提供另一种类型的担保的义务，可通过指定数量的分期付款或一次付款提供；

（d）接受康复治疗或成瘾治疗的义务；

（e）避免与涉嫌犯罪有关的特定物品进行接触的义务。

关于监督措施的决定可以发送给该人通常而且合法居住的成员国（第 9 条第 1 款）。与此类似，《关于监禁刑的框架决定 2008/909》[1712]《关于监督措施的框架决定 2009/829》第 9 条第 2 款也允许在该成员国同意的情况下将决定转交给另一个成员国。

只要执行成员国的主管当局没有承认受监督人的监督措施决定，签发成员国的主管当局仍然有权监督所实施的监督措施（第 11 条第 1 款）。第 450
11 条第 2 款规定了在一些具体情况下签发成员国将恢复权限。执行当局应在一定时限内认可监督措施并采取必要的监督步骤（第 12 条第 1 款）。如果监督措施的性质与执行成员国的法律不相符，它可以采取尽可能与签发成员国规定的措施相类似的措施（第 13 条第 1 款）。执行成员国不得增加措施的严厉性。管理监督的法律是执行成员国的法律（第 16 条）。签发成员国可随后采取一些有关监督的决定，如更新和修改（第 18 条）。

执行成员国的主管当局应报告任何违反监督措施的情况以及可能导致对监督措施作出新的或修正的决定的任何其他发现（第 19 条第 3 款）。签发成员国将适当考虑执行当局通报的关于该人可能对被害人和公众造成风险的任何迹象（第 22 条第 2 款）。由于违反监督措施，签发成员国可以签发欧盟逮捕令。《关于监督措施的框架决定 2009/829》第 21 条宣布，适用《关于欧洲逮捕令的框架决定 2002/584》的程序。然而，不得援引《关于欧洲逮捕令的框架决定 2002/584》第 2 条第 1 款，它涉及至少十二个月的处罚作为最低门槛（《关于监督措施的框架决定 2009/829》第 21 条第 2 款），因为关于监督措施的框架决定也对较不严重的犯罪适用监督措施。这些可能达不到常规欧洲逮捕令的门槛。

5.3　诉讼程序的转移、管辖权冲突的解决和集中诉讼

通过转移诉讼程序，一个国家将其起诉权转移给另一国家。后者接下来

1712　详见本章第 5.5 节。

拥有处理此案的专有权。它可以定罪、认定无罪或驳回此案。不管它做什么，转移国家都必须承认这一决定。在很长一段时间，1972 年的《欧洲转移诉讼公约》是欧洲联盟成员国中欧洲委员会最不受欢迎的公约之一。随着欧盟的扩大，成员国的批准数量有所增加，但尤其是一些较老的成员国并不是它的缔约
451 国。[1713] 令人遗憾的是，欧洲法院没有认识到 *Turansky* 的案件是 1972 年公约可适用的诉讼转移程序之一，而只是将它作为关于一罪不再审的事项处理。[1714]

在关注了有管辖权的国家的利益以及被告人、被害人和证人的利益的同时，公约规定了多起刑事诉讼程序情况下的协商程序（第 30—34 条）。公约进一步规定了一罪不二审的保护，并规定转移后的外国决定能获得相当广泛的承认。这是公约获得批准的一个严重障碍，从 20 世纪 90 年代通过一个欧洲共同体成员国之间关于刑事事项诉讼转移的协定的尝试可见一斑。[1715] 该公约不要求欧洲委员会公约中规定的绝对承认。特别是，它赋予请求国在被请求国中断情况下可以重新启动程序的自由。但是，它从未生效。

鉴于欧盟的发展情况，出现了这样一个问题：对于在 20 世纪 70 年代、80 年代甚至 90 年代有效的诉讼转移的反对意见是否仍然适用于更广泛的各种刑事决定的相互承认机制。《执行申根协议的公约》第 54 条现在规定成员国有义务承认外国的决定，即使其结果在其本国法律下会有所不同。与相互承认不同，程序转移的优势在于，它能比仅考虑请求国家的利益考虑更多相关利益。

随着《关于管辖权冲突的框架决定 2009/948》的通过，努力获得一个更一般的方式的初次又犹豫的尝试发生了。该框架决定旨在防止两个或两个以上成员国针对同一被告犯下同样的罪行提起平行诉讼。[1716] 它还旨在防

1713　截至 2015 年 9 月 3 日，已有 13 个成员国批准，15 个没有批准。

1714　22 December 2008, Case C-491/07, *criminal proceedings against Vladimir Turansky.*

1715　1990 年 11 月 6 日的协议，显然从未在官方报告上发表过。

1716　但是，与民法相比，防止平行诉讼的手段极其薄弱。见 *Regulation 1215/2012 on Jurisdiction and Recognition of Civil Judgments,* 以及 2003 年 12 月 9 日的案例 Case C-116/02，*Erich Gasser GmbH v. MISAT Srl* 第 41 段：“首先应牢记的是，《布鲁塞尔公约》第 21 条连同关于相关行动的第 22 条载于公约第二编第 8 节，其目的是在共同体内正当实施司法行政的利益，防止在不同缔约国的法院进行平行诉讼，并避免由此产生的决定之间的冲突。因此，这些规则尽可能从一开始就排除出现公约第 27 条第 3 款所述情况的可能性，也就是说由于其与被请求承认判决的国家在相同当事方的诉讼中作出的判决不相容而不承认一个判决（参见上文引用的 Gubisch Maschinenfabrik，第 8 段）。”

止浪费主管当局的时间和资源。因此，它既服务于被告人的人权，又服务于执法的效率。但是，框架决定表明成员国之间有些不情愿。除了咨询它不要求其他任何东西。成员国仍然保有继续对属于其管辖范围的任何刑事犯罪进行刑事诉讼的自由。[1717] 452

根据叙文第 4 条，有效的解决方案可以包括转移诉讼或将案件转交给欧洲司法合作组织，然后由欧洲司法合作组织决定把管辖权分配给何处。框架决定的整体思路是预防问题优于治疗问题。在这一逻辑下，有合理理由相信另一成员国也在就同一人进行诉讼程序的成员国主管机关必须联系这些主管机关（第 5 条）。这种理由可能来自援引它的被告或其他成员国提出的互助请求。

成员国当局也应争取达成共识。为了实现这一目标，它们应该考虑到欧洲司法合作组织在这方面制定的指导方针。[1718]为了满足成员国对起诉适用合法性原则的需要，《关于管辖权冲突的框架决定 2009/948》叙文第 12 条规定，强制起诉原则应如此理解和适用，即当任一成员国确保对特定的刑事犯罪提起刑事诉讼时，该原则即得到遵守。第 3 条将平行诉讼定义为“刑事诉讼程序，包括在两个或两个以上成员国就涉及同一人的同一事实进行的审前和审判阶段”。第 1 条规定，合作的目的是：

（a）在成员国主管当局之间建立联系的程序，以确认存在涉及同一人的同一事实的平行刑事诉讼程序；

（b）两个或两个以上成员国主管当局就涉及同一人的同一事实进行平行刑事诉讼，如果它们已经知道存在平行刑事诉讼程序，则通过直接协商进行信息交换以期就旨在避免此类平行程序产生的不利后果的任何有效解决方案达成共识。

在所有其他条款中，框架决定规定了成员国应如何相互联系，交换信 453

1717 在《关于被害人权利的指令 2012/29》叙文第 50 段中继续存在犹豫不决：“本指令中规定的传送投诉的义务不应影响成员国提起诉讼的权限，也不得影响与有关的管辖权冲突规则，即根据理事会 2009 年 11 月 30 日《关于预防和解决刑事诉讼中行使管辖权冲突的框架决定 2009/948 / JHA》规定的管辖权的行使。”

1718 见决定“哪一个司法机关应当起诉？”的指导原则。Annual Report Eurojust 2003, pp. 60–66.

息，并强调防止平行诉讼的必要性。在这个背景之下，第 6 条责成被联系的当局在合理的时间内答复。如果该联系涉及被拘留或羁押的人员，则应作为紧急事项处理。

虽然这种普遍适用的文书确实有利于可能带来诉讼程序转移的直接联系，但它并不规范程序本身的转让。在联盟发展的这个阶段，这似乎过分了。[1719]此外，其他欧盟文书确实提到可能会导致诉讼转移或诉讼集中的磋商。[1720]《关于打击恐怖主义的框架决定 2002/475》第 9 条第 2 款责成成员国在管辖权的积极冲突情况下合作：

> 以决定它们中的哪一个会起诉罪犯，如果可能的话，最好在一个成员国集中诉讼。为此，成员国可以请求欧盟内部设立的任何机构或机制，以促进其司法当局之间的合作并协调其行动。[1721]

这个隐秘的指代是针对欧洲司法合作组织的。[1722]

《关于未经授权入境的框架决定 2002/946》第 7 条规定了使转移诉讼便利化的义务。成员国有相互通知对方有关在另一个成员国外国人入境和居留的法律被违反的义务。该条第 2 款规定：

> 任何成员国要求另一成员国以违反外国人入境和居留的法律为由，起诉第 1 条第 1 款所指的违法行为，必须通过正式报告或主管当局的证明，违反了其法律规定。

《财政利益公约》第 6 条第 2 款特别要求在不止一个成员国有管辖权
454 的情况下进行磋商：“有关的成员国应合作决定应起诉该罪犯或罪犯们，以便尽可能在一个成员国中集中起诉。”

1719 尽管进行了框架决定草案的谈判，但它从未得到通过。Draft Council Framework Decision on the Transfer of proceedings in Criminal Matters, 30 June 2009, 11119/09.

1720 例如参见《关于监督缓刑措施的框架决定 2008/947》第 20 条第 2 款，该决定涉及针对其行为受到另一成员国监督的个人的新刑事诉讼。在这种情况下，这两个程序可能会被集中进行。

1721 该框架决定也提供了管辖原则的重要性排序。见第五章第 3.2 节。

1722 详见第九章第 2.2 节。

以上讨论了通过协商解决（可能的）管辖权冲突。虽然不是防范管辖权冲突，解决潜在的管辖权冲突的另一种可能方法是确定管辖权原则的重要性排序。[1723] 然而，只有在《关于打击恐怖主义的框架决定 2002/475》和被替代的《关于对信息系统的攻击的框架决定 2005/222 》[1724] 和《关于打击有组织犯罪的框架决定 2008/841》中才能找到管辖原则的优先事项。《关于打击恐怖主义的框架决定 2002/475》第 9 条第 2 款创造了一个事实的“序列表”，当一项罪行属于一个以上的成员国管辖范围时，应考虑到这些事实。呈现的顺序如下：

犯罪行为实施地的成员国；[1725]
犯罪人是其国民或居民的成员国；
被害人的国籍国；
犯罪人被发现地所在成员国。[1726]

在所有其他文书中，只是含蓄地讨论管辖原则之间的等级及其对集中诉讼的后果。例如，一些文书赋予成员国一定的自由裁量权，不承认与其领土上发生的事实有关的外国判决。这意味着认为领土管辖权强于域外管辖权。[1727]

缺乏连贯的方法来解决或减少管辖权冲突是让人惊讶的。委员会于 455
2005 年进行了一次半心半意的尝试，当时它发表了一份关于管辖权冲突和

1723　见第五章第 3.2 节关于管辖权的原则。

1724　见第 10 条第 4 款，该条与《关于打击恐怖主义的框架决定 2002/475》第 9 条第 2 款略有不同。然而，《关于针对信息系统的攻击的框架决定 2005/222》已被《关于对信息系统的攻击的指令 2013/40》取代，该指令不提供重要性排序。

1725　对于不执行欧洲逮捕令的可选理由，即执行中的成员国认为“该罪行全部或部分地在执行成员国领土内或在被视为该成员国领土的地方实施”（《关于欧洲逮捕令的框架决定 2002/584》第 4 条第 7 款），必须被视为强调领土原则占主导地位。《执行申根协议的公约》第 55 条进一步证明了这一点。

1726　关于船源污染的框架决定第 7 条第 5 款有一个完全不同但非按顺序的因素清单（被欧洲法院废止）。

1727　例如，见《财政利益公约》第 7 条；《反腐败公约》第 10 条。此外，被请求人的犯罪行为是在执行成员国境内实施的事实，是拒绝欧洲逮捕令的可选理由。见《关于欧洲逮捕令的框架决定 2002/584》第 4 条第 1 款第 7 项。

刑事诉讼中的一罪不二审原则的绿皮书。[1728]然而，这并没有提出任何减少管辖权冲突的建议，而是着重解决重叠管辖权的后果。委员会没有提供任何证据表明它认为自由、安全和公正的领域是欧洲共同关心的打击犯罪领域。因此，其行为加强了国家对管辖权的主张，并促进了执法纯粹是国家任务的观点。但是，如果采用更现代的方法将犯罪视为欧盟问题，还可以建立一个将欧洲刑事管辖权分配给国内刑事法院的系统。[1729]

从这个意义上讲，诉讼的转移当然是一种完全符合欧盟法律的协助形式。部分欧盟立法要求协商，甚至要求转移诉讼，[1730]还有一些判例法强调打击犯罪是成员国的共同责任。此外，成员国也可以通过将诉讼移交给另一个成员国履行其执行义务。[1731]但是，必须承认，升级程序的转移也需要重新考虑相互承认。[1732]

在种族灭绝罪、危害人类罪和战争罪方面设立了一个协调和定期会议的特别机制。根据定义，所有这些国际罪行都有多重管辖权；既对于成员国也对于国际刑事法庭。根据第 2003/335 号决定第 5 条，[1733]关于这些罪行
456 的联络点将定期开会，以协调正在进行的调查和起诉工作。这些会议可以与前南斯拉夫问题国际刑事法庭，卢旺达问题国际刑事法庭，国际刑事法院和其他有关国际机构的代表共同举行。

5.4　人员的引渡或移交

引渡是各国为了移交被告人或被定罪人而相互提供的协助。请求国对被告人引渡之后将进行刑事诉讼，而引渡被定罪人将导致判决的执行。虽然《关于欧洲逮捕令的框架决定 2002/584》使用“移交”而不是“引渡”

1728　COM（2005）696 of 23.12.2005.

1729　在民法中，《关于管辖权和承认民事判决的条例 1215/2012》分配了管辖权。欧洲法院已经承认“被告住所所在的成员国的法院具有管辖权，构成了一般原则”。11 October 2007, Case C-98/06, *Freeport plc v. Olle Arnoldsson*, par.34. 详见第十章。

1730　《制定适用于共同渔业政策的控制系统的条例 2847/93》第 31 条第 4 款规定：“本条规定不应阻止靠岸成员国或转运成员国根据注册成员国的协议将违法行为的起诉移交给注册成员国主管当局，以及转移更有可能实现第 2 款所述的结果的情况下，应通知委员会若靠岸成员国或转运成员国进行了任何此类转移。”

1731　27 March 1990, Case C-9/89, *Spain v. Council*, par.24 and 31.

1732　详见第十章第 5 节和第 6 节。

1733　Decision 2003/335 of 8 May 2003 on the investigation and prosecution of genocide, crimes against humanity and war crimes, OJ 2003, L 118/12.

这个词，但移交的实质行为与引渡没有区别。[1734]被请求国当局逮捕被请求人并送往请求国当局进行拘留。[1735]这并不是说移交和引渡没有区别，但是这些区别与它们可能发生的条件和所遵循的程序有关，而不是实质行为本身。事实上，在《关于欧洲逮捕令的框架决定 2002/584》中使用“引渡”一词受到了法律顾问 RuizJarabo Colomer 的批评，他认为新的协助的结构不是在密闭的空间，而与另一个具有类似原则、价值观和目标的人的合作，意味着引渡和移交是完全不同的。[1736]

欧洲委员会制定的一系列引渡条约令人印象深刻。然而，关于成员国之间的关系的规定，它几乎完全被《关于欧洲逮捕令的框架决定 2002/584》所取代。尽管如此，《欧洲引渡公约》及其补充条约依然是成员国与不属于欧盟的国家之间进行引渡的主要依据。同一框架决定第 31 条规定，框架决定将取代欧洲委员会主持下缔结的《欧洲引渡公约》及其两项议定书以及 1977 年的《欧洲制止恐怖主义公约》。《关于欧洲逮捕令的框架决定 2002/584》第
31 条还规定，它将取代关于引渡的三项欧盟公约。[1737] 同一框架决定第 31 条 457
进一步取代了《执行申根协议的公约》的引渡条款（第 59—66 条）。[1738]

欧盟成员国之间的引渡现在完全依据《关于欧洲逮捕令的框架决定 2002/584》进行。这一机制所依据的相互承认原则的特点在第 4 节中得到了广泛讨论。《关于欧洲逮捕令的框架决定 2002/584》一直是其他框架决定的模式，并且是基于相互承认原则的。结果，各种形式的合作之间的差异缩小了。本小节进一步集中讨论与移交特别相关的问题。欧洲逮捕令所

1734 理事会已经发行了一本手册，以帮助执业人员应用框架决定：见关于如何发布欧洲逮捕令的手册，修订版，理事会文件。17 December 2010, 17195/1/10, REV.1. Nico Keijzer and Elies van Sliedregt, The European Arrest Warrant in Practice, TMC Asser Press 2009 and Steve Peers, EU Justice and Home Affairs Law, 3 rd edition， Oxford University Press 2011, pp.696–710.

1735 《关于欧洲逮捕令的框架决定 2002/584》第 11 条和第 12 条规定了临时性逮捕。

1736 Opinion of Advocate General Ruiz-Jarabo Colomerof 12 September 2006, Case C-303/05, *Advocaten voor de Wereld VZW v. Leden van de Ministerraad*, points 38–47.

1737 Agreement of 26 May 1989 between the Member States of the European Communities on the simplification and modernisation of methods of transmitting extradition requests; Convention of 10 March 1995 on simplified extradition procedure between the Member States of the European Union, OJ 1995, C 78/2; Convention of 27 September 1996 relating to extradition between the Member State of the European Union, OJ 1996, C 313/11.

1738 旧的引渡方案可能会特别用于符合《关于欧洲逮捕令的框架决定 2002/584》第 32 条的情况。12 August 2008, Case C-296/08 PPU, *Ignacio Pédro Santesteban Goicoechea* .

涉及的人的法律地位逐渐变得更类似于普通的刑事诉讼中嫌疑人或被告人的地位。这涉及《关于获得信息的权利的指令 2012/13》中规定的获得信息的权利，[1739] 在此基础上被请求的人应当被提供一份权利书。

《关于欧洲逮捕令的框架决定 2002/584》第 2 条第 4 款规定，不在清单上的罪名可能需要满足双重犯罪的要求。成员国自己确定移交案件的主管当局（框架决定第 6 条），或者指定一个中央机关（第 7 条）。令状的转让直接在签发机构和执行机构之间进行（第 9 条和第 10 条）。执行当局通知被请求人该令状的存在，以及他同意被移交的可能性（第 11 条）。《获得律师的权利的指令 2013/48》也适用于根据欧盟逮捕令被逮捕的人（第 10 条）。被请求的人有权获得法律顾问和口译员（第 11 条），[1740] 执行当局可决定拘留被请求的人（第 12 条）。执行成员国当局必须通知被请求的人他有权在签发成员国委托一名律师（指令 2013/48 第 10 条第 4 款）。如果被请求人在签发成员国尚未有律师，则签发成员国当局必须提供必要的信息。
458 尽管这种平行防御战略几乎肯定会提高辩护方的地位，但不能导致《关于欧洲逮捕令的框架决定 2002/584》中规定的时限的延长。

在被请求人同意被移交的情况下，专门性规则不适用。这意味着被移交人也可能因为引起移交的案由之外的案件而被起诉（第 13 条和第 27 条）。[1741] 在同意的情况下，将不会再举行听证会，并且被请求的人将在十天内被移交。

1739 更多关于获得信息的权利，见第六章第 3.13 节。

1740 《关于口译和笔译的指令 2010/64》第 1 条规定了进一步的规则，这些规则也适用于执行欧洲逮捕令的程序。

1741 随后向第三国移交或引渡需要得到执行成员国的同意，并根据《关于欧洲逮捕令的框架决定 2002/584》第 28 条中规定的条件。在 *Melvin West* 案中，欧洲法院不得不处理三个随后发布的欧洲逮捕令。它认为，“如果一个人根据连续的欧洲逮捕令在成员国之间需要承受一次以上的移交，那么该人随后移交给最后交出他的成员国以外的成员国，只需取得最后进行移交的成员国的同意”。28 June 2012, Case C-192/12 PPU, *Melvin West*, par.80. 在这样做的过程中，欧洲法院脱离了 2012 年 6 月 6 日法律顾问 Cruz Villalón 的意见，该意见更倾向于第一个执行成员国，因为被请求人与该国有最密切的联系。我个人认为，欧洲法院做了正确的事情，因为这不能被视为一个规则，即第一个国家始终是与被请求人有最密切联系的 。尽管欧洲法院希望减少必须给予同意的成员国数量并将其限制为一个是可以理解的，但它确实意味着第一个成员国的附条件同意受到了侵犯，专门性规则也没有得到完全的遵守。提交给欧洲人权法院的投诉在完成本稿件时仍在等待处理。见欧洲人权法院，14 April 2015, *Melvin West v. Hungary and the United Kingdom*, Application 5380/12。

在没有同意的情况下，将会听取被请求人（第 14 条），并在逮捕后六十天内作出移交决定（第 17 条）。[1742] 在这种情况下，将坚持专门性规则。[1743] 第 27 条第 3 款和第 4 款规定，执行当局可能同意对其他罪行提起诉讼、量刑或拘留。这是一个被请求人可能很难参与的程序，因为他已经处于签发成员国。如果有这种同意，成员国可以提供暂停执行司法当局的决定的上诉，以期对在犯罪人根据欧洲逮捕令移交前犯下的罪行实施监禁或拘留，条件是最终决定是在框架决定第 17 条规定的时限内通过的。[1744]

5.5　转移判决的执行

通过转移判决的执行，各国接受一个成员国的判决将由另一国执行。459 这样做的原因既与效率有关，也能为犯罪者的复归创造更好的机会。一个从对其定罪的国家逃离的被定罪者使判决的执行复杂化。从这个意义上说，转移判决的执行到他所居住的国家有助于良好的司法实施。但是，如果在另一个成员国被定罪的外国人在那里服刑，那么复归就会复杂得多，特别是在那些他既不是国民也不会说这种语言的国家里。被判刑人员的移交可以将被定罪人员带到他的家乡，并在那里为其他地方作出的判决服刑。

欧洲委员会最受欢迎的关于刑事事项国际合作的公约是 1983 年《移交被判刑人员公约》。它如此受欢迎可能是由于它没有要求各国进行合作，而只是提供了一个如果两个国家都希望转移时的框架。公约仅适用于被定罪人同意将其移交给其本国的情况。[1745]《执行申根协议的公约》第 68 条扩

1742　2013 年，英国政府在 1993 年的引渡法中引入了一个法庭更换禁止（不适用于苏格兰），该法赋予法院权力，以法庭为被请求的理由判定被引渡到另一个司法管辖区受审的人“不符合司法公正”。在撰写本文时，这种挑战是未成功的。但是，新程序的确延迟了移交程序。

1743　这条规则是在引渡法（《欧洲引渡公约》第 14 条）中发展而来的，并被保留用于移交程序。详见第六章第 4.3.2 节。

1744　30 May 2013, Case C-168/13 PPU, *Jeremy F. v. premier ministre.*

1745　1987 年 5 月 25 日，关于在欧洲共同体成员国之间适用欧洲委员会的被判刑人移交公约和 1991 年 11 月 13 日在欧洲共同体成员国之间执行外国判决的公约从未生效。关于移交判决的欧盟特别公约，1998 年 6 月 17 日关于取消驾驶资格公约，OJ 1998，C 216/2 也从未生效。详见本章第 4.5 节。《设立欧洲共同体条约》第 293 条规定成员国必须相互进行谈判，以期为其国民谋利：“简化法院或法庭相互承认和执行判决的手续”，从未被用于刑事判决。鉴于对民事判决（《欧盟运行条约》第 81 条）和刑事判决（《欧盟运行条约》第 82 条）的相互承认，该条款被《里斯本条约》废除。

大了该公约的适用范围，允许转移关于“为避免执行该刑罚的判决而逃往国籍国的另一缔约国的国民”的判决。[1746]

截至 2011 年 12 月 5 日，这些关于国际法的公约不再适用于成员国之间的关系。它们已被关于监禁刑的框架决定 2008/909 所取代。同样，《关于监禁刑的框架决定 2008/909》第 14 条规定，在决定承认判决和执行判
460 决之前，可以逮捕或采取任何其他措施确保被判刑的人留在其领土内。框架决定带来了许多变化，其中最突出的是被判刑人不能再否决转让，并且由于使用相互承认，执行外国判决可能是强制性的。[1747]

第 3 条规定，执行成员国执行判决的目标首先是促进被判刑人复归社会。显然，起草者认为，当国民被送回自己的成员国时，这种可能性更大。[1748] 同样，非国民将在其持续合法居住至少五年并将在该国获得永久居住权的成员国服刑。最密切联系的成员国应当执行。[1749] 然而，被判刑人的国籍国以外的成员国必须同意转交判决书和证书（第 4 条第 1 款 c 项）。[1750] 需要注意的是，居留不是决定联系的唯一因素。序言第 9 条提到了“与执行国家有关的家庭、语言、文化、社会或经济等方面的联系”。

第 17 条对减少刑期的限制是新的初步裁决的主题。[1751]

适用于执行外国判决的法律

原则上，执行中的成员国应继续执行在签发成员国作出的判决。[1752] 然而，第 8 条规定了两个例外。第一个涉及刑期的持续时间。如果判决与执行成员国关于执行期限的法律不符，并且超过了最高刑罚限度，则可以将判决

1746 同样，1997 年 12 月 18 日的 1983 年公约附加议定书不再赋予被判刑人这种否决权。

1747 第 6 条规定了被判刑人可能陈述其意见的情况相当有限。这实质上意味着，只有被判刑人没有逃跑而仍在签发国境内被羁押，并且签发国希望将判决转交给被判刑人的国籍国以外的其他成员国，此时是否转让才取决于他的同意（第 6 条第 1 款和第 2 款）。在被判刑人仍处于签发国境内的所有案件中，他应当有机会口头或书面陈述其意见（第 6 条第 3 款）。签发成员国将在其决定中考虑意见，并在磋商时将意见提交给执行成员国（第 6 条第 3 款）。

1748 截至 2016 年 12 月 5 日，第 6 条第 2 款 a 项对波兰不适用。

1749 *Framework Decision 2008/909 on Custodial Sentences* 第 4 条第 1 款也如此表述。

1750 该条第 6 款提醒成员国，在决定同意时，应考虑到促进被判刑人复归社会的目的。此外，成员国应通知理事会，在第 7 款中提到的一些具体情况不需要事先同意。

1751 初步裁决的请求来自保加利亚索菲亚城市法院。3 December 2014, Case C-554/14, *criminal proceedings against Atanas Ognyanov.*

1752 《关于监禁刑的框架决定 2008/909》第 10 条规定了部分承认和执行的可能性。

调整为那个最高限度（第 8 条第 2 款）。如果判决的性质不相符合，执行 461
成员国可能会将其修改为尽可能接近原判决的处罚或措施（第 8 条第 3 款）。监禁刑不得转为罚金。这些规则应符合第 8 条第 4 款的总体规则，即修改后的刑罚不应在性质或期限上加重原刑罚。

这是否也意味着应该考虑（附条件的）提前释放规则？《关于监禁刑的框架决定 2008/909》第 17 条规定，判决的执行将受执行成员国的法律管辖。这确实包括有关提前或附条件释放的决定。然而，签发成员国可以规定，任何有关提前或附条件释放的决定都需要考虑签发成员国国内法有关这些问题的条款（《关于监禁刑的框架决定 2008/909》第 17 条第 4 款）。签发和执行成员国都可以给予特赦或赦免（第 19 条第 1 款）。第 19 条第 2 款规定，只有签发成员国才可以决定判决复核的申请。一旦执行成员国开始执行该判决，签发成员国不能再这样做。但是，如果被判刑人从羁押中逃脱，则执行判决的权力应归还签发国（第 22 条第 2 款）。

两项文书规定了相互承认原则在执行非监禁性判决中的适用。《关于没收令的框架决定 2006/783》规定了在整个欧盟执行没收令的条件。[1753]本框架决定第 2 条将没收令定义为“法院就刑事犯罪或导致最终剥夺财产的犯罪行为作出的最终处罚或措施”。

另一项文书是《关于财务处罚的框架决定 2005/214》。[1754]本框架决定使成员国能够在另一个成员国执行 70 欧元或以上的罚款，并且签发成员国的决定可能涉及自然人和法人。第 10 条允许在无法执行决定的情况下实施监禁或其他替代性制裁。根据欧洲法院关于是否可以对非法进口药物征收关税的判例法，海关对药物的罚款不得转移。[1755]

关于转移执行判决的判例法很少。根据 1970 年 10 月 8 日的判决，两名希腊国民被意大利法院判处监禁，并因非法向意大利进口烟草而被责令支付关税和其他费用。30 多年后，这个问题出现在希腊法院，对意大利 462

1753 *Framework Decision 2005/212 on Confiscation of Crime-Related Proceeds, Instrumentalities and Property*, OJ 2005, L 68/49.

1754 关于本框架决定的执行情况，请见 Council Document 17 December 2010, 17205/1/10, REV.1。

1755 第三章第 4.8 节。

决定的执行是否属于指令 76/308 的适用范围。[1756] 欧洲法院认为指令的条款具有程序性，并认定：

> 该指令应解释为适用于该指令在另一成员国生效之前，一成员国依据本国的法律文书产生的海关诉求，而提出请求的机关在另一成员国。[1757]

被请求成员国当局只能在特殊情况下对执行进行审查。[1758]

5.6　对无条件监禁之外的其他决定的监督

通过《关于监督缓刑措施的框架决定 2008/947》，欧盟创造了一种全新的合作形式。它确认：

> 对暂缓执行、附条件执行、替代性制裁和附条件释放的决定的相互承认和监督，其目的是通过让该人保留家庭、语言、文化和其他方面的联系来提高被判刑人重新融入社会的可能性，还要加强对缓刑措施和替代性制裁的遵守情况的监测，以防止再犯，从而适当考虑到了对被害人和公众的保护。[1759]

欧盟肯定希望减少监禁并创造更多康复机会。此外，施加非监禁刑可能会减少某些形式的歧视。这种合作形式为成员国的监督带来了许多工作。它可能必须监督与行为有关的命令，例如（序言第 10 条）：

> 原则上强制监督的缓刑措施和替代性制裁包括与行为有关的命令（例如停止饮酒的义务），居住地（例如由于家庭暴力而改变居住

1756　Directive 76/308 of 15 March 1976 on mutual assistance for the recovery of claims resulting from operations forming part of the system of financing the European Agricultural Guidance and Guarantee Fund, and of the agricultural levies and customs duties, and in respect of value added tax and certain excise duties.

1757　1 July 2004, Joined Cases C-361/02 and C-362/02, *Elliniko Dimisio v. Nikolaos Tsapalos*（C-361/02）, *Konstantinos Diamantakis*（C-362/02）, par.23.

1758　14 January 2010, Case C-233/08, *Milan Kyrian v. Celní úřad Tábor.*

1759　*Framework Decision 2008/947 on Supervision of Probation Measures* 叙文第 8 条。

地的义务)，教育和培训(例如参与“安全驾驶课程”的义务)，休 463
闲活动(例如停止参加或参加某项运动的义务)以及进行专业活动的限制或方式(例如在不同的工作环境中进行专业活动的义务；这一义务不包括对作为制裁一部分的任何取消专业人员资格的遵守情况进行监督)。

作出判决的成员国可将判决书转交被判刑人合法并通常居住的成员国。如果这符合复归社会的利益，并且该成员国同意，判决书可以转交给居住国以外的成员国。当被判刑人员已经返回或者想要返回该国时，应该转交判决书(《关于监督缓刑措施的框架决定 2008/947》第 5 条)。被判刑的人可以要求将判决书转交给签发成员国(第 5 条第 2 款)。

立法者允许完全无条件的判决或有条件的判决都是有问题的。这意味着将这些制裁包含在一个判决中的成员国可能无法适用《关于监督缓刑措施的框架决定 2008/947》。框架决定区分了监禁刑、缓刑和替代性制裁，所有这些都在第 2 条中有明确规定。该框架决定适用于各种缓刑措施和替代性制裁(第 4 条第 1 款)：

(a)被判刑人有义务通知某一具体当局任何居住地或工作地点的变更；

(b)不进入签发国或执行国某些地区、地点或有限区域的义务；

(c)限制离开执行国领土的义务；

(d)与行为、居住、教育和培训以及休闲活动有关的指示，或包含进行专业活动的限制或方式的指示；

(e)在特定时间向特定当局报告的义务；

(f)避免与特定人员接触的义务；

(g)避免接触被判刑人为实施刑事犯罪曾使用过或可能使用过的特定物体的义务；

(h)在经济上赔偿因该罪行而造成的损害和 / 或提供该义务已被履行的证明的义务；

(i)开展社区服务的义务；

(j)与缓刑官员或与对负责管理被判刑人的社会服务代表合作的义务；

（k）接受康复治疗或成瘾治疗的义务。

不幸的是，监督各项措施的准备程度可能因成员国不同而不同。第 4 条第 2 款允许成员国仅实施它们自己接受的措施。

464 承认判决的法律后果非常严重。有关监督的权限从签发成员国转移到执行成员国。签发成员国不能再作出任何决定（第 7 条）。第 7 条第 2 款规定了一些特殊情况，如若发生，则权限应归还签发成员国。初看起来，最主要的似乎就是被判刑人潜逃或以其他方式离开执行成员国的情况（第 20 条）。

第 9 条规定执行成员国有权对“性质或期限与其法律不相容”的措施或制裁进行调整。它规定：“调整之后的缓刑措施、替代性处罚或缓刑期限的持续时间应尽可能与签发国规定的时间相一致。”与监禁性刑罚类似，最高限度必须得到遵守（第 9 条第 2 款），而调整后的措施也不得更严重（第 3 段）。如果签发成员国对调整结果不满意，它可以在签发成员国开始监督之前撤回证书（第 9 条第 4 款）。第 13 条规定，缓刑措施和替代性制裁的监督和适用应受执行成员国的法律管辖。

执行成员国的主要任务当然是监督条件的遵守情况并对违规情形作出决定（《关于监督缓刑措施的框架决定 2008/947》第 14 条）。这样的决定可能包括：

（a）修改缓刑措施或替代性制裁中所载的义务或指示，或修改缓刑的期限；

（b）撤销暂停执行判决或撤销附条件释放的决定；

（c）在替代性制裁或附条件判决的情况下，实施剥夺自由的监禁刑罚或措施。

执行中的成员国将对上述提到的任何决定适用自己的立法。然而，这种做法的实际应用已变得相当有限，因为成员国可随时声明它们拒绝承担上文中 b 项和 c 项所述情况下的责任（第 14 条第 3 款）。在这种情况下，对案件的管辖权将移交回给签发国（第 14 条第 4 款），它必须接受执行成员国的裁决，确定存在违反义务的情形，并随后采取第 17 条规定的决定。签发和执行成员国都可以就大赦和特赦作出决定（第 19 条第 1 款）。但是，只有签发成员国可以决定审查的申请（第 2 款）。

5.7 欧洲保护令

这种合作旨在通过将保护措施转移到他们所居住的成员国，保护已经成为犯罪被害人的个人免遭更多的刑事犯罪或对隐私的侵犯。实质上，这是针对家庭暴力的情况。[1760]《关于欧洲保护令的指令 2011/99》第 1 条规定了如下目标：“本指令规定允许已经采用保护措施，以保护一人不遭受来自另一人的可能危及其生命、身心健全、尊严、人身自由或性完整的犯罪行为的成员国的司法或相当的权力机构发布欧洲保护令，使另一成员国的主管当局能够根据签发国的国家法律在该另一成员国的领土继续保护该人免受该犯罪行为或据称的犯罪行为侵害。”虽然该命令只能基于过去（据称）的犯罪行为，但它确保了对将来的跨境保护。 465

该指令规定，只有在依据国内法律已经采取保护措施的情况下才能颁发欧洲保护令：

> 对造成危险的人施加下列一项或多项禁令或限制：
> （a）进入受保护人居住或造访的某些场所、地点或确定地区的禁止；
> （b）任何形式的与受保护人的联系的禁止或规定，包括通过电话、电子或普通邮件、传真或任何其他方式；
> （c）小于规定距离接近被保护人的禁止或规定（第 5 条）。

虽然必须存在刑事判决，但这并不需要具有最终性质。此外，保护令不需要由刑事机关决定。根据国家法律秩序，它也可能是民事或行政性质的有权机关。[1761]

当被保护人决定居住或已经居住在另一个成员国（第 6 条），并且该人要求采取这种措施（第 6 条第 2 款）时，可以使用欧洲保护令。同一条第 3 款规定，“引起危险的人应享有发言权和对保护措施提出质疑的权利，如果该人在导致通过该保护措施的程序中未获得这些权利”。一旦该命令 466
被通过，主管当局将通知受保护的人。执行成员国将通知造成危险的人这些措施以及违反的后果（第 9 条第 3 款）。

1760 叙文第 9 条中指出，该指令适用于所有被害人，而不仅仅是受到基于性别的暴力的被害人。

1761 另见关于欧洲保护令的指令 2011/99 叙文第 10 条。

《关于欧洲保护令的指令 2011/99》第 10 条规定了不承认欧洲保护令的理由，这与其他相互承认的文书相似。似乎起草者几乎已经自动将不承认其他相互承认文书的通常理由复制到本法律文书中。鉴于保护令的性质，人们可能会质疑其中一些理由的相关性。保护令可以被定性为一种混合性措施，必须在过去的犯罪行为中找到它的基础，但是它显然有一个面向未来的（被定罪的）人的行为的公共秩序和民事保护的元素。[1762] 在这种情况下，双重犯罪的必要性、缺乏时间限制、一罪不二审和大赦等，不起作用并难以适用。第 15 条规定了将欧洲保护令同化为具有类似性质的国内命令，以确保命令以同样的优先顺序得到承认。

该命令将指出违反任何禁止或限制时的后果。该命令可能与《关于监督缓刑措施的框架决定 2008/947》和《关于监督措施的框架决定 2009/829》所附的有条件的转移同时发生。这意味着保护令可以适用于造成危险的人已被定罪以及他已被释放并等待审判的情况。如果违反保护令，执行成员国有权"（a）因违反行为而实施刑事处罚并采取任何其他措施，如果违反行为构成执行国法律规定的刑事犯罪；（b）采取与违反行为相关的任何非刑事决定；（c）采取紧急和临时措施，以便在适当情况下结束违反行为，并由签发国作出后续决定"（第 11 条第 2 款）。此时签发成员国具有专有权限来"（a）对保护措施作出更新、审查、修
467 改、废除和撤销，并同样对欧洲保护令作出类似行为；（b）由于废除保护措施而实施监禁措施，条件是保护措施是基于第 2008/947 号框架决定第 2 条意义上的判决或是根据第 2009/829 号框架决定第 4 条意义上的关于监督措施的决定"（第 13 条第 1 款）。第 14 条规定了一些停止根据保护令采取措施的理由。

1762 第 20 条中提到的几项民事法中反映了不同的性质。*Regulation 44/2001 on Jurisdiction and Recognition of Civil Judgments*（now replaced by *Regulation 1215/2012 on Jurisdiction and Recognition of Civil Judgments*）；*Regulation 2201/2003 concerning jurisdiction and the recognition and enforcement of judgments in matrimonial matters and the matters of parental responsibility*; the 1996 Hague Convention on Jurisdiction, Applicable Law, Recognition, Enforcement and Cooperation in respect of Parental Responsibility and Measures for the Protection of Children; and the 1980 Hague Convention on the Civil Aspects of International Child Abduction.

6. 在刑事事项合作中辩护方的地位

6.1　要求国际合作的可能性

一般而言，在要求国际合作方面，辩护方根本没有立场。这可以通过这样一个事实来解释，即刑事事项的合作多年来一直是在主权国家之间的礼让中发展而来的。此外，它还根据大陆法系国家刑事诉讼程序的需要而形成。大陆法系国家的证据是由国家当局收集的，而一个私人当事人，例如辩护方，则不起主导作用。欧洲委员会的公约和欧盟通过的文书都假定国际合作是国家当局的专有任务，并且这些文书仅为此目的而设计。刑事诉讼中的辩护方可能要求检方或法院签发国际合作的措施，但它本身不能直接提出请求。然而，变化的最初迹象正在出现。

就行政合作而言，欧洲法院认为个人无权要求当局提供相互协助，即使个人无法自行取得证据。[1763]根据欧盟法，成员国当局没有在这方面协助辩护的义务。

根据少数几个属于欧盟成员国的普通法国家的法律，这可能会略有不同，因为在普通法国家，证据的收集对双方都是一项任务，双方具有同等的地位。尽管如此，在国内背景和国界范围内，没有证据表明普通法国家能够给予辩方一个独立的立场来要求通过欧洲委员会或欧盟的任何文书进行国际合作。

向被定罪人提供表达转移到另一个国家的愿望的可能性的唯一法律文 468
书是 1983 年《移交被判刑人员公约》，据此，被定罪人可以将此愿望表达给判刑国当局以及他所属的国家的当局。但是，在成员国间实施《关于监禁刑的框架决定 2008/909》意味着被定罪人的意见将逐渐变得无关紧要。现在更重要的是，《关于欧洲调查令的指令 2014/41》第 1 条第 3 款规定："欧洲调查令可由被怀疑或被指控的人或代表他的律师依照国家刑事程序适用的辩护权的框架请求发布。"然而，这并不直接使辩护方有权要求国际合作；由于国际合作的请求与辩护权相关，如果国家当局不批准请求，则需要更强的理由。

1763　27 September 2007, Case C-184/05, *Twoh International BV v. Staatssecretaris van Financiën*, par.30–34.

6.2 国际合作中的辩护方权利

尽管辩护方无法积极开展国际合作，但一些法律文书确实赋予了辩护方权利。这些涉及了解起诉事由和了解程序的权利。辩护方权利的指令（《关于解释和翻译的指令 2010/64》《关于获得信息权的指令 2012/13》《关于获得律师权的指令 2013/48》）也都适用于合作程序。《欧盟互助公约》第 5 条第 3 款已经规定：

> 如果有理由相信收件人不理解文件起草的语言，则文件或至少其中的重要段落必须翻译成收件人所在成员国的国家语言（之一）。如果发布程序文件的有权机关知道收件人只能理解其他的语言，则该文件或至少其中的重要段落必须翻译成该其他语言。

469 《欧盟互助公约》第 9—11 条可能符合辩护方的利益。[1764] 这些条款涉及被拘留者的临时移交（第 9 条），通过视频会议的听证（第 10 条）以及通过电话会议的听证（第 11 条）。所有这些国际协助模式都可能涉及被告人、证人和专家。此外，《欧盟互助公约》第 10 条第 9 款和所附的宣言都重申，它们提供互助的方式必须尊重《欧洲人权公约》。《关于欧洲调查令的指令 2014/41》第 22 条和第 23 条涉及被拘留者的临时移交，同时规定了视频和电话会议。

很明显，这些权利既有服务于参与审判的权利，也有整体服务于获得公正审判的权利。[1765] 此外，从对缺席定罪的案件予以重审的保证（《关于欧洲逮捕令的框架决定 2002/584》），该规则必须被理解为“在被告在场的情况下进行审判”。

在涉及关于成员国主管当局在直接税领域的相互协助的第 77/799 号指令进行国际税务信息交换的案件中，法院认为，既没有获得一个成员国向另一个成员国作出提供协助的请求的通知的权利，也没有参与拟定请求或参加被请求成员国组织的证人询问的权利。[1766]

1764 《欧洲刑事司法互助公约》第 19 条第 4 款规定了在执行协助的请求时在场的权利。

1765 Ed Cape, Zaza Namoradze, Roger Smith and Taru Spronken, Effective Criminal Defence in Europe, Intersentia 2010, pp.3–63.

1766 22 October 2013, Case C-276/12, *Jiří Sabou v. Finanční ředitelství pro hlavní město Prahu*, par.46.

6.3　法律救济和合作成员国的责任

引用《关于欧洲逮捕令的框架决定2002/584》，法律顾问Ruiz–Jarabo Colomer认为这是“向跨越国家间单纯的双边关系并考虑到第三方面的刑事事项合作方面迈进的一个例子，第三方面指相关个人的权利”[1767]。然而，如果有一件事情完全不存在，它就是移交程序中的个人的地位。主要是这种对法律补救措施的废除（不那么愤世嫉俗的评论者可能会说“集中”），加快了程序。被请求的人可以援引以前存在于引渡体系之下的大多数拒绝理由。双边关系不再存在，也不存在立体关系；唯一的事情就是单方面决定 470
应该发生什么。

在国际合作中引入相互承认已导致执行成员国（原为被请求国）的法律救济措施大幅减少。相互承认的几乎绝对性以及对其执行时限的确定[1768]都导致成员国在代表另一个成员国执行时削减法律补救措施。例如，在执行《关于欧洲逮捕令的框架决定2002/584》中，成员国取消了上诉。一方面，签发成员国的法律救济集中可能是好事；另一方面，由于另一成员国相关法院的距离，实际上可能无法获得法律救济。法律救济措施的分配不一致并令人困惑。《关于欧洲逮捕令的框架决定2002/584》和《关于没收令的框架决定2006/783》都涉及执行国的法律救济措施。《关于冻结令的框架决定2003/577》在执行和签发国都提供了法律救济措施。但是，现在已经被替代的框架决定的第11条第2款规定：“发布冻结令的实质性理由只能在签发国法院的诉讼中受到质疑。”

《关于欧洲调查令的指令2014/41》中选择了完全不同的方法。第14条规定：“成员国应确保相当于类似国内案件中可用的法律救济措施能适用于欧洲调查令中所述的调查措施。”这可能与以下事实有关：与进行移交程序相比，使用法律救济的人员范围可能会更加广泛（嫌疑人、被告人、证人、第三方）。第14条第2款明确规定：“发布欧洲调查令的实质性理由仅能在签发国的诉讼中受到质疑，并且不影响执行国基本权利的保障。”这是相当奇怪的，合作的成员国有义务相互通知其体系内现有的法律救济措

1767　Opinion of Advocate General Ruiz-Jarabo Colomer of 12 September 2006, Case C-303/05, *Advocaten voor de Wereld VZW v. Leden van de Ministerraad*, point 69.

1768　尽管时间限制未得到遵守，但引渡法庭仍然有权对移交作出决定，并可能继续拘留被请求的人。16 July 2015, Case C-237/15 PPU, *Minister for Justice and Equality v. Francis Lanigan.*

施，但这种告知义务对于涉及的公民并不存在（第 14 条第 5 款）。所有关于相互承认的框架决定也适用于非清单罪行。虽然双重犯罪的要求可以由执行成员国进行测试，并可能导致拒绝，但对法律救济措施的削减也适用
471 于非清单罪行。法律救济办法应一致地进行分配，以便维护一个透明和可预测的系统，并符合法治原则。

6.4 刑事事务中的人权和国际合作

国际刑事事务合作的发展导致了这样一种情况，即在越来越多的刑事调查、诉讼和判决执行中，成员国互相提供援助。这可能会对尊重人权产生影响。[1769] 在《关于数据保护的指令 95/46》中，欧洲法院认为："个人数据的自由流通可能会干扰私人生活权，尤其是《欧洲人权公约》第 8 条中所认可的。"[1770] 然而，这并不意味着公民应该事先收到合法的进行信息交换的调查的通知。[1771]

20 世纪 50 年代，被告人仅面临来自进行审判的国家的调查和收集证据，然而 65 年之后，在许多严重的刑事案件中，最终的刑事诉讼是几个成员国集体努力的结果。这种将刑事诉讼中的责任从一个国家的专属责任转变为其他（一个）国家的共同责任的情况并未遵守《欧洲人权公约》规定的相应保护。欧洲人权法院仍继续依据《欧洲人权公约》评估国家与个人之间在排他关系下的责任。然而，这不再符合欧盟许多更为严重的刑事案件的实际情况，在这些案件中，成员国在调查、开展诉讼和执行方面合作并分担责任。

国际合作越来越多地用于刑事审判这一事实使得人权准则的直接适用更加困难。对于成员国来说，可能并不清楚它们各自的责任究竟是什么。被告人可能面临他不能援引人权准则的情况，因为他声称的违反行为与合作有关，而他本可以在所涉及的每一个成员国中援引人权准则，假如刑事诉讼的每个方面都发生在一个国家之内。这些问题在需要成员国提供证据的情况下得到了强调。对整个审判负责的裁决国将一个（或多个）方面延

1769 See Richard Vogler，Transnational Inquiries and the Protection of Human Rights in the Case-Law of the European Court of Human Rights，in：Stefano Ruggeri（ed.）Transnational Inquiries and the Protection of Fundamental Rights in Criminal Proceedings，Springer 2013，pp.27–40.

1770 9 March 2010, Case C-518/07, *Commission v. Germany*, par.21.

1771 ECtHR，16 June 2015, *Othymia Investments BV v. the Netherlands*, Application 75292/10.

伸到另一国的权限范围，仅仅是因为待没收的物品不在裁决国，或者因为证人不愿意离开他的居住地所在国。 472

当请求协助的要求得到遵守时，哪个国家对违反《欧洲人权公约》的行为负责？关于裁决国的责任，它负责刑事审判，并随之负责遵守《欧洲人权公约》。这个国家可以直接对另一个国家的官员的行为负责吗？只有能对外国当局对请求作出回应的方式有直接影响的情况下，对裁决国的直接责任才是有意义的。但是，被请求国可以自由决定遵守协助请求的方式。因此，对裁决国的直接责任仅限于其直接影响的行为。

裁决国是否应该对执行请求协助时违反欧洲人权法院的行为间接负责？使用违反《欧洲人权公约》规定的证据在《欧洲人权公约》下应当承担责任。欧洲人权委员会在 1987 年的一项决定中[1772]认为：

> 尽管这个（请求国的）法院对 C（证人）的询问不负责任，而是委托给其他机关进行，但原则上可以设想，使用由此获得的证据可能违背该条款（第 6 条第 1 款）。[1773]

根据关于公正审判权和证人听证的欧洲人权法院判例法，这是一个合乎逻辑的结果。必须从整个诉讼的角度来看待询问证人的权利，这对确定公正审判权是否受到侵犯是必要的。[1774]对整个审判的责任在欧洲人权委员会关于在合理时间内受审的权利的决定中得到了承认。[1775]欧洲人权法院认为，法国违反了《欧洲人权公约》第 6 条第 3 款 c 项的规定，没有对比利时获得的证据的使用进行纠正。被告在没有律师协助的情况下被错误地当作证人听证。[1776]

在处理了请求协助的国家的责任后，有必要处理被请求的提供协助的

1772　例如，当证据是由国外裁决国当局或裁决国大使馆收集的。EComHR，25 September 1965, *X v. Germany*, 1611/62，Collection of Decisions 17，42.

1773　EComHR，13 July 1987, *X v. Germany*, 11853/85，European Human Rights Reports 1988，521 以及 EComHR，12 July 1978, *X v. Germany*，7779/77，未公开。

1774　ECtHR，28 August 1992, *Artner v. Austria*, Series A-242 以及 ECtHR，26 April 1991, *Asch v. Austria*, Series A-203.

1775　EComHR，7 May 1986, *Jesso v. Austria*，9315/81, Decisions and Reports 50，44 以及 EComHR，10 September 1991, *X v. Switzerland*, 14379/88，未公开。

1776　ECtHR，27 octobre 2011, *Stojkovic c. France et Belgique*, Requête 25303/08.

473 国家的责任。欧洲人权理事会在关于被请求国的少数几项决定中认为，这些国家对在其境内发生的那部分审判负责，即对协助请求的执行。[1777]在1973年的一个决定中，欧洲人权委员会认为被告无权就被请求国违反《欧洲人权公约》第6条第1款提出申诉，因为在该国没有对他提出刑事指控。[1778]然而，欧洲人权委员会认为，根据《欧洲人权公约》第6条第3款d项的规定，对于听取证人证言的权利的规定，被请求国可能会负有责任。

确定被请求国家的确切责任非常困难。必须记住的是，就被告是否可以审查和盘问控方证人的问题而言，欧洲人权法院要求确定被告是否得到公正审判的结论必须以对诉讼程序作为一个整体的评估为基础。这对于被请求国来说是有问题的，该国没有对整个程序的概览，原则上也不能预见其（对于审判）所产生的后果。因此，第6条第3款d项对被请求国的责任难以适用。

但是，还有第三个观点，从国际合作和人权准则的适用的角度来看。这是当然有权享有《欧洲人权公约》规定的权利的个人被告的视角。这里的一个例子就是欧洲人权法院Sari诉丹麦和土耳其的案例。[1779]在针对Sari的刑事诉讼在丹麦结束并将诉讼从丹麦转移到土耳其之前，已经过了五年。随后，在土耳其的刑事诉讼又过了五年。欧洲人权法院审视了每个国家的单独责任，而不是涉及的总年数。随后，它认为丹麦负有责任的五年并不构成违规行为，土耳其也是如此。

关于执行的转移，其他情形也发挥作用。虽然囚犯的转移往往可以主动提出或者在被定罪者同意的情况下进行，但这个人可能会在被转移至国籍国后对判决提出质疑。欧洲人权法院坚持基本标准，即实质上被定罪的人应该感恩，尽管要服刑更长时间。欧洲人权法院认为："法院接受，在执行时，严重不相称的判决可能构成违反第3条的虐待。然而，严重的不
474 相称是一个严格的标准，只有在罕见和独特的场合才能满足该标准的要

1777 EComHR，5 February 1973, *X, Y and Z v. Austria*, 5049/71, Collection of Decisions 43，38；EComHR，12 October 1992, *Noviflora Sweden Aktiebolag v. Sweden*, 14369/88,；EComHR，6 March 1989, *R.v. Austria*, 12592/86，Decisions and Reports 60, 201.

1778 或者是因为所请求法院的诉讼程序并未涉及确定对申请人的新刑事指控。ECtHR, 5 July 2007, *Saccoccia v. Austria*, Application 69917/01. ECtHR, 5 June 2012, *Duboc v. Austria*, Application 8154/04.

1779 ECtHR, 8 November 2001, *Sari v. Denmark and Turkey*, Application 21889/93.

求。"[1780] 同样，执行成员国延迟提前释放的时间也不属于《欧洲人权公约》涵盖的问题。[1781]

除了这些法律问题，实际问题可能会使被告人难以找到负责任的成员国。例如，在交换警察信息的情况下，很难确定哪一个国家是请求国家，哪一个国家是被请求国家。看起来可以得出结论，国际合作越密集，区分相应的责任就越困难。[1782] 因此，公民有重大的可能会对错误的国家提出申诉的风险。

这便是在 Chinoy 诉英国案件中发生的，而欧洲人权委员会宣布不予受理此案。[1783]Chinoy 申诉说美国的卧底人员在英国的引渡程序中使用了非法在法国获得的材料（录音带）。欧洲人权委员会强调，英国当局对法国发生的事情不负责任。这个决定提出了一个问题，即对法国的申诉是否会更加成功。因此，从申请人的利益考虑，他最好向涉嫌违规的所有可能的国家提出申诉。然而，这种集团申诉可能会被宣布为不可接受，因为申请人可能没有在所有提出申诉的国家用尽其国内救济办法。

被告在国家合作责任方面的视角可能有助于合理推定。一个国家认为一个人是嫌疑人或被告人的事实使得《欧洲人权公约》可以发挥保护作用。因此，在哪个国家或哪个刑事司法系统中，一个人被视为嫌疑人或被告人是无关紧要的。对此有两个主要论点：集体实施论点和实际及有效的应用的论点。《欧洲人权公约》的序言显示，它被起草为"集体实施《世界人权宣言》中规定的某些权利的第一步"，各国因此建立了一个有相互义务的超国家控制机制。根据《欧洲人权公约》第 1 条，欧洲人权法院得出以下结论：

> 与典型的国际条约不同，公约不仅包括缔约国之间的单纯互惠活 475
> 动。它在互相双边承诺的网络之上创造了客观的义务，这些客观的义

1780 ECtHR, 8 January 2013, *Willcox and Hurford v. the United Kingdom*, Application 43759/10 and 43771/12，par.74.

1781 ECtHR, 23 October 2012, *Piotr Ciok v. Belgium*, Application 498/10 andECtHR, 23 October 2012, *Adam Giza v. Belgium*, Application 1997/11.

1782 强化合作包括两国当局进行讯问、自发交换信息、联合调查小组和域外调查。

1783 EComHR, 4 September 1991, *Chinoy v. the United Kingdom*, 15199/89，未公开。

务用序言的话来说，受益于“集体实施”。[1784]

这一措辞与 *Costa v. E.N.E.L* 案中法院的措辞有惊人的相似之处。欧洲人权法院和欧洲法院都强调这些义务的独特性，这与以前通过的国际法形成鲜明对比。[1785]

在 *Soering* 案中，欧洲人权法院处理了《欧洲人权公约》的这种集体实施。在解释该条约时，必须将其作为一个集体实施人权和基本自由的条约的特殊性予以考虑。因此，《欧洲人权公约》作为保护个人的工具的目标和目的要求对其条款进行解释和适用，以使其保护措施切实有效。[1786]毕竟，《欧洲人权公约》赋予个人权利，而不是赋予国家权力。

在这种情况下，以一种或另一种方式执行协助请求的所有可预见后果都应该对被请求国产生影响。关于引渡问题，欧洲人权法院在 *Soering* 案中认为：

> 只要引渡措施对公约权利的享受产生不利影响，并假定后果不是太间接，就可以根据有关公约的保障来要求缔约国承担义务。[1787]

关于可能判处无期徒刑的引渡，欧洲人权委员会认为，决定性标准为是否有“释放可能性”。[1788]然而，欧洲人权法院似乎限制了一个国家对于另一个国家涉及不可克减权利方面的行为的责任。在 *Stapleton* 案中，在涉嫌的事实发生 30 年之后，针对某人发出了与此事实相关的欧洲逮捕令。欧洲人权法院裁定，这些情况并未带来实质性理由，认为 Stapleton 在英国

1784　ECtHR, 18 January 1978, *Ireland v. the United Kingdom*, Series A-25, par.239.

1785　见第三章第 3.1 节。

1786　ECtHR, 7 July 1989, *Soering v. the United Kingdom*, Series A-161, par.87. 另见欧洲委员会部长委员会向成员国提出的两项建议。1980 年 6 月 27 日关于《欧洲刑事司法互助公约》的实际应用的建议 R（80）8；1982 年 1 月 15 日关于起诉和惩治恐怖主义行为的国际合作的建议 R（82）1。

1787　ECtHR, 7 July 1989, *Soering v. the United Kingdom*, Series A-161, par.85. 如果后果相对间接，则被请求国不存在这种义务。ECtHR, 18 March 2014, *Habib Ignaov and others v. the United Kingdom*，Application 46706/08，par.57.

1788　ECtHR, 4 September 2014, *Trabelsi v. Belgium*, Application 140/10.

将面临公然否认其《欧洲人权公约》第 6 条规定的权利的真实风险。[1789] 存在一个对于缔约方将遵守其义务的推定。 476

此外，所涉权利的性质也起着作用。Stapleton 由于过度拖延而担心被不公正地审判。根据欧洲人权法院的说法，这并未使《欧洲人权公约》第 6 条下的刑事诉讼变得不公正。欧洲人权法院指出，由英国的法院来听取和判定 Stapleton 对涉嫌延误造成的不公平待遇的申诉会更为合适。但是，欧洲人权法院还指出，如果涉及的是《欧洲人权公约》第 2 条和第 3 条规定的不可克减权利，情况可能不同。[1790]

事实上，不到一年之后，类似的一个案件就出现在了欧洲人权法院。*M.S.S.* 的案例[1791]涉及一名阿富汗寻求庇护者，根据所谓的都柏林条例，[1792]其被从比利时驱逐到希腊。M.S.S. 申诉说，比利时本应当知道，希腊境内给予寻求庇护者的设施的条件相当于违反"欧洲人权公约"第 3 条的不人道和有辱人格的待遇。欧洲人权法院的大审判庭确实认为希腊违反了《欧洲人权公约》第 3 条。接下来它不得不处理比利时的立场，该国认为，作为都柏林条例的结果，审查申请人在希腊和阿富汗的担忧不是该国的任务。欧洲人权法院再次指出，一个绝对权利受到威胁，而且：

> 如果比利时当局认为接受国即希腊没有履行公约规定的义务，本可以避免转移申请人。因此，法院认为比利时当局采取的被置疑的措施并没有严格符合比利时的国际法律义务。因此，在本案中，对同等

1789 ECtHR, 4 May 2010, *Stapleton v. Ireland*, Application 56588/07.

1790 ECtHR, 4 May 2010, *Stapleton v. Ireland*, Application 56588/07，第 30 段："事实上，驱逐国对缔约国关于引渡、驱逐的责任的确有所提高，在某些程度上超出了上述 *Soering* 案判决中确定的责任［*T.I.* v. the United Kingdom（dec.），no. 43844 / 98，关于都柏林公约第 2000-III 号报告和 K.R.S. v. the United Kingdom，（dec.），no. 32733/08, 2 December 2008, 关于都柏林条例］。但是，这些案件涉及公约第 2 条和第 3 条规定的不可克减的权利。此外，这些案件是关于向另一个缔约国实施驱逐，同时有理由认为，他可能会在申诉未获得中介（缔约）国适当审查的情况下被送往第三个非缔约国（在那里他将面临相关风险），以及特别是没有适当的机会向欧洲法院提出申诉并要求采取临时措施。这不是目前案件中的情况：申请人最终移交的目的地是一个缔约国，即英国。"

1791 ECtHR, 21 January 2011, *M.S.S. v. Belgium and Greece*, Application 30696/09.

1792 Regulation 343/2003 of 18 February 2003 establishing the criteria and mechanisms for determining the Member State responsible for examining an asylum application lodged in one of the Member States by a third-country national, OJ 2003, L 50/1.

保护的推定不适用。[1793]

477 欧洲法院在几乎相同的案件中也采取了类似的立场。[1794]这些案例表明，成员国以相互承认为基础有进行合作的义务的事实，并不会改变缔约国在《欧洲人权公约》之下的任务和责任分工。不过，被危及的权利是否不可克减（《欧洲人权公约》第2条和第3条；《欧盟基本权利宪章》第2条和第4条）至关重要。[1795]在*Radu*的案件中，欧洲法院驳回了法律顾问Sharpston提出的将拒绝欧洲逮捕令的可能性扩展到绝对权利之外的建议："我建议适当的标准应该是，审判过程中的缺陷或多个缺陷应属于根本性的并足以摧毁其公正性。"[1796]欧洲法院还驳回了以国家宪法规则会给予个人更多保护为理由进行拒绝的建议。[1797]欧洲法院非常明确地指出，并非所有侵犯基本权利的行为都会影响到其他成员国的责任，并将其限制在不可克减的权利范围内。[1798]因此，合作可以导致对其他国家的行为负责。缔结《欧洲人权公约》的国家互相是"他们兄弟的守护者"。这一想法也反映在《欧洲刑警组织决定2009/371》第52条中，其最后一句如下：

> 一个成员国不得申辩另一个成员国或欧洲刑警组织传递了不准确的数据，来避免其根据其国家立法对被害人承担责任。

1793 ECtHR, 21 January 2011, *M.S.S. v. Belgium and Greece*, Application 30696/09，par.340.

1794 21 December 2011, Joined Cases C-411/10 and C-493/10, N.S.（C-411/10）v. Secretary of State for the Home Department and M.E.（C-493/10）, A.S.M., M.T., K.P., E.H., par.79.

1795 详见关于人权义务与相互承认的关系的第4.4节。

1796 Opinion of Advocate General Sharpston of 18 October 2012, Case C-396/11, Ciprian Vasile Radu , point 83. 另见第70点："框架决定第1条第3款明确指出，该决定不影响欧盟条约第6条（现在是修改后的TEU第6条）规定的尊重基本权利和基本原则的义务。我认为，遵守这些权利和原则的义务贯穿于本框架决定。隐含的是，这些权利可能在作出不执行令状的决定时被考虑在内。其他对于第1条第3款的解释会冒使其失去意义的风险——否则，可能是优雅的陈词滥调。"

1797 26 February 2013, Case C-399/11, Stefano Melloni v. Ministerio Fiscal, par. 55–64.《欧盟基本权利宪章》第53条不能解释为授权给一个执行机关赋予一个宪法条款优先于欧盟法之下的义务的地位。

1798 21 December 2011, Joined Cases C-411/10 and C-493/10，N.S.（C-411/10）v. Secretary of State for the Home Department and M.E.（C-493/10）,A.S.M.，M.T., K.P.，E.H., par.82 and par.106.

这确立了确保对公民的保障是一个共同努力的原则，不论是在良好时期还是不利时期。《欧洲人权公约》第 33 条也表达了这一点，该条确认他们可以针对对方就任何涉嫌违反《欧洲人权公约》的行为提出申诉。欧洲法院尚未有机会确定《欧盟基本权利宪章》是否对合作成员国违规行为的责任产生了额外影响。序言提到欧洲各国人民以“共同价值观”为基础的 478
“日益密切的联盟”，并将个人的权利置于该地区的背景之下。欧盟“通过建立欧盟的公民身份和创建一个自由、安全和公正的领域，将个人置于其活动的核心”。

欧盟为其公民提供权利的区域维度要求授予被告人维护自己权利的能力。虽然《欧洲刑事政策倡议书》认为被告人的立场是面临双重辩护的一个人，我认为这是成员国相互负责的一个辩护；合作在良好和不利时期继续进行。[1799]《欧洲刑事政策倡议书》中选择的对成员国责任的个体的方式化与本书中将公民权利个体化的方法形成了鲜明对比。

以同欧盟直接执法类似的方式，多边合作也引发了《欧洲人权公约》之下关于成员国的责任的问题。当成立了联合调查小组并出现对《欧洲人权公约》的违反行为时，哪个成员国来负责？当欧洲司法合作组织，欧洲公共检察官办公室或欧洲刑警组织涉嫌侵犯人权的时候，应该向哪个成员国提出申诉？即使没有直接的行动权力，《欧洲人权公约》第 8 条也很容易能适用于这些机构的活动，因为它们可能会进行涉及个人私人领域的调查，或利用敏感的隐私信息。[1800]

本章所讨论的各种形式的国际合作，关于哪个国家可以采取提出动议的问题可以在下一页所示的结构中进行总结。

提出国际合作动议的结构 479

1. 你能帮助我吗？
——交换信息；
——收集证据；
——冻结证据；

1799 European Criminal Policy Initiative, A Manifesto on European Criminal Procedure Law, Stockholms universitet 2014. 详见第十章第 13 节。

1800 另见第六章第 6.5 节和第八章。

——监督释放的条件；

——移交人员。

2. 你愿意转移 / 接受程序吗？

3. 你愿意转移 / 接受判断吗？

4. 你知道吗？

——自发的信息并在自动化系统中输入信息。

5. 紧急，我不能等你

——跨境监视和跨境追击

6. 我们可以一起做这件事吗？

——受控制地交付；

——秘密调查；

——联合调查队。

7. 无声合作

——通过邮件发送文件。

8. 自动合作

——申根信息系统和其他数据库。

9. 让我简单检查一下

——自动比较数据、可获得性原则。

第九章　多边合作和直接强制实施

1. 引　言

本章涉及欧洲一体化的犯罪调查、犯罪现象分析、行动权力和决策取 481
得最大进展的领域。它涵盖了欧盟及其成员国的各种形式的多边合作和直接执法。这些合作和执法的共同点是它们的做法是泛欧洲的，并且不一定或完全服务于特定成员国的利益。通过前一章讨论过的成员国执法当局之间的双边合作，这一过程中的不同角色可以轻松区分出来。一个成员国需要一些东西，而另一个成员国有能力就此提供协助。一个成员国启动国际合作并保持对这一进程的控制。

但是，多边合作并非如此。通常，不可能很容易地看到一个成员国是否正在以启动刑事诉讼程序为目的进行调查，还是正在向其他地方发生的刑事诉讼提供援助。在本国案件中的行动或替其他国家行动之间的区别变得越来越模糊。各国可能在一个阶段提供信息，在这个阶段，是否可能会带来刑事案件一点都不清楚，并且如果会，它将在哪一个成员国发生也不清楚。在犯罪事实已经足够清楚的情况下，多边合作的目的是澄清有关个人的角色，以及为作出起诉地点的决定提供可能性。成员国的有关代表对关于多边合作的事项做出决定。

本书迄今为止所讨论的所有合作形式和实施形式，以及本章第 2 节中将要讨论的多边合作都可以视为欧盟法律间接实施的例子。虽然欧盟制定了这些规范，但它仍将执行工作留给成员国。然而，这与直接强制执行不同，直接强制执行是指欧盟制定标准和规范，然后自行实施。

直接强制执行被定义为欧盟机构有权就起诉和 / 或判决作出决定的一 482
种强制实施。将要讨论的两种相关形式的直接强制执行机制是反不正当竞争法委员会和欧洲公共检察官办公室。在欧洲犯罪方面，反不正当竞争法委员会和欧洲公共检察官办公室并不代表成员国的利益，而是采取符合欧盟整体利益的决定。委员会和欧洲公共检察官办公室都与国家当局合作，但后者处于从属地位进行工作。决定在欧洲一级作出。

除反不正当竞争法之外，目前现有的多边合作形式都是相对较晚近出现的。“最古老的”是欧洲刑警组织，成立于1995年。从这个意义上说，过去20年来发生了革命性的发展。应该指出的是，在所有相关层级上都已经开展了多边合作：在警察一级、检察一级，甚至在法官和法院一级。

然而，大多数进展发生在警察一级，在这一级可以划分出三个子类别，第一种是以自动计算机化系统的形式进行合作。这里将讨论申根信息系统、海关信息系统和签证信息系统。多边合作的第二种形式是建立战略分析情报中心：欧洲刑警组织。第三种也是最近出现的形式是可采取行动的，在这种情况下，联合调查小组采取多边行动。在起诉层面，必须提及欧洲司法合作组织。最后，将讨论法官和法院的合作网络——欧洲司法网络。在不久的将来，可能会决定建立欧洲公共检察官办公室。

2. 多边合作

2.1 警察层面

2.1.1 自动计算机化系统

申根信息系统

《执行申根协议的公约》建立了申根信息系统（SIS）(《执行申根协议的公约》第92—119条）。这是一个联合信息系统，它使执法当局能够通过自动搜索程序获得以边境检查为目的的关于人员和财产的警报以及在该国境内进行的其他警察和海关检查（第92条）。只有负责此类检查的机构才有进入该系统的权限。SIS的目的是维护公共秩序和公共安全。

483 SIS可用于各种警报。第95条规定，应输入关于希望逮捕以引渡的人员的数据。第96条涉及以拒绝入境为目的的警报。第97条包含关于失踪人员的警报。第98条规定了为确定证人和司法当局在刑事诉讼中传唤的人的居住地或住所的警报，以责问他们被起诉的行为；或为了确定被送达刑事判决或进行报告的传唤的人的居住地或住所的警报，从而能够进行涉及剥夺自由的刑罚的服刑。根据第 99 条，可以输入人员和车辆数据，以进行谨慎的监视或具体检查。第 100 条涉及为扣押或在刑事诉讼中用作证据而寻求的对象的数据。第 100 条第 3 款限制输入某些类别的物品：机动车辆、拖车和大篷车、枪支、空白正式文件和所有可能已被偷走或遗失的身份证件以及已发行的钞票。

第 102—118 条涉及数据保护和安全保护规则。此外，这些条款还规定了如何插入警报以及如何修改警报。第 109—111 条规定了获取系统内人员数据的权利，以及更正或删除不正确或不准确的数据。纠正或删除数据的程序可以提交给每个国家的法院（第 111 条第 1 款）。[1801] 第 111 条第 2 款规定各国必须“相互执行第 1 款所述的法院或当局作出的最终决定”。

海关信息系统

海关信息系统是 1995 年由一项公约设立的，但现在由《关于以海关目的使用信息技术的决定 2009/917》进行管理。[1802] 这是一个为了海关方面的目的的联合自动化信息系统，旨在防止、调查和起诉严重违反特定国家法律的情形，依据这些法律海关行政管理部门有权处理（第 1 条第 2 款）。这些国内法与货物的流动有关，受到禁止、限制或控制措施的限制，特别是《欧盟运行条约》第 36 条和第 346 条所述措施，[1803] 根据《欧盟运行条约》 484
第 65 条进行的现金流动以及转移、转换、隐藏或伪装直接或间接通过非法国际毒品贩运获得的或用于非法国际毒品贩运的财产或所得收益或任何对于下列法律的侵犯行为。

（i）在适用成员国的法律、条例或行政规定时，该成员国的海关

1801 *van Straaten* 案产生于一个删除已经被 SIS 录入的数据的请求。28 September 2006, Case C-150/05, *van Straaten v. the Netherlands and Italy.*

1802 Convention of 26 July 1995 on the use of information technology for customs purposes, OJ 1995, C 316/34, *amended by Protocol of 12 March 1999 on the scope of the laundering of proceeds in the Convention on the use of information technology for customs purposes,* OJ 1999, C 91/2. 此外，2003 年 5 月 8 日的议定书进一步修订了海关使用信息技术的公约中关于建立海关文件识别数据库的内容，OJ2003，C139 / 2。截至 2011 年 5 月 27 日，所有这些文书已被决定 2009/917 所取代。

1803 在其叙文中，决定 2009/917 提到在欧盟外部边界对货物进行检查的三个理由：对公共健康、公共道德和公共安全的威胁。

当局具有部分或全部权限，这些权限关于受禁止、限制或控制措施约束的货物的跨境流通特别是欧共体条约第 30 条和第 296 条提及的措施以及未协调化的消费税；

（ii）欧共体关于成员国与第三国之间交易的货物进口、出口、过境和存在的条款和相关执行条款，以及当货物没有欧共体条约第 23 条意义上的共同体地位时，或为建立其共同体地位而受到额外控制或调查的货物在成员国之间的交易的条款和相关执行条款；

（iii）共同农业政策下共同体一级通过的条款以及对农产品加工产生的货物采取的具体规定；

（iv）共同体一级通过的统一的消费税和进口增值税的条款以及执行这些规定的国家条款或在此情况下会被使用的条款。[1804]

海关信息系统由一个中央数据库设施组成，可通过每个成员国的终端访问。它包含特定类别的数据，如商品、运输工具、商业、人员、欺诈趋势和专业知识的可获得性（第 3 条第 1 款）。所提供的数据可用于战略分析或行动分析。[1805] 第 5 条规定可以输入哪些建议的行动，例如发现和报告，
485 谨慎监视或具体检查。另外，第 6 条建议了可能会传输到供应国的信息。进入海关信息系统是海关当局专有的权限，并受到第 7 条规定的条件的限制。[1806] 欧洲刑警组织和欧洲司法合作组织都被授予了获取权（第 11 条和第 12 条）。

成员国、欧洲刑警组织和欧洲司法合作组织可以利用仅用于第 1 条第 2 款（第 8 条）所述目的而提取的数据。为了创造交换有关调查存在情况或正在进行或已完成的文件的可能性，建立了一个海关档案识别

1804 Decision 2009/917 on the use of information technology for customs purposes 第 2 条第 1 款。

1805 战略分析的定义可以在第 2 条第 5 款中找到："'战略分析'是指通过评估违反国内法的特定行动的威胁、规模和影响，来研究和介绍违反国家法律的总体趋势以确定优先事项，从而更好地了解现象或威胁，调整行动以防止和发现欺诈行为，并审查部门组织。只有识别因素被删除的数据才可以用于战略分析。"

1806 Regulation 515/97 on mutual assistance between the administrative authorities of the Member States and co-operation between the latter and the Commission to ensure the correct application of the law on customs and agricultural matters.

数据库（第 15—18 条）。[1807] 该数据库只有关于可能被判处剥夺自由十二个月或以上的违反行为，或罚款至少 15,000 欧元的违法行为（第 15 条第 3 款）。

对提供的数据进行修改只能由最初输入数据的成员国完成，其程序已在第 13 条中规定。数据保护在第 20 条至第 26 条中进行了规定，并受《关于数据保护的框架协议 2008/977》约束。应用获取信息的权利的个人可以通过每个成员国当局这样做（第 22 条）。更正或删除行为也是如此（第 23 条）。与《执行申根协议的公约》第 111 条第 2 款关于申根信息系统的规定类似，第 23 条第 2 款规定国家在涉及纠正和删除上，“相互执行由法院或当局作出的最终决定”。

签证信息系统

签证信息系统由 2004 年 6 月 8 日第 2004/512 号决定设立，并建立了成员国之间交换签证数据的系统。[1808] 签证信息系统的目的是改进共同签证政策的实施，并应有助于加强安全和打击恐怖主义。关于为预防、侦查和调查恐怖主义犯罪和其他严重刑事犯罪而由成员国指定机构和欧洲刑警组织获得查阅签证信息系统（VIS）权限的第 2008/633 号决定规定，该获取权限具有“一个需要了解的基础”。这意味着访问权限只能在合理的书面或电子请求之后才能获得（决议 2008/633 第 4 条）。《关于欧洲指纹数据库的条例 603/2013》中引入了欧洲指纹数据库系统，进一步扩大了其范围， 486
其目的是帮助确定某个成员国负责实施国际保护。关于欧洲指纹数据库的条例 603/2013 第 6 条、第 7 条、第 20 条和第 21 条，规定了成员国当局和欧洲刑警组织可以要求将指纹数据与欧洲指纹数据库系统中存储的指纹数据为执法目的进行比对。

2.1.2 欧洲刑警组织：战略分析的情报中心

作为欧洲刑警毒品部门的继任者，欧洲刑警组织于 1995 年成立，在

1807 See also Regulation 766/2008 of 9 July 2008 amending Regulation 515/97 on mutual assistance between the administrative authorities of the Member States and co-operation between the latter and the Commission to ensure the correct application of the law on customs and agricultural matters.

1808 OJ 2004，L 213/5.

海牙设有办事处。[1809]《欧洲刑警组织决定 2009/371》第 3 条规定了欧洲刑警组织的目标：

> 应当是支持和加强成员国主管当局的行动及其在预防和打击影响两个或两个以上成员国的有组织犯罪、恐怖主义和其他形式的严重犯罪方面的相互合作。

换句话说，欧洲刑警组织并不是为了处理本地或轻微犯罪而建立的，而是为了对泛欧犯罪行为的调查采取泛欧视角。《欧盟运行条约》第 88 条规定，条例可进一步确定欧洲刑警组织的结构、运作、行动领域和任务。[1810]

欧洲刑警组织有权限处理的犯罪的重要性体现在《欧洲刑警组织决定 2009/371》中，该决定在第 4 条第 1 款中规定，附件中所列有组织犯罪、恐怖主义和其他形式的严重犯罪应被视为具有国际性和严肃性。

《欧洲刑警组织决定 2009/371》第 4 条第 3 款涉及欧洲刑警组织也有权限的以下相关罪行：

> ——为了设法获得实施欧洲刑警组织有权限处理的犯罪行为的手段而犯下的刑事犯罪；
>
> ——为促进或实施欧洲刑警组织有权限处理的犯罪行为而犯下的刑事犯罪；
>
> ——为确保欧洲警察组织有权限处理的犯罪行为不受惩罚而犯下的刑事犯罪。

487 附件中定义了六项罪行，其他罪行只是提及。[1811] 所有欧洲刑警组织有

1809　截至 2010 年 1 月 1 日，对于公约及其议定书和其他补充性决定的替换依据《欧洲刑警组织决定 2009/371》生效。

1810　在本手稿完成时，没有任何类似的条例获得通过。

1811　附件：

欧洲刑警组织有权根据第 4 条第 1 款处理的其他形式的严重罪行清单：非法贩卖毒品、非法洗钱活动、与核物质和放射性物质有关的犯罪、非法移民偷渡、贩卖人口、机动车辆犯罪、谋杀、严重的身体伤害、人体器官和组织的非法贸易、绑架，非法拘禁和劫持人质、种族主义和仇外心理、有组织的抢劫、非法贩运文物包括古董和艺术品、诈骗和欺诈、敲诈勒索、假冒和产品盗版、伪造行政文件和对其的贩卖行为、伪造钱（转下页）

权限处理的犯罪行为都被列入框架决定中关于双重犯罪要求不适用的相互承认的罪行清单，尽管相互承认需要适用双重犯罪要求的罪行清单更长一些。[1812] 488

与相互承认的罪行清单不同的是，某些罪行的定义是参照某些将有关行为定为犯罪的国际或欧洲法律文书。[1813] 其理由可能在于，与成员国当局不同的是，欧洲刑警组织并未在一个定义了所述行为的国内刑事司法系统范围内开展工作。欧洲刑警组织没有类似的参照体系。

从这个角度来看，依据共同的有约束力的法律文书是一种安全机制。但是，它不能解决所有与解释有关的问题。随着《里斯本条约》生效，欧洲刑警组织有权限处理的罪行范围已扩大到影响两个或更多成员国的严重罪行、恐怖主义和影响欧盟政策所涵盖的共同利益的犯罪形式。[1814]

欧洲刑警组织负责人负责欧洲刑警组织的日常活动（第 38 条），并由管理委员会协助（第 37 条）。《欧盟运行条约》第 88 条规定欧洲议会和各国议会制定审议欧洲刑警组织活动的程序。

（接上页）币和支付手段、电脑犯罪、腐败、非法贩运武器，弹药和爆炸物、非法贩运濒临灭绝的动物物种、非法贩卖濒危植物物种和品种、环境犯罪、非法贩运激素物质和其他增长促进剂。就本决定而言，关于第 4 条第 1 款所列的犯罪形式："与核物质和放射性物质有关的犯罪"是指 1980 年 3 月 3 日在维也纳和纽约签署的关于《核材料实物保护公约》第 7 条第 1 款所列的刑事犯罪，并涉及 1996 年 5 月 13 日规定保护工人和公众健康免受电离辐射危害的基本安全标准的欧洲原子能共同体和理事会指令 96/29 / Euratom 第 197 条中定义的核物质和 / 或放射性材料；"非法移民偷渡"是指违反成员国适用的规则和条件故意为获得经济利益而协助他人进入、居住或在欧盟成员国境内工作的活动；"贩卖人口"是指通过威胁或使用武力或其他形式的强制手段、绑架、欺诈、欺骗、滥用权力或脆弱的地位，或为了剥削的目的而给予或接受付款或利益以取得对另一人有控制权的人的同意来进行招募、运输、转移、窝藏或接收人员。剥削应至少包括利用他人卖淫或其他形式的性剥削、制作、销售或分发儿童色情材料，强迫劳动或服务，奴役或类似奴役的做法，屈从地位或剥夺器官；"机动车辆犯罪"是指盗窃或挪用机动车辆、货车、半挂式卡车、卡车或半挂式卡车的拖车、公共汽车、摩托车、大篷车和农用车辆、工程车辆以及这些车辆的备用零件，以及接收和隐藏这些物品；"非法洗钱活动"是指 1990 年 11 月 8 日在斯特拉斯堡签署的欧洲理事会《关于洗钱、搜查、扣押和没收犯罪所得公约》第 6 条第 1—3 款所列的刑事犯罪；"非法贩毒"是指 1988 年 12 月 20 日禁止非法贩运麻醉药品和精神药物的联合国公约第 3 条第 1 款中列举的以及修改或替代该公约的条款列举的刑事犯罪。第 2 条和本附件所述的犯罪形式，应由所属成员国的国家主管当局根据其国内法进行评估。

1812　详见第八章第 4.1 节。

1813　另见决定 2008/633 第 2 条 b 项和 c 项。

1814　甚至在没有第 2 款中所述的条例的情形下，《欧盟运行条约》第 88 条第 1 款可以直接适用。

欧洲刑警组织的任务

《欧洲刑警组织决定 2009/371》第 5 条规定了欧洲刑警组织的主要任务，包括收集、存储、处理、分析及交换信息和情报。除其他任务外，它可协助成员国进行调查并准备与其目标有关的评估、战略分析和一般情况报告，包括有组织犯罪的威胁评估。它应毫不延迟地通知国家当局有关它们的信息以及发现的刑事犯罪之间的联系（第 5 条第 1 款），并通过向有关国家部门提供所有相关信息来向国内调查提供支持。

489 第 6 条规定，欧洲刑警组织的工作人员可以以支持的身份参加联合调查小组。[1815] 此外，它可以要求成员国对具体案件展开调查（第 7 条）。[1816] 欧洲刑警组织可要求成员国发起刑事调查（《欧盟运行条约》第 88 条第 2 款）。《欧洲刑警组织决定 2009/731》第 7 条规定成员国应适当考虑欧洲刑警组织的请求。欧洲刑警组织应当获得是否会启动所要求的调查的通知。

尽管该决定没有明确规定启动调查小组的义务，但从第 7 条第 3 款可以清楚看出，起草人不喜欢欧洲刑警组织的要求得不到遵守的可能性。如果一个成员国未能按请求行动，它必须说明理由，除非按请求行动会将国家安全利益或未决调查的利益置于危险之中。

它也需要维护三个包含数据的计算机化信息库。第 8 条第 4 款还委托欧洲刑警组织处理其他与相互帮助来改进专门知识和技术设备有关的任务，并协助培训国内警察机关成员。[1817]

为了提高效率，每个成员国都指定了一个国家部门，该部门将成为欧洲刑警组织与该成员国主管当局之间唯一的联络机构（第 8 条）。成员国可以允许指定的有权限的国家部门与欧洲刑警组织直接联络（第 8 条第 2 款）。但是，欧洲刑警组织的通信线路受到限制，欧洲刑警组织不会与国家主管当局联系，后者也不能与其联系。国家执法当局只与其国家部门联系。国家部门和欧洲刑警组织将互相提供信息并回应请求。第 8 条第 5 款

1815 详见本章第 2.1.3 节。

1816 成员国应对此请求进行适当考虑，并通知欧洲刑警组织任何后续行动。See Recommendation of 28 September 2000 to Member States in respect of requests made by Europol to initiate criminal investigations in specific cases, OJ 2000, C 289/8.

1817 2005 年 9 月 20 日，《关于建立欧洲警察学院（CEPOL）的决定 2005/681》废除了决定 2000/820，OJ 2005，L 256/63，进一步促进了欧洲高级警务人员的培训。欧洲警察学院在英国布林斯希尔设有办事处。

列举了国家部门可能拒绝在特定情况下提供信息和情报的三个理由。[1818]

在欧洲刑警组织位于海牙的办事处，每个国家部门的联络官代表着欧洲刑警组织中的国家部门的利益（第 9 条）。他们的任务是协助其国家部门与欧洲刑警组织之间的信息交流，并必须就信息交换的分析提供建议。 490
在履行任务所需的范围内，联络官可以访问三个信息系统。

欧洲刑警组织和成员国之间的沟通渠道是排他性的。如下图所示。

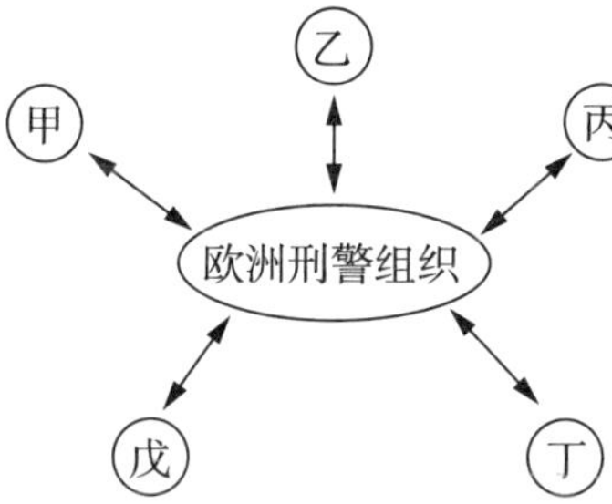

欧洲刑警组织和国家单位之间的通信线路

计算机化的信息收集系统

欧洲刑警组织建立了一个计算机化的信息收集系统，其中有三个组成部分：一个欧洲刑警组织信息系统、工作文件分析报告和一个索引函数（第 10 条）。[1819] 这需要一些进一步的解释。欧洲刑警组织信息系统是国家单位和联络官可直接输入数据并从中直接提取数据的系统（第 13 条）。另外，欧洲刑警组织可以输入第三国和机构提供的数据，并分析数据。

第 12 条定义了信息系统的内容。系统只能处理用于执行欧洲刑警组织任务的数据。这些数据可能涉及两类人员：被怀疑犯有欧洲刑警组织有权处理的刑事犯罪的人员，或根据国家法律有严肃理由认为他们即将犯下欧洲刑警组织有权处理的刑事罪行的人员（第 12 条第 1 款）。个人资料包括姓名、出生日期和地点、国籍、性别以及必要时可能有助于身份识别的其他特征，包括不会改变的特定身体特征。此外，信息系统可能包括与特定刑事犯罪有关的数据和 / 或不一定具有个人性质的杂项数据（第 12 条

1818　如果这意味着：1. 损害重要的安全利益；2. 危害当前调查的成功或个人的安全；3. 披露与国家安全领域的组织或具体情报活动有关的信息。

1819　See Decision of the Management Board of Europol of 4 June 2009 on the conditions related to the processing of data on the basis of Article 10（4）of the Europol Decision; OJ 2009 L 348/1.

第 3 款）。所有数据必须包含一个指引，即说明数据是由第三方提供的还是欧洲刑警组织自己分析的结果。

491 如上所述，并非所有成员国的主管警察或其他执法机构都有权访问欧洲刑警组织信息系统。第 13 条将访问权限制于经特别授权而能直接访问的国家单位、联络官、主任、副主任和欧洲刑警组织的工作人员。只有输入数据的国家单位才能修改、更正或删除这些数据。检索、输入和修改系统的责任都由检索、输入和修改的部门承担（第 13 条第 5 款）。

正是所含信息的敏感性阻止了欧洲刑警组织建立一个开放的系统。警察信息的自由流通可能会在运作方面带来太多风险。对于提交数据的警察部门来说，维持对这些数据的实际应用的控制是符合其利益的。在其他地方使用信息可能会警示参与犯罪活动的其他人，并将有可能成功的进一步调查置于危险之中。此外，意外使用信息可能会对卧底官员和证人的人身安全构成威胁。可获得性原则一定不适用于来自欧洲刑警组织的信息流。

即使在目前的有限访问制度下，还有另一个因素可以解释为什么欧洲刑警组织总体上不会获得尽可能多的信息。这与执法人员不情愿提供信息有关，因为这可能导致其他（外国）实体成功终止该行动的情况。当大多数调查工作在国内完成时，没有什么积极性去提供将导致在另一成员国扣押、逮捕和起诉的信息。这种现象，其确切程度无法确定，对有效执法极为不利。因此，欧洲刑警组织的潜力没有得到充分利用。

欧洲刑警组织的第二个系统由工作文件分析报告组成（第 14 条）。[1820] 这不仅汇集了第 12 条中提到的人员的数据，还汇集了可能在未来的刑事起诉中作为证人的人员、未来可能成为受害人的人员、联系人和同伙以及可能提供信息的人员。工作文件是为了分析而建立的。这可能会带来对某些类型犯罪的一般战略分析。只有分析人员有权向有关文件中输入数据并修改这些数据（第 14 条第 2 款）。

联络官接触工作文件的权限依据是需要了解原则（第 14 条第 5 款）。这意味着成员国的联络官员在被允许参与分析之前必须提供充分的理由。

1820 Decision 2009/936 of 30 November 2009 adopting the implementing rules for Europol analysis work files. OJ 2009, L 325/14，它提供了适用于第 14 条中提到的用于分析目的的数据处理进一步的规则。

联络官可能有兴趣，因为他的成员国提供了某些信息，或者因为这些信息与他的成员国有关。在这个背景之下，第 14 条第 6 款规定，提交信息的 492
成员国“应该是其敏感程度的唯一裁决者”。

任何传播或操作使用应与分析小组协商决定。第 14 条第 8 款允许欧洲刑警组织邀请第三国或第三机构的专家在某些特殊条件下参与分析小组的活动。该分析系统使欧洲刑警组织能够在欧盟和国际一级都发挥犯罪情报服务的作用。分析的目的在于采取行动措施。例如，欧洲刑警组织为某些有组织犯罪集团、网络犯罪、贩毒、非法移民等提供了具体和当前的威胁评估。[1821]

第三个系统是一个索引函数，它用作分析工作文件的索引。联络官员和国家部门可以访问，他们应该能够从索引描述中决定案件是否影响他们的国家。对索引函数的访问必须以这样一种方式来定义，即既可以建立连接又可以得出关于文件内容的进一步结论。但为什么可以自由访问索引函数，而不是直接访问工作文件？这背后的基本原理是防止成员国在本国将数据用于行动目的，从而能够起到如防止其他国家的嫌疑人受到警告的效果。因此，它提供了协调，并使欧洲刑警组织能够影响在哪个国家应当采取行动。有必要限制数据的输出，否则会停止新的数据流进入系统。没有哪个国家部门会愿意提供重要数据，当另一个成员国已经“毁掉”了它们而有巨大风险不再能够使用这些数据本身。欧洲司法合作组织是起诉平台，既可以做出行动决策，也可以解决问题。

信息处理

无论数据来自哪一个数据系统，成员国都可以使用这些数据来防止和打击欧洲刑警组织有权限处理的犯罪（第 19 条第 1 款）。欧洲刑警组织只能将这些数据用于执行任务。如果成员国或其他信息提供者规定了特定的限制条件，则必须遵守这些限制条件并将其传达给检索数据的人员。此类数据的使用只能在咨询后进行（第 19 条第 2 款和第 3 款）。此外，第 22 条和第 23 条赋予欧洲刑警组织在某些条件下向第三国和第三机构传达数据的权利。一个专门的决定规定了与第三国和组织交换个人数据和机密信息

1821　Europol Work Programme 2009, Council Document 27 March 2008, 7801/08, EUROPOL 32.

493 的规则。[1822]欧洲刑警组织可能在特定条件下处理从私人合作伙伴收到的数据（第 25 条）。

数据保护

第 17 条规定了欧洲刑警组织负有的通知义务。必须立即通知成员国任何关于这些成员国的信息以及刑事犯罪之间已确定的联系。所有数据检索必须经过验证（第 18 条）。第 35 条规定了一个数据安全标签，以防止未经授权的人访问系统。此外，更多细节规定在了一个决定文书中。[1823]

数据文件中的数据只能在需要执行欧洲刑警组织的任务时才由欧洲刑警组织持有。对需要将数据继续储存在数据文件中的必要性的审查将不得晚于数据输入后的三年进行（第 20 条第 1 款）。欧洲刑警组织的活动受到数据保护的标准的制约，通过欧洲委员会在自动处理个人信息方面保护个人的公约（第 27 条）。[1824]欧洲委员会的《数据保护公约》以及第 R（87）15 号建议书都主要关于自动处理的信息。[1825]

此外，《欧洲刑警组织决定 2009/371》还有自身关于数据保护的规定。它规定了一名数据保护官员，他的任务是以独立的方式确保本决定文书关于所有数据处理规定的合法性和遵守情况（第 28 条）。在欧洲刑警组织得到处理的数据的责任归于输入数据的成员国，以及当涉及由第三方通报的数据或分析结果的数据时责任归于欧洲刑警组织（第 29 条第 1 款）。[1826]

此外，第 40 条和第 41 条规定了酌处权和保密义务。这些适用于欧洲刑警组织和成员国，并在终止办公或离职后继续适用。

1822 Decision 2009/934 of 30 November 2009 adopting the implementing rules governing Europol's relations with partners, including the exchange of personal data and classified information, OJ 2009 L 325/6.

1823 Decision 2009/968 of 30 November 2009 adopting the rules on the confidentiality of Europol information, OJ 2009, L 332/17.

1824 Strasbourg, 28 January 1981, European Treaty Series 108.

1825 Recommendation of 17 September 1987 of the Committee of Ministers of the Council of Europe to Member States Regulating the Use of Personal Data in the Police Sector.

1826 《关于数据保护的指令 95/46》不适用于欧洲刑警组织。第 3 条第 2 款明确排除适用 TEU 第六章范围内的所有活动以及刑事领域的国家活动。《关于数据保护的框架决定 2008/977》填补了这一空白，它也适用于欧洲刑警组织。

对个人的有效救济措施

《欧洲刑警组织决定 2009/371》承认因不准确或未经授权处理个人数据而可能受到损害的个人的一些权利。根据申请，资料当事人必须提供涉及他个人信息的某些资料，包括有关资料来源和储存目的的信息（第 30 条）。他有权更正或删除欧洲刑警组织违反该决定的不正确或已收到或存储的所有数据（第 31 条）[1827]。最后，他可以向联合监督机构请求审查收集和输入个人数据，数据检索，处理和利用的可允许性（第 32 条和第 34 条）。此外，该决定还规定设立一个国内监督机构，其任务是独立监督成员国向欧洲刑警组织提交的数据的输入和检索（第 33 条）。 494

基本权利是知情权，在此基础上才能谈到其他权利。[1828] 个人如何知道欧洲刑警组织是否拥有关于他的任何数据？第 30 条规定的知情权的例外情况非常广泛。然而，无论这些例外多么有必要，它们使个人极难获得信息。第 12 条第 1 款 b 项授权欧洲刑警组织如果它预计某人将来会犯下刑事罪行，则可以存储和使用各种个人数据。这种期望必须基于："有关成员国的国内法律之下有事实表明或合理理由认为他们将犯下欧洲刑警组织有权处理的刑事犯罪"（第 12 条）。有人担心，欧洲刑警组织通常无法核实从第三部门获得的数据，特别是那些来自非成员国的数据是否准确、最新以及这些部门是否通过合法途径获得。此外，第三部门可能存在将数据传达给国家部门的危险，而这些部门又反过来将这些数据传达给欧洲刑警组织。这个清洗信息的过程可能会使个人的权利成为虚妄。

对信息的请求应向国家主管当局提出，由主管当局将其转发给欧洲刑警组织（第 30 条）。欧洲刑警组织必须在收到国家主管当局的请求后的三个月内提供全面的答复。目前还不清楚这是否意味着更正或删除的权力是相对于欧洲警察组织还是相对于国家主管当局的权力。在这方面，对于未经授权或不正确的数据处理的责任归于每个成员国是相当奇怪的（第 52 条）。[1829] 因此，赔偿请求不能针对欧洲刑警组织提出。造成损害的每个成员国应赔偿受害方，而不管损害是由另一个成员国还是由欧洲刑警组织所

1827　一个例子是，欧洲刑警组织留存了最终获得无罪释放的决定个人的信息。第 12 条第 5 款规定应删除有关该最终决定的数据。

1828　另见第八章第 6 节。

1829　这是否确定了《欧洲人权公约》之下的责任？详见第八章第 6.4 节。

495 致。第 54 条规定，欧洲刑警组织参加联合调查小组的责任将由损害发生的领土所属的成员国承担。

欧洲刑警组织工作人员和联络官作为法庭证人

第 41 条第 3 款对于在国内法院传唤欧洲刑警组织工作人员和联络官作证人方面规定了严格的限制。当他们收到传票时，他们必须提交给欧洲警察组织负责人。负责人甚至可能会同传唤他的工作人员的司法机构进行接洽，以便找到一种掩盖欧洲刑警组织的利益的方式。工作人员个人还须遵守其国家立法。如果他们自己的国家法律赋予他们拒绝提供证据的权利，他们只有在获得局长授权后才能拒绝提供证据。第 41 条第 3 款进一步指出：

> 只有在保护欧洲刑警组织或成员国或非成员国的需要更优先保护的利益时，才可以对拒绝提供证据作出许可。

欧洲刑警组织与第三国和第三机构的关系

根据第 23 条，欧洲刑警组织将同第三国和第三机构建立和保持合作关系从而进行信息交换。[1830] 为了调查、起诉和防止刑事犯罪并在所有与刑事事项有关的诉讼程序中进行信息交换。[1831] 欧洲刑警组织与第三国缔结了许多协议，[1832] 它的负责人被授权能够签署这些协议。一个协议对于支持欧洲刑警组织的联络官员非常重要。据了解，这些协议都没有在官方公报上发布。它们的结构各有不同，因此虽然与候选成员国以及挪威、冰岛和瑞士达成的协议几乎与《欧洲刑警组织决定 2009/371》相同，但与其他国家和机构的协议更具有有限的属性。由于它们不具有国家的地位，与其他机构

1830 See Decision 2009/935 of 30 November 2009 determining the list of third States and organisations with which Europol shall conclude agreements, OJ 2009, L 325/12.

1831 见 Agreement of 6 December 2001 between the United States of America and the European Police Office 第 5 条第 3 款。

1832 同以下国家：冰岛（2001 年）；挪威（2001 年）；瑞士（2001 年）；美利坚合众国（2001 年）和 2002 年 12 月 20 日美利坚合众国与欧洲刑警组织关于交换个人资料和相关信息的补充协议；哥伦比亚（2003 年）；土耳其（2003 年）；俄罗斯（2003 年）；阿尔巴尼亚（2006 年）；摩尔达维亚（2006 年）；马其顿（2006 年）。欧洲议会取消决定 2014/629，以在可能达成协议的国家名单上增加新的第三国的动议没有成功，见 10 September 2015, Case C-363/14, *European Parliament v. Council*。

的协议具有非常独特的性质。[1833]

在许多有关欧盟成员国间合作的法律文书中都规定了与欧洲刑警组织、 496
欧洲司法合作组织和欧洲司法网络的合作。有一个例子是关于各国国内分析中心对假币和硬币进行分析的结果的。[1834]第22条规定，欧洲刑警组织将与欧洲司法合作组织建立和保持密切合作，并考虑到避免重复工作的必要。[1835]

2.1.3 多侧面调查：联合调查小组

最早的多侧面行动合作是在《海关当局的互助公约》第24条中规定的，紧接着是《欧盟互助公约》第13条。该条款采取了联合调查小组的形式。[1836]团队由两个或两个以上国家的执法官员组成。它可以通过有关当局为特定目的和有限时间内有效的协议而设立，[1837]双方同意后可以延长。

关于设立联合调查小组的协议确定小组的组成。当一个成员国发现自己面临需要进行与其他成员国有联系的困难而苛刻的调查时，将设立此类小组。特别是恐怖主义犯罪可能为建立一个小组提供了一个很好的理由。[1838]另一个原因是一些成员国可能正在进行调查，而案件情况需要成员国采取协调一致的行动。欧洲刑警组织的官员、[1839]欧洲司法合作组织的官员、委员会
的代表（如欧洲反欺诈办公室）[1840]以及第三国的官员可以参加这些行动。[1841]例如， 497

1833 国际刑警组织（2001年）；世界海关组织（2002年）；欧洲中央银行，OJ 2002，C 23/9；联合国毒品和犯罪问题办公室（2003年）；欧洲司法合作组织（2003年）。

1834 Decision of 6 December 2001 on the protection of the euro against counterfeiting, OJ 2001, L 329/1.

1835 见《欧洲司法合作组织的决定2002/187》第26条中的镜像条款。

1836 《关于联合调查小组的框架决定2002/465》与《欧盟互助公约》第13条完全相同。通过框架决定的唯一理由是批准欧盟互助公约的进展缓慢。框架决定第5条规定，当欧盟互助公约对所有成员国生效时，它将停止生效。

1837 Council Recommendation of 8 May 2003 on a model agreement for setting up a joint investigation team（JIT），OJ 2003, C 121/1, 它旨在为 EU Mutual Assistance Convention 和 Framework Decision 2002/465 on Joint Investigation Teams 提供一个样板。

1838 Decision 2005/671 of 20 September 2005 on the exchange of information and co-operation concerning terrorist offences, OJ 2005, L 253/22.

1839 Europol Decision 2009/371 第6条。

1840 Stefan de Moor, The Difficulties of Joint Investigation Teams and the Possible Role of OLAF, Eucrim 2009, pp.94–98.

1841 欧盟与美利坚合众国之间相互提供法律协助协定第5条规定美国与一个或多个成员国之间建立联合调查小组。在2000年11月15日的《联合国打击跨国有组织犯罪公约》第19条和2001年11月8日的《欧洲刑事司法互助公约第二议定书》中也能看到。

欧洲刑警组织可能会通过提供其知识和专长，并通过进一步分析某些犯罪，对国家部门提供支持。欧洲刑警组织工作人员不得参与强制性措施的实施。就欧洲司法合作组织而言，它可能会建议有关成员国成立一个联合调查小组（《欧洲司法合作组织决定 2002/187》第 7 条）。

联合调查小组的组成人员可以非常多样，当然不限于警察。理事会建议在欧洲刑警组织的参与下设立多国临时工作小组，以收集和交流关于恐怖分子的信息。[1842]这些小组应具有灵活性，应由负责打击恐怖主义的国家主管当局的官员组成。《欧洲刑警组织决定 2009/371》第 6 条现在规定了这一主题。

负责人可以与其他当局就有关欧洲刑警组织参与联合调查小组的事项达成协议。欧洲刑警组织在现场行动中的缺席与其更具战略性和分析性的作用相一致。此外，欧洲刑警组织的工作人员被许可参与所有活动，并与联合调查小组的成员交流信息。欧洲刑警组织官员可能会在联合调查小组内共享信息，并可能在提供信息的成员国的同意下，以及由该成员国负责的情况下向计算机化系统添加数据。

联合调查小组的一大优点是，它会跨越参与的成员国的国界，这取决于小组运作的必要性。例如，如果它打算侦查的犯罪组织进行了转移，它可以从一个参与成员国转移到另一个成员国。至于应适用哪部法律以及哪个当局能领导联合调查小组的问题，公约规定适用属地原则。《欧盟互助公约》第 13 条第 3 款规定，领导者应该是该小组所在成员国的国民，并且该小组必须按照其所在成员国的法律从事行动（第 13 条第 3 款 b 项）。这就意味着，当小组从一个成员国转移到另一个成员国时，领导者和适用的国家法律都会发生变化。

在团队内部可以进行信息的自由交换，联合调查小组的不同成员可以根据其国家法律提出请求并从其国家主管部门获得信息。按照第 13 条第 10 款的规定，根据相互协助的规则不需要作出对信息和证据的请求，而且信息的使用受到特定条件的约束。如果小组中的成员不属于行动发生地成
498 员国的国民，当已经得到这两个国家当局的批准时可以受委托采取某些调查措施（第 13 条第 6 款）。

1842　Recommendation of 25 April 2002, Doc. 5715/6/02 of 22 April 2002.

2.2　公诉层面：欧洲司法合作组织

欧洲司法合作组织成立于2002年2月，[1843]是临时司法合作小组的继任组织。[1844]《欧洲司法合作组织决定 2002/187》第 2 条规定了欧洲司法合作组织由每个成员国借调的一名国民成员组成。该成员必须是检察官、法官或具有同等权限的警察。但实际上，大多数成员都是检察官。来自各国的国民成员及其副手必须在欧洲司法合作组织所在地设置他们的日常工作地点。欧洲司法合作组织决定第 3 条第 1 款列出了如下欧洲司法合作组织的目标：

——促进和改善成员国主管当局在调查和起诉方面的协调；

——加强成员国主管当局之间的合作，特别是通过便利化实施国际司法协助和执行引渡请求；[1845]

——在其他方面支持成员国的主管当局，以便使其调查和起诉更加有效。

在与非成员国达成协议的情况下，欧洲司法合作组织还可以协助非成员国的调查和起诉（《欧洲司法合作组织决定 2002/187》第 3 条第 2 款）。

第 4 条第 1 款确定了欧洲司法合作组织有权处理的罪行。其中包括欧洲刑警组织根据《欧洲刑警组织决定 2009/371》有权处理的犯罪以及与这些犯罪同时实施的其他犯罪。对于不属于任何前述类别的犯罪，欧洲司法合作组织根据成员国的要求获得权限（《欧洲司法合作组织决定 2002/187》第 4 条第 2 款）。《欧盟运行条约》第 85 条第 1 款进一步扩大了欧洲司法 499

1843 《欧洲司法合作组织决定 2002/187》。引用来自 2008 年 12 月 16 日《关于加强欧洲司法合作组织和修改〈设立欧洲司法合作组织，以加强打击严重犯罪的斗争的决定 2002/187〉的决定 2009/426》，该决定自 2009 年 6 月 4 日起生效。《欧盟运行条约》第 85 条规定了一项条例，该条例将确定欧洲司法合作组织的结构、运作、行动领域和任务。在本书完成时，上述条例应该取代《欧洲司法合作组织决定 2002/187》，但该条例尚未通过。《里斯本条约》附件中关于《欧盟运行条约》第 85 条第 1 款第 2 分项的第 27 号声明指出，条例在起草时“应考虑到与启动刑事调查有关的国家规则和惯例”。

1844 Decision 2000/799 of 14 December 2000 setting up a Provisional Judicial Cooperation Unit, OJ 2000，L 324/2. 随着 2002 年 3 月 6 日《欧洲司法合作组织决定 2002/187》的发布，临时司法合作部门不复存在。

1845 欧洲司法合作组织 2014 年的重点是为《关于欧洲逮捕令的框架决定 2002/584》的更快速应用做出贡献，参见 Eurojust Annual Report 2014, p. 53。

合作组织的权限，包括所有的：

> 根据成员国当局和欧洲刑警组织提供的资料和进行的调查行动，影响两个或两个以上成员国的严重犯罪或要求在共同基础上进行起诉的犯罪。

根据《关于管辖权冲突的框架决定 2009/948》第 12 条，争议可能被提交给欧洲司法合作组织，以便在成员国之间达成共识。

欧洲司法合作组织可能会以两种方式采取行动。第一种方式是通过一个或多个成员行事。欧洲司法合作组织可以向成员国主管当局提出所有类型的问题。它可能会请求开始调查或起诉，当另一个成员国可能更有利于起诉时请求成员国考虑，或成立联合调查小组并提供信息（《欧洲司法合作组织决定 2002/187》第 6 条）。第 6 条列出了欧洲司法合作组织可能采取的一系列举措，其目的是促进成员国的调查和合作，并强调了对起诉的协调。第 5 条 a 项规定了一种一周 7 天，一天 24 小时随时可以联系的随叫随到协调机制，以便在紧急情况下履行其任务。

欧洲司法合作组织行动的第二种方式是作为一个协会。欧洲司法合作组织协会由全体成员组成。一个或多个国民成员可以要求协会采取行动：（i）当案件涉及在欧盟层面产生影响的调查或起诉；（ii）可能会影响除直接有关的成员国以外的成员国；（iii）当涉及实现其目标的一般性问题；（iv）本决定另有规定时。

第 7 条涉及欧洲司法合作组织作为一个协会进行行动，这种情况下它能够履行原本可能由一个国内成员进行的任务。此外，根据欧洲刑警组织的分析，协会可能会需要欧洲刑警组织的协助。在两个或两个以上的国内成员不能就如何解决管辖权冲突达成一致的情况下，协会可以发布不具约束力的意见（第 7 条第 2 款）。第 7 条第 3 款规定，“反复拒绝或困难”可以向协会报告。协会随后可能会发表一份书面的无约束力的意见。第 8 条明确指出，原则上应遵守欧洲司法合作组织作为协会提出的要求。决定不这样做的成员国必须说明其原因。只有在遵守欧洲司法合作组织的要求会损害其基本利益或损害个人安全的情况下，成员国才可以提出操作行动上的理由。

与国家主管部门和欧盟委员会的联系

欧洲司法合作组织与成员国之间的联络完全是通过其国民成员进行的（第 9 条第 2 款和第 13 条）。第 9 条还规定，国民成员具有获得国内法律规定之下的犯罪记录和其他信息的同样权限。这意味着该国民成员不需要向他自己的成员国请求互助。《欧洲司法合作组织决定 2009/426》加入的第 9 a 条至第 9f 条扩大了国民成员的权力。实质上，这些规定赋予国民成员接受、传输、促进、跟进和发布司法合作请求的权利。国民成员在司法合作方面拥有的权限范围由国内法律确定。他们还可以命令在其所属成员国采取由欧洲司法合作组织安排的协调会议（《欧洲司法合作组织决定 2002/187》第 9 c 条）认为必要的调查措施。第 9 f 条赋予国民成员参加联合调查小组的权利。获取个人数据的权限仅能由国民成员、副手和助手享有（第 18 条）。 500

第 11 条有些含糊地确定委员会要与欧洲司法合作组织的工作充分联系在一起。该决定规定，此联系的法律基础应当在《欧盟条约（前里斯本条约）》第 36 条第 2 款中找到。此外，委员会可能会被邀请提供其专业知识，而第 12 条的规定创建了欧洲司法合作组织的国内协调系统。每个成员国应指定一名或多名国家通讯员。《欧洲司法合作组织决定 2009/426》添加的第 12 条要求成员国建立国内协调体系。该决定并未明确说明这样的系统应该是什么样子。但是，它必须协调第 12 条第 2 款中提到的各国通讯员的工作。欧洲司法合作组织的国内协调体系应当尤为有助于第 16 条中规定的案件管理系统（第 12 条第 5 款）。

第 13 条对成员国之间以及国民成员之间的信息交流作出规定。第 5 款、第 6 款和第 7 款规定成员国有义务让其国民成员了解特定情况，例如设立一个联合调查小组。《欧洲司法合作组织决定 2009/426》的附件列出了在这些情形中必须传送的最少量的信息类型。

第 13 条第 7 款赋予欧洲司法合作组织在发生管辖权冲突时提供意见的任务。为了协助这项任务，2003 年通过了指导意见。[1846] 指导意见对如何解决冲突给出了一般性说明。目标是防止两起调查或起诉同时发生，并尽早这样预防。实际上，它们没有提出适用于所有情况的蓝图，而是提出了一系列在确定起诉个案的最佳地点时应该给予的重视因素。这些因素与损害 501

1846 确定“哪个管辖区应该起诉？”的指导意见，Eurojust Annual Report 2003, pp. 60–66。

发生的地点、需要多少合作以及会带来多重负担（对于被告人以及国家而言）、被害人的利益如何得到最好的保证，以及如何减少证据问题有关。

第 14 条授权欧洲司法合作组织处理根据成员国的国家立法属于欧洲司法合作组织主管的犯罪调查或起诉的对象的个人资料。第 15 条规定了对数据处理的特定限制。第 16—16b 条涉及案件管理系统。该系统旨在支持调查和起诉的管理和协调。它还有助于获得有关正在进行的调查和起诉的信息，以及合法性的监督和对有关处理个人数据的规定的遵守。该系统由临时工作文件和包含个人和非个人数据的索引组成。为了协助欧洲司法合作组织遵守数据保护规定，规定了数据保护官员的任命（第 17 条）。该索引包含对临时工作文件的引用。对案件管理系统中的个人资料的访问权限是受到限制的（第 18 条）。第 21 条规定了个人资料存储的时限。欧洲司法合作组织的决定文书规定设立一个联合监督机构来监督欧洲司法合作组织关于个人数据的活动（第 23 条）。[1847]

第 25a 条规定，欧洲司法合作组织与欧洲司法网络应保持优先的特殊关系。欧洲司法合作组织将与欧洲刑警组织、[1848] 欧洲反欺诈办公室和其他机构保持密切合作（《欧洲司法合作组织决定 2002/187》第 26 条第 1 款）。[1849] 这样做的其中一个原因是为了避免重复工作。它也“基于磋商和互补性”与欧洲司法网络保持了联系。欧洲司法合作组织可能会与这些机构达成协议。它可以直接接收和使用包括个人数据在内的信息。

第 4 款和第 5 款具体涉及欧洲反欺诈办公室，这可能有助于欧洲司法合作组织的工作，以便协调有关保护财政利益的调查和起诉程序。第 26a 条还要求欧洲司法合作组织与国际组织和机构以及第三国交换信
502 息。[1850] 第 27a 条提出了将联络官员外派第三国的可能性。第 27b 条允许在

1847 Act of the Joint Supervisory Body of Eurojust of 2 March 2004 laying down its rules of procedure, OJ 2004，C 86/1.

1848 欧洲司法合作组织与欧洲刑警组织于 2009 年 10 月 1 日签署了一项协议，其目的是建立并保持密切的合作关系，以提高它们在打击严重形式的国际犯罪方面的效率并避免重复工作。该协议尚未在官方公报中公布。

1849 2004 年 6 月 9 日达成了这方面的协议。Practical Agreement on arrangements of cooperation between Eurojust and OLAF, Council Document 9346/08, 14 May 2008.

1850 与冰岛（2005 年）、罗马尼亚（2005 年）、挪威（2006 年）、美国（2006 年）、克罗地亚（2007 年）有协议。Agreement between Eurojust and Switzerland, Council Document 9345/08, 14 May 2008.

影响两个或两个以上成员国的情况下，协调执行第三国发出的司法合作请求。

《欧洲司法合作组织决定 2002/187》第 19 条赋予每个人查阅欧洲司法合作组织处理过的与他有关的所有个人资料的权利。第 20 条规定，每个人都有权要求欧洲司法合作组织纠正、阻止或删除与他有关的数据。访问、更正和删除都受到若干拒绝理由的限制，包括访问可能会危及欧洲司法合作组织正在协助的任何国家调查。与本章讨论的其他合作模式一样，这里的基本问题是：个人如何能知道欧洲司法合作组织是否有关于他的数据？

在向理事会和议会提交的年度报告中，欧洲司法合作组织必须报告其活动以及欧盟内部的任何刑事政策问题。它也可能提出改善刑事司法合作的建议（第 32 条）。此外，《欧盟运行条约》第 85 条规定了国家议会在评估欧洲司法合作组织活动方面的作用。

欧洲司法合作组织的成立给国际合作带来的改善是双重的。首先，它在检察起诉一级为传送和执行国际援助请求提供了实际协助。其次，它创建了一个议事场所，在这个议事场所中可以就检察起诉的最佳地点作出决定。欧洲司法合作组织没有正式的权限来决定涉及多个司法管辖区的事宜。然而，在国际合作方面具有专长的相关成员国的检察官可以就某一具体案件进行磋商这一事实实际上具有极其重要的意义。这个永久性结构应有助于防止管辖权冲突、多重起诉以及解决与一罪不二审相关的问题。[1851]

2.3　司法层面：欧洲司法网络

欧洲司法网络是在 1998 年根据一份联合行动文书创立的。[1852] 从 2008 年 12 月 24 日起，该文书被《关于欧洲司法网络的决定 2008/976》取代。它由司法联络点和负责国际司法合作的中央机关组成。每个成员国任命一名国家通讯员和一名欧洲司法网络的“傀儡”通讯员（决定 2008/976 第 2 条）。委员会可以为属于其职权范围的那些领域指定一个联络点。决定 2008/976 503
第 3 条规定，该网络尤其应通过以下方式运作：

1851　参见第五章第 3.2.9 节。

1852　Joint Action 98/428 on the European Judicial Network.

——促进在成员国中适当联络点的建立；
——组织成员国代表的定期会议；
——提供最新的背景信息。

当欧洲司法网络履行促进司法合作的任务时，联络点充当中间人。它们不仅应该能被本国的地方司法当局联系到，还应能被其他成员国和地方司法当局的联络点联系到（决定 2008/976 第 4 条）。这些联络点旨在为所有成员国提供必要的法律和实际信息，以便有效地提出合作请求，并改善总体上的司法合作。

国家通讯员应在其成员国负责与网络内部运作有关的问题以及协调对信息的请求及其国家主管部门发布的答复（决定 2008/976 第 4 条第 4 款）。傀儡通讯员负责欧洲司法网络内与其所属成员国有关的信息的内容和更新（决定第 4 条第 5 款、第 7 条和第 8 条）。

根据第 5 条，欧洲司法网络会议的目的是让网络的各个部分相互了解和交流经验，并未在司法合作的背景下讨论实际问题和法律问题提供议事场所。除全体会议外，国家通讯员和傀儡通讯员可以临时召开会议（决定 2008/976 第 6 条）。

根据决定2008/976第7条，欧洲司法网络内部提供的信息包括以下内容：

——联络点的详细资料；
——信息技术工具，从而可以识别每个成员国的有权限的主管当局接受和执行司法合作请求；
——关于成员国司法和程序制度的简明法律和实用信息；
——有关法律文书的文本。

504 在一些法律文书中，欧洲司法网络被当作一个促进司法协助请求的机构被提及。[1853]

决定 2008/976 第 10 条规定，欧洲司法网络和欧洲司法合作组织“应

1853 已废止的 Joint Action 98/699 on Money Laundering 第 2 条，Decision 2003/335 of 8 May 2003 on the investigation and prosecution of genocide, crimes against humanity and war crimes, OJ 2003, L 118/12 第 5 条。

在磋商和互补的基础上保持彼此的特殊关系”。这意味着欧洲司法合作组织将获得集中化的信息并可利用安全的电子通信连接。此外，欧洲司法合作组织将获得相关案件的通知，并可被邀请参加欧洲司法网络会议。在其两年一次的报告中，欧洲司法网络可能会指出任何刑事政策问题，并可能提出改善刑事司法合作的建议（第 13 条第 2 款）。

2.4　对海盗行为的共同预防

《关于海盗行为的联合行动文件 2008/851》创造了一种新的合作形式，其中军事合作与打击海盗行为交织在一起。由于索马里沿海海盗行为的持续威胁，联合国安理会授权欧盟采取海军行动。《关于海盗行为的联合行动文件 2008/851》第 2 条 d 项和 e 项描述了刑事法领域的任务：

> （d）采取包括使用武力在内的必要措施，遏制、防止和干预，以结束在其所在地区可能发生的海盗行为和持械抢劫行为；
>
> （e）鉴于有关国家可能根据第 12 条的条件进行起诉、逮捕、拘留和转移在其所在地区犯下或涉嫌实施海盗行为或持械抢劫行为的人，并扣押海盗或武装劫匪的船只或被海盗抢劫劫持的船只以及在海盗手中的船只、船上货物。[1854]

在任何有关船只上，欧盟军事人员在场的条件应与相关船旗国达成一致（《关于海盗行为的联合行动文件 2008/851》第 13 条）。第 12 条第 1 款进一步规定了为了起诉而被逮捕和被拘留人员的移交规则。人员将被转移到：

——成员国或第三国的主管当局； 505
——将船舶俘虏的船旗国的主管当局；
——成员国的主管当局或希望行使管辖权的第三国。

关于与第三国的关系，有其他两个相关条款。第 10 条规定第三国可以参与该项行动，并且在此意义上可以达成这样的协议，包括转移的条件。第 12 条第 2 款进一步规定，向第三国的转移必须充分遵守人权保障。

1854　OJ 2008，L 301/33.

3. 直接执法

3.1 反不正当竞争法

反不正当竞争法是欧盟目前拥有直接执法权力的唯一领域。反不正当竞争法起源于最开始的欧洲共同体的内部市场。[1855]反不正当竞争法的实体法非常明白易懂。《欧盟运行条约》第 101 条和第 102 条明确规定了两项禁令：第 101 条禁止价格协议，第 102 条禁止垄断和滥用支配地位。《关于反不正当竞争法的条例 1/2003》进一步落实了这两项条约规定中规定的反不正当竞争规则。[1856]

《关于反不正当竞争法的条例 1/2003》规定了一种分散执法制度。欧盟委员会和国家竞争管理机构的任务是直接执行和适用《欧盟运行条约》第 101 条和第 102 条。欧盟委员会通过接到投诉行动或主动采取行动，可能会发现存在对反不正当竞争规则的违反，并可能施加行为上的和结构性的补救措施（《关于反不正当竞争法的条例 1/2003》第 7 条）。此外，在紧急情况下，欧盟委员会可以下令采取临时措施（《关于反不正当竞争法的条例 1/2003》第 8 条）。

506 欧盟委员会的调查权限将在《关于反不正当竞争法的条例 1/2003》的第五章中规定（第 17—22 条）。第 18 条第 1 款规定企业和企业协会有义务提供欧盟委员会要求的所有必要信息。不遵守这一义务可能会受到第 23 条和第 24 条规定的处罚。欧盟委员会可以与任何同意接受询问的自然人和法人进行面谈以收集信息（《关于反不正当竞争法的条例 1/2003》第 19 条第 1 款）。第 20 条规定了欧盟委员会的检查权。经欧盟委员会授权进行检查的官员有权：

1855 Alison Jones and Brenda Sufrin，EU Competition Law，4 th edition，Oxford University Press 2011，and Paul Lugard（ed.）The International Competition Network at Ten，Origins，Accomplishments and Aspirations，Intersentia 2011.

1856 《关于反不正当竞争法的条例 1/2003》废除了以前的条例 17/62。似乎该草案以及欧洲法院仅在条例通过几个月之前于 *Roquette Frères* 案中作出的判决已经相互影响。22 October 2002, Case C-94/00, *Roquette Frères SA v. Directeur général de la concurrence, de la consommation et de la répression des frauds, and the Commission.* 委员会在向欧洲议会和理事会的信函的附加工作文件中报告了条例 1/2003 头五年的执行情况，Brussels, 29.4.2009, COM（2009）206 final。

> a. 进入企业和企业协会的任何场所、土地和交通工具；b. 无论存储媒介是什么，都要检查与商业有关的账簿和其他记录；c. 以任何形式取得或获得此类账簿或记录的复印件或摘录；d. 在该期间和检查所需的范围内封存任何营业场所和账簿或记录；e. 要求企业或企业协会的任何代表或工作人员对与检查标的和事由有关的事实或文件作出解释，并记录答案。

在处罚的威慑下，企业必须接受检查并为提出的任何问题提供答案。

此外，欧盟法的一般原则可能具有影响力。被告没有义务自证其罪。欧洲法院认为，企业根据反不正当竞争法规定必须提供的任何信息只能用于提供该信息的背景中：

> 请求提供信息的目的不是提供证据供成员国在国内法管辖的诉讼中使用。[1857]

欧盟委员会通过自己的调查员收集的信息可以用于国内的程序。[1858]

如果欧盟委员会在检查中遭到企业的反对，它可以要求检查所发生的领土所属成员国当局提供来自警方或同等有权机关的适当协助（第 20 条第 6 款）。国家司法主管部门将控制设想的强制性措施的相称性（第 20 条第 8 款）。欧洲法院认为，成员国当局和欧盟委员会都负有真诚合作的相互义务，欧洲法院认为这种合作尤其重要。[1859] 507

如果有合理理由怀疑与违禁行为有关的账簿或其他记录存放在那里，则可以检查企业的经营场所以外的其他场所。根据第 21 条第 1 款，这可能涉及：

> 任何其他场所、土地和运输工具，包括有关企业或协会的董事、经理和其他工作人员的家。

1857　16 July 1992, Case C-67/91, *Dirección General de Defensa de la Competencia and eight Spanish banks*, par. 33.

1858　23 November 1995, Case C-476/93 P, *Nutral SpA v. Commission*, par. 20–22.

1859　22 October 2002, Case C-94/00, *Roquette Frères SA v. Directeur général de la concurrence, de la consommation et de la répression des fraudes and the Commission*，par.31 and par.32.

这种检查权力依据国家主管司法当局的事先授权（第 21 条第 3 款）。同样地，司法当局可能会测试其相称性，但可能不会质疑检查本身的必要性。欧洲法院裁定，国家法院可以审查欧盟委员会要求的强制性措施是不是武断的，是否与调查的主题相称，以及国家法院可以审查欧盟委员会调查命令的必要性。[1860] 根据第 17 条至第 22 条收集的所有信息仅可用于获得它们的目的（第 28 条第 1 款）。检查仅限于授予的范围。虽然欧洲法院接受可以使用在寻找其他违规行为的证据时偶然发现的信息作为新违法行为的证据，但欧盟委员会不得查找与没有获得检查许可的决定的违法行为的证据："如果该决定的理由说明限定了授予欧盟委员会代理机构的权力，则只能对检查主题范围内的文件进行检查。"[1861]

第 22 条授权各国竞争主管机构，应其他成员国或委员会的竞争主管机关的请求，在其本国领土进行任何检查或根据本国法律进行的任何寻找事实的调查措施。《关于反不正当竞争法的条例 1/2003》第 11 条包含与欧盟委员会和国家竞争管理当局合作的一般性的相互义务。这包括传送文件、证据和其他信息（第 11 条和第 12 条）。第 15 条规定了与国家法院的合作。法院可以要求欧盟委员会提交它掌握的任何信息，而且竞争主管部门可以向国内法院提交涉及《欧盟运行条约》第 101 条和第 102 条适用的书面意见。此外，欧洲法院认为，欧盟委员会可以主动向处于这些程序中的国家
508 法院提交书面意见。[1862] 第 16 条规定，国家法院的裁决不得违背欧盟委员会的决定。

第 13 条涉及多重程序，并规定如果两个或两个以上成员国的竞争主管部门已收到投诉或正在主动采取行动，则一个主管当局正在处理此案的事实为其他主管当局提供了暂停其程序的充分理由。欧盟委员会也可以基于这种理由驳回投诉。第 11 条第 6 款申明了欧盟委员会的首要地位。欧盟委员会对程序的启动消除了成员国竞争主管机构依据第 101 条和第 102

1860 22 October 2002, Case C-94/00, *Roquette Frères SA v. Directeur général de la concurrence, de la consommation et de la répression des fraudes and the Commission*, par. 34–40.

1861 18 June 2015, Case C-583/13 P, *Deutsche Bahn AG and others v. Commission*, par.60.

1862 11 June 2009, Case C-429/07, *Inspecteur van de Belastingdienst v. X.BV.* 同样，国家竞争管理机构可能被指定参加在国内法院提起的诉讼，以反对当局自己采取的决定。7 December 2010, Case C-439/08, *Vlaamse federatie van verenigingen van Brood-en Banketbakkers, IJsbereiders en Chocoladebewerkers*（*VEBIC*）*VZW, intervening parties: Raad voor de Mededinging, Minister van Economie*, par.63.

条的权限。如果国家主管部门已在处理一个案件，欧盟委员会只能在与该主管部门协商后启动程序。为了便利化这种情况，一个由国家竞争主管部门和欧盟委员会组成的非正式的竞争管理局网络已经建立。[1863]

欧盟委员会制定了分配标准，以找到最适合处理案件的有权机构。实质联系由三个要素组成：（i）这种做法对成员国领土有实质性的直接影响；（ii）地方当局可以有效地制止整个违法行为；（iii）地方当局可以收集所需的证据。[1864] 如果一个或几个协议或做法对三个以上的成员国的竞争产生影响，欧盟委员会就处于非常合适进行处理的地位。[1865]

在欧盟委员会就是否存在违法问题作出决定之前，企业将有获得意见听取的机会（第 27 条）。"委员会只能根据当事方能够评论的反对意见作出决定"这一要求在程序上具有重要意义。第 27 条第 2 款规定，在诉讼程序中应充分尊重辩护的权利。第 27 条还规定了对获得文件和披露文件的义务，尽管内部文件存在特定的例外情况。除有关企业外，欧盟委员会还可以听取其他自然人或法人的意见（第 27 条第 3 款）。

《关于反不正当竞争法的条例 1/2003》第 23 条规定了对各种违法行 509
为的处罚。欧盟委员会有权自行作出所有的罚款决定。第 23 条第 1 款涉及对若干义务的违反。这些包括向欧盟委员会提供（正确）信息的义务以及许可其官员进入企业的场所的义务。第 23 条第 2 款规定了对违反《欧盟运行条约》第 101 条和第 102 条关于核心反不正当竞争法义务的规定的处罚。第 24 条赋予欧盟委员会施加定期支付的罚款的权限。

第 25 条规定，在违反关于获得信息或进行检查的规定的情况下，进行处罚的追诉时效期限为三年。对于所有其他的违法行为，时效期限为五年。第 25 条进一步提到了一些具有中断时效效果的行为。所有决定的执行时效期限为五年（第 26 条）。欧洲法院拥有无限的管辖权来审查欧盟委员会确定数额的罚款或定期罚款的决定。此外，它可以取消、减少或增加

1863 Commission Notice on cooperation within the Network of Competition Authorities, OJ 2004, C 101/43 and Joint Statement of the Council and the Commission on the functioning of the network of competition authorities, Council Document, 10 December 2002, 15435/02, Add. 1.

1864 Commission Notice on co-operation within the Network of Competition Authorities, OJ 2004, C 101/43, par. 8.

1865 Commission Notice on co-operation within the Network of Competition Authorities, OJ 2004, C 101/43, par. 11.

罚款或定期罚款（第 31 条）。

第 23 条第 5 款规定："根据第 1 款和第 2 款作出的决定不应具有刑事性质。"《关于反不正当竞争法的条例 1/2003》序言部分第 8 段规定：

> 此外，本条例不适用于对自然人实施刑事制裁的国家法律，除非这种制裁是实施反不正当竞争规则的手段。

尽管如此，欧洲人权法院在对《欧洲人权公约》第 6 条的一个解释里实际上已将反不正当竞争法归类为刑法。[1866]

总之，反不正当竞争法在欧盟一级规定了一个微型刑事司法系统。存在欧盟范围内适用的实体法（《欧盟运行条约》第 101 条和第 102 条）。存在一个进行调查的主管当局（欧盟委员会），它遵循共同的程序规则（《关于反不正当竞争法的条例 1/2003》）。欧盟委员会可以施加罚款，而针对该决定可以向欧洲法院提出上诉。相关的国家当局和欧盟委员会有管辖权，两者都适用同样的实体法，但国家当局当然也会遵守可适用的国家立法。《关于反不正当竞争法的条例 1/2003》规定了欧盟委员会管辖权的首要地位。

目前的反不正当竞争法体系与成员国的刑事司法体系有所不同。特别是在成员国的刑事司法系统中，至少在涉及性质严重会招致重大的罚款的
510 犯罪方面不存在调查员、检察官和一审法官的组合。许多国家为公诉提供类似的职能的集聚。这可能导致施加庭外和解或以庭外和解结案。但是，这些程序通常适用于较轻微的案件。

3.2　欧洲公共检察官办公室

即使《里斯本条约》得到了批准，欧洲司法合作组织也不会立即建立欧洲公共检察官办公室。[1867] 建立欧洲公共检察官办公室要求同时建立一个新的刑事司法系统。不幸的是，《欧盟运行条约》第 86 条对欧洲公共检察

1866　详见关于将反不正当竞争法划入刑事法范围的内容，第一章和第五章第 4.1 节。

1867　更多相关内容参见：Martijn Zwiers，The European Public Prosecutor's Office，An Analysis of a Multilevel Criminal Justice System，Dissertation Maastricht 2011，以及 Council Document 17625/10 of 9 December 2010, Eurojust and the Lisbon Treaty: Towards more effective action, Conclusions of the strategic seminar organised by Eurojust and the Belgian Presidency（Bruges, 20–22 September 2010）.

官办公室可能做和不可能做的事情没有详细规定。今后的条例还有很多需要说明的地方。第86条中规定的最早的事情之一是将建立一个混合系统。尽管欧洲公共检察官办公室将牵头并决定是否起诉，但它必须将案件交给成员国以进行起诉。程序将在国家刑事法院进行。这意味着国家法院与欧洲公共检察官办公室之间的关系必须得到规范。欧洲公共检察官办公室会自行提起公诉吗？国家法院是否有权重新考虑或修改起诉书？

欧盟委员会于2013年7月根据《欧盟运行条约》第86条提出的关于欧洲公共检察官办公室的立法提案中解决了一些问题。[1868] 自那时起，随着成员国和欧盟委员会之间的谈判，进行了许多修正。本节是关于本书印刷前可用的最新版本。[1869] 接下来，草拟了2015年6月提案的标题，并与委员会的初步提案进行了一些比较。此外，还作出了一些分析性评论。在其 511
2013年的草案中，委员会跟进了先前的尝试。2001年，在欧盟委员会要求一组专家就刑法中关于欧盟经济利益的保护起草若干指导原则之后，欧盟委员会提交了一份关于检察官的绿皮书。[1870] 这导致法律大全的出版，其中引入了旨在保护欧盟财政利益的规定。[1871]

2015年6月的提案第4条规定了欧洲公共检察官办公室的任务如下：“欧洲公共检察官办公室应负责调查、起诉和判决影响本联盟财政利益的犯罪行为人和共犯（指令2015 / xx / EU中规定并由本条例确定）。在这方面，欧洲公共检察官办公室应进行调查，进行起诉和在成员国的主管法院行使

1868 Commission Document（2013）533, Communication from the Commission to the European Parliament, the Council, the European Economic and Social Committee and the Committee of the Regions. 改进欧盟反欺诈局的治理并加强调查中的程序保障措施：伴随欧洲公共检察官办公室设立的循序渐进的方法。对欧盟委员会提案的描述和分析借用了 Marta Pawlik and André Klip, A Disappointing First Draft for a European Public Prosecutor's Office, in: L.H.Erkelens, A.W.H.Meij and M.Pawlik（eds.）, The European Public Prosecutor's Office, Asser Press 2015, 第183—194页。

1869 Council Document, Interinstitutional File: 2013/0255（APP）, Proposal for a Regulation on the establishment of the European Public Prosecutor's Office, Brussels, 11 June 2015（OR. en）7877/3/15 REV 3 EPPO 24 EUROJUST 74 CATS 45 FIN 267 COPEN 89 GAF 9, hereafter: the June 2015 Proposal.

1870 COM（2001）715, 11 December 2001.

1871 M.Delmas-Marty and J.A.E.Vervaele，The Implementation of the Corpus Juris in the Member States，Intersentia，2000.

检察官的职能，直至案件最终得到处理。”[1872]

第 5 条提到管理欧洲公共检察官办公室活动的基本原则：遵守《欧盟基本权利宪章》和法治原则。它责成欧洲公共检察官办公室以公正的方式进行调查，不得有不当的拖延。国家主管当局和欧洲公共检察官办公室应以真诚合作的原则为指导。第 6 条涉及欧洲公共检察官办公室的独立性。

第 7 条至第 12 条涉及欧洲公共检察官办公室的结构，它被定义为一个不可分割的联盟机构。第 7 条规定，欧洲公共检察官办公室应在中央一级和地方一级进行组织。中央一级由所在地的中央办公室组成。中央办公室由协会、常设议事庭、欧洲首席检察官、他们的副手和欧洲检察官组成。地方一级由位于成员国的欧洲检察官代表组成。第 8 条设立了学院，由每个成员国的欧洲首席检察官和一名欧洲检察官组成。协会应就战略问题和个案引发的一般问题作出决定，特别是带着确保该办公室在整个欧盟的检控政策的连贯性、效率和一致性的目标，以及对本条例规定的其他事项作
512 出决定。协会不得在个别案件中作出行动决定。

第 9 条设立了常设议事庭，它必须作出以下决定：

（a）使案件进入审理程序以获得判决；
（b）驳回案件；
（c）通过交易驳回案件。

常设议事庭在其决定中应确保根据案件随机分配制度平均分配工作量。他们应监督和指导欧洲检察官代表进行的调查和起诉。他们还应确保在跨境案件中调查和起诉的协调以及协会作出的决定的执行。此外，常设议事庭应根据本条例中规定的条件和程序作出以下决定：

（a）指示欧洲检察官代表在未开始调查的情况下展开调查；
（b）指示欧洲检察官代表启动一个案件；

1872 《欧盟运行条约》第 86 条规定了一个成员国的“影响财政利益的犯罪”。根据第 4 款规定的条件，可能扩大到其他罪行，因此也可能涉及“具有跨境问题的严重犯罪”。在这种结构中，与欧洲刑警组织同样的演变将会发生 。起初，该组织只有权限处理毒品犯罪，但其权限逐步扩大了。

（c）向协会转交由个别案件引发的战略事宜或一般性问题；

（d）分配案件；

（e）重新分配案件；

（f）批准欧洲检察官自行调查的决定。

2015年6月的提案在第11条中规定了欧洲检察官，在第12条中规定了欧洲检察官代表。前者是常设议事庭与后者之间的联络人。欧洲检察官代表在调查、起诉和判决案件方面享有与国家检察官相同的权力，此外还受到他们被赋予的具体权力和地位以及条例规定的条件的约束。第13条至第15条涉及欧洲公共检察官办公室成员的任免规则。第16条要求协会正式通过内部程序规则。欧盟委员会已经选择的运作模式在一定程度上保持不变。在委员会的原始提案中，该办公室将由欧洲检察官、其副手和工作人员以及位于成员国的欧洲检察官代表组成。[1873] 这就是所谓的“双帽”模式，意味着检察官兼具国家和欧洲公共检察官办公室代表的双重身份。 513
当其中一个角色没有完全落实时，允许欧洲检察官代表的并行执行职能可能导致缺乏一致性、混乱和总体瘫痪。这种“双帽”模式产生的一个问题是任务和权限的划分。[1874] 一方面，检察官代表应完全独立于国家检察机关，对它们没有任何义务，例如在根据该条例行使职权时。[1875] 另一方面，他们也可以行使充当国家检察官的职能。[1876] 似乎这种结构的潜在危险部分地在2015年6月纳入了常设议事庭的提案中被预计到了。

从刑法角度来看，更有趣的规定是2015年6月提案中关于实体刑法权限的第17条至第19条。第17条再次提到与欧盟财政利益有关的犯罪。[1877] 因此，实质性管辖权可以在关于财政利益的指令的草案中找到，并通过实施继而在国家法律中找到。这项立法行为除了界定联盟的财政利益外，还为预防和打击欺诈行为及其他影响它们的非法活动制定了必要的措施。它

1873 欧盟委员会提案第6条第1款。

1874 Arjen Meij, Some Reflections into the EPPO's Administrative Structure and Judicial Review, in: L.H.Erkelens, A.W.H.Meij and M.Pawlik（eds.）, The European Public Prosecutor's Office, Asser Press 2015, pp.101–119.

1875 欧盟委员会提案第6条第5款。

1876 欧盟委员会提案第6条第6款。

1877 Proposal for a Directive of the European Parliament and of the Council on the fight against fraud to the Union's fi nancial interests by means of criminal law, COM（2012）363, 11 July 2012.

与很有可能获得通过的法律文书相关，规定了补充欧洲公共检察官办公室提案所需的实质内容。

然而实体法的这种分裂造成了一些概念上的问题。由于该指令规定了一个不直接适用于刑事诉讼的共同定义，因此根据该指令在国家法律体系中实施的定义之间的关系引发了问题，最重要的是欧洲公共检察官办公室根据哪个定义启动其行动？[1878]

在这方面有三个选项。检察官或将依赖关于财政利益的指令的定义，因为这是成员国共同的定义；或者它应当适用通过实施转入成员国的国家
514 刑事司法系统的定义。欧盟有多达 30 种这样的刑事犯罪定义，为欧洲公共检察官办公室提供了大量可供选择的选项。

最后，第三种解决方案既没有在 2015 年 6 月的提案中提及，也不在欧盟委员会的初始解决方案中，即并不是将该定义纳入指令中，因为指令需要执行，而是将其纳入条例。过去，这种根据条例设立刑事责任的可能性一直遭到否决，但《欧盟运行条约》第 86 条第 3 款确实为将一般规则和程序规则直接纳入条例提供了法律依据。该选项有助于避免有关可适用的定义的问题。

欧洲公共检察官办公室有权处理的嫌疑人群体包括主犯和从犯。这些提案都没有定义在欧盟层面谁或什么会被认为是主犯或从犯。因此，欧洲公共检察官办公室必须根据其希望将案件提交的法院所属成员国的国家规则作出决定。提案中没有任何总则的条款可能会导致成员国出现不同的后果。

2015 年 6 月提案中的第 18 条涉及所谓的辅助能力：“当一个行为构成第 17 条所述刑事犯罪，其所依据的一系列事实与全部或部分根据有关成员国的法律的一系列事实相同或不可分割，除第 17 条所述罪行外，欧洲公共检察官办公室还应有权处理其他刑事犯罪，条件是第 17 条所述罪行是占主导的。如果第 17 条所述罪行不占主导地位，则主管其他罪行的成员国也应有权处理第 17 条所述罪行。”这项规定事实上扩大了欧洲公共检察官办公室的管辖范围。第 18 条第 2 款规定：“在评估第 1 款意义上两组

1878 欧洲刑警组织和欧洲司法合作组织目前正在处理同样的问题。它们的管辖权限于某些罪行，但尚不清楚这些罪行是如何定义的。它们在《欧洲刑警组织决定 2009/371》中仅仅被提及。欧洲刑警组织没有专门的刑事司法系统以评估行为是否属于定义范围。实际上，这意味着欧洲刑警组织使用虚构的犯罪定义。

事实是否有不可分割的联系时，应考虑其中一项相关的犯罪是否有助于实施其他犯罪或其中一项犯罪的实施是为了确保免受惩处。"[1879] 这一区分在实际适用法律方面造成了困难。犯罪的人（一般）不遵守规则；他们不会犯下如一个法典的特定条款规定的犯罪行为，从而使其法律分类更容易。[1880]

第 19 条根据地域和国籍给予管辖权。欧洲公共检察官办公室提出的领土和个人管辖权并不令人意外。根据两个经典的司法管辖权模式——属 515
地原则和国籍原则——欧洲公共检察官办公室将有权处理全部或部分在一个或多个成员国领土上犯下的刑事犯罪以及有权处理犯下其中一项罪行的成员国国民、欧盟工作人员或机构成员。[1881] 然而，此时应该回顾的是成员国对领土管辖权的"简单"原则有各种各样的解释规则。因此，问题是术语是否应该自主解释或者何时应该根据国家法律来解释。欧盟委员会的提案和 2015 年 6 月的提案都没有给出确定的答案。[1882]

根据第 20 条，成员国有义务立即向欧洲公共检察官办公室通报可能属于其权限范围内的任何犯罪行为。根据应适用的国家法律，如果有合理的理由相信欧洲公共检察官办公室职权范围内的犯罪正在发生或已经发生，根据其国家法律，有本案管辖权的处在成员国的欧洲检察官代表应启动调查（第 21 条）。援引国家法律一方面合乎逻辑，另一方面可能会阻碍欧洲公共检察官办公室对"嫌疑人"和"被告人"的定义。如果没有事先澄清是否有权启动其运作，检察机关不能开始行动。谁可以被视为犯罪嫌疑人，以及随后谁可以被视为被告的问题是根本性的，没有解决这些问题，任何服从法治原则的有权机关都无法运作。同样，这些概念没有在欧盟法内的自主概念，因此适用不同的国家定义。在这方面作出选择会是一个挑

1879 Nikolaos Bitzilekis, The Definition of Ancillary Competence According to the Proposal for an EPPO-Regulation, in：Petter Asp（ed.）, The European Public Prosecutor's Office – Legal and Criminal Policy Perspectives, Stockholms universitet 2015, pp.112–119.

1880 Michele Caianiello, The Proposal for a Regulation on the European Public Prosecutor's Office：Everything Changes or Nothing Changes?, 21 European Journal of Crime, Criminal Law and Criminal Justice 2013, p.121.

1881 欧盟委员会提案第 14 条。

1882 Martin Wasmeier, The Choice of Forum by the European Public Prosecutor, in：L.H.Erkelens, A.W.H.Meij and M.Pawlik（eds.）, The European Public Prosecutor's Office, Asser Press 2015, pp.139–161.

战，因为它涉及哪一个成员国对该罪行拥有管辖权的问题。[1883]

2015 年 6 月的提案引入了一个常设议事庭，它可以通过使用以下标准决定将该案件重新分配给另一个成员国：

> （a）嫌疑人或被告人拥有其惯常居所的地方。
>
> （b）嫌疑人或被告人的国籍。
>
> （c）发生主要财政损失的地点。第 21a 条规定的包括将国家主管部门的诉讼程序移交给欧洲公共检察官办公室更具有独创性。欧洲公共检察官办公室也可以主动使用其唤起权，这意味着该案件必须转交给欧洲公共检察官办公室。

516 第 86 条第 2 款不仅仅是象征性的：

> 它应行使在成员国的主管法院中有关这类犯罪的检察官职能。

这意味着欧洲公共检察官办公室不仅决定哪些案件将被提交给国家刑事法院，还决定将在哪个成员国进行审理。[1884] 第 23 条澄清，欧洲检察官代表在成员国领导调查，地方当局应遵循他的指示。欧洲检察官代表可以下令逮捕或发布欧洲逮捕令（第 26b 条）。第 25 条和第 26 条规定，可以根据国内法请求提供同样的措施。有关成员国的欧洲检察官代表将处理跨境调查（第 26a 条）。

鉴于委员会的初步提案明确地选择了强制性调查原则，[1885] 检察官没有酌情决定权，并且如果据称某些罪行被实施，他必须开始调查，但 2015 年 6 月的提案中第 21 条中没有解决这个问题。欧盟委员会最初的提案壮志凌

1883 由于一些成员国适用法人刑事责任，而另一些成员国则不适用，并且往往存在重叠的管辖权，欧洲公共检察官办公室将有许多选择要决定。

1884 这需要全面了解各成员国的管辖权规则，否则就会面临无权审理该案件的国家法院被发现无管辖权的风险。

1885 正如欧盟委员会提案第 16 条第 1 款所规定的那样："欧洲检察官（……）应在有合理理由相信欧洲公共检察官办公室职权范围内的犯罪正在或已经实施时通过书面决定启动调查。"

云："每一个可疑的违规行为都会得到体系化的追踪。"[1886] 与此相比，2015 年 6 月的提案中可能会有更切实可行的表述。

第 27 条规定：

> 当处理该案件的欧洲检察官代表认为调查工作已经完成时，他 / 她应当在适用的情况下，将起诉草案提交给主管的欧洲检察官和常设议事庭进行审查。如果它指示不驳回此案，通过主管的欧洲检察官行事的常设议事庭应指示欧洲检察官代表将案件提交国家主管法院起诉，或将其交回以进一步调查。

常设议事庭可因下列任何理由而驳回案件（第 28 条）： 517

> （a）嫌疑人或被告人死亡；
> （b）在对案件有管辖权的国家内获得大赦；
> （c）授予嫌疑人的豁免，除非已被解除；
> （d）国家起诉的法定时效到期；[1887]
> （e）嫌疑人或被告人已经在欧盟内因相同事实最终被判无罪或被判有罪，或案件得到处理；
> （f）缺乏相关证据。

2015 年 6 月的提案中第 29 条允许欧洲检察官代表提出交易。一旦罚金得到支付，欧洲公共检察官办公室或国家主管当局不得以同样的事实对嫌疑人提出起诉，这些事实构成了通过交易进行最终得到免予起诉的罪行。

第 30 条涉及证据收集的不同规则及其对欧洲公共检察官办公室参与的

1886 Commission Document（2013）533, Communication from the Commission to the European Parliament, the Council, the European Economic and Social Committee and the Committee of the Regions.Improving OLAF's governance and reinforcing procedural safeguards in investigations: A step-by-step approach to accompany the establishment of the European Public Prosecutor's Office, p. 6.

1887 在没有确定哪一个成员国的法定时效是相关的情况下，这一规定很容易在金融犯罪领域造成法律上的真空。考虑到跨国性质和治外法权，许多成员国很可能对这些罪行拥有管辖权，从而导致若干适用的时效法规。从理论上讲，这可能会导致欧洲公共检察官办公室可以选择宽松或更严格的成员国法律。考虑到这些问题，提供更多确定性和平等性的更好的解决方案是在欧洲公共检察官办公室的法规内部包括一个时效条款。

审判的后果。基本规则是证据将被承认，即使国家规定要求采用不同的收集方式或呈现方式。第32条重申了程序保障措施，并列出《欧盟基本权利宪章》连同关于辩护权利的指令，可以适用于整个诉讼程序。欧洲公共检察官办公室的行动性质可能会导致侵犯人权的指控。调查程序的特点是，被告人的权利与检察官的义务之间的界限很细，这将不可避免地导致这些规范之间的冲突。国际刑事事务合作和成员国之间的司法协助使遭受成员国共同实施的侵犯人权的行为的被害人更难在它们之间分派责任。虽然《欧洲人权公约》的保护系统以个别国家的独立责任为出发点，但打击国际犯罪的实践已演变为共同责任。[1888] 这使直接适用人权准则变得更加困难。[1889]

518 两项提案都只提及《欧盟基本权利宪章》所载的权利，将它们作为欧洲公共检察官办公室在其行动期间应遵守的准则。[1890] 当欧洲公共检察官办公室在国家刑事司法系统中工作时，若发生侵犯人权的行为，则有人必须负责。在欧盟委员会关于欧洲公共检察官办公室的条例的草案中，可以确定两种对人权的侵犯行为的责任指标。第4条第3款规定，“欧洲公共检察官办公室应在成员国主管法院行使检察官的职责”。这基本上意味着与欧洲检察官的行动有关的责任将由有关的成员国承担。如果这是结果，并且成员国依据《欧洲人权公约》对代表成员国行事的欧洲公共检察官办公室的侵犯人权行为负责，成员国肯定希望能影响检察官的行为以防止违法行为。

欧盟委员会草案进一步规定：“欧洲检察官、欧洲检察官代表、欧洲公共检察官办公室的任何工作人员（……）所执行的行为应归于欧洲公共检察官办公室。”[1891] 这样的措辞表明欧洲公共检察官办公室本身是直接负责的，并且承担保障人权的义务。如前所述，在某个时候，会发生对欧洲公共检察官办公室侵犯人权行为的投诉，并且考虑到这一点，申诉人必须清楚他或她提起诉讼所针对的实体或国家。这是否应针对实施调查的成员国，还是他或她应该直接针对作为欧盟机构的欧洲公共检察官办公室提出申请，尚未确定。这个问题在委员会条例草案中没有充分阐明，在2015年6月的提案中根本没有提及。

1888 在庇护政策领域也是如此。ECtHR, 21 January 2011, *M.S.S v. Belgium and Greece*, Application 30696/09.

1889 参见第八章第6节。

1890 The Commission Proposal 第11条第1款。

1891 The Commission Proposal 第6条第7款。

此外，并非所有调查最终都会导致起诉和法庭程序。这是立法提案的起草者似乎已经忘记的一点。欧洲公共检察官办公室的职责和司法审查条款都涉及最终案件被提交到法院的情况。这不是唯一可能的情况。案件可能会提前终止；但个人的权利和义务可能仍然受到伤害。这表明在案件未能进入法院的情况下，可能需要一个平台来救济。

欧盟委员会提案中规定欧洲公共检察官办公室程序保障措施的第 32 条至第 35 条规定，欧洲公共检察官办公室适用的最低标准也是欧盟立法和成员国国家法律规定的标准。但是，根据真诚合作的原则[1892]，以及如同欧 519
洲法院阐述的，[1893]国家制度中必须已经包含这些规则并遵守这些规则，因此应予以执行。这里产生了欧盟委员会为什么认为有必要强调欧盟主要立法的优先性的问题。

一个可能的解释是欧洲检察官自己会进行一些调查。这确实是一种可能性，但作为一项原则，欧洲检察官发起的调查随后将被指派给欧洲检察官代表中的一个。[1894] 根据一套标准，[1895] 检察官也可以亲自进行调查，这将解释欧盟立法的直接适用性。

这里需要讨论的另一个问题是被告针对欧洲公共检察官办公室的权利问题。这方面的一个例子是获得必要材料的权利。特别是在法官尚未参与的准备阶段，辩护人可能有兴趣查看文件以充分准备辩护。被告人或其律师是否只能通过国家当局获得此类访问权限？或者，被告人或其律师是否有权根据指令 2012/13 查阅与分配本案件有关的文件？[1896]

欧洲公共检察官办公室的运作取决于其与成员国当局合作的能力。令人惊讶的是，两项提案都没有区分参与欧洲公共检察官办公室的成员国和未参与的成员国。在确定合作时，这种缺失可能具有潜在而重大的程序上的影响。该提案默认使用“成员国”一词，而未明确该定义中涵盖哪些国家。

1892　TEU 第 4 条第 3 款。

1893　22 May 2003, Case C-462/99, Connect Austria v. Gesellschaft für Telekommunikation GmbH v. Telekom-Control-Kommission，第 38 段：“从一个指令中产生的对于成员国要实现指令中预期的结果的义务，及成员国根据《欧共体条约》第 10 条的规定采取一切适当措施，不论是一般措施还是特定措施，以确保该义务得到遵守的责任，对成员国的所有当局都具有约束力。”

1894　The Commission Proposal 第 16 条第 2 款。

1895　如同 the Commission Proposal 第 18 条第 5 款所规定。

1896　Directive 2012/13 on the Right to Information 第 7 条。

这可能表明一个乐观的角度，或者说是一厢情愿的想法，因为起草者只是假定所有成员国都将参与欧洲公共检察官办公室的结构。这可能是与欧洲公共检察官办公室有关的少数毫无争议的问题之一。如果欧洲公共检察官办公室能够启动，当然不是所有的成员国都会加入。从体制角度来看，当需要解决这些非参与国家的责任时，欧洲公共检察官办公室与非参与成员国当局的艰难合作可能尤为明显。例如条例的提案第 11 条第 7 款规定：“成员国主管当局应根据请求积极协助和支持欧洲公共检察官办公室的调查和起诉，
520 并应避免采取任何可能会延误或阻碍他们的进展的行动、政策或程序。”这一规定引起人们对使用这种术语代替诸如“相互承认”或“国际请求”等概念的理由感到好奇。该条款是否创造了成员国必须遵守欧洲公共检察官办公室的要求的义务?

第 86 条第 3 款的措辞颇为宽泛：

> 规范其职能履行的条件，可适用于其活动的程序规则以及关于证据可采纳性的规则以及适用于其履行职能时采取的程序措施进行司法审查的规则。

哪个法院进行审查？它是国家最高法院还是欧洲法院？这与分散实施反不正当竞争法的结构有一些相似之处，即都需要法院发挥作用。但这也取决于审查的范围。《欧盟运行条约》第 86 条没有提到判决的执行或终止。由于涵盖了刑事诉讼的其他所有阶段，可以推断，欧洲公共检察官办公室在执行国家刑事法院判处的刑罚方面没有任何作用。目前的第 86 条没有权限规定建立欧洲监狱设施。

除了使用管辖权原则之外，欧洲公共检察官办公室与成员国管辖权的关系必须加以规范，特别是根据描述将出现有同时管辖权的情况。这个关系是基于优先性、互补性还是公正司法？这个问题表明将在可用模型之间作出选择。这两项提案对它们所做的选择都没有明确规定。第一种模式是欧洲公共检察官办公室是否具有优先地位，并且只有当欧洲公共检察官办公室因为某种原因不能处理该案件并将其转交给成员国时，成员国才能发挥作用。两个特设国际刑事法庭、南斯拉夫问题国际刑事法庭和卢旺达问题国际刑事法庭也采用了这种做法。

第二种模式是成员国优先。这是根据国际刑事法院规约在补充性原则

基础上实行的模式。但是，实际上，这个原则似乎并没有达到预期的效果。存在的担忧是它削弱了缔约国的努力。国际刑事法庭的实践表明，补充性原则的存在常常导致理论上有权起诉的国家不采取行动。许多国家不想成为世界警察，并将其起诉的努力限制在其领土上发现的外国人的国际罪行。现在很清楚，补充性原则产生了不利影响，因为各国已将国际刑事法院的成立解释为对所有国家法院具有优先地位的刑事法院。因此，各国将会先 521
等待，看国际刑事法院是否会采取行动，然后才会自行采取行动。[1897]

这种态度（可能被称为“旁观者效应”）可以用各种理由来解释。在政治上，正是由于国际罪行的固有政治性质，调查和起诉国际罪行并不是一项有吸引力的任务。无论作为一个国家准备做什么，都会与其他国家的事务有关。这可能导致难以获得其他国家的司法协助，并可能损害与其他国家利益相关的国际关系。国家执法部门几乎不采取行动的第二个原因与成本和效率有关。根据定义，国际罪行涉及复杂的情况，为了全面了解冲突，有关各方和暴行的责任人必须作出非常重大的努力。

必须首先对整个冲突进行概述的事实，使得调查对于小型国家执法机构而言几乎是不可逾越的任务。需要相当长的时间才能明确哪些人应对国际犯罪负责。即使这是明确的，国家还必须是幸运的，该人需要在其领土上被发现。如果不是这样，那么全部努力都是徒劳。此外，所有国家可能需要进行同样的练习并不是非常有效，也不能确保一致性。

此外，“回旋镖效应”不会促进起诉。有着积极起诉记录的国家将找不到嫌疑犯，而是成功将犯罪人员排除在本国之外。少数成功的起诉将吓跑其他涉嫌犯罪者，这意味着成功的国家起诉是它们自己成就的受害者。

这些关于国际犯罪的考虑引起了欧盟犯罪情况是否与此差异巨大的问题。初看起来，除欧盟犯罪不能被视为暴行外，情况似乎相似。

第三种可能的模式处于另外两种模式之间，并且没有立即指出主要负责任的法院。相反，对最合适的法院的确定将基于对所涉及的所有利益的评估。正是在这里，《关于管辖权冲突的框架决定 2009/948》和 1972 年欧

1897　Gilbert Bitti, Les difficultés d’un contrôle judiciaire effectif des décisions de ne pas enquêter ou de ne pas poursuivre prises par le procureur de la Cour pénale internationale. L’exemple de l’application de l’article 53 du statut de Rome, in：Geneviève Giudicelli-Delage（et autres）, Le contrôle judiciaire du parquêt européen, nécessité，modèles, enjeux, Société de législation comparée 2015, pp.197–236.

洲委员会关于诉讼转移的公约可以发挥作用。

522 第 86 条第 1 款规定，该条例将通过《欧盟运行条约》第 289 条规定的特殊立法程序获得通过。在获得欧洲议会的同意后，欧盟理事会必须一致行动。在缺乏一致意见的情况下，即在特定的政治环境下，至少由 9 个成员国组成的团体可以要求将条例草案提交理事会讨论。第 1 款进一步规定了在达成一致或存在不同意见的情况下的不同程序。与目前的目标更为相关的是，关于设立一个欧洲公共检察官办公室的条例可能会获得通过并对至少三分之一的成员国（9 + x）生效。鉴于目前的政治形势，最有可能的是，欧洲公共检察官办公室最初只会为数量有限的成员国展开行动。

4. 多边合作和直接执法中的辩护方的地位

在第八章中，讨论了国际刑事合作中辩护方的地位。[1898] 在多边合作中有很多方面表明，在面对多边合作时，辩护方的地位更加恶化。这是因为多边合作发生在刑事调查的最初阶段。（未来的）嫌疑人可能不知道他已经或即将被怀疑实施了犯罪行为。这甚至比双边合作时更难以找到有权对违法行为进行控诉的法院。许多发生调查（和违法行为）的案件不会进入法庭程序。可能很难找到一个法院来处理对调查所产生的侵权行为的控诉，当这些调查实际上并未导致对（前）嫌疑人的刑事诉讼。

对有关人员提起（刑事）诉讼时情况并不会好得多。提供一个由多边合作产生的侵权行为的证据在实践上和法律上都是极其困难的。辩护方无权查看相关信息。这可能是由于执法人员有义务不作证，或者可能因不澄清某些事实而获益。

所有这些严重破坏了法院检查证据是不是合法获得的可能性，这些证
523 据在多边合作中被收集。欧洲法院在这方面没有提供任何帮助，因为《欧盟运行条约》第 276 条明确排除欧洲法院“审查警察或其他成员国执法机构开展的行动的有效性或相称性”的任何管辖权。鉴于该条款首次出现在《阿姆斯特丹条约》中，之后欧盟进一步获得整合，有人可能会质疑，现在是否应该取消这一限制。欧洲公共检察官办公室的成立将导致在这方面的进一步问题。等待启动的程序的所在国法院是否能够评估所有涉及的问

1898　见第八章第 6.4 节。

题？辩护方应该在这样的国家法院参与之前去哪里，或者在没有导致欧洲公共检察官办公室向国家法院提起指控的情况下去哪里？

5. 协调一致的欧洲调查的发生

欧洲刑警组织、欧洲司法合作组织和欧洲公共检察官办公室等新机构的建立代表着新的泛欧洲的东西。因此，这种制度一体化与规范的协调或一体化有着不同的效果，因为它们之间有更加全面的合作。当规范的协调化导致成员国国家法律发生变化，但成员国体制结构不受影响的情况下，机构一体化为欧盟所有成员国创造了一个欧洲机构。这也可以有同化与协调的效果。很显然，来自共同机构的一些协调影响可以预期。

但是还有另外一个影响，即所有现有的国家机构都保持原状（国家警察队伍当然没有解散，也没有失去权力）。[1899] 在欧洲刑警组织成立之前，所有信息交换都是在国家警察队伍之间作为平等主体进行的，并且始终是双边的。现在欧洲刑警组织已投入运作，通过欧洲刑警组织向横向的双边联络补充了一条垂直线。

随着国际合作的参与者越来越多，交流渠道急剧增加。如下图所示。 524

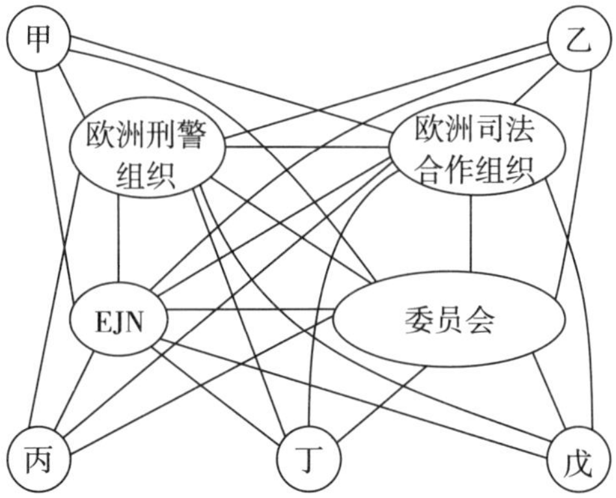

合作中参与的机构的交流渠道成倍增加

欧盟会逐步地覆盖越来越多的领域，并且拥有自己的机构。这始于欧洲刑警组织，但欧洲的检察官和法官机构随后业已建立。如果欧盟要在刑

1899　似乎这种影响在欧盟范围内几乎没有得到考虑。

法领域建立自己的权限，建立欧洲公共检察官办公室是合乎逻辑的下一步。在另一个层面上，更多的时间和精力被用于培训。《欧洲刑警组织决定 2009/371》第 5 条第 2 款和第 3 款赋予欧洲刑警组织促进发展和改进技能与专门知识的任务。可以将建立新机构看作最终可能带来欧洲刑事司法系统的步骤。

犯罪学研究对于发展与欧盟内存在的犯罪类型相关的专业知识而言非常重要。欧洲预防犯罪网络旨在为预防犯罪的发展作出贡献。[1900]该网络与具体案件中的业务合作无关，但通过交流经验和分享知识，试图改善犯罪的预防方式。该决定第 1 条第 3 款将“预防犯罪”定义如下：

> 预防犯罪涵盖所有旨在减少或以其他方式有助于减少犯罪和公民的不安全感的措施，无论是在数量上还是质量上，要么通过直接阻止犯罪活动，要么通过旨在减少犯罪可能性和原因的政策和干预措施。它包括政府、主管部门、刑事司法机构、地方当局以及它们在欧洲成立的专业协会、私营和志愿部门、研究人员和公众的工作，并得到媒体的支持。

对犯罪和犯罪组织的现实的进一步了解可能最终会提高立法举措的质量。

1900 Decision of 28 May 2001 setting up a European Crime Prevention Network, OJ 2001，L 153/1.

第四编

对欧洲刑事法的挑战

525 欧洲刑法进一步发展的挑战很多，主要涉及内部市场与自由、安全与公正领域的合并，以及欧洲刑事司法体系正处于的萌芽阶段。第四编从欧洲刑事司法系统的实际需求的角度分析了第一编、第二编和第三编。它特别关注了对所有刑事诉讼至关重要的人：被告人。

第十章　重新考虑欧洲刑事法

1. 引　言

欧洲刑事法涉及立法和判例法的多层次拼接，其中国家法院、欧洲法 527
院、欧盟和国家立法机构以及其他有权机关和机构都发挥作用。这是一个具有共同概念和价值观以及单独特点的混合体系。本书将欧洲刑事法描述为一个视角正在发生变化的法律领域。换句话说，欧洲刑事司法体系正在转型。在这最后一章里，将进一步分析一些不断发展的观点，并将它们作为一般趋势呈现。

2. 内部市场的融合以及自由、安全和公正的领域

尽管内部市场与自由、安全和公正的领域完全合并，但欧洲法院主要在内部市场背景下解释了第三支柱下法律文书的概念。因此，它并没有完全认识到欧盟自成立以来的不断变化的特征。从 1992 年起，欧盟不再是一个纯粹的经济组织。尽管四种自由不受这种发展的影响，但相对而言，它们失去了自身最重要的意义，因为欧盟法律所保护的还有其他至关重要的自由权利。因此，可以预计未来几年里，相互承认和全面消除国民之间的歧视仍将是欧洲刑事法的主题。这在自由、安全和公正的领域的目标中明确表述了，但仅仅是模糊地描述：为公民提供高度的安全水平（《欧盟运行条约》第 67 条）。

迄今为止，欧洲法院已经根据内部市场的需要调整了刑事立法的规定。从保持完全一体化的欧盟的法律的连贯性和一致性的角度来看，这是合乎逻辑的。但是，会出现越来越多的内部市场原则必须根据刑事司法系统的 528
需要进行调整的情况。执法人员的完全自由流动，无条件获取信息和证据

以及无条件承认决定和判决，只会阻碍有效执法，并且会损害个人的权利。

这里要处理的主要问题是在刑事背景下对相互承认的概念的重新定义。目前最先采取行动的成员国，其占优势的立场阻碍了欧盟打击犯罪方式的发展。正如第八章所指出的那样，相互承认已经发展成为对犯罪和成员国管辖权的某种国家主义观点。在这种背景下，第一个采取积极行动的成员国决定了诉讼程序。

这可能会与欧盟为其公民提供高度安全水平的目标相冲突。一种更符合内部市场目标的欧洲方式不会优先考虑个别成员国自行确定的利益。相反，它会制定标准，其中由哪个成员国来处理某种犯罪是无关紧要的；更具优先性的观点是，在打击犯罪的时候，应该考虑到所涉及的每个人的利益。[1901] 毕竟，自由、安全和公正的领域的设计是为了给整个欧盟的公民提供高度的安全水平，而不是单独为任何一个成员国的利益服务。目前的事态尚未在刑事法中提供一个共同领域，而是维持着 30 个刑事司法系统。在这个意义上说，自由、安全和公正的领域——不同于内部市场——仍然保持着国界。总的来说，成员国决定是否适用本国刑法以及将在何处适用。一个能够直接决定什么行为构成犯罪并自行强制执行的共同的欧洲刑事司法领域。

3. 公民的权利和成员国的权利

内部市场以五项自由的形式赋予欧盟公民权利，而在自由、安全和公正的领域内可以适用的权利则被赋予成员国。在这样做的时候，一体化并
529 不是该领域的重要组成部分。[1902] 成员国直接在各种形式的国际合作方面的更大的灵活性中获益。然而，公民只是以一种间接的方式从自由、安全和公正的领域获益，因为虽然它确实为他们提供了高度的安全保障，但是以一种没有提供直接和具体的索赔权利的方式。需要在经济利益和人权之间、欧盟利益、成员国和公民之间找到平衡，这也将使公民能够直接从该区域

1901　涉及成员国、欧盟、被告人、被害人和证人。

1902　Frank Meyer, Strafrechtsgenese in Internationalen Organisationen. Eine Untersuchung der Strukturen und Legitimationsvoraussetzungen strafrechtlicher Normbildungsprozesse in Mehrebenensystemen, Nomos 2012, p.476.

取得的成就中获益。

在欧盟法律秩序中纳入非经济政策的领域（即刑事法）需要对存在已久的原则进行某些调整，因为一个观点发生了变化（自由对抗压制），其中欧盟公民的利益处于核心地位。这些公民有自己的权利，可能会与成员国的权利发生冲突。在该领域享有权利的人的反对观点认为需要找到平衡点。在自由、安全和公正的领域以完全相同的方式应用内部市场中发展出来的原则将导致摩擦。

欧洲法院在关于一罪不二审的案件中含蓄地面对了这个问题。在 *Gözütok* 案件和 *Kretzinger* 案件中，欧洲法院都认为，《执行申根协议的公约》第 54 条规定的权利可能对使用自由流动权产生歧视性影响。它反对这样一种情况，即那些犯有严重罪行的人将会受益，而那些犯下较轻罪的人则不会。[1903] 在这个意义上说，一罪不二审同样是一个非同寻常的现象，因为它既为成员国（承认其决定）又为个人（不再被起诉）提供了权利。

关于《执行申根协议的公约》第 54 条的判例法包含了一些有希望的在寻求两个区域保护的价值之间的平衡，以及个人公民的权利与成员国利益之间的平衡的进展。承认经济领域之外的欧盟公民的权利将需要制定额外的或新的欧盟法一般原则。这可能会导致更多以基本权利为导向的而不是欧盟的经济福利为导向的原则。例如，这些原则可能涉及比例性原则与移交程序中相互承认原则之间的关系，或与相互承认背景下的辩护权的含义有关。

可获得性原则几乎仅服务于执法机关的利益。基于可获得性原则交换隐私敏感数据需要对数据保护规则进行监视。那些有兴趣获取信息的 530
机构正在构建更多机制，这些机制会挑战对数据保护的规则的事实，不利于采取一个客观的方式。在致力于自由获得成员国当局拥有的所有信息的欧盟法令中，数据保护至关重要。在某种程度上，相互承认加强了国家（非欧洲的）关于如何处理犯罪问题的观点，因为签发成员国决定了条件并且个人必须在国家背景下（不在该领域）主张权利。该领域需要关注其组成部分。

在这方面，回顾欧洲法院在 *van Gend en Loos* 案中处理诞生的新法律秩

1903　11 February 2003, Case C-187/01 and Case C-385/01, *criminal proceedings against Hüseyin Gözütok*（*C-187/01*）*and Klaus Brügge*（*C-385/01*）, par. 38–40; 18 July 2007, Case C-288/05, *criminal proceedings against Jürgen Kretzinger*, par. 43.

序时得出的结论是有益的：新法律秩序的主体不仅包括成员国，而且也包括它们的国民。[1904]

4. 自由迁移的权利和作为第五项自由的同等待遇

自由迁移作为一项单独的权利（独立于其他四种自由之一的适用）的发展以及禁止基于国籍的歧视在刑事司法系统中越来越重要。[1905]欧洲法院的判例法有效地将每个处于另一个成员国境内的欧盟公民纳入条约调整的范围。嫌疑人和被告人都被列入有权享有所有欧盟自由的人员类别。自由迁移和禁止歧视的结合也导致了第五项自由的演变：在欧盟内部，欧盟国民不得因国籍而受到歧视。这也可以被看作条件相当原则的一个例子。未来几年，这将对所有国家刑事司法制度的实践产生相当大的影响，因为在适用国家刑法和刑事程序方面的许多差异间接同基于国籍的差异相关。

在《关于自由迁移的指令 2004/38》生效之前的情况中，欧洲法院解释了《欧盟运行条约》第 21 条的前身，以便：

531 “欧盟公民必须在所有成员国中享有与发现自己处于同一情况的成员国国民相同的法律上的待遇。”[1906]

引入辩护权的指令将鼓励平等对待那些应用自由迁移权利的个人，并使《欧盟基本权利宪章》几乎适用于整个欧盟的所有刑事诉讼。

许多成员国在决定继续还是暂停还押候审的拘留时，会考虑被告人是否在该国境内居住。在过去，这是有道理的，因为如果他不在国内居住，将会增加逃脱的风险。在做出提前释放或有条件赦免的决定时会进行类似的考虑。这些应该随着《关于监督缓刑措施的框架决定 2008/947》和《关于监督措施的框架决定 2009/829》的实施而结束。这些法律文书应导致采取集体努力，使被定罪者复归社会并重新融入他所居住的成员国的做法。第五项自由将在纯粹的内部情况下产生影响，而且会在成员国之间和成员

1904 5 February 1963, Case 26-62, *Van Gend en Loos.*

1905 这得到立法者的承认。在《关于监督缓刑措施的框架决定 2008/947》的叙文第 7 条中指出，应以符合自由迁移和居住的权利的方式来适用相互承认。

1906 29 April 2004, Case C-224/02, *Heikki Antero Pusa v. Osuuspankkien Keskinäinen Vakuutusyhtiö*, par. 18.

国与第三国的刑事事务合作中产生影响。[1907]

5. 管辖权：从国家方式到欧盟方式

将相互承认理解为事件中最先采取行动的成员国决定与此事有关的条件的机制，并不是基于对所涉及的所有利益的客观评估。它被描述为具有自我陶醉元素的体系，并缺乏打击犯罪的欧盟方式。只有在考虑到更多利益的情况下，这种方式才成为可能，但欧盟在刑事法中采用的机制含蓄地假定，最先采取措施的国家拥有专属管辖权。在有两个起诉的案件中，第二个提起公诉的成员国必须在另一个成员国提前最终处理完此事时终止其程序。

最先采取措施的成员国管辖权的排他性也体现在国际合作中相互承认的原则中。原则上，最先采取措施的成员国来决定条件。然而，这种排他 532
性概念与成员国在刑事事务中普遍重叠的管辖权相冲突。在欧洲罪行方面，[1908]根据其定义存在着成员国的重叠管辖权。因此，排他性管辖权的推定是不合理的，并会在成员国之间产生不希望的竞争因素，造成危害有效的行动的情况，因为它限制了合作的选项。从欧盟法的其他领域来看，产生的问题在于一个基于相互承认的体系是否可以在没有管辖权分配的情况下运作良好。[1909]

在刑事事务相互承认的背景下，能够从其他法律领域学到很多东西。《关于管辖权和承认民事判决的条例1215/2012》[1910]以及《关于驾驶执照的

1907 Opinion of Advocate General Poiares Maduro of 9 September 2008, Case C-465/07, M.Elgafaji, N.Elgafaji v. Staatssecretaris van Justitie.

1908 见第五章。

1909 但是，必须指出的是，《执行申根协议的公约》第54条实际上导致某种形式的管辖权分配。

1910 该制度的基石是管辖权与承认之间不可分割的联系。15 November 2012, Gothaer Allgemeine Versicherung AG，ERGO Versicherung AG，Versicherungskammer Bayern-Versicherungsanstalt des öffentlichen Rechts, Nürnberger Allgemeine Versicherungs-AG, Krones AG v. Samskip GmbH. 第35段："法院之间相互信任的原则是条例44/2001所确立的制度的基础。正如法律顾问在其意见第73点中所指出的那样，如果要求成员国的法院适用共同的直接管辖规则，则高度相互信任就更加必要。因此，该条例中关于承认和执行判决的规则和上述规则并不构成独特和自主的系统，而是紧密相连（……）。正是依据这一连接，该条例的第33条第1款规定了简化的承认和执行机制，即原则上在一个成员国中作出的判决应在其他成员国获得承认，并接下来根据该条例第35条第3款的规定，不得对判决来源的成员国法院的管辖权进行审查（……）。"

指令 91/439》赋予一个成员国关于民事诉讼和颁发驾驶执照的专属权限，[1911]而《关于婚姻事务的条例2201/2003》，[1912]首先规定了管辖权规则，其次才能确定是否对这些决定进行相互承认。这个系统的优点是显而易见的：它降低了冲突决定出现的可能性，并将管辖权基于普遍接受有助于承认的规则。同样，最有效的反不正当竞争法的执法体系为刑事法提供了可参考的内容。[1913]

533 如果欧盟将个别成员国的刑事管辖权仅限于属地管辖范围，那么可能会大幅度减少相冲突的裁决。[1914]其他管辖权原则将不再适用于在其余 27 个成员国境内发生的犯罪行为。[1915]因此，德国将不再能够起诉一个德国人（或任何其他人）在西班牙的毒品使用。但这也意味着，如果希腊认为有必要将记录飞机注册号码的行为（飞机摄影）定为犯罪，荷兰将不得不协助他们进行调查和起诉。这将公平对待合法性原则。它要求非常多的信任，但是为执法和保护个人都提供了有利条件，并加强了自由、安全和公正的领域的相互间的责任。当然，将管辖权限制于领土范围内并不能解决所有问题。就目前的情况而言，它并没有消除转移程序的必要性。犯罪发生地的规则以及如何分配跨国犯罪也需要加以处理。[1916]

1911　26 June 2008, Joined Cases C-329/06 and C-343/06，*Arthur Wiedemann*（*C-329/06*）*v. Land Baden-Württemberg and Peter Funk*（*C-343/06*）*v. Stadt Chemnitz*, par. 56; 26 June 2008, Joined Cases C-334/06 to C-336/06，*Matthias Zerche*（*C-334/06*），*Manfred Seuke*（*C-336/06*）*v. Landkreis Mittweida and Steffen Schubert*（*C-335/06*）*v. Landkreis Mittlerer Erzgebirgskreis*, par. 53.

1912　Regulation 2201/2003 of 27 November 2003 concerning jurisdiction and the recognition and enforcement of judgments in matrimonial matters and the matter of parental responsibility, repealing Regulation 1347/2000, OJ 2003, L 338/1.

1913　见第九章第 3 节。

1914　Vania Costa Ramos, Ne bis in idem e União Europeia, Dissertação Universidade de Lisboa, Coimbra Editora 2009.

1915　André Klip, Criminal Law in the European Union, Inaugural lecture Maastricht University 2004, http：//digitalarchive.maastrichtuniversity.nl. 在他的提案中，Böse 也会更加强调领土属性，但这并不是排他性的。Martin Böse, Frank Meyer and Anne Schneider（eds.），Conflicts of Jurisdiction in Criminal Matters in the European Union, Volume II：Rights, Principles and Model Rules, Nomos 2014, pp.376–446.

1916　Caeiro 指出了这一点。Pedro Caeiro，A jurisdição penal da União Europeia como metajurisdição：em especial，a competência para legislar sobre as bases de jurisdição nacionais，in：Estudos em Homenagem ao Prof.Doutor José Joaquim Gomes Canotilho，Volume III，Direitos e Interconstitucionalidade：entre Dignidade e Cosmopolitismo，Coimbra Editora 2012，pp.199–200.

6. 诉讼转移的附加价值

即使在对其他成员国处理事务的方式充满信心的情况下，另一个成员国可能比启动诉讼程序的成员国更适合完成起诉。如果一名英国公民在葡萄牙度假期间对英国未成年人进行性侵犯，葡萄牙当局可能会开始调查，但如果受害者和被告人在英国进行诉讼程序，将对他们都有利。在这些情况下，诉讼程序的转移可能有助于将案件分配给最适合具体案件的成员国。

相互信任原则的影响力越来越大，这表明只要案件获得裁决，哪一个成员国来判决案件并不重要。成员国必须互相信任，他们也因此必须相信另一个成员国也将以适当的方式处理案件，即使产生的结果不同。承认刑 534
事管辖权不是专属于一个成员国——如果存在重叠的管辖权，这将使成员国能够应用其他意味着最佳起诉地点的因素，如被告人、被害人和证人。

采用转移诉讼程序，可以更容易确定起诉的最佳地点位于与公民利益联系更紧密的国家。然而，直到 2016 年，欧盟仍没有达到完全接受诉讼转移的阶段。在未能成功通过关于转移诉讼的法律文书之后，[1917] 达成了妥协和相当勉强的《关于管辖权冲突的框架决定 2009/948》，避免了真正的问题，并且没有附随义务。欧洲公共检察官办公室法规的最新草案规定了诉讼的转移。[1918]

1972 年欧洲委员会欧洲刑事诉讼转移的公约持续遭到反对意见，它们关于同时对一罪行具有管辖权的成员国的主权上的担忧。这种态度是过去的遗物。它否定了这样一个事实，即在目前的事态中，域外管辖和属地管辖都不是专属的，忽视了犯罪的欧洲层面，忽视了相互信任的一般本质。不幸的是，并非所有有管辖权的国家都愿意承认另一成员国刑事诉讼的（完全不同的）结果。这些反对意见现在没有任何价值，因为根据《执行申根协议的公约》第 54 条的判例法，"一罪不二审"原则得到了广泛的承认。应该考虑到，继续将诉讼的转移排除出相互承认体系只能通过进一步

1917 Council Document 11119/09 of 30 June 2009, Draft Council Framework Decision on the transfer of proceedings in criminal matters.

1918 Council Document, Interinstitutional File: 2013/0255（APP）, Proposal for a Regulation on the establishment of the European Public Prosecutor's Office, Brussels, 11 June 2015（OR. en）7877/3/15 REV 3 EPPO 24 EUROJUST 74 CATS 45 FIN 267 COPEN 89 GAF 9. draft Article 21a.

的协调化才能得到补偿。

7. 真诚合作与通过刑事法的实施

在刑事法领域，支柱的合并和真诚合作义务的直接适用，再加上取消存在已久的自由选择方式的规则，引入了新的要素以评估成员国的义务。过去，对成员国遵守欧盟义务的情况进行评估始终取决于所取得的成果。

535 在实际实施时，成员国必须履行欧盟的义务。它们如何实现目标，通常不太受到关注。

由于欧洲法院的判例法和《欧盟运行条约》都废除了自由选择方式的原则，欧盟现在可以要求成员国将某些形式的行为定为刑事犯罪，并引入刑事诉讼规则。这意味着现在也可以评估取得某种结果的方式，独立于对成员国的执行结果的评估。这些发展需要一个欧盟法定义下的刑法和刑事程序的概念。

其他发展也需要重新评估真诚合作的义务。它们涉及各种形式的多边合作，一些具有永久性结构（欧洲刑警组织、欧洲检察官机构、欧洲公共检察官办公室），而其他属于临时性的组织（如联合调查小组）。关于这些机构，欧洲法院一贯认为，这些机构也像成员国一样有真诚合作的义务。可以合乎逻辑地说，这对刑事法领域内设立的办事处、分支和代理机构也负有此义务。当成员国通过非永久性形式在临时的基础上共同合作，这对于多边合作的形式可能会更加困难。在这里，解决办法可以参考有关成员国的责任。

8. 联盟刑法的一般原则

多年来，欧洲法院发展出了令人印象深刻的一系列一般原则。那些从前主要是经济性设定的欧洲共同体的历史层面意味着几乎不存在一个案例，其中欧洲法院不得不处理与嫌疑人、被告人和被定罪的被拘留者以及由此产生的具体法律问题。全面将刑法纳入将使欧洲法院面临完全不同性质的问题的案件。更显著的是，人身自由权将成为核心焦点。欧洲法院表示，它已经通过对涉及被拘留者的案件采取紧急程序并在一至两个月内作出判决来承认变革之风。然而，这一有希望的步骤与欧洲法院面临的挑战的形式方面相关。

全面纳入刑法可能会导致对现有的一般原则阐发，并承认新的一般原则以更加符合刑事法的要求。例如，关于进行逮捕、移交令以及对欧盟公民实施处罚的比例性要求的含义是什么？欧洲逮捕令是一种严厉的手段，536
严重侵犯了欧盟公民的权利和自由，因此，我们必须问自己如果一个成员国在被告人移交之后立即被释放的情况下签发逮捕令，以及案件从未进入法庭审理程序的情况下签发逮捕令是否依然是符合比例的？

相互承认法律文书的泛滥已经终结了欧洲逮捕令的相当人为的专属性。与 2005 年到 2011 年不同，现在存在移交的替代手段。比例性原则的适用对于决定的采取意味着什么？在作出最后决定之前的阶段，一罪不二审原则的影响是什么？这样是不合逻辑的，如果欧盟法允许在最终决定尚未作出时基于同一事实对同一个人进行双重起诉，并且在第一个成员国最终处理完该案件的时刻基于程序缓慢而取消其他成员国的资格。根据欧盟法律，两个成员国对同一事实和同一被告人的平行起诉是否应被视为符合比例原则？

在类似的基础上，承认否定的决定需要进一步关注。在目前的情况下，最先采取行动的国家决定了另一个国家应该承认某些事情。为什么在一个相互承认的体系中，应该将一个国家的起诉决定优先于一个国家不对某一行为附加任何后果的决定？

这样的考虑引发了一个问题，即公正审判权利的最终效力是什么和如何在跨国环境下预防重复起诉。通过各种具体的关于被告人的权利的指令文书，结合被害人的更强有力的立场，具体阐明了被告人的公正审判的权利，同时需要澄清被告人享有的公正审判与必须保证被害人获得的“公正程序”是如何相关的。这可能导致欧盟对刑事诉讼中公正原则的概念化，从而阻止刑事事项中的三方诉讼。

9. 法律的统一解释和法律的偏离适用

欧洲法院的任务是确保法律的统一解释。自《里斯本条约》以来，这项任务的压力越来越大，该条约允许各种选择退出和选择加入以及各种形式的强化合作。值得注意的是，2014 年英国在所有第三方支柱文书中均选择退出，随后选择性地加入一些，这是这个问题的一个突出例子。欧洲法

院在解释适用于所有成员国的指令的措辞的同时，不可避免地会对仅适用
537 于有限数量的成员国的指令的相同措辞的解释产生影响。反之亦然，欧洲法院也将不可避免地解释一项强化合作之下采取的行为的规则或规定，该解释也将影响适用于所有成员国的欧盟法规则或规定。

但是，我们必须问的是，究竟什么才是需要发现的适当的平衡？欧洲法院是否会对该文书进行自主解释，还是会考虑到一些成员国不希望受其约束的事实？条约允许不同的适用范围的事实损害了法律的统一性。欧洲法院的任务是维持一个支持欧洲一体化的稳定进程。对于在成员国被不同的法律指控的个人而言，这会产生什么后果？自由、安全和公正的领域难道不是让公民能够推定在整个欧盟共同适用欧盟法吗？

由于欧洲法院没有管辖权来审查警察或其他成员国执法机构开展的行动的有效性或相称性，或成员国承担的关于维持法律和秩序以及维护国内安全的职责的行使，这使得欧洲法院遇到了更多的障碍（《欧盟运行条约》第 276 条）。取决于欧洲法院如何进行解释，这有可能降低公民在执法当局限制时援引他们的自由和权利的可能性。这种免除也可能是过去发生的事情，由于关于辩护权的指令的存在将不可避免地导致欧洲法院必须评估执法机构保障这些权利的行为。

10. 国家刑事司法系统的基本方面

《里斯本条约》比以前的条约更加认可成员国的民族身份。它既通过象征性的方式，即提及成员国的民族身份和传统，也以一种非常实际的方式，即通过在刑法中制定紧急制动程序。当一个成员国发现某种措施会影响其刑事司法系统的根本方面时，它可能会使用紧急制动器。另一方面，《里斯本条约》通过引入全面的欧盟权限来影响国家刑事实体法和刑事诉讼程序，从而减少了成员国维持其独特的刑事司法制度的裁量空间。刑法的任何方面都会受到欧盟法的潜在影响。

538 成员国和欧盟都必须表述它们认为属于欧盟的任务，以及属于成员国或由成员国继续保有的任务。辅助原则的应用将有助于提醒所有谈判者这种必要性，因为对它的解释与关于什么影响着刑事司法系统基本方面的内容的认识有关。该表述倾向于允许相当主观的解释，因为成员国本身会直接发现某些事情影响着其体系。

然而，更有意思的是，是否有可能在更客观的基础上确定影响国家刑事司法系统基本方面的因素。例如，这是否就是欧盟法要求废除非专业法官或者相反的要求将陪审团引入所有刑事司法系统的情况？实行强制性惩罚或废除它们会危及基本方面吗？将堕胎和安乐死定为犯罪或者将它们从犯罪名中取消呢？实质上，成员国间有争议的一系列主题都可能引发这些问题。

在基于条约规定的理由对基本自由进行限制的情况下，欧洲法院允许成员国在是否有必要援引公共政策理由或公共利益的正当化理由方面拥有合理的自由裁量空间。但是，它将以更客观的标准来测试这些理由的适用，以确保相关措施不以歧视的方式适用。内部市场与自由、安全与公正的领域的完全合并可能需要欧洲法院方面采取类似宽容的态度，当关于成员国以自己的方式从事刑事司法工作的自由裁量权。

11. 网络空间的刑事法

新的计算机和电信技术给我们社会带来的变化是巨大的，虽然这些变化仍然正在进行，但毫不夸张地说它们已经并将继续对刑法和刑事程序的各个方面产生剧烈的后果。社会的全球化产生了这样的结果，即人类行为可能在除了行为发起者所在地之外的许多其他地方造成影响。法律世界紧跟着犯罪世界。有些人甚至可以说犯罪的发展比法律规定领先许多个光年。新技术可能成为犯罪行为的有用工具和有趣目标。黑客可能会从位于世界另一端的计算机进入处于一个国家的一个网络或一台个人计算机。网络攻 539
击可能会破坏或使信息网络、网上银行系统和政府服务器瘫痪。

鉴于网络犯罪在现代欧洲社会的水平和影响，该领域缺乏立法令人担忧。[1919] 此外，关于在信息社会中调查犯罪的新法律问题正在出现。对制作儿童色情产品和传播其产品的国际网络进行调查可能需要访问网站，进入其保护区，查看电子邮件收件箱，组建分析讨论和新闻小组，并确定计算机的单独 IP 地址。云计算引发了数据存储的位置和适用哪些法规的问题。无线通信给执法机构带来了新问题，因为数据的传输可能涉及多个国家或国际组织。迄今为止，尽管网络犯罪已存在数十年，但网络犯罪的出现并

1919 《关于对信息系统的攻击的指令 2013/40》作为一个值得注意的例外。

没有在欧盟层面引发多少立法活动。成员国在国家一级零星的立法活动试图迫使跨越国境的问题成为一个国内问题。尽管称网络犯罪是一个规模超出欧盟的问题可能是完全合理的，但这并不意味着就欧盟对网络犯罪的处理方式是什么的问题不进行任何回答。

12. 欧洲刑事司法系统的出现

按照《里斯本条约》的规定，内部市场的两个领域同自由、安全和公正的领域的合并将对刑事司法工作带来重大变化。成员国有义务执行欧盟法，并适用监督机制。内部市场中发展出来的所有原则都适用于自由、安全和公正的领域。在刑事司法领域逐步建立起来的欧盟机构和办事处表明欧洲刑事司法系统正在出现。从欧洲刑警组织、欧洲司法合作组织、欧洲司法网络和欧洲公共检察官办公室的建立可以看出这一点。除了这种组织上的影响之外，刑事程序中已经出现了一般的规范性影响。另外，欧盟必须加入《欧洲人权公约》。这表明欧盟应该被视为适用法治原则的特殊刑事司法系统。

关于刑事法，这就带来了一个问题，即是否需要编纂总则部分。迄今
540 为止的发展已经选择了另一种方式，并且不太重视编纂工作。在欧盟法中可以找到的总则部分的片段没有被编纂。但是，人们也必须认识到，总则部分的存在并不依赖于编纂。普通法系统就是这方面的例子。然而，为了直接执法，编纂似乎是不可避免的。

回顾过去 60 多年来，欧洲一体化可以被视为一个总体的线性过程。逐渐地，已经采取了进一步整合的步骤。有时，这些步骤是由成员国以条约或现有条约修正案的形式进行的。欧洲法院的决定通常会解决在政治进程中陷入的僵局。这并不是说从来没有停滞的时期，但它们始终都是相当短暂的。但是，2014 年英国从所有第三支柱的文书中撤出，然后再选择加入其中一部分，这必须被视为一个重大而前所未有的步骤。

令人惊讶的是，成员国从未试图提出旨在恢复欧洲法院开创性判决之前存在的情况的立法。这表明欧洲法院得到了成员国的尊重。在这个意义上，欧洲法院发挥了其在政治过程中的独立仲裁员的作用。它一直是整合各种法律领域背后的驱动力。

几十年来，欧洲法院已证实它不愿意考虑政治因素。在其决策中，已

被证实愿意开创新局面，不仅在初步裁决中，而且在违规程序里。在下列案件中：*van Gend en Loos* 案、[1920] *Casati* 案、[1921] *Pretore diSaló* 案、[1922] *Kolpinghuis* 案、[1923] 希腊玉米案、[1924] *Gözütok and Brügge*案、[1925] *Pupino*案、[1926] *Comission v. the Council*案、[1927] *Taricco* 案，[1928] 在解释无内部边界的欧盟的重要性及其对刑事法的影响方面，欧洲法院表现出相当程度的创造性。实际上，欧洲法院始终坚持欧洲一体化的长期目标，并且从未将其观点限于法律文书的文本和主要诉讼的情况。 541

如果欧洲法院继续以类似的方式实施其权力，则可以预期国家刑法自治的进一步退缩和相应的欧盟法的更大程度的影响。欧洲法院一次又一次表明，它对一体化的概念赋予了非常高的价值。未来几年欧洲法院的挑战仍然是建立自由、安全和公正的领域的“权利”部分。[1929] 现在是欧洲刑事法对被告人和被害人产生效用的时候了。

将一体化视为一个线性过程，则可以预期有一天欧盟将建立一个欧洲刑事法庭，并且欧洲监狱设施将不得不投入建设。然而，这些步骤是以那

1920 5 February 1963, Case 26–62, *Van Gend en Loos*，欧洲法院认为，联盟法律创造了一套的新法律秩序，其中包括可以直接适用的个人权利。

1921 11 November 1981, Case 203/80, *criminal proceedings against Guerrino Casati*，认为联盟法也可能影响刑法和刑事程序。

1922 11 June 1987, Case 14/86, *Pretore di Salò v. Persons unknown*，欧洲法院允许在刑事诉讼调查阶段提请初步裁决。

1923 8 October 1987, Case 80/86, *criminal proceedings against Kolpinghuis Nijmegen B.V.*，欧洲法院宣布共同体立法本身不能确立或加重刑事责任。

1924 21 September 1989, Case 68/88, *Commission v. Greece*，欧洲法院制定了适用于刑法的执行标准。

1925 11 February 2003, Case C-187/01 and Case C-385/01, *criminal proceedings against Hüseyin Gözütok* (*C-187/01*) *and Klaus Brügge* (*C-385/01*)，例如，通过对申根公约进行解释，该公约在谈判时被缔约方明确否决。

1926 16 June 2005, Case C-105/03, *criminal proceedings against Maria Pupino*，尽管《欧盟条约（前里斯本条约）》第 34 条第 2 款 b 项规定框架决定不会产生直接影响，但欧洲法院事实上直接适用了框架决定。

1927 13 September 2005, Case C-176/03, *Commission v. Council*，尽管欧洲共同体成立时明确决定不将这一权力扩大到共同体，而是将其留给成员国，但本案中欧洲法院授予共同体在其关于刑事处罚的政策领域执行的权力 。

1928 8 September 2015, Case C-105/14, *criminal proceedings against Ivo Taricco and others*，法院裁定，有效阻止实施履行欧盟义务的实体刑法得到适用的刑事诉讼规则违反了希腊玉米案标准，因此必须搁置。

1929 Opinion of Adcovate General Ruiz-Jarabo Colomerof 8 April 2008, Case C-297/07, *Staatsanwaltschaft Regensburg v. Klaus Bourquain*, point 47 and point 48.

时的政治势头为条件的。政治家可能倾向于作出象征性的姿态。例如，如果再发生像 2001 年 9 月 11 日那样的恐怖袭击，欧盟将被迫显示其反应能力。如果到那时欧洲公共检察官办公室已经存在，它可能会想出一些其他东西，比如欧洲刑事法院。令人失望的是，这种影响的决定可能不是基于对所有利弊的仔细评估，而是欧洲刑法到目前为止的发生、发展的方式，它将对应于一般刑事法的象征性质。

13. 公民人权领域的维度

1950 年，《欧洲人权公约》是在这样一种背景下起草的，其中一般而言，
542 与公民诉讼有关的所有事实或多或少都发生在一个特定国家的国界内。侵犯人权的情况也是如此。实质上，发生侵犯人权事件时，只有一个国家对此负责并作出赔偿。

但是，2016 年的现代欧洲社会的情况完全不同。现在人们不断从一个国家旅行到另一个国家，在许多欧洲人的生活中，国界几乎不再发挥作用。虚拟世界中的人类行为很难被确定地点。同样，成员国在刑事事项方面开展了密切合作以打击犯罪。对于某些边界领域来说，大多数刑事诉讼确实存在需要合作的外国因素。

当然，在这种情况下，可能会发生侵犯人权的行为。各国也合作实施了违反《欧洲人权公约》和《欧盟基本权利宪章》的行为。正是在这里，2016 年的密集合作与 1950 年所设想的赔偿和责任的划分不一致。在许多情况下，申请人将无法分辨哪个国家实施了侵害行为，因为它发生在程序的早期阶段，那时他甚至不知道他是嫌疑人（例如，德国向法国提供了信息并且违反了第 8 条，因为没有法律依据来获得该信息）。

欧洲人权委员会和欧洲人权法院的判例法并不接受共同责任，而是对各国家的责任进行划分。[1930] 在相互信任和缔约国对公约下的保证承担集体责任的基础上，应给予《欧洲人权公约》等“活”的法律文书切实而有效的意义。在成员国密切合作的情况下（基于相互承认或其他密集模式），《欧洲人权公约》的缔约国的集体责任要求，在受理的时刻，申请不需要与所有最终（被认为是）对侵害行为负责的成员国有关。最重要的是首先确定

1930　此处是指第八章第 6.4 节提到的案件 *Sari against Denmark and Turkey*。

缔约国的集体是否侵犯了个人的权利，则相关的责任也会发生变化。应在后期处理由哪个国家负责的问题。

一个关于人权的新视角是必要的。无论是一个成员国，还是两个或两个以上的成员国，甚至欧盟本身侵犯了人权，都必须保障个人的人权。人权不能仅在一个成员国的管辖范围内得到保证，而应在整个自由、安全和公正的领域内进行。

也许这种保护不会由欧洲人权法院给予，而是来自欧洲法院。根据《欧盟基本权利宪章》，后者显然有能力成为欧盟内人权的主要保证机关。这里需要认识到个人人权的“领域方面”。

我认为我的方法与《欧洲刑事诉讼法宣言》的方法的主要区别在于成 543
员国对被告人的联合责任问题。[1931] 我认为对于实体性权利没有意见分歧；分歧主要在于谁有责任保护这些人以及谁有权援引这些权利。鉴于欧洲刑事政策倡议强调执行成员国在维护公民权利方面的作用，我重点关注赋予公民享有针对于所有合作成员国的权利。我对于国家利益和民族身份不那么关注，并当然更倾向于由一个有专属权力的成员国作出的清楚的法律救济措施，而不是来自一个自行决定什么是对公民更有利的成员国。欧盟为其公民提供权利的领域维度不只需要对拒绝理由的强化。关于后者，欧洲刑事政策倡议的一些要求如果得到执行，将导致拒绝理由的门槛高于原先欧洲委员会的公约中规定的理由。虽然欧洲刑事政策倡议认为被告人的立场是双重辩护，我认为这是单个辩护，其中成员国相互负责；国际合作在良好和不利时期继续进行。欧洲刑事政策倡议中的成员国责任个体化与本书选择的公民权利个体化的方法形成对比。[1932]

14. 欧洲公共检察官办公室的模式

尽管关于建立欧洲公共检察官办公室的谈判不可能很快结束，但似乎

1931 European Criminal Policy Initiative, A Manifesto on European Criminal Procedure Law, Stockholms universitet 2014.

1932 Gless 将鸟瞰（着重于规则制定和规则执行）与蚯蚓视野（被告人与来自不同来源的多层规则的对抗）进行了对比，这是一个加强辩护立场的有效的比喻。Sabine Gless, Bird's-eye view and worm's-eye view: towards a defendant-based approach in transnational criminal law, in: Transnational Legal Theory 2015, pp.1–24.

偏向于采用一种混合的半欧洲半国家的方法。这可能对欧洲公共检察官办公室和成员国的明确责任和赔偿都造成负面影响。认识到欧洲公共检察官办公室本身不应该是一个目标（也不应该预防它），并提醒我们自己为什么会出现欧洲公共检察官办公室的想法是有帮助的。起初，这是为了填补成员国不执行的情况时出现的空白。如果欧洲公共检察官办公室是解决这个问题的答案，那么它的结构应该依此设置。在这方面，从反不正当竞争
544 法发展的经验，包括案件分配机制中可以学到很多东西。这使委员会能够监督成员国当局的执法情况，并对欧盟具有优先性影响的反不正当竞争法案件承担责任。

但是，在反不正当竞争法中，实质性规范（即什么构成不正当竞争行为？）是统一适用的。在设立欧洲公共检察官办公室的条例中仍然有可能规定实质性规范。

可以使用的对应起诉模式运用了补充性原则，以国际刑事法庭采用的形式来运用互补原则，即如果一个国家不愿或不能真正起诉时，检察官可以采取行动。在欧盟范围内，可适用较低的门槛，这将允许欧洲公共检察官办公室承担其责任。如果欧洲检察官认为，一个成员国未能充分调查或起诉，那么该办公室则获得优先处理该案件的权力。如果不是所有成员国从一开始就参加欧洲公共检察官办公室，这种做法可能变得更加必要。在强化的合作下建立的欧洲公共检察官办公室可能需要一个工具来起诉非参与成员国中发生的犯罪。

15. 在即将到来的民族主义和难民危机时期中建立相互信任和团结

不可否认的是，引入相互承认作为国际合作的原则也遭到过严正的反对。虽然一方面，这是该机制所固有的，因为根据定义相互承认剥夺了一些拒绝合作的自由裁量空间；另一方面，也存在另一个应该与其合作的成员国是否值得信赖的担忧。在这方面，必须指出的是，成员国之间公正审判的标准，被告人权利的保护，采用刑法和拘留的比例性仍然存在很大差异。相互信任是一个广泛的概念；它否定了分歧，并且这样做使得其在平等对待被告人和被定罪人上的努力，因成员国之间的差异而受到严重妨碍。这只能通过提高那些在某些问题上表现不佳的成员国的标准才能解决。

在整个欧洲联盟中，民族主义政党都伴随着明确的反欧盟态度出现。对于其中许多人来说，来自欧盟的所有东西都是错误的，或者希腊、爱尔兰、意大利、葡萄牙和西班牙目前的财政问题都是他们自己制造出来的，
其他欧洲人应该与此无关。在社会的某些部分，明确希望退回到“一个民 545
族的国家”的概念。欧盟甚至被一些人视为“外国”机构。在这里，欧盟应该（比过去做的好得多）传达这样的信息，即它在很多方面有助于欧洲人民的福祉。

虽然欧洲人享有自由迁移的权利，但他们认为这些不言自明，并且没有将它们与欧洲一体化联系起来。从这个意义上讲，我认为这些新兴的民族主义倾向表明欧洲一体化现在已经到达了社会的各个阶层。在各国议会将大部分国家主权转移到欧盟的时刻，许多人对结果感到不满，并希望回到几十年前的状况。撤退到国界背后并没有将犯罪行为带到别处。尽管言辞雄辩，我不认为它最终会发生。相反，反欧盟运动的时期可能会导致对欧洲一体化价值的反思。这肯定会导致进一步一体化步骤的暂时性推迟。但是我相信，这种反思最终会导致确认欧洲一体化确实是一个线性过程。

近年来，可以观察到互相矛盾的现象。一方面，成员国继续认为犯罪是一个具有排他的所有权的问题（表达为广泛的管辖权，明知是启动平行诉讼，以及不愿意移交诉讼）。另一方面，2015 年我们遇到了所有权被拒绝的问题（希腊应该自己解决财政问题！为什么我们要给他们更多的钱？）而且对成员国之间的团结的呼吁并不是所有人都愿意听到的。通过修建围栏来阻止难民进入该国，匈牙利拒绝对难民问题的所有权并将其转交给其他成员国。这两个不相关的危机仍然有一些共同之处，那就是它们表明团结和信任不是欧盟所固有的。这里也需要一种综合方法，这种方法承认问题的共同性质（无论是犯罪还是任何不希望的人类行为或自然灾害的不良后果）需要一个共同的答案和共同的对外国界。不论他们是被告人还是难民，应对措施应该达到一个最低限度的体面，通过关于如何对待人类的规范来表达。这是建立在人类尊严、自由、平等和团结的不可分割的普遍价值的基础上的。

附　录

法律文书名录

共同立场

Common Position 97/661 of 6 October 1997 on negotiations in the Council of Europe and the OECD relating to corruption，OJ 1997，L 297/1

1997 年 10 月 6 日《欧洲委员会和经济合作与发展组织与腐败有关的谈判的共同立场 97/661》，OJ 1997，L 297/1

Second Common Position 97/783 of 13 November 1997 on negotiations in the Council of Europe and the OECD relating to corruption，OJ 1997，L 320/1

1997 年 11 月 13 日《欧洲委员会和经济合作与发展组织与腐败有关的谈判的第二共同立场 97/783》，OJ 1997，L 320/1

Common Position 98/409 of 29 June 1998 concerning Sierra Leone，OJ 1998，L 187/1

1998 年 6 月 29 日《关于塞拉利昂的共同立场 98/409》，OJ 1998，L 187/1

Common Position 1999/364 of 27 May 1999，on negotiations relating to the Draft Convention on Cyber Crime held within the Council of Europe，OJ 1999，L 142/1

1999 年 5 月 27 日《欧洲委员会内部举行的与网络犯罪公约草案有关的谈判的共同立场 1999/364》，OJ 1999，L 142/1

Common Position 2000/130 of 31 January 2000 on the proposed Protocol against the illicit manufacturing of and trafficking in firearms，their parts and components and ammunition，supplementing the United Nations Convention against Transnational organised crime，OJ 2000，L 37/1

2000 年 1 月 31 日《关于打击非法制造和贩运枪支及其零部件和弹药的拟议议定书的共同立场 2000/130》，补充《联合国打击跨国有组织犯罪公约》，

OJ 2000，L 37/1

Common Position 2001/930 of 27 December 2001 on combating terrorism，OJ 2001，L 344/90[Common Position 2001/930 on Combating Terrorism]

2001 年 12 月 27 日《关于打击恐怖主义的共同立场 2001/930》，OJ 2001，L 344/90[关于打击恐怖主义的共同立场 2001/930]

Common Position 2001/931 of 27 December 2001 on the application of specific measures to combat terrorism，OJ 2001，L 344/93[Common Position 2001/931 on Specific Measures to Combat Terrorism]

2001 年 12 月 27 日《关于采取具体措施打击恐怖主义的共同立场 2001/931》，OJ 2001，L 344/93[关于打击恐怖主义的具体措施的共同立场 2001/931]

Common Position 2004/694 on further measures in support of the effective implementation of the mandate of the International Criminal Tribunal for the Former Yugoslavia（ICTY），OJ 2004，L 315/52

《关于支持有效执行前南斯拉夫问题国际刑事法庭（前南问题国际法庭）任务规定的进一步措施的共同立场 2004/694》，OJ 2004，L 315/52

Common Position 2008/81 of 28 January 2008 extending the validity of Common Position 2004/694，amending Common Position 98/409/CFSP concerning Sierra Leone，OJ 2008，L 24/54

2008 年 1 月 28 日《延长共同立场 2004/694 的有效期，修订关于塞拉利昂的共同立场 98/409 / CFSP 的共同立场 2008/81》，OJ 2008，L 24/54

公约

European Convention for the Protection of Human Rights and 'dFundamental Freedoms of 4 November 1950，ETS 5[ECHR]

1950 年 11 月 4 日《欧洲保护人权和基本自由公约》，ETS 5[欧洲人权公约]

European Convention on Extradition of 13 December 1957，ETS 24[European Convention on Extradition]

1957 年《欧洲引渡公约》，ETS 24[欧洲引渡公约]

European Convention on Mutual Assistance in Criminal Matters of 20 April 1959，ETS 30[1959 European Convention on Mutual Assistance in Criminal Matters]

1959 年 4 月 20 日的《欧洲刑事司法互助公约》，ETS 30[1959 年欧洲刑事司法互助公约]

Single Convention on Narcotic Drugs of 30 March 1961，520 UNTS

1961 年 3 月 30 日《麻醉品单一公约》，520 UNTS

Convention of 27 September 1968 on jurisdiction and the enforcement of judgments in civil and commercial matters，OJ 1983，C 97/2［Brussels Convention］

1968 年 9 月 27 日《关于民商事判决管辖权和执行的公约》，OJ 1983，C 97/2［布鲁塞尔公约］

Protocol to the Convention of 27 September 1968 on jurisdiction and the enforcement of judgments in civil and commercial matters，OJ 1983，C 97/2［Protocol to the Brussels Convention］

1968 年 9 月 27 日《关于民商事判决管辖权和执行的公约议定书》，OJ1983，C97 / 2［布鲁塞尔公约议定书］

Vienna Convention on the Law of Treaties of 23 May 1969，UNTS 1155

1969 年 5 月 23 日《维也纳条约法公约》，UNTS 1155

European Convention on the Transfer of Proceedings in Criminal Matters of 15 May 1972，ETS 73

1972 年 5 月 15 日《欧洲刑事程序转移公约》，ETS 73

Convention on the Physical Protection of Nuclear Material of 3 March 1980，UNTS 1456 487

1980 年 3 月 3 日《核材料实物保护公约》，UNTS 1456

Council of Europe Convention for the Protection of Individuals with Regard to Automatic Processing of Personal Data of 28 January 1981，ETS 108

1981 年 1 月 28 日《欧洲委员会关于保护自动处理的个人数据公约》，ETS 108

Convention on the Transfer of Sentenced Persons of 21 March 1983，ETS 112

1983 年 3 月 21 日《移交被判刑人员公约》，ETS 112

Convention against Torture and Other Cruel，Inhuman or Degrading Treatment or Punishment of 10 December 1984，UNTS 1465

1984 年 12 月 10 日《禁止酷刑和其他残忍、不人道或有辱人格的待遇或处罚的公约》，UNTS 1465

Convention between the Member States of the European Communities on double jeopardy of 25 May 1987，not published

1987 年 5 月 25 日《欧洲共同体成员国之间关于双重危险的公约》，未公布

European Convention for the Prevention of Torture and Inhuman or Degrading Treatment or Punishment of 26 November 1987，ETS 126

1987 年 11 月 26 日《欧洲禁止酷刑和其他残忍、不人道或有辱人格的待遇

或处罚的公约》，ETS 126

Convention for the Suppression of Unlawful Acts against the Safety of Maritime Navigation of 10 March 1988，UNTS 1678

1988 年 3 月 10 日《制止危及海上航行安全非法行为公约》，UNTS 1678

United Nations Convention against Illicit Traffic in Narcotic Drugs and Psychotropic Substances of 20 December 1988，OJ 1990，L 326/57

1988 年 12 月 20 日《联合国禁止非法贩运麻醉药品和精神药物公约》，OJ 1990，L 326/57

Convention on the Rights of the Child of 20 November 1989，UNTS 1577

1989 年 11 月 20 日《儿童权利公约》，UNTS 1577

Convention of 19 June 1990 Implementing the Schengen Agreement of 14 June 1985 between the Governments of the States of the Benelux Economic Union，the Federal Republic of Germany and the French Republic on the gradual abolition of checks at their common borders，OJ 2000，L 239/19 [CISA]

1990 年 6 月 19 日《执行 1985 年 6 月 14 日的比荷卢经济联盟各国政府，德意志联邦共和国和法兰西共和国之间的申根协定中关于逐步取消共同边界的检查的公约》，OJ 2000，L 239/19 [CISA]

Convention between the Member States of the European Communities on the enforcement of foreign criminal sentences of 13 November 1991，not published

1991 年 11 月 13 日《欧洲共同体成员国关于执行外国刑事判决的公约》，未公布

Convention on simplified extradition procedure between the Member States of the European Union of 10 March 1995，OJ 1995，C 78/2

1995 年 3 月 10 日《欧盟成员国间简化引渡程序公约》，OJ 1995，C 78/2

Convention of 26 July 1995 on the establishment of a European Police Office，OJ 1995，C 316/2 [Europol Convention]

1995 年 7 月 26 日《关于设立欧洲刑警组织的公约》，OJ 1995，C 316/2 [欧洲刑警组织公约]

Convention of 26 July 1995 on the Protection of the European Communities' Financial Interests，OJ 1995，C 316/49 [Financial Interests Convention]

1995 年 7 月 26 日《保护欧洲共同体的财政利益公约》，OJ 1995，C 316/49 [财政利益公约]

Protocol of 27 September 1996 to the Convention 26 July 1995 on the Protection of the European Communities' Financial Interests，OJ 1996，C 313/2 [First Protocol

Financial Interests Convention]

1996 年 9 月 27 日《关于 1995 年 7 月 26 日保护欧洲共同体财政利益公约的议定书》，OJ 1996，C 313/2[财政利益公约第一议定书]

Convention relating to extradition between the Member States of the European Union of 27 September 1996，OJ 1996，C 313/11

1996 年 9 月 27 日《欧盟成员国之间有关引渡的公约》，OJ 1996，C 313/11

Second Protocol of 19 June 1997 to the Convention on the protection of the European Communities' financial interests，OJ 1997，C 151/1 [Second Protocol Financial Interests Convention]

1997 年 6 月 19 日《保护欧洲共同体财政利益公约第二议定书》，OJ 1997，C 151/1 [财政利益公约第二议定书]

Convention of 26 May 1997 on the fight against corruption involving officials of the European Communities or officials of Member States of the European Union，OJ 1997，C 195/2 [Corruption Convention]

1997 年 5 月 26 日《关于打击涉及欧洲共同体官员或欧盟成员国官员的腐败的公约》，OJ 1997，C 195/2 [反腐败公约]

Convention of 18 December 1997 on mutual assistance and cooperation between customs administrations，OJ 1998，C 24/1 [Convention on Mutual Assistance between Customs Administrations]

1997 年 12 月 18 日《关于海关当局之间相互协助与合作的公约》，OJ 1998，C 24/1 [海关当局间的互助公约]

Convention on Driving Disqualifications of 17 June 1998，OJ 1998，C 216/2

1998 年 6 月 17 日《关于剥夺驾驶资格的公约》，OJ 1998，C 216/2

Convention of 29 May 2000 on Mutual Assistance in Criminal Matters between the Member States of the European Union，OJ 2000，C 197/3 [EU Mutual Assistance Convention]

2000 年 5 月 29 日《欧洲联盟成员国间刑事司法互助公约》，OJ 2000，C 197/3 [欧盟互助公约]

United Nations Convention against Transnational Organized Crime of 15 November 2000，UNTS 2225

2000 年 11 月 15 日《联合国打击跨国有组织犯罪公约》，UNTS 2225

Protocol of 31 May 2001 on the illicit manufacturing of and trafficking in firearms，their parts，components and ammunition to United Nations Convention against Transnational Organized Crime of 15 November 2000

2001 年 5 月 31 日《关于 2000 年 11 月 15 日〈联合国打击跨国有组织犯罪公约〉的非法制造和贩运枪支及其零部件和弹药的议定书》

Second Protocol to the European Convention on Mutual Assistance in Criminal Matters of 8 November 2001，ETS 182

2001 年 11 月 8 日《欧洲刑事司法互助公约第二议定书》，ETS 182

Convention on Cybercrime of 23 November 2001，ETS 185

2001 年 11 月 23 日《网络犯罪公约》，ETS 185

Agreement of 25 June 2003 on Mutual Legal Assistance between the European Union and the United States of America，OJ 2003，L 181/41

2003 年 6 月 25 日《欧盟和美利坚合众国之间相互提供法律协助的协议》，OJ 2003，L 181/41

Agreement between the European Community and the Government of the People's Republic of China on drug precursors and substances frequently used in the illicit manufacture of narcotic drugs or psychotropic substances，30 January 2009，OJ 2009，L 56/8

2009 年 1 月 30 日《欧洲共同体和中华人民共和国政府关于经常用于非法制造麻醉药品或精神药物的药物前体和物质的协定》，OJ 2009，L 56/8

Exchange of Letters between the European Union and the Government of Kenya on the conditions and modalities for the transfer of persons suspected of having committed acts of piracy and detained by the European Union-led naval force（EUNAVFOR），and seized property in the possession of EUNAVFOR，from EUNAVFOR to Kenya and for their treatment after such transfer，6 March 2009，OJ 2009，L 79/49

欧盟和肯尼亚政府之间就从欧盟领导的海军部队（EUNAVFOR）向肯尼亚转移的条件和方式进行信函交换，包括转移涉嫌犯下海盗行为并被欧盟领导的海军部队扣留的人，欧盟领导的海军部队占有的扣押财物，以及转移后的待遇，2009 年 3 月 6 日，OJ 2009，L 79 / 49

Exchange of Letters between the European Union and the Republic of Seychelles on the Conditions and Modalities for the Transfer of Suspected Pirates and Armed Robbers from EUNAVFOR to the Republic of Seychelles and for their Treatment after such Transfer，23 October 2009，OJ 2009，L 315/37

2009 年 10 月 23 日《欧盟和塞舌尔共和国之间关于从欧盟领导的海军部队转移到塞舌尔共和国的涉嫌海盗和武装劫匪的情况和方式以及转移后的待遇的协议》，OJ 2009，L 315 / 37

Agreement between the European Union and the United States of America on the processing and transfer of Financial Messaging Data from the European Union to the United States for purposes of the Terrorist Finance Tracking Program，30 November 2009，OJ 2010，L 8/11

2009 年 11 月 30 日《欧盟和美利坚合众国关于为实施恐怖分子财务追踪计划处理和转移欧盟至美国的财务信息数据协议》，OJ 2010，L 8/11

Agreement between the European Union and Japan on mutual legal assistance in criminal matters，30 November 2009，OJ 2010，L 39/20

2009 年 11 月 30 日《欧盟与日本关于刑事司法协助的协定》，OJ 2010，L 39/20

Agreement between the European Union and the United States of America on the processing and transfer of Financial Messaging Data from the European Union to the United States for the purposes of the Terrorist Finance Tracking Program，28 June 2010，OJ 2010，L 195/5

2010 年 6 月 28 日《欧盟和美利坚合众国关于为实施恐怖分子财务追踪计划处理和转移欧盟至美国的财务信息数据协议》，OJ 2010，L 195/5

决定

Decision 1999/352 of 28 April 1999，establishing a European Anti-fraud Office（OLAF），OJ 1999，L 136/20［OLAF Decision 1999/352］

1999 年 4 月 28 日《设立欧洲反欺诈办公室的决定 1999/352》，OJ 1999，L 136/20［OLAF 决定 1999/352］

Decision 1999/435 of 20 May 1999 concerning the definition of the Schengen acquis for the purpose of determining，in conformity with the relevant provisions of the Treaty establishing the European Community and the Treaty on European Union，the legal basis for each of the provisions or decisions which constitute the acquis，OJ 1999，L 176/1

1999 年 5 月 20 日《关于根据〈成立欧洲共同体条约〉和〈欧洲联盟条约〉的有关条款，以确定每个组成申根法律体系的条款或决定的法律依据而确定申根法律体系的定义的决定 1999/435》，OJ 1999，L 176/1

Decision 1999/436 of 20 May 1999 determining，in conformity with the relevant provisions of the Treaty establishing the European Community and the Treaty on European Union，the legal basis for each of the provisions or decisions which constitute the acquis，OJ 1999，L 176/17

1999 年 5 月 20 日《根据〈欧洲共同体条约〉和〈欧洲联盟条约〉的有关条款，确定构成欧共体法律体系的每一条款或决定的法律依据的决定

1999/436》OJ 1999，L 176/17

Decision 1999/437 of 17 May 1999 on certain arrangements for the application of the Agreement concluded by the Council of the European Union and the Republic of Iceland and the Kingdom of Norway concerning the association of those two States with the implementation，application and development of the Schengen acquis，OJ 1999，L 176/31

1999 年 5 月 17 日《关于适用欧盟理事会和冰岛共和国以及挪威王国缔结的条约的某些关于这两个国家执行，实施和发展申根法律文书的安排的决定 1999/437》OJ 1999，L 176/31

Decision 1999/615 of 13 September 1999 defining 4-MTA as a new synthetic drug which is to be made subject to control measures and criminal penalties，OJ 1999，L 244/1

1999 年 9 月 13 日《将 4-MTA 定义为一种需要接受控制措施和刑事处罚的新合成药物决定 1999/615》，OJ 1999，L 244/1

Decision 2000/375 of 29 May 2000 to combat child pornography on the Internet，OJ 2000，L 138/1[Decision 2000/375 on Internet Pornography]

2000 年 5 月 29 日《关于在互联网上打击儿童色情制品的决定 2000/375》，OJ 2000，L 138/1[关于互联网色情信息的决定 2000/375]

Decision 2000/624 of 17 October 2000 concerning arrangements for cooperation between financial intelligence units of the Member States in respect of exchanging information，OJ 2000，L 271/4

2000 年 10 月 17 日《关于成员国金融情报单位在交换信息方面的合作安排的决定 2000/624》，OJ 2000，L 271/4

Decision 2000/799 of 14 December 2000 setting up a Provisional Judicial Cooperation Unit，OJ 2000，L 324/2

2000 年 12 月 14 日《设立临时司法合作部门的决定 2000/799》，OJ 2000，L 324/2

Decision 2001/419 of 28 May 2001 on the transmission of samples of controlled substances，OJ 2001，L 150/1

2001 年 5 月 28 日《关于受控物质样品的输送的决定 2001/419》，OJ 2001，L 150/1

Decision of 6 December 2001 extending Europol's mandate to deal with the serious forms of international crime listed in the Annex to the Europol Convention，OJ 2001，C 362/1

2001 年 12 月 6 日《关于扩张欧洲刑警组织处理〈欧洲刑警组织公约〉附件所列严重形式的国际罪行的权力的决定》，OJ 2001，C 362/1

Decision 2001/887 of 6 December 2001 on the protection of the euro against counterfeiting，OJ 2001，L 329/1

2001 年 12 月 6 日《关于保护欧元免受伪造的决定 2001/887》，OJ 2001，L 329/1

Decision 2002/187 of 28 February 2002 setting up Eurojust with a view to reinforcing the fight against serious crime，OJ 2002，L 63/1［Eurojust Decision 2002/187］

2002 年 2 月 28 日《设立欧洲司法合作组织，以加强打击严重犯罪的斗争的决定 2002/187》，OJ 2002，L 63/1［欧洲司法合作组织决定 2002/187］

Decision 2002/188 of 28 February 2002 concerning control measures and criminal sanction in respect of the new synthetic drug PMMA，OJ 2002，L 63/14

2002 年 2 月 28 日《关于新合成药物 PMMA 的控制措施和刑事处罚的决定 2002/188》，OJ 2002，L 63/14

Decision 2002/192 of 28 February 2002 concerning Ireland's request to take part in some of the provisions of the Schengen acquis，OJ 2002，L 64/20

2002 年 2 月 28 日《关于爱尔兰请求加入部分申根条款的决定 2002/192》，OJ 2002，L 64/20

Decision 2002/494 of 13 June 2002 setting up a European network of contact points in respect of persons responsible for genocide，crimes against humanity and war crimes，OJ 2002，L 167/1

2002 年 6 月 13 日《设立一个负责种族灭绝罪，危害人类罪和战争罪的欧洲联络点网络的决定 2002/494》，OJ 2002，L 167/1

Decision 2002/956 of 28 November 2002 setting up a European Network for the Protection of Public Figures，OJ 2002，L 333/1

2002 年 11 月 28 日《设立保护公共人物的欧洲网络的决定 2002/956》，OJ2002，L 333/1

Decision 2002/996 of 28 November 2002 establishing a mechanism for evaluating the legal systems and their implementation at national level in the fight against terrorism，OJ 2002，L 349/1

2002 年 11 月 28 日《设立评估国家一级打击恐怖主义法律制度及其执行情况的机制的决定 2002/996》，OJ 2002，L 349/1

Decision 2003/170 of 27 February 2003 on the common use of liaison officers posted abroad by the law enforcement agencies of the Member States，OJ 2003，L 67/27

2003 年 2 月 27 日,《关于成员国执法机构派至国外的联络官员的共同应用情况的决定 2003/170》, OJ 2003, L 67/27

Decision 2003/335 of 8 May 2003 on the investigation and prosecution of genocide, crimes against humanity and war crimes, OJ 2003, L 118/12

2003 年 5 月 8 日《关于调查和起诉种族灭绝罪,危害人类罪和战争罪的决定 2003/335》, OJ 2003, L 118/12

Decision 2003/847 of 27 November 2003 concerning control measures and criminal sanction in respect of the new synthetic drug 2C-I, 2C-T-2, 2C-T-7 and TMA-2, OJ 2003, L 321/64

2003 年 11 月 27 日《关于对新合成药物 2C-I, 2C-T-2, 2C-T-7 和 TMA-2 的控制措施和刑事处罚的决定 2003/847》, OJ 2003, L 321/64

Decision 2005/671 of 20 September 2005 on the exchange of information and cooperation concerning terrorist offences, OJ 2005, L 253/22

2005 年 9 月 20 日《关于交换关于恐怖主义犯罪的信息和合作的决定 2005/671》, OJ 2005, L 253/22

Decision 2005/876 of 21 November 2005 on the exchange of information extracted from the criminal record, OJ 2005, L 322/33

2005 年 11 月 21 日《关于交换从犯罪记录中提取的信息的决定 2005/876》, OJ2005, L 322/33

Decision 2008/79 of 20 December 2007 amending the Protocol on the Statute of the Court of Justice, OJ 2008, L 24/42

2007 年 12 月 20 日《关于修改〈欧洲法院规约议定书〉的决定 2008/79》, OJ 2008, L 24/42

Decision 2008/615 of 23 June 2008 on the stepping up of cross-border cooperation, particularly in combating terrorism and cross-border crime, OJ 2008, L 210/1[Decision 2008/615 on Stepping up Cross-border Cooperation]

2008 年 6 月 23 日《关于加强跨境合作,特别是在打击恐怖主义和跨境犯罪方面的决定 2008/615》, OJ 2008, L 210/1[关于加强跨境合作的决定 2008/615]

Decision 2008/616 on the implementation of Decision 2008/615 on the stepping up of cross-border cooperation, particularly in combating terrorism and cross-border crime, 23 June 2008, OJ 2008, L 210/12

2008 年 6 月 23 日《关于加强跨境合作,特别是打击恐怖主义和跨境犯罪的决定 2008/615 执行情况的决定 2008/616》, OJ 2008, L 210/12

Decision 2008/617 of 23 June 2008 on the improvement of cooperation between the special intervention units of the Member States of the European Union in crisis situations, OJ 2008, L 210/73

2008 年 6 月 23 日《关于改进欧盟成员国特别干预部门在危机情况下合作的决定 2008/617》

Decision 2008/633 concerning access for consultation of the Visa Information System (VIS) by designated authorities of Member States and by Europol for the purposes of the prevention, detection and investigation of terrorist offences and of other serious criminal offences, 23 June 2008, OJ 2008, L 218/129

2008 年 6 月 23 日《关于为预防，侦查和调查恐怖主义犯罪和其他严重刑事犯罪而由成员国指定机构和欧洲刑警组织获得查阅签证信息系统（VIS）权限的决定 2008/633》，OJ 2008，L 218/129

Decision 2008/801 of 25 September 2008 on the conclusion, on behalf of the European Community, of the United Nations Convention against Corruption, OJ 2008, L 287/1

2008 年 9 月 25 日《关于代表欧洲共同体缔结〈联合国反腐败公约〉的决定 2008/801》OJ 2008，L 287/1

Decision 2008/976 on the European Judicial Network, 16 December 2008, OJ 2008, L 348/130

2008 年 12 月 16 日《关于欧洲司法网络的决定 2008/976》，OJ 2008，L 348/130

Decision 2009/316 on the establishment of the European Criminal Records Information System (ECRIS) in application of Article 11 of Framework Decision 2009/315, 6 April 2009 [Decision 2009/316 on ECRIS], OJ 2009, L 93/33

2009 年 4 月 6 日《关于根据框架决定 2009/315 第 11 条设立欧洲犯罪记录信息系统（ECRIS）的决定 2009/316》[关于 ECRIS 的决定 2009/316]，OJ 2009，L 93/33

Decision 2009/371 establishing the European Police Office (Europol), 6 April 2009 [Europol Decision 2009/371], OJ 2009, L 121/37

2009 年 4 月 6 日《设立欧洲刑警组织（Europol）的决定 2009/371》[欧洲刑警组织决定 2009/371]OJ 2009，L 121/37

Decision 2009/426 on the strengthening of Eurojust and amending Decision 2002/187 setting up Eurojust with a view to reinforcing the fight against serious crime, 16 December 2008 [Eurojust Decision 2009/426], OJ 2009, L 138/14

2008年12月16日《关于加强欧洲司法合作组织和修改〈设立欧洲司法合作组织，以加强打击严重犯罪的斗争的决定2002/187〉的决定2009/426》，[欧洲委员会决定2009/426]，OJ 2009，L 138/14

Decision 2009/902 setting up a European Crime Prevention Network（EUCPN）and repealing Decision 2001/427，30 November 2009，OJ 2009，L 321/44

2009年11月30日《设立欧洲犯罪预防网络（EUCPN）并废除决定2001/427的决定2009/902》，OJ 2009，L 321/44

Decision 2009/917 on the use of information technology for customs purposes，30 November 2009，OJ 2009，L 323/20

2009年11月30日《关于以海关目的使用信息技术的决定2009/917》，OJ 2009，L 323/20

Decision 2009/934 adopting the implementing rules governing Europol's relations with partners，including the exchange of personal data and classified information，30 November 2009，OJ 2009，L 325/6

2009年11月30日《通过关于欧洲刑警组织与伙伴关系的实施细则，包括交换个人资料和机密信息的决定2009/934》，OJ 2009，L 325/6

Decision 2009/935 determining the list of third States and organisations with which Europol shall conclude agreements，30 November 2009，OJ 2009，L 325/12

2009年11月30日《确定与欧洲刑警组织缔结协定的第三国和组织的名单的决定2009/935》，OJ 2009，L 325/12

Decision 2009/936 adopting the implementing rules for Europol analysis work files，30 November 2009，OJ 2009，L 325/14

2009年11月30日《通过欧洲刑警组织工作文件分析报告的实施细则决定2009/936》，OJ 2009，L 325/14

Decision 2009/968 adopting the rules on the confidentiality of Europol information，30 November 2009，OJ 2009，L 332/17

2009年11月30日《通过关于欧洲刑警组织信息保密规则的决定2009/968》，OJ 2009，L 332/17

Decision 2009/1010 on the conditions related to the processing of data on the basis of Article 10（4）of the Europol Decision，4 June 2009，OJ 2009，L 348/1

2009年6月4日《与根据〈欧洲刑警组织决定〉第10条第4款进行的数据处理有关的条件的决定2009/1010》，OJ 2009，L 348/1

Decision 2009/1023 on the signing，on behalf of the European Union，and on the provisional application of certain provisions of the Agreement between the European

Union and Iceland and Norway on the application of certain provisions of Council Decision 2008/615 on the stepping up of cross-border cooperation, particularly in combating terrorism and cross-border crime and Council Decision 2008/616 on the implementation of Decision 2008/615 on the stepping up of cross-border cooperation, particularly in combating terrorism and cross-border crime, and the Annex thereto, 26 and 30 November 2009, OJ 2009, L 353/1

2009年11月26日和30日《代表欧盟签署关于欧盟与冰岛和挪威之间关于暂时执行理事会〈关于加强跨境合作，特别是在打击恐怖主义和跨境犯罪方面的决定2008/615〉和理事会〈关于加强跨境合作，特别是打击恐怖主义和跨境犯罪的决定2008/615执行情况的决定2008/616〉及相关附件中的特定条款的决定2009/1023》，OJ 2009，L 353/1

指令

Directive 64/221 of 25 February 1964 on the co-ordination of special measures concerning the movement and residence of foreign nationals which are justified on grounds of public policy, public security or public health, OJ English special edition: Series I Chapter 1963—1964, p.117 [Directive 64/221 on Movement and Residence of Foreign Nationals]

1964年2月25日《关于协调基于公共政策，公共安全或公共卫生理由的外国人迁移和居留的特别措施的指令64/221》，OJ英文特刊：I系列第1963—1964章，[关于外国人迁移和居留的指令64/221]

Directive 76/308 of 15 March 1976 on mutual assistance for the recovery of claims relating to certain levies, duties, taxes and other measures, OJ 1976, L 73/18

1976年3月15日《关于共同协助收回构成欧洲农业指导和担保基金融资体系一部分的业务所产生的索赔以及收回农业征税和关税以及增值税和某些消费税的指令76/308》OJ 1976，L 73/18

Directive 77/143 of 29 December 1976 on the approximation of the laws of the Member States relating to roadworthiness tests for motor vehicles and their trailers, OJ 1977, L 47/47

1976年12月29日《关于成员国有关机动车辆及其拖车的适用性测试的法律近似化的指令77/143》OJ 1977，L 47/47

Directive 77/249 of 22 March 1977 to facilitate the effective exercise by lawyers of freedom to provide services, OJ 1977, L 78/17 [Directive 77/249 on Lawyers' Freedom]

1977年3月22日《促进律师自由提供服务权利的有效行使的指令77/249》，OJ 1977，L 78/17[关于律师自由的指令77/249]

Directive 77/388 of 17 May 1977 on the harmonisation of the laws of the Member States relating to turnover taxes，OJ 1977，L 145/1

1977年5月17日《关于协调统一成员国中流转税的法律的指令77/388》，OJ 1977，L 145/1

Directive 77/799 of 19 December 1977 concerning mutual assistance by the competent authorities of the Member States in the field of direct taxation，OJ 1977，L 336/15

1977年12月19日《关于成员国主管当局在直接税领域的相互协助的指令77/799》OJ 1977，L 336/15

Directive 79/409 of 2 April 1979 on the conservation of wild birds，OJ 1979，L 103/1

1979年4月2日《关于野生鸟类保护的指令79/409》，OJ 1979，L 103/1

Directive 83/189 of 28 March 1983 laying down a procedure for the provision of information in the field of technical standards and regulations，OJ 1983，L 109/8[Directive 83/189 on Technical Standards]

1983年3月28日《规定在技术标准和规范领域提供信息的程序的指令83/189》，OJ 1983，L 109/8[关于技术标准的指令83/189]

Directive 88/301 of 16 May 1988 on competition in the market in telecommunications terminal equipment，OJ 1988，L 131/73

1988年5月16日《关于通讯终端设备市场的竞争问题的指令88/301》OJ 1988，L 131/73

Directive 89/592 of 13 November 1989 coordinating regulations on insider dealing，OJ 1989，L 334/40

1989年11月13日《协调关于内幕交易规定的指令89/592》，OJ 1989，L 334/40

Directive 90/313 of 7 June 1990 on the freedom of access to information on the environment，OJ 1990，L 158/56

1990年6月7日《关于获得环境信息自由的指令90/313》OJ 1990，L 158/56

Directive 91/308 of 10 June 1991 on prevention of the use of the financial system for the purpose of money laundering，OJ 1991，L 166/77

1991年6月10日《关于防止利用金融系统进行洗钱的指令91/308》，OJ

1991，L 166/77

Directive 91/439 of 29 July 1991 on Driving Licences，OJ 1991，L 237/1[Directive 91/439 on Driving Licences]

1991 年 7 月 29 日《关于驾驶执照的指令 91/439》，OJ 1991，L 237/1[关于驾驶执照的指令 91/439]

Directive 91/477 of 18 June 1991 on control of the acquisition and possession of weapons，OJ 1991，L 256/51 87

1991 年 6 月 18 日《关于控制获得和持有武器的指令 91/477》，OJ 1991，L 256/51

Directive 92/12 of 25 February 1992 on the general arrangements for products subject to excise duty and on the holding，movement and monitoring of such products，OJ 1992，L 76/1

1992 年 2 月 25 日《关于需承担消费税的产品的总体安排以及此类产品的保存，移动和监测的指令 92/12》，OJ 1992，L 76/1

Directive 93/7 of 15 March 1993 on the return of cultural objects unlawfully removed from the territory of a Member State，OJ 1993，L 74/74

1993 年 3 月 15 日《关于归还从成员国领土内非法转移的文物的指令 93/7》，OJ 1993，L 74/74

Directive 95/46 of 24 October 1995 on the protection of individuals with regard to the processing of personal data and on the free movement of such data，OJ 1995，L 281/35[Directive 95/46 on Data Protection]

1995 年 10 月 24 日《关于保护个人在处理个人数据和这些数据的自由流通方面的指令 95/46》，OJ 1995，L 281/35[关于数据保护的指令 95/46]

Directive 97/80 of 15 December 1997 on the burden of proof in cases of discrimination based on sex，OJ 1998，L 14/6

1997 年 12 月 15 日《关于性别歧视案件中的举证责任的指令 97/80》，OJ 1998，L 14/6

Directive 98/5 of 16 February 1998 to facilitate practice of the profession of lawyer on a permanent basis in a Member State other than that in which the qualification was obtained，OJ 1998，L 77/36[Directive 98/5 on Lawyers' Title]

1998 年 2 月 16 日《旨在促进长期在获得律师资格的成员国以外的成员国的律师的执业的指令 98/5》，OJ 1998，L 77/36[关于律师称号的指令 98/5]

Directive 98/37 of 22 June 1998 on the approximation of the laws of the Member States relating to machinery，OJ 1998 L 207/1

1998 年 6 月 22 日《关于成员国有关机械的法律的近似化的指令 98/37》，OJ 1998 L 207/1

Directive 2000/43 of 29 June 2000 implementing the principle of equal treatment between persons irrespective of racial or ethnic origin，OJ 2000，L 180/22

2000 年 6 月 29 日《对不论其种族或民族血统的人实施平等待遇原则的指令 2000/43》，OJ 2000，L 180/22

Directive 2000/78 of 27 November 2000 establishing a general framework for equal treatment in employment and occupation，OJ 2000，L 303/16

2000 年 11 月 27 日《设定就业和职业平等待遇的一般框架的指令 2000/78》，OJ 2000，L 303/16

Directive 2002/58 of 12 July 2002 concerning the processing of personal data and the protection of privacy in the electronic communications sector，OJ 2002，L 201/37

2002 年 7 月 12 日《关于电子通信领域处理个人数据和保护个人隐私的指令 2002/58》，OJ 2002，L 201/37

Directive 2002/90 of 28 November 2002 defining the facilitation of unauthorised entry，transit and residence，OJ 2002，L 328/17[Directive 2002/90 on Unauthorised Entry]

2002 年 11 月 28 日《定义协助未经授权的入境，过境和居留的指令 2002/90》，OJ 2002，L 328/17[关于未经授权入境的指令 2002/90]

Directive 2003/6 on insider dealing and market manipulation (market abuse)，28 January 2003，OJ 2003，L 96/16[Directive 2003/6 on insider dealing]

2003 年 1 月 28 日《关于内幕交易和市场操纵（市场滥用）的指令 2003/6》，OJ 2003，L 96/16[关于内幕交易的指令 2003/6]

Directive 2004/38 of 29 April 2004 on the rights of citizens of the Union and their family members to move and reside freely within the territory of the Member States，OJ 2004，L 158/77[Directive 2004/38 on Free Movement]

2004 年 4 月 29 日《关于欧盟公民及其家属在成员国境内自由迁移和居住的权利的指令 2004/38》，OJ 2004，L 158/77[关于自由迁移的指令 2004/38]

Directive 2004/80 of 29 April 2004 relating to compensation of crime victims，OJ 2004，L 261/15[Directive 2004/80 on Crime Victims]

2004 年 4 月 29 日《关于犯罪被害人赔偿的指令 2004/80》，OJ 2004，L 261/15[关于犯罪被害人的指令 2004/80]

Directive 2004/83 of 29 April 2004 on minimum standards for the qualification and status of third country nationals or stateless persons as refugees or as persons who otherwise need international protection and the content of the protection granted, OJ 2004, L 304/12

2004 年 4 月 29 日《关于第三国国民或无国籍人士作为难民或作为其他需要国际保护的人的资格和地位的最低限度标准以及所授予保护的内容的指令 2004/83》, OJ 2004, L 304/12

Directive 2005/35 of 7 September 2005 on ship-source pollution and on the introduction of penalties for infringements, OJ 2005, L 255/11

2005 年 9 月 7 日《关于船源污染和实施侵权惩罚的指令 2005/35》, OJ 2005, L 255/11

Directive 2005/60 of 26 October 2005 on the prevention of the use of the financial system for the purpose of money laundering and terrorist financing, OJ 2005, L 309/15 [Directive 2005/60 on Money Laundering]

2005 年 10 月 26 日《关于防止利用金融系统进行洗钱和资助恐怖主义的指令 2005/60》, OJ 2005, L 309/15[关于洗钱的指令 2005/60]

Directive 2006/24 of 15 March 2006 on the retention of data generated or processed in connection with the provision of publicly available electronic communications services or of public communication networks, OJ 2006, L 105/54

2006 年 3 月 15 日《关于与提供公共电子通信服务或公共通信网络相关的产生的或处理的数据保留的指令 2006/24》, OJ 2006, L 105/54

Directive 2006/126 of 20 December 2006 on Driving Licenses, OJ 2006, L 403/18

2006 年 12 月 20 日《关于驾驶执照的指令 2006/126》, OJ 2006, L 403/18

Directive 2007/64 of 13 November 2007 on payment services in the internal market amending Directives 97/7/EC, 2002/65/EC, 2005/60/EC and 2006/48/EC and repealing Directive 97/5/EC, OJ 2007, L 319/1

2007 年 11 月 13 日《关于修订指令 97/7 / EC, 2002/65 / EC, 2005/60 / EC 和 2006/48 / EC 并废除指令 97/5 / EC 的内部市场支付服务的指令 2007/64》, OJ 2007, L 319/1

Directive 2008/99 of 19 November 2008 on the protection of the environment through criminal law, OJ 2008, L 328/28[Directive 2008/99 on the protection of the environment through criminal law]

2008 年 11 月 19 日《关于通过刑法保护环境的指令 2008/99》, OJ 2008, L 328/28[关于通过刑法保护环境的指令 2008/99]

Directive 2009/52 of 18 June 2009 providing for minimum standards on sanctions and measures against employers of illegally staying third-country nationals, OJ 2009, L

168/24

2009 年 6 月 18 日《规定对非法居留的第三国国民的雇主的制裁和措施的最低标准的指令 2009/52》，OJ 2009，L 168/24

Directive 2010/64 of 20 October 2010 on the right to interpretation and translation in criminal proceedings OJ 2010，L 280/1[Directive 2010/64 on Interpretation and Translation]

2010 年 10 月 20 日《关于刑事诉讼中口译和笔译权利的指令 2010/64》，OJ 2010，L 280/1[关于口译和笔译的指令 2010/64]

Directive 2011/16 of 15 February 2011 on administrative cooperation in the field of taxation and repealing Directive 77/799，OJ 2011，L 64/1

2011 年 2 月 15 日《关于税收领域行政合作的指令 2011/16，并废除指令 77/799》，OJ 2011，L 64/1

protecting its victims，and replacing Framework Decision 2002/629，OJ 2011，L 101/1[Directive 2011/36 on Trafficking in Human Beings]

2011 年 4 月 5 日《关于预防和打击贩运人口及保护其被害人的指令 2011/36，并取代决定 2002/629》，OJ 2011，L 101/1[关于贩运人口的指令 2011/36]

Directive 2011/82 of 25 October 2011 facilitating the cross-border exchange of information on road safety related traffic offences，OJ 2011，L 288/1

2011 年 10 月 25 日《促进有关道路安全相关交通违法行为的信息跨境交换的指令 2011/82》，OJ 2011，L 288/1

Directive 2011/93 of 13 December 2011 on combating the sexual abuse and sexual exploitation of children and child pornography，and replacing Council Framework Decision 2004/68，OJ 2011，L 335/1[Directive 2011/93 on Sexual Abuse of Children]

2011 年 12 月 13 日《关于打击对儿童的性侵和性剥削以及儿童色情制品的指令 2011/93，以及取代理事会决定 2004/68》，OJ 2011，L 335/1[关于性侵儿童的指令 2011/93]

Directive 2011/99 of 13 December 2011 on the European protection order，OJ 2011，L 338/1[Directive 2011/99 on the European Protection Order]

2011 年 12 月 13 日《关于欧洲保护令的指令 2011/99》,OJ 2011,L 338/1[关于欧洲保护令的指令 2011/99]

Directive 2012/13 of 22 May 2012 on the right to information in criminal proceedings，OJ 2012，L 142/1[Directive 2012/13 on the Right to Information]

2012 年 5 月 22 日《关于刑事诉讼中获得信息的权利的指令 2012/13》，OJ

2012，L 142/1［关于信息权的第 2012/13 指令］

Directive 2012/29 of October 2012 establishing minimum standards on the rights, support and protection of victims of crime, and replacing Council Framework Decision 2001/220, OJ 2012, L 315/37［Directive 2012/29 on Victim's Rights］

2012 年 10 月 25 日《设定关于犯罪被害人的权利，支持和保护的最低标准的指令 2012/29，并取代了理事会决定 2001/220》，OJ 2012，L 315/37［关于被害人权利的指令 2012/29］

2005/222，OJ 2013，L 218/8［Directive 2013/40 on Attacks against Information Systems］

2013 年 8 月 12 日《关于对信息系统的攻击的指令 2013/40 并取代理事会决定 2005/222》，OJ 2013，L 218/8［关于对信息系统的攻击的指令 2013/40］

Directive 2013/48 of 22 October 2013 on the right of access to a lawyer in criminal proceedings and in European arrest warrant proceedings, and on the right to have a third party informed upon deprivation of liberty and to communicate with third persons and with consular authorities while deprived of liberty, OJ 2013, L 294/1［Directive 2013/48 on the Right of Access to a Lawyer］

2013 年 10 月 22 日《关于在刑事诉讼和欧洲逮捕令诉讼中获得律师权利，将被剥夺自由的情况通知第三方，以及在被剥夺自由时同第三方和领事机构沟通的权利的指令 2013/48》，OJ 2013，L 294/1［关于获得律师的权利的指令 2013/48］

Directive 2014/41 of 3 April 2014 regarding the European Investigation Order in criminal matters, OJ 2014, L 130/1［Directive 2014/41 on the European Investigation Order］

2014 年 4 月 3 日《关于欧洲刑事事项调查令的指令 2014/41》，OJ2014，L 130/1［关于欧洲调查令的指令 2014/41］

Directive 2014/42 of 3 April 2014 on the freezing and confiscation of instrumentalities and proceeds of crime in the European Union, OJ 2014, L 127/39［Directive 2014/42 on Freezing Proceeds of Crime］

2014 年 4 月 3 日《关于在欧盟冻结和没收犯罪工具和犯罪所得的指令 2014/42》，OJ 2014，L 127/39［关于冻结犯罪所得的指令 2014/42］

Directive 2014/57 of 16 April 2014 on criminal sanctions for market abuse, OJ 2014, L 173/179［Directive 2014/57 on Market Abuse］

2014 年 4 月 16 日《关于对市场滥用进行刑事制裁的指令 2014/57》，OJ 2014，L 173/179［关于市场滥用的指令 2014/57］

May 2014 on the protection of the euro and other currencies against counterfeiting by criminal law, and replacing Council Framework Decision 2000/383, OJ 2014, L 151/1 [Directive 2014/62 on the Protection of the Euro]

2014 年 5 月 15 日《关于通过刑法保护欧元和其他货币不受伪造的指令 2014/62，并取代理事会决定 2000/383》，OJ 2014，L 151/1[关于保护欧元的指令 2014/62]

Directive 2015/413 of 11 March 2015 facilitating cross-border exchange of information on road-safety-related traffic offences, OJ 2015, L 68/9 [Directive 2015/413 on Information Exchange on Traffic Offences]

2015 年 3 月 11 日《促进有关道路安全相关交通违法行为的信息跨境交换的指令 2015/413》，OJ 2015，L 68/9[关于交通违法行为的信息交换指令 2015/413]

Directive 2015/849 of 20 May 2015 on the prevention of the use of the financial system for the purposes of money laundering or terrorist financing, amending Regulation (EU) No 648/2012 of the European Parliament and of the Council, and repealing Directive 2005/60/EC of the European Parliament and of the Council and Commission Directive 2006/70/EC, OJ 2015, L 141/73 [Directive 2015/849 on Money Laundering]

2015 年 5 月 20 日《关于防止为洗钱或恐怖主义融资目的使用金融系统的指令 2015/849，修订欧洲议会和理事会条例（欧盟）648/2012，并废除欧洲议会和理事会指令 2005/60 / EC 以及欧盟委员会指令 2006/70 / EC》，OJ 2015，L 141/73[关于洗钱的指令 2015/849]

框架决定

Framework Decision 2000/383 of 29 May 2000 on increasing protection by criminal penalties and other sanctions against counterfeiting in connection with the introduction of the euro, OJ 2000, L 140/1 [Framework Decision 2000/383 on the Introduction of the Euro]

2000 年 5 月 29 日《关于通过刑罚和其他制裁打击启用欧元后的伪造行为以加强保护的框架决定 2000/383》，OJ 2000，L 140/1[关于启用欧元的框架决定 2000/383]

Framework Decision 2001/220 of 15 March 2001 on the standing of victims in criminal proceedings, OJ 2001, L 82/1 [Framework Decision 2001/220 on the Standing of Victims]

2001 年 3 月 15 日《关于被害人在刑事诉讼中的地位的框架决定

2001/220》，OJ 2001，L 82/1［关于被害人地位的框架决定 2001/220］62，219，228，303，323，327—329，334，355

Framework Decision 2001/413 of 28 May 2001 combating fraud and counterfeiting of non-cash means of payment，OJ 2001，L 149/1［Framework Decision 2001/413 on Combating Fraud］

2001 年 5 月 28 日《打击非现金支付手段的欺诈和假冒的框架决定 2001/413》，OJ 2001，L 149/1［关于打击欺诈的框架决定 2001/413］

Framework Decision 2002/584 of 13 June 2002 on the European Warrest warrant and 'dthe surrender procedures between Member States，the identification，tracing，freezing，seizing and confiscation of instrumentalities and the proceeds of crime，OJ 2001，L 182/1［Framework Decision 2001/500 on Money Laundering］

2001 年 6 月 26 日《关于洗钱、查明、追查、冻结、扣押和没收犯罪所得的框架决定 2001/500》，OJ 2001，L 182/1［关于洗钱的框架决定 2001/500］

Framework Decision 2002/465 of 13 June 2002 on joint investigation teams，OJ 2002，L 162/1［Framework Decision 2002/465 on Joint Investigation Teams］

2002 年 6 月 13 日《关于联合调查小组的框架决定 2002/465》，OJ 2002，L 162/1［关于联合调查小组的框架决定 2002/465］

Framework Decision 2002/475 of 13 June 2002 on combating terrorism，OJ 2002，L 164/3，as amended by Framework Decision 2008/919 of 28 November 2008 amending Framework Decision 2002/475 on combating terrorism［Framework Decision 2002/475 on Combating Terrorism］

2002 年 6 月 13 日《关于打击恐怖主义的框架决定 2002/475》，OJ 2002，L 164/3，经 2008 年 11 月 28 日《修正关于打击恐怖主义的框架决定 2002/475 的框架决定 2008/919》修正［关于打击恐怖主义的框架决定 2002/475］

Framework Decision 2002/584 of 13 June 2002 on the European arrest warrant and the surrender procedures between Member States，OJ 2002，L 190/1［Framework Decision 2002/584 on the European Arrest Warrant］

2002 年 6 月 13 日《关于欧洲逮捕令和成员国之间移交程序的框架决定 2002/584》，OJ 2002，L 190/1［关于欧洲逮捕令的框架决定 2002/584］

Framework Decision 2002/629 of 19 July 2002 on combating trafficking in human beings，OJ 2002，L 203/1［Framework Decision 2002/629 on Combating Trafficking in Human Beings］

2002 年 7 月 19 日《关于打击贩卖人口的框架决定 2002/629》，OJ 2002，L 203/1［关于打击贩卖人口的框架决定 2002/629］

of 28 November 2002 on the strengthening of the penal framework to prevent the facilitation of unauthorised entry，transit and residence，OJ 2002，L 328/1 [Framework Decision 2002/946 on Unauthorised Entry]

2002 年 11 月 28 日《关于加强防止协助未经授权入境、过境和居留的刑事框架的框架决定 2002/946》，OJ 2002，L 328/1 [关于未经授权入境的框架决定 2002/946]

Framework Decision 2003/80 of 27 January 2003 on the protection of the environment through criminal law，OJ 2003，L 29/55 [Framework Decision 2003/80 on the Protection of the Environment]

2003 年 1 月 27 日《关于通过刑法保护环境的框架决定 2003/80》，OJ 2003，L 29/55 [关于保护环境的框架决定 2003/80]

Framework Decision 2003/568 of 22 July 2003 on combating corruption in the private sector，OJ 2003，L 192/54 [Framework Decision 2003/568 on Corruption in the Private Sector]

2003 年 7 月 22 日《关于打击私人部门腐败的框架决定 2003/568》，OJ 2003，L 192/54 [关于私人部门腐败的框架决定 2003/568]

Framework Decision 2003/577 of 22 July 2003 on the execution in the European Union of orders freezing property or evidence，OJ 2003，L 196/45 [Framework Decision 2003/577 on Freezing Orders]

2003 年 7 月 22 日《关于执行欧盟冻结财产令或证据令的框架决定 2003/577》，OJ 2003，L 196/45 [关于冻结令的框架决定 2003/577]

Framework Decision 2004/68 of 22 December 2003 on combating the sexual exploitation of children and child pornography，OJ 2004，L 13/44 [Framework Decision 2004/68 on Child Pornography]

2003 年 12 月 22 日《关于打击对儿童的色情剥削和儿童色情制品的框架决定 2004/68》，OJ 2004，L 13/44 [关于儿童色情制品的框架决定 2004/68]

October 2004 laying down minimum provisions on the constituent elements of criminal acts and penalties in the field of illicit drug trafficking，OJ 2004，L 335/8 [Framework Decision 2004/757 on Illicit Drug Trafficking]

2004 年 10 月 25 日《规定关于非法贩卖毒品领域犯罪行为的构成要素和处罚的最少条款的框架决定 2004/757》，OJ 2004，L 335/8 [关于非法贩运毒品的框架决定 2004/757]

Framework Decision 2005/212 of 24 February 2005 on Confiscation of Crime-Related Proceeds，Instrumentalities and Property，OJ 2005，L 68/49

2005年2月24日《关于没收犯罪相关收益，工具和财产的框架决定2005/212》，OJ 2005，L 68/49

Framework Decision 2005/214 of 24 February 2005 on the application of the principle of mutual recognition to financial penalties，OJ 2005，L 76/16 [Framework Decision 2005/214 on Financial Penalties]

2005年2月24日《关于对经济处罚适用相互承认原则的框架决定2005/214，OJ 2005，L 76/16 [关于经济处罚的框架决定2005/214]

Framework Decision 2005/222 of 24 February 2005 on attacks against information systems，OJ 2005，L 69/67 [Framework Decision 2005/222 on Attacks against Information Systems]

2005年2月24日《关于对信息系统的攻击的框架决定2005/222》，OJ 2005，L 69/67 [关于对信息系统的攻击的框架决定2005/222]

Framework Decision 2005/667 of July 2005 to strengthen the criminal-law framework for the enforcement of the law against ship-source pollution，OJ 2005，L 255/164 [Framework Decision 2005/667 on Ship-source Pollution]

2005年7月12日《关于加强执法防止船源污染的刑法框架的框架决定2005/667》，OJ 2005，L 255/164 [船源污染框架决定2005/667]

Framework Decision 2006/783 of 6 October 2006 on the application of the principle of mutual recognition to confiscation orders，OJ 2006，L 328/59 [Framework Decision 2006/783 on Confiscation Orders]

2006年10月6日《关于对没收令适用相互承认原则的框架决定2006/783》，OJ 2006，L 328/59 [关于没收令的框架决定2006/783]

Framework Decision 2006/960 of 18 December 2006 on simplifying the exchange of information and intelligence between law enforcement authorities of the Member States of the European Union，OJ 2006，L 386/89 [Framework Decision 2006/960 on Exchange of Information]

2006年12月18日《关于简化欧盟成员国执法当局之间交换信息和情报的框架决定2006/960》，OJ 2006，L 386/89 [关于信息交流的框架决定2006/960]

Framework Decision 2008/675 on taking account of convictions in the Member States of the European Union in the course of new criminal proceedings，24 July 2008，OJ 2008，L 220/32 [Framework Decision 2008/675 on taking account of convictions]

2008年7月24日《在新的刑事诉讼过程中将欧盟成员国中的定罪判决纳入考量的框架决定2008/675》，OJ 2008，L 220/32 [关于将定罪判决纳入考量的框架决定2008/675]

Framework Decision 2008/841 on the fight against organised crime, 24 October 2008, OJ 2008, L 300/42[Framework Decision 2008/841 on the fight against organised crime]

2008年10月24日《关于打击有组织犯罪的框架决定2008/841》, OJ 2008, L 300/42[关于打击有组织犯罪的框架决定2008/841]

Framework Decision 2008/909 on the application of the principle of mutual recognition to judgments in criminal matters imposing custodial sentences or measures involving deprivation of liberty for the purpose of their enforcement in the European Union, 27 November 2008, OJ 2008, L 327/27; Amended as of 28 March 2011 by Framework Decision 2009/299[Framework Decision 2008/909 on Custodial Sentences]

2008年11月27日《关于在欧盟中对施加监禁刑或剥夺自由措施的刑事判决实施相互承认原则的框架决定2008/909》, OJ 2008, L 327/27; 2011年3月28日，被框架决定2009/299修订[关于监禁刑的框架决定2008/909]

2008/913 on combating certain forms and expressions of racism and xenophobia by means of criminal law, 28 November 2008, OJ 2008, L 325/55[Framework Decision 2008/913 on Racism and Xenophobia]

2008年11月28日《关于通过刑法打击种族主义和仇外的某些形式和表现的框架决定2008/913》, OJ 2008, L 325/55[关于种族主义和仇外的框架决定2008/913]

Framework Decision 2008/919, amending Framework Decision 2002/475 on combating terrorism, 28 November 2008, OJ 2008, L 330/21

2008年11月28日《框架决定2008/919，修订了关于打击恐怖主义的框架决定2002/475》, OJ 2008, L 330/21

Framework Decision 2008/947 on the application of the principle of mutual recognition to judgments and probation decisions with a view to the supervision of probation measures and alternative sanctions, 27 November 2008, OJ 2008, L 337/102; Amended as of 28 March 2011 by Framework Decision 2009/299[Framework Decision 2008/947 on Supervision of Probation Measures]

2008年11月27日《关于对判决和缓刑裁决适用相互承认原则，以监督缓刑措施和替代性制裁的框架决定2008/947》, OJ 2008, L 337/102; 2011年3月28日，被框架决定2009/299修订[关于监督缓刑措施的框架决定2008/947]

Framework Decision 2008/977 on the protection of personal data processed in the framework of police and judicial cooperation in criminal matters, 27 November 2008, OJ 2008, L 350/60[Framework Decision 2008/977 on Data Protection]

2008年11月27日《关于在刑事司法的警察和司法合作框架内处理个人数据保护的框架决定2008/977》，OJ 2008，L 350/60［关于数据保护的框架决定2008/977］

Framework Decision 2008/978 on the European evidence warrant for the purpose of obtaining objects，documents and data for use in proceedings in criminal matters，18 December 2008，OJ 2008，L 350/72［Framework Decision 2008/978 on the European Evidence Warrant］

2008年12月18日《关于为获取用于刑事诉讼程序中的物品，文件和数据的欧洲证据令的框架决定2008/978》，OJ 2008，L 350/72［关于欧洲证据令的框架决定2008/978］

Framework Decision 2009/299 amending Framework Decisions 2002/584，2005/214，2006/783，2008/909 and 2008/947，thereby enhancing the procedural rights of persons and fostering the application of the principle of mutual recognition to decisions rendered in the absence of the person concerned at the trial，26 February 2009，OJ 2009，L 81/24［Framework Decision 2009/299 on In Absentia］

2009年2月26日《修订框架决定2002/584，框架决定2005/214，框架决定2006/783，框架决定2008/909和框架决定2008/947的框架决定2009/299，从而加强了个人的程序权利，并促进了将相互承认原则适用于审判中缺席有关人员》，OJ 2009，L 81/24［关于缺席审判的框架决定2009/299］

Framework Decision 2009/315 on the orgakao'lnisation and content of the exchange of information extracted from the criminal record between Member States，26 February 2009，OJ 2009，L 93/23［Framework Decision 2009/315 on Criminal Records］

2009年2月26日《关于成员国之间从犯罪记录中提取的信息交流的组成和内容的框架决定2009/315》，OJ 2009，L 93/23［关于犯罪记录的框架决定2009/315］

Framework Decision 2009/829 on the application，between Member States of the European Union，of the principle of mutual recognition to decisions on supervision measures as an alternative to provisional detention，23 October 2009，OJ 2009，L 294/20［Framework Decision 2009/829 on Supervision Measures］

2009年10月23日《关于欧盟成员国之间将相互承认原则适用于作为临时拘留的替代办法的监督措施的决定的框架决定2009/829》OJ 2009，L 294/20［关于监督措施的框架决定2009/829］

Framework Decision 2009/905 on Accreditation of forensic service providers carrying out laboratory activities，30 November 2009，OJ 2009，L 322/14［Framework

Decision 2009/905 on Forensic Service Providers]

2009 年 11 月 30 日《关于认证进行实验活动的法医服务提供者的框架决定 2009/905》，OJ 2009，L 322/14［关于法医服务提供者的框架决定 2009/905 ］

Framework Decision 2009/948 on prevention and settlement of conflicts of exercise of jurisdiction in criminal proceedings，30 November 2009，OJ 2009，L 328/42 [Framework Decision 2009/948 on Conflicts of Jurisdiction]

2009 年 11 月 30 日《关于预防和解决刑事诉讼中管辖权冲突的框架决定 2009/948》，OJ 2009，L 328/42［关于管辖权冲突的框架决定 2009/948 ］

联合行动文件

Joint Action 96/277 of 22 April 1996 concerning a framework for the exchange of liaison magistrates to improve judicial cooperation between the Member States of the European Union，OJ 1996，L 105/1

1996 年 4 月 22 日《关于一个交换联络官的框架以改善欧盟成员国之间司法合作的联合行动文件 96/277》，OJ 1996，L 105/1

Joint Action 96/443 of 15 July 1996 concerning action to combat racism and xenophobia，OJ 1996，L 185/5［Joint Action 96/443 on Racism and Xenophobia ］

1996 年 7 月 15 日《关于打击种族主义和仇外的行动的联合行动文件 96/443》，OJ 1996，L 185/5［关于种族主义和仇外的联合行动文件 96/443 ］

Joint Action 96/602 of 14 October 1996 providing for a common framework for the initiatives of the Member States concerning liaison officers，OJ 1996，L 268/2

1996 年 10 月 14 日《规定成员国关于联络官举措的共同框架的联合行动文件 96/602》，OJ 1996，L 268/2

Joint Action 96/610 of 15 October 1996 concerning the creation and maintenance of a Directory of specialized counter-terrorist competences，skills and expertise to facilitate counter-terrorist cooperation between the Member States of the European Union，OJ 1996，L 273/1

1996 年 10 月 15 日《关于制定和维护一个专门的反恐能力，技能和专门知识目录，以促进欧盟成员国之间的反恐合作的联合行动文件 96/610》，OJ 1996，L 273/1

Joint Action 96/699 of 29 November 1996 concerning the exchange of information on the chemical profiling of drugs to facilitate improved cooperation between Member States in combating illicit drug trafficking，OJ 1996，L 322/5

1996 年 11 月 29 日《关于交换关于药品的化学成分情况的资料，以促进成

员国在打击非法毒品贩运方面改进合作的联合行动文件 96/699》，OJ 1996，L 322/5

Joint Action 96/747 of 29 November 1996 concerning the creation and maintenance of a directory of specialized competences，skills and expertise in the fight against organized crime，OJ 1996，L 342/2

1996 年 11 月 29 日《关于建立和维持一个打击有组织犯罪专业能力，技能和专门知识目录的联合行动文件 96/747》，OJ 1996，L 342/2

Joint Action 96/750 of 17 December 1996 concerning the approximation of the laws and practices of the Member States of the European Union to combat drug addiction and to prevent and combat illegal drug trafficking，OJ 1996，L 342/6 [Joint Action 96/750 on Illegal Drug Trafficking]

1996 年 12 月 17 日《关于近似化欧盟成员国的法律和实践，以打击毒瘾，防止和打击非法毒品贩卖的联合行动文件 96/750》，OJ 1996，L 342/6 [非法毒品贩卖的联合行动文件 96 / 750]

Joint Action 97/154 of 24 February 1997 concerning action to combat trafficking in human beings and sexual exploitation of children，OJ 1997，L 63/2 [Joint Action 97/154 on Trafficking in Human Beings]

1997 年 2 月 24 日《关于打击贩卖人口和对儿童进行性剥削的联合行动文件 97/154》，OJ 1997，L 63/2 [关于贩运人口问题的联合行动文件 97/154]

Joint Action 97/339 of 26 May 1997 with regard to cooperation on law and order and security，OJ 1997，L 147/1

1997 年 5 月 26 日《关于法律、秩序与安全的合作的联合行动文件 97/339》，OJ 1997，L 147/1

Joint Action 97/396 of 16 June 1997 concerning the information exchange，risk assessment and the control of new synthetic drugs，OJ 1997，L 167/1

1997 年 6 月 16 日《关于对新合成药物的信息交流，风险评估和控制的联合行动文件 97/396》，OJ 1997，L 167/1

Joint Action 97/732 of 9 June 1997 for the refining of targeting criteria，selection methods，etc.，and collection of customs and police information，OJ 1997，L 159/1

1997 年 6 月 9 日《关于完善定向标准，甄选方法等，以及收集海关和警方信息的联合行动文件 97/732》，OJ 1997，L 159/1

Joint Action 97/827 of 5 December 1997 establishing a mechanism for evaluating the application and implementation at national level of international undertakings in the fight against organized crime，OJ 1997，L 344/7

1997 年 12 月 5 日《建立在打击有组织犯罪的斗争中对国际组织在国家层面的应用和实施情况的评估机制的联合行动文件 97/827》, OJ 1997, L 344/7

Joint Action 98/427 of 29 June 1998 on good practice in mutual legal assistance in criminal matters, OJ 1998, L 191/1

1998 年 6 月 29 日《关于刑事司法协助的良好实践的联合行动文件 98/427》, OJ 1998, L 191/1

Joint Action 98/428 of 29 June 1998 on the creation of a European Judicial Network, OJ 1998, L 191/4[Joint Action 98/428 on the European Judicial Network]

1998 年 6 月 29 日《关于建立欧洲司法网络的联合行动文件 98/428 》, OJ 1998, L 191/4[关于欧洲司法网络的联合行动文件 98/428]

Joint Action 98/699 of 3 December 1998 on money laundering, the identification, tracing, freezing, seizing and confiscation of instrumentalities and the proceeds from crime, OJ 1998, L 333/1[Joint Action 98/699 on Money Laundering]

1998 年 12 月 3 日《关于洗钱, 查明, 追查, 冻结, 扣押和没收犯罪所得的联合行动文件 98/699》, OJ 1998, L 333/1[关于洗钱的联合行动文件 98/699]

Joint Action 98/733 of 21 December 1998 on making it a criminal offence to participate in a criminal organization in the Member States of the European Union, OJ 1998, L 351/1[Joint Action 98/733 on Participation in a Criminal Organisation]

1998 年 12 月 21 日《将在欧盟成员国内参与犯罪组织的行为定为犯罪的联合行动文件 98/733》, OJ 1998, L 351/1[关于参与犯罪组织的联合行动文件 98/733]

Joint Action 98/742 of 22 December 1998 on corruption in the private sector, OJ 1998, L 358/2[Joint Action 98/742 on Corruption in the Private Sector]

1998 年 12 月 22 日《关于私人部门腐败问题的联合行动文件 98/742》, OJ 1998, L 358/2[关于私人部门腐败的联合行动文件 98/742]

Joint Action 2008/124 on the European Union Rule of Law Mission in Kosovo, EULEXKOSOVO, OJ 2008, L 42/92

《关于欧盟驻科索沃法治特派团的联合行动文件 2008/124》EULEXKOSOVO, OJ 2008, L 42/92

Joint Action 2008/851 on a European Union military operation to contribute to the deterrence, prevention and repression of acts of piracy and armed robbery off the Somali coast, 10 November 2008, OJ 2008, L 301/33; Rectification on the articles 35 and 36 in OJ 2009, L 253/18; Amended by Decision 2009/907 of 8 December 2009, OJ 2009, L 322/27[Joint Action 2008/851 on Piracy]

2008年11月10日《关于欧盟的军事行动，以遏制，预防和制止索马里海岸的海盗行为和武装抢劫的联合行动文件2008/851》，OJ 2008，L 301/33；对第35条和第36条进行了纠正，OJ 2009，L 253/18；经2009年12月8日决定2009/907修改，OJ 2009，L 322/27［关于海盗行为的联合行动文件2008/851］

联合立场

Joint Position 1999/235 of 29 March 1999 on the proposed United Nations conventions against organised crime，OJ 1999，L 87/1

1999年3月29日《关于拟议的〈联合国打击有组织犯罪公约〉的联合立场1999/235》，OJ 1999，L 87/1

条例

Regulation 17/62 of 21 February 1962 implementing Articles 81 and 82 of the Treaty，OJ 1962，p.204/62

1962年2月21日《实施〈条约〉第81条和第82条的条例17/62》OJ 1962，p.204/62

Regulation 1697/79 24 July 1979 concerning the post clearance recovery of import duties and export duties，OJ 1979，L 197/1

1979年7月24日《关于进口关税和出口关税的清关返还的条例1697/79》，OJ 1979，L 197/1

Regulation 3796/81 of 29 December 1981 on the common organization of the market in fishery products，OJ 1981，L 379/1

1981年12月29日《关于渔业产品市场共同组织的条例3796/81》，OJ 1981，L 379/1

Regulation 3820/85 of 20 December 1985 on the harmonization of certain social legislation relating to road transport，OJ 1985，L 370/1

1985年12月20日《关于统一与公路运输有关的某些社会立法的条例3820/85》，OJ 1985，L 370/1

Regulation 1382/87 of 20 May 1987 establishing detailed rules concerning the inspection of fishing vessels，OJ 1987，L 132/11

1987年5月20日《规定关于渔船检查的详细规则的条例1382/87》，OJ 1987，L 132/11

Regulation 2392/89 laying down general rules for the description and presentation of wines and grape，OJ 1989，L 232/13

《规定了葡萄酒和葡萄的描述和展示的一般规则的条例 2392/89》，OJ 1989，L 232/13

Regulation 386/90 of 12 February 1990 on the monitoring carried out at the time of export of agricultural products receiving refunds or other amounts，OJ 1990，L 42/6

1990 年 2 月 12 日《关于在出口时接收退款或其他款项的农产品进行监督的条例 386/90》，OJ 1990，L 42/6

Regulation 3677/90 of 13 December 1990 laying down measures to be taken to discourage the diversion of certain substances to the illicit manufacture of narcotic drugs and psychotropic substances，OJ 1990，L 357/1

1990 年 12 月 13 日《规定为阻止某些物质被转而用于非法制造麻醉药品和精神药物而采取的措施的条例 3677/90》，OJ 1990，L 357/1

Regulation 595/91 of 4 March 1991 concerning irregularities and the recovery of sums wrongly paid in connection with the financing of the common agricultural policy and the organization of an information system in this field and repealing Regulation（EEC）No.283/72，OJ 1991，L 67/11

1991 年 3 月 4 日《涉及与共同农业政策的融资以及该领域信息系统的组织有关的违规行为和错误支付的款项的返还的条例 595/91》，并废除条例（EEC）283/72，OJ 1991，L 67/11

Regulation 3508/92 of 27 November 1992 establishing an integrated administration and control system for certain Community aid schemes，OJ 1992，L 355/1

1992 年 11 月 27 日《为特定共同体援助计划建立了一个综合管理和控制系统的条例 3508/92》，OJ 1992，L 355/1

Regulation 259/93 of 1 February 1993 on the supervision and control of waste within，into and out the European Community，OJ 1993，L 30/1

1993 年 2 月 1 日《关于监督和控制欧洲共同体内部，进入欧共体和从欧共体输出的垃圾的条例 259/93》，OJ 1993，L 30/1

Regulation 990/93 concerning trade between the EEC and the Federal Republic of Yugoslavia，OJ 1993，L 102/14

《关于欧洲经济共同体与南斯拉夫联盟共和国之间贸易的条例 990/93》，OJ 1993，L 102/14

Regulation 2847/93 establishing a control system applicable to the common fisheries policy，OJ 1993，L 261/1［Regulation 2847/93 establishing a Control System applicable to the Common Fisheries Policy］

《制定适用于共同渔业政策的控制系统的条例 2847/93》，OJ 1993，L 261/1

[制定适用于共同渔业政策的控制系统的条例 2847/93]

Regulation 2988/95 of 18 December 1995 on the protection of the European Communities' financial interests, OJ 1995, L 312/1[Regulation 2988/95 on Protection of the Financial Interests]

1995年12月18日《关于保护欧洲共同体财政利益的条例 2988/95》, OJ 1995, L 312/1[关于保护财政利益的条例 2988/95]

Regulation 2185/96 of 11 November 1996 concerning on-the-spot checks and inspections carried out by the Commission in order to protect the European Communities' financial interests against fraud and other irregularities, OJ 1996, L 292/2[Regulation 2185/96 Concerning on-the-spot Checks]

1996年11月11日《关于委员会为保护欧洲共同体的财政利益免受欺诈和其他违规行为而进行的现场检查和监督的条例 2185/96》, OJ 1996, L 292/2[关于现场检查的条例 2185/96]

Regulation 338/97 of 9 December 1996 on the protection of species of wild fauna and flora by regulating trade therein, OJ 1997, L 61/1

1996年12月9日《关于通过规范贸易来保护野生动植物物种的条例 338/97》, OJ 1997, L 61/1

Regulation 515/97 of 13 March 1997 on mutual assistance between the administrative authorities of the Member States and cooperation between the latter and the Commission to ensure the correct application of the law on customs and agricultural matters, OJ 1997, L 82/1

1997年3月13日《关于成员国行政当局之间的互助及后者与委员会之间的合作，以确保正确适用海关和农业事项相关法律的条例 515/97》, OJ 1997, L 82/1

Regulation 1073/1999 of 25 May 1999 concerning investigations by the European Antifraud Office (OLAF), OJ 1999, L 136/1[OLAF Regulation 1073/1999]

1999年5月25日《关于欧洲反欺诈办公室（OLAF）的条例 1073/1999》, OJ 1999, L 136/1[OLAF 条例 1073/1999]

Regulation 1493/1999 of 17 May 1999 on the common organisation of the market in wine, OJ 1999, L 179/1

1999年5月17日《关于葡萄酒市场共同组织的条例 1493/1999》, OJ 1999, L 179/1

Regulation 44/2001 of 22 December 2000 on jurisdiction and the recognition and enforcement of judgments in civil and commercial matters, OJ 2001, L 12/1[Regulation

44/2001 on Jurisdiction and Recognition of Civil Judgments]

2000 年 12 月 22 日《关于管辖权以及民商事判决的承认和执行的条例 44/2001》，OJ 2001，L 12/1[关于管辖权和承认民事判决的条例 44/2001]

Regulation 150/2001 of 25 January 2001 laying down detailed rules for the application of Council Regulation 104/2000 as regards the penalties to be applied to producer organisations in the fisheries sector for irregularity of the intervention mechanism and amending Regulation 142/98，OJ 2001，L 24/10

2001 年 1 月 25 日《为适用理事会条例 104/2000 而规定了对渔业部门生产者组织的不符合干预机制的行动的惩罚措施的细则的条例 150/2001》并修改了条例 142/98，OJ 2001，L 24/10

Regulation 1338/2001 of 28 June 2001 laying down measures necessary for the protection of the euro against counterfeiting，OJ 2001，L 181/6

2001 年 6 月 28 日《规定为保护欧元免受伪造所必需的措施的条例 1338/2001》，OJ 2001，L 181/6

Regulation 2580/2001 of 27 December 2001 on specific restrictive measures directed against certain persons and entities with a view to combating terrorism，OJ 2001，L 344/70

2001 年 12 月 27 日《关于为打击恐怖主义而针对某些个人和实体的具体限制性措施的条例 2580/2001》，OJ 2001，L 344/70

Regulation 178/2002 of 28 January 2002 laying down the general principles and requirements of food law，establishing the European Food Safety Authority and laying down procedures in matters of food safety，OJ 2002，L 31/1

2002 年 1 月 28 日《规定食品法的一般原则和要求，并建立欧洲食品安全局，制定食品安全程序的条例 178/2002》，OJ 2002，L 31/1

Regulation 1/2003 of 16 December 2002 on the implementation of the rules on competition laid down in Articles 81 and 82 of the Treaty，OJ 2003，L 1/1

2002 年 12 月 16 日《关于条约第 81 条和第 82 条规定的竞争规则的实施的条例 1/2003》，OJ 2003，L 1/1

Regulation 1798/2003 of 7 October 2003 on administrative cooperation in the field of value added tax and repealing Regulation（EEC）No.218/92，OJ 2003，L 264/1

2003 年 10 月 7 日《关于增值税领域行政合作的条例 1798/2003》并废除条例（EEC）218/92，OJ 2003，L 264/1

Regulation 2201/2003 of 27 November 2003 concerning jurisdiction and the recognition and enforcement of judgments in matrimonial matters and the matter of parental responsibility, repealing Regulation 1347/2000, OJ 2003, L 338/1

《关于管辖权以及承认和执行婚姻事项的判决和父母责任问题的条例 2201/2003》，废除了条例 1347/2000，OJ2003，L338 / 1

Regulation 273/2004 of 11 February 2004 of the European Parliament and of the Council of 11 February 2004 on drug precursors, OJ 2004, L 47/1

2004 年 2 月 11 日《欧洲议会和理事会关于药物前体的条例 273/2004》，OJ 2004，L 47/1

Regulation 1973/2004 of 29 October 2004 laying down detailed rules for the application of Council Regulation (EC) No 1782/2003 as regards the support schemes provided for in Titles IV and IVa of that Regulation and the use of land set aside for the production of raw materials, OJ 2004, L 345/1

2004 年 10 月 29 日《为理事会条例（EC）1782/2003 的适用提供了关于该条例第四章和四 a 章中规定的支持计划以及为生产预留的土地的使用的详细规则的条例 1973/2004》，OJ 2004，L 345/1

Regulation 562/2006 of 15 March 2006 establishing a Community Code on the rules governing the movement of persons across borders, OJ 2006, L 105/1

2006 年 3 月 15 日《对于跨境人员流动规则制定共同体法典的条例 562/2006》，OJ 2006，L 105/1

Regulation 168/2007 of 15 February 2007 establishing a European Union Agency for Fundamental Rights, OJ 2007, L 53/1

2007 年 2 月 15 日《设立欧洲联盟基本权利的机构的条例 168/2007》，OJ 2007，L 53/1

Regulation 423/2007 of 19 April 2007 concerning restrictive measures against Iran, OJ 2007, L 103/1

2007 年 4 月 19 日《关于对伊朗的制裁措施的条例 423/2007》，OJ 2007，L 103/1

Regulation 904/2010 on administrative cooperation and combating fraud in the field of value added tax, 7 October 2010, OJ 2010, L 268/1

2010 年 10 月 7 日《关于在增值税领域进行行政合作和打击欺诈的条例 904/2010》，OJ 2010，L 268/1

Regulation 1215/2002 of 12 December 2012 on jurisdiction and the recognition and enforcement of judgments in civil and commercial matters, OJ 2012, L 351/1 [Regulation 1215/2012 on Jurisdiction and Recognition of Civil Judgments]

《关于司法管辖权以及民商事判决的确认和执行的条例 1215/2012》，OJ

2012，L 351/1［关于管辖权和承认民事判决的条例 1215/2012］

Regulation 603/2013 of 26 June 2013 on the establishment of "Eurodac" for the comparison of fingerprints for the effective application of Regulation（EU）No 604/2013 establishing the criteria and mechanisms for determining the Member State responsible for examining an application for international protection lodged in one of the Member States by a third-country national or a stateless person and on requests for the comparison with Eurodac data by Member States' law enforcement authorities and Europol for law enforcement purposes，and amending Regulation（EU）No 1077/2011 establishing a European Agency for the operational management of large-scale IT systems in the area of freedom，security and justice，OJ 2013，L 180/1［Eurodac Regulation 603/2013］

2013 年 6 月 26 日《关于为有效适用确定负责审查由第三国国民或无国籍人员向其中一个成员国提出国际保护的成员国的标准和机制的欧盟条例 604/2013 而设立欧盟指纹识别及比对数据库（Eurodac）以进行指纹比对，以及来自成员国执法机构和欧洲刑警组织为执法目的提出的与 Eurodac 进行比较的请求来进行指纹比对，并修改〈设立一个为欧洲自由、安全和公正的领域进行大型信息技术系统运作管理局的条例（EU）1077 / 2011〉的条例 603/2013》，OJ2013，L 180/1［Eurodac 条例 603/2013］

Regulation 883/2013 of 11 September 2013 concerning investigations conducted by the European Anti-Fraud Office（OLAF）and repealing Regulation（EC）No 1073/1999 of the European Parliament and of the Council and Council Regulation（Euratom）No 1074/1999，OJ 2013，L 248/1［Regulation 883/2013 concerning OLAF Investigations］

2013 年 9 月 11 日《关于欧洲反欺诈办公室（OLAF）进行的调查的条例 883/2013》并废止欧洲议会条例（EC）1073/1999 和理事会条例（Euratom）1074/1999，OJ 2013，L 248/1［关于 OLAF 调查的条例 883/2013］

Regulation 596/2014 of 16 April 2014 on market abuse（market abuse regulation）and repealing Directive 2003/6/EC of the European Parliament and of the Council and Commission Directives 2003/124/EC，2003/125/EC and 2004/72/EC，OJ 2014，L 173/1［Market Abuse Regulation 596/2014］

2014 年 4 月 16 日《关于市场滥用（市场滥用监管）的条例 596/2014》并废除欧洲议会和理事会指令 2003/124 / EC，2003/125 / EC 和 2004/72 / EC，OJ 2014，L 173/1［市场滥用条例 596/2014］

Regulation 2015/1525 of 9 September 2015 amending Council Regulation（EC）No 515/97 on mutual assistance between the administrative authorities of the Member States and cooperation between the latter and the Commission to ensure the correct application of the law on customs and agricultural matters， OJ 2015， L 243/1

2015 年 9 月 9 日《修订〈关于成员国行政当局之间的互助及其与委员会之间的合作的以确保正确适用海关和农业法的理事会条例（EC）515/97〉的条例 2015/1525》，OJ 2015， L 243/1

关键词中英文对照表

A

abolition of discrimination 废除歧视
abortion 堕胎
absolute character of the obligation to recognise 承认义务的绝对属性
absolute mutual recognition 绝对的相互承认
abuse of freedoms 权利的滥用
abuse of mutual recognition 相互承认的滥用
accelerated procedure 加速的程序
accession of the European Union to the ECHR 欧盟加入《欧洲人权公约》
accessory 从犯
access to a lawyer 获得律师的权利
access to the file 获得相关文件的权利
accomplice 共犯
acquittal 宣告无罪
active corruption 主动腐败
active nationality principle 主动属人管辖权原则
active personality 主动属人管辖
actus reus 犯罪行为
ad hoc teams 专案组
adjudicating state 作出裁决的国家
administrative co-operation 行政合作
admissibility of the reference 初步裁决请求的可接受性
admissible evidence 能够获得承认的证据
Advocate General 法律顾问
agencies 代理机构
aggravate criminal liability 加重的刑事责任
aggravating circumstances 加重处罚的情形
aiding and abetting 帮助与教唆
alerts 警报
allocation criteria 分配标准
allocation of European criminal jurisdiction 欧盟刑事管辖权的分配
allocation of jurisdiction 管辖权的分配
allocation of legal remedies 法律救济措施的分配
amnesty 大赦
analysis work files 分析性的工作文件
ancillary competence 辅助性的权限
annulment 废止
answer of the Court 欧洲法院的回复
any stage of the national proceedings 在国内诉讼程序的任何阶段
applicable grounds for refusal 可以适用的拒绝的理由
applicable law 可适用的法律
approximation 趋同
archaeological value 考古方面的价值
area dimension 领域的角度
area of freedom, security and justice 自由、安全和公正的领域
area of justice and home affairs 正义和内政的领域

assimilation principle 同化的原则
association 联合
attempt 试图
aut dedere, aut judicare 或引渡或起诉
automated computerised systems 自动化的电子信息系统
autonomous interpretation 自主解释
availability model 可获得性模式
available for trial 能够参与诉讼

B

bail 保释
bodies 分支机构
border checks 边境检查
building of liaisons 建立联络人
building of skills and expertise 构建技能和专业性
burden of proof 证明责任

C

cannabis 大麻制品
case law 判例法
central authorities 核心当局
character of punishment 惩罚的属性
Charter of Fundamental Rights of the European Union《欧盟基本权利宪章》
child pornography 儿童色情制品
choice of the Union act 欧盟法律文书类型的选择
claims for compensation 赔偿的请求
clear shortcomings 明确的缺陷
closed system 封闭的系统
closer co–operation 更紧密的合作
codification 法典化
of the Greek maize criteria 希腊玉米案标准
coercive measures 强制措施
coffee shops 咖啡店
collection of evidence 证据的收集
collective enforcement 联合执法
College of Eurojust 欧洲司法合作组织的团体
Commission 欧盟委员会
common European criminal justice area 共同的欧盟刑事司法领域
common law 普通法
common market 共同市场
common policies 共同政策
common positions 共同立场法律文书
Community 欧洲共同体
community service 社区服务
competence of the Community 欧洲共同体的权限
competence of the Court 欧洲法院的权限
competition law 反不正当竞争法
competition of freedoms 权利的竞合
complaints against the European Union 针对欧盟提出的诉讼
complementarity 补充
complementary jurisdiction 补充性的管辖
compromise legislation 折中的立法
computerised system 电子化的系统
concentration of proceedings 程序的集中
conditional release 附条件的释放
conferral 授予
confiscation 没收
conflicts of jurisdiction 管辖权的冲突
consent 同意
consent to surrender 对于转交的同意
constituent elements 组成元素
constitutional traditions 宪法性的传统
Constitution for Europe 欧洲宪章
consultation 咨询

contact points 联络点
contextual interpretation 联系上下文进行解释
contra legem 违反法律
Conventions 协议
convergence 集中
convictions 定罪
co–operate with the authorities 同有权机关的合作
co–operation in criminal matters 在刑事司法事项上合作
co–ordination 协调
copy and paste 复制并粘贴
cornerstone principle 奠基石式的原则
Corpus Juris 法典大全
corruption 腐败
corruption in the private sector 私有领域的腐败
Council 欧盟理事会
Council of Europe 欧洲委员会
counterfeiting 伪造
counterfeit money 伪造货币
counterfeit products 仿制商品
Court of Auditors 欧洲审计院
Court of First Instance 一审法院
Court of Justice 欧洲法院
Court of Justice of the European Union 欧洲法院
crimes against fair competition 违反公平竞争的犯罪
crimes against human dignity 侵犯人类尊严的犯罪
crimes against public health 损害公共健康的犯罪
crimes against the democratic society 侵犯民主社会的犯罪
crimes against the environment 破坏环境的犯罪
crimes against the fair administration of justice 损害司法公正的犯罪
crimes against the financial interest of the Union 侵犯欧盟经济利益的犯罪
crimes against the integrity of public administration 侵犯公共行政廉洁性的犯罪
crimes against（the integrity of）the financial sector 侵犯金融领域（健全性）的犯罪
criminal charge 刑事指控
criminal jurisdiction 刑事司法管辖权
criminal justice system 刑事司法体系
criminal law 刑事法
criminal law markets 刑事司法市场
criminal law products 刑事司法产品
criminal liability 刑事责任
criminal nature 刑事性的本质
criminal organisation 犯罪组织
criminal policy 刑事政策
criminal responsibility 刑事责任
criminal sanctions 刑事处罚
criminological research 犯罪学研究
cross–border pursuit 跨境追踪
cross–border surveillance 跨境监视
cross–reference technique 交互引用技术
customs co–operation 海关的合作
customs information system 海关信息系统
cyberspace 网络空间

D

data protection 数据保护
data protection officer 数据保护办公室
data security 数据安全

data subject 数据主体
decentralised enforcement 非集中化的实施
Decisions 决定类法律文书
decisions not to prosecute 不起诉决定
decriminalisation 去犯罪化
defence in co–operation in criminal matters 在刑事司法事项中的辩护的合作
defence in multi–lateral co–operation 多边合作中的辩护
defences 辩护
definition of criminal law 刑事法的定义
definition of harmonisation 法律协调统一的定义
definition of what a victim 被害人的定义
degree of proof 证明的程度
deportation 驱逐出境
detention facilities 羁押机构
detention on remand 羁押候审
deterrence 威慑
differences in substantive criminal law 实体刑事法中的差异
direct effect 直接效力
direct enforcement 直接实施
Directive 指令性文件
disadvantage to the legitimate trader 对于合法贸易者不利
disclosure 公开、披露
discrepancies 不一致的地方
discrimination 歧视
discrimination of nationality 基于国籍的歧视
discrimination of nationals 对于国民的歧视
discriminatory element 歧视性的元素
disfavourable treatment of nationals 对于国民的不利待遇
dis–intoxicate 使……戒酒
disproportional 不符合比例性要求的
dissuasive 劝诫的
diverging application of the law 适用法律的分歧
DNA profiles DNA 档案
domicile principle 住所原则
double criminality 双重犯罪原则
double criminality requirement 双重犯罪的要求
driving licence cases 驾驶执照的案例
drugs 毒品
drugs policy 毒品政策
drug tourism 由毒品引起的旅游
dual nationality 双重国籍
dual use goods 具有双重使用属性的商品
dynamic reference 动态参照

E

early release 提前释放
EC fraud 电子商务诈骗
economic activity 经济活动
economic and monetary policy 经济和货币政策
economic ends 经济目的
effective 有效的
effective judicial protection 有效的司法保护
effectiveness of the rule 规则的有效性
effective remedy 有效的救济
effects of harmonisation 协调统一的效果
elements of the crime 犯罪构成元素
emergency brake 紧急刹车
enforcement 实施
enforcement obligation 实施的义务
enforcement of Union law 对欧盟法的实施
enhanced co–operation 强化的合作
equal treatment 平等对待
equivalent effect 相当的效果

equivalent protection 等同的保护
espace judiciaire 司法区
Eulex 欧盟科索沃法治工作代表团
eurocrimes 欧盟层面的犯罪
Eurojust 欧洲司法合作组织
Euro-mediterreanean agreements 欧盟地中海协定
European Arrest Warrant 欧盟逮捕令
European Atomic Energy Community 欧洲原子能联盟
European Central Bank 欧洲中央银行
European Coal and Steel Community 欧洲煤钢联营
European Convention on Human Rights 《欧洲人权公约》
European Council 欧洲理事会
European Criminal Court 欧洲刑事法庭
European criminal justice system 欧洲刑事司法体系
European criminal law 欧洲刑事法
European Criminal Records Information System 欧洲犯罪记录信息系统
European Economic Community 欧洲经济共同体
European integration 欧洲一体化
European interpretation 欧盟角度做出的解释
European Investigation Order 欧盟调查令
european investigations 泛欧洲的调查
European Judicial Network 欧洲司法网络
European Ombudsman 欧洲监察使
European Parliament 欧盟议会
European Protection Order 欧盟保护令
European Public Prosecutor's Office 欧盟公诉办公室
Europol 欧洲刑警组织
Europol Drugs Unit 欧洲刑警缉毒处
Europol Information System 欧洲刑警信息系统
Europol staff 欧洲刑警组织职员
evidence 证据
evidentiary matters 证据性的事实
exceptions 例外
exceptions to mutual recognition 相互承认的例外情况
exchange of information 信息交换
exclusive jurisdiction 排他性的司法管辖权
existing evidence 已经存在的证据
exploitation 剥削
expulsion 驱逐
external dimension 外部的方面
external investigations 外部调查
extradition 引渡
extra-territorial investigations 域外调查
extra-territorial jurisdiction 域外管辖权
extra-territorial operations 域外行动

F

fair administration of justice 公正司法
fairness of the proceedings 程序正义
fair trial 公正审判
family life 家庭生活
fault element 过错因素
fifth freedom 第五自由权利
finally disposed of 最终解决
financial interest 财政利益
financing terrorism 资助恐怖主义
fines 罚款
fingerprint 指纹
first come, first served 先到先得
First Pillar 第一支柱
fiscal neutrality 财政中立性

five freedoms 五种自由
flag principle 船旗国管辖原则
forced prostitution 强迫卖淫
foreign lawyers 外国的律师
forensic service providers 法医服务提供者
foreseeability 可预见性
formal harmonisation 形式上的协调统一
forum regit actum 依据法院所在地法
four freedoms 四种自由
Framework Decisions 框架协定法律文书
fraud 欺诈
free choice of defence counsel 自由选择辩护律师的权利
free circulation 自由流通
freedom of choice 选择的自由
freedom of choice of means 选择方式的自由
freedom of establishment 设立企业的自由
freedom of establishment of lawyers 律师设立执业机构的自由
freedom of expression 表达自由
freedom of goods 商品流动的自由
freedom of movement 迁移自由
freedom of movement of workers 劳动者迁移的自由
freedom to provide services 提供服务的自由
free exchange of information 信息的自由交换
free flow 自由流动
free flow of police information 警察信息的自由流动
free movement and residence 迁移和居住的自由
free movement 自由迁移
free movement of capital 资本的自由流动
free movement of judgments 判决的自由移动
free movement of judicial decisions 司法决定的自由移动
free movement of persons 个人的迁移自由
freezing orders 冻结令
full faith and credit clause 充分信任和尊重条款
functions of prosecutor 公诉人的职能
fundamental aspects of a national criminal justice system 一国国内刑事司法体系的根本方面
fundamental freedoms 基本自由
fundamental rights 根本权利

G

gaming and betting 博彩和赌博
General Court 欧盟普通法院
general part 总体部分
general part fragments 总体部分的片段
general principles 一般原则
good administration of justice 优质司法
gravity of the infringement 侵害的严重程度
Greek maize case 希腊玉米案
Greek maize criteria 希腊玉米案标准
grounds for refusal 拒绝的理由
guilt 罪责

H

habitual residence 惯常居所
hard law 硬法
harmonisation 协调一致
hearsay evidence 传闻证据
high level of safety 高水平的安全
hinder trade 阻碍贸易
historical interpretation 历史性解释
hot pursuit 紧追

human dignity 人类尊严
humanitarian exception 人道主义例外
human rights and international co-operation 人权和国际合作
human rights 人权
human rights treaties 关于人权的条约
human rights violations 对人权的侵犯
hybrid system 混合系统
hypocrisy test 虚伪测试
hypothetical problems 假定的问题

I

identity of the material acts 实质行为的同一性
immunity 豁免
immunity of state entities 国有企业的豁免
impartiality 公正
implementation 实施
implementation period 实施期间
implementing legislation 实施立法
implementing practice 实施的实践
implementing Union law 实施欧盟法
imprisonment 监禁
in absentia 缺席
in absentia trials 缺席审判
inchoate offences 未遂的犯罪
incitement 教唆
incomplete offences 未完成的犯罪
index function 索引功能
index system 索引系统
indirect enforcement of Union law 间接实施欧盟法
inextricably 密不可分地
information laundering 信息的清洗交换
information requests 获得信息的请求
information society 信息社会
information system 信息系统
inhuman or degrading treatment or punishment 野蛮或有辱人格的待遇或惩罚
insider dealing 内幕交易
instigation 煽动
instigator 煽动者
institutions 机构
intelligence centre 情报中心
intensive international co-operation 密集的国际合作
intent 意图
intentionally 故意地
interception of telecommunications 电子通信的拦截
internal investigations 内部调查
internal market 内部市场
internal market principles 内部市场原则
internal situations 内部的情形
international agreements 国际条约
international armed conflict 国际武装冲突
international co-operation 国际合作
international crimes 国际犯罪
International Criminal Court 国际刑事法院
international criminal tribunals 国际刑事法庭
international law 国际法
interpretation by analogy 类推解释
interpretation in conformity 一致性解释
of national law 同国内法
of the Treaties 同条约
of Third Pillar law 同第三支柱法
of Union law 同欧盟法
interrogation by video-link 通过视频链接的讯问
investigations 调查
inviolability of the home 住宅的不可侵

犯性
irreconcilable decisions 不相容的决定
irregularities 不当行为

J
Joint Actions 联合行动文件
joint investigation team 联合调查小组
Joint Positions 共同立场法律文书
joint supervisory body 联合监督机构
judgment 判决
judicial co–operation 司法合作
jurisdictional rules 管辖权的规则
jurisdiction 管辖权
jurisdiction of the Court 欧洲法院的管辖权
justification 正当化事由
justifications 正当化事由

K
knowingly 明知地

L
language 语言
language version 语言版本
lawyer 律师
lawyer–client privilege 律师—当事人特权
legal acts 法律文书
legal certainty 法律明确性
legal entities 法律实体
legality 合法性
legality principle 合法性原则
legal language 法律语言
legal order 法律命令
legal persons 法人
legal professional privilege 法律职业人的特权
legal remedies 法律救济
legislative competences 立法上的权限
leniency notice 减刑通知
lex certa 法律明确性
lex certa principle 法律明确性原则
lex generalis 一般法
lex mitior 从轻原则
lex mitior rule 从轻处罚规则
lex praevia 法律禁止溯及既往
lex specialis 特殊法
liability for legal entities 法人实体的责任
liaison body 联络机构
liaison officers as witnesses 作为证人的联络官员
liaisons 联络人
life imprisonment 终身监禁
lines of communication 交流的渠道
list of offences 犯罪行为列表
literal interpretation 字面解释
locus delicti 犯罪地
locus regit actum 法院所在地
lotteries 抽奖
loyal cooperation 忠实合作

M
Maastricht 马斯特里赫特
mandatory grounds for the non–execution 不实施的强制性理由
mandatory penalties 强制性的处罚
maximum penalty 最高刑
mens rea 犯意
merits of the case 案件实质部分
minimum criminalisation 最低限度的入罪化
minimum harmonisation 最低限度的协调一致

minimum–maximum 最低限度—最高限度
minimum–maximum penalties 最低—最高刑
minimum penalties 最低刑
minimum rules 最低标准的规则
mitigating circumstances 减轻处罚的情形
models of co–operation 合作模式
money laundering 洗钱
monopolies 垄断
morality 道德
moral values 道德价值
more lenient penalty 更仁慈的刑罚
multi–lateral co–operation 多边合作
multiple jurisdiction 多重管辖
multiple proceedings 多重的程序
mutual assistance 相互协助
mutual recognition 相互承认
mutual recognition model 相互承认模式
mutual trust 相互信任

N

narcotic drugs 麻醉药物
national competition authorities 国内竞争法主管机关
national identity 国民身份
nationality 国籍
national law must be set aside 必须搁置国内法
national member 国民成员
national unit 国内部门
nature of the charge 控告的属性
ne bis in idem 一事不再理
necessity 必要性
necessity requirement 必要性的要求
necessity test 必要性的测试
need to know principle 需要了解的原则
negative integration 消极一体化
new legal order 新的法律秩序
non–derogable rights 不可减损的权利
non–discrimination rule 非歧视规则
notification 通知
nulla poen 不处罚
nulla poena sine lege 法无明文规定不处罚
nullum crimen sine lege 法无明文规定不为罪

O

objective 目标
objective responsibility 客观责任
obligation to give mutual assistance 提供相互协助的义务
offices 办事处
Official Journal 官方期刊
OLAF 欧洲反诈欺办公室
Ombudsman 调查官员舞弊情况的官员
omissions 不作为
on–call coordination 随叫随到的协调
one set of facts 同一事件
online check 在线检查
on–the–spot checks 现场检查
operational activity 业务活动
opinion 意见
Opinions of the Advocate General 法律顾问的意见
opportunity principle 合适原则
opt–in 选择加入
optional non–execution 可选择的不执行
order 命令
order model 命令模式
Ordnungswidrigkeit 违反治安条例
out–of–court settlements 庭外和解

out of the scope of the Treaties 在条约的范围之外
own legal system 自己的法律体系
Öztürk criteria Öztürk 案的标准

P

participation 参与
participation in criminal proceedings 刑事程序的参与
partnership and co–operation 伙伴关系与合作
Passenger Name Record 乘客姓名记录
passive nationality principle 被动的属人原则
penitentiary law 监狱法
perjury 伪证
personal conduct 个人行为
personal consumption 个人消费
person in custody 在押人员
pillars of Maastricht 马斯特里赫特条约之下的支柱
piracy 海盗罪行
pirates 海盗
police co–operation 警方的合作
position of victims 被害人的地位
positive conflict of jurisdiction 积极的管辖权冲突
positive integration 积极的一体化
post–Lisbon legislation 里斯本条约之后的立法
power of inspection 检查的权力
powers of investigation 调查的权力
practical and effective application 实际而有效的应用
practical and effective meaning 实际和有效的意义
precautionary principle 预先警戒的原则
preliminary questions 初步裁决中的问题
preliminary references 提请初步裁定的请求
preliminary ruling 初步裁决
pre–Lisbon legislation 里斯本条约之前的立法
preparatory documents 准备的文件
preparatory offences 预备的罪行
presumption of innocence 无罪推定
prevailing obligations 占优势的义务
prevention of conflicts of jurisdiction 防止管辖权冲突
previous convictions 以前的定罪判决
price agreements 价格协定
primacy 首位
primacy of jurisdiction 管辖权的首位
principle of availability 可用性原则
principle of complementarity 补充性原则
principle of complementary jurisdiction 补充性管辖原则
principle of conferral 授予原则
principle of culpability 罪责原则
principle of fiscal neutrality 财政中立原则
principle of mutual recognition 相互承认原则
principle of proportionality 比例性原则
principle of res judicata 既判力原则
principle of sincere co–operation 真诚合作的原则
principle of subsidiarity 辅助性原则
principle of universal jurisdiction 普遍管辖的原则
principles of jurisdiction 管辖权的原则
priority of jurisdictional principles 管辖性原则的优先性

privilege 特权
privileges and immunities 特权和豁免
prohibition of discrimination 禁止歧视
proportionality 比例性
proportionality of criminal sanctions 刑事处罚的合比例性
proportionality principle 比例性原则
proportionality test 比例性测试
proportionate 符合比例的
protective principle 保护性原则
Protocol on the Accession 加入条约的议定书
provisional detention 临时性拘禁
provisional release 临时性释放
public health 公共健康
public interest 公共利益
public morality 公共道德
public policy 公共政策
public policy clause 公共政策条款
public security 公共安全

Q

quantitative restriction 数量限制
question of interpretation 解释的问题

R

racism and xenophobia 种族主义和仇外
ratification 正式批准
reasonable time 合理的时间
reasons for judgment 判决的理由
recidivism 累犯
reciprocity 互惠
reduction of fines 减少罚款
reduction of legal remedies 减少法律救济
reduction of penalties 减少刑罚
reference for a preliminary ruling 初步裁决的请求
reference technique 参照的技巧
reference to the Court 提请欧洲法院
referring court 提出请求的法院
referring national court 提出请求的国内法院
Regulation 规章
rehabilitation 复归，改造
rehabilitation of the offender 罪犯的改过迁善
report by the victim 被害人的报告
requested state 请求的国家
request model 请求模式
requirement of double criminality 双重犯罪的要求
residual competence 余下的权限
res judicata 既决案件
responsibilities of states in co–operation 国家在合作事项中的责任
responsibilities under the ECHR 依据欧洲人权公约而承担的责任
restorative justice 修复性司法
restrictions 限制
retroactive application 有追溯力的应用
retroactive effect 溯及力
review 审核
right of access to the file 阅卷权
right of establishment 设立企业的权利
right of freedom of movement 自由迁移的权利
right of liberty 自由权
rights component 权利的组成部分
rights for citizens 国民的权利
rights for Member States 成员国享有的权利
rights of the defence 辩护权

right to an effective remedy 获得有效救济的权利
right to be informed of the charge 知悉被起诉的事项的权利
right to be present 出席审判的权利
right to be represented 获得代理的权利
right to free movement 自由迁移的权利
right to information 获得信息的权利
right to inform others of arrest 通知他人自己被逮捕的权利
right to liberty and security 自由以及安全的权利
right to liberty 自由权利
right to privacy 隐私权
right to prosecute 追诉权
right to remain silent 沉默权
right to security 获得安全保障的权利
right to the correction or deletion of all data 更正或删除所有数据的权利
role of criminal law 刑事法的职责
rolling ratification 滚动批准
rule of law 法治
rule of speciality 特殊性规则

S

safe conduct 安全行为
same act 同一行为
same conditions 相同情形
same diligence 同样的勤勉
sanction modalities 处罚的形式
sanctions 处罚
sanctions for legal persons 对法人的处罚
Schengen acquis 申根法律体系
Schengen Information System 申根信息系统
secondary legislation 次级立法
secondary Union law 次级欧盟法
self–help 自助
sentencing 判决
sentencing criteria 判决标准
service of procedural documents 程序性文件的送达
sincere co–operation 真诚合作
social rehabilitation 社会改造，复归社会
soft drugs 毒性较轻的毒品
soft law 软法
special intent 特殊意图
speciality rule 特定规则
special part 特殊部分
special significance 特殊的重要性
stability agreements 稳固关系的条约
standard of proof 证明标准
standing of victims 被害人的地位
state monopolies 国家垄断
static reference 静态的引用
strategic analysis 战略分析
strict liability 严格责任
subsidiarity 辅助性
subsidiarity principle 辅助性原则
supervision measures 监督措施
supervision of probation measures 对于缓刑措施的监督
surrender 移交
surrender of persons 人员的移交
surrender proceedings 移交程序
suspended sentences 被暂停执行的判决

T

taking account 考虑在内
tasks of Europol 欧洲刑警组织的任务
technical regulation 技术性条例
temporary immunity 暂时豁免
temporary transfer of a detained person 暂

时移交被羁押人员
territorial jurisdiction 地域管辖
terrorism 恐怖主义
terrorist 恐怖分子
terrorist list 恐怖分子名单
terrorist offences 恐怖主义犯罪
third country nationals 第三国国民
Third Pillar 第三支柱
tick the box 在选项上打勾
time bars 时效
torture 折磨，拷问
total prohibition 完全禁止
tourist 旅游者
trade, economic partnership and development 贸易，经济合作关系和发展
trafficking in human beings 贩卖人口
transfer of proceedings 程序的移交
transfer of the execution of judgments 判决执行的移交
transitional provisions 过渡性条款
translation 翻译
transmission of the request 请求的传送
transposition 调换
treatment of prisoners 对囚犯的待遇
treaty-based 依据条约
Treaty establishing the European Community《成立欧洲共同体条约》
Treaty of Lisbon《里斯本条约》
Treaty of Maastricht《马斯特里赫特条约》
Treaty of Prüm《普鲁姆条约》
Treaty on European Union《欧盟条约》
Treaty on the Functioning of the European Union《欧盟运行条约》
type and level 种类和等级
types of acquittal 宣告无罪的类型
types of mutual recognition 相互承认的类型
types of proportionality 比例性的类型

U

ultimum remedium 最后救济
unconditional and sufficiently clear 无条件并充分的清晰
unconditional and sufficiently precise 无条件并充分的准确
uniform interpretation 一致的解释
uniformity of the law 法律的一致性
unilateral action 单方面的行为
Union approach of combating crime 打击犯罪的欧盟方式
universal jurisdiction 普遍的管辖权
urgent procedure 紧急程序
urgent proceedings 紧急程序
useful effect 有益的效果

V

validity 效力
variable geometry 可变的几何
vertical co-operation 垂直的合作
victim 被害人
video-conference 视频会议
violation of a procedural rule 违反程序性的规则
violation of defence rights 侵犯辩护的权利

W

weight of evidence 证据的证明力
within the scope of the Treaties 在条约的范围之内
without right 无权利
wording and the purpose 用词和目的
work files 工作文件

著作权合同登记号：图字 01-2017-3892 号

图书在版编目 (CIP) 数据

欧洲刑事法：以整合为进路：第三版 /（荷）安德烈 · 克里普著；杜鹃，石家慧译．—北京：中国法制出版社，2020.7

（欧洲法与比较法前沿译丛）

书名原文：European Criminal Law: An Integrative Approach

ISBN 978-7-5216-1193-9

Ⅰ．①欧…　Ⅱ．①安…　②杜…　③石…　Ⅲ．①刑法－研究－欧洲　Ⅳ．① D950.4

中国版本图书馆 CIP 数据核字（2020）第 124078 号

项目策划：马　颖　　本书策划 / 责任编辑：王雯汀　　封面设计：李　宁

欧洲刑事法：以整合为进路：第三版

OUZHOU XINGSHIFA：YI ZHENGHE WEI JINLU：DISANBAN

著者 /【荷】安德烈 · 克里普

译者 / 杜　鹃　石家慧

经销 / 新华书店

印刷 / 三河市紫恒印装有限公司

开本 / 710 毫米 ×1000 毫米　16 开　　印张 / 36.75　字数 / 598 千

版次 / 2020 年 7 月第 1 版　　2020 年 7 月第 1 次印刷

中国法制出版社出版

书号 ISBN 978-7-5216-1193-9　　定价：139.00 元

北京西单横二条 2 号　邮政编码 100031　　传真：010-66031119

网址：http://www.zgfzs.com　　**编辑部电话：010-66060794**

市场营销部电话：010-66033393　　**邮购部电话：010-66033288**

（如有印装质量问题，请与本社印务部联系调换。电话：010-66032926）